教育部人文社会科学重点研究基地南开大学世界近现代史研究中心
重大项目"近代以来中俄文化交流史研究"（07JJD770105）成果
2015年度国家出版基金项目

国家出版基金项目
NATIONAL PUBLICATION FOUNDATION

# 中俄文化交流史
## 清代民国卷

# A HISTORY OF THE CULTURAL EXCHANGES
# BETWEEN CHINA AND RUSSIA

肖玉秋　主编

肖玉秋　阎国栋　陈金鹏　著

天津出版传媒集团

天津人民出版社

图书在版编目(CIP)数据

　　中俄文化交流史.清代民国卷 / 肖玉秋主编；肖玉
秋,阎国栋,陈金鹏著. -- 天津：天津人民出版社,
2016.12(2018.5 重印)
　　ISBN 978-7-201-11214-5

　　Ⅰ.①中… Ⅱ.①肖… ②阎… ③陈… Ⅲ.①中俄关
系–文化交流–文化史–清代②中俄关系–文化交流–文
化史–民国 Ⅳ.①K203②K512.03

　　中国版本图书馆 CIP 数据核字(2016)第 299482 号

# 中俄文化交流史 清代民国卷
ZHONG-E WENHUA JIAOLIU SHI QINGDAI MINGUO JUAN

肖玉秋 主编　　肖玉秋　阎国栋　陈金鹏 著

| | |
|---|---|
| 出　　版 | 天津人民出版社 |
| 出 版 人 | 黄　沛 |
| 地　　址 | 天津市和平区西康路 35 号康岳大厦 |
| 邮政编码 | 300051 |
| 邮购电话 | (022)23332469 |
| 网　　址 | http://www.tjrmcbs.com |
| 电子信箱 | tjrmcbs@126.com |

项目策划　沈会祥
责任编辑　刘子伯　陈　烨　赵　艺
装帧设计　明轩文化　王　烨

| | |
|---|---|
| 印　　刷 | 河北鹏润印刷有限公司 |
| 经　　销 | 新华书店 |
| 开　　本 | 787 毫米×1092 毫米　1/16 |
| 印　　张 | 35.75 |
| 插　　页 | 6 |
| 字　　数 | 665 千字 |
| 版次印次 | 2016 年 12 月第 1 版　2018 年 5 月第 3 次印刷 |
| 定　　价 | 172.00 元 |

# 目　录

## 清代篇

## 民国篇

清代篇

# 第一章 中俄文化交流的起源

　　与中国相比,俄罗斯的立国时间很晚,直到862年(中国唐懿宗咸通三年)才建立了第一个王朝——留里克王朝。关于中俄两国开始交往的时间,学术界比较一致的看法是元代,这一时期,中国文献中已有关于俄罗斯兵士被俘来华并驻守北京的记载。到了明代末年,为探听中国的消息并探寻前往中国的道路,俄国政府多次派人前往生活在额尔齐斯河、鄂毕河及叶尼塞河流域的蒙古部落活动。可以说在早期中俄文化交流中,蒙古民族发挥了独特的作用。

## 第一节　中俄之间的最初接触

　　13世纪蒙古大军西征,罗斯人死伤无数,蒙古人俘获无算。一部分被俘罗斯军士被调遣至作为蒙古帝国一部分的中国,编入扈卫亲军。到元朝灭亡时,生活在中国的罗斯人或被同化,或随蒙古人西去北上,于是在明代的典籍中便没有了他们的踪影。俄国东正教驻北京传教团史专家阿多拉茨基(Н. Адоратский,1849—1896)甚至推断这些人的后代最后去了四川。[①]《元史》卷三十四《文宗本纪三》和《元史》卷三十五《文宗本纪四》载:"辛未,置宣忠扈卫亲军都万户府,秩正三品,总斡罗思军士,隶枢密院。""立宣忠扈卫亲军都万户营于大都北,市民田百三十余顷赐之。""宣忠扈卫斡罗思屯田,给牛、种、农具。""甲寅,改宣忠扈卫亲军都万户府为宣忠斡罗思扈卫亲军诸指挥使司,赐银印。"此外,《元史》还有三处记载了诸王向朝廷献斡罗思人口的情况,总计达数千人。除"斡罗思"外,俄罗

<hr>

[①] Самойлов Н. А. Россия и Китай//Россия и Восток/Под ред. С. М. Иванова,Б. Н. Мельниченко. СПб.,2000.

斯在元代还有"斡罗斯""兀罗思""兀鲁思""阿罗思"等名称。从时间上讲,最早记载俄罗斯的是成书于 13 世纪的《蒙古秘史》,俄罗斯被称为"斡鲁速惕"。但在元代以前,浩如烟海的中国史籍对中亚以西国家和民族的记载极其稀少,这种情况并不仅限于斯拉夫民族。有学者认为"里海构成了一道天然的屏障,花剌子模和阿拉伯商人充当着中国人与西方世界交往的中介"[①]。《蒙古秘史》和《元史》中的这些记载,说明中俄双方的直接交往始于元代,并且已达到相当的规模。正是在元代,"俄罗斯"一词经蒙古语转译成汉语。

也正是这个时候,中国才以一个与罗斯同时被蒙古人征服的国家形象出现在俄国古老的编年史中。成书于 14 世纪末的《索菲亚 6903 年第二编年史》第一次提到了中国。1466—1472 年间,一位罗斯商人,同时也是一位作家和旅行家,名叫阿法纳西·尼基京(Афанасий Никитин),写了一部非常有名的游记——《三海航行记》。阿法纳西·尼基京由海路向东最远到达了印度。在那里,他听说离印度不远有一个叫"中国"的国家,无论是走陆路,还是走海路,都需要一个月的时间。他还听说"那里制造瓷器,东西都很便宜"[②]。有学者认为,12 世纪的史诗《伊格尔远征记》中的"希诺瓦"(Хинова)就是指中国。也有人认为,这并非特指中国,很可能是对东方民族的统称,或者就是对匈奴人的称谓。

在早期俄文文献中,对中国的称呼实际上不止 Китай 一种,而是三种,第二种是 Хина,第三种是 Никан。关于 Китай 的来历,学术界已经有了定论,其音为"契丹",最初是中亚民族对西辽的称呼,而后逐渐将其用来指称中国。在突厥语系及蒙古语当中,都是用 Китай 或与之拼写相近的词汇来表示中国,均采用"契丹"的译音。由于俄罗斯与中亚、蒙古民族在地缘和文化上存在久远而密切的联系,"Китай"一词便经由突厥语系和蒙古语进入了俄文。另外一个名称是 Хина,是"秦"的译音,与西文中的 Sin 一致。最早使用"秦"来指称中国的是波斯人和阿拉伯人,后来西方语言中才有了这个词。在当时俄罗斯人的思维中,Китай 和 Хина 这两个词所表达的地域或空间概念并无明显差异,都是对中国的称呼,不同的只是词源以及与之相关的修辞色彩。Никан 一词音译为"尼堪",是满族人

---

[①]　Горбачева З. И. Первые сведения китайцев о России//Из истории науки и техники в странах Востока. Вып. 2. М.,1961.

[②]　Скачков П. Е. Очерки истории русского китаеведения. М. ,1977.С. 15.

对汉人的称呼,俄国人有时也用来指称以汉民族为主体的中原人。对于在西文中用来表示中国南部的"蛮子"一词,俄文使用得比较少。这说明,俄罗斯人自认识中国以来,并没有像早期一些欧洲学者那样将"蛮子"和契丹当作两个国家。从最初中国人知道"俄罗斯"的存在,到俄罗斯人获悉中国的消息,双方的沟通并不是直接实现的,而是以其他民族为中介实现的。关于俄文中"中国"的词源背景,从18世纪就已经被学者关注。1756年,圣彼得堡皇家科学院院士约·费舍尔(И. Э. Фишер,1697—1771)发表《论中国国名及皇帝尊号》一文,从历史语言学的角度专门探讨了俄文中"中国"的词源。[①]

## 第二节　蒙古民族的中介作用

有明一代,退居塞外的蒙古各部内讧不断,并不时与明廷发生冲突。此时罗斯人也正处在摆脱金帐汗国控制进而实现民族独立的进程中。1380年的库里科沃战役大大削弱了金帐汗国对罗斯的控制力,1480年的乌格拉河战役则使罗斯彻底摆脱了蒙古的统治。到瓦西里三世(Василий Ⅲ,1479—1533)时期,东北罗斯终于实现了统一。自此以后,其与蒙古人的关系进入一个全新的阶段。伊凡四世(Иван Ⅳ,1530—1584)在位期间,俄国先后征服了喀山汗国和西伯利亚汗国,其势力延伸至乌拉尔山脉。俄国人很快与在额尔齐斯河、鄂毕河及叶尼塞河流域世代游牧的蒙古部族相遇。

俄国统治者利用蒙古部族之间为争夺牧场、牧民和牲畜而产生的矛盾,挑唆其内讧,从而达到削弱蒙古人势力并占领其土地的目的;当使用军事手段无法实现其阴谋时,他们便向蒙古部族派出使节,拉拢和诱惑蒙古人首领"效忠"俄国沙皇,同时探听有关中国的情报,为进一步向东拓展创造条件。

俄国人对中国的兴趣源于这个神秘而富饶的国家所带来的诱惑。得益于新航路的开通,欧洲与中国建立了稳定的贸易联系,并从中获得巨大利益。然而遥远的距离以及海路的凶险使得欧洲人产生了循着马可·波罗(Marco Polo,1254—1324)当年的足迹寻找更为安全、便捷前往中

---

① Фишер И. Э. Рассуждение о разных именах Китайского государства и о ханских титулах// Ежемесячные сочинения, к пользе и увеселению служащие. Октябрь, СПб., 1756. С.311–327.

国的陆路通道的想法。比如,1615 年,英国国王詹姆士一世派遣使节托马斯·史密斯前往莫斯科,"商谈商人贸易之事,希望准许英国客商自由贸易,准许他们经过莫斯科国土前往波斯,并探明中国情况"①;1616 年,英国使臣约翰·麦里克再次恳请"准许英国客商经鄂毕河由海上寻找前往印度和中国的道路"②。俄国人为了自身的商业利益,没有给欧洲人这样的机会,而是利用其地缘优势,希望能先行开通并垄断这条利益巨大的商业通道,进而在西方和东方的贸易中占据最有利的位置。然而要想实现这个目标,俄国人必须经停厄鲁特蒙古和阿勒坦汗的属地。

厄鲁特蒙古在明代被称为瓦剌,早在 15 世纪就已进入额尔齐斯河流域,世代生活在中国西北边疆。1604 年,俄国殖民者在厄鲁特蒙古属地建立托木斯克,作为其渗透和侵略的基地。

阿勒坦汗名义上是喀尔喀蒙古扎萨克图汗的部属,当时阿勒坦汗统辖着喀尔喀蒙古西北地区和厄鲁特蒙古(1623 年,厄鲁特蒙古摆脱了阿勒坦汗的统治——笔者)。阿勒坦汗部的强大势力及其与中原王朝的联系使得俄国人不得不重视与之发展关系,不断派出使团到阿勒坦汗处活动。俄国使节们的使命主要有四个,一是诱导蒙古王公效忠沙皇,二是越界征收实物税,三是规范双方贸易,四是寻求通过阿勒坦汗的辖地前往中国的可能。③

1608 年,托木斯克军政长官向阿勒坦汗派出了以别洛格洛夫(И. Белоголов)为首的使团。因为当时硕垒乌巴什珲台吉正与厄鲁特蒙古打仗,别洛格洛夫一行在吉尔吉斯人游牧地度过了整个冬天后不得不折返。然而他们还是通过吉尔吉斯人探听到有关阿勒坦汗的一些情况,尤其是探听到了前往中国的距离,"由阿勒坛皇帝(即阿勒坦汗——笔者)那里到中国要走三个月……有个中国君主,据说他的城堡是石筑的,城里庭院的风格与俄国相似,庭院里的厅堂是石筑的,摆设富丽堂皇。那里的人很多,都比阿勒坛皇帝的人强悍。中国君主皇宫中的殿堂也是石筑的。城里有君主的一些庙宇,庙里钟声洪亮,庙的屋顶上没有十字架,至于庙里信仰什么宗教,他们不清楚。人们的生活习惯与俄国相似。中国君主的武

---

①　苏联科学院远东研究所等编:《十七世纪俄中关系》(第 1 卷 第 1 册),厦门大学外文系《十七世纪俄中关系》第 1 卷翻译小组译,商务印书馆,1978 年,第 51 页。

②　同上,第 53 页。

③　Чимитдоржиева Л. Ш. Русские посольства к монгольским Алтан-ханам XVII в. Улан-Удэ,2006.С.55-107.

器是火器。据说常有人由各地到他那里去做买卖,他们平时穿的都是绣金的衣服,他们把各地各种贵重装饰品运到他那里"①。尽管别洛格洛夫带回来的信息很简单,却清楚地反映了俄国人对中国的兴趣所在,其中对中国城池、宗教、军事、物产、商业的勾勒有其独特的价值。自此,俄国人知道中国并非是一个遥不可及的国度,通过蒙古人的领地,他们完全有可能到达那个神秘而富裕的国家。

　　1616 年,俄国向厄鲁特蒙古与阿勒坦汗同时派出使团。受命出使厄鲁特蒙古的托米拉·彼得罗夫(Т. Петров)和伊·库尼津(И. Куницын)在卡尔梅克大台吉巴加蒂尔处见到了来此征收实物贡赋的阿勒坦汗的人和中国人, 向他们探听有关中国及阿勒坦汗部的情况。他们的问题包括"中国有多大,有多少人,同哪些君主和国家有来往并保持友好,他们信仰什么宗教"。蒙古人和中国人告诉他们:"阿勒坛王子所信的宗教、所用的文字和语言都同中国一样。现在他们正在引导卡尔梅克人也信仰自己的宗教, 并且传授本国的文字。阿勒坛皇帝和中国皇帝已经引导许多卡尔梅克人信仰自己的宗教,按照自己的宗教习俗,禁止他们吃马肉、喝马奶。学会了他们的文字的大台吉们和他们的妻子,现在不吃马肉,不喝马奶。阿勒坛王子和中国人的宗教仪式是这样的:他们按自己的宗教信仰,穿着绸缎,向鬼神祷告。在祷告的时候,他们常常是一只手拿着小铃,另一只手拿个小板鼓,面前放一本经书,念经一个来小时,同时两手敲着小铃和板鼓,下跪着地磕头。在中国,有一座用砖砌的城,有一条大河,河的名称说不上来, 大小船只载着货物从其他许多汗国由这条河驶来。中国盛产粮食。他们常把花缎、素缎和丝绒作为皇帝的礼品运送给台吉们。其他汗国的人,也常到他们那里去,估计黑阿拉伯汗国的人也常去。在他们中国和在阿勒坛皇帝那里,除了红黄二色粗呢以外,并没有什么贵重的饰物。据说从他们到过的那些台吉那里,一路游牧到中国,大约要走一个月,由托博尔斯克去,要走三个月。据说中国的钟声音很响,一日三次,是在清真寺做祷告的时候敲的。"②至于这两位使节是否真的见到了中国人,我们不得而知,只是从他们获得的信息看,似乎是经由蒙古人介绍的,道听途说的色彩浓厚。

---

① 苏联科学院远东研究所等编:《十七世纪俄中关系》(第 1 卷 第 1 册),厦门大学外文系《十七世纪俄中关系》第 1 卷翻译小组译,商务印书馆,1978 年,第 48 页。

② 同上,第 65 页。

丘缅涅茨（B. Тюменец）使团的使命是劝诱阿勒坦汗臣服俄国,同时探听前往中国的路线。这一次俄国使团顺利抵达了阿勒坦汗的大帐,遇到了中国人,并向他们打听到"他们的国家叫中国,有自己的皇帝,中国王朝的名字叫大明。而中国位于海湾边上,城是砖砌的,而骑马环城一周需要十天时间。中国打仗用火绳枪和大炮。常有大帆船来中国,船上都是商人,每艘船可载二三百人。中国人穿着布哈拉样式的衣服。从金皇帝（即阿勒坦汗）那里到中国骑马需要一个月的时间,路上没有大河大江,地势平坦,没有山"①。

为了了解俄国的情况,阿勒坦汗派两个人随同俄国来使到莫斯科。觐见沙皇时,两位蒙古使节在介绍自己的领地及首领的同时,也介绍了中国的情况:"阿勒坛皇帝的使臣们还说,在阿勒坛国附近有个中国,由阿勒坛皇帝那里走到该国,走得慢要六个礼拜,走得快要四个礼拜……中国的城是砖砌的……城中间有条大河……中国的货物有:绸、丝绒、花缎。中国出产金、银……中国种植的谷物很多,有小麦、大麦、燕麦、黍。中国的兵器是弓箭,但没有大炮和火绳枪。据说中国很大。"②

1618 年, 又有一个俄国使团来到阿勒坦汗的驻地, 首领是彼特林（Иван Петлин）。然而他们的目的地却是遥远的中国,使命是与中华帝国建立稳定的贸易联系。阿勒坦汗为俄国人提供了大车和向导。这些向导在长期与俄国人的交往中逐渐学会了俄语,不仅引导彼特林使团到达了北京,而且还充当俄国人和中国人的翻译。由于没带贡品,彼特林未能见到大明皇帝,在驿馆住了四天后离开北京,在张家口停留了约一个月,于 10 月 11 日踏上归途。1619 年春天,彼特林使团回到托木斯克;同年 9 月,他向沙皇觐呈一份报告,题为"中国、腊宾（指西藏——笔者）及其他定居和游牧国家、乌卢斯诸国、大鄂毕河、河流和道路一览"。此外,他还呈上一张中国地图以及明万历皇帝的国书。彼特林的地图至今未被发现。由于没人能够翻译中国皇帝的国书,这份国书在俄外务衙门沉睡了半个多世纪,直到 1675 年斯帕法里（Н. Г. Спафарий, 1625—1708）出使中国途经托博尔斯克时才由一名军士译出大意。③尽管彼特林出使中国没有取得实际

---

① Фишер И. Э. Сибирская история с самого открытия Сибири до завоевания сей земли российским оружием. СПб., 1774. C.260–261.

② 苏联科学院远东研究所等编:《十七世纪俄中关系》（第 1 卷 第 1 册）,厦门大学外文系《十七世纪俄中关系》第 1 卷翻译小组译,商务印书馆,1978 年,第 74 页。

③ Скачков П. Е. Очерки истории русского китаеведения.М. ,1977.C. 16–17.

成效,未能与中国建立稳定的贸易联系,但他开辟了前人未知的经西伯利亚和蒙古草原前往中国的陆路通道。

1634年由图哈切夫斯基(Я. Тухачевский)率领的俄国使团来到阿勒坦汗俄木布额尔德尼的驻地,要求他效忠沙皇,但遭到了拒绝。在图哈切夫斯基留下的报告中,有他探听到的有关中国的信息:"大明皇帝的城池都是用石头建的,人们心地善良,除了蒙古,再没有这么大的国家了。不允许阿勒坦汗的蒙古人越过边境城市进行贸易,大明皇帝不是蒙古人。"与此同时,俄国使节还向阿勒坦汗询问了一些中国的情况:"他们的先民是谁?他们的信仰是什么?他们的土地生长什么作物?有什么物产?什么国家将什么商品从水旱两路运到这个国家?他们向什么国家卖出什么商品?路程有多远?这个国家的人口有多少?跟谁在打仗?"阿勒坦汗回答道:"大明皇帝住在汗八里城,这个城市离中国的边境城市很远,离蒙古的城市也很远。不允许任何人通过边境城市去办任何事,我们蒙古人也只有大人物才可以去边境城市,小人物是去不了的……我要派一些可以信任的贤良之人前往中国的城市和其他蒙古大帐,让他们去打听,一旦获悉实情,将写信告诉国君(这里指沙皇——笔者)。"①

1636年,阿勒坦汗的使节达尔罕·康津(Тархан Конзин)对俄国外务衙门通译普·弗拉斯科伊(Прокофей Враской)说,他去过中国的张家口,并向俄国人详细地介绍了他的所见所闻。关于张家口的城市建筑和防卫,谈话记录中写道:"那座城市是用石头和砖块砌的,有城楼和城门。铁栅栏的样式和莫斯科的相似。这座城市有多大,有多少人,这些他都不知道,因为不让他们在城里游逛。只让他们中的少数人进城,并且由翻译送他们到客栈。城门两旁站着持火绳枪的卫兵,他们的火绳枪带有点火杆,这种火绳枪是他们国家自己制造的。城里没有大型火炮,只有小型火炮,就像他达尔罕·康津在托木斯克见到的那种。"达尔罕·康津的描述基本上还是符合事实的。俄国人非常关注中国人的宗教信仰,达尔罕·康津介绍道:"中国人有自己的宗教信仰,他们向画在纸上的神像祈祷。有一些神像是用金、银、铜、铁铸造的,其容貌如人,同真人一样高,有的比人高,有的身高约达五俄丈②、十俄丈,有的更高。人们戴着帽子

①　Чимитдоржиева Л. Ш. Русские посольства к монгольским Алтан-ханам XVII в. Улан-Удэ,2006.С.105.

②　旧俄长度单位,1俄丈等于3俄尺或7英尺或2.13米。

跪拜神像。在他们的客栈,每个祈祷的地方都挂着一口小钟,但他们不是自己敲钟,常常是风把钟吹得叮当作响。他们的僧侣穿着黑色衣服,不吃任何荤食。"达尔罕·康津在这里所看到的显然不是他所熟悉的佛教,而是道教。但是,他描述的这些内容在一定程度上说明他确实到过中国。张家口地处中国北部,与蒙古地界相接,以粮食和肉食为主,达尔罕·康津听说"他们那里没有鱼,只吃粮食和蔬菜"。更为重要的是,蒙古人清楚地告诉俄国人,毛皮在张家口有极好的销路,而且利润很大。"在那个城里,人们可以向他们买到上等貂皮,每张价值十两银子。一两银子相当于这里的俄币一个卢布。有的貂皮一张要十多两银子才能买到,有的在十两以下,看貂皮好坏而定。这座边城的人向他们买整张的带有脚掌和爪子的上等玄狐皮,每张一百五十两银子,也可买到价格较低的。而要买一种最上等的狐皮,就得在那张狐皮上铺上一层银子,这张狐皮上面能铺多少两银子,其价格就是那么多银子。"①这样的商业信息促使俄国政府千方百计地想与中国建立贸易联系。

有时蒙古王公也亲自向沙皇介绍中国的情况。1636 年阿勒坦汗在一封致沙皇米哈伊尔(Михаил Федорович Романов, 1596—1645)的书信中说,他正准备派人前往中国朝贡,可以和俄国使臣同行;同时介绍了他所了解的中国和西藏地区:"中国皇帝那里人口众多,他的国家很大,他有许多城市、许多货物和金、银。我们的人到达中国的边境城市要走一个月。我们的人赶去了一万匹马,中国的边民一天之内就把我们这些马统统买去。唐古特国皇帝的人都是识字的,人口众多,他对待自己的臣民很严酷……盛产金、银、珍珠、呢料、花缎、丝绒、地毯、白珊瑚珠和琥珀。希望您把准备派到中国和唐古特国的使臣立即派来我处,不要耽搁,使他们能遇到我,如果他们碰不上我,他们是很难通行的。"②在此次阿勒坦汗送给沙皇的礼品中,还包括了二百包茶叶。可以说,中国人的茶文化也是经由蒙古人传到俄国的。

在早期的中俄互识过程中,蒙古民族向俄国人提供了有关中国的知识。这些有关中国物产、军事、宗教、风俗等方面的信息,尽管简略甚至不太准确,但对俄国人而言,却是非常重要的情报。此外,蒙古各部为俄

---

①　苏联科学院远东研究所等编:《十七世纪俄中关系》(第 1 卷 第 1 册),厦门大学外文系《十七世纪俄中关系》第 1 卷翻译小组译,商务印书馆,1978 年,第 146—148 页。

②　同上,第 157—158 页。

国人提供车马、向导甚至补充途中给养,为他们来华提供各种保障。在这一过程中,蒙古语成为早期中俄之间进行交流的中介语言。中俄语言中用来指称对方事务的许多词汇,都是经由蒙古语传入的。比如,俄国人将明清的都城北京称为"汗八里",称中国皇帝为"博格达汗",而中国人则称沙皇为"察罕汗"。因此,笔者认为,在17世纪的中俄文化交流中,蒙古民族扮演了独特的角色。

# 第二章 早期俄使来华的文化意义

俄国人经由蒙古人了解到中国国土辽阔，物产丰富，且对珍贵毛皮有巨大需求。这些信息进一步激发了俄国人来华的欲望。为了开辟前往中国的通道并与中国建立贸易联系，俄国人开始直接向中国派出使团和商队，并成功进入北京，实地搜集有关中国社会、政治、物产、军事、宗教和生活习俗等方面的信息。

## 第一节 早期俄国来华使节

继 1618 年托木斯克军政长官派遣彼特林出使中国之后，俄国沙皇于 1653 年派出了以亚雷什金(П. Ярыжкин)为首的第一支商队。商队在厄鲁特蒙古和硕特部首领阿勃莱台吉所派向导的协助下来到北京。亚雷什金不仅进贡了方物，而且遵循朝贡礼仪，行三跪九叩之礼，得到清政府的正式接待。亚雷什金的商队是即将于次年派出的巴伊科夫(Ф. И. Байков，1612—1663/1664)使团的先遣队，其在中俄关系史上的历史地位至今没有得到学术界足够的认识。

巴伊科夫率领使团于 1654 年 6 月 25 日从托博尔斯克出发，于1656年 3 月到达北京。巴伊科夫携带了有史以来沙皇致中国皇帝的第一份国书。沙皇在国书中自称是罗马皇帝恺撒和留里克大公的后裔，声名远扬，希望能和中国建立牢固的友谊，和睦相处。此外，俄国政府为巴伊科夫制定了洋洋万言的训令，要求他对中国的政治、经济、军事、商业、物产和民风等进行全面细致的观察，谋求与中国建立稳定的关系。这一次俄国政府汲取了彼特林由于没有携带礼物和国书而被拒绝觐见的教训，同时又对觐见中国皇帝时外交礼节的每一个细节做出明确的规定，不允许损害沙皇的尊严和声誉。清政府依例令他行跪拜礼,国书要由中方大臣转交。巴伊科夫不敢违背训令,拒绝照办。因为有亚雷什金恭顺在先,巴伊科夫的顽固态度令清政府官员非常不满。双方僵持不下,最后清政府退回了俄国政府的礼品,并责令巴伊科夫尽快离境。9月,巴伊科夫使团不得不离开北京。《清史稿》中记载:"十三年,俄国察罕汗遣使入贡,以不谙朝仪,却其贡,遣之归。"①在俄国认识中国的过程中,巴伊科夫的出使具有重要意义。在大约六个月的时间里他搜集到大量有关北京城、满汉民族生活习俗、商品及价格等方面的信息,并且撰写了报告。

　　为了与清政府建立外交和贸易关系,1675年俄国政府经过精心准备派出一个庞大的代表团,团长为时任俄外务衙门翻译的斯帕法里。此人出生于摩尔达维亚米列什梯的贵族家庭,曾在君士坦丁堡的希腊正教教会学校和意大利帕杜昂大学学习,精通希腊语、土耳其语、阿拉伯语、拉丁语和意大利语;1671年来到莫斯科,被委任为外务衙门的翻译。1676年5月25日,斯帕法里使团抵达北京。在外交礼仪上,斯帕法里同样与清政府接待官员发生了冲突。最后双方都做出妥协,由斯帕法里将国书放在设于午门外铺有黄绸的御案上。由于斯帕法里回避引渡根忒木尔这一影响中俄关系的实质性问题,谈判未取得任何进展。康熙皇帝虽从中俄关系大局出发两次召见斯帕法里,但并没有给沙皇回复国书。9月1日,斯帕法里使团踏上归途。良好的教育经历、通晓多国语言以及熟读欧洲著作,这些优势让斯帕法里在很短的时间内就其出使中国写出了有价值的著作。由他撰写的三部书稿以抄本的形式流传下来,分别是《中国及其省市所在的天下第一洲亚洲记述》(以下简称《记述》)、《旅途日记》和《1675—1678年斯帕法里访华使团文案实录》。《记述》一书被认为是当时有关中国和西伯利亚地区最可信的材料。

　　为了探查清政府对《尼布楚条约》的态度,续商贸易细则,俄国政府派遣荷兰商人义杰斯 (又译伊台斯)(Эверт Избрант Идес,1657—1708/1709)出使北京。义杰斯于1692年3月自莫斯科启程,于次年11月(康熙三十二年十月)抵达北京。法国耶稣会士张诚(P. Joan Franciscus Gerbillon,1654—1707)和葡萄牙耶稣会士徐日升(P. Thomas Pereyra,1645—1708)充当翻译。康熙皇帝虽因沙皇的国书"未将朕置前并写奏字"而拒绝接受并退回礼品,但顾念其路途遥远,不谙中华礼制,对《尼布楚条约》签

---

① 《清史稿》,卷九十一,志六十六,中华书局,1976年。

订后俄国官方派出的第一个正式使团还是给予了礼遇,数次接见、赐筵,并准其在北京出售所携货物。使团于 1694 年 2 月 19 日离开北京,1695年 2 月返回莫斯科。

荷兰人义杰斯作为俄国使节出使中国前后历时三年,回国后写出数份报告。1704 年其出使中国的笔记《中国三年旅行记》在阿姆斯特丹出版,随后被译成英、德、法文出版;而在俄国,直到 1789 年才由诺维科夫(Н. И. Новиков,1744—1818)翻译了义杰斯的笔记,以"义杰斯的旅行及游记"为题发表在《俄国古代文丛》上。①除义杰斯外,使团成员勃兰德(Адам Бранд)1698 年用德文发表了《出使行程》,后被译成英文、法文。两人的著作对增进俄国,特别是欧洲国家对东方的了解做出了贡献,莱布尼茨 (Gottfried Wilhflm von Leibnis,1646—1716) 和伏尔泰(Francois Voltaire,1694—1778)也都注意到他们的笔记。19 世纪下半期曾任京师同文馆俄文教习的柏林(А. Ф. Попов,1828—1870)将其一部分译为汉语,名曰《聘盟日记》。同治十一年(1872 年)由总理各国事务衙门编定的清档《觐事备查》首先将其收录其中。此外,陈其元所著的《庸闲斋笔记》以及邓之诚的《骨董琐记》对义杰斯使华亦有记录。

从 1698 年到 1718 年的 20 年间,俄国至少向北京派出了 10 支官方商队。清政府不仅在接待俄商方面付出巨大,而且还要处理贸易纠纷,最终不堪其扰,1718 年清政府禁止伊斯托普尼科夫(Ф. С. Истопников)的商队来华;次年又致函西伯利亚总督加加林 (М. П. Гагарин,1659—1721),要求俄国商人只在边境贸易。俄国政府遂决定派遣近卫军上尉伊兹玛伊洛夫(Л. В. Измайлов,1685—1738)作为全权大使来华与清政府谈判。1720 年 11 月,伊兹玛伊洛夫使团抵达北京,1721 年 3 月离京。在三个多月时间里,伊兹玛伊洛夫前后 12 次觐见康熙皇帝,每次都行三跪九叩之礼,因而受到特别优待。在伊兹玛伊洛夫的随从中,有三个人留下了旅行日志,生动而翔实地记录了在中国的见闻和感受,一个是郎喀(Лоренц Ланг,? —1746 年后),另一个是贝尔 (Джон Белл,1691—1780),第三个人是翁费尔察格特(Г. И. Унферцагт)。

在早期中俄关系史上,郎喀是一个非常重要的人物。郎喀是瑞典人,

---

① Путешествие и журнал по указу великих государей, царей и великих князей Иоанна Алексеевича и Петра Алексеевича,отправленного из Москвы в Китай, господина Эбергарда Избраннедеса посланником в 1692 году,марта 14 дн//Древняя Российская Вивлиофика, изданная Н. Новиковым, изд. 2, 1789, т. VIII,стр. 360–475 и т. IX, стр. 381–461.

是彼得大帝御医阿列斯金(Роберт Арескин,? —1718)的养子,曾被派至欧洲学习,返俄后在宫廷担任秘书。1715—1737 年,他先后六次来华,留下了珍贵的日记。1721 年,郎喀的首次来华日记用德文出版,1723 年和 1725年出版英文和法文译本。1978 年,这部分日记在《18 世纪俄中关系史料集(1700—1725)》中发表。①1726 年,郎喀第二次来华日记于荷兰的莱顿首次出版。1763 年贝尔将之与自己的游记结集出版,1776 年被翻译成俄文。1822 年,《1721 年郎喀先生在北京宫廷的日记》在《北方档案》上发表。②1781 年郎喀第四次来华日记和第六次来华日记由著名的西伯利亚历史研究者帕拉斯(П. С. Паллас,1741—1811)用德文出版,19 世纪又出版了英文版。此外,郎喀还留给后世一本《中华帝国描述》。全书共 14 章,用德文写成。但此作直到 1961 年才由苏联汉学家沙弗拉诺夫斯卡娅 (Т. К.Шафрановская,1926—　　)节译,发表在《东方国家与民族》集刊上。③郎喀在西方接受过良好的教育,具有较高的文化修养,经历丰富,有很强的观察力。无论是日记,还是综述性著作《中华帝国描述》,其中都包含大量有关 18 世纪中国社会、政治、经济状况以及耶稣会士在华活动情况的描述,是研究早期中俄关系以及中俄文化交流史的重要素材。

　　贝尔是一名苏格兰医生,自幼向往遥远的东方国家。1719 年,他作为伊兹玛伊洛夫使团的医生出使中国,但从他在北京期间参加了所有觐见与谈判活动这一点看,其身份似乎不单是随团医生。1747 年,贝尔返回苏格兰,在其庄园中生活直至去世。在随同伊兹玛伊洛夫使华期间,贝尔同样详细记录了沿途见闻。1763 年,他在苏格兰将郎喀日记连同自己写的游记一同发表,书名为《贝尔亚洲游记》④,1766 年法文版问世,1769 年出版荷兰文版,1787 年出版德文版。由叶卡捷琳娜二世 (Екатерина II,1729—1796)倡议成立的"译书促进会"将贝尔的书选定为翻译书目,1776

---

①　Записки Л. Ланга о поездке в Пекин в 1715–1717 гг. //Русско-китайские отношения в XVIII веке. Материалы и документы(1700–1725), Т.1. М.,1978. С.487–497.

②　Лоренц Ланг. Поденные записки о пребывании Лоренца Ланга, агента императора российского, при китайском дворе в 1721 г.//Северный архив, 1822, ч. 3, No 17, C. 329–356; No 18, C. 413–448; No 19, C. 28–46; No 20, C. 85–114; No 21, C. 191–199; No 22, C. 265–282; No 23, C. 344–364.

③　Шафрановская Т. К. Путешествие Лоренца Ланга в 1715 –1716 гг. в Пекин и его дневник// Страны и народы Востока. Вып. II. М., 1961.

④　John Bell, *Travels from St.-Petersburg to Diverse Parts of Asia*, Glasgow, 1763.

年由诗人兼翻译家米·伊·波波夫(М. И. Попов,1742—约 1790)从法文翻译为俄文并在圣彼得堡出版。①俄文版由三卷组成,其中第二卷记录了贝尔在北京的活动情况。1978 年苏联科学院远东研究所编辑出版《18 世纪俄中关系史料集(1700—1725)》,重新发表了贝尔的北京日记。②

在伊兹玛伊洛夫使团中还有一位成员也留下了自己的中国见闻录。这个人叫翁费尔察格特,他本是一位画家和铜版画雕刻家,德意志人,叶卡捷琳娜一世(Екатерина I,1684—1727)时期到圣彼得堡。伊兹玛伊洛夫使团返俄后,他仍被留在北京达数月之久,协助商务专员郎喀,由此获得观察中国社会生活的机会。他的旅华日记于 1725 年在吕贝克出版。③与贝尔和郎喀的日记相比,翁费尔察格特的日记影响较小,除了德文首版之外,未见被译成其他欧洲语言,直到 1978 年俄国学术界才看见这部作品的俄译本。④

由于俄国对清政府提出的引渡蒙古逃人以及划分边界等事项一味搪塞拖延,并且暗中与有分裂倾向的厄鲁特蒙古联络,清政府决定驱逐郎喀,拒绝俄国派遣主教来华的请求,同时禁止俄国商队继续来京。为了缓解中俄关系的僵局,叶卡捷琳娜一世即位后立刻任命具有丰富商务和外交谈判经验的萨瓦(Савва Лукич Владиславич-Рагузинский,约 1670—1738)为特命全权大使出使中国。萨瓦本是波斯尼亚人,1703 年到俄国经商,其间多次为政府效力,参与各种外交谈判,展现了出色的谈判才能,获得彼得一世(Петр I,1672—1725)垂青,被任命为宫廷枢密官。1726 年,萨瓦使团抵达北京,受到雍正皇帝接见。双方官员经过在北京和边境地区的密集谈判,最终于 1728 年签订中俄《恰克图条约》,勘分中俄中段边界,确定了以恰克图和祖鲁海图为中心的新的双边贸易规则,允许俄国派遣传教团及学生来华。在与中国政府交涉的过程中,萨瓦对中国的政治、经济和军事状况进行了深入研究,不断就谈判进程和对华关系问题向俄国

① Джон Белл. Беллевы путешествия чрез Россию в разные азиатские земли .СПб., 1776.

② Записки Д. Белла о путешествии в Цинскую Империю в 1719 –1722 гг.// Русско - китайские отношения в XVIII веке. Материалы и документы(1700–1725),Т.1. М.,1978. С.498–554.

③ Georg Johann Unverzagt . Die Gesandschafft Ihro Käyserl. Majest. von Gross-Russland an den sinesischen Käyser,wie solche anno 1719. aus St. Petersburg nach der sinesischen Haupt-und Residentz-Stadt Pekin abgefertiget; bey dessen Erzehlung die Sitten und Gebräuche der Chineser. Lübeck, 1725.

④ Записки Г. И. Унферцагта о путешествии в Цинскую империю в 1719–1722гг. //Русско-китайские отношения в XVIII веке. Материалы и документы (1700–1725),Т.1. М.,1978. С. 555–584.

政府提出建议。除了写给俄国政府各种关于中国的报告之外，萨瓦还在返回俄国后将自己搜集到的具有重要价值的中国信息加以整理，于1731年呈献给了安娜（Анна Ивановна，1693—1740）女皇。这份报告名为《1731年萨瓦·弗拉基斯拉维奇·拉古津斯基伯爵进呈安娜·伊凡诺夫娜女皇有关中国国力和现状的机密情报》。这份手稿作为机密文献，被长期封存在档案中，直到1842年才在《俄国通报》上发表。全文共分23个章节、题目，内容非常丰富，中国政治、军事实力和商业状况是其关注的重中之重。

此外，萨瓦使团中的皮萨列夫（С. И. Писарев，1707/1708—1775）也留下一份珍贵的旅华记录。皮萨列夫当时的职务是使团书办，专门负责记录中俄交涉大事要闻。他早年就学于莫斯科的斯拉夫-希腊-拉丁学院，毕业后在这所学校教授过希腊语。他先后在枢密院、圣务院和外务院等部门任职，还翻译过许多神学书籍。1772年他出版了意大利历史学家卡蒂弗洛（Antonio Catiforo，1685—1763）的《彼得大帝生平》[①]，其中附录了自己的《对该书中国历史内容的补述》一文。皮萨列夫不仅根据西方传教士的著作介绍了中国历史，还参考以往俄国来华使节的报告，对早期中俄关系进行了回顾。对中俄签订《恰克图条约》的过程，皮萨列夫也把自己的见闻详细记录了下来。这篇重要的历史资料在1990年苏联出版的《18世纪俄中关系史料集（1725—1727）》第二卷中被再次校订刊出。[②]

1728年以后，中俄贸易的中心转移到了恰克图（中国边境一侧的晋商聚居地被称为"买卖城"），但俄国仍可每隔三年派遣一支不超过200人的商队前来北京进行贸易。这些商队的总管经常担负着传递政府公文甚至交涉两国间外交事务的任务。有时也有专门的信使往来于北京和圣彼得堡。1756年布拉季舍夫（В. Ф. Братищев，？—1757后）作为信使在北京停留一月有余，他借助天主教传教士，对根据伏尔泰的著作拟定的26个问题进行实地调查，回国后完成了《布拉季舍夫在北京短暂逗留期间对

---

① Житие Петра Великаго императора и самодержца всероссийскаго, отца отечества: Собранное из разных книг, во Франции и Голландии изданных. И напечатанное в Венеции, Медиолане и Неаполе на диалекте италианском, а потом и на греческом, с коего на российский язык перевел статский советник Стефан Писарев. СПб., 1772. С. 418–511.

② Записка С. И. Писарева о путешествии в Цинскую империю в 1725–1728 гг.//Русско-китайские отношения в XVIII веке. Материалы и документы (1725–1727),Т.2. М.,1990. С. 514–527.

伏尔泰中国论断的调查与验证》一文。然而在这篇长文中,布拉季舍夫所记录的基本是北京耶稣会士传递给他的信息,并无多少他本人的思考;直到由俄国汉学家罗索欣(И. К. Россохин,1717—1761)将其重新注释之后,才成为具有一定可信度和学术价值的资料。18世纪下半期,俄国政府基本上不再派遣使节来华,研究中国和搜集情报的使命改由俄国东正教驻北京传教团成员承担。

## 第二节　俄国使节笔下的中国社会与文化

对中国进行观察,是俄国政府赋予来华使节的重要使命。俄国使节在记录沿途道路及自然风貌之余,还按照政府训令对中国的物产、商业、军事、政治、社会和文化等情况进行详细记录,表达自己的感受并进行评论。尽管这些实录文字在当时只具有情报价值,但在今天看来,其中所包含的信息具有很高的史料价值,反映了俄国人对中国的认知水平和关注的重点。

### 一、物产与商业

与中国建立贸易关系,进而出售俄国毛皮,购买中国的丝绸、棉布、瓷器和贵重金属,这是早期俄国对华关系中的重要诉求。在中俄贸易集中于买卖城和恰克图之前,中俄之间的京师互市达数十年之久。俄国商队络绎不绝,并有使节同行。有时商队的首领就是俄国政府的使节。加斯东·加恩(Gaston Cahen)说这些来华俄国人"既是商人,又是外交代表"[1]。他们在出售货物以及与清政府接洽的同时,观察和记录中国的物产和商业状况。

走在北京的大街上,对俄国使节触动最大的莫过于中国丰富的物产。巴伊科夫记述道:"汗八里城和各个城市都有各种瓜果蔬菜,如苹果、梨、樱桃、李子、甜瓜、西瓜、葡萄、黄瓜、胡桃、榛子、蜂蜜、蜂蜡和糖,还有其他一些不知名的果蔬。"[2]"中华帝国有许多种辛香作料,如辣椒、丁香、肉桂、肉豆蔻仁、姜、北极悬钩子根、八角茴香和茶叶。"[3]种植的各种作物

---

[1]　[法]加斯东·加恩:《彼得大帝时期的俄中关系史(1689—1730年)》,江载华、郑永泰译,商务印书馆,1980年,第64页。

[2]　苏联科学院远东研究所等编:《十七世纪俄中关系》(第1卷 第2册),厦门大学外文系《十七世纪俄中关系》第1卷翻译小组译,商务印书馆,1978年,第257页。

[3]　同上,第272页。

也很多，"他们的耕地与俄国相仿。种植的庄稼有：小麦、黍稷、大麦、豌豆、燕麦、亚麻、大麻；各种瓜果蔬菜也很多。有各种树木，橡林、桦树、松树、雪松、菩提和云杉"①。而一句"还有其他一些不知名的果蔬"则表露出俄国使节对中国丰富物产的羡慕之情。俄罗斯虽然国土辽阔，但由于气候条件的限制，天然物产，尤其是人民日常生活所需的食物并不是很丰富。所以无论是在来京途中，还是到达北京之后，当他们看到品种繁多、令人眼花缭乱的瓜果蔬菜，无不眼界大开，有目不暇接之感。中国丝绸早已名扬海外，自然也是俄国商队在北京重点采购的商品。他们看见各种类别和花色的丝绸、丝绒、花缎、绢、塔夫绸、绣金缎以及各色镶铜丝的绸缎，琳琅满目，光艳照人。他们注意到中国的黄金、白银、珍珠、宝石等贵重物品很多。此外，瓷器、棉布、烟草、辛香作料等也颇受俄国商人的青睐。斯帕法里写道："中国出现的许许多多事物是其他任何国家都不会出现的，可以说中国在大地上犹如戒指上的一粒珍贵的宝石，仅仅在中国可以购买到的物品比所有其他地方可以购买的总和还要多……所以关于中国，可以谈论的东西比罗马帝国要多得多。"在斯帕法里看来，中国的物产是最丰富的，生活在中国也是最幸福的，"在中国的土地上到处都是欢乐和愉快，无论海上还是陆地上都一样，田地和河流都被收拾得干干净净、整整齐齐"②。

关于中国的商业状况，萨瓦的记述可谓详细。论其缘由，萨瓦本人就是一个大商人，长期在俄国以及其他欧洲国家从事贸易，并由此积累了巨额财富。另外，从其对中国的描述看，显然他阅读过欧洲的中国题材著作。对于一个经由广阔草原来到北京而且并未停留太长时间的外国人而言，他关于中国国内贸易情况的认知更可能来自书本。他写道，中国各省各城之间存在密切的贸易联系。商人做生意需要纳税，在一地纳税后，可持照在异地免税。中国与日本有贸易联系，与蒙古人交换货物。中国的商船在兵船的护送下前往日本进行贸易，从日本运回大量黄金、白银和手工艺品；将棉布、丝绸、小米、烟草和茶叶运往蒙古地区，换取蒙古人的牛、羊、马匹和骆驼。他认为，中俄贸易是一种互利互惠的贸易，因为中国的王公贵族喜欢穿戴贵重毛皮，俄国的毛皮和鱼牙（即海象牙）在中国有很好的

----

① 苏联科学院远东研究所等编：《十七世纪俄中关系》（第1卷 第2册），厦门大学外文系《十七世纪俄中关系》第1卷翻译小组译，商务印书馆，1978年，第266页。

② Лукин А. В. Медведь наблюдает за драконом. Образ Китая в России в XVII–XX веках. М.,2007.С.40.

销路。萨瓦对中国与西方国家的海上贸易也有所了解。西方商人主要向中国出售毛呢、棉毛混纺花布和镜子等商品,用于换取中国的丝绸和茶叶,西方商人也使用银币进行交易。他还注意到,中国人在与西方人进行贸易时,始终保持着高度警惕,不仅禁止这些国家在广州派驻领事,而且要求外国船只靠近中国海岸时,在火炮有效射程外将船上的舵轮和大炮拆除,外国船只离开时直到距码头的距离超过火炮射程后才可以再行安装。[①]可见,萨瓦对中国贸易环境的了解还是比较全面的。

在完成外交使命和出售货物的同时,俄国使节有时还担负着采办皇家用品的任务。伊兹玛伊洛夫曾在北京为俄国宫廷采购丝绸壁纸。翁费尔察格特写道,在启程回国之前,"他需要认真思考一下,如何完成大俄罗斯沙皇陛下的嘱托,即按照在圣彼得堡收到的欧洲样品在中国订购18张壁纸。这些样品形态各异,非常精美,价格昂贵。他派翻译去打听是否有人愿意制作这些壁纸。翻译回来汇报说,中国人要一万两白银的手工费,此外,使节需自己准备材料,如丝绸、丝、金、银等,同时还说制作这些壁纸需要耗时三年。这样一来,使节就不会订购了,因为他不能等到壁纸制作完成的时候"。"但是,当中国皇帝获悉此事之后,次日便派了两位尚书向使节索取准备为大俄罗斯沙皇购买壁纸的样品。使节说,他不是要为沙皇购买壁纸,而是为自己,因为他正好想在莫斯科建一座新房子,想贴上壁纸。两位尚书回去向皇帝汇报俄国使节的答话,但很快就返回来转达皇帝的旨意。皇帝让他们说,他很清楚,作为一位大臣,使节本人是不会为自己订购如此昂贵的壁纸的,显然是为自己的主人订购。皇帝想看看样品。使节不得不交出样品,中国大臣立刻将其送往皇宫。过了一天,那两个大臣来到俄罗斯馆,说皇帝准备自己花钱订购这样的壁纸,因为他不知道还有什么方式可以为大俄罗斯沙皇陛下效劳。他乐意做这件事情,工匠们会马上开始制作,一旦做好,立刻运走。"[②]壁纸造好以后,理藩院通知留京的郎喀,郎喀立刻命令翁费尔察格特押运壁纸回国。当翁费尔察格特走到奥卡河边的穆罗姆城时,正赶上彼得一世率军出征波斯途中在此驻跸。彼得一世立刻召见了翁费尔察格特,而后命令他乘坐沙皇的

---

① Рагузинский С. В. Секретная информация о силе и состоянии Китайского государства, поднесена императрице Анне Ив. графом Саввою Владиславовичем Рагузинским в 1731 году// Русский Вестник, 1842, № 2, С.303–309.

② Записки Г. И. Унферцагта о путешествии в Цинскую империю в 1719–1722 гг. // Русско-китайские отношения в XVIII веке. Материалы и документы(1700–1725 гг.), Т.1.М.,1978.С.576.

大桡战船前往下诺夫哥罗德。彼得一世怀着极大的兴趣，与皇后和大臣们一起欣赏了在中国采办的货物。他对丝绸壁纸感到非常满意，问海军元帅阿普拉克辛(Ф. М. Апраксин，1661—1728)是否可以在圣彼得堡生产。当皇后听说这些价格昂贵的壁纸是康熙皇帝所赠时，一时竟难以置信。彼得一世命令翁费尔察格特将中国皇帝的礼物运到莫斯科，交给他的近臣亚古任斯基(П. И. Ягужинский，1683—1736)伯爵处理。①萨瓦在1728年为彼得二世(Петр Ⅱ，1715—1730)在中国定做了一顶帐篷，"虽然这顶帐篷内部空间不大，但非常昂贵，用丝和金线织成。这是我在北京花五百卢布买的，想进献给陛下"②。

　　然而在和中国商人接触之后，俄国使节注意到中国商人聪慧、精明。在很长一段时间里，中国商人都给俄罗斯人留下了狡猾、善于使用欺诈手段获利并常与官府勾结的不良印象。他们提到，中国商人在看完俄国人的货物后，一般不急于讨价还价，更不轻易出手购买，而是与其他商人串通一气定出一个非常低的价钱；在卖给俄国人东西时，要价非常高，而且所有商铺都是一个价。斯帕法里在其报告中写道："我国商人拿出货物给他们看"，"彼此进行了讨价还价，什么买卖也没有做成。""价值一两银子的他们要卖一百两，也不感到害臊，不管做什么买卖，世界上都没有像这样狡猾的人。""有许多显贵、大臣的仆人和商人都到宾馆来找使者，向使者购买剩余的君主货物，如貂皮和海象牙，以及使者本人的剩余货物。他们开始只出原先买价的三分之一，说些贬低货物的坏话，以为这样一来就可以按照他们出的价钱把东西买去。"③

　　中国商贩特殊的叫卖方式引起俄国使节的极大兴趣。翁费尔察格特写道："在小城的所有大街上都有集市，货物应有尽有。卖货的总是随身带着一样东西，通过这个东西，人们就可以知道他卖什么。这样，卖货的就不必像我们这里那样高声喊出货物的名称了。假如他们叫喊起来，肯定能把人吵得堵上耳朵。举几个例子：卖罐子的一边推着独轮车，一边敲

---

①　Записки Г. И. Унферцагта о путешествии в Цинскую империю в 1719–1722 гг. // Русско-китайские отношения в XVIII веке. Материалы и документы(1700–1725 гг.),Т.1.М.,1978.C.579–580.

②　1728 г. Апреля 22.—Реляция С. Л. Владиславича-Рагузинского Коллегии иностранных дел из Селенгинска о близком завершении последнего этапа возложенной на него миссии. //Русско-китайские отношения в XVIII веке. Документы и материалы(1727–1729), Т. 3. М., 2006.C.242.

③　苏联科学院远东研究所等编：《十七世纪俄中关系》(第1卷 第3册)，厦门大学外文系《十七世纪俄中关系》第1卷翻译小组译，商务印书馆，1978年，第605页、第645页、第679页。

打着某个罐子;卖布的背着一卷布,手里拿着一根小棍,顶端绑个小鼓,鼓
上坠一铅块,一转小棍,铅块敲击两个鼓面;走街串巷卖果子点心的,随身
带一个梆子,用小棍敲出声响。这样,不用听叫卖声,就能知道谁在卖什
么。"①比翁费尔察格特晚几年来华的皮萨列夫也注意到北京城商贩的叫
卖习俗,"北京的治安比其他任何地方都要好。因为每一种手艺人和师傅
都确定拥有一种特别的拨浪鼓和响器。他们一边走街串巷,一边敲打出声
响,光凭响器就能被辨别出来,如剃头的、裁缝、鞋匠等手艺人被需要他们
的人叫到家中干活。没有人会击打别人的响器,他们只敲打属于自己的那
一种,告诉人们他来了。人们凭声音就可以判断是哪种手艺人,包括挑水
工和其他干粗活的人"②。萨瓦也认为北京的社会秩序是世界上最好的,而
这主要得益于中国商贩五花八门的叫卖声以及响器的声音;他的记述在
文字和语气上与皮萨列夫非常相似。③

## 二、民风民俗与宗教信仰

　　过了长城以后,俄国人才算真正看见他们所谓的"中国人"。这个
"中国人"实际是俄国人对中国以汉人为主体的农耕民族的泛称。汉人
的外貌首先给俄国人留下了良好的印象。他们认为,"中国人"是一个讲
究个人卫生、面貌整洁的民族。这是他们在与自己或其他游牧民族比较
后得出的结论。巴伊科夫在报告中写道:"中国都城内的汉人无论男女,
身材高大,也很整洁。女人的脚像小孩的脚一样小。据说她们是故意把
脚缠小的。女人穿的衣服很短,有开襟,袖管却很宽大,像宽袖女上衣的
罩衫。头发束得同欧洲人一样。男人穿的衣服很长,有纽扣,扣在怀里。
男女的衣服颜色都很单调,除了宫廷人员和王爷之外,人们不穿带色的
衣服。冬天他们头上戴一顶土耳其式小帽,只是在帽子上有一条很长的
红丝花翎。夏天戴一种席草编的小帽,帽上也有那种花翎。男人不留头
发,只是在头顶上留一缕蓬起的头发,编成一根蒙古式的辫子⋯⋯蒙古

①　Записки Г. И. Унферцагта о путешествии в Цинскую империю в 1719 –1722 гг. //
Русско–китайские отношения в XVIII веке. Материалы и документы(1700–1725 гг.),Т.1. М.,1978.
С.582.

②　Записка С. И. Писарева о путешествии в Цинскую империю в 1725–1728 гг.//Русско–
китайские отношения в XVIII веке. Материалы и документы(1725–1727), Т.2. М.,1990.С. 524–525.

③　Рагузинский С. В. Секретная информация о силе и состоянии Китайского государства,
поднесена императрице Анне Ив. графом Саввою Владиславичем Рагузинским в 1731 году//
Русский Вестник, 1842, № 2, С. 319.

族女人很整洁,不缠脚,穿的衣服很长,像卡尔梅克人的样式,拖到地上,头发编成辫子,盘在头上,没有东西蒙起来。男女穿的衣服都是黑色的。"①斯帕法里在其游记中对中国男人的辫子和女人的裹足风俗给予了特别关注。

俄国使节观察中国人日常生活习俗,始终是从本民族视角进行的。对于中国人的民族性格,他们最赞赏的就是勤劳、智慧、好客、宽容等品质。义杰斯写道:"中国的老居民是较满洲人或鞑靼人更为诚实的民族。他们不酗酒,生活俭朴,穿着整洁,喜欢送礼,巧于经商;他们极为灵活,善于和各种人相处。他们像信奉某种宗教一样遵循古老的规矩:从不改变衣服的式样,也不许建立新的规矩。有人对我说,一万二千年来,没有一个皇帝得以稍稍改变某些名门望族的信仰、规矩和衣着。"②贝尔认为:"中国人在待人接物方面很礼貌、好客,对同胞和外国人都很宽容。他们道德完善,行为规矩,对地位高于自己的人很恭顺。他们在对待父母和妻子方面最与众不同,如何赞扬都不过分。中国人自古以来过着清醒而隔绝的生活,他们已经习惯了这种生活方式,而这些品质就是由这种生活方式自然养成的。任何一个人,只要和中国人稍有接触,便会立刻通过其行为发现优良道德,看到他们与大多数民族的众多差异。""很容易以为在像北京这样人口众多的城市,一定会有许多懒惰的男女,但以我之见,即使与世界上的其他比北京小的城市相比,这里的懒人也要少得多。"③翁费尔察格特说:"中国人非常勤劳,有求知欲,爱好和平,但若是惹恼了他,则有强烈的报复心。"④

俄国使节一进入中国境内,便受到沿途官员盛情招待。义杰斯使团入境后,在齐齐哈尔受到清政府官员热情接待,见识了中国人的待客之道,品尝了中国美食。他写道:"至于谈到给予我的礼遇,那么教养极好的中国官员于14日盛情邀请我赴宴。我接受了邀请。他们非常友好地接待并宴请了

---

① 苏联科学院远东研究所等编:《十七世纪俄中关系》(第1卷 第2册),厦门大学外文系《十七世纪俄中关系》第1卷翻译小组译,商务印书馆,1978年,第274页。

② [荷]伊台斯、[德]勃兰德:《俄国使团使华笔记(1692—1695)》,北京师范学院俄语翻译组译,商务印书馆,1980年,第276页。

③ Записки Д. Белла о путешествии в Цинскую империю в 1719–1722 гг. // Русско-китайские отношения в XVIII веке. Материалы и документы(1700–1725 гг.),Т.1. М.,1978.С.544.

④ Записки Г. И. Унферцагта о путешествии в Цинскую империю в 1719–1722 гг. // Русско-китайские отношения в XVIII веке. Материалы и документы(1700–1725 гг.),Т.1.М.,1978.С.580.

我。席上有美味的汤、蔬菜、热菜、甜菜,最后是各种甜点心和中国水果。官员、仆役、侍卫们都井然有序地站着,每人都极其恭敬地、彬彬有礼地站在自己的位置上,像我们欧洲一样。只有一点使我不满意,即我必须在官员身旁盘腿坐在地毯上,这是很难受的。"①

俄国使节不仅惊叹于让人眼花缭乱的食品,更对中国人使用独特的餐具——筷子而匪夷所思。勃兰德说:"中国人用以代替刀叉的筷子很细,有一拃长,一般用乌木、象牙和其他硬质材料做成。筷子接触食物的一端有金或银的包头。中国人用这种筷子能很快把任何食物送入口中,从不弄脏手指。"②到达张家口之后,义杰斯也描述了筷子的妙处:"中国人不用桌布、餐巾、刀、叉或盘子;桌上只放一双象牙或乌木小圆筷子,这就是席上的全部陈设。中国人很会运用这种筷子,特别使人惊诧的是他们能用筷子夹住大头针的头儿,把它拣起来。他们用右手的拇指、食指及中指拿筷子。""他们使用筷子非常灵巧:什么也掉不了,也不会玷污衣服。"③勃兰德生动地记录了他使用筷子的感受:"汤里有用面粉做成的、像肠子一样又细又长的小条。我们互相鼓励,尝尝这最后一道菜,但不管我们怎样使劲,小面条总是进不了嘴。只有侍读学士的两位笔帖式有吃这玩艺儿的经验,他们很快把小面条塞进嘴里,津津有味地吃着,这使我们感到很有趣。他们吃饭不用刀叉,而用两根骨制的筷子。他们用筷子夹住面条,把浅碗端到嘴边,很快把面条塞满一嘴,而碗里却还留下了一部分。"④贝尔在张家口也生平第一次品尝了闻名遐迩的中国美食,见识了中国人代替叉子的"骨制小棍子",为中国人出色的厨艺而惊叹不已,他声称"从未见过如此令人愉悦的宴席"⑤。

总之,俄国使节用了很多笔墨来介绍中国的美食;对皇帝的赐宴,更是津津乐道。在紫禁城或畅春园,皇家御宴繁复的程序并没有使他们感到不便,面前的美酒佳馔、金盘银碗,令他们终生难忘。他们津津乐道于中国独特的饮食传统,不厌其烦地罗列每道菜的名称,介绍各种饮品的味道。与此同时,他们也从清政府官员口中逐渐了解到皇帝赐宴所具有的政治含义。

---

① [荷]伊台斯、[德]勃兰德:《俄国使团使华笔记(1692—1695)》,北京师范学院俄语翻译组译,商务印书馆,1980年,第168页。

②④ 同上,第173页。

③ 同上,第186页。

⑤ Записки Д. Белла о путешествии в Цинскую империю в 1719–1722 гг. // Русско-китайские отношения в XVIII веке. Материалы и документы(1700–1725 гг.),T.1.M.,1978.C.519.

中国人在用美食招待俄国使节的同时，还请戏班或艺人在席间演出节目助兴。中国戏曲的内容和特有的形式给他们留下深刻的印象。然而由于文化背景的不同和语言的隔膜，俄国人不仅无法理解剧情，而且优美动听的中国音乐有时还会在他们的耳朵里变成噪音，令他们难以忍受。义杰斯写道："饮过几杯茶后，设盛筵招待我，还演了一场戏，用中国音乐伴奏。由各种锣和弦乐器奏出的音乐，造成一种奇怪的、杂乱无章的噪音，使人想跑开。"①在不了解剧情的情况下，首先引起他们注意的是中国演员华丽的行头和优美的身段，"首先上场的是一位美貌女子，身披锦绣，头戴凤冠，珠光宝气。她嗓音甜美，唱腔悠扬，婉转动听，手持扇子，做出优美的姿态和手势"②。

义杰斯和勃兰德都曾试图借助翻译弄清剧情，但似乎并不成功。义杰斯说："接着演出颂扬以前某中国皇帝的戏。该皇帝忠于祖国，因此被编成戏剧传颂。有时皇帝亲自出台，冠服华贵，手持一块用象牙制成的类似扁平的权杖的东西；有时出台的是他的武将，肩插旗帜，手持兵器或鼓等。他们的仆人不时穿着逗人发笑的衣服，脸上勾了各种脸谱，出来打诨插科。他们演得都很熟练，俏皮……因为有翻译，我能明白。他们的演出非常引人发笑，尤其可笑的是有一个人追求一个名声不好的女人，娶了她，结果被欺骗了。他以为她已归他一人所有，但另一个男人却就在他眼前成为她的情人。"③而勃兰德则说："戏演得颇有风趣，演员的姿态和表情极为优美……这出言情戏的内容是：父亲想给儿子娶某女子，但这个女人已有很多情人，扮演媒人的是一个小丑，因为出了力也曾与她私通，结果这桩媒没有做成。这出戏看起来很发噱，演出过程中还穿插了小丑打诨。戏装用华丽的金线绣花的绸子做成，戏子们十次换装，多次博得喝彩。"④两人看到的是同一场戏，但似乎都没有看懂，而我们也难以根据他们的描述确定他们看到的是哪出中国戏曲。他们对中国戏曲的总体印象是，并不比"在欧洲看到的差"⑤。

————————

①　[荷]伊台斯、[德]勃兰德：《俄国使团使华笔记（1692—1695）》，北京师范学院俄语翻译组译，商务印书馆，1980年，第185页。

②　Избрант Идес и Адам Бранд. Записки о посольстве в Китай. М., 1967.С.196–197.

③　[荷]伊台斯、[德]勃兰德：《俄国使团使华笔记（1692—1695）》，北京师范学院俄语翻译组译，商务印书馆，1980年，第187—188页。

④　同上，第191页。

⑤　同上，第188页。

　　翁费尔察格特留下的关于中国戏剧的记述可以使我们确信他也没有完全理解中国戏曲,但其文字非常生动:"他们的剧院是这样的,观众每两人一桌,桌上摆着他们喜欢的吃食,平静地观看演出。剧院一般能容纳二三千人,每个人都能点他爱吃的东西,以免在演出期间感到无聊。他们一般在上午十点就开始上演一些滑稽剧,晚上十点左右收场。演员都是男人,有年轻的,也有岁数大的。青年演员经常穿上女式服装,唱得像最迷人的女子那样温柔婉转,扭捏作态,以至于观众坚信男人不可能演得如此惟妙惟肖。他们的戏服保持着鞑靼人征服这个国家时的老样式。他们的音乐乏善可陈,毫无和谐可言,唢呐、定音鼓(他们总是连敲三次)和钟声齐鸣,然后四五十人和乐唱起来,叫喊起来,让人身上直起鸡皮疙瘩。一会儿有人涂着大红脸从门口出来,大发雷霆,就像活见了鬼。一会儿有人犯罪受审,左右站立着凶神恶煞的兵丁。总之,他们演出各种剧目,但我无法都记住,而且只看懂一点点。剧院出口处坐着一个人收茶点钱,观众不用为看戏付费,一天可以吃掉十到十二文钱……"①

　　自元代开始,大象就是宫廷仪仗的组成部分,清代沿袭了这个传统,有专门饲养大象的象房,同时还设立了演象所,对大象进行驯养。每逢大的朝会,则将大象列于午门左右。大多数欧洲人只是从书本上知道这种巨型热带动物的存在,却从未见过,因而兴趣也极大。令他们没有想到的是,他们竟然在北京看见了大象。义杰斯和勃兰德两位使臣在紫禁城觐见康熙皇帝时,生平第一次看见大象。这些大象鞍具精美,背上设御座,由数人驾驭。在清政府官员陪同下,他们还参观了象房和演象所。大象表演是最让他们称奇的马戏节目。他们看见"主要驯象人一声令下,大象便都吼叫起来,有的如虎啸,吼声极为可怕,震撼墙壁。其他的象或如牛鸣,或如马嘶,或如金丝雀歌唱;它们还能发出像基督教神话中最后审判日的号声,令人惊异不止。接着它们跪下来……然后躺下,一会儿向左侧躺着,一会儿向右侧躺着,然后站起来"②。伊兹玛伊洛夫使团也参观了清廷象房,贝尔在日记中写道:"过了一会儿,他们把大象牵到院子里。每头象上坐着一个驯象人,手里拿着一柄长锤,其中一头磨得很尖,用以迫使大象就范。我们在这里看了大约一个小时,为这些野兽的聪明感到惊讶。有些大象身躯

---

　　①　Записки Г. И. Унферцагта о путешествии в Цинскую империю в 1719–1722 гг. // Русско–китайские отношения в XVIII веке. Материалы и документы(1700–1725 гг.),Т.1.М.,1978.С.581.

　　②　［荷］伊台斯、［德］勃兰德:《俄国使团使华笔记(1692—1695)》,北京师范学院俄语翻译组译,商务印书馆,1980 年,第 226 页。

异常巨大。他们牵着这些庞然大物从我们面前经过，前后间隔距离一样大，从围栏中走进走出，如此往返不绝。我们终于看完了这个节目。象房主管说，大象的数量不会超过六十头。"①

杂技在汉代被称为"百戏"，隋唐时被称为"散乐"，唐宋以后开始使用"杂技"一词。在中国民间，杂技一直是民众最为喜闻乐见的娱乐活动和表演项目。勃兰德生平第一次看见中国的杂技绝活顶碗："开宴前有一个约十岁的男童出来表演。他先在地毯上做了一些灵巧的动作，然后爬到临时搭的戏台上，在他背后放上七只瓷碗，男孩子不转身向后弯腰把碗一只一只用嘴叼起来，放到桌子的另一边。后来，他一只手支撑倒立在桌上，用嘴唇叼起三只碗。接着，他把双手放在背后又举起来，拿起两只碗，又拿起两只碗，最后把七个碗都摆到了他的背后。他像青蛙那样俯下身去，又把那些碗一个接一个地叼起来。当他叼起最后一个碗的时候，人们就让他保持这个姿势把他抬走了。"②在勃兰德之后来华的俄国使节也都对中国杂技和魔术进行了生动描述。

贝尔还未到北京城，就见识了中国民间历史悠久的娱乐方式——斗鹌鹑。他写道："这些小家伙，一旦把它们放到桌子上，就开始愤怒地攻击对方，让人看了非常吃惊。它们像公鸡那样进行你死我活的争斗。中国人很喜欢这种娱乐，肯为自己的鹌鹑下大赌注，就像英国人为自己的公鸡下赌注一样。中国人也斗鸡，但多为贫民。在一只鹌鹑快要伤着另一只鹌鹑之前，人们会将它们分开，关进笼子里，直到下次决斗再放出来。"③

18世纪，大部分来华的欧洲使节，无论是俄国人，还是来自其他国家的人，都是基督教徒。中国的宗教、神像和仪式令欧洲人感到新奇，甚至是不可思议。在他们眼中，中国人都是异教徒或多神教徒，祭拜的神祇五花八门，仪式怪异，难以捉摸。义杰斯和勃兰德从黑龙江将军辖区入境，在嫩江地区目睹了当地居民的萨满教风俗："他们都是多神教徒，信奉鬼神，用他们自己的话说，他们全都是萨满，也就是说，他们供奉并能召请撒旦。午夜时分邻人们常常聚集在一起，有男也有女；其中一人往地上一躺，挺直

①　Записки Д. Белла о путешествии в Цинскую империю в 1719–1722 гг. // Русско-китайские отношения в XVIII веке. Материалы и документы(1700–1725 гг.),Т.1.М.,1978.С.528.

②　[荷]伊台斯、[德]勃兰德：《俄国使团使华笔记(1692—1695)》，北京师范学院俄语翻译组译，商务印书馆，1980年，第191页。

③　Записки Д. Белла о путешествии в Цинскую империю в 1719–1722 гг. // Русско-китайские отношения в XVIII веке. Материалы и документы(1700–1725 гг.),Т.1.М.,1978.С.520.

身子,站在周围的人立刻同声发出可怕的号叫,另一些人则敲鼓。一时间号叫声此起彼伏,持续两个小时,直到躺在地上的那人鬼神附体。在长时间号叫后,他站起来,告诉人们他到了哪里,看见了和听到了什么。"①他们走到喜峰口时,第一次看到佛道庙宇。勃兰德写道:"在这里我们初次看到了中国的神像。中国人不仅在城镇村庄,而且在人们难以攀登的高山上建筑了各式各样的庙宇,实在令人惊讶。""远看这些庙宇极为壮观。神像则面目可憎而可怕,即使最高明的画师也无法画得更令人憎恶了。神像一般是泥塑木雕,有的敷上金粉,显得富丽堂皇。所有的庙宇都有一尊目光炯炯手持权杖的神像,称为战神,极受人崇敬。神像旁边陈列着大大小小的鼓,祀神时敲击。"②

　　俄国使节也曾试图进一步了解中国人的信仰,但因语言隔膜和受翻译水平的影响,所获得的信息并不精确:"中国人像敬神一样尊敬他们的皇帝,称皇帝为天子和帝王。从祀神仪式来看,他们是粗野的多神教徒和偶像崇拜者。他们在寺庙中摆着可怕的魔鬼般的塑像,大多数人都崇拜这些偶像。对于我提出的灵魂不灭和永生的问题,他们回答说,对此毫无所知,因为他们的祖先不相信诸如此类的东西,所以他们也不能相信。"③当贝尔一行行至鸡鸣驿永宁寺时,那里不久前发生过地震,民房大多倒塌。中国方面的护送人员将俄国使团一行安排至庙内安歇。他们毫不客气地命令僧人为俄国人腾出房间,完全不考虑僧人如何过夜。贝尔没有想到,中国人对自己的神职人员竟然如此不尊重。在贝尔眼里,中国寺庙的神像不仅塑造得粗糙,而且样子非常古怪。④贝尔坦陈:"我对他们的宗教了解不多。"他了解到,中国的宗教"分成许多派别,最有道理且最被看重的是佛教。佛教徒只承认一个神,那就是天,代表全能的神。他们不为人们顶礼膜拜的神举行什么祭祀仪式。这种宗教远比基督教古老,影响最大。皇帝、官吏和文人们都信仰佛教。老百姓信仰多神教。一般认为,在大约七百年前,一些犹太人和穆斯林随西鞑靼人来到中国。还有一种宗教,其信徒也叫基督徒。他们确实崇拜十字架,但丧失了基督教的其他特

---

①　[荷]伊台斯、[德]勃兰德:《俄国使团使华笔记(1692—1695)》,北京师范学院俄语翻译组译,商务印书馆,1980 年,第 169 页。

②　同上,第 190 页。

③　同上,第 277 页。

④　Записки Д. Белла о путешествии в Цинскую империю в 1719 –1722 гг. // Русско - китайские отношения в XVIII веке. Материалы и документы(1700–1725 гг.),T.1.M.,1978.C.521.

征。这说明在传教士到来之前,这里就宣扬过《圣经》,但不知由何人所为。北京城里的基督教信徒达到十万人。有人告诉我,在中国人中间还有无神论者"①。郎喀也注意到了在中国多种宗教共存的局面以及中国人对基督教的态度:"中国人认为佛长生不老,故而尊奉其为神。佛的塑像一般都立于塔中,从远处就可以看见。在中国也有伊斯兰教信徒,他们在大约八百年前来到这里……在中国,各种宗教与宗教仪式混杂在一起,因此,外国人很难让中国人皈依基督教。"②对于中国的多神教,皮萨列夫也有自己的认识,他对中国神像来历的解释与众不同。他将中国佛道两教供奉的神通各异、各司其职的诸路神仙与希腊神话中的神联系在一起,"至于中国的多神教,他们最崇拜的神是天,建立了拜天的庙宇,里面没有神像。而在其他庙宇中则摆满了各种偶像,其中不仅有古老的希腊神祇,如农神萨图努斯、宙斯朱庇特、海神波塞冬、大力士赫拉克勒斯、百手巨人布里亚柔斯、百眼巨人阿耳戈斯等,还有本国的神像,原型为帝王、将军、哲人、画家等多种人,他们在生前展现出德行或成就不凡,与其他人相比,他们为祖国效力更多,做出了有利于社会的发明创造,死后被神化,其偶像受到崇拜"③。

俄国使节还注意到中国人对孔子的尊崇。郎喀说:"在中国最受尊崇的是他们的先师孔子。中国人尽可能将各种荣誉赋予他。孔子的所有追随者同样享有荣光。"④皮萨列夫写道:"他们将古代著名哲学家和立法者孔夫子的塑像立于庙宇的中央位置。孔夫子身披华贵锦缎,端坐在铺有垫子的椅子上。他的头似乎是用蜡塑造的,内里是空的,因其分量很轻,摇摇晃晃。头发是用真的人发粘上去的,编成了一根辫子,胡须长而黑,随风飘动。面部表情活灵活现,嵌入了玻璃眼睛。他脚蹬皂色缎靴,踏在台座之上。"⑤

中国人的孝道给贝尔留下深刻印象。他看见北京城外有许多坟墓,都得到了很好的维护。墓地不仅有围墙,而且还种植了树木。每逢一些特定的日子,后人都要携带食物到坟前祭奠。他甚至还记录了一个中国的

---

① Записки Д. Белла о путешествии в Цинскую империю в 1719–1722 гг. // Русско-китайские отношения в XVIII веке. Материалы и документы(1700–1725 гг.),Т.1.М.,1978.С.521.

②④ Шафрановская Т. К. Путешествие Лоренца Ланга в 1715–1716 гг. в Пекин и его дневник// Страны и народы Востока. Вып. II. М.,1961.

③⑤ Записка С. И. Писарева о путешествии в Цинскую империю в 1725–1728 гг.// Русско-китайские отношения в XVIII веке. Материалы и документы(1725–1727),Т.2. М.,1990.С. 520.

孝道故事：有一个年轻人，见其父母一贫如洗，又不知该如何帮助他们，遂将自己卖身为奴，然后立刻将钱送给了父母。当父母花完这些钱之后，他又不知该如何帮助他们了，于是离开现在的主人，将自己卖给另外一个人。如此循环，做了许多次。①

鸡鸣驿永宁寺是伊兹玛伊洛夫使团看见的第一座宏伟的佛教寺庙。贝尔和翁费尔察格特不仅描绘了永宁寺宏伟壮观的建筑，而且还把在民间流传的关于这个地方的动人传说记录下来。贝尔写道，相传从前有一个女子，容貌美丽、心地善良，家道殷实，很多人都想娶她为妻。因为不便明言拒绝，女子就对众多求婚者说，她将用一夜的时间在山顶建一座寺庙，如果有哪位男子也能一夜之间在附近的河上建一座桥，她就嫁给他。大多数求婚者觉得这是一件不可能完成的事情，就放弃了。只有一个外乡男子同意了这个条件。女子和男子同时开工，天亮之前寺庙就建好了。太阳升起后，女子从山上望去，见男子只来得及建了几个桥墩。痴情男子未能实现自己的诺言，只能无奈地离开，而那位美丽的女子则在山上的庙里度过了余生。②翁费尔察格特记录的故事却是另外一个版本："悬崖下有一条河流过。哥哥夸下海口，说他能一夜之间在河上建起一座有 48 个桥墩的桥。妹妹不甘示弱，说她能在哥哥建好桥之前在峭壁上盖好一座庙。结果，哥哥没能把桥建好，只立下 40 根打磨精细的桥墩，没来得及加盖桥面。而妹妹则没有食言，完成了工作。"③

关于鸡鸣驿洋河中的石头桥墩，中国民间比较流行的传说是：很久以前，鲁班与妹妹鲁姜经过此地，看到这里与涿鹿虽然近在咫尺，百姓却苦于洋河阻隔，来往非常不便。鲁班便对妹妹说"我能一夜之间在洋河上架一座桥"。妹妹以为不可能，便戏说"如果真是那样，我就能一夜之间做好一双鞋"。两人约定以鸡叫为限，一决高下。鲁班不敢怠慢，全力以赴。妹妹看到哥哥挥汗如雨，心中不忍，便提前学起了鸡叫。此时鲁班刚刚造好了桥墩，听到鸡叫，以为天亮，只好罢手认输。直至今日，在鸡鸣驿的洋河中，依然可见一排整齐的石头桥墩。实际上，鲁班的桥没有造好，妹妹的

---

① Записки Д. Белла о путешествии в Цинскую империю в 1719–1722 гг. // Русско-китайские отношения в XVIII веке. Материалы и документы(1700–1725 гг.),Т.1.М.,1978.С.532.

② Там же, стр.518.

③ Записки Г. И. Унферцагта о путешествии в Цинскую империю в 1719–1722 гг. // Русско-китайские отношения в XVIII веке. Материалы и документы（1700–1725 гг.),Т.1.М.,1978. С.566.

鞋也没有做完。①历史上有关鸡鸣驿永宁寺以及洋河的传说不止这几种，贝尔和翁费尔察格特的记录为我们留下两个动人的故事。

中国妇女的从属地位受到多位俄国使节关注，野蛮的缠足风俗更令他们难以理解。勃兰德写道："中国妇女身材矮小，贵妇人都是小脚，她们以此为骄傲。所以她们从小就缠脚，穿上硬帮鞋，使脚不能正常发育，变得娇小、瘦弱，中国妇女不能走较远的路，因为缠足损害了幼小的脚掌，使它不能成长，人变成了残废。中国妇女认为被人看见了她们的光脚是最大的耻辱，因此把脚紧紧地缠上，几乎从不解开。"②贝尔也注意到汉族妇女的裹足现象，但他了解的有关这种习俗的来历与我们传统的认知有很大不同。他说："中国的这种习俗起源于生活在数百年前的一位女君主。她容貌美丽，德行高尚，甚至被视为神女，然而有人却说她的脚长得像鸟爪，因此不得不包裹起来，以免丈夫看到。宫廷里的女子效仿她的做法，裹脚的风俗很快在中国流行开来。"③皮萨列夫写道："汉人不大看重女人的容貌，而是喜欢脚比正常人小而短的女人。因此，那里的女人有自小将脚掌紧紧包裹起来的习俗，为的是让脚不生长，变得短小，脚趾被挤压在一起，以致在风中都难以站立，因此妇女多在自己的家中待着；如果需要出门，就用轿子抬着女人在街上走，轿子上挂着丝绣的帘子。所以我们在任何地方都没有见过汉族女人，只在街上见到过几个流浪的下层满族女人，其长相与鞑靼人无异。我觉得，对汉族女人的这种折磨与其说是为了女人的美丽，不如说是产生于男人对她们的醋意。"④

婚丧嫁娶是俄国使节最为关注的中国人的日常生活风俗。翁费尔察格特对中国的婚俗进行了详细描述："如果中国人想结婚，他们就去找未婚妻的父母求婚。他们询问她有什么手艺，有没有什么缺陷，会不会唱歌。然后，男方的母亲也会来到女方家相看新娘。如果男方没有父母了，则会派自己的亲戚和朋友代替父母，并与他们说好条件。新郎会雇用两顶装

---

① 参见杨永搜集整理：《鸡鸣山传说》，载于安俊杰主编：《旷世奇迹鸡鸣驿》，国际炎黄文化出版社，2004 年。

② ［荷］伊台斯、［德］勃兰德：《俄国使团使华笔记(1692—1695)》，北京师范学院俄语翻译组译，商务印书馆，1980 年，第 236 页。

③ Записки Д. Белла о путешествии в Цинскую империю в 1719 –1722 гг. // Русско - китайские отношения в XVIII веке. Материалы и документы(1700–1725 гг.),Т.1.М.,1978.С.545.

④ Записка С. И. Писарева о путешествии в Цинскую империю в 1725–1728 гг.// Русско–китайские отношения в XVIII веке. Материалы и документы(1725–1727),Т.2.М.,1990.С.523.

饰有彩带的轿子,让人抬到新娘家中。他们派人请来乐师、戏子、江湖艺人,纵情娱乐,吃喝至天黑。然后,新郎乘一顶轿子,新娘乘另一顶轿子,被抬到新郎家。""乐师和流浪艺人走在迎亲队伍最前面。乐师在演奏,流浪艺人在逗乐。一些人跟在后面,抬着新娘的嫁妆(家用物品等)。嫁妆被装在油漆抽屉箱子中。迎亲队伍到新郎家后,新人去安寝,仆从、乐师和流浪艺人们领赏后散去,婚礼到此结束。""只要能养活得起,中国人可以拥有任意数量的妻子。经常有这样的情况,就是女人们通过做手工来养活男人。那样,男人就要负责买东西、做饭。"①萨瓦也对中国的婚俗进行了记述。他认为中国的结婚仪式草率而简单,只需媒妁之言,父母首肯,一顶轿子将新娘抬到新郎家中就算完了,没有神职人员为新婚夫妇祝福。此外,他还发现在中国一夫多妻和买卖妇女成风。②

　　翁费尔察格特比较详细地描述了丧葬习俗:"如果有人去世,则会在死者的院子中用树枝和草席搭一个棚子,上面绑着旗幡、碎布、绳子等物,为的是让所有人都能知道有人过世了。他们立刻派人去请僧侣,并将乐师带来,实心实意为死者啼哭。这些人会被供以丰富的吃喝。出殡仪式是这样的:一个人拿着中间有洞的纸钱并将其抛撒到街道上。四十多人抬着一根竖立的染成红色的巨木,上面挂着白色的旗幡,跟在撒纸钱人的后面。之后是乐师、街头艺人,几乎像在婚礼上那样表演。接着是拉运死者的大车。身穿白色孝服的死者亲友跟在车子后面,为死者啼哭。"③萨瓦认为,中国人的婚礼简单,但丧礼却办得异常隆重,"在结婚仪式方面,世界上没有哪个地方比中国更简单了;而在丧葬方面却极讲排场,花费巨大,很多人因此而一文不名"④。

　　俄国使节在京期间,大都有幸受邀观看宫廷的烟火燃放。郎喀记录

　　① Записки Г. И. Унферцагта о путешествии в Цинскую империю в 1719–1722 гг. // Русско-китайские отношения в XVIII веке. Материалы и документы(1700–1725 гг.),Т.1.М.,1978.С.580.

　　② Рагузинский С. В. Секретная информация о силе и состоянии Китайского государства, поднесена императрице Анне Ив. графом Саввою Владиславовичем Рагузинским в 1731 году// Русский Вестник, 1842, № 2, С.318–319.

　　③ Записки Г. И. Унферцагта о путешествии в Цинскую империю в 1719 –1722 гг. // Русско-китайские отношения в XVIII веке. Материалы и документы (1700–1725 гг.),Т.1.М.,1978. С.581.

　　④ Рагузинский С. В. Секретная информация о силе и состоянии Китайского государства, поднесена императрице Анне Ив. графом Саввою Владиславовичем Рагузинским в 1731 году// Русский Вестник, 1842, № 2, С.320.

下了康熙五十六年(1717年)正月十五日受邀在畅春园观看焰火的情景："起初有几个人相向而立射击,但射出的不是箭,而是烟花。这些人分成两拨,当一拨后退时,就开始攻(特意筑起的)城。他们不断地射击、防守。然后有人将火扔上碉堡,两三千个爆竹发出可怕的声响。城墙上有许多男人,手里拿着出鞘的宝剑,不时转动身体,挥动手臂。站在下方的人则向他们射击。这时出现了两条长度有三俄丈用纸扎成的龙,龙体内点着灯。在每条龙的口中都有一个灯笼。人们举着龙先围着广场转了一会儿,但很快就与守卫城池的人一同消失了。剩下的人继续攻城,直到其中一个碉堡飞向空中。此时又出现了两条龙,被抬着在广场上忽前忽后地移动,一直到守城者退却为止。"①

伊兹玛伊洛夫使团成员在北京度过了康熙六十年的春节。这是一个非同寻常的春节,清廷以各种方式庆祝康熙登基六十年,焰火表演也比往年更加隆重。贝尔不仅为绚丽的烟花所陶醉,更为中国匠人高超的技术而倾倒。让他无法理解的是,在看不到有人操控的情况之下,一个个炮仗和烟花弹有序地按照预先的设计引爆并飞上天空。他感叹中国焰火"比他看到过的任何焰火都好"②。

### 三、皇帝与朝廷

作为俄国政府派往中国的官方使节,观察中国的政治形势和军事力量是他们最重要的任务。他们利用进宫面圣的机会,记录清朝皇帝的言谈举止,同时还注意搜集民间对几位皇帝的评价,以此对中国政局的稳定程度和走向做出推断。尽管康熙曾经两次派军回击俄国哥萨克的侵略,但郎喀对他的评价甚好:"康熙皇帝从1666年开始执政,一直持续到1718年③。康熙年轻时就头脑聪慧,精力异常充沛。他不为酒色所动,每天很早就起来工作。凌晨四点,康熙着手批阅奏章和各种公文,一直到午饭时分方罢。午饭之后,他练习兵器。康熙用许多时间来研究艺术。耶稣会士教会了他代数、几何、天文和音乐。因此,康熙可以查考汉人的书本知识,检

---

① Записки Л. Ланга о поездке в Пекин в 1715–1717 гг. // Русско-китайские отношения в XVIII веке. Материалы и документы(1700–1725 гг.),Т.1.М.,1978.С.496–497.

② Записки Д. Белла о путешествии в Цинскую империю в 1719–1722 гг. // Русско-китайские отношения в XVIII веке. Материалы и документы(1700–1725 гг.),Т.1.М.,1978.С.536.

③ 康熙于1661—1722年在位——笔者。

验鞑靼人的射术和欧洲人的数学修养。"同时,郎喀还认为,康熙是一名"勇武、睿智而狂热的猎手,射术高明的弓箭手……对待人民,他很仁慈;对待兵士,他很严格,但慷慨"。"康熙鼓励商人与俄国人进行贸易。他经常从国库拨出大笔金钱用来进行紧急支付,以让俄国人不因货款拖延而为难。他对文人极其尊敬。""康熙对基督教有好感。他支持耶稣会士并对他们说,他不是向蓝色的星空祈祷,而是向活生生的天地之神祷告。然而他在晚年又重回多神教立场。尽管如此,一直到康熙辞世,耶稣会士都得到了他的一贯支持。"①

伊兹玛伊洛夫数次受到康熙皇帝召见,而贝尔作为俄国使团成员随同进宫,有机会近距离接触这位在欧洲声名远扬的中国帝王。此外,贝尔还通过北京的天主教传教士打听到许多有关康熙皇帝的事情。几次见面之后,贝尔对康熙皇帝的钦佩之情溢于言表。他在日记中不无激动地写道:"我忍不住要告诉读者,这位年长的帝王在很多场合有多么仁慈和亲切……他思维敏捷,感情非常细腻,我甚至觉得他比许多皇子都聪明。"②康熙显然给贝尔留下了非常好的印象。贝尔写道:"从目前的一些特征看,康熙年轻时面貌俊美。他表情真挚,心灵豁达,勤于政事。他在位时间长,尽管有时被危险的暴动所困扰,但他都能以自己的智慧和行动克服困难并恢复国家的安宁,安享太平已经很久。尽管中国实行的是专制统治,但要统治这样一个辽阔的国家并使无数臣民各司其职,统治者必须具有丰富的知识和才能。"③

从贝尔的记录看,康熙要把皇位传给十四阿哥,似乎早已广为人知,原因是"与其他皇子相比,这位王爷机智而果敢,目前正统兵与卡尔梅克人作战"④。

康熙皇帝深厚的学养令贝尔惊讶不已。康熙对《圣经》非常了解,就像对中国历史那样精通。康熙对俄国来使说:"中国人的纪年要比《圣经》久远,但其中有许多传说成分,无法确定其真实性。"至于世界大洪水问题,康熙皇帝说,几乎在同一时间,中国也曾发生过大洪水,吞噬了许多百姓的生命。康熙皇帝还对俄国人说,中国人在两千年前就已经发现了

① Шафрановская Т. К. Путешествие Лоренца Ланга в 1715–1716 гг. в Пекин и его дневник//Страны и народы Востока. Вып. II. М.,1961.

② Записки Д. Белла о путешествии в Цинскую империю в 1719–1722 гг. // Русско-китайские отношения в XVIII веке. Материалы и документы(1700–1725 гг.),Т.1.М.,1978.С.532.

③④ Там же, стр.542.

磁铁,而且有明确的记载。从前有一个使节,从遥远的海岛前来中国,途中迷路,被风浪推到海岸。当时的皇帝给予这位使节热情的接待,在使节返程时特赠送了罗盘。[①]关于康熙受洗的问题,费隐(Xavier Ehrenbert Fridelli,1673—1743)神父对他说,许多天主教传教士试图让康熙皇帝皈依基督教,但都被拒绝。皇帝表示他不能信奉上帝,如果那么做,中国有可能发生暴乱。[②]

与郎喀和贝尔对康熙皇帝的赞扬不同,萨瓦对雍正皇帝的评论却是负面的。他写道:"特别是当今的中国皇帝,贪婪成性,盘剥百姓以充国库,豪取抢夺王公贵胄以及其他比较富裕臣民的财产。他担心发生内战,防备兄弟操戈。他完全不信任在父皇和祖父在位期间积聚了财富的那些老兵,因为那些人只关心守护自己的财产,而不是在战场上效命立功。为此,他将这些老兵革职,剥夺了他们的俸禄;招募新兵入伍,将几乎所有年轻人都招进了军队。""他们被令不断练习使用火枪、大炮和弓箭,只为两个目的,一是为了让他们学好武艺,二是让人们看到北京城周围有大量忠于他的武装士兵,以使反对派感到害怕而放弃暴动念头。难以想象,他们这样的训练每天要消耗掉多少火药,就好像真的发生了战斗。"[③]

萨瓦在与清政府官员谈判的过程中,试图刺探中国国力的虚实。他在一份汇报其与清政府交涉、签约过程的报告中写道:"中国的国力并非那么强大,也不似许多历史学家所夸大的那样。我获得了有关他们海军和陆军状况及其力量的真实情报,请容归国后细禀。现在我只想奏报一点,所有的人都对当今的中国皇帝不满。因为他对国家的压制甚至超过了罗马的尼禄,已经处决了数千人,几百万人的家被无端查抄。在他的二十四个兄弟中只有三人得宠;其余人有的被处决,有的被监禁。民间既无堡垒要塞,也无智慧和勇气,只有大量的人口和过剩的财富。自中国立国以来,国库中从没有过如此多的金银,但人民却正在被饿死。百姓像犹太人一样胆小怯懦。皇帝贪吝钱财,耽于享乐。大臣均不敢说实话。几乎所有年老的文臣、武将都被免职,取而代之的是年轻人。这些人出谋划策,不停地开炮放枪,

---

① Записки Д. Белла о путешествии в Цинскую империю в 1719 –1722 гг. // Русско - китайские отношения в XVIII веке. Материалы и документы(1700–1725 гг.),Т.1.М.,1978.С.532.

② Там же, стр.531.

③ Рагузинский С. В. Секретная информация о силе и состоянии Китайского государства, поднесена императрице Анне Ив. графом Саввою Владиславовичем Рагузинским в 1731 году// Русский Вестник, 1842, № 2, С.235–236.

以此来取悦皇帝,好像北京城外每天都在操演,这主要是为了恫吓百姓和皇亲国戚,防止其造反。"①

## 第三节  中俄外交礼仪之争

17世纪,中国的清王朝和俄国的罗曼诺夫王朝开始直接接触。随着俄国使节来华,中俄之间也出现了礼仪之争。然而中俄之间的礼仪之争,不同于中国天主教历史上围绕祭祖、祭孔、祭天等问题的宗教仪式之争,而是两个封建帝国为捍卫本国君主尊严和本国文化传统而发生的外交礼仪之争。这种争论涉及皇帝名号及书写次序、三跪九叩之礼、呈递国书和贡品的方式、外交文书行文语气以及外交机构对等等诸多事项。

1618年,彼特林使团到达北京,由于未携贡品和表文,未被允许觐见明朝皇帝,只是在驿馆停留数日后便踏上了归途。尽管彼特林使团没有实现预定的出使目的,但了解到了中国政府对于外来使节的基本要求,即必须要向中国皇帝进贡方物。由于没有见到中国皇帝,这位托木斯克的哥萨克也未被要求行三跪九叩之礼。

1653年,由亚雷什金率领的商队来到北京,在进行贸易的同时,向清政府通报俄国政府派出的巴伊科夫使团即将来华。尽管亚雷什金不具表文,但由于他完全遵循了清政府所规定的朝觐礼仪,因而得到顺治皇帝的特别优待。

关于亚雷什金的商队来京,《清实录》记载:"先是鄂罗斯国察罕汗于顺治十二年遣使请安,贡方物,不具表文。因其始行贡礼,赍而遣之,并赐敕命,每岁入贡。"②据何秋涛《朔方备乘》载:"本朝顺治十二年,其国察罕汗始遣使来朝贡方物,上嘉其诚款,降敕及恩赐,令来使赍回国。敕曰:尔国远处西北,从未一达中华,今尔诚心向化,遣使进贡方物,朕甚嘉之,特颁恩赍,即俾尔使臣赍回,昭朕柔远至意,尔其钦承,永效忠顺,以副恩宠。"③可以说,亚雷什金是第一个得以朝见清朝皇帝的俄国人。基于这一点,宿丰林先生认定"亚雷日(什)金使团事实上实现了中俄关系史上的

---

① 1727 г.мая 10-Реляция С. Л. Владиславича-Рагузинского в Коллегию иностранных дел из урочища Гурбан Голгой о переговорах посольства в Пекин//Русско-китайские отношения в XVIII веке. Документы и материалы(1727–1729), Т. 3 .М., 2006.С.39.

② 《大清世祖章皇帝实录》,卷一百三十五,顺治十七年五月。

③ 何秋涛:《朔方备乘》,卷首十一,光绪三年畿辅通志局刊本。

首次使节交往"①。而清政府也将亚雷什金的"恭顺"作为衡量以后来华俄使是否"恭顺"的标尺。

　　然而紧随亚雷什金在1656年来京的巴伊科夫则在向中国皇帝行跪拜礼以及呈递国书的对象上固执己见，不愿效仿亚雷什金的做法，拒绝下跪行礼，拒绝前往衙门拜见清政府官员，拒绝将礼品和国书交给官员。双方互不相让，终至不欢而散。清政府虽然派出专员将巴伊科夫迎进北京城，安顿至驿馆，但因为他拒不行叩首礼，所以没有接受俄方礼物，也没有允许其觐见皇帝。《清实录》载："后于十三年，又有使至，虽具表文，但行其国礼，立而授表，不跪拜。于是部议来使不谙朝礼，不宜令朝见，却其贡物，遣之还。"②巴伊科夫在返程途中，对自己无功而返感到懊悔，于是派人返回北京告知清政府官员，准备听从中国方面的安排，可以向皇帝行跪首礼。考虑到俄国使团已经过了长城，清政府认为已没有必要让巴伊科夫返回。可以说，巴伊科夫对外交礼仪的执拗，并非出于个人的傲慢，而是严格执行了俄国政府的训令。该训令要求巴伊科夫务必维护俄国沙皇的尊严，不得在中国皇帝面前做出有辱俄国国体之事。训令规定：俄国国书及礼品须亲呈博格达汗本人，而非衙门的官员、皇帝的近臣；可以向皇帝本人鞠躬致敬，但不得面对门槛或宫殿鞠躬，可以吻皇帝的手，但不得吻皇帝的脚；博格达汗应先站起来问候俄君主以示友好和善意；先递交用俄文书写的国书，如果没有可以翻译图书的人员则把另一份用鞑靼文书写的国书递交给博格达汗以示尊敬；中国致俄国方面的国书必须由清帝本人授予，不可由他人转交，等等。③中俄之间围绕外交礼仪发生的冲突是导致巴伊科夫使团铩羽而归的直接原因。

　　在巴伊科夫尚未回国时，俄国政府听信了他被扣留在北京的传言。为说服清政府释放巴伊科夫，1657年俄国政府派出伊凡·佩尔菲利耶夫（Иван Перфильев）和谢伊特库尔·阿勃林（Сеиткул Аблин）使团来华。伊凡·佩尔菲利耶夫和谢伊特库尔·阿勃林接到了与巴伊科夫类似的训令，但允许他们在外交礼仪上做出适当变通。即便如此，该使团抵京后，其所携表文还是未能通过清政府官员的审查，其中多有与中国礼制违拗之处。史载："后阅岁，察罕汗复遣使赍表来贡，途经三载，至是始至，表内不遵正

---

① 宿丰林：《早期中俄关系史研究》，黑龙江人民出版社，1999年，第26—27页。

② 《大清世祖章皇帝实录》，卷一百三十五，顺治十七年五月。

③ 苏联科学院远东研究所等编：《十七世纪俄中关系》（第1卷　第1册），厦门大学外文系《十七世纪俄中关系》第1卷翻译小组译，商务印书馆，1978年，第218—236页。

朔,称一千一百六十五年(系创世纪年 7165 年之误——笔者),又自称大汗,语多不逊。下诸王大臣议,金谓宜逐其使,却其贡物。奏入,得旨:察罕汗虽恃为酋长,表文矜夸不逊,然外邦从化,宜加涵容,以示怀柔。鄂罗斯远处西陲,未沾教化,乃能遣使奉表而来,亦见慕义之忱。来使著该部与宴,贡物察收,察罕汗及其使量加恩赏,但不必遣使报书。尔衙门可即以表文矜夸不逊,不令陛见之故,谕其使而遣之。"①

1675 年,由斯帕法里率领的俄国使团出使中国。与他的前任相比,斯帕法里可以称得上是一位阅历丰富、经验老到的职业外交官。俄国外务衙门给斯帕法里制定了详细的训令,其中也包括对外交礼仪的要求。训令要求斯帕法里觐见博格达汗时不得有其他国家的使臣、使者、信使在场;向清帝本人递交国书和礼品,致颂词及行使团之礼;不能向汗的近臣鞠躬和行使团之礼;要求在回复国书中写明俄大君主的全称,等等。②斯帕法里一入境,就与前来迎接的礼部侍郎马喇就呈递国书的方式展开了激烈的辩论。清政府官员询问斯帕法里有没有携带沙皇致康熙皇帝的国书,是否携带了礼品;斯帕法里没有直接作答,而是玩弄外交辞藻,说自己是为两国的和平友好而来。在嫩江,受命前来迎接使团的清政府官员问及国书内容,以便确定其中是否有不恰当的词语,并希望验看沙皇献给清帝的礼物,被斯帕法里拒绝。从嫩江到北京,一路上双方为国书的呈递方式争论不休。使团抵京后,争执更加激烈。虽然双方互有让步,但都努力坚守底线。最后双方达成的协议是,由斯帕法里将俄国国书置于午门前专门设置的御案之上,由内阁大学士转呈皇上。就这样,光是为讨论国书呈递方式就用去了三个多月时间。从解决中俄边境纠纷的大局出发,康熙皇帝还是接见了俄国使臣。虽然斯帕法里向康熙行了三跪九叩之礼,但还是极力敷衍了事,头叩得很快,走起路来却不紧不慢。在回复礼品问题上,斯帕法里拒绝在接受给沙皇的礼品时行跪拜礼。最后,清政府官员只好将礼物草草地交给了斯帕法里。清政府对斯帕法里乖戾、执拗的表现非常不满,没有赐国书予他。《东华录》载:"鄂罗斯察汉汗向化入贡,应行赏赉。其使臣尼果赖不娴典礼,不便给与敕书。应令理藩院谕来使云:尔主欲通和好,应将本朝逃根忒木尔遣还。"③当 1712 年图理琛经俄地前往慰问土尔扈特部时,

① 《大清世祖章皇帝实录》,卷一百三十五,顺治十七年五月。

② 参见苏联科学院远东研究所等编:《十七世纪俄中关系》(第 1 卷 第 2 册),厦门大学外文系《十七世纪俄中关系》第 1 卷翻译小组译,商务印书馆,1978 年,第 505—510 页。

③ 《东华录》,康熙十八。

康熙皇帝还特意嘱咐其告知俄国方面："从前尔国尼果赖到中国时，行止悖戾，我等断不若此。"①斯帕法里使团来华是中俄外交史上礼仪冲突最严重的一次。之后随着双方交往日益频繁和对彼此认识的加深，在中俄双方共同努力下，礼仪之争出现缓和趋势。

在中俄签订《尼布楚条约》前的谈判过程中，双方在礼品交换、行叩首礼、国书的起草格式等方面发生了冲突。俄方代表戈洛文(Ф. А. Головин，1650—1706)根据俄国政府的训令提出了以下要求：在国书中应写明皇帝的全衔，清帝在致沙皇的国书中不可用"天下主宰"字样以及不可有"上对下"的语气；国书的递交程式按西方的外交惯例进行，由皇帝亲受，等等。对于这些要求，清政府谈判官员以"未奉谕旨"而拒绝写入条约。

1693 年，俄国使节义杰斯到达北京后也曾就国书及礼物呈递方式、叩首礼问题与清政府官员争论约两个星期。最后，为了完成使命，义杰斯在礼仪方面做出让步，服从清政府的安排，在觐见清帝时行了三跪九叩之礼。鉴于以往中俄之间的种种礼仪冲突，清政府规定："嗣后俄罗斯奏文，先令黑龙江将军开看，若有不合式处，即自边地驳回，验明合式，方令入奏，到京之日，令来使于午门前跪奉置黄案上，行三跪九叩礼。"②

1719 年，俄国政府派遣伊兹玛伊洛夫使团访华。为保证此行顺利，俄方在国书书写上做出了调整：称沙皇时只写了他洗礼时的教名，称清帝为"陛下"而不作"殿下"，而且写了清帝的各种头衔称号。③俄国政府还给伊兹玛伊洛夫颁布了不同于以往的训令：不要为觐见的礼仪问题与中国人争执不休，如果清政府大臣提出要求，可将国书的副本交给他们，同时应要求中方复书中所写的称号不得有损于沙皇的荣誉。④与此同时，清政府也从中俄关系大局出发，在外交礼仪方面做出了一些让步。"康熙对迫使伊兹玛伊洛夫在正式仪式中遵照中国礼节一事表示歉意，在私人会见中他完全免除了这套礼仪"⑤。伊兹玛伊洛夫使团访华应该算是清代中俄

①　图理琛：《异域录》，商务印书馆，民国二十五年，第 2 页。

②　故宫博物院明清档案部编：《清代中俄关系档案史料选编》(第 3 编 上册)，中华书局，1979 年，第 358 页。

③　参见[法]加斯东·加恩：《彼得大帝时期的俄中关系史(1689—1730 年)》，江载华、郑永泰译，商务印书馆，1980 年，第 154 页。

④　参见[俄]尼古拉·班蒂什－卡缅斯基编著：《俄中两国外交文献汇编(1619—1792)》，中国人民大学俄语教研室译，商务印书馆，1982 年，第 107 页。

⑤　[法]加斯东·加恩：《彼得大帝时期的俄中关系史(1689—1730 年)》，江载华、郑永泰译，商务印书馆，1980 年，第 169 页。

外交史上气氛"最融洽"的一次。使团在华期间,康熙皇帝接见伊兹玛伊洛夫达十二次之多,最后还赠予他一颗夜明珠,允许他按照欧洲的习惯亲吻康熙的手,康熙还和伊兹玛伊洛夫行了欧洲的握手礼。这样的礼遇让伊兹玛伊洛夫本人也承认,"在中国只有和皇帝同级的人才能享受这荣誉"①。虽然伊兹玛伊洛夫使团带着类似于"在北京及各省设立领事并享有领事裁判权"等"不合时宜"的要求来到中国,但中俄双方围绕外交礼仪并未发生大的冲突。

1726 年,萨瓦使团抵达北京。萨瓦是俄国政府向中国派出的最高级别的使节——特命全权大使。因此,俄国政府对接待仪式和规格也有更高的期待。俄国政府在给萨瓦的训令中规定,萨瓦抵华后须要求清政府给予其不低于伊兹玛伊洛夫的接待规格,以显示其作为特命全权大使的地位和荣誉。训令同时要求萨瓦在礼节问题上"尽可能力争,但也要适可而止",以避免双方谈判陷入僵局。②此时清朝适值雍正皇帝在位,对萨瓦使团给予了"优待"。雍正帝亲自接受了国书,萨瓦也行了三跪九叩之礼,礼品由清政府高官接收,但是在回复国书问题上,双方仍然发生了冲突。清政府拒绝回复国书;清政府官员提醒俄方"博格达汗自古以来对任何与自己地位平等的外国统治者的国书都不予以答复,只给珲台吉及类似他的草原领主写回信,而在信中要使用如下字眼:'上谕',即谕旨"③,望俄方考虑。经过多次磋商,双方终于找到了一条解决问题的途径:由理藩院和俄国的枢密院作为对等的部门互通信函,交涉中俄关系事务。

1712 年至 1715 年,图理琛借道俄国慰问和联络土尔扈特部。1729 年和 1731 年,清政府先后派出两个使团赴俄。中国使团遵循俄国方面的礼仪要求,因而双方并未产生冲突,显示了泱泱大国、礼仪之邦的风范。

中俄之间的外交礼仪之争,从表面上看是双方坚持各自的外交礼仪惯例,维护本国尊严,但归根结底是两个大国文化传统的冲突。

---

① [法] 加斯东·加恩:《彼得大帝时期的俄中关系史(1689—1730 年)》,江载华、郑永泰译,商务印书馆,1980 年,第 169 页。

② [俄] 尼古拉·班蒂什-卡缅斯基编著:《俄中两国外交文献汇编(1619—1792)》,中国人民大学俄语教研室译,商务印书馆,1982 年,第 138 页。

③ 同上,第 156 页。

# 第三章  18 世纪俄国的"中国风"

在中俄文化交流史上,18 世纪是个非常重要的时期。对于俄国而言,彼得一世的改革为俄国打开了面向欧洲的大门,俄国的社会、思想、科学、教育和军事无不受到欧洲的深刻影响。而清朝正值"康雍乾盛世",在耶稣会士的介绍和渲染下,中国成为欧洲启蒙思想家心中的国家典范。这种思潮也对俄国产生了重要影响。与此同时,在《尼布楚条约》和《恰克图条约》的约束下,中俄之间虽摩擦不断,但大体上保持了相对和平的局面,贸易联系进一步密切。在这种形势下,中国与俄国在文化领域的交流具体表现为:欧洲的中国题材作品在俄国大行其道,修建中国风格园林成为圣彼得堡皇家建筑的时尚,圣彼得堡皇家科学院的学者踊跃与北京耶稣会士开展学术通信,俄国文化精英在欧洲启蒙思想家的影响下对中国人的思想和道德推崇有加。

## 第一节  欧洲中国题材著作在俄国

17 世纪,俄国来华使节回国后向政府提交的出使报告不仅详细记录了前往中国的陆路,而且对中国的社会与文化进行了初步描述。然而这些非常有价值的信息由于具有政府文件的性质,被尘封于俄国外交部门的档案中而长期不为俄国社会所知,只有其中一小部分通过各种渠道传到欧洲,引起东方历史和地理研究者的浓厚兴趣。俄国东正教驻北京传教团自 1715 年建立以来,虽然肩负搜集中国情报的任务,但由于最初几届传教团成员自身素质较差和缺乏有效管理等因素,因而实际取得的成效并不大,他们向俄国外交部门或圣务院提交的报告或个人日记也未能及时公布于众。自 18 世纪中叶,由俄国东正教驻北京传教团培养的俄国汉学家开始翻译中国典籍,但由于作品数量较少,同样未形成较大的社会影响。

与此形成对照的是,欧洲中国题材著作在俄罗斯大行其道,影响力大大超过了俄国人的著述。可以说,18世纪俄国人的中国知识在很大程度上与阅读欧洲中国题材著作有密切关联。尤其是在叶卡捷琳娜二世统治时期,受西方启蒙主义思潮和"中国热"的影响,自马可·波罗以后在欧洲出版的介绍中国的著作受到俄国读者欢迎,许多重要的中国问题书籍被集中翻译成俄文出版。按照美国伊利诺伊大学俄罗斯与东欧研究中心玛格斯(Barbara Widenor Maggs,1936—  )博士在其《俄罗斯与"中国之梦":18世纪俄国文献中的中国》中的观点,这一时期传播到俄国的中国题材文献主要有三大类,即耶稣会士的著作、使节与商人的中国游记、启蒙思想家的中国论著。此外,俄国贵族和知识分子多掌握法语、德语、英语,能够直接阅读西欧出版的原文书籍,这无疑有利于欧洲的中国知识在俄国传播。

## 一、来华耶稣会士的著作

在早期东学西渐的过程中,耶稣会士发挥了重要作用。他们在利玛窦(Matteo Ricci,1552—1610)排佛合儒思想的指引下,致力于翻译儒学经籍,研究中国历史与文化,介绍西方科学技术。早期西方汉学三大名著都是由耶稣会士完成的。在这三部著作中,除《耶稣会士书简集》以外,其余两部均于18世纪在俄罗斯翻译出版。

1735年杜赫德(J. B. Du Halde,1674—1743)利用耶稣会士书简和著作编纂而成的《中华帝国全志》在巴黎出版,英、德、意等文字的版本很快相继问世。这是欧洲自耶稣会士东来百余年间有关中国知识的系统集成,从中国历史、地理、行政管理到哲学、宗教、政治、经济、教育,乃至文学和医学,都可以在这部四卷本的著作中找到生动的介绍。杜赫德在序言中声称他至少使用了27位耶稣会士的作品。由于耶稣会士的护教立场加之杜赫德精心润色,此著作展现出对中国历史和文化的褒扬态度。《中华帝国全志》在欧洲显示出的思想价值很快受到俄国知识界的关注。从1744年到1747年,俄国的《教历》杂志连载了原刊于该书第四卷的张诚的著作《大鞑靼》,注释者为圣彼得堡皇家科学院的历史学家米勒(Г. Ф. Миллер,1705—1783)。1748年,米勒提议皇家科学院从法文版翻译杜赫德的《中华帝国全志》,同时由在皇家科学院任职的俄国汉学家罗索欣进行注释。但是,当时只有关于中国丝绸织造的一章连同罗索欣对中国帝王谥号的注释于1757年刊登在《学术趣谈月刊》上。另外一个说明俄国人对此书兴趣的例子是,1754年12月23日至1755年6月4日,俄国宫廷医生叶拉契奇(Франц Лука Елачич)出使北京,受命实地检验杜赫德《中华帝国全志》中信息的准确性。不通满汉语言的他显然难以在短时间内完成使命,但北京的耶稣会士似乎告诉他书中内容不可尽信。[①]18世纪70年代,泰尔斯(И. А. Тейльс,1744—1815)再一次将杜赫德的著作翻译为俄文。泰尔斯的译本分为两卷,上卷于1774年出版,下卷于1777年出版。杜赫德著作在俄国的出版说明部分思想开明的俄国知识分子很清楚这部曾为伏尔泰、孟德斯鸠(Charles Louis Montesquieu,1689—1755)等众多思想家提供灵感的著作的重要性,以及可能对俄国社会启蒙所产生的影响。

另外一部在俄国被翻译出版的耶稣会士巨著是《中国丛刊》,译者为维廖弗京(М. И. Веревкин,1732—1795)。《中国丛刊》从1776年开始在法国出版第一卷,到1814年共出版了16卷。第一卷除了关于中国上古史、汉字以及土尔扈特部东归内容外,还介绍了《大学》和《中庸》,刊登了这两部儒家经典的法译文。第二卷、第三卷收录了中国名人列传等内容。[②]维廖弗京先将这部法国汉学名著的前三卷翻译了出来,俄文版分为六卷,于1786—1788年印刷。两年后,维廖弗京又在莫斯科出版了由他翻译的第十二卷,即钱德明(J. J. M. Amiot,1718—1793)所著《孔圣传》。与《中华帝国全志》不同,《中国丛刊》实际上是一部连续出版的学术集刊,举凡耶稣会士的译著和研究论著都被收录其中,内容涉及中国历史、哲学、政治制度,乃至语言文字、诗歌和科学,学术价值更加突出。[③]

《中华帝国全志》和《中国丛刊》不仅是欧洲汉学的奠基性著作,同时也是18世纪在俄国影响最大的两部汉学著作,对俄国人积累中国知识起到了很大作用。此外,还有一批耶稣会士名著也在此时被译为俄文出版。1780年柏应理(Philippe Couplet,1623—1693)的著作《中国贤哲孔子》的俄文节译本出版。1787—1788年,白晋(Joachim Bouvet,1656—1732)的《康熙皇帝》被翻译成俄文,收入图曼斯基(Ф. О. Туманский)编写的《彼

---

① Пан Т. А., Шаталов О. В. Архивные материалы по истории западноевропейского и российского китаеведения. Санкт-Петербург-Воронеж, 2004. С.48.

② 参见[日]石田干之助:《欧人之汉学研究》,朱滋萃译,北平中法大学,1934年,第219—220页。

③ 参见朱谦之:《中国哲学对欧洲的影响》,河北人民出版社,1999年,第70—71页。

得大帝生平业绩文集》中。①

　　除了这些著作,俄国的《科学院通报》也刊登了一些译自欧洲文献的中国问题文章。1779 年,《科学院通报》先后发表了冯维辛（Д. И. Фонвизин, 1745—1792)从法文翻译的《大学》以及同样译自欧洲文献的《中国皇帝与大臣的亲耕礼》。1780 年,《科学院通报》又刊登了从《中国丛刊》第四卷摘译的文章,名为《中国孝道》。《益娱月报》和《新益娱月报》是另外两种经常发表欧洲中国题材著作的俄文杂志。1788 年,俄国人从法国神父格鲁贤(Abbé Grosier, 1743—1823)的《中国概况》中摘录了有关中国军事的内容,编译成《中国军队及其编制》一文,发表在《新益娱月报》上,显示了俄国人对中国军事力量的特殊兴趣。此外,这两种杂志还刊发了《中国人的盛宴礼仪》《中国大官》等文章。

　　众所周知,为了将中国塑造成适合基督教传播的理想国度,从利玛窦开始,耶稣会士对中国历史和社会生活极力褒扬。在他们眼中,中国的政治制度具有很多优越之处。皇帝是开明君主的典范,而且以品德和才学取士,所任命官员均为精通中国哲学的文人,并且建立了完善的监察制度。孔子是一位卓越的教育家和道德家,儒学修身为本的伦理观使之成为基督教的天然盟友。此外,中国国土辽阔,民丰物阜,历史悠久,拥有古老的科学成就和独具特色的文学艺术。②这样,随着一批耶稣会士作品在俄国翻译出版,一种近乎乌托邦的完美的中国形象在 18 世纪传到了俄罗斯。

## 二、西人来华游记

　　在欧洲有关中国的著作中,西人来华游记拥有广泛的读者。18 世纪下半期,有许多这样的游记作品被翻译成俄文并多次再版,其社会影响不亚于耶稣会士的作品。更为重要的是,这些游记作者用世俗的目光观察中国,对天朝大国的社会和生活进行了生动的记录,毫不留情地揭露阴暗面,与耶稣会士建构起来的美好的中国形象形成鲜明对照。在这些书中,最为著名的是安逊(Lord George Anson, 1697—1762)游记。这位英国海军上将在 1740 年至 1744 年的环球航行中两次到过中国;1748 年

　　① Maggs, Barbara Widenor. *Russia and "Le Reve Chinois": China in Eighteenth-century Russian Literature*. Oxford : Voltaire Foundation at the Taylor Institution, 1984. p.12.

　　② 参见张国刚:《中国传统文化在十七世纪的欧洲——以耶稣会士报告的中国形象为中心》,载于《中华文史论丛》,2002 年第 2 辑。

《环球航海记》出版,立刻引起轰动。作者猛烈批评中国官场的腐败以及国民的虚伪和自私。1751 年,此书在圣彼得堡从德文译出付梓,译者为圣彼得堡皇家科学院翻译列别杰夫(В. И. Лебедев, 1716—1771)。这是俄国读者读到的第一部生动的中国游记。可以说,在耶稣会士颂扬中国这片乐土的著作在俄国大量出现之前,一些俄国人已经从安逊那里获悉了不良的中国形象。

1782—1787 年,法国人拉阿尔普(Jean-Francois de la Harpe, 1739—1803)于 1780 年在巴黎出版的 22 卷《游记总汇》的俄译本在莫斯科付梓,译者为翻译《中国丛刊》的维廖弗京。其中第十七卷和第十八卷收录了欧洲旅行者对中国的描述,从威尼斯商人马可·波罗、多明我会神父闵明我(Fernandez Mavarette, 1618—1686)的著作,到俄国使节义杰斯和郎喀的游记,都被收录在内。也就是说,在这部著作中,既有马可·波罗所描绘的"契丹天堂",也有耶稣会士的"理想王国",还有俄国使节对中国社会现实的实录与批评。1778—1794 年,拉波特(Joseph de La Porte)的《旅游搜奇》与俄罗斯读者见面,译者为布尔加科夫 (Я. И. Булгаков, 1743—1809)。《旅游搜奇》中有关中国的内容主要来自耶稣会士的著作以及其他西人来华游记,但经过了编者的仔细编排和改造。此书问世后大受欢迎,曾三次再版。在 18 世纪后半期,这两部著作的影响很大,尽管其中也包括了耶稣会士的著作,但对中国的评价逐渐趋于全面。

1795 年, 马戛尔尼 (George Macartney, 1737—1806) 的侍仆安德逊(Aeneas Anderson)关于该使团使华的第一部游记《英使访华录》出版,第二年在圣彼得堡的《政治期刊》上就刊出了这本书的俄译本——《马戛尔尼勋爵游记:中国及其众多人口、军队、警察及农业》。著者延续了安逊揭露和抨击中国社会种种陋习和不公的文风。1804—1805 年,副使斯当东(George Leonard Staunton, 1737—1801)的《英使觐见乾隆纪实》也被译成俄文。斯当东对中国隆重的朝仪和科举制度给予了肯定,同时对中国的社会制度和道德水平进行了批判。

这些早期西人来华游记将被耶稣会士精心掩盖起来的中国社会阴暗面暴露在欧洲读者面前,罩在中国头上的种种光环黯淡下来。中国在欧洲人心目中的形象从此开始崩坍,由一个令人艳羡的国度逐渐变成封闭、腐朽、落后的代名词。由于俄国人自己的使节报告和来华游记直到 18 世纪末还鲜有发表,所以其影响力无法与公开发行且多次再版的西人来华游记相比。

## 三、启蒙思想家的论著

18 世纪初,法国人在《一千零一夜》故事的启发下开始杜撰新的东方故事,借此表达其政治理想。孟德斯鸠的《波斯人信札》以及德尼·狄德罗(Denis Diderot,1713—1784)的《不得体的首饰》被认为是这种创作传统的开端,而伏尔泰则是将这种手法运用得最为成功的法国启蒙思想家。[①]伏尔泰从耶稣会士著作和西人东方游记文学作品中获得素材和灵感,创作了一系列中国题材的哲理小说、戏剧和诗歌,通过其作品中的中国皇帝或圣人的言论及行为表达自己的理性主义和自然主义思想。

从 18 世纪 50 年代起,伏尔泰著作的俄文译本开始在俄国出现。随后,在叶卡捷琳娜二世的开明专制以及俄罗斯启蒙运动的推动之下,伏尔泰成为众多俄罗斯贵族和文人崇拜和追随的对象。叶卡捷琳娜二世也自诩为伏尔泰和孟德斯鸠的弟子,将自己标榜为开明君主的代表。许多俄国文人在为女皇撰写颂歌的同时,致力于引进和翻译伏尔泰的著作。直到叶卡捷琳娜二世发现伏尔泰的思想实际上是法国大革命的精神先导时,这股在俄国盛行一时的"伏尔泰热"才逐渐冷却下来。

伏尔泰根据马若瑟(Joseph de Prémare,1666—1736)1735 年的《赵氏孤儿》法文译本,将其中情节移至成吉思汗时代,创作出著名的《中国孤儿》一剧,宣扬中国人所尊奉的儒家伦理道德,赞美开明君主。1759 年, 俄国诗人和剧作家苏马罗科夫 (А. П. Сумароков,1717—1777)从德文版节译了《中国孤儿》,题为"中国悲剧《孤儿》之独白",登载在由他主编的《勤劳蜜蜂》杂志上。1788 年,涅恰耶夫(В. Н. Нечаев,?—1829 后)用诗体翻译了《中国孤儿》。1765 年,伏尔泰的著名长篇小说《查第格》在莫斯科出版,并在 1788 年和 1795 年多次印行,译者是俄国海军元帅戈列尼谢夫–库图佐夫 (И. Л. Голенищев-Кутузов,1729—1802)。书中主人公查第格由于受到一个中国哲人的教诲而解开了心中的疑团,最终因为德行高尚而被推举为国王,以理性和仁爱治国,成为一位开明君主。1769 年, 圣彼得堡皇家科学院的翻译巴希洛夫(С. С.Башилов,1741—1770)翻译出版了伏尔泰以反对宗教压迫为主旨的《赣第德》。伏尔泰的《巴比伦公主》在 1770 年由《俄国地理词典》编者波鲁宁(Ф. А.

---

① Кубачева В. Н. Восточная повесть в русской литературе XVIII–начала XIX века // XVIII век, сб. 5. М.–Л., 1962.

Полунин，1735/1736—1788 年前）翻译为俄文出版，随后至少在 1781 年、1789 年、1805 年再版了三次。在这部小说中，美丽的巴比伦公主福末桑蒂一路追寻心上人来到中国，见到了中国皇帝。在她眼里，中国皇帝是世界上最公正、最热诚和最开明的统治者。中国皇帝对农业的重视，特别是亲耕礼给她留下深刻的印象。伏尔泰的著名史诗《亨利亚德》在 1777 年由俄国剧作家和诗人克尼亚日宁（Я. Б. Княжнин，1742—1791）翻译成俄文在圣彼得堡出版。1790 年，此作由格里岑（А. И. Голицын，1773—1844）公爵再次翻译成俄文，在莫斯科出版。

　　1788 年，伏尔泰的《论人》由俄国著名的伏尔泰思想追随者及其著作出版者拉赫马尼诺夫（И. Г. Рахманинов，1750—1807）翻译成俄文，其中描述了一位具有孔子般思想的中国学者因抗议人类天性和能力所遭受的制约。1789 年，一部模仿此作的佚名法文作品《另一位赣第德，亦或真理挚友》被翻译成俄文，书前附有俄国作家鲁班（В. Г. Рубан，1742—1795）的一首诗。除伏尔泰的作品外，还有许多欧洲中国题材著作在俄国翻译出版。

## 第二节　俄国皇家宫殿园林的中国风格

　　18 世纪，欧洲人对充满异域风情的中国风物的兴趣日渐浓厚。中国瓷器上的图案被欧洲人认为是中国现实生活的真实写照，欧洲人在其仿制的瓷器产品上也要绘上具有东方风情的图案。模仿中国园林建筑、装饰"中国格调房间"并收藏中国风物成为欧洲上层社会的一种时尚。在当时的法文中还出现了"chinoiserie"一词，专门用来形容西方艺术中追求中国风格的新气象，翻译成汉语应当是"中国情调"或"中国风格"。俄国紧随欧洲，也兴起了一股前所未有的"中国风"。"建筑是凝固的乐章"，在18 世纪由欧洲建筑师设计并主持建造的圣彼得堡宫殿和园林中，随处可见中国风格的房间、景观和风物。

　　意大利佛罗伦萨建筑师拉斯特雷利（В. В. Растрелли，1700—1771）是巴洛克建筑风格的代表人物，1716 年他随父亲来到圣彼得堡。1747—1752 年他设计了彼得戈夫（夏宫）内的大彼得宫，1752—1757 年在皇村设计了叶卡捷琳娜宫。他在这两座圣彼得堡郊区最为恢宏的皇家宫殿中都设计了中国风格的房间。在大彼得宫肖像厅的两侧分别有一个中国风格的房间，装潢设计者为法国设计师瓦兰·德拉莫特（Жан Батист

Валлен-Деламот, 1729—1800）。房间墙上镶嵌着黑底描金的漆板, 包裹着色彩艳丽的丝绸, 四处摆放着瓷器、珐琅和漆器, 上面绘有中国花鸟、山水、人物和故事。繁复的装饰给人以富丽堂皇、眼花缭乱的感觉, 尽管与古朴典雅的中国文人书房风格相去甚远, 但并不影响将俄国人的想象带到那个神秘的东方古国。①叶卡捷琳娜宫初建时的中央大厅就是按照中国风格装饰的, 墙面装饰尤其独特, 大量中国、日本和萨克森瓷器在特制的架子上整齐排列, 数量达 448 件。

里纳尔迪（Антонио Ринальди, 1709—1794）也是一位意大利建筑师, 自 1751 年起在俄国工作, 是巴洛克和洛可可风格的代表人物。1756年, 里纳尔迪受邀重新规划奥拉宁包姆, 建造了彼得施塔特宫和彼得三世宫。1762 年, 彼得三世（Петр III, 1728—1762）退位, 叶卡捷琳娜二世将这里作为自己的行宫, 命令里纳尔迪扩建园林宫殿, 一座典型的洛可可风格建筑于 1768 年建成。这座建筑具有鲜明的对称结构, 巨大的落地门窗营造出与花园景色融为一体的效果, 其中包括中国大厅、中国小厅和中国卧室三个中国式房间, 后被称为"中国宫"。这三个房间都采用漆板和丝绸装饰墙面, 上面绘有各式中国风情图案, 房间内收藏有许多明清时期的瓷器。

此外, 里纳尔迪还是皇村中国剧院的设计者。该剧院于 1778 年开始修建, 一年后即告完工并投入使用。在剧院上演的第一场戏剧是由意大利作曲家拜谢罗（Giovanni Paisiello, 1740—1816）作曲的歌剧《德米特里·阿尔塔薛西斯》, 第二场便是《中国偶像》。这座建筑在外观上采用中国式的屋顶和飞檐, 内墙用中国风格的黑漆镶板装饰, 上面绘制着中国人物和山水。

卡梅伦（Чарлз Камерон, 1743—1812）是苏格兰人, 早年在英格兰和意大利学习建筑, 1779 年应叶卡捷琳娜二世之邀到俄国工作。18 世纪 80年代建成的位于皇村亚历山大花园的中国村是由卡梅伦与俄国建筑师涅约洛夫（И. В. Неёлов）设计的。一座观象台位于中国村的中央, 四周点缀着十座平房, 外墙上画着东方风格的图案。此外, 在皇村的叶卡捷琳娜宫中, 卡梅伦设计了一间蓝色调的中国客厅。整个客厅的墙面上都装饰着天蓝色的中国丝绸, 清丽典雅, 上面房舍、树木、花草、人物、鸟兽一应

---

① 　Ву Ю-Фанг. Китайский кабинет//Философский век. Философия как судьба: Российский философ как социокультурный тип. Вып. 10. СПб., 1999.

俱全,一派中国的田园生活景象。1770—1780 年,在皇村里先后建造了五座桥,其中至少有四座出自卡梅伦的设计。中国大桥位于亚历山大花园入口处,桥上的栏杆被雕刻成花瓶形状,其间用铁铸的红珊瑚枝相连,工艺非常精美。当初这里还有四个中国人的雕像,手执灯笼。龙桥位于中国剧院不远处,最明显的标志就是上面立着四条铁铸的飞龙。这四条龙形态各异,身体蜷缩,尾部翘成环状,置于花岗岩基座之上。另外两座中国小桥用生铁铸成,同样具有浓郁的中国风格。①

18 世纪修建的具有中国风格的圣彼得堡园林和宫殿以及其中的装饰和陈设,显示了沙皇和俄国贵族对东方异域风情的猎奇心态和对奢华生活的追求。欧洲国家的建筑师和装潢师在为俄国圣彼得堡建造宫殿和园林时,将中国风格作为一种重要的设计元素融入其中。他们借助巧妙的构思和精湛的技艺将欧洲人在物质层面对中国的向往之情传递给俄罗斯人。

## 第三节 圣彼得堡皇家科学院与北京耶稣会士的学术联系

17 世纪至 18 世纪初期,各种科学研究机构在欧洲涌现,科学院成为继大学之后又一类型的研究基地。彼得一世决定仿效西方国家,在俄国建立科学院,使其成为俄国的科学研究中心。为此,他曾征求过柏林科学院的创办人和院长莱布尼茨的意见,也曾咨询过霍尔大学(现马尔堡大学)教授克里斯琴·沃尔夫(Christian Wolff,1679—1754)。俄国政府从欧洲招聘学者来俄国科学院工作。自 1721 年起,一批欧洲学者陆续来到俄国。1725年,彼得一世去世。叶卡捷琳娜一世是年即位后,圣彼得堡皇家科学院正式开始运作,由舒马赫(И. Д. Шумахер,1690—1761)担任秘书。皇家科学院为应邀来俄的欧洲学者提供了很好的工作和生活条件。很多在俄国的欧洲科学家取得了巨大成绩, 特别是数学家欧勒 (Leonhard Euler,1707—1783)和贝努利(Bernoulli)兄弟在力学、积分学、概率论等领域的成就,使圣彼得堡皇家科学院在当时的世界数学界享有极高的声誉。

圣彼得堡皇家科学院的学者们熟知北京耶稣会士的著作和书简对于欧洲历史、哲学、天文等学科的影响,对与耶稣会士建立学术联系抱有浓厚的兴趣。自拜耶尔(Theophilus Sigfried Bayer,1694—1738)于 1731 年

---

① Фишман О. Л. Китай в Европе: миф и реальность(XIII–XVIII вв.). СПб., 2003. C.481–482.

9 月 1 日向北京发出第一封信之后，科学院的许多学者都与北京耶稣会士建立了书信联系，此举得到了俄国政府的支持。缅希科夫（А. Д. Меньшиков，1673—1729）之后，主导俄国内政外交的奥斯捷尔曼（А. И. Остерман，1686—1747）不仅鼓励学者与北京耶稣会士通信，甚至还亲自写信，赢得了耶稣会士的信任。戴进贤（Ignace Kögler，1680—1746）、徐懋德（André Pereira，1690—1743）和严嘉乐（Karel Slavicek，1678—1735）联名在写给拜耶尔第一封信的回复中特别感谢了奥斯捷尔曼的关照和支持，称他为"学者们最大的资助人"[①]。俄国来华使节、商队承担了往来书信的传递任务。但是，由于路途遥远，且没有规律，信件在途中往往要辗转很长时间才能到达收信人的手中。尽管如此，在大约五十年的时间里，圣彼得堡皇家科学院与北京耶稣会士至少通信 145 次；目前仅在圣彼得堡的档案中，就保存着 85 封双方往来信件。[②]

据俄罗斯学者塔拉诺维奇（В. П. Таранович，1874—1941）研究，除拜耶尔外，与北京耶稣会士有信件往来的还有圣彼得堡皇家科学院的天文学家、医学家、动物学家、植物学家、物理学家、历史学家、地理学家等。与科学院学者有书信往来和学术联系的北京耶稣会士有巴多明（Dominique Parrenin，1665—1741）、戴进贤、严嘉乐、徐懋德、宋君荣（Antoine Gaubil，1689—1759）、陈善策（Dominigue Pinheiro，1688—1748）、孙璋（Alxander De la Charme，1695—1767）、傅作霖（Da Rocha Felix，1713—1781）、刘松龄（Augustin de Hallerstein，1703—1774）、汤执中（Pierre D′Incarville，1706—1757）、魏继晋（Bahr P. Florian，1706—1771）、蒋友仁（Michael Benoist，1715—1774）、方守义（Dollières Jacques，1722—1780）、赵圣修（Louis des Roberts，1703—1760）、钱德明、韩国英（Pierre Marti Cibot，1727—1780）和金济时（Paul Jean Collas，1735—1781）等。[③]从塔拉诺维奇整理的这个名单可以看出，圣彼得堡皇家科学院学者与北京耶稣会士的交流规模非常大，所涉领域也很广泛。

耶稣会士在北京钦天监担任重要职务及其所从事的天文观测与舆图绘制工作早已为欧洲学术界所知。法国等欧洲国家的天文台一直与北

---

①　［捷］卡雷尔·严嘉乐：《中国来信（1716—1735）》，丛林、李梅译，大象出版社，2002 年，第 124 页。

②　Кулябко Е. С., Перельмутер И. А. Из научной переписки петербургских ученых ⅩⅦ в.（обзор архивных материалов）//Страны и народы Востока. Вып.8.М., 1969.

③　Пан Т. А., Шаталов О. В. Архивные материалы по истории западноевропейского и российского китаеведения.Санкт–Петербург–Воронеж, 2004.С.50—51.

京耶稣会士保持着密切联系并不断收到对方寄来的天文观测资料。法国著名天文学家德利尔(Joseph Nicolas Delisle,1688—1768)在1725年应叶卡捷琳娜一世邀请来圣彼得堡之前就与在北京的宋君荣联系密切。德利尔是圣彼得堡皇家科学院天文台的首任台长,非常需要获得中国的天文数据。在北京,除了宋君荣,严嘉乐、戴进贤、徐懋德也是优秀的天文学家。德利尔在与他们的通信中就天文观测方法、数据和中国纪年等问题详加切磋。[①]1747年德利尔离俄返法之后,圣彼得堡皇家科学院成员与北京耶稣会士的天文学通信曾经一度中断。1746年戴进贤卒,刘松龄奉旨补授钦天监监正。1754年,刘松龄在圣彼得堡皇家科学院医生叶拉契奇随商队来京之际,委托他给皇家科学院成员捎去书信,双方通信自此恢复。在圣彼得堡皇家科学院一方,与北京耶稣会士就天文学展开学术交流的还有院长基·拉祖莫夫斯基(Кирилл Григорьевич Разумовский,1728—1803)和米勒等人。基·拉祖莫夫斯基对方守义关于金星凌日的观测记录尤为重视,并于1766年给方守义复信。18世纪70年代,主要由金济时与圣彼得堡皇家科学院学者进行交流。

圣彼得堡皇家科学院其他学科的学者也对与北京耶稣会士交流怀有热情。1734年郎喀来华前夕,植物学家阿芒(Amman Johann,1707—1741)、医学家和动物学家德维诺(Johann Georg Duvernoy,1691—1759)各自草拟了一个问题清单,希望北京耶稣会士给予解答。阿芒的问题包括:大黄的采集、加工和使用方法,人参的生长环境与医疗用途,莫合烟在烧灼治疗中的使用,茶的采集与制作,中国南部樟树的外观与习性,天然与人工培植植物种子与标本,矿产,金属,颜料,毒药,等等。德维诺的问题主要有:中国人是否解剖尸体,有无外科,动物种类与特点,中国人最长寿命是多少,老中青年饮食,有无遗传病,等等。[②]

圣彼得堡皇家科学院与北京耶稣会士交换图书也是双方交流的重要内容。戴进贤、徐懋德、严嘉乐、方守义向拜耶尔和圣彼得堡皇家科学院赠送了多种重要的中国图书和天主教传教士作品,包括《律吕正义》《论语》《海篇》《字汇》《五经图解》《康熙字典》《五方元音》,巴多明的《汉语拉丁语词典》、南怀仁(Ferdinand Verbiest,1623—1688)的《教要序论》、

① 参见[捷]卡雷尔·严嘉乐:《中国来信(1716—1735)》,丛林、李梅译,大象出版社,2002年,第138—141页。

② Пан Т. А., Шаталов О. В. Архивные материалы по истории западноевропейского и российского китаеведения.Санкт-Петербург-Воронеж, 2004.С.61—76.

阳玛诺(Emmanuel Diaz Junior,1574—1659)的《唐景教碑颂正诠》以及艾儒略(Jules Aleni,1582—1649)的著作。其他还有大秦景教流行中国碑帖、神兽麒麟图、《皇舆图》、南怀仁制造的地球仪以及文房四宝等。1737年，郎喀将方守义赠送的64种图书和南堂赠送的82种图书以及多种天文星象图带回圣彼得堡。目前在圣彼得堡收藏有大量耶稣会士的著作，其中很大一部分就是当年双方交流的成果。俄罗斯学者将其分门别类，仅以汉文著作为例，天文学方面主要有明代徐光启和利玛窦合译希腊数学家欧几里得(Euclid,公元前300年前后)的《几何原本》、艾儒略的《西学凡》、阳玛诺的《天文略》、汤若望(Jean Adam Schall Von Bell,1591—1666)的《浑天仪说》《民历铺注解惑》、南怀仁的《新制仪象图》《新制灵台仪象志》。①另外，庞晓梅(Т. А. Пан,1955—　　)还在圣彼得堡发现了《几何原本》满文本，此本与汉文本在内容上并不一致，但与故宫所藏康熙皇帝曾经使用过的满文抄本一致。因此，她断定此满文本不是译自欧几里得的著作，而是译自1671年在巴黎出版的由巴蒂斯(Ignace–Gaston Pardies,1636—1673)所著《几何原理》。②医学方面有南怀仁的《吸毒石原由用法》等，宗教方面有利玛窦的《天主实义》、艾儒略的《万物真原》、孙璋的《性理真诠》、阳玛诺的《轻世金书》等。此外，俄罗斯科学院东方文献研究所、俄罗斯国家图书馆等处还收藏有许多由耶稣会士完成的满文西学和神学著述。

　　与此同时，圣彼得堡皇家科学院也不断向北京耶稣会士赠送自己的著作和其他出版物。拜耶尔曾将《圣彼得堡皇家科学院评论》、阿布·哈兹·巴尔都尔(Абул Гази–Багадур,1605—1665)的《鞑靼史》、凯普费尔(Engelbert Kampfer,1651—1716)的《日本历史》、自己的《中文博览》以及其他汉学论文寄到北京。拜耶尔去世以后，为了维持与北京的通信，圣彼得堡皇家科学院将宋君荣选为荣誉成员，并于1740年将64种植物种子和三箱书刊分送给北京的三个修会。

　　在北京的天主教传教士们还将自己的研究成果寄给俄国刊物发表。曾经在圣彼得堡皇家科学院出版物上发表成果的有戴进贤、宋君荣、刘松龄、金济时、韩国英、汤执中等。而将著作寄到圣彼得堡但未及发表的有

---

① 　Пан Т. А., Шаталов О. В. Архивные материалы по истории западноевропейского и российского китаеведения.Санкт–Петербург–Воронеж, 2004.С.119–134.

② 　Pang T. A. Stary G. On the Discovery of a Printed Manchu Text Based on Euclid's "Elements" // *Manuscripta Orientalia*. Vol. 6, № 4, December 2000.

巴多明、宋君荣、蒋友仁和韩国英等。①

圣彼得堡皇家科学院学者在与北京耶稣会士的学术交流中获益匪浅。通过交流,耶稣会士将中国图书源源不断地寄送到圣彼得堡,丰富了俄国的汉学藏书,为俄国汉学的建立创造了条件。通过交流,圣彼得堡皇家科学院在历史、地理、天文和物理等领域不断获得新的资料,在一定程度上促进了科学研究的发展。

## 第四节　俄国文化精英的中国文化观

在俄罗斯认知中国的进程中,18世纪是一个非常重要而特殊的时期。一方面,大量欧洲的中国知识因叶卡捷琳娜二世倡导开明专制以及启蒙运动的兴起而传播到俄国;另一方面,由于俄国扩张势力进入黑龙江流域,中俄之间的政治和经济联系也变得空前密切。因此,俄国在这个时期实际上拥有东、西两条获取中国信息的来源或管道。尽管法国大革命的爆发促使叶卡捷琳娜二世放弃了开明专制的想法,但一度相对宽松的言论环境却为俄国先进的知识分子接受和传播启蒙思想创造了条件。中国正是在这个时期成为俄国文化精英的关注对象,并被作为一种理想的正面形象来反观或讽刺俄国的社会现实。与此同时,在早期俄国知识分子的头脑中,还有一种现实的中国形象,将中国视为俄国在东方最大的毛皮市场以及侵略的对象。前一种形象来自西方,是俄国人接受西方文化的组成部分,是俄国知识分子用以反思俄国命运的一个"他者";后一种形象来自东方,是在与中国的直接交往中积累起来的真实观念,是俄国政府制定对华政策的基本参照。这两种形象尽管相互矛盾,却各不相扰。

### 一、理想化的中国观

启蒙运动兴起于英国,但随后法国很快就成为这场思想运动的中心。其代表人物为伏尔泰、孟德斯鸠、狄德罗、卢梭(Jean-Jacques Rousseau,1712—1778)等著名思想家。他们高举"理性"大旗,向王权、神权和特权宣战,为法国大革命做了思想上的准备。在这些启蒙思想家眼中,中国是欧

---

① Пан Т. А., Шаталов О. В. Архивные материалы по истории западноевропейского и российского китаеведения.Санкт-Петербург-Воронеж, 2004.С.86–88.

洲国家应该效仿的理想社会模式。在俄国,不仅早期的先进知识分子受到这种观念的影响,就连叶卡捷琳娜二世也一度考虑借鉴中国的文化制度。理想化的中国观是 18 世纪俄国政治和文化精英对中国认知的重要方面。

1. 诺维科夫

诺维科夫是俄国启蒙运动的代表人物,其活动主要集中在叶卡捷琳娜二世统治时期。1756 年,他进入莫斯科大学附属中学法文班学习,期间对文学产生兴趣。1762 年,诺维科夫进入著名的伊兹迈伊洛夫兵团,与一些作家和学者建立了联系。他退役后曾在叶卡捷琳娜二世的新法典编纂委员会担任书记员,后又在外务院工作了六年。在政府部门工作,尤其是在新法典编纂委员会工作的经历对他世界观的形成产生了决定性影响。

叶卡捷琳娜二世标榜的开明专制思想、组织纂修新法典以及为讽刺杂志解禁给自由主义思想的传播提供了缝隙,一些受欧洲启蒙思想影响的俄国知识分子发出希望改变俄国社会现实的呼声。然而女皇很快意识到这样做有可能使自由主义思想泛滥,遂授意创办了《万象》杂志,为讽刺杂志示范、定调,即只允许轻描淡写地讽刺人类的共同弱点,而不能具体指向俄罗斯现实的人和事。诺维科夫、冯维辛等先进知识分子对这种做法不满,他们不得不以各种隐蔽的形式表达自己的政治诉求。

诺维科夫的讽刺杂志在这种背景下应运而生,矛头直指地主的专横、法官的贪渎、贵族的腐败荒淫等社会罪恶。他反对采取暴力方式改变现实,主张通过完善个人道德来实现社会公正,以出版书刊的方式来开启民智,抨击时弊,推动社会进步。1769—1774 年,他先后创办过《雄蜂》《空谈家》《写生者》《钱袋子》四种讽刺杂志,但都被查禁。而后他又出版过专门发表俄国古代历史文献的《俄国古代文丛》和《俄罗斯国故讲谈》,1777 年开始编辑《圣彼得堡学术公报》,后来还出版过《砺心启智幼读》等杂志。

在揭露叶卡捷琳娜二世假开明真专制的过程中,诺维科夫将中国作为开明君主专制国家的典范。他的这种策略与法国启蒙思想家的做法如出一辙。然而在俄国的政治环境中,他只能通过宣扬中国的仁君形象来达到暗讽女皇的目的。他在 1770 年 2 月的《雄蜂》杂志上登载了汉学家列昂季耶夫(А. Л. Леонтьев,1716—1786)翻译的程珦向宋英宗提交的奏折《上英宗应诏论水灾》,俄译名为《中国哲人程子谏皇帝书》。此文从立志、责任和求贤三个方面向皇帝详细陈述治国理政的要义。为了使这篇七个世纪前的中国儒生奏折充分发挥针砭现实的作用,诺维科夫煞费苦心,对列昂季耶夫的译文进行了并非仅限于修辞层面的润色,通过修改或增删内容来赋予其更加鲜明的针对性。为了进一步增强讽刺效果,使读者一下子就能将此文与叶卡捷琳娜二世联系起来,诺维科夫还通过添加编者按的方式加以提醒。这篇按语尽管看似颂扬女皇,然而即便是今天的读者,依然能领悟作者对叶卡捷琳娜二世极其辛辣的讽刺:"我们的伟大女皇圣明理政,关怀臣民,不辞辛劳,树立良好风尚,提倡科学艺术;她知人善任,执法严明,泽被万众。总之,她建立了不朽的业绩。可以断言,假如这位中国哲人在世,就不必向皇上进此谏言,只需建议他沿着叶卡捷琳娜大帝的足迹,便可以步入永恒殿堂。"[1]1770年7月,诺维科夫在《空谈家》杂志上发表列昂季耶夫翻译的《雍正传子遗诏》。有人认为诺维科夫的真正用意是提醒女皇履行她的诺言,将皇位禅让给年满16岁的皇太子保罗。

《雄蜂》和《空谈家》因其鲜明而辛辣的讽刺风格,很快被勒令停刊。但是,与诺维科夫这两种杂志的遭遇不同,译者列昂季耶夫的命运却未因此受到任何影响。列昂季耶夫的译文与杂志被禁并无直接联系,多位俄罗斯学者都持这样的看法,根据是:这两篇译文于1772年又通过了俄国政府的书报检查,被列昂季耶夫收入《中国思想》一书而再次发表。此外,列昂季耶夫非但没有因此事受到牵连,反而受叶卡捷琳娜二世之命翻译两部中国的法律大典。[2]由此可见,叶卡捷琳娜二世并不完全反对在俄国出版宣扬儒家思想和道德的著作,但不能容忍有人利用中国题材作品对她本人的专制统治和俄国农奴制进行含沙射影的批判。

诺维科夫利用中国示范效应的意图在他的书籍出版活动中也有体现。1773年,诺维科夫组建了俄国历史上第一个民间图书出版组织"印书业促进会",次年又成立了一家出版公司,吸引了包括克尼亚日宁和拉吉舍夫(А. Н. Радищев,1749—1802)在内的一批俄国精英。作为共济会成员,诺维科夫的出版活动与致力于在俄国出版法国百科全书学派著作的共济会组织"交友会"的目的一致。1779年,莫斯科大学监护人,同样也是

[1] Сатирические журналы Н. И. Новикова /Редакция, вступительная статья и комментарии П. Н. Беркова. М.; Л. 1951. С.212.

[2] Макогоненко Г. П. Николай Новиков и русское просвещение XVIII века. М.; Л., 1951,С. 168; Фишман О. Л. Китай в Европе: миф и реальность(XIII–XVIII вв.).СПб., 2003.С.375; Скачков П. Е. Очерки истории русского китаеведения.М. ,1977.С.73.

共济会成员的赫拉斯科夫(M. M. Херасков,1733—1807)将莫斯科大学印刷厂出租给诺维科夫使用。此外,诺维科夫还利用共济会成员的捐赠,承租了俄国其他一些印刷厂。引人瞩目的是,在他出版的二十多部著作中,就有多部欧洲汉学名著。1774—1777 年,"印书业促进会"出版由诗人泰尔斯翻译的杜赫德的《中华帝国全志》;1780 年,诺维科夫在他承租的莫斯科大学印刷厂出版谢格罗夫(Щеглов)翻译的柏应理的著作《中国贤哲孔子》的俄译本;1786—1790 年,刊行维廖弗京翻译的由北京耶稣会士著述结集而成的《中国丛刊》16 卷中的前三卷和第十二卷;1789 年,出版译自德文的《中华帝国历史地理概述》。这些著作不仅是法国启蒙思想家们有关中国知识的主要来源,也是 18 世纪在俄国出版的影响最广的汉学著作。作为一位俄国的伏尔泰主义者,诺维科夫一共出版过 16 种伏尔泰的作品。可以说,耶稣会士和欧洲启蒙思想家笔下的中国形象是诺维科夫用来对比俄国社会现实的参照物。

诺维科夫本人并没有留下有关中国的著述,其活动主要集中在编辑或出版领域。尽管如此,他对中国题材著作的选择和出版还是在很大程度上反映出其中国观与法国启蒙思想家一脉相承。由于当时俄国文化教育水平低下,加上沙皇政府控制和打压,诺维科夫出版物的影响在他生前远未达到他所期望的程度, 而仅限于大城市的少数贵族或知识分子。普列汉诺夫(Г. В. Плеханов,1856—1918)曾就此写道:"他在 1773 年创办'印书业促进会'和开始出版杜·加尔东的《中国概况》(即杜赫德的《中华帝国全志》——笔者)时,在外省完全没有订户,而在首都,很大一部分订户是宫廷官吏。"①

2. 杰尔查文

杰尔查文(Г. Р. Державин,1743—1816)是 18 世纪俄国古典主义诗人。1782 年,杰尔查文发表颂扬叶卡捷琳娜二世的诗作《费丽察》,将女皇塑造成理想的君王、贤明与智慧的化身。他由此获得女皇的垂青,平步青云,先后做过省长、女皇秘书以及司法部长。一方面,作为一个君主政体的维护者,他的忠君思想可谓根深蒂固;另一方面,对国家的热爱又赋予他忧国忧民的情怀。他对开明君主充满幻想,把社会黑暗和农民起义的原因归结为贵族和地主的无知、贪婪和缺乏责任感。因为维护农奴制度,

---

① ［俄］戈·瓦·普列汉诺夫:《俄国社会思想史》(第 3 卷),孙静工译,商务印书馆,1999 年,第298 页。

杰尔查文未被归入俄国启蒙思想家之列。但从杰尔查文的诗作中可以发现,他曾利用中国良相贤臣的形象来唤起俄国统治阶层的良知。

　　尽管叶卡捷琳娜二世创作的中国题材作品《费维王子的故事》只是一部蹩脚的习作,但还是得到某些御用文人的追捧。《费维王子的故事》出版后,为了取悦叶卡捷琳娜二世,时任圣彼得堡皇家科学院院长的达什科娃(Е. Р. Дашкова,1744—1810)请杰尔查文为她主办的《谈话者》杂志创作一首颂扬叶卡捷琳娜二世宠臣波将金 (Г. А. Потёмкин,1739—1791)的诗作。杰尔查文便借用《费维王子的故事》中陶奥王国的贤臣列舍梅斯尔的形象发表了诗作《致列舍梅斯尔》。在杰尔查文笔下,中国式大臣列舍梅斯尔的形象更加鲜明。

> 他一心一意守护王庭,
> 他专心致志倾听民声,
> 坚持真理,执法秉公,
> 兢兢业业,为国尽忠,
> 仰承皇命,恪尽职守,
> 公而忘我,廉洁清正。
>
> 他不以奸猾博取名声,
> 也不以受贿积聚金银,
> 更从不贪恋高爵显尊,
> 助人为乐,标举善行,
> 造福庇佑天下的苍生,
> 以此赢得生命的光荣。
>
> 深沉机敏,温和精明,
> 器宇轩昂,和蔼可亲,
> 谦虚谨慎,妙语解颐,
> 俗世凡尘,奢华人生,
> 他依然能够勤勤恳恳,
> 从未见过有什么恶行。
>
> 他置身美丽玫瑰花丛,

　　时刻准备着抛却安宁，

　　迎接风暴酷暑与严冬，

　　在那消遣和嬉戏之中，

　　审时度势，发号施令，

　　闪电般飞向荣誉之宫。①

　　杰尔查文在诗中完全不是在赞颂波将金，而是在歌颂一位他心目中理想的朝廷重臣。这位大臣具有的那些高贵品格，正是忠君体国、敬上礼下、仁爱正义、敦善行而不怠的中国君子的写照。而波将金根本就不具备这样的德行。②杰尔查文采取了一种高明的隐身术，在完成达什科娃交代的任务的同时，巧妙地实现了自己的讽喻意图。

　　杰尔查文的《英雄纪念碑》1791 年首次匿名发表于《莫斯科杂志》，其中对孔子大加赞美：

　　她永远明辨是非讲求真诚，

　　无论何处也绝不奉承他人，

　　啊！缪斯女神！你焕发了

　　神情庄严的孔夫子的激情，

　　他弹奏出婉转响亮的琴声，

　　用教诲打动每个人的心灵。③

　　在这里，孔子神情庄严，气度超群，而且精通音律，擅奏佳音，用自己的道德哲学去矫正每个人的行为。在这位伟大哲人思想的影响下，才出现了像列舍梅斯尔这样高尚而智慧的贤臣。在杰尔查文的头脑中，中国作为哲人王国和道德圣地的形象占有重要位置。

　　3. 冯维辛

　　冯维辛是一位深受法国启蒙思想影响的俄国剧作家，其中国观与诺维科夫颇为相似。冯维辛在欧洲启蒙思想家的影响下选择翻译了《大

---

　　① Державин Г. Р. Сочинения Державина с объяснительными примечаниями Я. Грота. Т.I. СПб., 1864. С.174–176.

　　② Благой Д. Д. Державин // История русской литературы: В 10 т. Т. IV: Литература XVIII века. Ч. 2. М.; Л., 1947.С.419.

　　③ Державин Г. Р. Сочинения Державина. Часть вторая. СПб., 1831. С.272.

学》,成为第一个完整翻译儒家著作的俄国人。《大学》着重辨析了个人道德与国家福祉的关系,以"明明德""亲民""止于至善"为终极目标,通过"格物""致知""诚意""正心""修身""齐家""治国""平天下"八个步骤来实现。这些思想对开启俄国民智和促进社会发展具有借鉴价值,与冯维辛的政治理想颇有契合之处。1777—1778 年,冯维辛在法国得到了 1776 年出版的《中国丛刊》,看见第一卷收录的由耶稣会士韩国英翻译的《大学》和《中庸》。他用了很短的时间就将法文版《大学》连同 34 条注释全部翻译成俄文,匿名发表在 1779 年圣彼得堡皇家科学院出版的《科学院通报》上。在译文前面的编者按中说译者接下来还要翻译发表《中庸》。① 1801 年,冯维辛的《大学》译本又在《求真者抑或智者口袋书》杂志重新发表,但注释被删减至八条。②

　　在冯维辛译本问世的次年, 列昂季耶夫也在圣彼得堡皇家科学院出版了由他翻译的《大学》,1784 年出版《中庸》俄译本。③1786 年,维廖弗京将《中国丛刊》第一卷全部翻译成俄文,由诺维科夫出版,其中包括《大学》和《中庸》。也可能是这个原因,冯维辛放弃了翻译《中庸》的计划。这样,在短短几年时间里,俄国一共出版了三个《大学》俄译本,在儒学俄传史上留下了珍贵的一页,为丰富俄国社会思想做出了贡献。苏联著名的 18 世纪文学研究者别尔科夫(П. Н. Берков,1896—1969)在为《冯维辛文集》所作的注释中写道:"俄国译者对于《大学》所表现出的兴趣与自 18 世纪 60年代开始在俄国文学界形成的从汉语翻译中国哲学和历史著作的传统有密切关系。这些著作的主要内容是描述合乎理想的君王及其在造福臣民方面的作用, 而且正好出现在俄国人积极思考如何评价叶卡捷琳娜二世之时。诺维科夫在其讽刺杂志中以单行本的形式刊行了许多此类著作的译本。这些译本就是要引导读者用中国古代文献中所展现的理想君王与现实中的俄国女皇叶卡捷琳娜二世进行比照。这样由冯维辛、列昂季耶夫及维廖弗京翻译的《大学》不仅是一部向俄罗斯读者介绍中国古典文学的

① Та-Гио, или Великая наука, заключающая в себе высокую китайскую философию//Академические известия на 1779. Ч. 2. С. 59–101.

② Крестова Л. В. Из истории публицистической деятельности Д. И. Фонвизина//XVIII век. Сборник. Выпуск 3. Ответственный редактор П. Н. Берков. Издательство АН СССР. М.: Л., 1958.

③ Сы шу геи, то есть четыре книги с толкованиями. Перевел с китайскаго и манжурскаго на российской язык надворной советник Алексей Леонтьев: Кн. 1–2. СПб.: При Имп. Акад. наук, 1780–1784.

作品,也成为当时俄罗斯文坛的一部政论性作品。从冯维辛的《国家自然法则论》以及《纨绔子弟》中斯塔罗东①的政治言论,特别是其关于国君道德作用的观点,我们可以看出冯维辛对《大学》的思想有着浓厚的兴趣。他认为,在教化臣民的过程中,国君应该是一个好丈夫、好父亲和好主人,而臣民则应该在各方面仿效国君的言行。"②

在《国家自然法则论》中,冯维辛写道:"国君被赋予最高权力,只是为了造福他的子民。暴君们也知道这条真理,但贤明的君王却能用心去感受。懂得此理真谛并且具有高尚心灵的明君,如果在拥有无上权力的同时尽其一生努力追求完美,立刻就能体会到,有权为恶并非完美,因为赤裸裸的独裁时就会自我膨胀,从而无法从恶行中自拔。如果国君的身上没有德行,王座的全部光芒不过是虚幻之光。"③冯维辛这段话在一定程度上就是对"大学之道,在明明德,在亲民,在止于至善"理念的阐释。在《纨绔子弟》中,冯维辛借助斯塔罗东的形象"来表现他自己对人道和文明的社会理想,这种理想同时也是诺维科夫,拉季谢夫(即拉吉舍夫——笔者),甚至叶卡捷琳娜自己的理想"④。斯塔罗东为人无私正直,不阿谀权贵,强调一个人首先要有高尚的灵魂和节操,才有可能履行好为国家服务的天职。斯塔罗东的生活信条其实就是冯维辛关于道德伦理和个人社会使命观点的体现,这与《大学》中先修身而后治天下的理念是一致的。

4. 拉吉舍夫

拉吉舍夫在莱比锡大学求学期间便大量阅读法国启蒙思想家卢梭、爱尔维修(Claude Adrien Helvétius,1715—1771)、孟德斯鸠和伏尔泰等人的著作,并深受其影响。作为18世纪俄国的先进知识分子,拉吉舍夫熟知启蒙思想家著作中那种理想化的中国形象,了解诺维科夫利用中国题材讽刺俄国现实的手法。然而拉吉舍夫在政论和文学作品中很少提及中国,在抨击俄国社会丑恶和表达政治诉求时,没有采用那种隔靴搔痒式的讽喻手法,而是直面俄国社会的黑暗,呼吁用激进的革命方式推翻专制制度。这是因为,中国的社会现实与他所追求的废除农奴制、耕者有其田以及摆脱一切奴役和剥削的政治理想相去甚远。在他眼中,中国社会现实

---

① 斯塔罗东这个人名字的本意是 "古老的思想",暗喻此人遵循先哲的教诲,效仿前人的德行——笔者。

② Фонвизин Д. И. Собрание сочинений в двух томах. Том 2. М. , 1959.С.678–679.

③ Там же, стр.254.

④ [苏]高尔基:《俄国文学史》,缪灵珠译,上海译文出版社,1979年,第27页。

的形象即便不是完全负面的,但也绝对不能成为俄国效仿的典范。

如果说拉吉舍夫对中国有什么颂扬,那也只是针对中国古老的历史和思想而言。1802年他创作了长诗《历史之歌》。有学者认为,这首长诗可能是拉吉舍夫所要创作的叙述世界历史长诗的开头部分,其创作方法受到西方资产阶级激进派思想的影响,尝试"用孟德斯鸠和马布利等人的风格来阐释世界历史"。在这首诗中,中国人被视为世界上最古老的民族之一,至今没有停止历史的脚步,而"孔子的形象如同伏尔泰笔下一样高大和完美,后者用中国宗教所具有的忍耐性和'哲学精神'作为攻击基督教的范例"。他在诗中写道:

> 特洛伊、提尔、迦太基和西顿,
> 古老的中国人和印第安人,
> 还有至今不为人知的民族,
> 在神秘的雾霭中阔步前行。
> 历史长河不乏愚昧与黑暗,
> 圣人的声名依然光辉灿烂,
> 仿佛冲破层层漆黑的乌云,
> 好似一道闪电炫目而光明。
>
> 孔夫子啊! 一位旷世奇人,
> 你的金言是如此灿烂耀眼,
> 历经了剧烈的风暴与纷争,
> 无论朝代更迭,废兴存亡,
> 你的思想永远绽射着光芒,
> 历史的风云激荡百载千年,
> 依然奋翮振翅,直冲霄汉,
> 高高飞翔在皇天后土之间。①

俄国文化精英在接受欧洲启蒙思想家学说的同时,也接受了后者对中国思想、道德的赞扬。所以俄国人理想化的中国观并非源自其与中国的交往(尽管俄国在这方面拥有比欧洲更便利的条件),而是他们引进和

---

① Радищев А. Н. Полное собрание сочинений в 3 т. М.;Л., 1941. Т. 2. C.76–77;454–455.

接受西方文化的结果。他们大多将改变俄国社会现实的期望寄托在开明君主身上,通过翻译出版欧洲启蒙思想家的著作、创作文学作品以及撰写政论文章,传播儒家思想,颂扬中国的明君贤臣,以达到开启民智和劝导沙皇的目的。他们的活动主要集中在叶卡捷琳娜二世统治时期,因此,叶卡捷琳娜二世便成为他们最主要的讽喻或劝诫对象。然而被欧洲启蒙思想家罩上"王位上的圣人"光环的女皇却并非是这些俄国文化精英理想中的救世主。叶卡捷琳娜二世不允许他们的活动和言论超出她许可的范围,那就是不能触及俄国的农奴制度,也不能动摇沙皇的专制统治。在沙皇政权严密监视之下,他们大多无法直抒胸臆,只能将真实意图隐藏在自己赞颂中国思想、道德以及帝王的字里行间。在俄国早期启蒙思想家那里,理想化的中国被当作一面反观俄国社会现实的镜子,是他们实现自我道德追求或政治理想的参照物。与欧洲启蒙思想家对康熙皇帝不惜溢美之词不同,俄国人所崇尚的主要是传统的中国,无论是圣人孔子,还是贤臣明君,都是历史中国的形象,而非现实的大清王朝。而且这也只是这一时期俄国某些文化精英中国观的一个方面。实际上在他们的头脑中,同时还存在着另外一种关于中国的现实观念。他们认为乾隆皇帝及其朝廷阻碍了俄国向东方扩张,主张用武力夺取黑龙江流域,彻底征服"傲慢"的中国人。这样的思想在罗蒙诺索夫(М. В. Ломоносов,1711—1765)、苏马罗科夫等人的诗歌中都得到了充分的表达,并且与叶卡捷琳娜二世的想法完全一致。

## 二、现实的中国形象

尽管中俄两国先后在 1689 年和 1728 年签订了《尼布楚条约》和《恰克图条约》,但俄国政府无视清政府做出的让步,从未停止侵占中国领土的行动。18 世纪中叶,俄国公然违反两国协议,挑拨准噶尔部与清政府的关系,支持其反清叛乱,并收留叛逃的辉特部台吉阿睦尔撒纳。清政府多次要求引渡阿睦尔撒纳,俄国均以各种借口予以庇护并企图利用其染指准噶尔部属地。乾隆二十二年(1757 年),阿睦尔撒纳患痘病死于托博尔斯克。即便如此,清政府仍坚持原则,要求俄国归还阿睦尔撒纳尸骨,直到验明正身才作罢。1771 年,自 17 世纪初游牧于伏尔加河下游地区的土尔扈特部由于不堪忍受沙俄的奴役, 在其首领渥巴锡的率领下回归祖国。此外,为了开辟前往北太平洋沿岸俄国新殖民地的陆路,俄国政府始终将侵占黑龙江流域作为重中之重。为了遏制沙俄的挑衅,乾隆皇帝三次下令恰克图闭市,暂停两国贸易,重创了俄国国家税收。总之,在 18 世纪,中俄之间虽未爆发大规模的军事冲突,但矛盾和摩擦始终不断。生活在这一时期的一些俄国文化精英,狂热地支持俄国政府对中国采取包括发动军事入侵在内的强硬政策。

罗蒙诺索夫是一位出色的科学家,但同时也是沙皇专制制度的拥护者和歌颂者,他将俄国的未来和民众福祉寄托于开明君主。他曾为多位沙皇写过颂歌,抒发他对专制君主的忠诚和对国家的希望。几乎在每一首致沙皇的颂歌中,罗蒙诺索夫都表达了对俄中关系的看法,而征服中国是他一以贯之的思想。

1739 年,罗蒙诺索夫首次在诗中提到中国。这首诗是他为纪念俄国战胜土耳其人和鞑靼人而献给安娜女皇的颂歌。他在诗中写道:

> 俄罗斯好似一朵美丽百合,
> 在安娜女皇治下昌盛蓬勃,
> 她的业绩受到中国的崇敬,
> 俄罗斯勇士们的威武荣耀,
> 在广阔的世界上到处传播。[1]

罗蒙诺索夫在这里特别提到俄国的声威已经远播中国,或许与雍正年间清政府连续两次派遣使团赴俄祝贺新沙皇登基有关。1731 年 1 月,由托时和满泰率领的使团到达莫斯科,不料新皇彼得二世已经逝世,安娜女皇接见了中国使团。托时乘坐女皇的车辇,其他使团成员另乘八驾轿式马车,浩浩荡荡地进入克里姆林宫。女皇为使团举行了三场欢迎仪式,场面宏大壮观。随后满泰率领一部分使团成员由莫斯科前往在伏尔加河下游地区游牧的土尔扈特部。在托时和满泰使团还没有回到北京的时候,清政府又于 1731 年派出德新使团,为的是回应俄国政府的咨文,前往祝贺女皇安娜登基。次年 4 月,使团到达圣彼得堡。俄国方面为中国使团举行了隆重的入城仪式,击鼓奏乐,鸣放 31 响礼炮。[2]可以说,中国使团访俄是非常重要的外交事件,在俄国产生了一定影响,当时的报刊

---

[1] Ломоносов М. В. Полное собрание сочинений. Т. 8: Поэзия, ораторская проза, надписи, 1732–1764. М.; Л., 1959. С. 30.

[2] 参见阎国栋:《俄国汉学史(迄于 1917 年)》,人民出版社,2006 年,第 91—92 页。

也有报道。①

1747 年,伊丽莎白(Елизавета Петровна,1709—1762)女皇批准圣彼得堡皇家科学院新章程。该章程确立了俄国学者在皇家科学院的主导地位。罗蒙诺索夫借庆贺女皇登基六年之机献诗表达自己的喜悦。他在为沙皇撰写的第二首颂歌中写道:

> 那里的田野无比宽广,
> 缪斯之路延伸至远方!
> 我们要用什么来报答,
> 您的仁慈和宽宏大量?
> 我们歌颂陛下的才能,
> 在太阳冉冉升起之地,
> 留下陛下慷慨的标记,
> 阿穆尔两岸青草绿树;
> 希望从满族人的手中,
> 重回陛下大国的版图。②

显然,罗蒙诺索夫主张夺取中国的黑龙江流域,打开俄国进入太平洋的通道。自《尼布楚条约》签订以后,俄国上层有许多人不甘心失去哥萨克非法侵占而后又被迫退出的黑龙江地区。罗蒙诺索夫正是在这种思想的驱使下写出了上面的诗句,鼓动沙皇夺取中国领土。

1754 年,罗蒙诺索夫在保罗一世(Павел I,1754—1801)出生后第四天完成了长篇颂歌,并自费印刷 300 册。在这首诗中,罗蒙诺夫再次公开叫嚣侵略中国:

> 中国仿佛用长长的城墙,
> 在我们面前竖起了屏障,
> 还有那杳无人迹的山岭,
> 与俄罗斯大地分隔两方。

---

① О китайском посольстве, ожидаемом в Москве зимой 1730 г. //Примечания к Ведомостям, 1730, июнь, Ч. 49, С. 195–196.

② Ломоносов М. В. Полное собрание сочинений. Т. 8: Поэзия, ораторская проза, надписи, 1732–1764. М.; Л., 1959. С. 204–205.

> 中国人投来傲慢的目光，
> 但这一切都是枉然无望，
> 我们的怒火将骤然升腾，
> 长城上燃起复仇的烈焰，
> 在彼得大帝部落的手中，
> 这一计划完全可能实现。①

　　1762 年，罗蒙诺索夫向新皇彼得三世献上颂歌，又一次表达了征服东方的愿望：

> 冰冷之翅振颤有声，
> 你是暴风雪的主人，
> 冲破千里冰封雪洞，
> 将那东方之路打通，
> 中国、印度和日本，
> 在你面前俯首称臣。
> 东部白海水深浪涌，
> 击掌为誓表达忠诚，
> 西部国人雀跃欢腾，
> 坚信必能赢得战争。②

　　下面的诗句来自罗蒙诺索夫于 1763 年为叶卡捷琳娜二世所写的颂歌。1763 年 12 月，女皇擢升罗蒙诺索夫为五等文官，并将年薪提高至 1875 卢布。为感激女皇的知遇之恩，罗蒙诺索夫创作了这首颂歌。当时正值中俄之间因边境纠纷而矛盾丛生，乾隆皇帝不满俄国在边界私立木桩侵占中国国土、收留包庇中方逃人及扬言强行在黑龙江通航等，下旨停止恰克图互市。在这首诗中罗蒙诺索夫延续了以往的恐吓语气，还借用希腊神话中掌管天文的缪斯女神乌拉尼亚之口，对乾隆进行了嘲讽，称其为"傲慢无礼的大王"。

---

①　Ломоносов М. В. Полное собрание сочинений. Т. 8: Поэзия, ораторская проза, надписи, 1732–1764.М.；Л., 1959.С. 563.

②　Там же, стр.757.

看清楚东方那个国家，
有位傲慢无礼的大王，
坐在那里，想入非非，
人间的大权一人执掌。
厚重的城墙环绕四方，
遥远的大洋成为屏障，
完全漠视外面的天地，
兵多将广也于事无济，
缺乏胆魄便不堪一击，
欧洲昌盛靠的是勇气。

中国，当心灾难降临，
抓紧时间，保命要紧，
竟敢用傲慢激怒近邻，
当心罗斯人怒气升腾，
荒寂的草原并非障屏，
箭矢如雨也枉然无用，
一定会成为你的耻辱。
我们恭顺的爱神之人，
将在帕尔纳索斯宣告，
你们逃遁而我方得胜。①

　　从罗蒙诺索夫向沙皇进献的这些颂词当中，可以感受到他强烈的侵华情绪。他没有来过中国，甚至也没有去过西伯利亚，他对中国的想象完全产生于书本知识以及俄中之间的政治摩擦和贸易纠纷。在他头脑中有关中国的影像，长城占据着重要位置，被他用以作为中国的代称。与叶卡捷琳娜二世一样，他念念不忘远征中国，企图通过战争征服"傲慢"的中国人，夺取被他认为对俄国向东扩张具有关键意义的黑龙江流域。②

---

　　① 　Ломоносов М. В. Полное собрание сочинений.Т. 8: Поэзия, ораторская проза, надписи, 1732–1764.М.; Л., 1959.С. 797–798.

　　② 　参见阎国栋：《叶卡捷琳娜二世的中国观》，载于《俄罗斯研究》，2010 年第 5 期。

在 18 世纪的俄国,持有这种中国观的不止罗蒙诺索夫一人。他的科学院同事、东方学家米勒在研究俄国人东进历史的同时也涉及早期俄中关系。米勒是俄国最早研究黑龙江问题的学者①,曾潜入中国边境地区考察黑龙江附近的城池遗迹。1755—1757 年,米勒先后在其主持的《益娱月报》上发表多篇论述俄中关系的文章,极力否定《尼布楚条约》和《恰克图条约》的公正性,声称黑龙江地区在中国人到来之前已为俄国人占领,后来在清军的武力威胁下被迫出让给了中国。为此,他数度上书俄国政府(如《关于对华作战的意见》《关于赴华使团的意见》等),提出了一整套计划,建议策反蒙古王公、用武力夺取所谓的"失地"。②类似基调在一些俄国诗人的作品中也能看到,如苏马罗科夫曾在《彼得大帝颂》中写道:

> 从波罗的海的岸上,
> 彼得大帝飞到东方,
> 那里彼得杀敌正酣,
> 那里宝剑闪着寒光。
> 长城内中国在号哭:
> "我们再无安身之所,
> 俄罗斯人异常可怕!"③

① Готовцева А. Г. Географические открытия первой половины XVIII века и русская журналистика: Журнал《Ежемесячные сочинения, к пользе и увеселению служащие》// Вестник РГГУ(Серия《Журналистика. Литературная критика》),2008, № 11.

② Бантыш -Каменский Н. Н. Дипломатическое собрание дел между Российским и Китайским государствами с 1619 по 1792 год. Казань,1882. С. 378–414.

③ Сумароков А. П. Полное собрание всех сочинений в стихах и прозе покойного действительного статского советника, ордена св. Анны кавалера и Лейпцигского ученого собрания члена Александра Петровича Сумарокова. Ч.VI. М., 1781. С.6.

# 第四章　俄国东正教驻北京传教团

在中俄两国文化交流中,俄国东正教驻北京传教团(中国史籍亦称"俄罗斯馆")扮演了举足轻重的角色。确切地说,要研究中俄两国的早期文化关系史,很难绕过俄国东正教驻北京传教团。自1715年开始以后的二百多年间,俄国共向中国派遣了20届传教团。由于俄国对华政策的需要,俄国东正教驻北京传教团实际上是一个兼有外交、商务和文化等多重职能的机构。尤其是19世纪60年代以前,无论是外交、贸易,还是文化交流,几乎事事都要通过俄国东正教驻北京传教团来进行。虽然1861年之后传教团的主要职能仅限于传教布道,但履行的同样是文化交流职能。中俄间举凡宗教、哲学、语言、文学、史地、教育、图书、医学和美术等领域的文化交流无一不是借助俄国传教团来进行。当然,传教团的文化活动首先是为俄国政府利益服务的,但不能否认,正是由于传教团的存在,清代中俄文化交流才呈现出比较丰富的图景。由于后面的许多章节都要涉及俄国东正教驻北京传教团,因此有必要在此对其源流、特点和文化功能进行简单描述。

## 第一节　俄国东正教传入北京

17世纪中叶,东正教随着入侵黑龙江流域的俄国哥萨克传入中国。而后,在雅克萨战役中被俘的俄国战俘建立了北京第一座东正教教堂。1715年,第一届俄国东正教驻北京传教团来华,开启了其在中国存在二百余年的漫长历史。俄国政府之所以能在北京设立这样一个永久据点,一方面是因为中俄之间存在特殊的地缘政治关系以及康熙皇帝对宗教信仰持宽容态度,另一方面与俄国政府希望在中国传播东正教并和中国建立稳定的贸易联系有密切关系。

## 一、哥萨克东侵与东正教入华

自 17 世纪开始,俄国加紧向东西伯利亚和远东地区扩张。俄国人用短短半个世纪的时间,以惊人的速度横跨西伯利亚,到达中国黑龙江流域。在以俄国哥萨克为主体的东进队伍中,一般都有东正教神父随行,完全是"火枪与圣器同时并举"[①]。1665 年,为满足盘踞在雅克萨的俄国人的宗教需求,东正教神父叶尔莫根(Гермоген)集资建造了主复活教堂。1671年,叶尔莫根又在沿黑龙江上行四俄里[②]的一个叫"磨刀石山"的地方建立了仁慈救世主修道院。"这是在中国土地上最早出现的东正教教堂"[③]。俄国东正教教士除了为本国人提供宗教服务之外,不断诱骗或强迫中国边民入教。1681 年,西伯利亚都主教保罗(Павел)向西达乌里亚[④]派出了传教团,传教士为修道院院长费奥多西(Феодосий)、修士司祭马卡里(Макарий)及其他神父。保罗指示他们要"去达斡尔人中间,在色楞格斯克和其他达斡尔城堡中,吸引各种信仰的异族人皈依真正的基督正教信仰,尽心勉力地向他们灌输圣书,以圣父、圣子、圣灵的名义为其施洗,号召异族人献身神圣的上帝事业,不虚荣骄傲,善意训导,消除敌意……避免用固执的言语疏远那些异族人,危害神圣的事业"[⑤]。同年年底,由沙皇倡议召开的莫斯科宗教会议决定向遥远的勒拿河流域和达斡尔人聚居区派遣东正教传教士,以便向不信教者传授基督的真理。雅克萨城教堂的神父吉洪(Тихон)就是在此之后从俄国北部的宗教中心索洛维茨基修道院而来。这样,在俄国哥萨克的武力胁迫和俄国传教士的利诱下,在中国少数民族边民中出现了最初的东正教教徒。例如,当 1685 年俄国人被从雅克萨赶出而前往尼布楚时,一个叫鲍里斯科·伊格纳季耶夫

---

① 蔡鸿生:《俄罗斯馆纪事》,中华书局,2006 年,第 14 页。

② 一俄里等于 1.0668 千米。

③ 黄心川:《沙俄利用宗教侵华简史》,辽宁人民出版社,1980 年,第 25 页。

④ 又名达乌尔领地,系俄罗斯人对外贝加尔和 17 世纪前黑龙江沿岸西部地区的称呼。俄国人东侵之前一直是中国达斡尔民族的聚居地。

⑤ Адоратский Н. История Пекинской Духовной Миссии в первый период ее деятельности (1685—1745)//История Российской Духовной Миссии в Китае: Сб. Статей. Ред. коллегия: академик С. Л. Тихвинский, академик В. С. Мясников, А. С. Ипатова, священник Дионисий Поздняев. М.,1997.С. 42.

（Бориско Игнатьев）的哥萨克于弥留之际在遗嘱中提到了他的教子、一个有蒙古血统的青年——瓦斯卡·鲍里索夫（Васка Борисов）。① 这样，自俄国人入侵黑龙江流域之后，俄国东正教就随着野蛮彪悍的哥萨克进入了中国。

## 二、雅克萨战俘与东正教传入北京

随着俄国在中国黑龙江流域持续扩张势力范围，不断有俄国士兵或逃人被俘获。1685 年末，清廷因"罗刹归顺人颇多"，决定将原有的半个俄罗斯佐领（牛录）扩编成一个佐领，"令其彼此相依，庶有资藉"，② 安置在负责保卫京畿的镶黄旗中，编为满洲第四参领第十七佐领，驻于北京城东北角的胡家圈胡同。这个俄罗斯佐领仍由原为中国边民的伍朗各里领导。伍朗各里死后，其子罗多珲袭父职，后者曾经作为俄文翻译参加了中俄《尼布楚条约》谈判。清政府对这些人礼遇有加，分别赐予四品到七品官衔，分配了房屋、土地，还允许他们与中国人通婚。在俄国文献中，俄罗斯佐领兵士及其后裔被称为"阿尔巴津人"。

关于中俄雅克萨战役中俄国俘虏的数量，中俄两国学者有不同看法。

第八届俄国东正教驻北京传教团领班格里鲍夫斯基（Софроний Грибовский，?—1814）认为共有 151 人被俘，其中 101 人被带到北京，其余 50 人则被遣送到奉天一带农耕。③ 阿多拉茨基、梅德韦杰夫（Александр Медведев）以及 1916 年出版的《俄国东正教驻华传教团简史》④ 均认为只有 45 人被带到北京。⑤

当代俄罗斯学者萨莫伊洛夫（Н. А.Самойлов，1955—　）认为有 25

①　Адоратский Н. История Пекинской Духовной Миссии в первый период ее деятельности (1685–1745)//История Российской Духовной Миссии в Китае.М.,1997.С. 42.

②　《清实录》（第 5 册），中华书局，1985 年影印本，《清圣祖实录》卷一一二。

③　参见［俄］尼·伊·维谢洛夫斯基编：《俄国驻北京传道团史料》（第 1 册），北京第二外国语学院俄语编译组译，商务印书馆，1978 年，第 21 页。

④　此书出版时为匿名，经后人考订，确定其作者为第十八届传教团修士大司祭阿弗拉米，俗姓恰索夫尼科夫，参见 Бэй-Гуань. Краткая история Российской миссии в Китае.СПб.,2006. С. 6–7.

⑤　Адоратский Н. История Пекинской Духовной Миссии в первый период ее деятельности (1685–1745)//История Российской Духовной Миссии в Китае.М.,1997.С.40；Медведев Александр. Русская миссия в Китае 1685–1745 гг. //www.chinese.orthodoxy.ru /RUSSIAN/mission.htm; Краткая история русской православной миссии в Китае, составленная по случаю исполнившегося в 1913 г. двухсотлетнего юбилея ее существования. Пекин, 1916. С. 11.

名俄国俘虏被带到北京,与此前的俄国俘虏在北京组成了第一个俄国人群体。①

中国学术界多依据《平定罗刹方略》,认为 1683 年有 31 人,1684 年有 22 人,这两批人都被送到北京由户部安置;1685 年清军共俘获 46 人,但其中只有 6 人被送到北京,其余交盛京安插。这样算来,这几次送往北京的俄国战俘一共是 59 人。

笔者认为中国学者的观点较为可信。因为在他们所依据的中国文献《平定罗刹方略》中,对于历次战役中俄俘和降人的数量均有详细记载。② 当然,这只是 1683 年至 1685 年雅克萨战役期间俘获的来京俄国战俘人数,实际人数可能远不止这些。因为从顺治年间中俄发生军事摩擦开始,就不断有俄国俘虏和逃人或被安置在盛京,或被送往北京,或被送到南部省份充军,但也不能排除清代文献在统计上存有疏漏的可能。

早在 1668 年,清政府就将投诚的俄罗斯人编为半个佐领,由 1648 年向清军投诚的伍朗各里任其头目。另外,俞正燮在《癸巳类稿》的"俄罗斯佐领考"一节中说自顺治五年(1648 年)以来"总得罗刹近百人",何秋涛在《朔方备乘》中也因袭此说。后来中国学者大都接受这个数字。由此看来,要考证出一个精确的数字并非易事。此外,俄罗斯佐领也不尽是俄罗斯人,其中也"可能包括来自俄国的逃人,如卡尔梅克人及其他因为各种原因而于 17 世纪离开西伯利亚的异族人"③。比如俄罗斯佐领伍朗各里,从名字的读音上判断,他显然不是地道的俄罗斯人,更像是布里亚特人。

雅克萨战俘前往北京时,随身携带了一些教堂用具和几幅圣像,其中一幅为尼古拉圣像,同时强迫神父列昂节夫(Максим Леонтьев)随行。出于尊重这些俄国人的宗教信仰,康熙皇帝将位于他们驻地的一座佛寺拨给他们作为临时祈祷之所,又封列昂节夫为七品官。雅克萨战俘把原来的佛像清除,将尼古拉圣像供奉其中,在列昂节夫的主持下过起了宗教生活。由于供奉尼古拉圣像的缘故,再加上"俄国人对尼古拉圣像通常

---

① Самойлов Н. А. Россия и Китай//Россия и Восток/Под ред. С. М. Иванова, Б. Н. Мельниченко.СПб., 2000.

② 参见黄心川:《沙俄利用宗教侵华简史》,辽宁人民出版社,1980 年,第 25 页。

③ Адоратский Н. История Пекинской Духовной Миссии в первый период ее деятельности (1685–1745)// История Российской Духовной Миссии в Китае.М.,1997.С. 46.

比对别的圣像更为崇敬的缘故"①,该祈祷所被称为圣尼古拉教堂。这是在北京出现的第一座东正教教堂。在 1729 年以前,圣尼古拉教堂不仅是俄罗斯佐领的宗教生活场所,同时也是俄国使节和商队的礼拜祈祷之地。这样,俄国东正教随着身为东正教教徒的哥萨克而进入北京,被胁迫前来的列昂节夫神父成为史载第一个长期居留北京的东正教教士。清政府在对待归顺降人方面"因其教,不易其俗"的政策以及康熙皇帝对外来宗教的宽容态度,为东正教在北京立足创造了条件。

## 三、俄国对俄罗斯佐领宗教活动的关注与经营

俄国东正教会通过来华商队获悉雅克萨战俘和圣尼古拉教堂的情况,立刻表现出极大兴趣。1695 年,托博尔斯克都主教伊格纳季(Игнатий)派格里高里(Григорий)司祭和拉夫连季(Лаврентий)辅祭给列昂节夫送来了圣餐布、圣油、神学书籍和教堂用具。伊格纳季同时还写了一封函件,题为"致在中国的圣经传播者",表彰列昂节夫为维护雅克萨战俘东正教信仰所做的工作,允许他将圣尼古拉教堂正名为圣索菲亚教堂。他写道:"我为你恪尽职守感到欣慰,尽管你身陷俘囚之境,但仍能在上帝的恩助下引导愚昧者感知福音。""对中国人而言,你们的被俘不无益处,因为你们将为其展现基督正教的光明。"在做弥撒的时候"祈求上帝宽恕自己的奴仆,拥有无数头衔名号的中国皇帝陛下,祝愿他延年长寿,子孙繁盛,饶恕他及王公们所有的悲伤、愤怒、痛苦、困难以及心灵和肉体的所有疾患,向其传播福音的光明,原谅他有意或无意间犯下的罪恶,通过神职人员使其与使徒教堂联系在一起,如此这般他就能进入天国"②。在托博尔斯克都主教的鼓励下,列昂节夫与格里高里、拉夫连季共同举行了圣尼古拉教堂的圣化仪式,并将教堂更名为圣索菲亚教堂。从此以后,由列昂节夫主持的圣事更加频繁。

但是列昂节夫的努力未能阻止这些俄国战俘原有的宗教信仰快速淡漠。从格里鲍夫斯基开始,俄国学者大多将原因归咎于刑部为雅克萨战俘分配的妻室,指责她们不仅"任意摆布自己的丈夫",而且还"灌输自己的宗教信仰"。但归根结底是北京新奇而安逸的生活与他们先前野蛮而落

---

① [俄]尼·伊·维谢洛夫斯基编:《俄国驻北京传道团史料》(第 1 册),北京第二外国语学院俄语编译组译,商务印书馆,1978 年,第 27 页。

② Краткая история русской православной миссии в Китае, составленная по случаю исполнившегося в 1913 г. двухсотлетнего юбилея ее существования. Пекин, 1916.C. 15.

后的丛林生活形成了鲜明的对比,促使这些昔日的猎人在信仰上迅速发生动摇,"就连马克西姆神父本人的孩子也相信某些中国异教迷信"①。雅克萨战俘的中国妻子虽然是犯人的家眷,但不可能全似格里鲍夫斯基所描述的那样,都是邪恶和狡猾的女人。这位俄国传教团领班之所以对这些中国妇女如此谩骂,主要是因为她们尽管已被洗礼,但丝毫没有对上帝表现出敬畏之意,反而劝说自己的丈夫按照中国人的方式生活,从而瓦解了雅克萨战俘的宗教信仰。随着俄国商队以及神职人员往来不断,在北京的雅克萨战俘对东正教渐渐失去热情的消息为托博尔斯克及西伯利亚都主教费罗费伊(Филофей Лещинский)所知。他于 1711 年给列昂节夫写了一封批评函,谴责在北京的俄国人放弃祖先的信仰。这封信似乎起到了一些作用。据列昂节夫说,雅克萨战俘及其后裔对自己的行为表示了忏悔之意,重新开始服从他们年迈的牧师。②但事实上雅克萨战俘及其后裔(以下简称"雅克萨俄人")之所以还对东正教表现出一丝兴趣,主要是因为从中有利可图。由于他们懂得汉语,因而在京师互市时充当中俄商人的翻译。每当有数百人之多的俄国商队抵京,雅克萨俄人就积极帮助俄国商人联系中国商人,带俄国商人游览市容,从中赚取佣金。这样,东正教信仰成为雅克萨俄人在北京谋生的一种手段;一旦这种利益关系消失,真正的信徒就必然所剩无几了。

雅克萨俄人在北京落足并受到康熙皇帝善待的消息引起了俄国政府的注意。1698 年,俄议政大臣、西伯利亚事务衙门秘书长兼罗斯托夫总督维尼乌斯(А. А. Виниус)在托博尔斯克了解到在北京的雅克萨俄人的情况,给当时正在国外的彼得一世写信,告知在北京建了一所俄国教堂,很多中国人都受洗了。听到这个消息,彼得一世非常高兴,立刻批示道:"此事甚善,唯为上帝起见,行事宜谨慎,戒鲁莽,以免结怨于中国官员及在当地安营扎寨多年的耶稣会士。为此需要的不是学有根底的神父,而是谙于世故的神父,以免因傲慢而使上述神圣事业像在日本那样一败涂地。"③这一上谕说明彼得一世希望借此机会在中国传布东正教,同时警告要汲取教训,务必善于审时度势,藏锋敛锐,待机而动。而后维尼乌斯命

---

① Адоратский Н. История Пекинской Духовной Миссии в первый период ее деятельности (1685—1745)//История Российской Духовной Миссии в Китае.М.,1997.С. 57.

② Там же,стр.С.58.

③ Петров В. П. Российская духовная миссия в Китае. Вашингтон, 1968. С.17. 另参见戚印平:《日本早期耶稣会史研究》,商务印书馆,2003 年,第 90—125 页。

令下属在尼布楚向从中国归来的俄国商人详细了解情况,诸如:圣尼古拉教堂的地点,中国人对俄国教堂的态度,当地居民看好东正教教堂还是耶稣会士的教堂,牧师有多少,俄国人有多少,教堂装饰如何,圣书是否够用,墓地在何处,中国人中何人受洗,等等。彼得一世得知这些情况后,很快就于1700年6月18日发布指示,要求"选择一位善良、饱学和品行端正的人赴托博尔斯克担任都主教,以便他能在上帝的帮助之下使中国和西伯利亚那些崇拜偶像、愚昧无知、执迷不悟的生灵皈依真正的上帝。同时带上二三个善良肯学且年轻的修士学习汉语和蒙古语,待这些修士认清那些民族的迷信之后,用福音书中确凿的论断引领那些受撒旦迷惑的黑暗灵魂感知我们基督上帝的光明,使居住于那里(北京——笔者)和去到那里的基督徒免受异教的种种诱惑。希望他们能住下来,在那座已建成的阿尔巴津人圣堂(北京的圣尼古拉教堂——笔者)中主持圣事,以便用自己高尚的行为引导中国的皇帝、近臣以及全部人民参与那件神圣的事业,让那些成年累月随商队贸易和被派往境外的俄国人受到约束"[1]。

彼得一世将托博尔斯克作为向中国和西伯利亚进行宗教渗透的总部,而将北京视为重要的据点,期望通过在北京的东正教教士给雅克萨俄人、俄国商队和使节提供宗教服务,从而对中国皇帝、近臣乃至中国民众产生影响。1703年,彼得一世给西伯利亚都主教发布了同样内容的指令,而后又于1706年和1710年提醒俄国的东正教布道者不要忘记让中国的臣民皈依基督教。

彼得一世之所以对远在北京不足百名的雅克萨战俘及圣尼古拉教堂如此重视和关注,有着深刻的背景。俄国是政教合一的国家。作为事实上的最高牧首和世俗统治者,彼得一世一方面力图使更多的中国人皈依东正教,另一方面把实现商业利益作为对华外交的首要目标,为此必须与中国建立稳定的联系,而以向雅克萨战俘提供宗教服务为借口派遣教士来华是最有可能为中国政府所认同的方式。

## 四、第一届传教团来京

《尼布楚条约》签订以后,北京成为中俄双方最重要的贸易中心。1697年以前,每年都有俄国私人商队到京,有的年份甚至有数支俄国商队来

---

① Адоратский Н. История Пекинской Духовной Миссии в первый период ее деятельности (1685–1745)//История Российской Духовной Миссии в Китае.М.,1997.C. 60–61.

京,每次都有数量不等的东正教教士随行。1699 年,曾有一位名叫瓦西里·亚历山大罗夫(Василий Александров)的大司祭在圣尼古拉教堂主持弥撒。1703 年在由萨瓦捷耶夫(И. П. Саватеев)率领的国家商队中,有一个由九名成员组成的僧侣团随行,修士司祭、修士辅祭、白衣修士和教堂差役一应俱全,"俨然是一个布道团的雏形了"①。

　　根据彼得一世的谕令,费罗费伊于 1701 年被任命为托博尔斯克都主教,赴任时从小俄罗斯为将来前往北京的传教团物色了几个成员。1702 年维尼乌斯致函索额图,称俄方"特派本国二名教士与商人同往中国京城",以接替"年迈眼花"的列昂节夫,希望中方"准此二人留住京城,并将我教堂移交伊等居住"。理藩院于 1704 年复函俄方,以俄方不顾中方提醒,仍将信件"寄送索额图,并不送本院"②为由,予以拒绝。1711 年,俄国商队总管奥斯科尔科夫(Григорий Осколков)在耶稣会士的帮助下再次向理藩院提出派遣东正教教士到北京,以便为俄国俘虏、皈依东正教的中国人、俄国商队和使团主持神事活动,同时强调了雅克萨战俘在这方面的愿望。次年,列昂节夫去世,北京的天主教传教士为其做了安魂祷告,圣尼古拉教堂的宗教活动陷于停顿。雅克萨战俘请求正在北京的俄国商队总管胡佳科夫(П. Р. Худяков)转达他们希望俄国政府派遣新神父的请求。胡佳科夫建议雅克萨俄人与他同时向清廷提出请求。正好在这一年康熙皇帝准备派遣太子侍读尹扎纳、郎中纳颜和内阁侍读图理琛随同胡佳科夫商队赴俄,慰问和联络游牧于伏尔加河下游地区的土尔扈特部。为了保证此行顺利,康熙皇帝特意准许俄国传教士在中国使团归国时一同来京,同时请俄方派来一名擅长外科的医生。

　　中国皇帝准许俄国东正教教士来京的消息很快就由托博尔斯克总督加加林报告给彼得一世。俄国沙皇意识到机会终于来了,立刻命令托博尔斯克都主教约安(Иоанн Максимович)挑选适合在中国工作的修士大司祭、修士司祭、修士辅祭和教堂差役。约安紧锣密鼓地执行,很快就在 1713 年初选定传教团的人选,由列扎伊斯基(Илларион Лежайский,1657—1718)担任领班。1715 年 4 月 30 日,第一届俄国东正教驻北京传教团到达北京。从此,中国对外关系史上便出现了一个特殊的机构——俄

---

① 蔡鸿生:《俄罗斯馆纪事》,广东人民出版社,1994 年,第 15 页。

② 中国第一历史档案馆编:《清代中俄关系档案史料选编》(第 1 编 上册),中华书局,1981 年,第 225—226 页。

国东正教驻北京传教团。

总之,在俄国政府的策划和支持下,东进的哥萨克在侵扰中国边境、奴役中国边民、掠夺中国资源的同时,强行在所占领地区推行其宗教信仰。在雅克萨战役中被俘的俄国战俘又将东正教带到了北京,将康熙皇帝恩赐的佛寺改造成北京城里的第一座东正教教堂。俄国政府利用清政府的善意,积极活动,步步为营,终于在 1715 年将第一届俄国东正教驻北京传教团派往北京。中俄之间特殊的地缘政治关系、康熙皇帝对宗教信仰的宽容态度,以及彼得一世在华传播东正教的企图、与中国建立稳定的贸易关系的愿望是俄国政府得以在北京设立这样一个永久机构的主要原因。雅克萨战俘进京、尹扎纳使团假俄道慰问和联络土尔扈特部等也是不可忽视的促进因素。

## 第二节  俄国东正教驻北京传教团的文化功能

1715 年,清政府允许以列扎伊斯基为领班的第一届俄国东正教驻北京传教团来京只是临时性的举措。然而清政府的宽容态度为俄国实现其在中国建立一稳定据点的想法提供了机遇。1728 年,俄国政府坚持将在北京建立教堂并派驻传教士和学生的内容写入主要解决中俄贸易和划界问题的《恰克图条约》。《恰克图条约》第五款规定:嗣后俄罗斯来人将在俄罗斯馆居住,清政府帮助俄国在馆内修建教堂,同时允许俄方派遣四名传教士和六名学生来京,盘费养赡由中方负担。该条约的重要意义在于,正式确立了俄国东正教驻北京传教团的法律地位,同时对其在北京的驻地、人员构成和给养等问题做了明确的规定,并且成为以后 130年间俄国政府派遣传教团来华、清政府处理俄国传教团问题的主要法律依据。俄国东正教驻北京传教团与天主教耶稣会士的这种根本差别,是其得以在中国禁教氛围中长期存在的基础。

1858 年签订的《中俄天津条约》是又一个对传教团产生重要影响的双边条约。该条约第八条肯定了基督教在中国的合法地位,并允许俄国人前往北京城以外地区传教。据此,传教团摆脱了《恰克图条约》相关条款的束缚,其使命从以雅克萨战俘后裔为主要服务对象转变为在全体中国国民中传播东正教,其活动范围也从北京扩大到全中国。

1900 年,义和团烧毁了俄国东正教驻北京传教团的驻地——位于北京城东北角胡家圈胡同的俄罗斯馆北馆,并杀死中国籍东正教教徒 222

人。俄国圣务院总监波别多诺斯采夫(К. П. Победоносцев,1827—1907)一度计划关闭俄国东正教驻北京传教团,或者将其转移到西伯利亚或旅顺口。然而中东铁路开工后中国东北地区大批俄国侨民的宗教需求以及中东铁路护路军随军教士和教堂的管理问题对俄国政府的决策产生了决定性影响。最终俄国政府没有放弃其潜心经营多年的据点,不但保留了俄国东正教驻北京传教团,而且还在中国建立了主教区,以方便在华神职人员神品晋升,继续扩大东正教在华宗教影响。1902 年,俄国政府决定俄国东正教驻北京传教团领班由主教神阶担任,并由其同时负责东北地区的教务,兼管中东铁路沿线的大小教堂。英诺肯提乙(Иннокентий Фигуровский,1863—1931)成为俄国东正教会派驻中国的第一任主教。他在中国许多省份建立教堂,开办学校,发展教徒,俄国东正教在华传播达到了高潮。

传教团虽名为宗教使团,但前十四届传教团成员由神职人员和世俗人员两部分组成。《恰克图条约》规定,传教团除四名传教士外,还包括六名学生。而事实上每一届传教团的人数不等,一般多则十几人,少则不足十人。神职人员包括修士大司祭、修士司祭、修士辅祭和教堂差役。传教团领班由修士大司祭充任。世俗人员中起初只有学生(第一届至第四届、第六届至第十四届)一种,后来逐渐增加了监护官(第八届至第十四届)、医生(第十届至第十四届)、画家(第十一届至第十四届)以及临时差遣人员(第十一届和第十二届)。学生始终是世俗人员的主体。监护官是俄国政府的特派官员,由文官或武官担任,居留北京半年至一年,主要任务是护送新一届传教团抵京及上一届传教团返俄,同时搜集中国情报,就中俄关系中的重大问题与清政府进行谈判。第十一届监护官拉德仁斯基(М. В. Ладыженский)原是俄国总参谋部上校,第十二届监护官柳比莫夫(Н. И. Любимов,1808—1875)和第十三届监护官叶戈尔·科瓦列夫斯基(Е. П. Ковалевский,1811—1868)后升任俄国外交部亚洲司司长,监护官职位的重要性由此可见一斑。[1]值得注意的是,与前七届相比,后七届传教团人员的构成发生了显著的变化,即后七届的神职人员减少、世俗人员增加。《中俄北京条约》签订以后,第十四届传教团中的医生和三名学生被转入俄国驻华外交使团,而画家和一名学生的位置被取消。从第十五届传教团起,停派世俗人员;传教团完全由神职人员组成,规模

---

① 参见肖玉秋:《俄国东正教驻北京传教团监护官考略》,载于《清史研究》,2010 年第 2 期。

被确定为六人,即领班一人,修士司祭三人,司祭和诵经士各一人,其中司祭和诵经士可由中国人担任。1875 年,根据俄国驻华公使的建议,传教团的编制扩大到九人。①据笔者统计,从第一届到 1902 年中国主教区成立(第十八届任内)以前,俄国一共派遣传教团成员 178 人次,其中神职人员 111 人次,世俗人员 67 人次。世俗人员包括学生 47 名、医生 5 名、画家 4 名、临时差遣人员 4 名和监护官 7 名。前七届,神职人员 51 人次,世俗人员 20 人次;后七届,神职人员 34 人次,世俗人员 47 人。

《恰克图条约》没有提及传教团的换班问题。后来每届传教团来京,均需预先获得清政府的批准,由此渐渐形成定例。从第四届传教团开始,俄国将传教团成员在华的居留时间确定为七年,其中不包括往返北京路途用时。②外务院随即于 1755 年就传教团中学生的学习期限做出专门指示:"对派赴北京学习语文的学生,自他们到达北京之日算起,学习期限为十二年,期满后即行返回俄国。"③1818 年俄国政府在为第十届传教团制定的指令中规定"本届传教团如往届一样为十年"④。从第十三届传教团开始,传教团在华班期改为六年,但并没有被严格执行。《中俄天津条约》第十条规定:"俄国人习学中国汉、满文义居住京城者,酌改先时定限,不拘年份。"⑤实际上在 1861 年俄国驻华公使馆设立以前,传教团居京时间长短不一,最短的第二届为六年,最长的第五届长达十七年。从传教团成员个人角度考察,大多数成员任职一届,但也有人任职两届,如卡缅斯基(П. И. Каменский,1765—1845)(第八届和第十届)、魏若明(Вениамин Морачевич)(第十届和第十一届)、佟正笏(Поликарп Тугаринов,1806—?)(第十一届和第十二届)、固礼(Гурий

①　Шубина С. А. Русская Православная Миссия в Китае (XVIII -начало XX вв.). Диссертация на соискание ученой степени исторических наук. Ярославль, 1998. С.94,97–98.

②　Адоратский Н. Православная Миссия в Китае за 200 лет ея существования: Опыт церковно- исторического исследования по архивным документам.Казань,1887,С. 172.

③　[俄]尼古拉·班蒂什-卡缅斯基编著:《俄中两国外交文献汇编(1619—1792)》,中国人民大学俄语教研室译,商务印书馆,1982 年,第 292 页;Адоратский Н. Православная Миссия в Китае за 200 лет ея существования: Опыт церковно -исторического исследования по архивным документам.Казань,1887.С. 189.

④　Инструкция архимандриту Петру,начальнику 10 -й Пекинской миссии//Китайский благовестник. 1915,Вып. 13–14.

⑤　王铁崖编:《中外旧约章汇编》(第 1 册),生活·读书·新知三联书店,1957 年,第 88 页。

Карпов，1814—1882）（第十二届和第十四届）等；而巴拉第（П. И. Кафаров，1817—1878）前后任职三届（第十二届、第十三届和第十五届），居京时间约三十年之久。

俄国东正教驻北京传教团在北京的日常生活供给从一开始就由清政府提供，这与来华的西方传教士形成鲜明对照。清政府给传教团所有神职人员授予品级不同的官职，并按月向所有成员发放俸禄。一直到《中俄天津条约》签订，清政府才停止向传教团提供给养。《中俄天津条约》第十条就传教团在华日常开支做了新的规定，即"所有驻京俄国之人一切费用，统由俄国付给，中国毋庸出此项费用"①。至于传教团在京所需经费，则由俄国方面提供，通常从西伯利亚收入中支出，以现银或毛皮形式由商队或信使在北京转交。

俄国东正教驻北京传教团主要接受俄国外交部门和圣务院的直接领导，其在华活动遵守外交部门和圣务院的相关指令规定，其中最早的当数1734年12月31日俄国圣务院发布的第1983号指令——《修士大司祭及其属下职责和行为管理条例》。全文包括11款，核心内容是规范领班及其属下行为，提高道德影响力，并对宗教活动给予指导，使传教团更好地发挥驻华宗教机构的作用。

此时，传教团不仅要完成维持俄罗斯佐领的东正教信仰这一公开的使命，同时还负有当条件允许时在中国人中间秘密传教的任务。该指令是指导第三届传教团至第九届传教团工作的主要文件之一。这几届传教团或照此指令行事，或在此基础上重新制定指令，如1780年圣务院给第七届传教团领班希什科夫斯基（Иоаким Шишковский，？—1795）的指令就与1734年指令在内容上大同小异。也就在1780年，希什科夫斯基还领受了外务院签发的七条特别指令，其中对给养使用、换班交接以及与清政府交涉等事宜做了规定。但无论是圣务院，还是外务院，都指示修士大司祭要把当地情况写成文字材料上报回国。

19世纪初期，俄国与中国的陆路贸易因西方国家在中国沿海地区进行贸易而受到极大影响，俄国政府开始更加认真地经营俄国东正教驻北京传教团这个令欧洲国家羡慕不已的在华常驻机构。1818年，俄国外交部为第十届传教团制定了新的指令。这是一个系统而全面的指令，条文涵盖了传教团从组建、来华旅途、换班过程、在华活动和管理一直到回国

---

① 王铁崖编：《中外旧约章汇编》（第1册），生活·读书·新知三联书店，1957年，第88页。

后待遇的所有方面。①这个指令的出台，说明俄国政府更加重视传教团在俄国对华外交中所起的作用。从第十届传教团到第十四届传教团，主要是依照 1818 年指令派出并运作的。此时，尽管传教团还要设法维持俄罗斯佐领的东正教信仰，但学习中国语言与研究中国、搜集中国情报已成为其主要任务。在《中俄天津条约》签订的当年，俄国圣务院根据条约中有关允许在华自由传教的条款，对 1734 年指令进行了修订和补充。圣务院希望利用允许外国人在华自由传教的有利形势扩大东正教势力，但对于是否应该立刻开始在中国传教信心不足，希望在中国政治和社会形势明朗之后，特别是传教环境得到改善之后，再开始行动。②1861 年，俄国政府依照《中俄北京条约》在北京设立公使馆。1863 年俄国外交部亚洲司经过与圣务院协商，制定了《关于改组驻北京传教团以及将一名医生和三名学生划归外交使团管理的决定》，对俄国在北京的宗教使团和外交使团两个机构的地位、职能、构成以及给养等问题进行了详细的区分。③而后圣务院根据 1864 年 9 月 9 日至 16 日 20230 号决议制定了新指令，规定传教团完全由圣务院领导，并就改组后传教团的使命和责任做了更为细致的规定，其中内容主要涉及宗教层面。圣务院没有立刻将大规模发展中国教徒作为新时期传教团的首要工作，而是要求其继续致力于维持俄罗斯佐领的东正教信仰，同时当条件允许时在中国人中间谨慎传教。指令还要求传教士学习汉语，以便翻译东正教经书。④这样，俄国东正教驻北京传教团遂由一个具有多重职能的机构变成以传播东正教为主要任务的机构，同时脱离外交部的管理，直接向圣务院负责，但圣务院有关传教团宗教活动的决策在很大程度上仍然取决于俄国外交部的对华政策走向。1902 年，俄国政府决定在华建立主教区，目的是为东北地区的俄国侨民提供宗教服务，同时不放弃北京这个经营了近二百年的东正教据点；俄国外交部要求新任主教在对中国人传教问题上继续保持谨慎。总之，在俄国东正教驻北京传教团存在的两个多世纪里，俄国政府根据对华政策的现实需求，适时发布指

① Инструкция Архимандриту Петру, начальнику 10 -ой Пекинской Миссии//Китайский благовестник. 1915, Вып.13-14.

② Дополнение к прежней инструкции нашей духовной миссии//Китайский благовестник. 1916,Вып.7-8.

③ 1863 г. Ноября 5 высочайше утвержденное мнение Государственного Совета -О преобразовании Пекинской Миссии// Китайский благовестник. 1916,Вып.7-8.

④ Шубина С. А. Русская Православная Миссия в Китае(XVIII -начало XX вв.).Диссертация на соискание ученой степени кандидата исторических наук. Ярославль, 1998.C.102.

令,不断加强其管理,调整其任务,在极力维持其存在的同时,最大限度地发挥其教会、使馆、学馆以及情报机构的综合作用。然而一直到十月革命以前,东正教教权依附于政权的原则始终没有改变。①

俄国东正教驻北京传教团肩负外交、商务和文化等多重任务,这是其最显著的特点。在外交方面,传教团具备一个使馆应该承载的所有职能。在俄国驻华公使馆成立以前,中俄两国间的公文传递、谈判交涉,都离不开传教团的参与。鸦片战争以后,传教团更加频繁地介入中俄之间的外交事务。在俄国侵华过程中,传教团向俄国政府提供了其所掌握的全部情报,发挥了无可替代的帮凶作用。在中俄双方签订所有不平等条约的过程中,几乎都能发现传教团在幕后活动。传教团中的一些人甚至成了俄国驻伊犁、塔城和天津的领事,直接参与瓜分中国的活动。与此同时,传教团还承载着一定的商务功能。根据《恰克图条约》签订后形成的惯例,俄国传教团只能随商队而来,除非得到中国政府的特别许可,绝对禁止随外交信使前来。18 世纪上半叶,俄罗斯馆南馆既是俄国商队的住所,也是其贸易的据点。18 世纪下半叶,虽然"京师互市"停止,但作为传教团薪俸的俄国毛皮货物仍源源不断进京,为了获取暴利,私人与官方的货物也趁机夹杂其中,所有这些货物都要在北京市场出售。进入 19 世纪以后,随着英国商品涌入中国,俄国粗呢和毛皮等传统对华出口商品遇到激烈竞争,俄国以恰克图为中心的对华贸易量下跌。传教团受俄国政府之命搜集包括俄国商品在中国的销路、英国货物的品种和价格以及其他一切与俄国在华商业利益有关的信息,并不断写成报告寄送国内。而自茶叶超过其他商品成为俄国从中国进口的最大宗商品之后,传教团成员非常重视搜集与茶种、茶区、茶路和茶价有关的情报,并为俄国获取和扩大在华陆路通商特权献计出力。

在中俄两国关系中,俄国东正教驻北京传教团也扮演了文化使者的角色。就是说,在 1917 年十月革命之前,俄国传教团始终是中俄文化交流最重要的桥梁。宗教交流是中俄文化交流的源头,也是其内容构成的重要方面。自俄国人抵达黑龙江流域之后,东正教就随着野蛮彪悍的哥萨克进入中国,而后又随着身为东正教教徒的雅克萨战俘进入北京。俄国传教团所进行的宗教交流大致有四个方面,一是为中国人施洗,二是翻译出版东正教书籍,三是开办教会学校,四是修建东正教教堂。《中

① 参见肖玉秋:《1917 年前俄国关于驻北京传教团政策的演变》,载于《南开学报》,2013 年第 1 期。

俄天津条约》签订以前,传教团的宗教活动基本局限于维持雅克萨战俘后裔的东正教信仰;俄国传教士即使发展了一些中国籍教徒,也大多局限于在俄罗斯馆做事的中国人。俄国驻华公使馆设立之后,接受东正教传教士洗礼的中国人人数虽然有所增长,但规模依然很小,其活动范围基本局限于北京城及其周边地区。直到中国主教区成立之后,俄国东正教势力才扩张到中国其他省份,中国东正教教徒数量的增长速度明显加快。到1917年,中国东正教教徒有6310人。俄国传教团虽然在19世纪初期就开始尝试翻译一些礼拜用书,但目的并非为了传教,而是为了满足已忘记俄语的雅克萨战俘后裔的宗教需求。《中俄天津条约》签订之后,传教团开始大规模翻译东正教书籍,并建立印字房,刊印汉文经书。但是,由于书籍的受众数量较小,这些经书难以产生广泛的影响。俄国传教团最初只在北京建立男校和女校各一所,招收雅克萨战俘后裔子弟和穷苦百姓子女入学;1900年以后,逐渐在中国的几个省建立了教会学校,但其中大部分因经费问题而难以为继。从1715年第一届传教团来京到1858年《中俄天津条约》签订之前,传教团只在北京拥有两座教堂,圣尼古拉教堂和奉献节教堂是传教团举行宗教活动的主要场所。直到19世纪末20世纪初,在中国的其他地区才兴建了东正教教堂,而北京、天津、汉口、上海、新疆以及哈尔滨等俄国侨民聚居地则是东正教教堂最集中的地方。

俄国东正教驻北京传教团是俄国最重要的汉语人才培养中心和中国问题研究中心。自18世纪,由传教团培养的俄国汉学家便开始发挥重要作用。列昂季耶夫除了在由俄国启蒙思想家诺维科夫主编的杂志上发表讽谏俄国时政的译文,还出版了一系列中国典籍译作,如《大学》《中庸》《易经》《三字经》《名贤集》《孙子》《大清律例》以及《大清会典》,编写了《德沛是汉人》《中国思想》等介绍中国儒家思想的著作。另外,他还与第二届传教团学生罗索欣共同完成17卷的《八旗通志初集》的翻译工作,这是18世纪俄国汉学最杰出的成就。19世纪上半叶,仅第九届传教团领班比丘林(Н. Я. Бичурин,1777—1853)一人就发表著述六十余种(其中著作和译作14部),另遗有几乎同样数量的手稿。比丘林的代表作包括《西藏志》《西藏青海史》《蒙古纪事》《成吉思汗家系前四汗史》《准噶尔和东突厥斯坦志》《厄鲁特人或卡尔梅克人历史概述 (15世纪迄今)》《古代中亚各民族历史资料集》《中国,其居民、风俗、习惯和教育》《中华帝国详志》《中国的民情和风尚》《北京志》《三字经》《汉文启蒙》等。19世纪下半叶，王西里(В. П. Васильев，1818—1900)成为一位百科型的汉学宗师，他不仅是俄国最著名的佛学研究者，而且在中国历史、地理、语言和文学等领域均有不凡的建树，所著世界首部中国文学史论著《中国文学史纲》以及《东方的宗教：儒、释、道》影响深远。巴拉第所译《元朝秘史》《皇元圣武亲征录》《长春真人西游记》以及所编《汉俄合璧韵编》均为国际汉学名著。与此同时，俄国汉学家在俄国作品的汉译和满译方面也做了一些尝试。第十届传教团学生列昂季耶夫斯基(З. Ф. Леонтьевский，1799—1874)将俄国著名历史学家卡拉姆津(Н. М. Карамзин，1766—1826)的《俄罗斯国家史》译成了汉语，名曰《罗西亚国史》。第十三届传教团学生晃明(М. Д. Храповицкий，1816—1860)将《彼得一世朝》和《尼古拉一世朝》译成满文；他还于1854年将俄国诗人格林卡(Ф. Н. Глинка，1786—1880)同年发表的《万岁》一诗翻译为汉文和满文。

俄国东正教驻北京传教团从一开始便被赋予了教育职能。1728年中俄签订的《恰克图条约》为俄国选送一定数量学生来华学习满汉语提供了依据。从该条约签订的当年起俄国即派遣留学生作为传教团成员来华学习，从而使俄国东正教驻北京传教团成为俄国的中国语言人才境外培养基地。从1715年俄国派出第一届传教团到1864年，俄国共派遣了14届传教团，成员中有学生47名。1864年以后俄国留学生的来华渠道逐渐增多，他们一般在传教团居住，由传教团管理，传教团成员负责教学。19世纪末至20世纪初，随着中东铁路的修建，中国东北地区成为俄国的势力范围，俄国来华实习的学生人数大增，[①]传教团驻地再次成为实习生的居住地之一。与此同时，俄国一贯重视在本土依靠本国教师进行汉满蒙语教育。从圣彼得堡皇家科学院和外务院的满汉语学校，到恰克图华文馆、喀山大学和圣彼得堡大学的汉满蒙语专业，办学规模越来越大，教学水平越来越高，为俄国外交、外贸、教育与科研等部门培养出大批专门人才。上述几所学校负责汉满蒙语教学的师资大都曾是传教团成员，或者是他们回国后在俄国内培养的弟子。[②]另外，第一届传教团中即有两名成员于驻华期间应理藩院邀请充任俄罗斯文馆的俄文教习。早在18世纪40年代，俄

①　Серов В. М. Становление Восточного института (1899–1909)//Известия Восточного института Дальневосточного государственного университета. 1994. №1.

②　Дацышен В. Г. История изучения китайского языка в Российской империи. Красноярск, 2002.

人教习就与满人富勒赫合作为俄罗斯文馆的学生编写出中国最早的俄语教材——《俄罗斯翻译捷要全书》。①到 19 世纪中叶,共有九名传教团成员担任俄罗斯文馆教习。1863 年,京师同文馆的俄文馆成立以后,第十四届传教团学生、俄国驻华公使馆翻译柏林受聘担任俄文教习。

俄国东正教驻北京传教团的存在极大地方便了俄国搜集中国图书。特别是自 1818 年起,搜集中国图书更成为历届俄国传教团的重要任务。为此沙皇和俄国外交部都曾给传教团下达指令。②为了寻得书籍,许多传教团成员经常光顾北京书市。奥西普·科瓦列夫斯基(O. M. Ковалевский,1801—1878)几乎搜尽了市面上的蒙古语刊本,为喀山大学带回汉、藏、蒙、满文书籍 189 种 1433 册。③王西里为喀山大学搜集了 849 种 14447 册珍贵的抄本和刻本,喀山大学所有的藏文藏书和大部分的满文藏书都是王西里购置的。1855 年,随着喀山大学的汉满蒙语专业被合并至圣彼得堡大学东方语言系,喀山大学的中国图书也被转移到圣彼得堡。俄国最著名的汉籍收藏家当属第十三届传教团学生孔气 (K. A. Скачков,1821—1883)。曾随清政府使团访俄的张德彝在《航海述奇》中描述了孔气在圣彼得堡的寓所:"其家案积诗书,壁悬画本,皆不惜重资,购自中土。"④孔气生前和身后一共向鲁缅采夫博物馆(今俄罗斯国立图书馆)移交了 2200 余种古籍。俄国传教团的图书搜集活动不仅使俄国本土的亚洲博物馆(前身为圣彼得堡皇家科学院图书馆, 今为俄罗斯科学院东方文献研究所)、皇家公共图书馆(今俄罗斯国家图书馆)、圣彼得堡大学图书馆、鲁缅采夫博物馆等机构均收藏有数量可观的汉、满、蒙、藏文图书,而且使俄国拥有了传教团中外书房这个俄国境外最大的东方学图书收藏中心。中外书房创办于 1795 年,经过百余年的建设,其藏书最多时达到一万册。道光年间,中俄两国政府间首次互赠大量图书,成为中俄文化交流史上的一段佳话。而在互赠图书的过程中,传教团发挥了关键作用。

早期中俄医学交流也与俄国传教团密切相关。19 世纪上半叶,有五名

①　Волкова М. П. Первый учебник русского языка для китайских учащихся//Краткие сообщения Института народов Азии АН СССР. [Т]61. М.,1963.

②　Кармановская И. Сокровища российской духовной миссии в Пекине//Проблемы Дальнего Востока. 1990. № 5.

③　Шамов Г. Ф. Научная деятельность О. М. Ковалевского//Очерки по истории русского востоковедения . Вып. 2. М.,1956.

④　张德彝:《航海述奇》,湖南人民出版社,1981 年,第 107 页。

俄国医生作为传教团成员来华，他们依次是沃伊采霍夫斯基（О. П. Войцеховский, 1793—1850）、秦缓（П. Е. Кириллов, 1801—约 1864）、明常（А. А. Татаринов, 1817—1876）、赛善（С. И. Базилевский, 1822—1878）和科尔尼耶夫斯基（П. А. Корниевский, 1833—1878）。这些医生在为传教团成员服务的同时，也将其医术作为同清廷上层晋接的手段，为清朝皇亲贵胄诊病去疾。当然，俄国传教团医生通过行医传播的主要是西医的治疗技术，在传播西医理论方面却少有作为。俄国人很早即对中医产生了兴趣。第八届传教团学生和第十届传教团领班卡缅斯基译有长达十四页的《脉理歌诀》，强调诊脉在中医学上具有特别的意义。在传教团诸位医生中，明常的中医学研究成果最丰厚，也最引人注目。苏联学者曾评价道，明常的中医学著作以中国史料为基础，"无论在苏联，还是在其他国家，至今都令人望尘莫及"[①]。明常还是最早关注中国针灸的俄国人之一。

随着东正教的传入，俄国经典的圣像绘画艺术也随之传入中国。从第十一届传教团至第十四届传教团，俄国派出列加舍夫（А. М. Легашев, 1798—1865）、科尔萨林（К. И. Корсалин, 1809—1872 后）、奇穆托夫（И. И. Чмутов, 1817—1865）和伊戈列夫（Л. С. Игорев, 1822—1893）四位职业画家。俄国画家以中国题材为主题，运用欧洲的绘画技法，有的甚至融会了中国的绘画艺术，将中国形象展现在俄国民众眼前，同时也将俄国的绘画艺术介绍到中国。他们在中国居留期间创作的部分作品至今还保存在俄罗斯的博物馆和画廊中，成为两国文化交流的见证。[②]此外，一些并非画家但喜爱艺术的传教团成员也通过搜集中国绘画颜料和作品，为中俄美术交流做出了贡献，如比丘林和列昂季耶夫斯基。

诚然，俄国东正教驻北京传教团的文化活动带有很强的政治目的。在二百余年的时间里，传教团所进行的宗教活动始终是俄国政府实现其在华政治利益和贸易利益的手段，而汉学研究不过是为了服务于俄国向东扩张战略、及时获取情报。此外，传教团成员愿意接受理藩院聘用担任俄罗斯文馆教习的重要原因，是为了方便出入重要衙门，接触清政府高级

① Скачков П. Е. Русские врачи при Российской духовной миссии в Пекине//Советское востоковедение. 1958. № 4.

② Смирнов Г. Ю. Антон Михайлович Легашев, 1798–1865. Кондратий Ильич Корсалин, 1809– и после 1872. Иван Иванович Чмутов, 1817–1865. Лев Степанович Игорев, 1822–1893// Русское искусство. Очерки о жизни и творчестве художников. Середина девятнадцатого века. М., 1958.

官吏以刺探情报。而向传教团派出画家和医生，表面上是为教堂绘制圣像和为传教团成员诊病，其实是效法在华耶稣会士得以进入中国宫廷的经验，以画术和医术吸引并取悦中国的官员，进而实现其政治和外交目的。在传教团所从事的文化活动中，时常可以发现俄国政府在其背后操纵，而这种操纵的目的并非为了文化交流，因为俄国政府从来没有将促进中俄文化交流作为传教团的任务。从这个意义上说，俄国传教团只是在客观上为加强中俄文化交流和增进两国人民的了解发挥了作用。

# 第五章　中俄宗教交流

　　自俄国人在 17 世纪中叶入侵黑龙江流域并强迫中国边民改奉东正教起,中国人开始对俄国人的宗教信仰有了认识。而在此之前,俄国人也通过土尔扈特人和布里亚特人认识了来自中国的藏传佛教。俄国传教团来华后,东正教获得了在中国立足和发展的机会。与此同时,俄国学者也对中国人的宗教信仰进行了初步探索。因此,在中俄文化交流中,宗教是非常重要的一个方面。

## 第一节　俄国东正教在中国

　　俄国东正教驻北京传教团作为俄国东正教会在华常设机构,在俄国政府的直接领导下,在长达二百余年的时间里,在中国传教布道。随着中俄关系的发展以及清朝对外来宗教政策的变化,传教团在华宗教活动经历了三个时期:从 1715 年以列扎伊斯基为首的第一届传教团来华到 1858 年《中俄天津条约》签订为第一个时期,传教团以维持雅克萨战俘及其后裔东正教信仰为主要目的;从 1858 年到 1900 年是第二个时期,《中俄天津条约》允许俄国在华自由传教,传教团开始在北京城以外建立教堂,翻译经书,开办学校,但其努力因 1900 年义和团运动爆发而遭受重挫;从 1900 年到十月革命爆发的 1917 年是第三个时期,义和团运动之后,俄国政府在短暂动摇后于 1902 年在中国设立主教区,传教团迅速扩张势力,在传教布道、翻译经书以及开办学校等方面取得明显进展。

## 一、东正教在中国的传播

1715 年至 1858 年是俄国东正教驻北京传教团在华进行宗教活动的第一个时期,也是传教团历史上最长的一个时期。在这一时期,俄国共向中国派出 13 届传教团,然而其宗教活动只取得了微不足道的成绩。

有关第一届传教团(1715—1728)①的记载极少。现存资料显示,由于当时雅克萨俄人尚未完全丧失对东正教的信仰,第一届传教团抵京之后,俄罗斯佐领的宗教仪式得以恢复。第一届传教团领班列扎伊斯基修士大司祭说,当时有"五十个基督徒,都是战俘的后代"②。在第二届传教团(1729—1735)在华期间,俄罗斯佐领有近五十户人家,其中有一部分人已经融入中国文化的氛围之中,但还有一些人维持了祖先的东正教信仰,特别是担任教堂长的德·涅斯捷罗夫(Дмитрий Нестеров)、俄罗斯佐领骁骑校库兹马(Кузьма)和领催雅科夫(Яков Савин)。在雅克萨战俘的第二代后人身上还可以看到来自父辈的文化影响。第三届传教团(1736—1745)在华期间,最重要的宗教活动是领班特鲁索夫(Илларион Трусов,?—1741)于 1736 年 12 月 20 日主持了奉献节教堂的祝圣仪式,并在教堂顶上安装了一个铁制的雕花镀金十字架。第四届传教团(1745—1755)在华期间,俄罗斯佐领的东正教信仰已经淡漠,只是偶尔才举行宗教活动,圣尼古拉教堂一直由雅克萨战俘后裔列昂季(Леонтий)主持和管理。第五届传教团(1754—1771)领班尤马托夫(Амвросий Юматов,1717—1771)在恢复雅克萨战俘后裔东正教信仰方面做了很大努力,他自称发展了 220 名满族人和汉族人入教。③但当时清政府推行禁教政策,因此他的说法很可能有夸大的成分。第六届传教团(1771—1782)领班茨维特(Николай Цвет)到达北京时,教务已经陷入停顿,教堂也已破败。茨维特在北京期间一直心情沮丧,经常借酒浇愁,"传教成绩非常小,在十年的时间里总共为 24 名男女施洗"④。到第七届传教团

---

① 在历届传教团后标注的是其抵京与离京时间。

② Пан Т. А. Архимандрит Иларион (Лежайский) и первая Пекинская духовная миссия (1717–1729 гг.)// Исторический вестник. 2000, №2. 另见马国贤:《清宫十三年——马国贤神甫回忆录(八)》,刘晓明编译,载于《紫禁城》,1990 年第 2 期。

③ Зимин С. Копия с доношения в Коллегию иностранных дел бывшего в Пекине в Духовной свите церковника Степана Зимина, поданного в 7 июня 1773 году//Православие на Дальнем Востоке: 275-летие Российской духовной миссии в Китае. СПб., 1993.

④ Августин (Никитин). Россия и Китай: Становление отношений (Пекинская Духовная миссия в XVIII столетии)//Миссионерское обозрение. 2001, № 6.

(1781—1795)离开北京时,那里共有东正教教徒34人,其中男性30人,女性4人。在这些人当中,雅克萨战俘后裔有25人（21名男性和4名女性),其余为北京城附近的农民。[1]

关于俄罗斯佐领的东正教信仰,第八届传教团(1794—1808)领班格里鲍夫斯基留下了这样的记述:"他们很早以前就已完全不信基督教了。因此,他们还和早先一样,既不重视教堂,也瞧不起司祭。而且他们现今还活在人间的已为数不多了。目前这些人当中有三四人只是在复活节那天才到教堂来,因为过这个大节设筵颇为丰盛,他们常是席上客,即使如此,也并非每年都来;若不是为了这餐饭,恐怕连一个到教堂来的都不会有。而且只要他们到教堂来过复活节,就得好好看着他们,以免他们偷走什么东西。另一些阿尔巴津人,则难得有一年于复活节前的一个礼拜做斋戒祈祷、忏悔、领圣餐。他们之所以这样做,可以肯定,也是出于上述原因,并非要尽基督徒的义务。"[2]在格里鲍夫斯基任期内,有约三十名雅克萨战俘后裔教徒,但这些也"仅仅是名义上的基督徒"[3]。

第九届传教团(1808—1821)领班比丘林曾经改编耶稣会士潘国光(Francesco Brancati,1607—1671)的《天神会课》一书,想在传教布道方面有所作为,然而该书在1810年刊印当年即"被中国政府禁止和查抄",甚至连刻版也被嘉庆皇帝下旨毁掉。他从此不再关心教务,"教堂圣事只是节日时才举行,而亚金甫(比丘林的法号——笔者)本人仅在复活节的头一天主持仪式,并且不是每年如此"[4]。比丘林1813年的报告称,北京有东正教教徒28人,其中雅克萨战俘后裔20人,当地中国人8人。

第十届传教团(1820—1831)领班卡缅斯基为使已经完全汉化的雅克萨战俘后裔恢复其祖先的宗教信仰,在利用满汉语进行说服的同时,还使用慈善救济的方式加以诱惑。1822年,卡缅斯基根据俄国政府的指令,开办了第一所东正教教会学堂,首次招收7名雅克萨俄人子弟入学。[5]

① Августин（Никитин）. Россия и Китай: Становление отношений （Пекинская Духовная миссия в XVIII столетии）//Миссионерское обозрение. 2001,№ 6.

② [俄]尼·伊·维谢洛夫斯基编:《俄国驻北京传道团史料》(第1册),北京第二外国语学院俄语编译组译,商务印书馆,1978年,第100—101页。

③ Коростовец И. Китайцы и их цивилизация. СПб. , 1898,С.391.

④ Краткая история русской православной миссии в Китае, составленная по случаю исполнившегося в 1913 г. двухсотлетнего юбилея ее существования.Пекин, 1916.С.87.

⑤ Шаталов О. В. Архимандрит Петр （Каменский)и десятая российская православная миссия в Пекине//Исторический вестник.2000, №2(6).

　　第十一届传教团(1830—1841)在宗教活动方面没有取得大的进展。科罗斯托维茨(И. Я. Коростовец, 1862—1933)甚至认为领班"魏若明在管理传教团期间干的唯一事情就是将一块属于传教团的地抵押出去,一直过了很长时间才由固礼修士大司祭赎了回来"①。第十二届传教团(1840—1850)来华期间,正值第一次鸦片战争爆发,俄国政府期望通过传教团获得更多的中国内政和外交情报。传教团中只有修士辅祭固礼在北馆负责管理雅克萨俄人子弟学校并主持礼拜仪式,翻译了一些宗教书籍。到第十三届传教团(1849—1859)结束班期时,在北京的东正教教徒达139人。此时中国内忧外患,俄国也急欲与西方列强一同瓜分中国。因此,这届传教团更多从事的不是宗教活动,而是大肆窃取中国情报,参与俄国侵华的罪恶活动。

　　1858年签订的《中俄天津条约》赋予传教团在中国自由传教的权利。《中俄天津条约》第八条规定:"天主教原为行善,嗣后中国于安分传教之人,当一体矜恤保护,不可欺侮凌虐,亦不可于安分之人禁其传习。若俄国人有由通商处所进内地传教者,领事官与内地沿边地方官按照定额,查验执照,果系良民,即行画押放行,以便稽查。"②该条约使俄国东正教传教士得以摆脱《恰克图条约》和清朝禁教政策的束缚,有可能将传教对象从镶黄旗俄罗斯佐领扩展至全体中国国民。自此,传教团在华宗教活动进入第二个时期。

　　代表俄国政府签订《中俄天津条约》的普提雅廷 (Е. В. Путятин, 1803—1883)积极向俄国政府建言献策。按照他的设想,传教团未来不应仅仅为镶黄旗俄罗斯佐领服务,而应将工作完全转移到在华传教布道上来,使更多的中国人成为东正教教徒,与天主教和新教展开竞争。而俄国政府应采取各种有效措施,支持俄国传教士的传教布道活动;俄国社会也应效法欧美国家民众,积极募款,为在华俄国传教士提供充足的经费。③圣务院随即下达了补充指令:"鉴于1858年所订立之条约……圣务院以为,传教团能够并应该在中国人中传教。但与此同时,传教团的行动要格外小心和理智,尤其是在最初阶段。一方面要积极利用任职地区新的传教机遇,另一方面要悄无声息地进行,应尽可能谦恭温顺,以便传教团的活动得到上帝

---

①　Коростовец И. Китайцы и их цивилизация.СПб. , 1898.C.399.

②　王铁崖编:《中外旧约章汇编》(第1册),生活·读书·新知三联书店,1957年,第88页。

③　参见肖玉秋:《〈中俄天津条约〉中关于俄国在华自由传教条款的订立与实施》,载于《福建师范大学学报》,2010年第5期。

的祝福,不致引起当地政府的怀疑和不满,不致为未来在这块重要圣教之地开展更为广泛的活动设置障碍。"①显然,圣务院希望利用允许外国人在华自由传教的有利形势扩大东正教势力,但又心存疑虑,不赞成大张旗鼓地行动。这份指令接着写道:"通过目前确定的布道活动方式传教团究竟能取得怎样的成绩?传教团未来的活动范围能有多大?该采取一些怎样的措施并下达一些什么指令?中国政府在容忍我方宗教活动方面能否如实履行条约?时间会告诉我们这些问题的答案。圣务院不急于做出评论,而是待从外交部获得的信息足以为这些问题提供肯定而清晰的答案后,才会做出决定。"②因此,在义和团运动爆发之前,尽管俄国在华政治、军事和经济力量迅速增强,但传教团的传教事业并没有因此取得明显的进展。

　　1864年9月,圣务院根据20230号决议制定了新指令。新指令为传教团确定了三大任务:"第一,在北京的东正教教堂中组织礼拜和主持圣礼。第二,确立并维持由阿尔巴津人、俄罗斯逃人后代以及接受东正教的中国人构成的东正教群体的正教信仰。第三,视情况在异教徒中传播正教。"这个指令还要求传教团成员学习汉语,以便翻译宗教书籍,并对以往传教团所译东正教经书进行补充和完善。③从这个指令中可以感受到,俄国政府确定传教团的主要工作仍然是依托北京的东正教教堂为包括雅克萨战俘后裔在内的在华俄人服务。至于向中国人传教一事,指令只是要求"视情况"而为,而并非是一定要完成的任务。

　　因此,第十四届传教团(1858—1864)在华期间,并没有大规模组织实施传教,但与此前相比,其传教的主动性开始显现出来,传教的范围首次扩展到北京城郊。传教团多次派人到离北京五十俄里的东定安村,在贫苦农民中传教,发展了数十人入教,集资建立了一所伊尔库茨克英诺肯提圣者教堂,并开办了学校。按照固礼写给圣务院的工作总结判断,在第十四届传教团任内,共发展教徒约二百人。固礼还就在中国传教问题向圣务院提出了十二项建议,内容涉及传教士选拔、经书翻译、慈善办学、兴建医院、购买不动产以及将传教团领班级别提升为主教等。巴拉第领导的第十五届传教团(1865—1878)在华期间,俄国政府追加了

---

　　① ②　Дополнение к прежней инструкции нашей духовной миссии//Китайский благовестник. 1916,Вып.7-8.

　　③　Шубина С. А. Русская Православная Миссия в Китае (XVIII -начало XX вв.). Диссертация на соискание ученой степени кандидата исторических наук. Ярославль,1998.С.102.

给传教团的资金,除提高人员待遇、修缮教堂及附属设施外,还拨专款用于雅克萨俄人子弟女校的建设。第十六届传教团(1879—1883)领班戈罗杰茨基(Флавиан Городецкий,1840—1915)开始将传教团的工作重心转移到翻译经书上来,并向圣务院推荐中国人密特啰芳(Митрофан Цзи)①担任神父。密特啰芳因此成为第一个担任东正教神职的中国人。起用中国籍神职人员,并用汉语主持圣事,是第十六届传教团的一大突破,对东正教在华传播起到了推动作用。第十七届传教团(1884—1897)领班为鲁托维诺夫(Амфилохий Лутовинов,?—1905)。这届传教团的人员构成具有明显的不稳定性,除了人员来馆时间不同外,很多成员在任期结束之前就以各种理由回国了,其宗教活动成效也不显著。但是,由于在天津、汉口等俄国侨民聚居地先后建立了一些东正教教堂,所以传教团经常派遣神父前往各地主持各种宗教仪式。1885年汉口的东正教教堂举行祝圣仪式,1894年可以容纳八十人礼拜的教堂在张家口落成,但两座教堂都没有常驻神父。在第十八届传教团(1897—1931)领班英诺肯提乙抵达任所时,中国的东正教教徒约有五百人。②为加强在华传教活动,英诺肯提乙采取了很多措施,完善祈祷制度,提高传教团成员薪水,建立印字房印刷汉文东正教经书,在各地建立传教点和学校。

　　就在英诺肯提乙准备继续实现其计划的时候,一场前所未有的反对外国传教士的义和团运动于1900年在山东爆发并很快蔓延。6月11日,义和团烧毁了北馆。8月1日,八国联军攻进北京城。第二天,已经逃到俄国驻华公使馆躲避的英诺肯提乙迫不及待去北馆探察动静,当发现原来的一切都已成瓦砾废墟后,就强行占据了北京雍和宫,作为俄国传教团的临时据点。义和团除烧毁北馆之外,还捣毁了俄国传教团在张家口的教堂和在北戴河的祈祷所,同时掘挖了位于安定门外的俄国人墓地。在这场运动中,北京地区一共有222名东正教教徒被杀。三个月后,俄国政府命令传教团的三名成员撤往天津。到达天津后,英诺肯提乙占据了在抗击八国联军战斗中英勇牺牲的聂士成忠节公的府邸,伺机而动,准备卷

---

　　①　此处依据传教团出版物《圣母领报瞻礼赞词》(岁次甲申孟夏镌,京都大俄国圣母堂藏板)上的署名。俄罗斯学者雅洪托夫在其著作中将其误写为"蜜特啰芳",参见 Яхонтов К. С. Китайские и маньчжурские книги в Иркутске.СПб., 1994. С. 68.

　　②　Дацышен В. Г. Епископ Иннокентий (Фигуровский). Начало нового этапа в истории Российской Духовной Миссии в Пекине//Китайский благовестник. 2000, №1.

土重来。①

　　传教团在华进行宗教活动的第三个时期始于 1900 年以后。义和团运动沉重打击了包括俄国东正教在内的基督教在华势力。俄国政府中的一些人士基于俄国在华根本利益，开始考虑传教团继续留驻中国的必要性和可能性。1901 年 7 月，英诺肯提乙奉召回国，接受圣务院就传教团未来命运的指示。最终，中东铁路开工，大批俄国侨民的宗教需求以及中东铁路护路军随军教士和教堂的管理问题对俄国政府的决策产生了决定性影响。陆军大臣明确要求圣务院派出主教并接管东北地区教务。此项动议获得国务会议、财政部和外交部的一致支持。1902 年 4 月 6 日，尼古拉二世（Николай II，1868—1918）下令：俄国东正教驻北京传教团领班由主教神阶担任，使用"佩列亚斯拉夫尔主教"的名号。在近二百年之后，俄国人依然沿用了 18 世纪彼得一世因担心使用临近中国的城市名称而暴露其在华扩张东正教势力的动机所设计的这一称号，这说明历代沙皇利用宗教侵华的策略是一贯的。②5 月 25 日英诺肯提乙被任命为主教，除领导俄国东正教驻北京传教团外，同时负责东北地区的教务，兼管中东铁路沿线的教堂。

　　俄国政府内部虽在中国设立主教区一事上达成一致，但在是否向中国人传教一事上仍存在分歧。外交部门认为：传播东正教在俄国对华战略中并不占据重要位置，相反可能给外交工作带来困扰；传教团应将工作重点转移到俄国侨民集中的东北地区。国务会议关于在中国设立主教区的会议

---

　　① Священник Дионисий Поздняев. Православие в Китае（1900–1997 гг.）. М.,1998. C.14–15; Краткая история русской православной миссии в Китае, составленная по случаю исполнившегося в 1913 г. двухсотлетнего юбилея ее существования.Пекин, 1916.C. 190 –193; Чернявская Л. С. Документы архива Министерства иностранных дел по истории русских православных миссий за границей // Отечественные архивы. 2001,№4.

　　② 1720 年圣务院曾决定将传教团领班的教阶提高至主教，同时拟任命英诺肯提·库利奇茨基（Иннокентий Кульчицкий）为伊尔库茨克和涅尔琴斯克（即尼布楚）主教，执掌中国教务。1721 年彼得一世在圣务院的呈文上批复："准予晋升为主教，但最好不要指明城市名称，因为这些城市临近中国，要防止耶稣会士借题发挥，从中作梗。" 结果英诺肯提·库利奇茨基被提升为佩列亚斯拉夫尔（Переяславский епископ）主教，负责北京的教务，同时兼管西伯利亚、伊尔库茨克和涅尔琴斯克的教务。佩列亚斯拉夫尔是俄国南部的古老城市，为俄罗斯东正教中心之一。10 世纪末基辅都主教曾在此驻节，11 世纪建立佩列亚斯拉夫尔主教区。1716—1724 年基里尔·舒姆梁斯基担任该教区主教。因此，将英诺肯提·库利奇茨基晋升为佩列亚斯拉夫尔主教，只是为了借用这个城市的名称以掩盖俄国对中国进行宗教渗透的真实意图。由于清政府拒绝允许主教来华，俄国在北京设立主教区的计划遂告失败。

纪要中这样写道："不能不承认,最近中国的暴乱主要是由对天主教传教士的愤怒引起的。尽管东正教传教士从未有过这样的行为,但人们在盛怒之下无法区分发泄愤怒的对象。因此,当这种愤怒尚未平息之时,如果从政治的角度出发,对是否应该采取措施加强传教工作尚存疑问,或许应当待条件改善时实施。"会议纪要中也记录了圣务院总监波别多诺斯采夫的态度,他认为,在中国建立主教区"主要目的不是为了加强在中国的传教布道工作,而是为了规范教务管理。大量在中国生活的东正教教徒要求我们的教务管理必须合乎教规。至于传教问题,传教团一直非常谨慎。传教团成员过去所做的工作不是传教,而主要是学术研究,同时等待可以利用已有条件传播东正教的时机。未来传教团对其任务依然持谨慎而理智的态度"。[1]但是,也有少数宗教人士支持通过设立主教区培养和晋升中国神父,改变东正教在华影响长期不如天主教和新教的局面。圣彼得堡都主教安东尼·瓦德科夫斯基(Антоний Вадковский,1846—1912)就是英诺肯提乙拓展在华教务的坚定支持者。俄国政府最终在中国建立主教区的决定是各方妥协的结果。俄国政府将为俄国侨民服务作为传教团在新时期的重要任务,同时也没有放弃北京这个传教团经营了近二百年的据点,要求新任主教在对中国人传教问题上继续保持谨慎。

　　1902年,英诺肯提乙主教在沿西伯利亚铁路东来赴任途中,即从满洲里站开始视察中东铁路沿线的教堂;1903年,他又在中东铁路管理局的支持下在松花江岸边建起一座能容纳千余人的圣母领报教堂。日俄战争爆发以后,大批伤员病患被运送到哈尔滨;传教团在圣母领报教堂建立了一所医院,并且创立了"中国东正教公会"。1904年3月25日,"中国东正教公会"创办了机关刊物《中国东正教公会公报》,在哈尔滨出版(1907年更名为《中国福音报》,并改在北京出版)。然而中东铁路护路军并入俄国边防军独立军团之后,东北地区的教务仍在中东铁路管理局和负责管理沿线教堂的监督司祭[2]的治下。英诺肯提乙并不拥有对这一地区教务

　　① Андреева С. Г. Отношение российской дипломатии к миссионерской деятельности русской (православной)духовной миссии в Китае (конец XIX -начало XX в.)//XXX научная конференция «Общество и государство в Китае». М.,2000.

　　② 东正教监督司祭一职的设立始于18世纪,其作用是代表主教监管教区的教堂和教务。1901年茹拉夫斯基被任命为首任满洲监督司祭,继任者有博格丹诺夫、恰索夫尼科夫、别卡尔斯基等。参见 Дионисий Поздняев. Церковная жизнь в Маньчжурии в начале XX века//Китайский благовестник.1999,№2。

的完全控制权,对中东铁路管理局的不满甚至抵触行为也时有发生。此外,日本占领南满也使驻节北京的英诺肯提乙更加难以对北满地区的教务进行有效管理。在中东铁路管理局局长霍尔瓦特(Д. Л. Хорват,1858—1937)的提议下,1907年4月,圣务院决定将原来由俄国东正教驻北京传教团管辖的宽城子以北中东铁路沿线的东正教教堂划归海参崴主教区管辖。当年7月,尼古拉二世批准了这一决定。

在中国建立主教区之后,英诺肯提乙着手重整传教团,利用庚子赔款陆续在北馆建立了四座教堂,其中包括埋葬在义和团运动中被杀的222名中国东正教教徒尸骨的教众致命堂。英诺肯提乙加快了发展中国教徒的速度,1906年,中国籍教徒达到725人,地域分布进一步扩大。传教团积极组织传教活动,派遣传教士前往各地,在永平府、上海、卫辉府和天津等地传教布道,修建教堂。1907年,北满中东铁路沿线教务转归海参崴主教区管辖之后,中国籍教徒数量明显增长。

该时期中国籍神职人员增多,素质也明显提高。中国籍神职人员除了完成传教团交办的宗教事务以外,还要在传教团开办的各种作坊里干活。即便如此,中国人也拿不到圣务院规定的相应级别神职人员应得的薪金（圣务院为中国籍神职人员规定的年薪为两千卢布）。这一时期,中国籍教徒的圣事一般由中国籍神父主持。在中国籍神父中最有名的是些儿吉乙长(Сергий Чан)[1]。此外还有三名神父、六名辅祭,他们大都曾是传教团神品学堂的学生。由于有了他们,俄国传教团可以用汉语开展每日的宗教活动。

到1917年十月革命爆发之前,包括雅克萨战俘后裔在内的中国东正教教徒为6310人,俄国东正教势力已经扩张到中国的许多省份,直隶地区除北京和东定安村外,还有天津、永平府、通州、西山与涿州等地,河南省主要有卫辉府、道口、开封府、杞县与宁陵县,湖北省有汉口、袁家口、峰口与仙桃镇,江西省有牯岭和小池口,江苏省有上海和海门,浙江省有台州、杭州、宁波和石浦。此外,东正教在新疆、东北地区的发展也与俄国东正教驻北京传教团有关。

英诺肯提乙在华积极开拓教务的行为让俄国外交部及其驻华公使馆感到不安。1902年,他在抵京后随即前往上海、汉口和桂林等地考察。

---

[1]　此处依据传教团出版物《东正教鉴》(壬子秋季北京东正教会印)上的署名。俄国学者认为些儿吉乙长是第一个中国籍神父密特啰芳之子，参见 Именной указатель// История Российской Духовной Миссии в Китае. М., 1997.C. 407。

俄国财政部驻华代表璞科第(Д. Д. Покотилов, 1865—1908)立即致函外交大臣拉姆兹多夫(В. Н. Ламздорф, 1844—1907),声称"我方主教准备在华中和华南地区异族人中传播东正教的企图只能导致令人沮丧的结果",指责英诺肯提乙无视东北地区大量俄国人的宗教需要而前往中国其他地区传教是"令人费解的行为"。[①]1903年,拉姆兹多夫致函圣务院总监波别多诺斯采夫,批评英诺肯提乙的所作所为对俄国的对华外交造成了干扰并要求他前往东北地区传教。圣务院为此做出决议,认为"传教是东正教会代表的任务,但应指示至圣英诺肯提乙对满洲地区的俄国人给予特别关注"。[②]1907年,已升任驻华公使的璞科第在致外交大臣伊兹沃尔斯基(А. П. Извольский, 1856—1919)的信中写道:"我始终认为,对于我国在中华帝国的政治地位而言,我们具有一大优势,就是我们没有传教士(指从事传教活动的传教士——笔者)。我想说的是,如果我们人为地鼓励这里的传教活动,使本来就不轻松的任务变得更加复杂,那将是我们的一大错误。"[③]1915年,驻华公使库朋斯齐 (В. Н. Крупенский, 1868—1945)向外交大臣萨佐诺夫(С. Д. Сазонов, 1860—1927)抱怨英诺肯提乙拒绝向来华传教士支付回国路费而引发纠纷。英诺肯提乙致函圣务院指责库朋斯齐所言不实,并称驻华公使馆纵容俄国神父离开传教团。他这样写道:"在两年半的时间里,一共有十一名神父自行或称病离开传教团。然而如果不是得到了驻华公使馆的热切呼应和国内的盛情迎接,我相信没有一个人会离开。"他认为驻华公使"显然极力诋毁传教团的声誉",要求圣务院与外交部协商并明确俄国公使的职权范围,停止插手宗教事务。[④]当年12月,库朋斯齐在致外交部的一份电报中状告英诺肯提

---

① Андреева С. Г. Пекинская духовная миссия в контексте российско-китайских отношений (1715-1917 гг.). Диссертация на соискание ученой степени кандидата исторических наук . М., 2000. С. 146.

② Дацышен В. Г. История российской духовной миссии в Китае.Гонконг,2010.С.274-275.

③ Спешнева К. Н. Погибшие за веру//Православие на Дальнем востоке. СПб., 2004.

④ Письмо Обер-прокурора Святейшего Синода Начальнику Духовной Миссии от 16-ого Апреля 1915 г.; Ответ Начальника Духовной Миссии Обер-прокурору Святейшего Синода от 8-ого мая 1915 г.; Отношение Начальника Духовной Миссии Императорскому Российскому Посланнику в Пекине от 7-ого мая1915 г.; Ответ Императорского Российского Посланника Начальнику Духовной Миссии от 13-ого Мая 1915 г.; Письмо Начальника Духовной Миссии Обер-прокурору Святейшего Синода от 14-ого Мая 1915 г.//Китайский Благовестник.1915, вып. 7-8.

乙未经公使本人同意,擅自同意中国外交部的请求,准备于翌年元旦为袁世凯称帝祈祷;认为在俄国政府正式承认袁世凯新政府之前,主教不应承诺举行这种具有政治意义的祈祷。[①]除此之外,俄国驻华公使馆还指责传教团在中国开办作坊、从事各种违背基督教教义的营利性经营活动、通过非法手段获取房产等。可见,自主教区成立之后,外交部和驻华公使馆与英诺肯提乙之间的矛盾就持续不断,英诺肯提乙甚至因此拒绝前往俄国公使馆所在地南馆的奉献节教堂主持礼拜以为俄国参加第一次世界大战祈福。而外交部也曾提议把英诺肯提乙从中国召回并解除其对传教团的管理权。圣务院就此问题专门进行过研究,只是由于 1917 年俄国爆发革命,未及做出最后裁定。

　　驻华主教与外交部门在拓展在华教务问题上的分歧和摩擦虽然持续多年,但两者在侵略并控制中国的最终目标上却并无二致,只是对于实现俄国在华核心利益的方式有着不同主张。

　　俄国外交部延续了俄国政府在针对中国人传教问题上一贯的谨慎态度,刻意淡化俄国东正教驻北京传教团的政治色彩,而英诺肯提乙则希望利用俄国政府在中国设立主教区的条件,通过将东正教中国本土化进而扩大东正教的势力范围。英诺肯提乙在 1907 年的一份总结报告中这样解释他积极传教的根本原因:"只有在中国加大传播东正教的力度,才能在未来使俄国免受蒙古人新的可怕的进攻。"[②]由此可见,英诺肯提乙企图在中国崛起之前通过大规模传教控制中国人的精神。他所说的"蒙古人进攻"是指 13 世纪至 15 世纪蒙古大军征服罗斯的历史事件。从这里不难看出,英诺肯提乙在华扩张东正教的借口与当时俄国侵华势力鼓吹的"黄祸论"和"泛蒙古主义"如出一辙。[③]

　　通过上述分析可以看出,在《中俄天津条约》签订以前,俄国人基本上不在中国人中传教,最多也只能算是秘密传教,入教的中国人非常有限。

---

　　① 　Андреева С. Г. Политические события начала XX в.в Китае и судьба Российской (православной)духовной миссии в Пекине //XXXVI научная конференция 《 Общество и государство в Китае》. М. ,2006.

　　② 　По поводу отчета о деятельности Пекинской Духовной Миссии в прошлом году// Китайский Благовестник. 1908, вып.9—10.

　　③ 　19 世纪末,在黄祸论甚嚣尘上之时,俄国哲学家索洛维约夫(В. С. Соловьев,1853—1900)先是发表《来自东方的敌人》,宣扬中国的精神文化和佛教是对基督教世界的威胁,后又写出了《泛蒙古主义》一诗,声称欧洲将遭受以中国人为主的黄种人的再度蹂躏。这种虚构出来的中国威胁论在一段时间里成为俄国侵略中国的借口。

《中俄天津条约》签订以后,俄国传教团开始公开向中国人传教,但态度非常谨慎。尽管义和团运动沉重打击了东正教势力,然而之后东正教却获得了快速发展。下表数据是以上分析最好的佐证。

1781—1917 年每年加入东正教之中国人人数[1]

| 年份 | 入教人数 | 年份 | 入教人数 |
|---|---|---|---|
| 1781—1793 | 5 | 1878 | 12 |
| 1808—1821 | 6 | 1879 | 25 |
| 1821—1830 | 16 | 1880 | 16 |
| 1837 | 4 | 1881 | 23 |
| 1838 | 7 | 1882 | 19 |
| 1839 | 8 | 1883 | 33 |
| 1840 | 6 | 1884 | 21 |
| 1842 | 3 | 1885 | 17 |
| 1843 | 8 | 1886 | 17 |
| 1844 | 3 | 1887 | 22 |
| 1845 | 4 | 1888 | 24 |
| 1846 | 12 | 1890 | 10 |
| 1847 | 5 | 1891 | 24 |
| 1848 | 4 | 1892 | 19 |
| 1849 | 9 | 1893 | 16 |
| 1850 | 14 | 1894 | 16 |
| 1851 | 6 | 1895 | 16 |
| 1852 | 7 | 1896 | 19 |
| 1853 | 3 | 1898 | 35 |
| 1854 | 9 | 1899 | 34 |
| 1855 | 4 | 1900 | 24 |
| 1856 | 10 | 1901—1902 | 74 |
| 1858 | 13 | 1903 | 53 |
| 1860 | 37 | 1904 | 78 |
| 1865 | 55 | 1905 | 139 |
| 1866 | 38 | 1906 | 97 |
| 1867 | 23 | 1907 | 96 |
| 1868 | 30 | 1908 | 184 |
| 1869 | 35 | 1911 | 1167 |
| 1870 | 28 | 1912 | 875 |
| 1872 | 19 | 1913 | 487 |
| 1873 | 19 | 1914 | 792 |
| 1874 | 18 | 1915 | 583 |
| 1875 | 24 | 1916 | 706 |
| 1876 | 27 | 1917 | 93 |
| 1877 | 18 | | |

---

① Шубина С. А. Русская Православная Миссия в Китае(XVIII-начало XX вв.).Диссертация на соискание ученой степени кандидата исторических наук. Ярославль, 1998.С.152.

　　至于中国人入教的原因，绝大多数中国人信奉东正教并非为了拯救自己的灵魂，而是为了解决现实生活中的问题。关于这一点，俄国传教士从一开始就心知肚明：虽然不断有人接受洗礼，但多数人显然只是为了得到某些物质上的回报。"神父不赏衣裳，我们不能上堂"①，这句当时流传于北京的顺口溜充分说明了许多入教者对东正教的态度。第二届传教团领班普拉特科夫斯基（Антоний Платковский, ?—1746）曾经请圣务院拨给他500个十字架以及购买诸如衬衫、袜子和靴子等施舍品的款项，因为"有了这样的施舍，中国人就更愿意接受洗礼了"。第五届传教团甚至给每个入教者发放一两银子，赤贫者给二两，用来购买十字架和衣服。第十四届传教团领班固礼曾说："我想教几个男孩子学习诵经和唱诗。我给他们发放学习酬劳的时候，情况就很好……但是，有一次我为惩罚他们的错误而取消了对他们的奖赏，他们就把教堂偷了个精光……"②19世纪60年代以后，加入东正教的中国人虽有所增多，但其入教动机没有多少改变。1866年伊萨亚（Исайя Поликин, 1833—1871）在一封信中写道："现在尽管要求严格了，但入教的人比以前多了许多。他们都有一个错误的想法，那就是入教可以使他们衣食无忧，还有钱花。这种想法在阿尔巴津人首领的头脑中尤其突出。"③这也是中国的东正教教徒都是贫苦百姓的原因。这些所谓的"信徒"一旦得不到他们所期望的物质利益，就会毫不犹豫地离开，另谋生路。在中国籍东正教教徒中还有一部分人是商人，他们受洗与其说是为了上帝，毋宁说是为了和俄国商人联络感情，给自己在生意场上带来收益。与穷苦百姓相比，商人们信教，是为了得到更多的金钱利益。第八届修士大司祭格里鲍夫斯基当年写道："中国人从来没有像俄国商队来北京时那样起劲地要求领洗，因为这样做可以使他们得到不少好处。他们往往在商队来到之前，先向别人借妥一笔钱或货，为的是等商队来了以后，领了洗，可以比较方便地同俄国人做生意……当商队在北京时，这些新领洗的人也经常进教堂；可是在这批商队走后直到下一批商队到来之前，任何时候在教堂里也看不到他们的踪影。"④当然，希望在俄罗斯馆谋一份差事也是不少中国人入教

　　①　Коростовец И. Китайцы и их цивилизация.СПб.,1898.С. 408.

　　②　Шубина С. А. Русская Православная Миссия в Китае(XVIII-начало XX вв.).Диссертация на соискание ученой степени кандидата исторических наук. Ярославль,1998.С.161.

　　③　Архангелов С. А. Наши заграничные миссии. СПб.,1899. С.32—33.

　　④　[俄]尼·伊·维谢洛夫斯基编：《俄国驻北京传道团史料》（第1册），北京第二外国语学院俄语编译组译，商务印书馆，1978年，第73页。

的重要原因。传教团最初只需要挑水工等少数杂役。当英诺肯提乙主持教务之后，传教团在中国建立了众多作坊和学校，需要大量的中国雇工。这些中国人为了养家糊口，不得不接受洗礼。他们的子女为了能够接替父辈在俄罗斯馆的差事，也只能入教。还有的穷人希望将孩子送进俄国传教团学校读书，其最终目的也是为了谋生。此外，一些行为不端或触犯中国刑律的人往往通过加入包括东正教会在内的外国教会以寻求庇护。就连俄国驻华公使璞科第也不得不承认他们的传教士"很难拒绝充当其教民袒护者的角色，与当地政府交涉"①。此外，还与中国民间的宗教传统有关，即希望借此驱邪避祸，让病人摆脱沉疴顽疾。卫辉府有一个病重之人要求尽快受洗入教，就是为了祛病消灾。②

对于中国入教者中具体哪些是真正的皈依者，哪些只是将其作为一种谋生手段，无法做出精确的统计。格里鲍夫斯基早在 19 世纪初就注意到中国人对东正教兴趣不大。他认为传教团传教不力，主要是遇到了四重障碍。第一重障碍是俄国传教士野蛮无知，能力低下，加上不学汉语，不着华服，难以为中国人所接受。第二重障碍是"连使异教徒真正了解上帝的最平常的慈善机关都没有"。第三重障碍是"俄国人本身的品行"不端使得中国人"觉得俄国的宗教不好"。而"皈依神圣的基督教的人反复无常"，不能保证"永不崇拜偶像"是影响中国人信教的第四重障碍。③针对这些问题，他提出必须选拔优秀神职人员来华，创办宗教学校，加强传教团的内部管理。笔者认为，传教团传教不力的根本原因是俄国政府没有将在镶黄旗俄罗斯佐领后裔以外的中国人中传教作为其首要任务。在二百余年的对华交往中，俄国政府始终将俄国的商业利益和政治利益置于首位，而自 1818 年之后又将学习中国语言和搜集中国情报作为传教团的日常工作内容。对于俄国政府来说，传教只是实现其外交利益和商业利益的手段之一。当使用这一手段有可能影响其根本利益时，俄国政府就会非常小心谨慎。

综观俄国东正教在华历史不难发现，其在传入过程、传教对象、传播手段、传教规模和影响等方面与西方天主教和新教在中国的传播有很多

---

① Шубина С. А. Русская Православная Миссия в Китае(XVIII-начало XX вв.).Диссертация на соискание ученой степени исторических наук. Ярославль，1998.С.162.

② Монах Антоний. Корреспонденция//Китайский благовестник. 1907，Вып.5–6.

③ ［俄］尼·伊·维谢洛夫斯基编：《俄国驻北京传道团史料》(第 1 册)，北京第二外国语学院俄语编译组译，商务印书馆，1978 年，第 96—98 页。

不同之处。

首先,东正教是随着俄国东侵势力于 17 世纪传到中国境内,后又随雅克萨战俘而进入北京。最初几届传教团是由圣务院派出的。圣务院从名称上看似乎是一个宗教机构,但从彼得一世取消牧首制之后便成为主管全国东正教教务的政府部门。由俄国政府派遣的传教团,在《恰克图条约》《中俄天津条约》的框架内,新来旧往,更替不绝。也就是说,俄国传教团从 1715 年来华后便一直驻足北京。耶稣会士虽然早在明朝末年就由罗马教廷派遣涉海而至,但在康雍年间因礼仪之争而遭禁绝,由此中国开始了持续约百年的禁教时期(其间独有俄国传教团驻足北京)。直到第一次鸦片战争结束暨《中英南京条约》签订之后,西方传教士才获准恢复在华教务。

其次,俄国传教团最初的服务对象仅限于在北京的雅克萨战俘及其后裔,《中俄天津条约》签订之后才开始公开传教。在大多数情况下,传教布道并非俄国传教士的唯一使命,甚至不是他们最重要的使命。观察和研究中国社会,为俄国政府提供情报是俄国传教团的首要工作。鸦片战争爆发以后,传教团更是将在华发展东正教势力置于俄国政府的政治图谋之下,全力配合政府的侵华活动。而其他西方国家传教士渡海东来,则将"拯救"中国数亿民众的灵魂作为不遗余力实现的目标,尽管他们的使命也与其政府侵华政策不无关系,但在表现上没有俄国传教士那样直接。换言之,在中国民众中广布福音是西方传教士的主要目的,而协助政府侵华则是俄国传教士的根本任务。

再次,俄国传教士在早期只是通过少量施舍吸引中国人入教,无力向中国人提供汉文经书,除了在俄罗斯馆为雅克萨战俘后裔开办过学校之外,并未采取更加多样的传教手段。直到庚子事变之后,俄国传教团才开办了一些实业机构,但其真正目的在于为传教团补贴活动经费,基本上没有开办过医院、孤儿院等福利机构;其所开办的学校大都有始无终,难以为继。而西方传教士则采取了非常丰富的手段,既包括直接讲道、巡回布道和散发宗教宣传品等直接手段,也包括介绍西方科学技术,兴办教育、医疗和慈善机构等间接手段。此外,从首届俄国东正教驻北京传教团来华一直到签订《中俄天津条约》,传教团的日常生活供给一直仰赖清政府。俄国政府提供的经费主要用于维持北京教堂的开支,并不包括传教经费。因此在传教布道方面,俄国传教士始终没有摆脱经费拮据的窘境。而西方传教士的在华活动经费多由其在本国募集,或者来自教徒的捐赠以及在华开办的教育、医疗及慈善机构的收入,资金相对充足。

最后,《恰克图条约》对俄国传教团在华人员数量做了明确规定,只允许其派遣包括领班在内的四名传教士来华,另有六名世俗学生。从1715年首届传教团来华至19世纪末,传教团基本上维持着大约十人的规模。在《中俄天津条约》签订之前,俄国总共在北京拥有两座教堂,每年入教的中国人不过十人。而天主教早在1701年就在全中国拥有教堂229座,传教士103人,教徒达三十余万人。《中俄天津条约》和《中俄北京条约》签订之后,俄国传教团虽然在传教方面没有了限制,但其在中国的传教业绩与天主教和新教相比,仍然差距很大。到1917年,中国东正教教徒总数为6310人;而1914年光是基督教新教在华传教士就达到5400人,到1919年达到6636人,超过了中国东正教教徒的人数,而此时的新教教徒已经达到345853人。①受传教手段相对简单和传教规模相对较小的制约,俄国传教团的宗教活动对中国民众及社会的影响非常有限。而其他西方国家传教士人数众多,传教手段多样,资金充足,影响较大,不仅吸引了大批中国民众入教,而且在西学东渐的过程中发挥了重要作用。

## 二、东正教经书的翻译与刊印

1715年至1858年,俄国一共向中国派出了十三届传教团,维持雅克萨俄人的东正教信仰是历届传教团的主要任务。为此,传教团采取了包括学习汉语、物质诱惑和开办学校等措施。然而俄国传教士并没有着手翻译宗教书籍。第十四届和第十五届修士司祭伊萨亚在其编撰的《俄汉宗教术语词典》前言中写道:"我们不知道,在将经书翻译成汉语方面,俄国传教士在18世纪做了什么工作。尽管难以想象,像尤马托夫这样在当时看来非常有学识的人,竟然没有为信赖他的基督徒做任何事情,但确实没有什么东西从那个时期流传下来。"②之所以如此,原因是多方面的。第一,早年传教团服务的对象仅仅是雅克萨战俘及其后裔,这些人在头几十年时间里尚可以说俄语,因而对汉译宗教书籍的需求并不迫切。第二,清朝从雍正二年(1724年)开始禁教,俄国政府有意避免因为传教而引起清政府不悦。尽管圣务院希望在中国人中发展教徒,但传教团一直没有得到充足的物资和资金支持。第三,前几届传教团神职人员的文化水平很低,不具备翻译

① 参见顾卫民:《基督教与近代中国社会》,上海人民出版社,1998年,第360—362页。

② Шубина С. А. Русская Православная Миссия в Китае(XVIII-начало XX вв.).Диссертация на соискание ученой степени кандидата исторических наук. Ярославль,1998.С.131.

宗教书籍的能力。第四,以耶稣会士为主的西方传教士已经翻译并刊印了许多基督教书籍,俄国传教士可以直接利用。

最早将东正教书籍译成中国语言的是第八届传教团学生利波夫措夫(С. В. Липовцов,1770—1841),他在 1794 年至 1808 年间完成了《新约》的满文翻译。第九届传教团领班比丘林驻北京期间在一位中国天主教教徒的帮助下开始翻译东正教礼拜祷文。他还改编了意大利籍耶稣会士潘国光的《天神会课》一书,于 1810 年刊印。①此事在费赖之(Louis Pfister)著作中也有记载:"俄国驻北京传道会长比丘林(Hyacinthe Bitchourin)曾节采此本之文,刻于北京,以供希腊宗之用。"②但在费赖之目录中没有辑录比丘林所依据的 1739 年 "皇城西安门内首善堂藏版"。《天神会课》一共刊印了 400 册,现在发现有三分之一(129 册)在俄罗斯,其中一册上还有俄文"被中国政府禁止和查抄"的字样。此外,在陈伦绪(Chan Albert)所著《罗马耶稣会档案处藏汉和图书文献目录提要》中记载,北京耶稣会图书馆收藏的比丘林《天神会课》上也有用法文所做的同样说明。③清代姚元之的《竹叶亭杂记》中记载:"国学内有俄罗斯学。康熙间,许俄罗斯通中国,始遣其子弟入学,十年一更。子弟若寄信于其国,皆露函交理藩院。理藩院译其文进呈,无私语方为寄之。嘉庆己巳忽寄书一本,皆汉字。其书卷前二页有圆图如太极状,图内黑白杂错,若画云气者。其解以为阴阳二气,有此二气是生一男一女,男女自为配,是生天主,反复辩论,大意似只知有母而不知有父。书奏,仁宗令察其书所自来,得其刻板毁之。案俄罗斯,古丁零国也。人狡而狠,好利。其国教宗耶苏。"④清嘉庆己巳,乃公元 1809 年,正是《天神会课》问世之年。而且比丘林的《天神会课》共 28 页,其中确有七幅插图。因此可以断定,理藩院所毁之版,无疑就是比丘林《天神会课》之版。

比丘林利用西方传教士的成果,总结其在基督教经书翻译方面的得失,力图使语言更加纯正、更加容易理解。他在改编《天神会课》过程中发

---

① 比丘林在该刻本上的署名为"乙阿钦特敬刻"。"乙阿钦特"为比丘林法号 Иакинф 译音,今译 "亚金甫"。参见 Hartmut Walravens. Zur Publikationstätigkeit der Russischen Geistlichen Mission in Peking, Monumenta Serica: Journal of Oriental Studies. Vol. XXXIV(1979–1980)。

② [法]费赖之:《在华耶稣会士列传及书目》(上册),冯承钧译,中华书局,1995 年,第 234 页。

③ Chan Albert. Chinese books and documents in the Jesuit Archives in Rome: descriptive catalogue:Japonica–Sinica I–IV.Armonk, N.Y. : M.E. Sharpe, 2002, p.461. 参见 Карезина И. Православный катехизис на китайском языке архимандрита Иакинфа(Бичурина). Дипломная работа. М. , 2004. C.19。

④ 姚元之:《竹叶亭杂记》卷三,中华书局,1982 年。

明的个别宗教术语译法沿用至今,不仅为东正教所接受,而且也被天主教所采用。其中最突出的例子当数"教会"一词。对于 Ecclesia 一词,潘国光采用了音译的方式,译成"厄格勒西亚",给人一种不知所云的感觉,无法体现该词"蒙召出来的会众"的希腊文本义;而比丘林将其改译为"圣教会",比较好地解决了基督教传教历史上的一个难题。可以说,汉语中"教会"一词乃是比丘林的创造。①

　　在 1818 年俄国外交部给传教团下达的新指令中,外交部要求传教士将各种时课经和教理问答翻译成汉语或满语,认为这是促使雅克萨战俘后裔恢复祖先信仰的最有效手段之一。这项指令得到第十届传教团很好地贯彻。第十届传教团领班卡缅斯基到达北京后即开始抄写北京耶稣会士的藏书并索取各种译成汉语的神学书籍。他亲自抄写《圣经》汉语版和满语版各两份,将其中一份呈送圣务院,以备皇家圣经协会参考。第十届传教团修士司祭西维洛夫(Д. П. Сивиллов,1798—1871)在译介经书方面多有尝试。他翻译了德米特里·罗斯托夫斯基(Дмитрий Ростовский)的《东教宗鉴》等东正教神学著作,还翻译了早堂和晚堂经本。此外,他于 1830 年与其中国老师车奇(Чэци 译音)用半文言语体译出了《玛特斐乙福音经》和《宗徒行寔》。1831 年西维洛夫翻译了莫斯科都主教费拉列特·德罗兹多夫(Филарет Дроздов)的《简明教理问答》,同时附录了圣根纳季(св. Геннадий,?—1505)论述信仰的一百句箴言,1840 年西维洛夫又对译文进行了修订。同时,西维洛夫为北京的东正教教徒从巴西尔(Basil the Great,约 330—379)、约安·兹拉托乌斯特 (Иоанн Златоустый) 和格里高里·德沃耶斯洛夫(Григорий Двоеслов)所编写的领圣体祈祷经中翻译了祈祷文,汉译本为《圣体血礼仪提要》。第十一届传教团修士司祭基谢列夫斯基(Феофилакт Киселевский,1809—1840)将一些东正教神学书籍翻译成汉语,其中包括《简明教理问答》《正教本分》以及两种布道稿。②

　　由此可见,俄国传教团翻译和改编经书始于 18 世纪末 19 世纪初。此时雅克萨战俘到京已逾百年。若此时俄国传教士再不使用中国语言,无论是对雅克萨俄人进行教义训导,还是举行各种宗教仪式,都将相当困难。

---

①　Карезина И. Православный катехизис на китайском языке архимандрита Иакинфа (Бичурина).Дипломная работа. М.,2004.C.25.

②　Алексий (Виноградов),иером. Китайская библиотека и ученые труды членов Императорской духовной и дипломатической миссии в г. Пекине или Бэй-Цзине (в Китае). СПб.,1889.C.24–32.

一直到《中俄天津条约》签订以前，传教团的经书翻译和改编的目的多是为了完成其最基本的宗教使命，即让那些无论是相貌还是精神都几乎与北京人无二的雅克萨战俘后裔重返教堂，以在回国后向圣务院复命。然而在政府的禁教政策之下，俄国传教士在从事类似活动时还承担着一定的风险。比丘林《天神会课》的命运在某种程度上就是传教团在中国传教条件或背景的写照。

1858 年《中俄天津条约》签订之后，俄国传教团并未开始大张旗鼓地传教，而是把很多精力用于翻译和出版东正教神学书籍。可以说，经书的翻译和出版是这一时期传教团最突出的业绩。第十四届传教团领班固礼着手将《新约》译成汉语，译本刊印于 1864 年，1865 年重刊，封面上书：吾主伊伊稣斯合尔利斯托斯/新遗诏圣经/谨遵原文译汉敬镌板，天主降生一千八百六十四年，同治岁次甲子夏季。巴拉第在任第十五届传教团领班期间，开始组织人手翻译东正教神学著作。伊萨亚在翻译经书之余，筹备建立刻板、装订和印刷等作坊，使传教团具备了印刷汉字书刊的能力。到了由戈罗杰茨基任领班的第十六届传教团时期，整理过往传教团成员翻译经书的手稿并翻译新的经书已经成为其主要任务。有学者甚至认为这是第十六届传教团最鲜明的工作特色。[①]仅 1884 年，即第十七届传教团来华的头一年，传教团就刊印了由伊萨亚和固礼等人翻译的二十余册经书。有效的组织工作和独特的翻译流程是保障传教团大量刊印经书的重要条件。在第十六届传教团班期，翻译经书一般由六人协作完成。首先由阿多拉茨基和亚历山大·维诺格拉多夫（А. Н. Виноградов, 1845—1919）将所要翻译的宗教书籍的斯拉夫文本与希腊原文进行校对，而后翻译成俄语。接下来由戈罗杰茨基将俄语意思用汉语口述出来，由中国籍神父密特啰芳记录成文。然后中国先生鄂锡阿审阅汉语文本，最后由耶乌哗尼检查密特啰芳和鄂锡阿是否准确理解了要表达的内容。1900 年以前，俄国传教团翻译、刊印的东正教书籍主要有三大类，即圣经类、神品学校教材及精神道德说教手册、教堂仪式用书及教徒个人用书。[②]

传教团成员对经书汉译可能性和必要性的认识经历了一个变化过

①　Дацышен В. Г. Епископ Иннокентий（Фигуровский）. Начало нового этапа в истории Российской Духовной Миссии в Пекине//Китайский благовестник. 2000.№1.

②　Алексий（Виноградов）,иером. Китайская библиотека и ученые труды членов Императорской духовной и дипломатической миссии в г. Пекине или Бэй–Цзине（в Китае）.СПб., 1889.С.23–33.

程。最初,安文公(Д. С. Честной,1801—1866)和巴拉第认为根本无法准确地将东正教书籍翻译成汉语。随着鸦片战争后在华的西方传教士积极翻译经书以扩大影响,他们的观点逐渐发生了改变,认为只有掌握汉语,才能翻译得更为准确。在翻译风格上,传教团的经书翻译经历了一个由文言到白话的演变过程。其中固礼和巴拉第的译作多为文言文,戈罗杰茨基和伊萨亚等则多采用白话文翻译。固礼在翻译时采用文言形式,在一定程度上限制了原文意义的传达。伊萨亚最初希望使用一种介乎于文言和白话的中间语体,同样没有成功,最后干脆完全使用了白话。俄国人在很大程度上借鉴天主教传教士在中国将基督教神学著作翻译为中文的经验,同时结合东正教经文的特点,开创了一种独特的翻译方法,即为确保原文的准确性而对照希腊原文,为提高译文质量而由中国人把关和润色。比如,西方传教士经常用"天主"或"耶稣基督"来表达"上帝"的概念。而俄国传教士为了使信徒产生东正教与天主教有所不同的感受,将"上帝"(Исус Христос)翻译为"伊伊稣斯合尔利斯托斯",使其读起来更加接近古斯拉夫文。①

当然,这种翻译取向也遭到一些学院派汉学家的批评。圣彼得堡大学东方语言系汉学教授伊万诺夫斯基 (А. О. Ивановский,1863—1903)反对过分拘泥于希腊文和斯拉夫文,因为此种译法会导致译文与汉语行文习惯相去甚远,使经文难以为中国人所接受。他认为"上帝"一词应该采用西方传教士业已发明的"耶稣基督"译法,而不必另造新词,免得拗口难懂,不利于传教,因为"欧洲人已经走在了我们前面,况且这种译法经过长期使用和宣扬已经被中国人广泛使用"②。

义和团运动之后,俄国传教团重建北馆,加快了发展中国籍教徒的速度,俄国东正教势力扩张至中国的多个省份。伴随着传教规模的扩大,对经书的需求量显著增长。早在1897年,在天津俄商斯塔尔采夫(А. Д. Старцев)的资助下,传教团印字房就获得了现代化的印刷设备,购置了一台价值两千卢布的小型印刷机和近三万个木刻汉字字模,附设有装订房,首次使用活字印刷。③1900年,义和团捣毁了北馆的印字房,但1901

---

① Ломанов А. В. Христианство и китайская культура. М., 2002.С. 315.

② Ивановский А. Богослужебные книги православной церкви на китайском языке// Христианское чтение.1885. Ч.2.

③ Краткая история русской православной миссии в Китае, составленная по случаю исполнившегося в 1913 г. двухсотлетнего юбилея ее существования.Пекин,1916.С.185.

年印字房又恢复运转。英诺肯提乙专门从莫斯科谢尔吉圣三一修道院调来一个叫尼康（Никон）的修士辅祭负责管理印字房。1911年，印字房建立了石印车间。为提高印刷效率，而后又建立了铸字车间。19世纪末20世纪初印刷技术的不断革新为大量出版经书提供了可能。

1902年，英诺肯提乙建立了专门的翻译委员会，其成员除俄国神父以外，还包括六名中国教士和两名抄写工。自此，东正教经书的翻译工作有组织、大规模地展开，"仅在成立以后的六年里就翻译和印刷了二十多种汉语译作"[①]。英诺肯提乙完成了传教团历史上《新约》第三个版本的翻译，并于1911年刊印。在1916年传教团为纪念来华200周年而出版的《俄国东正教驻华传教团简史》后面附录了当时传教团印字房刊印的神学书籍，照录如下[②]：

北京东正教堂印字房铅印

官话

《事奉经》《主日八调》《四部福音》《宗徒行寔》《宗徒公书》《信经问答》《注解玛特斐乙》《日诵经文》《祈祷经文》《注解创世纪》《圣教会要课》《晚堂经本》《晚堂大课》《晚堂小课》《时课经》《圣咏经》《启蒙问答》《旧约简要》《圣母圣诞赞词》《举荣圣架赞词》《圣母进堂赞词》《主降生赞词》《主领洗赞词》《主进堂赞词》《圣母领报赞词》《圣枝主日赞词》《主升天赞词》《圣三主日赞词》《主易圣容赞词》《圣母安息赞词》《主复活赞词》《旧约提要》。

文话

《圣经析义》《宗徒经》《祝文册》《圣咏经》《祈祷经文》《正教本分》《日诵经文》《教会九戒》《实迹圣传》《天道指南》《圣教会要课》《圣史纪略》《时课经》《主日赞词》《教理问答》《圣堂仪物名义志》《教规略述》《早晚经本》。

石印

文话

《圣教六戒》《创世纪》《主复活赞词》《注解圣咏经》《圣咏经》《讲信

① Шубина С. А. Русская Православная Миссия в Китае（XVIII-начало XX вв.）.Диссертация на соискание ученой степени кандидата исторических наук. Ярославль, 1998.С.134.

② Краткая история русской православной миссии в Китае, составленная по случаю исполнившегося в 1913 г. двухсотлетнего юбилея ее существования.Пекин, 1916.С. 225–226.

经》《主日八调》《圣人行寔》《玛特斐乙福音经》《属福音经赞词》《圣堂仪物名义志》《十二庆贺日赞词》《教会实言》《东正教鉴》《教会史记》《东教宗史记》《出耶吉撒特记》《民数记》《申命记》《圣按托尼行实》《尼适来行实》《劝义篇》《东正教道理前引》《主受难福音经》《宗徒行实摘要》《主复活道理》《主进堂道理》《出地堂道理》《圣枝主日道理》《圣母领报道理》《音乐点子读本》《代亡人祈》《正教略》《道学简略》《教理问答》《圣教理问答》《新约圣经》《诵经节目》《神功四要》《列韦纪》。

传教团印字房在出版中文神学书籍的同时，也为俄国侨民出版俄文经书，如《耶稣基督山顶传道》《圣经》《注解新约》(内容包括《马太福音》和《马可福音》)、《约安福音注解》《俄音标注汉语教堂赞美诗》《简明祝文读解》及《俄汉对照教理问答提要》等。

## 三、开办东正教会学校

俄国传教团的办学历史以庚子事变为界，经历了两个阶段。从1822年至19世纪末，传教团仅限于在北京城及周边农村开设学堂。庚子之变之后，俄国传教士不仅将办学范围扩大到北京之外，而且学堂数量也显著增加，在一定程度上扩大了东正教在中国的影响。

雅克萨战俘抵京后不久，其宗教信仰就开始动摇，而他们的后代则大多失去了对东正教的兴趣，完全融入中国文化的氛围之中。18世纪末，第八届传教团领班格里鲍夫斯基曾经计划在北京的圣母大堂或奉献节教堂建立一所学堂，教授雅克萨战俘后裔学习汉语和俄语，并且制定了一份创建草案。他建议"学堂招收一定数量的学生，学习时间最好不超过五年或更短，因为成年人和老年人只是为了得到好处才会加入基督教。需要提供资金以维持这所学堂，原因在于那些穷苦的父亲由于无法养活自己的孩子才会心甘情愿地将他们送进学堂。由修士大司祭、修士司祭和修士辅祭担任俄文和汉文教师。他们都应去授课，如同耶稣会士那样，每人依令按时教授一部分知识"。格里鲍夫斯基希望通过开办学堂达到既培养东正教教徒，又提高传教团成员自身水平的目的。因此，他提出"必须任命所有曾在神品学校学习过的神职人员担任教习，同时也要指派适合学习汉语并且最好在俄国就已经学过汉语的年轻人参加这一工作"[1]。俄国

---

① Адоратский Н. Православная Миссия в Китае за 200 лет ея существования: Опыт церковно- исторического исследования по архивным документам.Казань, 1887.C.328–329.

学者尼·伊·维谢洛夫斯基(Н. И. Веселовский,1848—1918)在 1905 年发表的《修士大司祭索夫罗尼·格里鲍夫斯基的呈文节录》中指出,格里鲍夫斯基认为排除阻碍东正教传播障碍的最有效方式就是"设立神学校,以便仿效天主教传教士那样招收赤贫孤儿入学",培养神职人员。因为他相信"中国神父使自己的同胞改信神圣的基督教的本领比俄国或罗马神父要大得不可比拟"。①

但是,格里鲍夫斯基的建议只是在 19 世纪初才得到俄国政府的重视。由于俄国对华陆路贸易受到英、美等国对华海路贸易的威胁,俄国政府开始更加注重发挥传教团的作用,为此对传教团的工作进行了全面的整顿与改革。1818 年俄国政府向第十届传教团领班卡缅斯基颁发指令,明确要求传教团为雅克萨战俘后裔开办学堂:"传教团应收留几个阿尔巴津人的男童,对他们进行教育,费用全部由俄国承担。如果贫困的阿尔巴津人父亲情愿将儿子送来接受教育,则由你从中挑选男童。修士司祭和修士辅祭教授他们俄文和神学,而你应尽力提高他们的道德素养。这样,在你的有效管理下,这些不太开化的孩童逐渐会变成东正教在中国的传播者。此外,他们还可以成为很好的翻译甚至新传教团的老师。"② 根据这一指示,1822 年卡缅斯基在华开办了第一所东正教教会学堂,首次招收七名雅克萨俄人子弟入学。③ 俄国传教团每月向学生提供一两半银子的生活费,指派修士司祭魏若明负责学堂管理。俄国政府拨款 1500 卢布用以维持这所学堂的开支。卡缅斯基在 1823 年 2 月 2 日致圣务院的信中写道:"为了感召阿尔巴津人摆脱偶像崇拜,我们在圣母大堂开办了一个学堂。""上学的孩子们将逐渐成为其父辈最好的老师。"④ 魏若明也在后来回忆道,为俄罗斯佐领子弟办一所学堂,就是要改变其父母姐妹对教堂的成见。1824 年这所学堂的学生人数增加到 14 人。⑤ 这个由俄国政府出

① [俄]尼·伊·维谢洛夫斯基编:《俄国驻北京传道团史料》(第 1 册),北京第二外国语学院俄语编译组译,商务印书馆,1978 年,第 99 页。

② Инструкция Архимандриту Петру,начальнику 10 -ой Пекинской Миссии//Китайский благовестник. 1915,Вып.13–14.

③⑤ Вениамин Морачевич. Отчет за двадцатилетнюю службу по Пекинской Духовной Миссии, в звании прежде Иеромонаха, а после в должности Начальника Миссии, Старшего Священника Вениамина(1842 года)//Китайский благовестник. 1915, Вып. 15–16.

④ Шаталов О. В. Архимандрит Петр (Каменский)и десятая российская православная миссия в Пекине//Исторический вестник. 2000,№2(6).

资的学堂存在了许多年。第十三届传教团监护官叶戈尔·科瓦列夫斯基在其《中国纪行》中对这所学堂也有记载:"子弟学堂教学生们学习斯拉夫语、汉语、圣经史、教理问答及唱圣诗。阿尔巴津人非常愿意把孩子送到子弟学堂来,倒不是因为中国人必须要读书的缘故,而是孩子将来可以进入唱诗班或成为观象台的观测员,能定期领到工钱。"[①]这段记录说明穷困潦倒的雅克萨战俘后裔将孩子送进传教团学堂读书,并非为了祖先的信仰,而是为了将来能在俄国人那里谋求一份差事。应该指出的是,19世纪上半叶中国仍处于全面禁教时期,客观环境以及传教团在宗教层面的主要任务决定了其办学的范围和规模。

1858年签订的《中俄天津条约》赋予俄国在华自由传教的权利。1861年俄国政府在华设立了公使馆,传教团不再承担外交职能,传教布道成为其唯一任务。第十五届传教团领班巴拉第在致圣务院总监德·托尔斯泰公爵(Д. А. Толстой,1823—1889)的信中写道:"将中国青年人培养成传教士将是驻北京传教团的一项工作。他们将成为在其同胞中传播正教信仰最有效的工具以及新入教者的领导者。随着中国教民的增加,显然需要这样的助手,这是不容置疑的。"[②]开办学堂成为俄国传教团扩大在华宗教影响的重要手段。然而当时俄国等列强通过一系列不平等条约攫取了大片中国领土和其他权益,已经引起中国民众的愤怒。在这种形势下,俄国政府对东正教在华传教特权能否得到落实并无十足把握,不得不采取观望的态度。圣务院希望在中国的传教环境改变之后再开始在中国人中间传教。所以19世纪下半叶,俄国传教团在开办学堂方面仍然只是尝试为之,数量和规模都很有限。

据俄罗斯学者舒碧娜(С. А. Шубина)研究,固礼在担任第十四届俄国东正教驻北京传教团领班期间,于1859年10月为雅克萨战俘后裔建立了一所女学堂。他在一份报告中称,他创建女学堂是为了"在妇女中间培养优秀的基督徒和传播基督教的可靠助手"。他认为,一个"笃信基督教的女子同时也将是贤妻良母,这是极其重要的事情,因为这样就可以为基督信仰提供最好的说明并促进其传播"。胁迫中国签订《中俄北京条约》的俄方全权代表尼古拉·伊格纳季耶夫(Н. П. Игнатьев,1832—1908)在返

---

① Ковалевский Е. П. Путешествие в Китай. Ч.2.СПб.,1853.С.202–203.

② Палладий. Некоторые соображения по поводу предполагаемого учрежденияПравославно–проповеднической Миссии в Китае//Китайский благовестник. 1915,Вып.9–12.

回俄国后即建议沙皇和皇后向在北京的女学堂提供帮助。俄国驻华公使巴柳泽克(Л. Ф. Баллюзек,1823—1879)的夫人也为这所学堂向俄国上层社会募集资金。1861 年俄国皇室向女学堂捐款 2000 卢布。俄国皇后于 1864 年再次向女学堂捐款 500 卢布,东西伯利亚总督府则向私人募集到 1109 卢布。1864 年,俄国圣务院也决定每年为这所女学堂提供 2000 卢布的资金支持。1866 年 12 月,沙皇命令从 1867 年起开始拨款。从巴柳泽克的夫人于 1862 年写的一份题为“关于北京女学堂的状况(从 1861 年 8 月 1 日至 1862 年 1 月 1 日)”的报告中可以获悉:1861 年这所女学堂一共有 18 名年龄从 7 岁到 17 岁的女学生。她们几乎全部来自贫困家庭,由于生活所迫而被父母送到这里,其父母由此可以每月从传教团领到相当于两个卢布的银两;在女学堂里除了学习女工之外,还学习圣史、旧约、新约、教理问答及汉语。此外,固礼还利用晚上的时间为学生开设俄语课。1862 年这所女学堂的第一届学生毕业。①

1861 年,传教团在北京城附近的通州东定安村也建立了一所东正教教会学堂,最初有六名男生和一名女生。传教团选用幼时曾经在北京东正教教会学堂学习过两年时间的该村村民弗拉基米尔(Владимир)担任这所学堂的教师。固礼试图用这所学堂来巩固传教团与这个北京城外最早的东正教基地的联系,并希望“成年人能从孩子们身上学到一些东西”②。学生们学习的主要科目是读写汉字以及祈祷文。为了弥补弗拉基米尔因为教学而耽误的农活,传教团每年支付给他相当于五十卢布的银两。

19 世纪 80 年代,在传教团男学堂中有三名中国人担任教师,负责汉语和中国传统蒙学教材的教学。成绩优秀的学生获准学习俄语,阅读斯拉夫文和经书。1892 年,俄国决定选送个别学生到伊尔库茨克传教士学校学习,为此圣务院还专门划拨了经费。但是,俄国人的这一计划立刻遭到了中国学生家长的强烈反对。

对于俄国传教团在北京引诱贫困家庭子弟入学问题,清政府并非毫无觉察。咸丰九年(1859 年)十月初七,江南道监察御史富稼即就“俄罗斯赂诱人子女入馆传经,请旨饬下密查,严禁愚蒙而免煽惑”。富稼在奏折中写道:“奴才风闻该夷近日仍假济贫之端,乃便施惑众之举。家有稚子幼女

①　Шубина С. А. Русская Православная Миссия в Китае (XVIII-начало XX вв.).Диссертация на соискание ученой степени кандидата исторических наук. Ярославль,1998.С.142-145.

②　Краткая история русской православной миссии в Китае, составленная по случаю исполнившегося в 1913 г. двухсотлетнего юбилея ее существования.Пекин,1916.С.145.

者,诱人习教,先给三四百吊文,月有供给。领人子女入馆曰当差,如无子女者少妇亦许之,每七日为一班。"由此可见,以金钱相诱惑,是俄国传教团在中国吸收学生的主要手段。而贫困家庭送子女入学,出于生活所迫,实属无奈。富稼意识到"从中显有鬼祟",痛心疾呼"将子女服役于外夷,实属玩法灭伦之至"。①但是,无论富稼言辞何等恳切,在当时内外交困局面之下,清政府也只能听之任之了。

以上是俄国传教团在华开办学堂的第一个阶段。传教团在俄国政府的支持下,以雅克萨战俘后裔或贫困家庭子弟为对象,通过开办学堂培养东正教教徒或传教士。在此期间,传教环境尽管经历了从全面禁教到自由传教的转变,但传教团所办学堂数量依然屈指可数,办学范围仅限于北京城及周边农村,教学质量也停留在较低水平。

中日甲午战争后,俄国联合德国与法国,迫使日本放弃占领中国辽东半岛,清政府内部一度出现联俄亲俄的气氛。1896 年,李鸿章亲至俄国参加尼古拉二世的加冕典礼,并与俄方签订《中俄密约》。俄国圣务院认为在华拓展教务的时机终于到来了。尽管 1900 年爆发了义和团运动,然而俄国政府不退反进,于 1902 年在中国建立主教区,任命第十八届传教团领班英诺肯提乙为第一任主教。而后,东正教势力在中国各地迅速扩张,"为有需求的中国各地培养宣教士"②。传教团希望中国青年人"通过受洗而成为正教信仰的传播者,从而将自己的父母和亲友争取过来"③,俄国传教团在华开办学堂自此进入第二个阶段。在大多数情况下,俄国人只要在中国某地传教,就会设法开办一所学堂,作为宣讲东正教义和培养当地传教士的重要手段。截至 1917 年,传教团不仅在北京增开学堂,而且还在直隶、河南、湖北、江西、江苏及浙江等地建立了规模不等且存在时间各异的俄国教会学堂。

在北京,在重建庚子事变时被毁馆舍之后,俄国传教团立刻开办了男、女两所学堂。1903 年,男学堂已有 29 名学生,分大小两个班,大班学习圣经、详解教理问答、中国经典、俄文和教会斯拉夫文等课程,小班学习圣史、简明教理问答、汉文阅读、俄文文法启蒙、教堂唱诗等。女学堂由

---

① 故宫博物院明清档案部编:《清代中俄关系档案史料选编》(第 3 编 下册),中华书局,1979 年,第 844—845 页。

② Хроника церковной жизни. Открытие духовного училища в Пекине// Китайский благовестник. 1907,Вып. 3-4.

③ Из жизни Миссии// Китайский благовестник. 1914,Вып. 5-6.

传教团的修女管理,开始有 12 名学生,1907 年曾达到21 人,1912 年人数维持在 15 到 22 名之间。女生主要学习书写、阅读、圣经、缝纫和手工。此外,在传教团于北京城外开办的砖厂还开办了夜校班,大约有 30 名贫苦童工白天做工,晚上学习一些基础课程。1906 年夜校班关闭。

1904 年传教团在北京所办学堂的学生人数为 85 人,1906 年为 94 人(男生 73 人,女生 21 人),另有 23 名各类作坊里的学徒工。1907 年 9 月 3 日传教团在北京又开办了一所神品学堂,集中培训由中国各地选送的优秀学生。该校当年招收了 10 名学生,其中 5 人来自北京,3 人来自上海,永平府和卫辉府各 1 人。[1]1907 年俄国东正教驻北京传教团附设学堂的中国学生人数为 72 人,如果加上 40 名参加夜校班培训的学徒工,一共是 112 人。1908 年神品学堂的学生人数增至 17 人,其他学堂有 62 人,童工 28 人,共 107 人。1909 年各类学堂人数未变,但童工人数达到了 40 人。1910 年神品学堂有学生 17 人,男、女学堂共有学生 70 人,童工 28 人,总数为 115 人。1911 年神品学堂有 17 名学生,其他学堂有 58 名,童工 26 人,总数为 101 人。

1912 年传教团在东直门外购置到一块地皮,随即盖起了房子,开办了一所学堂,旨在吸收附近农村贫苦百姓的子弟,中国学生人数达到 165 人;同年又在安定门外的俄国坟地开设了专门招收低龄儿童的学堂,在京学生人数增至 225 人。[2]这些学生大部分为贫苦百姓子弟,也有一些为没落旗人和雅克萨战俘后裔,他们为生活所迫而进入俄国人开办的学堂,在学习之余必须参加教堂的各种活动,在各种作坊里做工。

在直隶省,永平府北戴河的学堂建立最早,时间在 1902 年,最初招生 12 人。1904 年英诺肯提乙在永平府中心地带选购了一块地皮,翌年建立了教堂,同时开办了一所学堂。因为没有合适的老师,学堂举步维艰。1904 年,还在台营镇开办了一所学堂。永平府和台营的学堂存在达四年之久。1914 年再次在永平府办校,招收学生 10 名。1907 年,建昌营的一个姓南的中国东正教教徒在自己家中开办学堂,不久关闭。1911 年在毕家窝铺开办了学堂,起初招收了 18 名学生,但一年后就解散了。[3]通州东定安村

---

[1]　Хроника церковной жизни. Открытие духовного училища в Пекине// Китайский благовестник. 1907, Вып. 3–4.

[2]　Пекинская Духовная Миссия в 1902–1913 г. // Китайский благовестник. 1914, Вып. 1–2.

[3]　Миссионерская деятельность Пекинской Духовной Миссии за 1902–1913 г.// Китайский благовестник. 1914, Вып. 3–4.

的学堂早在 1861 年就开办了,1900 年被毁。1907 年,俄国人在东定安村重建教堂,并在是年 12 月 5 日开办了学堂,首批招收学生19 名。1910 年,首次在通州县城开办了一所学堂。此外, 在西集和王家庄也曾开办过学堂,但存时很短。1912 年,传教团在西山门头村购置了一处有 36 间房的院落, 建了一个讲道大厅、一处织布厂和一所可容纳 20 名学生的学堂。1916 年,他们在卧佛寺附近的四王府村开过一所学堂。在天津,1904 年,俄国人曾将小关街的房子借给一个中国学堂使用, 希望能在课程中加入东正教内容,被李姓先生断然拒绝。随后俄国人自己开办了一所学堂,自聘教师,招收贫困家庭子弟入学,传授东正教教义,发展教徒。1914 年,天津东正教教会学堂学生人数曾达到 20 人。①

　　河南省的东正教势力主要集中在卫辉府、道口、彰德府、开封府、杞县和宁陵县等几个地区。卫辉府是俄国传教团在北京地区以外办学最集中的城市。第一所学堂建于 1906 年 1 月,招收走读学生 11 名,秋季增至 20 人。1909 年这里又建了几所学堂。一所是寄宿学堂,首批招收 14 名学生。另一所建在北门外,招收了 20 名学生。同时还创办了一所女学堂,首批招收了 15 名学生。然而到 1913 年,卫辉府只剩下一所有 15 名学生的学堂,其他学堂因为难以为继而关闭。此外,1909 年在卫辉府的臧庄也曾建立过一所学堂,存时不详。1909 年 3 月,卫辉府一名韩姓中国教徒来到道口,找到一处适合做学堂的房子,招收了 17 名学生,半年以后学生人数增至 40 人,1911 年有学生 32 名,1913 年为 24 人。彰德府 (今河南省安阳市)的学堂创设于 1909 年,招收 7 名学生,第二年增至 27 人。由于这些学生大都来自周边农村, 学堂的活动难以正常开展,1912 年学生人数锐减到 10 人。开封府的学堂开办于 1907 年。1908 年 4 月有 30 名年龄从 8 岁到 20 岁不等的学生在学。第二年开办了一所女学堂, 招收 15 名女童入学。1913 年两所学堂的人数均为 21 人。1908 年年中一个姓周的东正教教徒于杞县一处租来的房子里开办了学堂。宁陵县于 1909 年首开学堂,创办者为谢姓东正教教徒,招收学生 16 人,1912 年关闭。②

　　湖北省的东正教传播范围主要集中在汉口、袁家口、峰口以及仙桃镇

　　① А. А. В Тяньцзине//Китайский благовестник. 1911, Вып. 9; Иеромонах Смарагд. Поездка в Тяньцзинь//Китайский благовестник. 1914, Вып. 9–10.

　　② Миссионерская деятельность Пекинской Духовной Миссии за 1902–1913 г. // Китайский благовестник. 1914, Вып. 3–4 ; Монах Антоний.Корреспонденция; Власов Ф. Корреспонденция 〈Из Вэй–хуй–фу〉// Китайский благовестник. 1909, Вып.3–4.

几个地区。《中俄北京条约》签订以后，俄国在汉口设立领事馆，同时设立了茶商办事处。几家著名的俄国茶叶公司在这里长期从事茶叶的收购、加工和贸易。这里虽然早在1885年就修建起了亚历山大·涅夫斯基教堂，但从未办过学堂。袁家口的学堂开办于1907年，招收学生10人，但很快就关闭了。1910年再次建校，招19名学生入学。这所学堂同样好景不长，时断时续地勉强维持到1912年。1898年，汉口的东正教神父曾计划在峰口开办一所学堂，由于没有物色到合适的老师而作罢。1902年11月，英诺肯提乙来到峰口，从有意加入东正教的当地居民中选择了三人送到上海的学堂学习，其中有一个姓高的人。1905年，高神父结束培训从上海归来，担当起管理峰口教务的责任。1907年11月，在高神父家开设学堂，招收11名学生。1908年在校学生人数为12人，1910年为33人，1911年也为33人（男生25名，女生8名）。到1912年，学堂经济状况恶化，只剩下15名学生，不久关闭。相比较而言，仙桃镇的东正教传播规模似乎更大一些。1902年传教团由北京派遣东正教教徒赵国山回故乡仙桃传教。1905年后有葛神父和阿得里昂神父来到此地，曾经建立过教堂和学堂。[①] 1909年，当地教徒陈氏兄弟在自家开设了一所学堂和祈祷所；1910年春学生人数达到27人，1911年为35人（包括7名女生），1912年为33人（包括5名寄宿学生），1913年年底一度达到42人。此外，1911—1913年间在辛口、刴嘴（初招20名学生）、路官庙、黑流渡等村镇也曾开办过东正教教会学堂，但大都很快夭折了。

　　江西省的东正教势力主要集中在九江牯岭地区。1911年在上海接受洗礼的索夫罗尼·王来到小池口，一年中为60人施洗。索夫罗尼·王同时还在这里开办了学堂，但由于没有找到称职的教师而关闭。

　　当时江苏省的上海是俄国侨民集中的地区，东正教在这里传播的规模比较大。1900年义和团运动之后，为了将东正教势力扩展到中国南部，英诺肯提乙来到上海，购置房产并于次年开办了学堂，最初招收了11名学生。1903年初学生人数达到24人，其中15名学生为寄宿生。1904年，又开办了一所小学堂，招收幼童入学。到1906年，上海的东正教教会学堂共有学生16名，1910年为40人。上海的学堂为各地培养了数名传教骨干。1903年从上海学堂毕业的两个海门学生回到家乡传教，在俄国传教士的支持下，于1909年开办了一所学堂，1910年有学生22人，1914年曾

----

① 参见仙桃市地方志编纂委员会编：《沔阳县志》，华中师范大学出版社，1989年，第588页。

达到 60 人(其中女生 10 人)。①

东正教在浙江省主要有杭州、宁波、石浦和台州几个据点,大都没有开办过学堂。《象山近百年史事腋录》载,1913 年上海主显堂派遣石浦人吴加祥(教名彼得)和冯玉莲夫妇回原籍传教,在城头墩设布道所(后迁文澜桥),上悬"大俄东正教"木牌,发展教徒四十余人,后又创办了学堂。②然而在俄文文献中笔者尚未发现有关石浦建校的记载。

据统计,到 1915 年,俄国东正教驻北京传教团在中国境内共建有学堂 25 所,学生人数约 680 人;教师 38 名,其中大都是曾经在俄国传教团所设学堂学习过的中国人,只有四名俄籍教师。1916 年,俄国东正教教会学堂在校学生人数达到 700 人。③但大多数学堂规模偏小,存在时间不长。传教团资金短缺,根本无法满足在各地开立学堂的需求。此外,俄国传教团的神职人员寥寥无几,中国籍神职人员也不多,不能对各地学堂实行有效的管理并提供足够的师资。

俄国传教团在中国开办的教会学堂在功能上可分为神品学堂和普通教会学堂两种。神品学堂只有一所,1907 年于北京建立。普通教会学堂分为初级学堂和高级学堂。在有条件的地方,每个学堂设立大班和小班。俄人每到一处开拓教务,大都先办一所初级学堂,以小利相诱,吸引贫困百姓子女入学,以便将其培养为东正教教徒。英诺肯提乙主张到最贫困的农村地区建立学堂。可以说,1917 年以前俄国东正教会在中国开办的学堂多为此类学堂。一般来说,普通教会学堂的学生经过一段时间的学习之后,就会有俄国传教士为他们施洗,成为东正教教徒。其中成绩优秀且交际能力突出者,会被送到北京神品学堂学习。学生一旦从神品学堂毕业,就可以成为宣教士,被派往各地,个别人还获授神职,独立主持一方教务。

俄国教会学堂还有男学堂、女学堂和徒工学堂之分,其中男学堂数量最多。在俄国人的传教点,大都有一所男学堂,只有部分地区有女学堂。仅有一小部分学生可以得到免收学杂费和食宿费的待遇;绝大多数学生只

---

① Миссионерская деятельность Пекинской Духовной Миссии за 1902–1913 г. // Китайский благовестник. 1914, Вып. 3–4; Иеромонах Евстафий.Отчет о поездке в Хаймын//Китайский благовестник. 1915, Вып.7–8.

② 参见《象山近百年史事腋录》,载于象山县政协文史资料委员会编印:《象山文史资料》(第 3 辑),1988 年,第 28 页。

③ Шубина С. А. Русская Православная Миссия в Китае(XVIII-начало XX вв.).Диссертация на соискание ученой степени кандидата исторических наук. Ярославль, 1998.C.148.

是免收学费,而食宿自理。徒工学堂比较特殊,学生都是俄国传教团开办的各种工厂和作坊的工人,白天做工,晚上学习。

大多数教会学堂通常只有一名教师,多由中国人担任。这些人既没有足够的中学修养,也没有接受过系统的西学教育,只是稍通文墨,粗解东正教教义。他们中的绝大部分人,并非从心灵上皈依了东正教,而只是将其作为养家糊口的工作,每个月获得传教团给予的微薄收入。还有一些人则是为了祛病禳灾、延年益寿甚至求嗣得子。宁陵县有一个叫谢玉成(译音)的人因为久婚不育而突然得子,以为是神助天赐,决定开办学堂,报答上帝的恩典。①

俄国东正教教会学堂的管理非常不正规。除北京地区以外,其他地区大都没有俄国人常驻。俄国传教团通常每隔一至二年派人前往巡视,其主要工作是测试学生成绩,为学生施洗,听教徒告解,为教师发放薪水以及协助解决所遇到的其他问题。当俄国传教士长期不来巡视,学堂的教师得不到工资,房主得不到房租时,学堂就会关闭。在俄国人在华开办学堂的历史上,这种情况屡见不鲜。经常是俄国人在一地筹建学堂,另一地的学堂则因为经费和师资短缺等原因正在解散。除北京地区以外,外省学堂存在的时间都很短。

由于俄国人开办教会学堂以传播东正教为主要目的,因此教学内容以东正教教义为主,科学知识所占比重很少。以开封府学堂为例,学生从早上7点开始上课,7点至9点学习《祝文册》等神学书籍,9点至10点祷告,10点至11点吃午饭,11点至13点练习书写,14点至16点学习汉语,16点至17点祷告,晚上复习教理问答等传教经典。②正如一位俄罗斯东正教神父所言:"这些都是东正教学堂,不仅授课老师是东正教教徒,而且学堂的全部生活节奏都与每日、每周和每年的礼拜相关,上课与下课时都要祈祷,过节时学生们全部要到教堂礼拜。"③

下面是当年北京女学堂的一份课程表。

---

① Священник Дионисий Поздняев. Православие в Китае(1900–1997 гг.).М.,1998.C.36–37.

② Феодор Хуан. Из г. Кайфыну//Китайский благовестник. 1914,Вып. 3–4.

③ Священник Дионисий Поздняев. Православие в Китае(1900–1997 гг.).М.,1998.C.41–42.

| 星期<br>时间 | 周一 | 周二 | 周三 | 周四 | 周五 | 周六 |
|---|---|---|---|---|---|---|
| 8—9 | 玛特斐乙福音经 | 玛特斐乙福音经 | 玛特斐乙福音经 | 玛特斐乙福音经 | 玛特斐乙福音经 | 玛特斐乙福音经 |
| 9—10 | 圣史 | 文法 | 祝文册 | 圣史 | 祝文册 | 圣史 |
| 10—11 | 教理问答 | 教理问答 | 书写 | 教理问答 | 阅读 | 教理问答 |
| 11—12 | 阅读 | 书写 | 唱诗 | 抄书 | 书写 | 书写 |
| 14—15 | 俄文、手工 | 算法 | 地理 | 俄文 | 算法、手工 | 做礼拜 |
| 15—17 | 唱诗 | 手工 | 手工 | 手工 | 唱诗 | |

此表反映的只是白天的情况。实际上,女学生早上五点钟就要起床,梳洗之后全部要去参加圣体血礼仪,之后打扫卫生,喝一点儿稀饭,八点上课,晚上七点钟参加祈祷仪式,而后诵读祝文。星期六做大扫除。手工课的内容主要是学做针线活,缝制衣服和鞋袜。[1]为了弥补办学开支或谋取利益,传教团不仅盘剥在其工厂做工的童工,而且经常强迫学生从事体力劳动。这种做法曾经遭到学生的强烈反对。因为不愿意替俄国人挑水种树,北戴河教会学堂学生宁愿集体退学。[2]

关于教会学堂学生的学习成绩,《中国福音报》多有记载。每有俄国传教士前往各地巡视,回京后必须提交一份报告,其中不仅详述其行程中所见所闻,而且还记录了对学生的测试结果。由于学生构成极不稳定,学习时间难以得到保障,长则一年,短的只有数月,加上教师水平低下、经费不足和管理不善,教学效果非常不好。

教会学堂的学生毕业之后,一般有几种出路。如果有机会,他们可以成为俄国传教士的助手,或者成为诵经士和学堂教习。个别成绩优秀者或可转入神品学堂继续学习。北京教会学堂的学生,如果皈依了东正教,有可能在俄国传教团开办的工厂里谋得差事,即"在传教团获得工作"[3]。

与普通教会学堂相比,神品学堂条件更加完善:教学设施齐备,学生的膳食和住宿费用全部由传教团负担。神品学堂的管理也相对正规,教师一般由接受过高等教育的俄国传教士担任,同时设督学,监督学生的生活和学习。神品学堂自1907年创立伊始,就确立了三年学制,但由于各新辟传教点急需传教士,起初学生们学习一年便被派往各地履职。直到1914—

---

[1]　Миссионерская деятельность Пекинской Духовной Миссии за 1912-1913 г. Женская община при Русской Духовной Миссии в Пекине//Китайский благовестник. 1914, Вып. 7-8.

[2]　Летопись проповеди православия на севере провинции Чжили // Китайский благовестник. 1911, Вып.9.

[3]　Священник Дионисий Поздняев. Православие в Китае(1900-1997 гг.).М.,1998.С.35.

1915 年间,三年学制才真正得到落实。[1]神品学堂所授课程包括圣史(旧约)、新遗诏圣经(新约)、布道术、教理问答、正教礼仪、教会历史、欧洲通史、中国历史、中国经典、教堂唱诗、格致与地理。在所开设的十二门课程中,有七门是宗教内容的。除中国经典和地理由中国人用汉语教授外,其他课程均由俄国人用俄文讲授。[2]后来又增加了俄文、代数、修身和性理等课程。个别神品学堂的学生在学期间曾参与传教团的译经活动,他们翻译的《圣金口伊鄂昂行传》(Житие Святителя Иоанна Златоуста)和《事奉上帝是见天的吃食(官话)》(Краткое объяснение ежедневного церковного Богослужения)发表在当时出版的《中国福音报》上。[3]神品学堂学生的生活完全按照东正教教规进行,学生参与教堂所有圣事,结业后大都被派往各地充任传教士,同时兼任教会学堂教习。他们不仅通教义,懂俄文,而且领有月俸,逐渐成为俄国在华传播东正教的骨干力量。在这些人中包括永平府的唐神父(米哈伊尔·唐)、上海的张神父(巴维尔·张)、卫辉府的臧神父(亚科夫·臧)、杞县的朱神父(约夫·朱)、峰口的高神父(伊凡·高)等。

总之,从 1822 年在北京开办第一所教会学堂,到 1917 年十月革命爆发,俄国东正教会在华办学有近百年的历史,为维持雅克萨战俘后裔的东正教信仰和拓展在华教务发挥了一定作用。然而俄国人所办学堂大都有始无终,难以为继,在人才培养上无大建树,更遑论对中国近代教育的影响了。出现这种结局,从表面上看似乎仅仅是由于经费和人员配备不足所致,实际上有着更加深刻的历史原因。其一,俄国政府从未将传播东正教置于对华政策的首要地位。其二,俄国传教团所代表的沙俄帝国主义与中华民族之间存在根本的利益冲突。从《中俄瑷珲条约》《中俄天津条约》《中俄北京条约》,到《中俄勘分西北界约记》《中俄伊犁条约》,再到《中俄密约》、强租旅大、参加八国联军、武装占领中国东北,沙俄侵吞中国领土最多、掠取侵略权益最多。俄国侵略者

---

①　Андреева С. Г. Пекинская духовная миссия в контексте российско-китайских отношений (1715–1917 гг.).Диссертация на соискание ученой степени кандидата исторических наук . М., 2000.С. 136.

②　Хроника церковной жизни. Открытие Духовного училища в Пекине// Китайский благовестник. 1907, Вып. 3–4.

③　Житие Святителя Иоанна Златоуста// Китайский благовестник. 1907, Вып. 5–6,7–8; 1908,Вып. 13,16–17,20,29–30;Краткое объяснение ежедневного церковного Богослужения// Китайский благовестник. 1909,Вып. 2,3–4.

的残暴和贪婪使得广大中国人民产生了强烈的仇俄和拒俄心理。其三，俄国传教团所办学堂难以与西方教会学校和中国新式学堂竞争。自洋务运动兴起之后，西方教会不失时机地将在中国办教育作为扩大基督教影响的重要手段，增强教会学校的世俗性质，逐渐形成了从初等到高等独立完整的教育体系。西方教会学校以其培养新学人才的办学目标和更加完善的办学条件受到一些中国人的青睐。此外，在清政府 1904 年颁布《学堂章程》和 1905 年废除科举之后，新式学堂成为中国人获取功名的主要途径。而大量涌现的新式学堂也对俄国教会学堂造成很大冲击，如永平府的俄国教会学堂被迫关闭的原因是"城中走读学生更愿意在官办学堂就读。官办学堂的学生可以进入高等学堂学习"[①]。在这种条件下，俄国人开办的单纯以培养东正教教徒和传教士为目的的初等学堂自然没有优势可言。

## 第二节　中国宗教在俄国

与俄国政府主导下的东正教在中国的活动不同，扮演中国宗教在俄国的传播者角色的主要是蒙古民族。无论是佛教的庙宇，还是佛教的信徒，主要集中在蒙古民族的聚居地。借助于独特的历史、地缘以及语言优势，俄国的中国宗教研究从一开始便在国际汉学界占据了重要位置。

### 一、佛教在俄国的流传

藏传佛教、汉传佛教和南传佛教是佛教三大体系。藏传佛教主要流行于中国青海、西藏和蒙古地区。佛教之传入俄国，主要与蒙古民族相关。在当今俄罗斯，主要有三个佛教徒聚居区，这便是卡尔梅克共和国、布里亚特共和国和图瓦共和国，分别生活着同为蒙古民族的卡尔梅克人、布里亚特人和图瓦人。

卡尔梅克共和国的佛教历史可以上溯到 17 世纪。17 世纪初期，土尔扈特部首领和鄂尔勒克率部离开塔尔巴哈台和额尔齐斯河流域的游牧地向西迁徙至伏尔加河下游地区。这里气候温和，水草肥美，为土尔扈特部提供了良好的生活条件。他们信奉藏传佛教，经常派人至青藏地区熬

---

[①]　Миссионерская деятельность Пекинской Духовной Миссии за 1902–1913 г. // Китайский благовестник. 1914, Вып. 3–4.

茶礼佛,谒见达赖。①与此同时,他们也受到北方强邻沙皇俄国的胁迫。沙俄政府经常在这里征兵,将土尔扈特人作为其西线战场的炮灰。为了摆脱俄国的欺压,在清政府平定准噶尔叛乱之后,1771年渥巴锡毅然率伏尔加河东岸部众东归,受到乾隆皇帝的接见和封赏。然而在伏尔加河西岸游牧的万余户土尔扈特人,因为没有得到渥巴锡的通知,加之俄国政府的控制,未能一并回归祖国,滞留在了那片土地上。俄国人将这些人称为"卡尔梅克人"。这个词来自突厥语,意为"留下来的人",用来与其他土尔扈特人相区别。

　　蒙古人在16世纪就已经接受了藏传佛教。土尔扈特部迁徙到伏尔加河流域,也将自己的宗教带到了这里。在土尔扈特人信仰佛教的进程中,咱雅班智达·南喀嘉措发挥了重要作用。1645年,咱雅班智达为土尔扈特部首领书库尔岱青之子举行葬礼时,向该部王公与僧俗群众讲诵经典,广行妙法,受到普遍欢迎和尊崇。在土尔扈特人中间,佛教逐渐取代了长期盛行的萨满教。佛教的传入,密切了土尔扈特部与西藏的关系,丰富了他们的历史、自然和医学知识,对蒙古民族文化的发展起到了积极作用。

　　土尔扈特部的教务最初都是请西藏藏传佛教僧人来管理,而土尔扈特部的王公则经常前往拉萨朝拜达赖;由于路途遥远,耗时耗钱,加上不断有蒙古各部战争的阻隔,其与西藏的联系越来越弱。与其他蒙古部落相比,土尔扈特部藏传佛教僧人和庙宇的数量都较少。

　　沙俄政府则极力控制蒙古人的宗教活动。从18世纪末开始,土尔扈特人的最高藏传佛教僧人改由沙俄政府任命,并每年发给700卢布的薪金。在这种情况下,藏传佛教逐渐沦为沙皇统治土尔扈特人的工具,藏传佛教寺庙不得不在俄国的重要节日为沙皇诵经祈福。到1836年,土尔扈特人游牧区的藏传佛教寺庙(胡鲁尔)数量达到105座,僧人数量达到5270人。尽管如此,土尔扈特人还一直保留着某些萨满教的风俗。当家中有人生病时,土尔扈特人还是愿意请萨满作法,祛病禳灾。②

　　布里亚特人是蒙古人的一支,大约在13世纪至14世纪迁徙到贝加尔湖地区,元代称之为"不里牙惕"。17世纪,俄国侵入该地区之后,曾遭

---

①　参见达力扎布编著:《蒙古史纲要》,中央民族大学出版社,2006年,第247页。

②　Институт истории Академии наук СССР, Калмыцкий научно-исследовательский институт языка, литературы и истории. Очерки истории Калмыцкой АССР. Дооктябрьский период. М.,1967. С.78–79.

到布里亚特人的激烈抵抗。根据 1689 年的《尼布楚条约》,清政府将此地割让给了俄国。佛教起初在 17 世纪末由喀尔喀蒙古移民传入,后来逐渐传播至整个后贝加尔地区。

对于布里亚特地区的藏传佛教,俄国政府从一开始就采取了控制措施。《恰克图条约》签订后,俄方全权代表萨瓦担心布里亚特地区的僧人与中国千丝万缕的联系有可能危害俄国的利益,下令禁止西藏和蒙古地区的藏传佛教僧人进入布里亚特地区,建议俄国的藏传佛教实现自治,弱化外部影响,并着手培养效忠俄国沙皇的蒙古族僧人。

宗果寺是布里亚特人建立的第一座佛寺,初为毡子大帐,后改为木建,是布里亚特最高藏传佛教僧人堪布的驻锡地。1732 年,阿旺普措被任命为最高藏传佛教僧人,由此开始了沙皇直接任命最高藏传佛教僧人的历史。1741 年,伊丽莎白女皇下旨确定了 11 座布里亚特扎仓。其中尤以宗果扎仓和古西诺奥泽尔斯克扎仓最为著名。因此这一年也成为布里亚特地区佛教获得合法地位的开始。1809 年,堪布的驻锡地由宗果寺迁往古西诺奥泽尔斯克寺。1822 年,在整个贝加尔湖地区一共建立了 18 座扎仓;10 年以后,扎仓数量翻了一番,僧人达到 4637 人。藏传佛教在布里亚特东部地区更为流行;而在西部地区萨满教的影响更大,直到 19 世纪初才为藏传佛教所取代。

为了进一步确定布里亚特地区藏传佛教的法律地位,加强对该地区宗教活动的控制力,切断或淡化其与中国佛教界的联系,自 19 世纪 20 年代起,俄国政府开始制定相关法律;在将近三十年的时间里,一共讨论并否决过四个法律草案,最终在 1853 年批准了由侵华先锋东西伯利亚总督穆拉维约夫(Н. Н. Муравьев,1809—1881)制定的条例,确定古西诺奥泽尔斯克寺为布里亚特最高藏传佛教僧人的驻锡地,僧人出家、神职晋升以及高级僧人的任命由最高藏传佛教僧人堪布掌管,但需要获得总督的批准,而堪布则由俄国中央政府任命。然而沙俄政府对藏传佛教的控制并非完全达到了目的,藏传佛教的宗教传统不可能因俄国政府的一纸文件而发生改变。布里亚特宗教界实际上一直维持着与西藏和蒙古根深蒂固的联系,派遣僧人到那里的寺庙学经并获得相应的学位。到十月革命前,布里亚特地区一共有 46 座藏传佛教寺庙。

图瓦原属中国,清代称为唐努乌梁海,后被沙俄占领,十月革命后在苏联政府的支持下宣布独立,1944 年成为俄罗斯苏维埃联邦社会主义共和国的一部分。图瓦人在人种上属于蒙古人种,但语言却属于阿尔泰语系的突厥语。图瓦人主要信仰藏传佛教,但萨满教也有一定的影响。图瓦人最早在 13 世纪至 14 世纪就已经接受了藏传佛教,其中格鲁派影响最大。18 世纪 60 年代这里出现了第一批藏传佛教寺庙。图瓦藏传佛教传统与整个蒙古地区基本一致。

　　然而俄国最大的藏传佛教寺庙实际上并不在蒙古人聚居的卡尔梅克、布里亚特和图瓦地区,而是在圣彼得堡。那么,在并没有多少佛教徒居住的俄国圣彼得堡,为何出现了这样一座宏伟的寺庙?原来,这座寺庙既是 19 世纪末 20 世纪初俄国染指中国西藏的产物,更与一个布里亚特藏传佛教僧人有着密切的联系,这个人便是在近代中俄关系史上臭名昭著的德尔智(Агван Доржиев,1853—1938)。

　　德尔智是布里亚特人,自幼出家学经,1873 年入拉萨哲蚌寺郭莽扎仓,1888 年获得西藏佛学最高级学位“拉然巴格西”,得以侍伴达赖辩经,被授予村晓堪钦一职。1895 年十三世达赖亲政后,德尔智进入西藏地方统治集团的最高层。他利用达赖希望依靠外力遏制英国人侵略西藏的心理,极力鼓吹“亲俄”和“联俄”思想,将俄国沙皇装扮成西藏乃至佛教世界的保护者。1901 年,德尔智以西藏特使身份率领西藏代表团访问俄国。尼古拉二世以接待外国使节的规格接待了德尔智,表示将与西藏建立牢固而友好的关系,承诺给予西藏援助。1904 年,当英军进攻拉萨之时,德尔智鼓动达赖逃亡到库伦,继续联络俄国。后因俄国在日俄战争中失利,无力顾及援助西藏。德尔智此举从表面上看是为了西藏的利益,而实际上他是沙皇在西藏的秘密代表,其所作所为是为了俄国染指西藏。

　　1906 年,德尔智在卡尔梅克地区建立一所宗教学校,并赠送了三百卷大藏经及礼器。此外,他还在布里亚特地区建立了几座扎仓。1908 年,德尔智向俄国外交部申请在圣彼得堡建造一所寺庙。他的建议得到了俄国东方学家以及布里亚特人、卡尔梅克人和图瓦人的支持。1909 年,他在圣彼得堡的一处叫老村的偏僻地方购置了土地,并开始修建庙宇。这座寺庙最初的设计者为巴拉诺夫斯基(Г. В. Барановский),后来因为和由拉德洛夫(Ф. В. Радлов,1837—1918)、奥登堡(С. Ф. Ольденбург,1863—1934)、谢尔巴茨科伊(Ф. И. Щербатской,1866—1942)、罗列赫(Ю. Н. Рерих,1902—1960) 等人组成的建筑委员会意见相左而辞职,1911 年其职位由建筑师别尔金(Р. А. Берзен)接任。1913 年,该寺举行首次拜佛活动,纪念罗曼诺夫王朝开基 300 周年。1914 年,沙皇下旨任命德尔智为该寺最高藏传佛教僧人。1915 年,寺庙内装修完工,庙内器物大多为西藏所制。建造经费主要来自达赖,德尔智捐赠三万卢布,其余为募化所得。这是欧洲第一座完全按照藏传佛教建筑传统修建的佛寺。

## 二、俄国对中国宗教的研究

### 1.佛教

佛教是中国文化的重要组成部分。自 19 世纪开始,俄国传教团就开始研究佛教。第一个利用传教团在北京的有利条件而学习蒙藏语言、搜集佛教经籍的是喀山大学学者奥西普·科瓦列夫斯基。他于 1830 年作为第十一届传教团的临时差遣人员来到北京, 搜集到大量珍贵的佛典,后回到喀山大学任教,成为俄国蒙古学的奠基人。奥西普·科瓦列夫斯基主要依靠蒙古文佛经从事佛教研究,其最为重要的佛教著作当数《佛教宇宙论》。此作于 1835—1837 年间由《喀山大学学报》连载刊出,对许多重要的佛教问题做了精辟的阐述。他认为,佛教产生于公元前 6 世纪至公元前 5 世纪的印度。佛教产生的原因是婆罗门在对吠陀教的某些教义的解释上持有不同看法,同时,也可能因为当时印度出现了一些新生事物,圣人的语言已经不足以解释这些新的概念和现象,需要构建新的思想。他对佛教对蒙古文化发展的促进作用给予了充分的肯定,认为佛经以及佛教徒宣扬的众生平等思想对亚洲游牧民族性格产生了重大影响。他在 1835 年发表于《喀山通报》的《蒙古苦行僧》一文中写道:“性情彪悍的民族自从在佛祖面前屈膝跪倒,其生活就开始变得平静,仇视消失了,进攻也不那样凶暴残忍了。”“佛教徒宣扬的灵魂轮回转世说也促进了思想的发展。”[①]奥西普·科瓦列夫斯基的佛教研究著作还有《佛教史》《佛教历史年表研究》《西藏佛教改革家宗喀巴生平》《班智达传》等。

俄国传教团佛教研究的高峰出现在第十二届传教团。在这一届传教团中同时有三位禀赋较高的学者潜心于佛教研究,他们是巴拉第、王西里和戈尔斯基(В. В. Горский, 1819—1847)。对于巴拉第的佛教研究,领班佟正笏在一封信中写道:“巴拉第进步显著, 他以罕见的热情沉醉于佛教典籍的浩瀚大海。一天到晚在啃佛经,又是抄写,又是翻译。”[②]据王西里回忆,巴拉第在第一次来华期间总共阅读了汉文佛藏 750 卷。[③]1843 年,

①　Шамов Г. Ф. Научная деятельность О. М. Ковалевского//Очерки по истории русского востоковедения. Вып. 2. М.,1956.

②　Скачков П. Е. Очерки истории русского китаеведения.М.,1977.С. 151.

③　Скачков П. Е. Академик В. П. Васильев о П. И. Кафарове//Советское китаеведение.1958,№ 4.

巴拉第完成论文《中国佛教诸神及其造像概略》，由领班寄回俄外交部亚洲司。1844 年巴拉第完成了另一著作《迦毗罗的学说》。此作系汉语《丹珠儿》中《金七十论》的译文，没有发表。1852 年，巴拉第在《俄国驻北京传教团成员著作集》第一卷中发表了他的第一部佛教译作——《佛陀传》，在第二卷中发表了他的《古代佛教史略》。但令人费解的是，巴拉第在 1846 年奉召回国前，彻底放弃了一度痴迷的佛教研究，将自己所有佛教译文手稿送给了王西里。

佛教可以说是王西里一生中最为重视、成果最多的研究领域，以至于学术界有人将他的佛教研究成就视为他对俄国汉学做出的最大贡献。王西里是奥西普·科瓦列夫斯基的学生。他在来华前就已经开始研究佛教。他的题为"佛教文献之精髓"的学士学位论文即以《金光明经》蒙古文本为研究对象，而后他又完成了题为"论佛教的哲学原理"的硕士学位论文。1840 年随传教团来华以后，他继续钻研佛经，编著了多卷本的鸿篇巨制《佛教及其教义、历史和文献》。其中有两部分发表，一是《佛教及其教义、历史和文献》的总论卷，二是他翻译的藏族学者多罗那他的著作《印度佛教史》。王西里一生中完成了大量的佛教研究著作和译著，但大都未能发表，如《佛教文献述评》《翻译名义大集》、玄奘的《大唐西域记》和以藏传佛教格鲁派学者松巴堪布的《如意宝树史（印藏汉蒙佛教史如意宝树）》为基础的《西藏佛教史》等。

王西里一直强调从历史发展的角度研究佛教的必要性，认为不搞清其历史渊源就难以理解任何发展阶段的佛教。他认为佛教产生于公元纪年初，其根源不在印度中心，而是在印度的西北方向。佛教传播的历史显示了佛教理论或者信条与佛教实践或佛法领悟向佛教的原始基础"道德"或"禁欲"的统一过程。他特别强调了佛教的实践主义、调和主义，指出其辩护者不惜背离佛典教示而极力适应某种历史传统。王西里认为，西方学者研究佛教的目的在于发掘佛教与基督教之间的相通之处，以便对前者的作用加以夸大或贬低。[①]可见，王西里已经不是一位普通的佛教研究者，而是可以为这门学问提出问题并确立发展方向的领军人物。

王西里在 19 世纪上半叶所研究的佛学课题，直到 19 世纪末 20 世纪初才成为其他国家学者研究的对象。奥登堡写道，如果王西里的著作当时

---

①　Китайская философия: Энциклопедический словарь/ Гл. ред. М. Л. Титаренко. М., 1994. С. 50.

能够及时出版,俄国的佛教研究至少能向前推进 30 年。[①]尽管王西里的许多重要著述手稿已经散失,但仅凭保留下来的作品同样可以认定王西里是 19 世纪俄国佛教研究的泰斗。虽然他的著作未能全部出版,但他仅凭出版的那一小部分就已经为俄国及世界汉学的发展做出了重大贡献。

除传教团成员以外,19 世纪下半叶希弗涅尔(А. А. Шифнер,1817—1879)和米纳耶夫(И. П. Минаев,1840—1890)等学者对西藏的地理、历史、宗教和文化进行了前所未有的全面研究,呈现出各不相同的特色。19 世纪末 20 世纪初,年轻一代学者奥登堡、谢尔巴茨科伊、齐比科夫(Г. Ц. Цыбиков,1873—1930)和巴拉津(Б. Б. Барадийн,1878—1939)又将俄国佛教研究推向新的高度。

圣彼得堡皇家科学院编外院士希弗涅尔是一位藏学家,撰写过几本大部头著作。希弗涅尔在佛教领域的成就主要是对佛教文献、佛学词典、西藏作者所撰佛教历史著作的翻译、整理与出版,并利用藏语文献撰有《藏传佛教创始人释迦牟尼生平》。1859 年,希弗涅尔在圣彼得堡出版了《梵藏蒙语佛教辞典》。希弗涅尔是世界上第一个研究《十万龙经》的人,发表了《苯教经典十万龙经》。《十万龙经》全称《花、白、黑十万龙经》,是藏族苯教的根本经典,相传为苯教祖师登巴贤若亲口讲述逐渐形成的一部经典。希弗涅尔的研究非常精细而透彻,以致后人难有超越者。后来只有美籍德裔藏学家劳费尔(Berthold Laufer,1874—1934)做过研究,著有《苯教十万龙经研究》。几乎与王西里同时,希弗涅尔将多罗那他的《印度佛教史》从藏文翻译成德文。[②]希弗涅尔非常重视对藏文《丹珠尔》和《甘珠尔》的研究,尤其对《丹珠尔》中有关逻辑学、医学和语法学的内容感兴趣,视其为西藏学者对印度三藏佛经的贡献。

米纳耶夫是俄国著名的印度学家、佛学家,毕业于圣彼得堡大学,其博士学位论文《巴利文语音与词法概述》是世界上第一部以印度语言学传统为基础的巴利文语法,被翻译成了英文和法文。他在翻译梵文典籍时经常要参考藏文译本。在 1887 年出版的《佛教——研究与材料》一书中包含了对拉卜楞寺藏译梵文文献的论述。米纳耶夫为俄国培养了一批印度学和佛学研究人才,是俄国印度学的奠基人,奥登堡和谢尔巴茨科伊就出自

①　Ольденбург С. Ф. Памяти Василия Павловича Васильева//Материалы по истории и филологии Центральной Азии.Улан-Удэ, Вып.4. 1970.

②　Востриков А. И. С. Ф. Ольденбург и изучение Тибета//Записки Института Востоковедения Академии Наук. Том IV. Москва–Ленинград,1935.

他的门下。

奥登堡在促进佛教研究方面做了大量工作。1897 年,在他的倡议和亲自领导下,圣彼得堡皇家科学院开始编辑出版"佛学文库"。除俄国学者以外,他还邀请了一些外国学者参加。在所出版的 32 卷中,有 14 卷为藏传佛教内容,其中既有藏文经典,也包含了许多有关佛教在西藏流传历史的材料。以奥登堡为首的编者们在书中利用希林格(П. Л. Шиллинг, 1786—1837)当年请布里亚特画师绘制的佛像,按照藏文字母顺序编制了佛像目录。1909—1910 年和 1914—1915 年,在俄国中亚和东亚研究委员会的资助下,他两次率团赴中国西部考察,在敦煌掠得大量佛教文献抄本。

谢尔巴茨科伊生于波兰,1889 年毕业于圣彼得堡大学历史语文系,曾在奥地利、德国和印度深造。1897 年起他与奥登堡组织世界名家出版著名的"佛学文库"。1901 年起他在圣彼得堡大学任教,1910 年被选为圣彼得堡皇家科学院通讯院士,一生致力于梵藏文佛典的刊布、研究和注释工作。谢尔巴茨科伊在佛学研究中广泛利用藏文典籍,擅长以印度哲学为背景研究佛教哲学,并详细比较同一部佛经的梵文和藏文文本及注释,发现其中异同。1904 年,他翻译了古印度学者法称(生活于约 7 世纪,是印度大乘瑜伽行派论师,因明学者)的佛教逻辑著作《正理滴论》(又名《正理一滴》或《正理云隅》),同时发表了梵文和藏文两个文本。1910 年他到印度从事佛典研究。其主要佛学成就有《佛教中心概念和"法"词义》(1923 年)、《佛教涅槃概念》(1927 年)、《佛教因明》(两卷)(1903—1909 年)、梵文《辩中边论》英译本(1930—1932 年)。他还校刊了《阿毗达磨俱舍论》《集量论》等佛典。[①]

1899 年布里亚特学者齐比科夫受圣彼得堡皇家科学院亚洲博物馆和俄国皇家地理学会派遣,化装成朝圣的信徒,前往西藏搜集研究资料。1899 年 11 月 25 日,他随一驼队从库伦出发,于 1900 年 8 月 3 日来到拉萨,并在这里一直停留到 1901 年 9 月 10 日。而后他遍访藏区主要城市和宗教中心,诸如拉卜楞寺、大昭寺、甘丹寺、色拉寺、扎什伦布寺等,直到 1902 年 5 月 2 日才返回恰克图。他翻译宗喀巴的《菩提道次第论》,最终将其中的一章翻译成了俄文。《佛教香客在圣地西藏》是他最著名的藏学著作,1918 年由俄国皇家地理学会出版, 获得了该学会颁发的普尔热瓦尔斯基 (Н. М.

---

[①]　Семичов Б. В.,Зелинский А. Н. Предисловие//Щербатской Ф. И. Избранные труды по буддизму. М., 1988.

Пржевальский,1839—1888)金质奖章。1981年苏联出版两卷本《齐比科夫选集》,收录了齐比科夫的主要著作,上卷为《佛教香客在圣地西藏》,下卷主要内容是他的日记和考察报告。

巴拉津也是布里亚特人,在圣彼得堡大学师从奥登堡和谢尔巴茨科伊。巴拉津从两位老师那里学会了蒙古语、藏语和梵文,了解了主要的藏传佛教经典。1904年英国军队入侵西藏,达赖逃往喀尔喀蒙古,一度向沙俄靠拢,期望得到后者的帮助以抗衡英国。1905年,达赖建议谢尔巴茨科伊伴送他回西藏,俄国中亚和东亚研究委员会随即提议派谢尔巴茨科伊和时任圣彼得堡大学蒙古语讲师的巴拉津随同。俄国外交大臣担心此举引起外交麻烦,只同意巴拉津乔装成香客前往。他的主要任务是继续深入研究藏传佛教,调查各大寺院的藏书情况。从1906年6月至1907年1月,他完成了拉卜楞寺之旅,写了大量日记,并翻译了一部藏学经典《拉卜楞寺金殿弥勒菩萨像》,发表于"佛学文库"第二十二卷,1926年该著的英译本出版。巴拉津的日记《拉卜楞寺游记》于1908年出版,对拉卜楞寺进行了详细的描述,记录了僧人们的日常生活状况,介绍了西藏的文学、佛教哲学以及西藏的教育体制。①

2.道教

道教研究在俄罗斯具有悠久的历史,其开拓者同样是俄国传教团成员,其中最为著名的是比丘林、西维洛夫、茨维特科夫(Петр Цветков,?—1855)、巴拉第和王西里等人。

比丘林的《中华帝国详志》中有一节介绍道教。他是首次指出道家学说与儒家学说是两种不同学说的俄罗斯人,他向俄罗斯社会介绍了老子学说。他说,"孔子教导每一个人,作为社会的一分子,必须履行社会赋予他的责任。通过履行这种责任并遵循自然法则来达到道德的完美",而"李聃则正好相反,认为人在尘世间很难保持与生俱来的道德不受损坏,因此只有摒弃社会上遵守的那些礼仪和习俗,过隐居生活,才可以达到完美"。②比丘林认为:这是老子针对人的道德层面所阐发的哲学观点,不是宗教。只是后来的张陵等人逐渐背离了他的思维方式,称道德达到完美境界的人可以长生不老,升天成仙,并制定了一系列清规戒律,奉老子为始祖,才产生了道教。显然,无论是对老子哲学精髓的理解,还是对道教产生过程的

---

①　История отечественного востоковедения с середины XIX века до 1917 года. М., 1997. С. 377–379.

②　Бичурин Н. Я. Статистическое описание Китайской империи.М., 2001.С.84.

回溯,比丘林的把握都是相当准确的。此外,比丘林在 1840 年出版的《中国,其居民、风俗、习惯和教育》以及 1848 年刊印的《中国的民情风尚》中都涉及道教问题。

19 世纪上半叶,还有一些传教团成员对道家学说和道教进行了译介和研究。西维洛夫翻译了《道德经》,撰写了《中国儒释道三教简述》和《老子的道德哲学》等著作。可惜的是,西维洛夫的《道德经》译稿直到 1916 年才由扎莫泰洛(Ив. Замотайло)出版单行本。①第十届传教团领班卡缅斯基将《太上感应篇》翻译成了俄文。

19 世纪中叶,第十三届驻北京传教团修士司祭茨维特科夫对中国其他宗教产生了兴趣。他于 1857 年在《俄国驻北京传教团成员著作集》第三卷中发表了《论道教》②一文,将俄国的道教研究推向深入。茨维特科夫在道教研究中首次运用了比较类型学的研究方法,将老子的学说视为摆脱痛苦烦恼的手段和获得最高道德修养与幸福的途径,认为道家学说与古希腊哲学家伊壁鸠鲁(Epicurus)提出的人生信条有异曲同工之处。伊壁鸠鲁认为,人应该过离群索居的生活,生活的目的是没有痛苦,身体健康,心灵平静。此外,茨维特科夫还第一次提醒研究者重视对道家炼丹术的研究。

巴拉第和王西里的道教研究代表了俄国 19 世纪下半叶道教研究水平。1866 年,巴拉第在《俄国驻北京传教团成员著作集》第四卷中发表了《长春真人西游记译注》。巴拉第在翻译全文的同时,做了 600 条详细的注释。在译者序中他首次向俄罗斯社会介绍了道教的分支全真教的起源和主要教义、长春真人丘处机觐见成吉思汗和《长春真人西游记》的成书过程,分析了各种版本的优劣。他认为"长春真人不仅是一个旅行者,道教精神在他身上得到了完全体现,而且还是一位诗人,就像大多数有学问的道士和有教养的中国人那样"③。

王西里非常重视道教研究,以其丰富的著述和极具价值的学术思想开创了俄国道教研究的新时代。他的著作《东方的宗教:儒、释、道》《中国

---

①　Замотайло Ив. Перевод Дао-дэ-цзина Архимандрита Даниила Сивиллова 1828 г. Со вступительной статьей о даосизме и конфуцианства. Одесса,1916.

②　Цветков П. О секте даоссов//Труды членов Российской духовной миссии в Пекине. Т. 3. Пеикн,1910.

③　Кафаров П. И. Си ю цзи или описание путешествия на запад//Труды членов Российской духовной миссии в Пекине.Т. 4. Пекин,1910.

文学史纲要》以及《中国文学史资料》均对老子思想以及道教教义和特征进行了深入、细致的分析。归结起来，王西里的道教研究有这样几个特点：第一，在研究素材方面，除《道德经》之外还使用了大量的鲜为人知的纯宗教性质的道教书籍。第二，他对认为老子是《道德经》作者的传统看法提出了质疑。第三，他不仅仅将道家思想视为老庄学说，还将其视作一种宗教。第四，他认为佛教在道教某些思想的形成过程中发挥了重要作用，第一个指出早期佛教著作对道教研究所具有的重要史料意义。第五，他在俄国第一个提出研究《道藏》的必要性，并将北宋时期张君房辑录、人称"小道藏"的《云笈七籤》作为研究对象。第六，他系统地描述了道教最重要的神话人物。①

王西里的学生格奥尔吉耶夫斯基（С. М. Георгиевский，1851—1893）和柏百福（П. С. Попов，1842—1913）继承了老师的道教研究事业。格奥尔吉耶夫斯基在其于1892年出版的《中国人的神话观和神话》中对道教神祇、祭祀仪式等进行了系统的介绍，对有关道教神话人物传说进行了细致的描绘。格奥尔吉耶夫斯基试图将中国神话引入世界文化研究体系，在努力确定中国文化主要范畴的同时，确立中国文化在世界历史进程中的作用和地位。这位年轻的学者大胆地将老子、杨朱与斯多葛主义者、伊壁鸠鲁主义者进行比较研究。1893年，他远赴伦敦、巴黎和柏林各大图书馆搜集道教研究资料，在回国途中客死他乡。1907年柏百福出版《中国神仙》②，为研究道教诸神做出了贡献。

3.其他宗教

俄国东正教驻北京传教团在研究佛教和道教之外，对中国的基督教和伊斯兰教也有研究。

对于基督教的研究主要集中在两个方面：一是中国基督教的早期历史，主要是对大秦景教流行中国碑的翻译和研究，另一个方面是对耶稣会士的研究。景教是基督教的一个派别，唐初传到中国。大秦景教流行中国碑于781年刻立，碑文用汉字和叙利亚文记述了景教在中国传播的盛况，是研究唐代中外关系史和宗教史的珍贵文物。西方传教士很早就开始了

---

①　Филонов С. В. Изучение даосизма в России и за ее пределами: некоторые вехи и итоги// vostok.amursu.ru:8101/AUDITORIUM/rabfil1.htm.

②　Попов П. С. Китайский пантеон//Сборник Музея антропологии и этнографии при Императорской Академии наук. СПб.,1907.

对大秦景教流行中国碑的研究和考证。在俄国东正教驻北京传教团中，先后也有数位成员围绕大秦景教流行中国碑对基督教传入中国的历史进行研究。1824年，卡缅斯基翻译了《大秦景教流行中国碑》，俄文名为"唐太宗时期建立的基督教在中国传教碑"，手稿现保存在俄罗斯国家图书馆手稿部。1834年，列昂季耶夫斯基在圣彼得堡出版了他翻译的《大秦景教流行中国碑》。1857年，茨维特科夫在《俄国驻北京传教团成员著作集》第三卷中发表了两篇研究中国基督教的文章：《关于中国的基督教》和《7世纪景教碑》。1872年，巴拉第在《东方文集》第一卷发表了《基督教在中国的古老痕迹》。撰写该文时，他不仅参考了西欧学者的研究成果，而且利用了29种汉文文献。此外，在1916年出版的《俄国东正教驻华传教团简史》的前言中也对基督教入华的历史进行了回顾。

俄国东正教教士与耶稣会士在18世纪的中国既相互排斥，又彼此利用，关系矛盾而复杂。俄国传教团中最早对耶稣会士进行研究的是第四届传教团修士司祭斯莫尔热夫斯基（Феодосий Сморжевский）。他在北京完成了一部极具价值的手稿《论在中国的耶稣会士》，1821年由第十届传教团监护官季姆科夫斯基（Е. Ф. Тимковский，1790—1875）带回俄国，1822年发表于《西伯利亚通报》。这部著作的手稿现收藏在乌克兰国家科学院手稿研究所，发表前名为"斯莫尔热夫斯基中国札记"。1887年俄国东正教驻北京传教团史研究专家、第十六届和第十七届传教团修士司祭阿多拉茨基于喀山推出了两卷本著作《东正教在华两百年史》，详细研究了前八届传教团的组建、派出、构成、换班、教堂和雅克萨战俘，并且介绍了耶稣会士的活动情况及其与俄国政府和传教团的微妙关系。

在中国伊斯兰教研究方面，只有巴拉第一人有所建树。他于1866年在《俄国驻北京传教团成员著作集》第四卷发表《论中国的回教徒》一文，1877年又在《俄国考古学会东方部著作集》第十七卷发表《回教汉文文献》一文。阿多拉茨基在俄国东正教驻北京传教团档案中发现了巴拉第的遗稿《回教汉文文献》，并于1887年将其在圣彼得堡出版。阿多拉茨基在序言中称巴拉第利用了当时仅有的30种汉文伊斯兰教文献中的25种。

俄国重视对中国宗教进行研究。经过俄国东正教驻北京传教团和俄国国内一些学者的努力，中国宗教学说被不断地介绍到俄国，对促进俄国文化的发展和中俄文化交流起到了积极作用。俄国人研究中国宗教的目的不尽一致。有的人是为了完成俄国外交部门和教会赋予他们的使命，比如俄国政府在1818年指令中就明文规定："您（即修士大司祭——

笔者)可以选学汉语或者满语。神父们在掌握这些语言之后,须研究佛教和道教,翻译有关这些宗教的著作,草拟驳斥意见。"①而有的人则是出于个人兴趣,如饥似渴地阅读佛经,与其说为了证明上帝的至高无上,不如说是对中国文化的痴迷。另外一些人则是在大学任教,为满足教学或科研之需而研究中国宗教。

---

① Инструкция Архимандриту Петру, начальнику 10-ой Пекинской Миссии//Китайский благовестник. 1915, Вып.13-14.

# 第六章　中俄语言交流

中俄交往之初,双方并不掌握对方的语言。在很长一段时间里,两国政府间的谈判和交涉是借助于蒙古语和拉丁语实现的。生活在毗邻俄国边境地区的蒙古人和来华天主教传教士担当了翻译的重任。然而随着双方交往日益密切,出于外交和贸易的需要,两国对对方语言的学习和研究也随之展开。正是有了语言的交流,才使得中俄在文化领域的交流成为可能。

## 第一节　中国的俄语教育

几乎是在俄国人开始学习汉语的同时,中国人也开始学习俄语。在中俄交往的初期,清政府已经意识到培养俄语人才的重要性,因此,俄语也就成了中国政府专门设馆教授的第一种欧洲语言。

### 一、俄罗斯文馆

俄罗斯文馆即《朔方备乘》所称"为八旗习俄罗斯字学生而设"的"内阁理藩院之俄罗斯学"。这是中国第一所培养俄语翻译人才的学校,是中国俄语教育的发端。

#### 1. 俄罗斯文馆的沿革

俄罗斯文馆创建于 1708 年。根据清内阁大库收藏的满文档案《康熙四十七年三月,设立俄罗斯学之上谕奏事档》载,康熙四十七年(1708 年)三月初八,康熙令大学士马齐"询问蒙古旗内有愿习俄罗斯文者,具奏"。三月二十一日,康熙得知"愿习俄罗斯文语之监生、闲散子弟等六十八名",当即下令,"均令习之"。三月二十四日在俄国商队驻地俄罗斯馆南馆内"支搭席棚,开始教读"。①这样,俄罗斯文馆从筹办到开学仅用了16天,在各项制度均未建立的情况之下就运转起来,反映出康熙皇帝对培养俄语翻译的重视程度。

从《清代中俄关系档案史料选编》第一编的"内阁原注"中可以看出,康熙四十六年(1707年)正月初三以前,中俄外交文书的翻译工作都是由俄罗斯佐领罗多珲承担的,只是从康熙四十六年十二月二十四日开始,才换成了库兹马·伊凡等承担。②罗多珲是首任俄罗斯佐领伍朗各里之子,通俄文和满文。《八旗通志》载:"第四参领第十七佐领,系康熙二十二年将尼布绰等地方取来鄂罗斯三十一人,及顺治五年来归之鄂罗斯伍朗各里,康熙七年来归之鄂罗斯伊番等,编为半个佐领,即以伍朗各里管理。后二次又取来鄂罗斯七十人,遂编为整佐领。伍朗各里故,以其子罗多珲管理,罗多珲故,以大学士马齐兼理。"③罗多珲很可能死于康熙四十六年,而后便由大学士马齐管理俄罗斯佐领。依前例,俄罗斯佐领负有为朝廷翻写中俄文书之责。而满人马齐显然不具备这样的能力。这应该是促使康熙在仓促之中创办俄罗斯文馆的直接原因。

乾隆二十二年(1757年),根据大学士傅恒等人的上奏制定了俄罗斯文馆的章程。章程包括俄罗斯文馆设立的目的、教师编制、学生来源和人数、考试、升迁以及管理单位等内容。"学习俄罗斯文字,原为翻译往来文移之用。康熙年间立学,设教习二人,将俄罗斯佐领下库锡玛、雅槁挑取。学生额二十四名,由八旗学生挑取。后因俄罗斯佐领下无堪充教习之人,即以官学生暂行管理。应请立定章程。五年一考,列一等者作八品,二等者作九品。教习缺出,即以考授八品官学生,奏请充补,候升主事。以学生优劣,定教习黜陟。归内阁理藩院管理"④这个章程是俄罗斯文馆在运作了约半个世纪以后制定的首个章程。它的出台表明,这时的清政府比以往任何时候都更重视俄罗斯文馆的发展。

但与此同时,俄罗斯文馆停止聘用文化水平较高、稳定性较强的俄国东正教驻北京传教团人员担任教职,主要起用本馆毕业生,间或辅之以俄

①　高文风:《我国的第一所俄语学校——俄罗斯文馆》,载于《黑龙江大学学报》(外语版),1979年第2期。高文风认为俄罗斯文馆初设馆址是东直门以北胡家圈胡同,疑为讹误。

②　参见中国第一历史档案馆编:《清代中俄关系档案史料选编》(第1编 上册),中华书局,1981年,第281、290页。

③　《(雍正)八旗通志》卷三,文渊阁,四库全书内联网版。

④　《清实录》(第一五册),中华书局,1986年影印本,《清高宗实录》卷五三九。

国逃人。笔者认为，其主要原因是 18 世纪中叶中俄关系跌入低谷。从康熙时期起，清政府在北部边疆面临的最大问题就是地方民族分裂势力发动的叛乱。俄国先是支持阿睦尔撒纳叛乱，而清政府平叛之后，又将逃人隐匿不还。此外，俄国政府通过信使布拉季舍夫执意要求中国政府允许俄船在黑龙江航行。这些事实无不暴露沙俄觊觎中国领土的野心。对此，清政府将闭关罢市作为一种遏制的手段，1762 年至 1768 年、1778 年至 1780 年、1785 年至 1792 年"三次闭关"。

尽管乾隆二十二年(1757 年)以后俄罗斯文馆的运作有了章程可依，并延聘俄国逃人与毕业生共同执教，但其教学水平还是出现了下降。乾隆后期，理藩院只得借助于第六届传教团学生审讯俄国逃人。①到了嘉庆年间，俄罗斯文馆的学生在充任翻译时洋相百出。关于这一点，第十三届传教团监护官叶戈尔·科瓦列夫斯基在自己的游记中曾有描述。叶戈尔·科瓦列夫斯基写道："这个文馆里的学生对俄语几乎是一窍不通。他们的俄语考试简直太可笑了……有一回文馆学生因为俄语水平低而付出沉重的代价。那时(1805 年——笔者)我们俄国的戈洛夫金外交使团正好来华访问。众所周知，这个使团最后不得不从库伦掉转回国了。库伦的官员请理藩院派几个精通俄语的人跟俄国人谈判。理藩院办事很痛快，责成俄罗斯文馆挑了四名优秀者前往库伦。翻译们到了目的地，当他们开口跟俄国人说话时，他们的表现非常糟糕！当然，现在大家都知道了，他们对俄语完全无知。后来，库伦官员将此事向上做了呈报，这几个翻译都遭到了发配。"②

此时俄罗斯文馆的教师也必须依靠传教团的神职人员和学生才能够应付教学和翻译工作。当第九届传教团与第十届传教团行将换班时(换班意味着通晓满汉语的第九届传教团成员将离去，而由尚未学会满汉语的新任传教团成员接替)，俄罗斯文馆教师舒敏甚至表示，他准备另谋差事，因为失去了俄国人的帮助，他就不能继续教授俄语。当舒敏听说曾作为第八届传教团学生而在京学习过满汉语的"巴老爷"(即卡缅斯基，其俗名为"巴维尔")被任命为第十届传教团领班时，他非常高兴。第十届传教团于 1820 年 12 月抵京后，舒敏不仅登门拜访，而且请卡缅斯基将他

①　Адоратский Н. Православная Миссия в Китае за 200 лет ея существования: Опыт церковно- исторического исследования по архивным документам.Казань,1887.С. 274-275.

②　[俄] 叶戈尔·科瓦列夫斯基：《窥视紫禁城》，阎国栋等译，北京图书馆出版社，2004 年，第 264 页；Ковалевский Е. П. Путешествие в Китай.Ч.2.СПб., 1853.С.203-204.

编写的汉语对话译成俄语,以便在教学中使用。①

俄罗斯文馆学生的学习积极性很低。魏若明在其 1842 年所写的工作总结中称,尽管当时俄罗斯文馆有 24 名学生,但真正愿意学习俄文的不过五六人。文馆学生没有教材可用,缺乏俄语基础知识,他只能从头教起。起初每月授课次数达到十次②,后来他每月来俄罗斯文馆五六次,所授课程内容为"翻译俄文寓言故事以及由俄国寄至北京的最常用公文,与学生讨论俄国、世界地理以及世界上的所有国家,因为中国人对此知之甚少且多有讹误"③。

可见,随着中俄关系的演变,这个由康熙皇帝紧急创办并寄予厚望的外语教学机构发展迟缓而少有建树,办学水平呈下降趋势。但是直到清政府在与俄国人的交涉中不得不求助传教团成员并深受其害时,才再一次意识到培养中国自己的高质量俄语翻译的重要性和紧迫性,终于在 1863 年建京师同文馆俄文馆以取代俄罗斯文馆。

俄罗斯文馆是中国第一所俄语专门学校,是清政府应对俄国东侵和中俄交往日趋增多的形势而采取的应对措施,在中国外交史和外语教学史上均具有积极意义。事实证明,俄罗斯文馆在翻译中俄外交文书和两国交往方面发挥了一定作用,同时培养了中国最早的俄语翻译人才。作为中国俄语教学的滥觞,俄罗斯文馆在招生规模、教习聘用、行政管理以及考试制度等方面为后来的京师同文馆积累了经验。同时,在清代以中国文化输出俄国为主的交流态势之下,俄罗斯文馆的存在无疑有助于引进和吸纳俄罗斯文化,并在一定程度上对中俄文化交流不平衡状况起到了弥补作用。

2.中国第一部俄语教科书

在俄罗斯文馆的教学中曾使用过一本教材——《俄罗斯翻译捷要全书》,这是中国第一部俄语教科书。1925 年法国汉学家伯希和(Paul Pelliot,1878—1945)在列宁格勒发现《俄罗斯翻译捷要全书》的手稿后曾撰文介绍。他写道:"列宁格拉德古代文字博物院(Likhačěv 旧藏)藏抄本,十

① Тимковский Е. Ф. Путешествие в Китай через Монголию в 1820 и 1821 гг.Ч.2. СПб., 1824.С.69–70.

② Отчет за двадцати-летнюю службу по Пекинской Духовной Миссии, в звании прежде иеромонаха, а после, в должности начальника Миссии, старшего священника Вениамина (1842 года)//Китайский благовестник. 1915,Вып. 15–16.

③ Отчет о. Вениамина//Китайский благовестник. 1916,Вып. 1–2.

四本(序一本,文十三本),题俄罗斯翻译捷要全书,写以满汉俄三种文字。前有 Fulohe(即富勒赫——笔者)序,此人就是译此俄语文法的人,可以说是汉译第一部俄语文法本。他同拉里婉(Hilarion,Larion Rossokhin)(即罗索欣——笔者)译前十本,同阿列克写(Alekséï)译后三本。Rossokhin 未尝以东方学者名,我拟有一日为其作一传。他出生于西伯利亚,在一七四〇年左右离北京,而在一七六一年殁于圣彼得堡。阿列克写就是 Alekséï Leont'evič Leont'ev(即阿列克塞·列昂季耶夫——笔者)曾在一七四二年赴北京,留居约十年左右。如此看来,Fulohe 译俄语文法为满汉文时,应在一七三五年至一七四五年间。"①伯希和由此认为罗索欣是东方学家,拟为其立传,可见这部手稿在他心目中的地位。

俄罗斯文馆是在十分仓促的情况下成立的,成立之初无教材可用。据《俄罗斯翻译捷要全书》前言所载,1727 年第一届传教团学生沃耶伊科夫(Лука Воейков,?—1734)到北京后,曾把一本俄语语法送给俄罗斯文馆,但当时文馆中无人能把它作为教材在教学中使用。苏联学者沃尔科娃(М. П. Волкова)认为,在 18 世纪以前,俄国最流行的俄语语法书是斯莫特利茨基(Мелитий Смотрицкий,约 1578—1633)的《俄语语法》,所以沃耶伊科夫所送的很可能就是斯莫特利茨基的《俄语语法》。当 1738 年冬罗索欣被聘为文馆教习后,即与满人富勒赫开始着手将这部语法书译成满语和汉语。到 1745 年,已译完全书的十分之九,即《俄罗斯翻译捷要全书》前十册。同年,阿列克塞·弗拉德金(Алексей Владыкин)继续工作,又完成三册翻译,到 1746 年《俄罗斯翻译捷要全书》编译工作全部结束。②这样,中俄教习经过八年合作,终于在 18 世纪上半叶为中国学生编就了第一本俄语教科书。

《俄罗斯翻译捷要全书》手稿现存俄罗斯科学院东方文献研究所,用满、汉、俄三种语言写成,共 14 册,405 页,内容分为三部分。第一部分"导论"为第一册,包括富勒赫撰写的前言、语音入门、教堂用语及数词。第二部分"语法"包括第二册至第十二册和第十四册。译者将斯莫特利茨基语法中的词源学作为主要内容译出,同时翻译一部分正字法和句法内容,而构词学部分则略去未译。第十三册是第三部分,内容为"学生须知",作者

　　① ［法］伯希和:《俄国收藏之若干汉籍写本》,冯承钧译,载于《西域南海史地考证译丛》(第 2 卷),商务印书馆,1995 年。

　　② 苏联汉学家彼·斯卡奇科夫持此观点。参见 Скачков П. Е. Очерки истории русского китаеведения.М.,1977.C.42。

为阿列克塞·列昂季耶夫。[①]

为了解手稿全貌,下面逐册加以介绍[②]:

第一册,导论,41 页,介绍俄罗斯文馆成立的过程以及俄语字母表、某些教堂日常用语写法和数词表。

第二册,无标题,30 页,包括语法目录和一个小词典。为使中国人易于接受,该词典不是依据俄文字母顺序,而是按"天""地""人"等概念排列。

第三册,"造句法",22 页,介绍动词与名词以及形容词与名词的搭配规则、代词的人称变化,列举了俄语中最常用的动词、形动词、形容词、名词和副词。

第四册,"关于连词和副词",38 页,讲述了连词和副词这两个词类形式,并附录了副词、前置词、连词和感叹词列表。

第五册,"正式公文和信函语言",15 页,作者从官方往来书信中选取一些专有词汇和短语收录其中。

第六册,"关于动词",26 页,首先介绍动词,然后列举动词人称、数和时间的各种变化,并附录了俄语中最常用的形动词和副动词表。

第七册,"关于格",25 页,内容是名词格的变化和相关练习。

第八册,"关于前置词",29 页,介绍前置词与名词的搭配和使用。

第九册,"关于搭配",40 页,阐述俄语词类的搭配规则,并为这些规则附加了许多注释和例子,还列举了要求第三格、第四格和第五格名词的动词。

第十册,"书面语的使用规则",28 页。

第十一册,"关于词的各种变化",29 页,收录了俄语名词和动词变化的最简单的例子。

第十二册,"解释满语中容易误解之处",35 页,手稿的作者把从舞格寿平所著的第一本满文语法《清文启蒙》中选取的满语口语句式逐行译成了俄语。

---

① 苏联学者沃尔科娃认为,第十三册的作者为阿列克塞·列昂季耶夫。参见 Волкова М. П. Первый учебник русского языка для китайских учащихся //Краткие сообщения Института народов Азии АН СССР. [Т]61. М., 1963。笔者以为也不能排除第十三册的作者是阿列克塞·弗拉德金的可能。

② Волкова М. П. Первый учебник русского языка для китайских учащихся//Краткие сообщения Института народов Азии АН СССР. [Т]61. М., 1963.

第十三册，"20章"，29页，作者根据自己的经验，阐述了学生行为准则和学习俄语方法。

第十四册，无标题，18页，列有俄语常用词汇表。

《俄罗斯翻译捷要全书》中很多词类及语法概念的满、汉语译法在今天的俄语教学中仍在使用。沃尔科娃把该手稿中的词类及语法概念的俄、满、汉语进行了归纳，从中可以看出译者的理解程度和翻译水平，节录如下①：

| 俄语原文 | 《俄罗斯翻译捷要全书》汉译 | 汉语现译名 |
|---|---|---|
| Имя существительное | 实名 | 名词 |
| Грамматический род | 类 | 性 |
| Падеж | 格式 | 格 |
| Число | 数 | 数 |
| Единственное число | 单 | 单数 |
| Множественное число | 双 | 复数 |
| Изменения по падежам в единственном и множественном числе | 单双十四名之格式编 | 名词单复数变格表 |
| Глагол | 言语 | 动词 |
| Изменения по трем родам | 三面分 | 阳、阴、中三性名词变化 |
| Настоящее время | 之 | 现在时 |
| Прошедшее время | 已矣然 | 过去时 |
| Будущее время | 欲 | 将来时 |
| Действительный залог | 之话正面 | 主动态 |
| Страдательный залог | 之话背面 | 被动态 |
| Причастие | 之字半辈 | 形动词 |
| Деепричастие | 靠之字正面半 | 副动词 |
| Имя прилагательное | 靠字 | 形容词 |
| Наречие | 整字 | 副词 |
| Союз | 连助语 | 连接词 |
| Предлог | 放字 | 前置词 |
| Согласование | 总汇 | 搭配 |

笔者以为，与其说《俄罗斯翻译捷要全书》是对斯莫特利茨基《俄语语法》的翻译，不如说是中俄学者的再创作。因为《俄罗斯翻译捷要全书》的作者充分考虑到中国学生的实际需要，不仅将其一部分内容介绍到中国，而且补充了许多新的内容，如俄语书写规则、造句规则、含有基本词汇和会话的小词典、满语口语句式俄译等。

---

① Волкова М. П. Первый учебник русского языка для китайских учащихся//Краткие сообщения Института народов Азии АН СССР. [Т]61. М., 1963.

## 二、清晚期的俄文学校

鸦片战争以后,中国门户洞开,同西方国家的往来大大增加,学习和掌握西文已成为当务之急。与此同时, 开办新式学堂同建立新式军队和近代工业一样,成为洋务运动的重要环节。在此背景下,京师同文馆、广州同文馆和湖北自强学堂等新式学堂应运而生, 俄文教学也随之在更大范围内展开。

### 1. 京师同文馆俄文馆

京师同文馆是近代中国国门被西方列强用坚船利炮打开之后成立的第一所官办的新式学堂。恭亲王奕訢在咸丰十年十二月初三(1861 年 1 月 13日)奏请在北京设立总理各国事务衙门(以下简称"总理衙门"),以办理外交。咸丰十一年(1861 年)二月,总理衙门正式成立。然而"与外国交涉事件,必先识其性情。今语言不通,文字难辨,一切隔膜,安望其能妥协"①。而"欲悉各国情形,必先谙其言语文字,方不受人欺蒙"②。另外,1858 年《中英天津条约》第五十款规定:"嗣后英国文书俱用英字书写,暂时仍以汉文配送",且"自今以后,遇有文词辩论之处,总以英文作为正义"。③同年签订的《中法天津条约》第三款也有类似的规定。④因此,掌握外国语言文字迫在眉睫。京师同文馆由此而生。同治元年(1862 年)五月⑤英文馆开学,翌年三月法文馆和俄文馆设立。⑥1870 年普法战争爆发,普鲁士获胜;1871 年德意志帝国成立。同治十年(1871 年)增设德文⑦馆。1894 年中日甲午战争爆发,次年签订《马关条约》。为处理对日事务,光绪二十三年(1897 年)再添日文⑧馆。本来

① 高时良、黄仁贤编:《中国近代教育史资料汇编:洋务运动时期教育》,上海教育出版社,2007年,第 6 页。

② 同上,第 41 页。

③ 王铁崖编:《中外旧约章汇编》(第 1 册),生活·读书·新知三联书店,1957 年,第 102 页。

④ 同上,第 105 页。

⑤ 京师同文馆英文馆开学的时间有五月和六月两种说法。参见苏精:《清季同文馆及其师生》,台湾,1985 年,第 13 页。

⑥ 丁韪良认为,1863 年,原有的俄罗斯文馆与京师同文馆的俄文馆实施了"合并"。他说:"当他(指俄罗斯文馆——笔者)与同文馆合并之际,其赖以延续存在者只有一个不懂俄文的老教习。老教习并入同文馆以后,既无学生,又无书籍,不久便被一个俄国人取而代之了。"参见丁韪良:《同文馆记》,朱有瓛主编:《中国近代学制史料》(第 1 辑 上册),华东师范大学出版社,1983 年,第 169 页。

⑦ 当时称"布文"。布者,布鲁斯也,即普鲁士。

⑧ 当时称"东文"。英、法、俄、德文都是西文,因此称日文为东文。

京师同文馆专为学习外国语言文字而设，但为了使学生具备办理洋务的多方面才能，在恭亲王的建议下，于同治六年(1867 年)加设了天文算学馆。翌年，开设万国公法课。光绪三年和五年又分别添设天文、格致课程。光绪十四年(1888 年)又设格致馆和翻译处。这样，京师同文馆从外国语学堂发展成为传授西方近代科学的综合性高等学堂。庚子事变之后清政府决定创办京师大学堂，命张百熙为管学大臣。1902 年，京师同文馆被并入京师大学堂，命名为译学馆。

恭亲王等最初拟定的京师同文馆章程共六条，包括学生名额、来源、教习职责、考课、奖励等内容。每一条章程都先举出俄罗斯文馆的旧例，然后加以变通，作为京师同文馆的新章程。这似乎是在表明京师同文馆是俄罗斯文馆的延续①，而在实际运作过程中两者在许多方面大相径庭。

俄文馆作为京师同文馆的重要组成部分，在招生、课程乃至考试等方面都执行京师同文馆统一的规定和政策。

关于生源问题，咸丰十年十二月(1861 年 1 月)奕訢等奏《通筹善后章程折》，主张"于八旗中挑选天资聪慧，年在十三四以下者各四五人"②，使其学习外国语言。而同治元年七月(1862 年 8 月)制定的京师同文馆章程又规定"应由八旗满、蒙、汉闲散内，择其资质聪慧、现习清文、年在十五岁上下者，每旗各保送二三名，由臣等酌量录取，挨次传补"③。如果说，外文各馆招收八旗子弟，那么天文算学馆则只招正途科甲人员。同治五年十一月(1866 年 12 月)恭亲王等在请求添设天文算学馆的同时，建议将招生范围扩大到"满汉举人及恩、拔、岁、副、优贡，汉文业已通顺，年在二十以外者"④。另外，从 1867 年开始，广州同文馆和上海广方言馆陆续选送数十名优秀毕业生来京师同文馆学习西方科学。

关于学生人数，京师同文馆章程第一条曰："今设同文馆，事属创始，学生不便过多，拟先传十名，俟有成效，再行添传，仍不得逾二十四名之数。"⑤1862 年英文馆仅招十名学生，而后的法文馆和俄文馆也各为十名

---

①　丁韪良在《同文馆记》中说："原有的俄文馆对于同文馆的贡献也是有名无实的，徒有其名耳。但是中国人最怕的、最反对的是革新，他的有名无实的虚名也未尝没有好处呢。"参见丁韪良：《同文馆记》，载于朱有瓛主编：《中国近代学制史料》(第 1 辑 上册)，华东师范大学出版社，1983 年，第 169 页。

②　高时良、黄仁贤编：《中国近代教育史资料汇编：洋务运动时期教育》，上海教育出版社，2007 年，第 6 页。

③　同上，第 43 页。

④　同上，第 48 页。

⑤　同上，第 42—43 页。

学生。同治六年(1867年)京师同文馆第一次招考学习西方科学的学生,录取三十名,半年后退学二十名。到了光绪年间,学生们"皆婉转恳求习学英文,而于法、俄、德三国文字,若有不愿学不屑学之状",致使"英馆学生业有五十名之多,法、俄两馆各仅二十余名,德馆尤少,不过十余名"。为避免"拥挤偏废",光绪二十一年(1895年)对各语种学生人数做了规定:"英文馆以五十名为率,法文、俄文馆以二十五名为率,德文馆以二十名为率。"①

京师同文馆初期只设外文和汉文两门课程。从19世纪60年代后期起,逐步开设一些西学课程。同文馆总教习丁韪良(W. A. Martin,1827—1916)在光绪二年(1876年)制定了八年制和五年制两种课表。"由洋文而及诸学",共需八年,也就是说,八年制的课程既要学外语,也要学习科学。而年纪较大者,无暇学习外文,"仅藉译本而求诸学",共需五年。

八年制课程如下:

首年:认字写字、浅解辞句、讲解浅书

二年:讲解浅书、练习句法、翻译条子

三年:讲各国地图、读各国史略、翻译选编

四年:数理启蒙、代数学、翻译公文

五年:讲求格物、几何原本、平三角、弧三角、练习译书

六年:讲求机器、微分积分、航海测算、练习译书

七年:讲求化学、天文测算、万国公法、练习译书

八年:天文测算、地理金石、富国策、练习译书

五年制课程如下:

首年:数理启蒙、九章算法、代数学

二年:学四元解、几何原本、平三角、弧三角

三年:格物入门、兼讲化学、重学测算

四年:微分积分、航海测算、天文测算、讲求机器

五年:万国公法、富国策、天文测算、地理金石

事实上,不管是八年制,还是五年制,都未认真执行,学生的修业年限是由个人出路状况决定的。比如,被上海广方言馆于光绪十六年七月(1890年8月)咨送到京师同文馆的陆征祥入京后不久即被驻俄公使许景澄奏调

---

① 高时良、黄仁贤编:《中国近代教育史资料汇编:洋务运动时期教育》,上海教育出版社,2007年,第119页。

出国,而英文馆的文秀和俄文馆的奎印留馆时间则长达二十年以上。

光绪二十四年(1898年),"续同文馆条规"进一步指出学习汉文的必要性及其相关要求,"各馆翻译以汉文为本,汉文未能明顺,故翻译洋文多有不通之处",因此"嗣后前后馆[①]学生,每遇礼拜日,加添汉文功课,试以论策,或翻译照会"。另外,该条规称:"馆中功课以洋文、洋语为要,洋文、洋语已通,方许兼习别艺","不学洋文、洋语,仅习别艺,殊失当日立馆之本意",而"洋文、洋语通后,亦只准兼习一艺",如果一人兼习数艺,"难免务广而荒"。[②]这就明确了外语课程与西艺课程的关系,强调了学习外语的重要性。

在学习之余,学生们还负有翻译任务。为了及时翻译"署中应译要件",应"于英、法、俄、布文馆内,择优派定十六人,令按五日为一班,每班八人在馆住宿"。[③]另外,在各国会晤时,则"应派熟悉该国语言之同文馆翻译官及学生等一二人,在旁静听,以免洋员翻译参差"。当时指定俄文馆的塔克什讷、瑞安、萨荫图、刘崇惠、邵恒浚可以参加各国会晤。[④]

京师同文馆的考试分为月课、季考、岁试、大考。月课在每月月终,季考在二、五、八、十一月,岁试安排在每年封印前,大考每三年一次。最初只考外文,同治九年(1870年)增加算学、格物,以后考试科目不断增加,如化学、天文、富国策、各国史略、测算、医学、公法等。关于考试的奖励,月课、季考、岁试都有银两花红,大考优者保奏官职。

按照恭亲王的计划,外语老师将由广东、上海督抚在当地商人中挑选:"闻广东、上海商人,有专习英、法、美三国文字语言之人,请饬各省督抚挑选诚实可靠者,每省各派二人,共派四人,携带各国书籍来京。"[⑤]但这一初衷未能实现。因为广东称无人可派,上海虽有其人,而"艺不甚精,价则过巨"[⑥],所以不得不在外国人中延请。至于后来增开的自然科学课

---

① 　当时英文馆、法文馆、俄文馆和德文馆分别划分为前馆和后馆,即英文前馆、英文后馆,法文前馆、法文后馆,俄文前馆、俄文后馆,德文前馆、德文后馆。其区别在于,后馆学生上午学习汉文,下午学习洋文,汉文学有成效的,可选拔到前馆;前馆学生无汉文功课,但如有"汉文未能明晰者,令归后馆学习汉文"——笔者。

② 　高时良、黄仁贤编:《中国近代教育史资料汇编:洋务运动时期教育》,上海教育出版社,2007年,第56页。

③ 　同上,第112页。

④ 　同上,第117页。

⑤ 　同上,第6页。

⑥ 　同上,第41页。

程,则基本上由外国人授课。洋教习待遇很高,年薪银一千两(教授汉语的汉教习年薪银九十六两)。起初各馆分立,直到同治八年(1869 年),丁韪良被任命为总教习,总辖校务。光绪二十年(1894 年)以后总教习一职由欧礼斐(C. H. Oliver)接替。据记载,在俄文馆任教的汉文教习为杨亦铭,俄文教习一共有十位,具体如下:

柏林(A. Popoff),同治二年(1863 年)到馆

伟贝(Carl Waeber),同治十年(1871 年)到馆

第图晋(N. Titoushkin),同治十一年(1872 年)到馆

夏干(W. N. Hagen),同治十一年(1872 年)到馆

班铎(E. G. R. Pander),光绪七年(1881 年)到馆

柯乐德(Victor von Grot),光绪十四年(1888 年)到馆

劳腾飞(P. B. von Rautenfeld),光绪二十年(1894 年)到馆

单尔,光绪二十二年(1896 年)到馆

鄯悌爱,光绪二十三年(1897 年)五月到馆

葛诺发(N. A. Konovaloff),光绪二十四年(1898 年)三月到馆

根据笔者掌握的资料,第一位俄文教习柏林,俄文姓名汉译为阿法纳西·费拉蓬托维奇·波波夫,汉名为"柏林",中国史籍也称之为"柏麟",曾是第十四届俄国东正教驻北京传教团学生。1863 年柏林在俄国驻华公使馆翻译任上被聘为京师同文馆首位俄文教习。关于这一点,中国史籍有如下记载:"惟查各国语言文字均当谙熟有人,今英国虽得人教习,而法、俄缺如,究有未备,因于接见该二国公使时,留心延访。兹据法国哥士耆、俄国把留捷克①,陆续函荐司默灵、柏林二人前来。""至俄国柏林向充该馆翻译官,嗣因接手有人,在馆闲住。此人上年因公来臣衙门多次,臣等均曾接见,人尚不十分狡诈,以之教习学生,似尚无大流弊,因与把留捷克订定。"②

伟贝是德裔俄人,德文名为卡尔·弗里德里希·特奥多,俄文名为卡尔·伊万诺维奇·伟贝,生于 1841 年,1865 年毕业于圣彼得堡大学东方语言系,随即进入俄国外交部,而后到俄国驻华公使馆工作。他在北京前后工作了五年时间,其间受邀在同文馆教授俄文。1882 年伟贝被任命为俄

① 即巴柳泽克,1861 年 7 月至 1863 年 5 月任俄国驻华公使——笔者。

② 高时良、黄仁贤编:《中国近代教育史资料汇编:洋务运动时期教育》,上海教育出版社,2007年,第 59—60 页。

国驻天津领事。1884 年伟贝代表俄国政府与朝鲜签订条约，确立了两国外交关系，次年就任俄国驻汉城临时代办，自 1888 年起任俄国驻汉城总领事。在朝鲜工作期间，伟贝的学术兴趣逐渐转向对朝鲜的研究，后来成为俄国著名的朝鲜问题专家。

另一位俄文教习班铎在教学之余，于 1885 年为道光年间俄国所赠图书进行了第二次编目，查明原有的 800 余册图书只剩下了 682 册，班铎的编目保留在文廷式所著《纯常子枝语》卷三之中。班铎将这 682 册图书分成十八类：文法书类、史传类、律例书类、名臣列传类、杂书类、游历书类、农书类、兵法书类、天文算学书类、史书类、地理书类、医学类、天产万物各学类、工艺诸学类、泉刀谱类、训幼书类、幼学书类、图画类。由此，班铎为中国的俄语教学做出贡献，在中俄图书交流史上留下了自己的印迹。

除教习以外，京师同文馆还从有官职的学生中选任副教习。副教习既是学生，同时也承担新生的教学辅助工作和翻译西书工作。据《同文馆题名录》记载，光绪五年(1879 年)和光绪十三年(1887 年)俄文副教习是巴克他讷，而光绪二十二年(1896 年)和光绪二十四年(1898 年)则是萨荫图。

包括俄文馆在内的京师同文馆一共存在了 40 年，其影响重大而深远。首先，京师同文馆培养了许多外交人才，他们曾经活跃在中国的外交舞台上。在光绪二年(1876 年)郭嵩焘成为中国第一位驻外公使之前发生的清政府三次遣使尝试中，均有同文馆学生参加。[①]其中第二次发生在同治六年(1867 年)，有六名学生随蒲安臣(Anson Burlingame, 1820—1870)赴各国办理交涉，除英文馆学生德明(即张德彝)、凤仪和法文馆学生联芳、廷俊之外，俄文馆学生塔克什讷、桂荣亦在其中。德明还撰写了《航海述奇》和《四述奇》，生动详细地叙述其在俄国的见闻和印象。光绪四年(1878 年)崇厚出使俄国时，驻俄使馆的五名翻译官庆常、桂荣、塔克什讷、庚善、德明均是京师同文馆的学生。京师同文馆毕业生中有五位担任过清末出使大臣，他们是庆常、荫昌、德明、萨荫图和陆征祥，其中萨荫图和陆征祥出使俄国。民国时期，京师同文馆毕业生刘镜人[②]任驻俄公使、邵恒浚任

① 第一次遣使尝试是在同治五年(1866 年)，三名学生凤仪、德明、彦慧随斌椿游历欧洲国家；第三次发生在同治九年(1870 年)，德明和法文馆学生庆常随崇厚赴法道歉。
② 刘镜人是光绪十六年七月(1890 年 8 月)被上海广方言馆第四次咨送到京师同文馆的七名学生之一。参见朱有瓛主编：《中国近代学制史料》(第 1 辑 上册)，华东师范大学出版社，1983 年，第 54 页。

驻海参崴总领事(1917 年至 1921 年)、范其光任驻海参崴总领事(1921 年至 1924 年)、傅仰贤任驻伯力总领事、管尚平任驻伯力总领事。另外,还有多名毕业生在晚清和民国时期的中央和地方担任过重要外交职务,如张庆桐在民国元年(1912 年)和民国二年(1913 年)先后担任外交部参事、黑龙江交涉员和阿尔泰地方长官,范其光于民国五年(1916 年)至八年(1919 年)任黑龙江交涉员,李鸿谟于民国三年(1914 年)至六年(1917 年)任哈尔滨交涉员等。[①]可以说,京师同文馆为中国近代外交做出重要贡献。其次,京师同文馆对中国新式教育的发展亦产生了很大影响。中国台湾学者苏精认为,作为中国教育近代化的开端,京师同文馆成为新教育的模仿对象。这种模仿不仅体现在教育目的上,而且也体现在教育内容上。湖北自强学堂即是模仿同文馆以培养译才为目的的新式学校。而新教育最普遍、最明显的特征是课程与教材同时注重外语与近代科学。另外,京师同文馆成为新教育师资的提供者。也就是说,很多京师同文馆的毕业生成为新式学校的教习。以俄语教习为例,庆全、毛鸿遇成为珲春俄文书院教习,桂荣、桂煜成为新疆俄文馆教习,刘崇惠成为天津俄文学堂教习,范绪良、郝树基、陈嘉驹成为京师大学堂译学馆的教习。邵恒浚先后出任京师大学堂译学馆监督、外交部俄文专修馆校长、唐山大学北京分校校长,李鸿谟曾任奉天师范学堂监督,塔克什讷曾任东省铁路俄文学堂副监督。再次,京师同文馆在培养人才的同时,还翻译出版西方图书。《同文馆题名录》载:"自开馆以来,译书为要务。其初,总教习、教习等自译。近来,学生颇可襄助。间有能自行翻译者。"[②]在京师同文馆翻译或出版的 35 种西学图书中,教习的译著有 12 种,学生的译著有 10 种,师生共同翻译的著作有 9 种,未知译者的译著有 4 种。如果以西学图书的内容来分类,自然及应用科学有 15 种,社会科学有 11 种,语文有 5 种,史地有 4 种。[③]

### 2. 广州同文馆

广州同文馆也称"广东同文馆",是同治初期创办的三所同文馆(京师同文馆、上海广方言馆、广州同文馆)之一,也是广州最早的外国语学校。但直到 1897 年广州同文馆才设立俄文馆。

广州同文馆的创办源于同治二年正月二十二日(1863 年 3 月 11 日)

---

① 参见苏精:《清季同文馆及其师生》,台湾,1985 年,第 141—149 页。

② 光绪十九年刊、第五次《同文馆题名录》,香港中文大学牟路思怡图书馆显微资料,第 55 页,转引自陈向阳:《京师同文馆组织分析》,载于《福建论坛》,2005 年第 10 期。

③ 参见苏精:《清季同文馆及其师生》,台湾,1985 年,第 158—161 页。

李鸿章的建议："惟是洋人总汇之地,以上海、广东两口为最……臣愚拟请仿照同文馆之例,于上海添设外国语言文字学馆","其广东海口可否试行,有无窒碍之处,应请饬下该省督抚体察办理"。①清政府对李鸿章的建议非常重视,于同治二年二月初十(1863 年 3 月 28 日)给广州将军库克吉泰、两广总督晏端书下达谕旨,命其在广州设立同文馆:"现据李鸿章奏称,上海已议设立外国语言文字学馆;而广东事同一例,亦应仿照办理。"②广州方面接此上谕后即着手办理。

同治三年五月二十日(1864 年 6 月 23 日)广州同文馆正式开学。学校设在广州大北门内朝天街租赁房屋内,镶黄、正白旗汉军协领王镇雄为提调,正白旗汉军防御谈广楠、候补县丞汤森为馆长,江西南丰县翰林院编修吴嘉善为汉文教习,聘请美国人谭顺(Theos Sampsom)为西文教习。关于学生来源,同治三年六月时任两广总督的毛鸿宾在奏折中做了说明:"即在广州驻防满汉八旗,向习清书翻译子弟内,拣选资质聪慧年岁二十左右者十六人,又访择汉人世家子弟才堪造就者四人,共肄业生二十名,送入馆中。"③最初学生学习的主要科目是英文、汉文、满文和算学。

广州同文馆章程共十五条,主要规定包括:学生每日卯刻入馆,酉时出馆,有事必须向馆长报明,违者撤退;每月考查一次,设一等二名,每名赏银二两,二等四名,每名赏银一两;"每年甄别一次,其于西洋语言文字无所通晓者,即行撤退,挑选更换";学制三年,"能将西洋语言文字翻译成书者,分别派充将军、督抚、监督各衙门翻译官,准其一体乡试。其由翻译官出身者,以府经县丞为升阶。旗员愿就武职者,以防御为升阶"④。

同治六年十一月十二日(1867 年 12 月 7 日),应总理衙门的要求,广州同文馆咨送蔡锡勇、那三、博勒洪武、韩常泰、左秉隆、坤扬六名学生进京考试。总理衙门对这六名学生的成绩给予了充分肯定:"该学生等文理俱各明顺,登答均无舛错。"⑤这显示了广州同文馆良好的教学水平。

同治十年十月二十一日(1871 年 12 月 3 日),两广总督瑞麟奏呈朝廷,请求不再招收汉民学生,而只招八旗子弟。此项建议在光绪年间没有

①　《李文忠公全书》,奏稿卷三。

②　朱有瓛主编:《中国近代学制史料》(第 1 辑 上册),华东师范大学出版社,1983 年,第 256 页。

③　高时良、黄仁贤编:《中国近代教育史资料汇编:洋务运动时期教育》,上海教育出版社,2007 年,第 231 页。

④　同上,第 233 页。

⑤　朱有瓛主编:《中国近代学制史料》(第 1 辑 上册),华东师范大学出版社,1983 年,第 263 页。

得到认真执行,广州同文馆仍招收少量的汉民子弟入学。

由于外交需要,总理衙门曾责成广州同文馆学习各国语言。总理衙门称:"近因出使各国翻译需人,前后派委各学生随同出洋,惟办理公事,法文较为通用,而学习法、俄文者较少,布文更习之未久,均恐不敷任用。查广东同文馆均系专习英文,亟宜量为推择,就学生之质性聪明者,赶令学习法语法文,务期学有成效。至俄文、布文能否并令学习,亦须并筹,期于使事及办理交涉事件均有裨益。"广州将军长善根据总理衙门要求,考虑到"现因遣使各国及办理公事急需法文,而布国交涉事件近亦不少,自应一律学习","俄国向来无人在粤经商,即偶有船到港,而交涉事甚寥寥"等具体情况,加之广州一时难得精通俄语之人,所以"拟请将俄馆暂缓添设,先行兼习法文、布文"。长善于光绪五年七月二十二日(1879 年 9 月 8 日)上奏请求添设法文、德文二馆,[①]但由于经费困难,添设法文、德文学馆的计划最终未能实现。

中日甲午战争以后,日文与俄文日显重要,广州同文馆根据总理衙门的要求,增设了日文馆和俄文馆,两馆于光绪二十三年二月十六日(1897年3月18日)开馆。广州同文馆将先前建成的法文、德文馆舍改作俄文馆和日文馆。"查同文馆前于光绪五年,拟添习法、布二国语言文字,曾经建有学堂,嗣以经费难筹中止,此次添设俄、东二馆,即将前建法、布学堂二座,作为俄、东学堂,无庸另行租房创建"。由于"俄国向来无人在粤,东国贸易之辈,难胜教习之选",所以请总税务司赫德 (Robert Hart,1835—1911)代为延聘俄文和日文教习,条件是"能通晓中国语言文字",这样可"无庸另用通事,以节糜费"。俄文馆的俄文教习为萨泽基[②],日文馆的日文教习为长谷川雄太郎,两者均于光绪二十三年到馆。学生从旗民中挑选,条件是质性聪颖、年龄在十四岁至二十岁之间,两馆各三十名。学生进馆半年后,由教习详加甄别、前十名为正学,次十名为附学,未取之学生如尚堪造就,仍留在馆肄业,以备正、附学生缺额时随时考补。"各生均俟三年学有成效,仿照英馆一体考试"[③]。俄文馆和日文馆的学生与英文馆的学生一样,

---

①　高时良、黄仁贤编:《中国近代教育史资料汇编:洋务运动时期教育》,上海教育出版社,2007年,第241—242页。

②　苏精认为,广州同文馆曾延聘三位俄文教习,他们是乐满福(光绪二十三年到馆)、萨泽基(P. Zazersky,光绪二十四年到馆)和善迈尔(C. Steinmeyer,光绪二十九年到馆),参见苏精:《清季同文馆及其师生》,台湾,1985年,第128页。

③　孙子和:《清代同文馆之研究》,台湾嘉新水泥公司文化基金会,1977年,第415页。

除学习俄文、日文和汉文外,还要学习满文。重视满文学习,是广州同文馆不同于京师同文馆和上海广方言馆的一大特点。

光绪二十六年(1900年),广州同文馆添设法文馆。光绪二十八年二月初四(1902年3月13日),广州将军寿荫奏请将广州同文馆并入八旗驻防中学堂,广州同文馆遂并入中学堂。

光绪三十一年(1905年),归并后的广州同文馆又独立出来成立广州译学馆,第二年改称两广方言学堂。

### 3. 新疆俄文馆

19世纪下半叶沙俄在把侵略矛头指向中国东北的同时,也加紧了对中国西北的掠夺。沙俄通过《中俄伊犁塔尔巴哈台通商章程》《中俄勘分西北界约记》和《中俄伊犁条约》等一系列不平等条约打开了中国西北大门并割占中国大片领土。新疆与俄"交涉事繁",迫切需要俄语翻译。

光绪十一年(1885年),甘肃新疆巡抚刘锦棠函请总理各国事务衙门派同文馆学生桂荣来新疆办理翻译。光绪十三年(1887年),刘锦棠又仿照京师同文馆章程,在省城迪化(今乌鲁木齐)设立俄文馆,挑选当地人及省文武官员子弟八人入馆学习,由桂荣兼充翻译,并于候补人员内遴委一名汉文教习。当时学馆属试办性质,没有呈报。甘肃新疆巡抚陶模到任后,按月考试,学业均可观。光绪十八年(1892年),陶模将俄文馆试办已有成效一事以及俄文馆四条章程上奏朝廷,至此学馆才获准立案。

新疆俄文馆章程规定:(1)俄文馆设俄文教习、汉文教习各一名。俄文教习由总理各国事务衙门从同文馆选派,汉文教习从新疆候补人员内拣选。学生定额为八人,从土著流寓聪颖子弟中挑选,年龄在二十岁以下,稍通汉文。入学满一年时,由巡抚考试,根据成绩决定其去留。(2)学生在馆住宿,有事须向教习请假。每日由俄文教习和汉文教习轮流授课。每月由巡抚考课一次,酌给赏银。"肄业三年翻译无讹者,派充各处翻译;其学业稍逊者,仍令在馆学习,遇有派出或经革汰,随时选补。"(3)俄文教习每月薪水银六十两,汉文教习每月四十两,学生每月给膏火、笔墨费用银四两五钱,麦面四十五斤。(4)俄文教习、汉文教习、学生三年期满,给予奖叙。"拟照广东同文馆奖案,稍为变通。如教习三年期满,著有成效,系有官职人员,准保加升阶一层;系无官职人员,比照同文馆作为翻译官章程,再留三年,始终不懈,准以府经历、县丞,归部铨选。学徒三年期满,学业有成,派往通商各处,充当翻译委员;如当差三年,颇称得力,均准以府经历、县丞,归部选用;其学业稍逊、实堪造就者,并准随案酌保虚衔一二名,以示策励。"①由于桂荣已保候补知府,难兼教职,陶模咨呈总理衙门拣调六品衔同文馆八品翻译官桂煜充任俄文馆俄文教习。同年,俄文馆学生常永庆等被派往伊犁、塔城、喀什噶尔充当翻译。

光绪二十二年（1896 年）,甘肃新疆巡抚饶应祺以俄文馆学生傅崇义、杨孝、黄崇憼,教习桂煜已著成效,恳请饬部照章奖励。光绪二十八年（1902 年）饶应祺再次恳请饬部照章奖励俄文馆学生、教习,他在奏折中称:"兹查教习桂煜尽心启迪,数年以来,造就颇多。臣按月调署考试,查其学业,续有成就,堪充俄文差使者,俄文帮教习优附生刘馥馨、附生张维显二名,现在刘馥馨已派赴塔城金厂会办监收事务,该生到馆已历九载,计自二十二年七月初七日奏保之日起,扣至本年七月止,六年期满。所有教习学徒应照章量予奖励,以策后效。"②

19 世纪末 20 世纪初,清政府两次下令改书院为学堂,而科举制度的废除更加速了书院改学堂的进程。在这种情势下,甘肃新疆巡抚吴引孙于光绪三十一年十二月初十（1905 年 1 月 4 日）上奏,拟将书院改成大学堂,并将新疆俄文馆并入其中。然而宁夏将军台布等对此提出异议。宣统元年五月（1909 年 6 月）台布等上奏:"俄文为甘、新两省必须之学,新疆当日设专门二十余年,成就寥寥,今甘、新两省学堂,均将俄文附入高等,统习普通,万难成就,拟改为专门,庶可于五年毕业后,得交涉之助。"③于是中俄学堂应运而生。可见,新疆俄文馆是中俄学堂的前身,而中俄学堂是新疆俄文馆的延续。

4. 珲春俄文书院

珲春现位于吉林省东南部的图们江下游地区,地处中、朝、俄三国交界地带。最初珲春并不与俄国交界。19 世纪中叶沙俄通过《中俄瑷珲条约》和《中俄北京条约》割占黑龙江以北、乌苏里江以东的大片中国领土,珲春遂由腹地变成中俄边境地区。因为"珲春、宁古塔、三姓三城,与俄界接壤,交涉事繁,各城当差人员,于俄语、俄文未能熟悉,每遇往来照会,多有隔阂误会"④,所以光绪十三年（1887 年）五月,吉林将军希元奏调内阁中书庆全作为俄文翻译教习官,在珲春设立学堂,挑选八旗子弟学习俄文。光绪十四年

①　高时良、黄仁贤编:《中国近代教育史资料汇编:洋务运动时期教育》,上海教育出版社,2007年,第262—263 页。

②　同上,第265 页。

③　同上,第266 页。

④　朱有瓛主编:《中国近代学制史料》（第 1 辑 上册）,华东师范大学出版社,1983 年,第305 页。

(1888年)正月庆全抵达珲春,三月初一设立学堂,名为"翻译俄文书院"。

珲春俄文书院设俄文和汉文教习各一人。庆全为首位俄文教习。他是满洲旗人,京师同文馆俄文馆出身,光绪五年学成后择优留馆,授国史馆誊录官。继庆全之后教授俄文的是五品衔工部候补主事毛鸿遇。毛鸿遇,字子嘉,京兆宛平人,也是京师同文馆俄文馆毕业生。首任汉文教习为直隶河间府河间县五品军功附生陈奎麟。光绪二十一年(1895年),陈奎麟请长假探亲,珲春副都统恩泽札委珲春镶红旗瑞林佐领下举人凌善接任,陈奎麟假满后回任。①

珲春俄文书院教习的奖励是比照广州同文馆翻译官奖叙之办法执行的。"如系已有官职人员,三年教习期满,著有成效,准保加升阶一层;如由无官职人员,三年教习期满,拟比照同文馆准作为翻译官章程,再留三年,始终不懈,以府经历、县丞分发洋务省分试用,仍将教习衔名先行报部立案,以凭查核;如不得力,即行另拣通晓翻译之人充补。"②

书院学生来自珲春、宁古塔、三姓三城的八旗子弟,年龄在十五岁至二十岁,要求其天资敏粹并粗通汉文。学生总数为十五名,由珲春城八旗中挑选七名,其他两城各挑选四名。③

珲春俄文书院课程及肄业年限规定,初年:认字母,讲单字、连字、均音字、辨字、音韵。分真草篆,念法,认数目字及说法,学单话。分门别类,讲求字义,学习写法。次年:学习单句话、连句话。学习说话条子,练习口音,学说规矩,讲求虚实字义,连贯文法,学习话中变法。三年:学习官话、文话说法,学翻译数(字)小条子,讲习文法。四年:讲习文法,学翻译公事,学翻译数十字条子,由浅入深。五年:讲习文法,学翻译短小公文、照会、信札,念书,讲公文内颠倒字义翻译所以然之规矩。六年:讲习文法,学翻译长大话条子、信札、照会。"以上课程,聪敏学生用心六年可成,鲁钝者用心九年可期成效。"④

书院规定月课日期为每月初一。季考日期为每年二、五、八月、十一月十五日。岁考、大考日期为每年十二月十五日。有季考、岁考月份即免月

①　参见常嘉林:《珲春俄文书院》,载于《历史档案》,2005年第4期。

②　朱有瓛主编:《中国近代学制史料》(第1辑 上册),华东师范大学出版社,1983年,第306页。

③　参见金白奎:《中俄书院》,载于《珲春文史资料》(第3辑),政协吉林省珲春市委员会文史资料委员会编辑出版,1990年。

④　常嘉林:《珲春俄文书院》,载于《历史档案》,2005年第4期;陈谷嘉、邓洪波主编:《中国书院史资料》(下册),浙江教育出版社,1998年,第2372—2373页。

课。一年共计月课七次,季考四次,岁试一次。月课、季考和岁考分别取前五名或前六名,根据名次赏给不同数目的银两,一年需赏银六十四两。三年大考后,择优褒奖应升学生官级以示鼓励。

光绪二十四年(1898 年)四月,省城吉林交涉总局需要俄文翻译,于是俄文教习毛鸿遇被调至省城充当俄文教习兼翻译。随之,珲春俄文书院也迁至吉林。光绪二十五年(1899 年)三月初八,吉林将军延茂上奏请求扩充俄文学堂,奏折中曰:"现在铁路工程大作,俄国人员来吉者日众。即俄文公牍往来者日多,非添派教习增广学额不足以育人材而资委用。查有俄文学生骁骑校连升,五品顶戴依利丰阿,肄业有素,于语言文字颇能通晓,拟即派充俄文副教习,并添补学生十五名,总其教育,俾有成材。"在奏折中延茂还拟委派刘赞棠充当汉文教习,以端正士风,"使咸知以外洋文字为应变之方,以圣贤书传为立身之本,庶不之于用夷变夏之陋习"①。

1900 年沙俄出兵东北。1905 年日俄战争以俄国失败而告终,长春、吉林以南被划为日本的势力范围,俄军撤出吉林、珲春等地。珲春俄文书院遂失去了存在的基础。

5.湖北自强学堂

湖北自强学堂是 1893 年由湖广总督张之洞创办的。根据 1904 年清政府批准颁行的《奏定学堂章程》中《各学堂奖励章程》的规定,湖北自强学堂是"程度与高等学堂略同"的"外省方言学堂"。又据《清史稿》:"查京外学堂,办有成效者,以湖北自强学堂、上海南洋公学为最。"那么,张之洞缘何要创办这样一所具有高等学堂性质的学堂?湖北自强学堂与中俄文化交流又有着怎样的联系呢?

光绪十九年十月二十二日(1893 年 11 月 29 日)张之洞上奏朝廷,表达了创建湖北自强学堂的必要性和急迫性:"治术以培植人才为本,经济以通达时务为先……湖北地处上游,南北冲要,汉口、宜昌均为通商口岸,洋务日繁,动关大局,造就人才,似不可缓,亟应及时创设学堂,先选两湖人士肄业其中。讲求时务,融贯中西,研精器数,以期教育成材,上备国家任使。"②

湖北自强学堂设在武昌三佛阁大朝街口,初分方言、算学、格致和商务四斋,每门学生二十人,只准湖北和湖南两省人士与考。每门延教习一名,

---

①　吉林省档案馆、吉林省社会科学院历史所合编:《清代吉林档案史料选编:上谕奏折》,1981年,第 372 页。

②　高时良、黄仁贤编:《中国近代教育史资料汇编:洋务运动时期教育》,上海教育出版社,2007年,第 270—271 页。

分斋教授。除方言一斋住堂肄业外,其余三斋寄宿堂外,只按月来堂考课。

但是,张之洞很快就对自强学堂的专业设置进行了改革。光绪二十二年六月二十七日(1896年8月6日),他在就改定自强学堂章程一事给学堂总办蔡锡勇的信中称,算学一门,"中国书籍较多,可不假道西文,业于本年五月移归两湖书院另课",而格致、商务两门,"多空谈而少实际",此后"毋庸命题专课,一律改课方言"。这里所谓的方言,是指各国语言文字。自强学堂设有英文、法文、俄文、德文四门,每门计划招收学生30人,共120人,"各延教习,分门课授"。另外,将汉阳铁厂的化学学堂并入自强学堂,但因化学精奥,应挑选已通晓西文的学生学习。自强学堂还应附设译书处,"延聘通晓华语之西士一二人",口译商务、铁路、种植、畜牧等方面的西书,"而以华人为之笔述,刊布流传,为未通洋文者收集思广益之效"。这样,经过调整,自强学堂形成了"改课方言,兼课化学,并附译西书"的格局。[①]后因社会上留日风潮影响,光绪二十四年(1898年)自强学堂增设日语,学生亦计划增加30人。这样,学生总数达到了150人。

根据张之洞后来拟定的自强学堂章程,凡精通华文、年龄在十五岁至二十四岁之间者,无论本省、外省悉准报考自强学堂,学制五年。学生未毕业以前,不得擅自请假,如借端求去,或受雇洋行充任翻译,须追缴历年薪水伙食等一切费用。学堂应将学生家世考询明白,并由同乡官员出具保证。不能接受插班学生,新老学生必须分班教学。学生须听从教习及管学各员约束,如不守学规,即行斥退。光绪二十三年(1897年),自强学堂取消了膏火费补贴,改成按月择优奖赏,从而在全国率先实行了奖学金制。

光绪二十八年十月(1902年11月),自强学堂改名为方言学堂,从武昌三佛阁大朝街口搬至武昌阅马场旁的东厂口。[②]然而方言学堂因未能达到高等学堂的办学水平而招致学部批评,再加上经费奇缺,遂于1911年关闭,前后存在十八年。1913年,北洋政府教育部以方言学堂的校舍、图书和师资为基础,建立国立武昌高等师范学校,后改名武昌大学、武昌中山大学,1928年定名为国立武汉大学。

---

① 高时良、黄仁贤编:《中国近代教育史资料汇编:洋务运动时期教育》,上海教育出版社,2007年,第274—275页。

② 参见朱有瓛主编:《中国近代学制史料》(第1辑 上册)华东师大范大学出版社,1983年,第312页载,光绪二十九年(1903年)自强学堂被改为文普通中学。而高晓芳认为自强学堂只是将原校址让给了文普通中学使用,并没有被改为文普通中学。另参见高晓芳:《晚清洋务学堂的外语教育研究》,商务印书馆,2007年,第178页。

从上述自强学堂的沿革可以看出其对外语教学的重视。张之洞本人也多次强调学习外语的重要性。他在《奏设湖北自强学堂片》中说:"学习泰西语言文字,为驭外之要领。"他在《招考自强学堂学生示并章程》中指出,"若非精晓洋文,即不能自读西书,必无从会通博采","先行统课方言,以为一切西学之阶梯"。而在《札道员蔡锡勇改定自强学堂章程示》中,张之洞写道:"查西学既极邃密,西书又极浩繁,探讨诚非易事。自强之道,贵能取人所长,若非精晓洋文即不能自读西书,若不能多读西书,即无从会通博采。"在《自强学堂改课五国方言折》中他又说:"湖北自强学堂专课东西五国方言,为各种实学之初基,以济实用而广译材。"①

然而自强学堂的培养目标并不是单纯的翻译。张之洞指出:"本部堂意在造就通材,所期远大,欲使学者皆能自读西书,自研西法,则可深窥立法之本源,并可曲阐旁通之新义,既不必读辗转传译之书,致得粗而遗精,亦不至墨守西师一人之说,免致所知之有限。将来学成以后,通殊方之学,察邻国之政,功用甚宏,实基于此。"他还说:"本部堂讲求各国语言文字之意,在于培植志士,察他国之政,通殊方之学,以期共济时艰,并非欲诸生徒供翻译之用。"②显然,自强学堂的培养目标是通过外语学习造就通殊方之学、察他国之政的"通材"。

在自强学堂开设的五门外语中, 俄语占有重要位置。这与湖北对俄茶叶贸易直接相关。湖北是中国重要的茶叶产地。19世纪60年代以后,俄国的新泰、顺丰、阜昌等洋行先后在羊楼峒(也作"羊楼洞")、大沙坪等产茶区设立砖茶厂(后移至汉口),经营茶叶加工制作和出口贸易。19世纪90年代以后, 俄商甚至控制了湖北茶叶市场, 湖北全部出口砖茶的95%~96%被销往俄国。1891年俄国皇太子来中国游历,特地路过汉口,亲临俄商砖茶厂视察,张之洞还曾宴请俄国皇太子。③张之洞和当地的商人都意识到,如果缺乏外语知识和商业实践,就无法在市场竞争中生存。

鉴于俄文以及俄文教学的特殊情况,张之洞主张由俄人充当俄文教习。他指出:"英文、法文各省传习较久,目下四学始基,即派华员为教习。俄文、德文通习素罕,分派俄员、德员为教习,辅以华员协同课授。"另外,

① 高时良、黄仁贤编:《中国近代教育史资料汇编:洋务运动时期教育》,上海教育出版社,2007年,第270—278页。

② 同上,第272、275页。

③ 参见张克兰:《近代湖北茶叶市场与外国资本的渗透》,载于《江汉大学学报》,1990年第2期;陈辉:《湖北史志文选》,武汉出版社,2007年,第52—71页。

"中俄近邻，需用尤殷，况俄文原本希腊，与英、法、德文之原本拉丁者不同，更为专门之学，自宜延访俄人之通华语者为教习，庶裨指授"①。据热心于新教育、时任湖北补用通判的程颂万在《十发盒类稿》中记载，自强学堂延聘的俄文教习有：波立沙，俄人，由总署推荐，约于光绪二十四年春时到堂，二十五年五月离职；萨哈哪甫斯祁，俄人，二十五年五月订约到任；喀凌呵，原籍俄人，寄籍顺天，二十五年十月订约为帮授。

以下是1899年自强学堂俄文馆的功课表，显示其课程设置和时间安排。

湖北自强学堂俄东两馆日课时刻表(光绪己亥年)②

| 课程　　　星期<br>节次 | | 星期一 | 星期二 | 星期三 | 星期四 | 星期五 | 星期六 |
|---|---|---|---|---|---|---|---|
| 上午 | 8:00—9:25 | 方言 | 方言 | 方言 | 方言 | 方言 | 方言 |
| | 9:35—10:50 | 方言 | 方言 | 方言 | 方言 | 方言 | 方言 |
| | 11:00—11:50 | 数学 | 数学 | 数学 | 数学 | 数学 | 数学 |
| 午餐 | 12:00 | | | | | | |
| 下午 | 1:00—1:50 | 历史 | 地理 | 历史 | 地理 | 历史 | 地理 |
| | 2:00—2:50 | 体操 | 理科 | 体操 | 理科 | 体操 | 兵操 |
| | 3:00—3:50 | 汉文 | 兵操 | 汉文 | 兵操 | 汉文 | |
| | 4:00—5:25 | 汉文 | 汉文 | 汉文 | 汉文 | 汉文 | |

从上表可以看出自强学堂俄文馆从周一至周六每天都有2小时40分钟的俄文课，共计每周16小时，在所开设的八门课中课时最多，而且安排在每天上午头两节课，足见俄文在教学中的突出位置。

光绪二十五年(1899年)自强学堂俄文大考的试卷为我们了解自强学堂的考试情况提供了珍贵的资料。试卷如下：

## 俄文堂洋文题③

问实字中有总实字、单实字、觉实字、攒聚实字之别，何为总实字，何为单实字，何为觉实字，何为攒聚实字？实字分阴类、阳类、中类，加实字亦分阴类、阳类、中类。问加实字与实字连用时，其变法如何？凡能动之物自有雌雄，故易分为阴阳中三类。若不动之物，应如何

① 高时良、黄仁贤编：《中国近代教育史资料汇编：洋务运动时期教育》，上海教育出版社，2007年，第272页、第274—275页。

② 转引自高晓芳：《晚清洋务学堂的外语教育研究》，商务印书馆，2007年，第193页。

③ 同上，第196—197页。

得知其何物为阴类,何物为阳类,何物为中类?问何为传说句,何为带进句?(以上论文法)

译俄国学范一则（微普斯克书第十三课）；译释鸽与蚁之知觉（微普斯克书第三十课）；译记羊一则（微普斯克书第三十课）；译记工不贪得一则（微普斯克书第四十七课）；译记牧竖一则（微普斯克书第四十一课）；译性善一则（微普斯克书第四十六课）；译论禾穗虚实寓言（微普斯克书第五十五课）；译食李一则（微普斯克书第六十二课）；译记童子孝行一则（微普斯克书第六十九课）。

有学者对上述自强学堂俄文馆文法题进行了译解,认为其对应的现代文和考查点如下[①]:

对应的现代文

(1)名词分单数名词、复数名词、抽象名词、集合名词,它们有何区别?

(2)什么是复数名词?什么是单数名词?什么是抽象名词? 什么是集合名词?

(3)名词分阴性、阳性和中性,形容词也分阳、中、阴三性。形容词与名词连用时,如何变格?

(4)动物名词有雌雄之分,便于划分阳、中、阴三性,非动物名词如何确定其词性?

(5)什么是间接引语? 什么是直接引语?

考查点

(1)名词的分类。

(2)各类名词的定义。

(3)名词与形容词的性。

(4)动物名词和非动物名词的性。

(5)句法。

可见,自强学堂俄文大考的试题由语法和翻译两部分组成,反映出其对语法知识和翻译技能的重视。然而自强学堂对语法知识的考查方式却与当今大相径庭,它不是通过实际应用来考查语法,而是要求学生把基本概念和基本规则直接答在考卷上。另外,翻译部分题量较大。在考题中一再提及的"微普斯克书"可能是自强学堂使用的俄语教科书。

---

① 参见高晓芳:《晚清洋务学堂的外语教育研究》,商务印书馆,2007 年,第 200 页。

自强学堂大约培养学生二百余人，大部分被派往各省充任教习和翻译或办理工厂和商务等事，[①]严式超、萧焕烈和魏渤则作为留学生分别于光绪二十九年（1903 年）和光绪三十年（1904 年）抵达俄国，进入圣彼得堡大学继续深造。在戴鸿慈一行出使俄国抵达圣彼得堡时，严式超和魏渤曾与清政府驻俄使馆官员一道前往迎接。[②]后来他们都成了中国办理俄国事务的中坚力量。严式超在民国时期担任库伦都护使和唐努乌梁海佐理员，而魏渤曾任中国驻伊尔库茨克领事。

### 6.东省铁路俄文学堂

东省铁路俄文学堂的设立与修筑中东铁路[③]直接相关。1896 年 6 月清政府与俄国签订《中俄密约》，使俄国攫取了在中国东北修建铁路的特权，9 月又责令中国驻俄公使许景澄与华俄道胜银行总办罗启泰在柏林签订《中俄合办东省铁路公司合同章程》。随后，清政府任命许景澄为东省铁路公司总办。[④]1897 年 3 月东省铁路公司成立，总公司设在圣彼得堡，分公司设在北京。光绪二十五年（1899 年）许景澄函称："东省铁路俄国公司勘路将竣，次第开办各段路工，拟在京师设立东省铁路俄文学堂，招致中国学生学习俄国语言文字，以备铁路调遣之用等因。"[⑤]光绪二十五年六月，东省铁路俄文学堂开办，总理各国事务衙门派瑞良为监督，塔克什讷为副监督，校址设在北京崇文门内荣公府花园，"堂中经费取给于华俄银行之息，岁计万金，许大臣亦岁捐五千金以补益之"[⑥]。创立伊始，东省铁路俄文学堂只设两门课程，以俄文为主课，中文为辅课。

关于这所学堂的创建过程，俄国报纸有这样的报道："对于在中国为

---

① 参见苏云峰:《张之洞与湖北教育改革》，载于台湾"中央研究院"《近代史研究所专刊》，1983 年，第 110 页。

② 参见戴鸿慈:《出使九国日记》，湖南人民出版社，1982 年，第 220—221 页。

③ 即东省铁路，亦称"东清铁路"。

④ 《中俄合办东省铁路公司合同章程》第一款规定:"该公司总办由中国政府选派，其公费应由该公司筹给，该总办可在京都居住，其专责在随时查察该银行暨铁路公司于中国政府所委办之事是否实力奉行。至该银行暨该公司所有与中国政府及京外各官交涉事宜，亦归该总办经理。"(参见中国边疆史地研究中心、辽宁省档案馆合编:《东北边疆档案选辑(119 清代民国)》，广西师范大学出版社，2007 年，第 313—314 页)而在实际运作过程中，总办根本无权过问铁路的修建和经营。东省铁路名为中俄合办，实为沙俄独办。

⑤ 《许文肃公遗稿》，卷三。

⑥ 中国第二历史档案馆编:《中华民国史档案资料汇编》(第 3 辑 外交)，江苏古籍出版社，1991 年，第 8 页。

数不多的俄国侨民而言，时下最关注的事情莫过于东省铁路公司董事会创建的俄文学堂。这家公司的工作刚刚起步，领导者就已经意识到缺少有文化素养的翻译。借助于这样的翻译，暂且不说文牍工作，至少可以与中国政府进行谈判……掌握有关汉语的最重要的知识是困难的，这种困难甚至令许多在这个国家居住多年的传教士望而却步。因此，中国人所具有的比较强的语言学习能力，尤其是学习俄语的能力，促使该公司的总办，也是总理衙门中最为开明的成员之一许景澄有了一个想法，即创建一所将中国人培养成翻译的学校……这位官员很轻易地让本国政府认识到开办俄文学堂的必要性。当谈及该项目所需经费时，许景澄提出捐献自己从铁路公司领取的部分薪金。中国政府很愉快地为这所学校划拨了场所……学生的录取将非常严格，仅录取那些很好地掌握汉文的人。在教授俄文的同时，还将向学生们传授某些社会科学知识，以便扩大其视野。"[1]

在 1900 年庚子事变中，东省铁路俄文学堂校舍被焚毁，许景澄亦因力主议和而被慈禧太后处死。光绪二十七年(1901 年)，学堂暂租东单牌楼二条胡同民房为校址，恢复上课。[2] 1903 年坐落在崇文门内东总布胡同的新校舍建成，学校迁入新址。从此以后东省铁路俄文学堂"增学额定校制，逐渐扩充规模，稍弘远矣"[3]。光绪三十二年(1906 年)，改照《中学规则》办理，并添加学科，学生定额为 60 人，其用品由学校供给，并月给津贴。[4]光绪三十三年(1907 年)，学校有教师 19 人，中学生为 60 人，高等小学生为 71 人。中学课程包括修身、读经、讲经、国文、算学、历史、地理、博物、理化、外国语、图画、体操。高小课程与中学课程大体一致，只是将算学改为"算数"，将博物、理化换为"格致"。[5]

辛亥革命以后，学校收归民国政府主管，1912 年更名为外交部俄文专修馆，首任校长为邵恒浚[6]。按照高等专门学校规程，定修业年限为五年。据俄文专修馆 1918 年毕业生马贵钧回忆，其课程设置与当时的大专

---

① Хохлов А. Н. Российский дипломат и китаист Д. Д. Покотилов –жизнь и судьба//В потоке научного творчества. К 80–летию академика В. С. Мясникова.М.,2011.С.316.

② 参见《奏以东省铁路俄文学堂购置地基内有镶白旗圈余地拟请旨饬拨(折片)》，国立故宫博物院图书文献处，识别号 151378。

③ 中国第二历史档案馆编：《中华民国史档案资料汇编》(第 3 辑 外交)，江苏古籍出版社，1991年，第 8 页。

④ 参见吴廷燮等纂：《北京市志稿》(4 文教志 上)，北京燕山出版社，1998 年，第 394—395 页。

⑤ 光绪三十三年二月，《京师督学局一览表》16 页，《北京教育志丛刊》，1992 年第 3—4 期。

⑥ 邵恒浚为晚清第一批留俄学生之一。

学校相同。除俄文和汉文为主科外,还增添了法文、数学、史地、经济学、财政学、国际法、行政法、民法、刑法、法学通论、约章、体操等辅科。第一期学生定名为正科甲级,以后每年暑假招生一次,依次编为乙、丙、丁、戊等班级。改组后,东省铁路俄文学堂尚留有三班学生,乃编为补习第一、第二、第三各班。这些学生需要补习在东省铁路俄文学堂时未学习过的上述课程,经考试及格者准予毕业。毕业考试时,外交部派员莅临监试,以示郑重。当时校章规定,毕业考试名列第一者,留外交部任用,其余由国务院呈请分发东北、西北各边省任用。①从 1914 年至 1917 年十月革命爆发前四年间,俄文专修馆补习班一、二、三班学生,共毕业 35 人,俄文专修馆甲级学生毕业 20 人。②著名革命家和文学家瞿秋白也曾在俄文专修馆学习俄文,他于 1917 年 9 月考入该校。

俄文专修馆的俄文课程包括汉译俄、俄译汉、外交公牍、俄文史地、文学史、约章、会话等。第一学年由中国教师讲课,从第二学年起直至毕业,均由俄国教师授课。周一至周六每天上午 9 时至 12 时三堂课均为俄文,下午 1 时至 4 时为各种学科课程。③

据笔者掌握的资料,俄国人卜郎特(Я. Я. Брандт,1869—1944)和阿理克(B. M. Алексеев,1881—1951)曾在东省铁路俄文学堂和俄文专修馆任教。

卜郎特,1869 年出生于萨拉托夫,1892 年自圣彼得堡大学东方语言系毕业,1894 年进入皇家宫廷部,再转入财政部供职,1901 年来华。④据 1908 年俄国东正教驻北京传教团印字房出版的汉语口语入门教材《华言初阶》显示,该书的作者卜郎特当时正在担任东省铁路俄文学堂教师。⑤而 1915 年由俄文专修馆刊印的《译材辑要》则是卜郎特专门为俄文专修馆编写的教材。其中课文只有汉语,没有俄译,是一本翻译练习册。《译材辑要》由俄文专修馆国文教员刘广源作序,该序称:"《译材辑要》一书,为本馆俄文正教员俄少卿卜郎特君所编辑,经邵筠农⑥校长核定为翻译课

---

① ③ 参见马贵钧:《前北京外交部俄文专修馆片段》,载于中国人民政治协商会议全国委员会文史资料委员会编:《文史资料存稿选编(24 教育)》,中国文史出版社,2002 年。

② 吴廷燮等纂:《北京市志稿》(4 文教志 上),北京燕山出版社,1998 年,第 395 页。

④ Хисамутдинов А. А. Российская эмиграция в Китае: опыт энциклопедии. Владивосток, 2002. C. 37.

⑤ Брандт Я. Самоучитель китайского разговорного языка по методе Туссэна и Лангеншейдта(华言初阶). Пекин, 1908.

⑥ 即邵恒浚,其字筠农——笔者。

本者也。"①

阿理克,1881 年出生,1902 年毕业于圣彼得堡大学东方语言系,从 1906 年起在中国考察和学习,其间从 1908 年 1 月起在东省铁路俄文学堂教授俄语,②曾选择《聊斋志异》作为教材。③阿理克后来成为著名的汉学家,是苏联汉学的奠基人。

1921 年俄文专修馆更名为外交部俄文法政专门学校。1928 年该学校改隶教育部,并入国立北平大学,称国立北平大学俄文法政学院。

众所周知,19 世纪下半叶中国出现的新式学堂包括外国语学堂、船政学堂、水师学堂、武备学堂、技术学堂和实业学堂,而笔者在这里主要考察的是与中俄文化交流密切相关的外国语学堂的俄语教学。与此前的俄语教学相比,19 世纪下半叶至 20 世纪初的俄语教学呈现出这样几个特点:第一,对俄语人才的需求激增,开办俄文学堂的必要性凸显。正是在沙俄大规模侵华和中俄贸易往来频繁的背景之下,在中国京城、湖北重镇和西北地区、东北地区才出现了俄文馆和俄文书院。第二,俄人教师来源多样化。早期的俄文教学主要依靠俄国东正教驻北京传教团成员,而此时俄文教习包括通过各种渠道来华的俄人。也正因为如此,大多数俄人教习的生平事迹已无从查考。第三,教学成效显著。京师同文馆学生在中国近代外交和教育领域发挥了积极作用,新疆俄文馆学生在西北开放口岸充当翻译,湖北自强学堂学生赴俄深造等事实都说明晚清的俄语教学水平已不同于以往。第四,学堂存在时间普遍较短,但对以后的中国俄语教学影响深远,尤其是京师同文馆为 1902 年成立的京师大学堂译学馆的俄语教学奠定了基础。

## 第二节　俄国的汉语教育

俄国的汉语教育是从俄国政府培养对华翻译人才而开始的,与中国俄语教育的发端时间相近。随着中俄交往日益增多、俄国教育以及汉学水平逐渐提高,俄国的汉语教育也经历了由培训班、专门学校到高等教育几个不同的阶段。

---

① 刘广源:《〈译材辑要〉序言》,载于[俄]卜郎特辑:《译材辑要》二卷,铅印本,俄文专修馆,1915 年。

② Баньковская М. В. Алексеев и Китай. М.,2010,С.84.

③ 参见李福清:《〈聊斋志异〉在俄国——阿列克谢耶夫与〈聊斋志异〉的翻译和研究》,载于《汉学研究通讯》,2001 年第 4 期。

## 一、早期满汉语班

### 1.舒哥的满汉语班

俄国早在 18 世纪 30 年代就有了满汉语教学，教师是个中国人。在 1882 年出版的尼古拉·班蒂什－卡缅斯基（Н. Н. Бантыш－Каменский，1737—1814)的《俄中两国外交文献汇编(1619—1792 年)》中曾提到列昂季耶夫和卡纳耶夫(Андрей Канаев，1722—1755)，"这两名学生早在 1738 年就被派到当时在莫斯科受过洗礼的中国人费奥多尔·扎加处学习满语"①。而后，阿多拉茨基在 1887 年出版的《东正教在华两百年史》一书中提到这个中国人在莫斯科做过列昂季耶夫的满语老师。②苏联汉学家彼·斯卡奇科夫(П. Е. Скачков，1892—1964)在此基础上继续发掘档案，于1961 年在《远东问题》杂志发表题为"俄国第一位汉满语教师"的文章，钩沉出一段鲜为人知的早期中俄文化交流史实。

据俄档案载，1733 年，也就是在前往伏尔加河下游地区慰问土尔扈特部的满泰使团回国后的第二年，土尔扈特车凌端多布汗的姐姐委托从准噶尔部办差返俄途经其驻地的俄国少校乌戈利莫夫(Угримов)设法帮助"中国俘虏舒哥"③转道俄国返回中国。到达托博尔斯克后，舒哥受到了沙皇政府的盘查。舒哥自称出身名门望族，此次前往中国是向朝廷禀告准噶尔部情况，如清政府对噶尔丹策零用兵，车凌端多布汗及其姐姐将予以策应。俄国长期暗中支持准噶尔部叛乱，遂对车凌端多布汗的意图颇感不悦。次年安娜女皇下令将舒哥秘密押解至莫斯科。④因为莫斯科常有土尔扈特人往来，故将其化名为"费多尔·布雷金"，并有意绕远道于1736 年将其转移到圣彼得堡。为摆脱沙皇政府监视，舒哥被迫加入东正教，以便取得俄国国籍。1737 年 9 月 11 日，舒哥接受洗礼，教名为"费多尔"。同年，

---

①　[俄]尼古拉·班蒂什－卡缅斯基编著：《俄中两国外交文献汇编(1619—1792)》，中国人民大学俄语教研室译，商务印书馆，1982 年，第 276 页。

②　Адоратский Н. Православная Миссия в Китае за 200 лет ея существования: Опыт церковно-исторического исследования по архивным документам.Казань，1887.C.161.

③　由于俄国档案中只留下了舒哥的俄文名字（有 Федор Чжога、Чжоу Гэ、Джога 等形式)，长期以来一直无法确定一个可信的译法。笔者在这里改用"舒哥"译法，不仅仅是因为此名与俄文发音基本吻合，更为了能接近或符合史实。参见阎国栋：《俄国汉学史(迄于 1917 年)》，人民出版社，2006 年，第 140—143 页。

④　Куликова А. М. Востоковедение в российских законодательных актах（конец XVII в. – 1917г.). СПб.，1994.C.82.

他娶一位皈依东正教的土尔扈特宫廷裁缝的女儿为妻。1738 年舒哥在圣彼得堡期间就教过一位名叫伊利亚·伊万诺维奇·鲍里索夫（Илья Иванович Борисов）的人学习满汉语，但时间不长。舒哥曾经设法逃回中国，但没有成功。1738 年他要求面见沙皇，希望被派到中国边境，为俄国从中国招募工匠，购买货物，没有获得批准。以上是彼·斯卡奇科夫在俄罗斯对外政策档案馆中找到的有关舒哥来历的材料。

当时俄国与中国的交往日益增多，有关贸易、逃人、领土等方面的交涉不断，急需满汉语人才。因为派往俄国东正教驻北京传教团学习的学生还没有学成归来，俄国外务院于是想利用舒哥开设一个满汉语培训班，培养两三名翻译。1738 年外务院致函圣务院，称"在外务院目前有一位皈依东正教的外国人，名叫费多尔·舒哥，通满语。外务院认为应该让俄国人学习满语，这对与中国宫廷的公函往来必然大有裨益"。

1739 年 7 月 19 日，舒哥开办的满汉语班正式开学，学生是来自莫斯科的斯拉夫–希腊–拉丁学院的列昂季耶夫和卡纳耶夫。有关当时上课的情况可以在遗留下来的一本上课日志里获得一些信息。这个日志是一个有五页纸的本子，封面上写着"外务院列昂季耶夫和卡纳耶夫满语学习日志"，下面签有"费多尔·舒哥。1740 年 2 月 4 日"的字样。每页划分成日期、学习内容、星期三栏，页眉写着月份。日志记录了自 1739 年 7 月至 1740 年 2 月的学习情况。这段时间主要学习了满语。学习方法比较简单，从字母的发音和书写开始，背诵词汇，然后练习把满语的文章翻译成俄语。但舒哥在教材方面遇到了很大的困难。因为他没有诸如《三字经》《千字文》《百家姓》等中国蒙学读物。他为此不止一次地要求外务院莫斯科办事处解决教材问题，甚至指出了获取这些书的途径。两位学生非常努力，让舒哥很满意。他们除了学习满语外，每周还要去斯拉夫–希腊–拉丁学院两次，学习拉丁语。1739 年 8 月，舒哥向上级汇报说卡纳耶夫的满语已经与他相差无几，列昂季耶夫的满语书写水平较他还胜一筹。因为仅学会满语还不够，所以他们同时也学习汉语。[①] 由此可见，无论是老师，还是学生，都对满汉语学习倾注了很大的精力。当然，在短短一个多月的时间内学生们是不可能达到舒哥所说的水平的，他在这里有意夸大其词，可能是为了给学生们增加津贴。

---

① Скачков П. Е. Первый преподаватель китайского и манчжурского языков в России// Проблемы Дальнего востока. 1961. № 3; Скачков П. Е. Очерки истории русского китаеведения. М., 1977. С. 57–58.

1740 年底,舒哥的满汉语班结业。1741 年 3 月,舒哥和两名学生被调到圣彼得堡。列昂季耶夫和卡纳耶夫被编入第三届俄国东正教驻北京传教团。1742 年,外务院一度计划把舒哥派到皇家科学院任罗索欣的助手,但由于经费原因没有实现。1743 年 2 月 17 日,伊丽莎白女皇下令将舒哥提升为准尉, 派遣其到阿尔汉格尔斯克卫戍部队服役。①1751 年 3 月 9 日,舒哥去世。舒哥的功绩在于,作为一名中国人开办了俄国历史上第一个满汉语班,为中俄两国早期文化交流做出贡献。他的学生之一——列昂季耶夫成为 18 世纪与罗索欣齐名的汉学家, 继续在外务院从事满汉语教学。

2.罗索欣的满汉语教学

1741 年,圣彼得堡皇家科学院满汉语班成立,罗索欣成为第一个教授满汉语的俄国人。当时确定的培养目标是要使学生掌握汉字以及汉语口语,并逐渐了解中国社会。1741 年 8 月 10 日,从圣彼得堡卫戍学校选拔的四名学生来到皇家科学院,开始跟随罗索欣学习满汉语。这四名学生是:沃尔科夫(Яков Волков)、萨维尔耶夫(Леонтий Савельев)、切克马列夫(Степан Чекмарев)和科列林(Семен Корелин)。②

在教学方法上, 罗索欣采用中国传统的教学方法, 让学生先背诵《三字经》《千字文》和四书。他在教学中使用其翻译的《三字经》和《千字文》俄文手稿,帮助学生理解汉语原文。为了方便学生学习汉语语音,他编写了《用俄文字母标注的汉语发音》,创造了俄国第一个汉俄译音方案。③为了锻炼学生的口语,罗索欣曾要求将舒哥调到皇家科学院协助他工作。但当外务院表示同意时,1742 年皇家科学院又以缺乏经费为由拒绝接受舒哥。翻译中国蒙学教材在罗索欣的教学过程中占有重要地位。在档案中至今还保存着师生共同翻译的《二十四孝》《薛清文公要语》《潘氏总论》等手稿。在沃尔科夫翻译的四书的最后一页上写着“由雅科夫·沃尔科夫译成俄文”。他因此成为四书的第一个俄译者。显然,他不大可能独立翻译这样艰深的古汉语文献,一定得到了罗索欣的直接指导。关于学生的学习效果还可以从另外一份文件中获得一些信息。

---

① Куликова А. М. Востоковедение в российских законодательных актах (конец XVII в. – 1917г.).СПб.,1994.С.76,70.

② Там же, стр.16.

③ Дацышен В. Г. История изучения китайского языка в Российской империи.Красноярск, 2002.С.20.

沃尔科夫和萨维尔耶夫在 1746 年的一份报告中表达希望学习拉丁语和法语,以便阅读欧洲学者的中国典籍译著。由此可见,学生已经懂得借鉴欧洲汉学家的作品了。1750 年,沃尔科夫、萨维尔耶夫和科列林联名上书,要求增加津贴,同时报告了他们的学习情况。他们已经背会了"许多汉语和满语的书籍。起初学习了识字课本和对话,而后背诵了包括四部分内容的四书和《三字经》,攻读了中国的各种历史著作,现在……不仅能够阅读并理解这些书,而且还在学习翻译"。罗索欣希望把这几个学生派到中国去继续学习,但没有成功。在 1755 年计划派往中国的第五届传教团名单中并没有罗索欣的学生。在以后的俄国汉学发展史上也再没有看到他们的名字。①

### 3.列昂季耶夫的满汉语教学

外务院第二个满汉语班的创办者是列昂季耶夫。18 世纪下半期,列昂季耶夫在很长一段时间内是外务院唯一的满汉语专家。而且,清政府从 1855 年开始以《恰克图条约》并没有规定俄方可以一直派学生来华学习为由,拒绝接受俄国学生。俄国政府对严重缺少满汉语通译感到忧虑,希望能在俄国培养,恰好列昂季耶夫也有这方面的愿望。他于 1761 年向外务院提交了一份报告,希望能从斯拉夫-希腊-拉丁学院选拔三名学生跟随他学习满汉语,然后再将其派到中国。次年 10 月 25 日,叶卡捷琳娜二世下旨选拔四名学生跟随列昂季耶夫学习满汉语。1763 年列昂季耶夫从诺夫哥罗德神学院和圣彼得堡神学院挑选了四名学生。他们是伊万诺夫（Антон Иванов）、安基波夫（Михаил Антипов）、科尔金（Яков Коркин, 1745—1779）和波梁斯基（Яков Полянский）。同时,他还从斯塔夫罗波尔请来了一位皈依东正教的名叫阿尔杰米·瓦西里耶夫（Артемий Васильев）的中国人协助教学。据说,此人父亲是中国福建省的一个将军,他本人曾在镶黄旗供职。俄国政府派人查验他的身份,结果与他所言相符;只是不清楚,此人如何到了俄国。

1763 年 5 月,列昂季耶夫的满汉语班正式开学。有关当时上课的情况,现在只能从 1764 年 11 月 15 日列昂季耶夫的一份报告中获得一些线索。他写道,伊万诺夫和安基波夫学习了满语、汉字、会话和语法。因为此两种语言非常艰深,而他本人年事已高,请求外务院将他们派到北京或中俄边境。1765 年,安基波夫被派到中俄边境,又学习了蒙古语。伊万诺

① Скачков П. Е. Очерки истории русского китаеведения.М., 1977.С.44–46.

夫进入政府部门供职。1768 年,科尔金被编入第六届传教团,而波梁斯基以后的命运至今不明。①据 20 世纪 80 年代库利科娃(А. М. Куликова,1935—　)在档案中发现的一份列昂季耶夫的遗稿称,在四名学生中只有一人是可造之才,其他三人学习了一段时间就放弃了。②

　　1767 年,列昂季耶夫到了恰克图,参加了中俄政府间谈判。1769 年回到圣彼得堡后, 他便把主要精力放到中国典籍的翻译上了。对列昂季耶夫的满汉语班具体存在了多长时间这个问题,目前俄国汉学界还没有定论,有学者认为到 1780 年初才关闭,理由是档案记载 1778 年列昂季耶夫还在教一个学生学习满语。

### 4. 安东·弗拉德金的满汉语教学

　　1798 年 1 月 12 日,安东·弗拉德金(А. Г. Владыкин,1761—1811)给外务院递交报告,建议挑选三四名愿意学习满汉语的年轻人,由他负责教授,这些学生在国内打下一定基础后,再派往中国进一步深造,从而掌握所学语言。7 月 24 日,保罗一世下旨每年拨专款三千卢布,用于在外务院培训汉语、满语、波斯语、土耳其语和鞑靼语翻译。③这样,继列昂季耶夫的满汉语班之后,外务院又成立了一个满汉语班。与以往不同的是,安东·弗拉德金所教授的学生不是来自宗教学校,都是世俗人员。三名学生分别是哈里托诺维奇(Т. Харитонович)、德兰切夫(Е. Дранчев)和杰涅西卡(А. Денеська)。8 月, 由于德兰切夫去世,补录外务院看门人之子西帕科夫(М. Д. Сипаков)。满汉语班于 1798 年 5 月开学,授课时间为周一至周六9 时至 12 时和 13 时至 17 时,其中周三和周六为半日制。到 1800 年,学生们已经掌握了近千个汉字,可以进行简单的满、汉、俄语互译。满汉语班使用的教学笔记本保存至今,上面写有从满汉文译成俄文的各种生活会话。满汉语班于 1801 年停办。从安东·弗拉德金的两份有关学生成绩的报告看,他对学生的学习很满意。其中西帕科夫于 1805 年被编入比丘林领导的第九届传教团,1808 年至 1821 年在北京学习。④

---

① Скачков П. Е. Очерки истории русского китаеведения.М. ,1977.С.69–70.

② Куликова А. М. Новый документ об обучении русских китайскому и маньчжурскому языкам при российских миссиях в Пекине //Письменные памятники и проблемы истории культуры народов востока. XVIII годичная научная сессия ЛО ИВ АН СССР (доклады и сообщения)1983–1985. Часть 1. М., 1985.

③ Куликова А. М. Востоковедение в российских законодательных актах (конец XVII в.–1917г.).СПб., 1994.С.18.

④ Скачков П. Е. Очерки истории русского китаеведения.М. ,1977.С.80–81.

舒哥、罗索欣、列昂季耶夫和安东·弗拉德金所开展的满汉语教学,为19世纪在俄国高等学府开办汉满蒙语专业积累了经验。但是,纵观18世纪俄国的满汉语教学可以发现,尽管沙俄政府有时表现得非常重视满汉语人才的培养,但缺乏延续性,四次办学都是只培养了一届学生便停办。在教学内容和方法方面,"因袭中国传统教育方式,不能适应当时欧洲科学的发展水平"[①]。另外,人才的培养与使用存在脱节问题,学生谋职困难。皇家科学院和外务院长期以来只可容纳一名满汉语通译,大部分学生为谋生不得不放弃所学专业,只有少数人有机会被编入俄国东正教驻北京传教团继续深造。

## 二、恰克图华文馆

由于与中国密切的贸易联系,西伯利亚成为俄国对中国语言人才需求最为迫切的地区。随着恰克图互市的兴起,培养汉语翻译,与以晋商为主的中国商人顺利沟通成为俄国商人和西伯利亚地方政府的共同愿望。

1773年伊尔库茨克省办公厅曾办过汉语和蒙古语培训班,1788年甚至下令在伊尔库茨克省和科雷万省的学校必须开设中文课程。[②]但是,这些举措终因没有合格的教师和合适的教材而落空。与此相反,在恰克图对面的买卖城,中国店铺的伙计们都会讲洋泾浜俄语,"他们发不出R的音,只好用L的音来代替;当遇到俄语中常出现的两个辅音连在一起的时候,他们便在两个辅音之间插入一个元音"[③],尽管"只有恰克图的居民能听懂他们的话"[④],但这多少使得俄国商人感到在与中国人交易中处于不利地位,意识到了培养汉语翻译的紧迫性。

1831年1月10日,应恰克图商人的要求,曾任第九届传教团领班的比丘林在这里开设了一个华文馆,起初有十名学生。[⑤] 1832年11月华文

① Дацышен В. Г. История изучения китайского языка в Российской империи.Красноярск, 2002.C.21.

② Хохлов А. Н. Кяхтинское училище китайского языка и его роль в подготовке китаистов //XVII Научная конференция «Общество и государство в Китае». Ч. 2. М.,1986.

③ [德]G.F.米勒、彼得·西蒙·帕拉斯:《西伯利亚的征服和早期俄中交往、战争和商业史》,李雨时译,商务印书馆,1979年,第28页。

④ [俄]瓦西里·帕尔申:《外贝加尔边区纪行》,北京第二外国语学院俄语编译组译,商务印书馆,1976年,第50页。

⑤ 一说为12名。Хохлов А. Н. Н. Я. Бичурин и его труды о Монголии и Китае первой половины XIX в.(некоторые вопросы источниковедения)//Н. Я. Бичурин и его вклад в русское востоковедение: К 200-летию со дня рождения.Материалы конференции / Сост. А. Н. Хохлов. Часть 1-2. М., 1977. Ч.1.

馆获俄国政府正式批准,隶属俄国财政部外贸司,受恰克图海关的直接领导;恰克图商人每年提供一千五百卢布支持办学;招收会读写俄语以及有算术基础的各个阶层子弟入学;学生免费接受汉语教育,但不享受任何补贴;不确定学习期限,汉语水平优异者即可获得毕业证,如本人愿意,也可放弃继续学习;学生免服税民兵役。[①]

在教学之余,比丘林积极为恰克图华文馆编写急需的汉语教材和工具书。除了完善《汉文启蒙》外,他还将中国的满汉蒙语合璧辞书《三合便览》翻译成俄文。在任教 18 个月后,比丘林因故回到圣彼得堡。此时,只有 1831 年返回圣彼得堡途经恰克图时被当地商人留下的第十届传教团学生克雷姆斯基(К. Г. Крымский, 1796—1861)在恰克图华文馆授课。1834 年 1 月 11 日,恰克图海关关长致信外交部亚洲司,要求比丘林至少再来恰克图华文馆任教两年,以恢复教学秩序。1835 年 2 月初,外交部通知恰克图方面,称沙皇已经同意任命比丘林和九级文官克雷姆斯基为恰克图华文馆教师。而后,比丘林又一次来到恰克图,随身携带了刚刚问世的第二版《汉文启蒙》。1835 年 5 月,恰克图华文馆再一次举行开学典礼。是年,恰克图华文馆共招收了 22 名学生。这些学生主要来自商人和小市民家庭,年龄从 7 岁到 21 岁不等。

这次比丘林为恰克图华文馆制定了详细的教学计划[②]:(1)课程分四年完成。(2)除节假日外,每天上午 9 时至 12 时为上课时间,由教师根据需要支配,用以教学或练习书写。(3)第一年讲解汉语语法,并将每一语法规则与俄语中相应规则加以对比。通过这种对比一方面要弄清汉语与俄语的差异,另一方面要学会如何在用汉语表达时处理好这些差异。因此,入学者必须预先学习俄语语法,否则将难以进行两种语言的对比。(4)第二年复习汉语语法,并将其规则运用到口语当中,通过这种方式更加清晰地领会汉语结构或重要特性,以便更好地用汉语表达。为此,学生们须先按照汉语语法规则将要学习的浅显对话翻译出来并熟练掌握。对话的内容应贴近恰克图的商人阶层。(5)第三年学生练习由他们预先亲自翻译的扩展对话。教师布置一些浅易的文章令学生翻译,然后按照汉语

---

① Хохлов А. Н. Кяхтинское училище китайского языка и его роль в подготовке китаистов //XVII Научная конференция «Общество и государство в Китае». Ч. 2.М. ,1986.

② Хохлов А. Н. Н. Я. Бичурин и его труды о Монголии и Китае первой половины XIX в. (некоторые вопросы источниковедения))//Н. Я. Бичурин и его вклад в русское востоковедение: К 200-летию со дня рождения.Материалы конференции / Сост. А. Н. Хохлов. Часть 1–2.М. ,1977.Ч.1.

语法规则分析学生的译文。在这个过程中,每个学生都应自己认识在翻译中发生错误的原因。因此,第三年的任务主要是在运用过程中复习汉语语法。(6)第四年除了练习汉语会话外,最终学生掌握交际过程中使用由汉语短语组成的长句,同时将注意力集中于表达色彩上的差异。第四年的经典教育包括汉语书面语言特点分析以及汉语俄译练习。商人阶层学生需要学习的课程到此结束。

可以看出,这份教学计划对教学内容和教学方法都做了明确的规定。在教学内容上充分考虑了恰克图商人的实际需求,尤其重视汉语商务口语实践能力的培养。在方法上循序渐进、突出重点,注重温故而知新,通过俄汉语言的对比来认识汉语语法的特性。在比丘林之前,无论是舒哥、罗索欣,还是列昂季耶夫和安东·弗拉德金的满汉语班都没有制定过系统的教学计划。所以,比丘林这一具有一定科学性的教学计划无疑为俄国汉语教学法的形成奠定了基础。

1838年初,比丘林回到圣彼得堡,恰克图华文馆由克雷姆斯基负责。1841年克雷姆斯基向财政部汇报了恰克图华文馆根据比丘林拟订的教学计划所进行的教学情况。后人从这个报告中得知,克雷姆斯基除了讲授汉语外,还教授代数、俄语和宗教教义。克雷姆斯基在恰克图华文馆工作了近三十年。据克雷姆斯基的学生、曾到过中国汉口的列别捷夫(И.Р. Лебедев)说,克氏的教学方法非常简单,就是背诵比丘林编写的汉语语法。[①]

克雷姆斯基一生只出版过一部著作,这就是由俄国东正教驻北京传教团于1906年在北京出版的《孔学义解》。作者在书中简略总结了儒家的世界观。全书包括十三个部分,分别为孔子生平、孔子论天、神及心、孔子的道德学说、论勇敢、论欲望、论人的地位、夫妇责任、兄弟义务、论友情、论主仆义务、论教育、儒家典籍。这部著作文风简约,通俗易懂,很可能就是他为恰克图华文馆编写的教材。在最后一部分"儒家典籍"中,除了四书五经外,还增加介绍了《小学》《孝经》两种著名的蒙学书。[②]该作与比丘林的《儒教》从完全不同的角度阐释了儒家学说的实质及其在中国的影响,基本上可以代表19世纪上半叶俄国的汉学研究水平。可以想见,克雷姆斯基用比丘林的《汉文启蒙》教授汉语,用自己的《孔学义解》教授中

---

①　Скачков П. Е. Очерки истории русского китаеведения.М.,1977.С. 113.

②　Крымский К. Г. Изложение сущности конфуцианского учения. Пекин,1906. С.42–43.

国文化,提升了恰克图华文馆的教学水平。

1861 年,克雷姆斯基去世,恰克图华文馆的教学从此中断。1867 年,恰克图华文馆关闭。俄国政府之所以决定不再继续保留这所汉语学校,一个原因是《中俄北京条约》签订之后,俄国可以更方便地直接派学生来华学习满汉语言, 另外一个原因是 1855 年圣彼得堡大学开设了汉语专业,俄国境内汉语人才的培养中心发生了转移。

恰克图华文馆培养出一些汉语翻译人才, 绝大多数毕业生都成为俄国对华贸易商行的翻译,为促进俄国对华贸易发挥了作用。恰克图华文馆首次在俄国实施了科学而详细的汉语教学计划, 催生了俄国第一部优秀的汉语教科书《汉文启蒙》,积累了教学经验,对俄国汉语教学和汉学研究产生了深远影响。

## 三、喀山大学

19 世纪上半叶,随着高等院校相继建立,俄国科学和教育事业得到了进一步发展,"在高等学校教授和学习东方语言成为 18—19 世纪初俄国整个教育体制改革的重要部分"[1]。汉语与其他东方语言学科一道进入大学课堂。除了境外的俄国东正教驻北京传教团,俄国本土汉语教育基地也开始创立,其先锋便是俄国老牌知名学府——喀山大学。

1837 年 5 月 11 日,尼古拉一世(Николай Ⅰ,1796—1855)下旨在喀山大学建立汉语教研室,并"责成兹拉托乌斯特修道院修士大司祭丹尼尔(西维洛夫的教名——笔者) 主持", 以便 "为北京传教团培养翻译和学员"。[2]由此可以看出,当初建立汉语教研室的目的并非完全直接为俄国国内相关部门培养人才, 而是为了给俄国东正教驻北京传教团输送后备人才,以更好地发挥其作为俄国汉学人才主要培养基地的作用。

西维洛夫为喀山大学制定了《汉语教学大纲》,提出应该重视汉语语法、声调、偏旁部首的学习,建议为汉语文献加注标点符号,规定使用比丘林的《汉文启蒙》作为教材,同时辅以欧洲汉学家的著作。与此同时,他还编写了俄国历史上第一部《汉语文选》。除了教授汉语之外,他每周还为学

---

① Валеев Р. М. Преподавание восточных языков в Первой Казанской гимназии//Монголовед О. М. Ковалевский: биография и наследие(1801-1878). Казань, 2004.

② Куликова А. М. Востоковедение в российских законодательных актах (конец XVII в.- 1917г.).СПб., 1994.С.219.

生们开设四个小时的中国历史课程。1844 年,他因病辞去教职,前往后贝加尔地区,在布里亚特人中传教;1871 年在那里去世。①尽管西维洛夫的汉语教学生涯不长,但他是俄国第一个高等汉语教学基地的创始人,在俄国汉学史上具有不可取代的地位。

西维洛夫的继任者是沃伊采霍夫斯基。1820 年,沃伊采霍夫斯基加入第十届俄国东正教驻北京传教团,担任医生职务,并掌握了满语和汉语。1831 年,沃伊采霍夫斯基回到俄国,被任命为外交部亚洲司医生。西维洛夫辞职后,沃伊采霍夫斯基来到喀山大学。1844 年,汉语教研室改称汉满语教研室,他在讲授汉语的同时,为学生开设满语课程。因此,沃伊采霍夫斯基成为俄国历史上第一个满语教授。在汉语教学上,他没有放弃西维洛夫的汉语教学方案,继续使用比丘林的《汉文启蒙》和雷慕沙(A. Remusat, 1788—1832)的《汉文启蒙》作为教材,同时辅以自己编写的材料。他为学生讲解古汉字和新汉字的书写方法和差别,与学生一道将四书中的片段译成俄文。在满语教学上,他编写了《满语语法规则新编》作为教材,阅读课则主要使用《清文启蒙》、满文本四书等材料,同时每周还为学生开设四个小时的满族历史课程。此外,他还编写了《汉满语初学课文》《语言实践用佳作辑录》等。沃伊采霍夫斯基在北京曾编写过一本《满汉俄词典》,共有三卷,现在只有五十一页保存在喀山大学图书馆。②后人评价说:"沃伊采霍夫斯基为俄国东方学所做出的最大贡献便是在喀山大学开创了满族语言和文学的教学。"③

1850 年 11 月,沃伊采霍夫斯基去世,校方决定聘请刚从北京学成归来的王西里为编外教授,接替沃氏的职位,教授汉语、满语、中国历史和中国文学史课程。王西里在喀山大学进行了丰富多样的汉学教学实践。在1851—1852 学年度,他为一年级学生讲授汉语语法和满语语法,翻译和分析四书,阅读浅显易懂的满语文章,为三四年级学生讲授中国历史典籍、中国文学史和国家法令的翻译,同时讲授满语翻译。他继续选用比丘林的《汉文启蒙》和雷慕沙的《汉文启蒙》作为汉语语法教材,

---

① Скачков П. Е. Очерки истории русского китаеведения.М. , 1977.С.193–194;История отечественного востоковедения до середины XIX века. М., 1990.С. 123.

② Петров А. А. Рукописи по китаеведению и монголоведению, хранящиеся в Центральном Архиве АТССР и в библиотеке Казанского университета// Библиография Востока. Вып.10(1936). М.,1937.

③ История отечественного востоковедения до середины XIX века.М.,1990.С. 124.

1853—1854 学年度又补充了英国汉学家马礼逊 (Robert Morrison，1782—1834)的《通用汉言之法》。他选择汉斯·嘎伯冷兹(Hans Conon von der Gabelentz，1807—1874)的《满语基础》以及中国的《清文启蒙》作为满语教材。进入高年级之后，学生还要学习外交文书和清朝律例的翻译。为了让学生能够更加全面地掌握满汉语言，王西里还锻炼学生将汉语《西厢记》中的片段译成满文。1853—1854 学年度，王西里首次在欧洲开设了满族文学史课程，1854—1855 学年度他又增开了中国历史和满族历史课。①

　　为了提高学生的口语水平，1853 年，他邀请能够进行汉语会话的阿布–卡里莫夫(И. Абу-Каримов，1800—1865)来喀山大学教授汉语口语。此人生于中国甘肃，后来到俄国，曾充任喀山第一中学督学并在那里教授汉语。王西里认为喀山大学学生"能够向土生的中国人学习汉语实践知识在欧洲是绝无仅有的现象"②。喀山大学每年都要举办一次旨在鼓励学生独立从事科研活动的论文竞赛。为提高汉满语专业学生研究中国各民族的兴趣，王西里于 1854 年提议以"金朝与中国周边少数民族的关系"为题进行论文竞赛，他列举的参考文献中有《金史》《通鉴纲目》(汉满文本)和《满洲源流考》等典籍。③

　　1854 年，王西里被聘为喀山大学汉满语教研室的编内教授。同年尼古拉一世给枢密院下令，除喀山大学保留鞑靼语专业外，对俄国其他所有院校的东方语言教学实施合并，成立圣彼得堡大学东方语言系。这样，喀山大学的汉满蒙语教学停止，其教师、学生和部分图书也转到了圣彼得堡大学。

　　喀山大学汉学教育的教学规模基本停留在低水平状态，学生人数呈逐年减少趋势。东方语言专业 1848 年 42 名，1849 年 35 名，1850 年 33 名，1851 年 29 名，1852 年 16 名。而毕业人数又仅相当于入学人数的42%。造成这种状况的主要原因，一是专业比较难学，学习时间长，一般需要四至五年才能够毕业。二是难以找到专业对口的工作。如汉满蒙语专业，只有位于中俄边境的中俄贸易地区需要为数不多的翻译，而在地处欧

---

　　①③　Хохлов А. Н. В. П.Васильев в Нижнем Новгороде и Казани//История и культура Китая: Сборник памяти академика В. П. Васильева / Под ред. Л. С. Васильева. М., 1974.

　　②　Валеев Р. М. Формирование и развитие казанского университетского востоковедения: разряд восточной словесности Казанского университета (1807–1855) //Монголовед О. М. Ковалевский: биография и наследие(1801–1878). Казань, 2004.

洲部分的俄国各大中城市,使用这些人才的机构极少。为了让东方语言专业的毕业生不至于失业, 有关部门只好安排他们去中学当俄语教师。从1837 年至 1850 年, 在 46 名公费学生中只有 14 人找到了专业对口的工作,22 人被分配到中学担任俄语教师,9 人留在大学继续深造。此外,翻译薪酬偏低也是阻碍教学发展的原因。①

喀山大学开创了俄国高等院校汉学教育的先河,改变了俄国汉学教育主要局限在俄国东正教驻北京传教团的状况,实现了从单一僧侣汉学到僧侣与高等学校汉学并存的局面,对汉学人才培养、教材建设以及创建作为 19 世纪下半叶俄国汉学中心之一的圣彼得堡大学东方语言系做出重要贡献。然而由于政府机构和商界对中国语言人才的需求相对较小,大批学生毕业后谋职困难,这在一定程度上限制了汉学教育的发展。但是,其存在的历史证明了俄国大学开设中国语言专业的可能性与必要性,推动了俄国汉学以及中俄文化交流的发展。

## 四、圣彼得堡大学

从 19 世纪中叶开始,在俄国对外关系的天平上,东方的分量越来越重,从前小规模、分散的东方学教学已经不能适应俄国对外扩张政策的需求,同时也不利于皇家科学院和外交部对东方语言人才培养进行直接管理和监督。1854 年 10 月 22 日,俄国枢密院下达了由尼古拉一世签署的命令,决定合并俄国当时所有院校的东方学专业,在圣彼得堡大学组建东方语言系。1855 年 9 月 1 日,东方语言系正式开学,自此翻开了俄国东方学教学新的一页。在以后半个多世纪的时间里,这里一直是俄国的中国研究中心和中国语言人才培养基地。

圣彼得堡大学汉语教研室建立伊始,由王西里教授担任主任,并讲授四个年级的所有主要课程。1876 年他从编内教授荣升功勋教授,仍继续担任汉语专业的教学工作,1893 年退休后才由通常的每周六学时减少到每周两学时。在王西里去世的 1900 年,他依然在给学生上课。因此可以说,"汉满语教研室历史上的头四十五年是与王西里的活动联系在一起的"②。

圣彼得堡大学的汉语教学方案是王西里在喀山大学汉语教学计划

① Скачков П. Е. Очерки истории русского китаеведения.М.,1977.С. 198–199.

② Петров В. В. Китайская филология в Петербургском –Ленинградском университете// Точность – поэзия науки: Памяти Виктора Васильевича Петрова.Сб. ст. СПб.,1992.

的基础上逐步形成的，最终在 19 世纪 60 年代趋于稳定，并一直维持到阿理克教学活动开始之前。与 18 世纪皇家科学院和外务院开办的满汉语班、恰克图华文馆以及喀山大学相比，圣彼得堡大学的汉语教学方法已经有了很大进步，不再套用中国传统教学方式，试图确立具有俄国特色的大学汉语教学模式。总结起来，王西里制定的教学计划主要包括如下内容：一是汉语导论，也就是汉字和汉语语法教学。二是翻译，译材由浅入深，循序渐进，内容涉及中国历史、地理、政治、哲学、宗教、文学以及中俄关系等。三是专业课程，如文学、历史等。四是口语和书法课程。

　　作为唯一的汉语教授，王西里编写了大量教材，以满足教学之需要。为了解决长期困扰欧洲汉语教学的汉字识读问题，王西里在北京时期就已经开始构思自己的汉字解析方法。经过在圣彼得堡大学十余年的教学实践，终于编写出《汉字解析》和《汉字笔画系统——首部汉俄词典试编》。前者主要阐释汉字的特点和结构，后者介绍了由他发明的汉字笔画体系。这套体系不仅对当时的俄国学生提高汉语学习效率发挥了重要作用，而且也对后来俄国汉俄词典编写、汉字检索以及汉语语言学研究产生了深远影响。

　　阅读课是重要的汉语习得课程。王西里编写了三卷《汉语文选》。《汉语文选》第一卷问世于 1868 年，内容主要包括中国俗谚、生活原则、笑话、康熙家训、聊斋小说、魏源的《圣武记》等。《汉语文选》第二卷、第三卷分别收录了《论语》和《诗经》，即所谓的"深文"。与这三卷教材相配套，王西里编写了三卷《释读》，对文选中的文章逐字逐句加以解释和翻译。第二卷、第三卷的《释读》实际上就是《论语》和《诗经》的译文与阐释。王西里编写的这套汉语文选在圣彼得堡东方语言系长期使用，对培养学生汉语阅读和理解能力发挥了重要作用。

　　1851 年，王西里在喀山大学首开中国文学史课程，具有概论性质，根据《文献通考》《四库全书》以及自己的笔记对中国文学进行全面系统的介绍。[①]在教学过程中，他还完成了两部中国文学史论著，一部是《中国文学史纲要》，另外一部是《中国文学史资料》。前者为理论阐释，后者为文献综览，珠联璧合，自成一体。《中国文学史纲要》将中国的经史子集各类文献全部纳入考察视野，并将其作为中国文学的有机组成部分，因此貌似一部中国文化典籍史。其实，这是一种错觉。首先，这部《中国文学史纲

---

① Алексеев В. М. Наука о Востоке: Статьи и документы. М., 1982. С. 162.

要》当初是科尔什(В. Ф. Корш)主编的《世界文学史》的一部分,与梵文文学、波斯文学、埃及文学、巴比伦文学等合编为第一卷。因此,王西里领受的任务就是写文学史,而不是什么典籍史。其次,王西里坚信,世界各民族的文学无论从内容到结构都存在巨大差异,所以"有必要坚持一种次序,即异域文学赋予其作品的一种层次"①,而中国文学的这种层次便是以儒家为基础,包括历史、哲学以及雅文学和俗文学各种著作的整体。他很清楚读者"希望我先讲或多讲所谓的雅文学,介绍一些史诗……希望我多讲讲戏剧、长篇小说、中篇小说、演说术等"②,但是,鉴于中国文学的特质,他无法"抛开儒学而先言他"。所以这部著作是王西里独特的中国文学观的反映。

除王西里以外,1917 年以前, 担任汉语基础课教学工作的教师主要有格奥尔吉耶夫斯基、伊万诺夫斯基、孟第(Д. А. Пещуров,1833—1913)、柏百福、伊凤阁(А. И. Иванов,1878—1937)和阿理克。

在阿理克之前,王西里的弟子们在教学过程中虽然对老师制定的教学内容和教学方法有所调整,但基本上没有脱离旧的窠臼。只有"阿理克从其教学活动一开始便反对故步自封,大胆采用新的教学方法,培养学生独立进行科学探索的兴趣"③。他一改长期以来学生入学后必须从汉字偏旁部首学起的做法,而开设了汉语语音导论课程,并于 1910 年专门出版了《语音文选》。阿理克首次将中国文学课程作为汉语专业的核心课程,在他任教的第一个学期即开设了 "八家古文""唐诗绝句""北京口语语音"。在他 1911 年 1 月 8 日给法国汉学家沙畹 (Edouard Chavannes,1865—1918)的信中写道:"目前我校正在进行汉学课程计划的彻底变革。我拟订了一份教学方案,准备提交东方语言系,恳请您不吝赐教。但我们这里还有一些固定的传统,迫使我必须要违心地考虑到其他因素。"接着阿理克抄录了制定的教学计划。

A.基础课

第一学年:(1)汉语学习导论(我与伊凤阁);(2)语音课程;(3)汉语口语与文言语法;(4)话本小说阅读。

第二学年:(1)《通鉴》入门;(2)《左传》与中国"实用史学"典范(如《东

①　Васильев В. П. Очерк истории китайской литературы. СПб., 1880. С.3.

②　Там же, стр.2.

③　 Петров В. В. Китайская филология в Петербургском –Ленинградском универсете// Точность–поэзия науки: Памяти Виктора Васильевича Петрова.Сб. ст. СПб., 1992.

莱博议》);(3)历史小说(如《三国演义》);(4)精美易读长篇小说(如《红楼梦》);(5)《今古奇观》《聊斋志异》续讲;(6)碑铭(重点为对联与横批)。

B.专业课

第三学年:(1)《书经》;(2)司马迁;(3)《通鉴》(续讲);(4)当代历史文献(如《圣武记》);(5)《孟子》(柏百福);(6)《诗经》与中国诗歌;(7)中国文学史:古代部分(阿理克),当代部分(伊凤阁);(8)中国民俗学入门;(9)当代汉语文体。

第四学年:(1)《论语》(柏百福);(2)宗教文献;(3)后经典哲学文献;(4)唐诗与司空图《二十四诗品》;(5)古文与唐宋时期模仿风习;(6)中国文学史(续讲):古代部分(阿理克),当代部分(伊凤阁);(7)公文语体与条约(柏百福)。①

从维·彼得罗夫(B. B. петров,1929—1987)所写的圣彼得堡大学汉语专业发展史来看,阿理克基本上是按照他写给沙畹的这份教学计划来组织东方语言系的汉语教学的,只有很小的改动。他的教学计划包括四个层次的知识,即语言导论、话本文体(阿理克称之为介乎于文言和白话之间的中间语体)、历史文献和古文古诗。从这份教学计划中,不难发现有许多创新。首先,汉语基础课从王西里时代以笔画分析为主的汉字学习转而从字形和语音等方面全面认识汉字的特点。当然,王西里也并非不重视汉语语音以及方言的差别,但只是对现象的表面描述,其中不乏想象成分,而阿理克则利用在法国学习到的现代语言学研究手段,用实验的方法对北京话的发音进行了科学研究,并形成了自己的理论。这样,汉语专业开设的课程不仅名称发生了变化,而且在内容和方法上也有了质的飞跃。其次,从王西里时代以中国传统哲学宗教思想为基础的中国文化知识教育转而形成了以中国文学作品选读为主的近代语文学科特色。但是在阅读文选的选择上,依然以中国古典文学为主。殊不知,在五四运动之前,文言依然是中国文化界使用的主导语体,除话本小说外,中国文学还少有白话文本,因此,选择文言作品显然是时代的局限或者说反映了时代的特点。这份教学计划有助于培养出更加优秀的汉语语言文学学者或实践工作者。这一点已为后来的事实所证明。在这些课程当中,阿理克显然对"汉语学习导论"课最为看重,将其视为引导学生确立正确

---

① Алексеев В. М. Письма к Эдуарду Шаванну и Полю Пеллио. Вступ. статья, составление и комментарий И. Э. Циперович. СПб., 1998. С.53–57.

汉语学习方法、思维方式及科学精神的钥匙。在 1913 年写给沙畹的信中，阿理克详细介绍了他对这门课程的构想。首先，东方语言系汉语教学的基本目的应该是通过阅读文本来扩大学生视野，培养其认识特色鲜明的中国文化。其次，要学习有关汉语、汉字的基本知识，了解语言习得与文化认知之间的关系。①

## 五、海参崴东方学院

1896 年，李鸿章代表清政府与俄国签订《中俄密约》，沙俄政府由此攫取了在中国东北修筑铁路的特权，从而使西伯利亚铁路穿越中国东北一段（即中东铁路）到达海参崴，为把中国东北变成自己的殖民地打开了方便之门。1898 年，清政府与俄国签订了关于租借旅顺、大连的条约，将旅大地区租给俄国25 年，多年来俄国在东方拥有不冻港的梦想终于实现。1900 年，俄国以镇压义和团为由出兵占领了中国东北全境。随着俄国对中国侵略步伐的加快，两国在经济、外交、军事上的接触日益频繁，对汉语人才的需求陡增。俄国社会迫切需要大量掌握现代东方语言知识的实践型人才，而以中国古典文献为主要教学内容的旧式汉学人才培养模式已很难应对这一紧迫而现实的任务。在这种背景下，1899 年 7 月 9 日沙皇政府颁布了建立东方学院的法令，任命圣彼得堡大学东方语言系蒙古语和卡尔梅克语教授波兹德涅耶夫（А. М. Позднеев，1851—1920）担任第一任院长。波兹德涅耶夫在 10 月 21 日举行的开学典礼上指出，东方学院将完全遵循实用目的，为俄国"在东方的行政及工商活动培养人才"。东方学院的建立成为俄国文化教育界的一大盛事，各报刊纷纷发表文章予以祝贺，认为这将大大缓解俄国对汉、满、日、朝等语言翻译人才需求的压力，对俄国在远东地区的各项事业产生推动作用。②俄罗斯汉学研究专家霍赫洛夫（А. Н. Хохлов，1929—2015）指出，海参崴东方学院"不是要培养二流的办事员、翻译，而是要训练出能够推动俄罗斯远东事业"③的人才。

在俄国政府的授意下，在东方学院开学伊始，波兹德涅耶夫就制订了

---

① Алексеев В. М. Письма к Эдуарду Шаванну и Полю Пеллио. Вступ. статья, составление и комментарий И. Э. Циперович.СПб.，1998.С.69.

② История отечественного востоковедения с середины XIX века до 1917 года.М.，1997.С. 49.

③ Хохлов А. Н. Создание Восточного института во Владивостоке в 1899 г.—важное событие в жизни России//XXXI научная конференция «Общество и государство в Китае». 2001.

培养方案。该方案包括以下内容:(1)由教师编写新的教材;(2)学生不只掌握一门语言,而要学习两三种东方语言;(3)由俄国教师和外国讲师(即受过教育的中国人、日本人和朝鲜人)分别教授语言理论及实践知识;(4)经常性地派遣教师和学生出国搜集资料或进行语言实践。他的这一思想成为东方学院制定教学计划的基准。东方学院的学制为四年。汉语为必修课。第一年全体学生都只学习汉语,每周由教授授课六次,与中国先生练习口语四次。从二年级起,学生被分成四个专业:汉日专业、汉朝专业、汉蒙专业以及汉满专业。学生在汉语之外再加学一门语言,每周由俄国教授授课三次,中国先生授课三次。此外,学生们还要学习神学、英语、地理及民族学、当代中国政治体制、中日朝当代史、东亚商务地理、政治经济、国际法、俄国及主要欧洲国家政体、会计学和商品学。[①]从东方学院最初的教学计划中至少可以看到如下特点:第一,在所有课程中,汉语被放到了最重要的位置。这一方面是由于俄国远东的利益主要在中国,对汉语人才的需求量最大;另一方面,由于中国与东亚日本、朝鲜有着深厚的历史文化渊源,所以学习日语和朝鲜语必须同时学习汉语。此外,学习汉语也是学好满语或蒙古语的前提。第二,东方学院在课程设置上完全将教学中心放在认识包括中国在内的东亚国家的政治和经济现状上。第三,加入了技能性课程,如会计学和商品学等。这些与圣彼得堡大学东方语言系的不同之处说明了东方学院创办者基本上实现了当初的设想。

为了加强学生的口语训练,东方学院从一开始就聘请外籍教师从事实践课教学。中国、日本和朝鲜的教师陆续来校任教。中国教师的加盟保证了东方学院的教学质量。但是由于中国教师工资很低,每月只有五十卢布,所以大部分人由于生计所迫而无法安心工作,中国教师更换频繁。从1899年至1911年,先后有19位中国人在这里任教,有的只教了几个月便另谋生路了。

东方学院建立了一整套学习考评制度。除了在4月下旬或5月上旬进行春季考试以外,学生们还须通过其他各种形式的测试。二年级学生在考试中必须能够轻松地阅读汉语白话文,阅读最浅显的报刊文章,具备一定的行书基础并能够分辨不太潦草的行书笔迹,所掌握的汉字数量不低于两千个,在口语考试中学生须能够就日常生活内容进行对话。三四年级学生须掌握至少2700个汉字,能够翻译报章社论和政治、经济消

---

① Скачков П. Е. Очерки истории русского китаеведения.М.,1977.С.254.

息,熟悉公文和私人信件特点,能够辨认草书,起草最简单的公函,在口语方面能够转述讲话人的意思。东方学院在成绩评定上使用"优秀""良好""及格"和"不及格"四个分级。同时,是否严格遵守上课制度也是决定学生能否毕业的重要因素。

从 1899 年至 1909 年，东方学院一直为俄国军事部门培养东方语言人才,为沙皇政府在远东地区的军事扩张提供服务。有时军官在学生人数中占很高的比例,如 1904 年在 110 名学生中有 34 名军官,1908 年在 175 名学生中有 89 名军官,1909 年在 168 名学生中有 83 名军官。他们按照军队设定的科目学习,接受单独考试,而且也出国实习,回国后同样要交实习报告。特别是在日俄战争期间,大部分东方学院学生都被分配到军事机关服务。1909 年以后,由于为部队培养的汉语翻译过剩,军事部门停止向东方学院输送生源。①

1899 年至 1916 年期间，学院共培训了三百多名学生和二百多名军官。学习汉语的学生毕业后一般比较容易找到专业对口的工作。大部分学生在中东铁路沿线、俄国行政机关、军事部门和商行工作,一部分人成为俄国在中国天津、汉口和齐齐哈尔等地开办的汉语学校的俄语教师,还有一部分人成为哈尔滨俄语学校的汉语教师。在哈尔滨出版的《远东报》的编辑几乎都是东方学院的毕业生。许多学生在俄国汉学史上留下了他们的著作。他们的作品大都刊登在《亚细亚时报》《满洲新闻》《经济通报》以及在哈尔滨、上海等城市出版的其他俄文报刊上。另有几位毕业生后来成为著名汉学家,如潘克福(Б. И. Панкратов,1892—1979)、越特金(Р. В. Вяткин,1910—1995)、希奥宁(А. П. Хионин,1879—1971)、巴拉诺夫(И. Г. Баранов,1886—1972)、什库尔金(П. В. Шкуркин,1868—1943)和马佐金(Н. П. Мацокин,1886—1937)等。

---

① 关于东方学院考评制度、军官培养问题参见 Серов В. М. Становление Восточного института (1899 –1909)//Известия Восточного института Дальневосточного государственного университета. 1994. №1。

# 第七章　中俄教育交流

## 第一节　俄国来华留学生

由于中俄间特殊的地缘政治关系,俄罗斯成为最早向中国派出留学生的欧洲国家。从雍正年间开始,俄国从未中止向中国派遣留学生。以1864年为分水岭,之前的俄国留华学生是俄国东正教驻北京传教团的世俗成员,而此后的俄国留学生的学习和管理形式趋于多样。

### 一、国子监俄罗斯学

17世纪,随着俄国不断东侵,中国和俄国在划界和逃人等方面有了直接交往。由于言语不通,中俄双方不得不以拉丁语和蒙古语作为媒介,甚至在签订《尼布楚条约》时也只能起用通晓拉丁语的耶稣会士张诚和徐日升作为翻译。虽然最终签订的《尼布楚条约》兼顾了中俄双方利益,但两国都对耶稣会士在谈判中的立场心存疑虑。《尼布楚条约》签订之后,中俄贸易迅速发展,来京商队络绎不绝,边境交涉和文书往来日益频繁。所以在17世纪末18世纪初,中俄两国几乎同时将培养自己的翻译视为当务之急。正在这种情况下,两所语言学校在北京先后成立,一是国子监俄罗斯学,一是内阁俄罗斯文馆。《朔方备乘》载:"俄罗斯学有二,名虽同而职掌不同。国子监之俄罗斯学为俄罗斯来京读书子弟而设,所以柔远人也;内阁理藩院之俄罗斯学为八旗习俄罗斯字学生而设,所以通象译也。"[①]所谓"俄罗斯来京读书子弟"即俄国来华留学生。1727年俄国

---

① 何秋涛:《朔方备乘》,卷十三,光绪三年畿辅通志局刊本。

政府首次派遣留学生来华，揭开了近代欧洲国家留学中国的序幕。这些俄国留学生受俄国外交部门指派，作为俄国东正教驻北京传教团成员来北京入国子监俄罗斯学学习满汉语。

早在1700年，彼得一世就下令让基辅都主教挑选一名托博尔斯克都主教，同时"带上两三个善良肯学且年轻的修士学习汉语和蒙古语"①。1726年，叶卡捷琳娜一世在有关组建第二届传教团的指令中，再次就学习中国语言一事下达指示，命领班普拉特科夫斯基赴华时带十几名在伊尔库茨克主升天修道院学习蒙古语的学生，以便其在中国继续学业。②1728年，俄国利用与中国签订《恰克图条约》的机会，将选送一定数量学生来华学习满汉语写入条约的第五条："再萨瓦所留在京学艺之学生四名，通晓俄罗斯、拉替努字话之二人，令在此处居住，给予盘费养赡。"③据此，1727年9月，俄国把在1725年就已经挑选好的三名学生作为第一届传教团学生随郎喀率领的商队派往中国，他们是沃耶伊科夫、普哈尔特(Иван Пухарт)和费奥多尔·特列季亚科夫(Федор Третьяков)。④12月26日，他们三人来到北京，开始学习满汉语。他们是第一批俄国来华留学生。

从1715年派出第一届传教团到1794年，俄国共派遣了八届传教团，其中七届有随团学生，共计25名，分别是莫斯科的斯拉夫–希腊–拉丁学院、伊尔库茨克主升天修道院蒙古语学校和托博尔斯克宗教学校等学校的在读生。在俄国文献中，这些来华留学生被称为"Ученик"(学生)。进入19世纪以后，俄国政府注重提高传教团人员素质，自1808年第九届传教团至1858年第十四届传教团派出的23名⑤学生多数来自圣彼得堡神学院等大学，因而改称"Студент"(大学生)，其中第十二届传教团的王西里

---

① Адоратский Н. История Пекинской Духовной Миссии в первый период ее деятельности (1685—1745)//История Российской Духовной Миссии в Китае.М.，1997.С.60–61.

② Там же, стр.109.

③ 王铁崖编:《中外旧约章汇编》(第1册)，生活·读书·新知三联书店，1957年，第11页。

④ Хохлов А. Н. Л. Н. Воейков–первый россиянин–китаист//Актуальные проблемы китайского языкознания. Материалы 7-й Всероссийской конференции по китайскому языкознанию. М.，1995.

⑤ 王西里是传教团历史上四名临时差遣人员之一，受喀山大学委派来华。但他与其余三名临时差遣人员不同，居京九年多，且任务是学习藏语、汉语和梵文。笔者以为他虽不在第十二届传教团学生编制之列，但事实上是一名留学生。所以，这里的数字暂且把他统计在内。

是蒙古语硕士，第十三届传教团的乌斯宾斯基（Н. И. Успенский，?—1851）和晃明还是神学硕士。1861 年，俄国依据《中俄北京条约》设立驻华公使馆，由其取代传教团行使外交职能。1863 年，沙皇下令"自 1864 年 1 月 1 日，第十四届传教团的全体神职人员转由宗教部门管理，并由其决定北京人员的去留问题。将世俗人员召回亚洲司"①。所以，从 1864 年起包括学生在内的世俗人员一律停派，第十五届传教团至第二十届传教团成员完全由神职人员构成。

在总共二十届传教团中，一共十三届有随团学生，总计 48 名。在前十四届传教团中神职人员和世俗人员共计 152 人次，其中世俗人员 67 人次，所以学生始终是世俗人员的主体。1864 年前俄国来华留学生名单如下：

第一届传教团：沃耶伊科夫、普哈尔特、费奥多尔·特列季亚科夫

第二届传教团：罗索欣、舒里金（Герасим Шульгин，?—1736）、波诺马廖夫（М. А. Пономарев，1712—1738）、阿列克塞·弗拉德金、贝科夫（Иван Быков）

第三届传教团：列昂季耶夫、卡纳耶夫、切卡诺夫（Никита Чеканов，?—1752）

第四届传教团：萨赫诺夫斯基（Ефим Сахновский）

第六届传教团：巴克舍耶夫（Федор Бакшеев，约 1737—1787）、帕雷舍夫（Алексей Парышев，约 1737—约 1809）、阿加福诺夫（А. С. Агафонов，约 1734—1794）、科尔金

第七届传教团：萨列尔托夫斯基（Егор Салертовский，1757—1795）、安东·弗拉德金、菲洛诺夫（Иван Филонов，1754—1792）、阿·彼·波波夫（А. П. Попов，?—1795）

第八届传教团：卡缅斯基、克鲁格洛波洛夫（Карп Круглополов）、利波夫措夫、马雷舍夫（Иван Малышев，1770—1806）、诺沃肖洛夫（В. С. Новосёлов，1772—1824）

第九届传教团：拉弗罗夫斯基（Маркел Лавровскикй，?—1807）、齐马伊洛夫（Лев Зимайлов）、西帕科夫、格罗莫夫（Евграф Громов，?—1807）

第十届传教团：克雷姆斯基、列昂季耶夫斯基、阿勃拉莫维奇（В. К. Абрамович）

---

① Краткая история русской православной миссии в Китае, составленная по случаю исполнившегося в 1913 г. двухсотлетнего юбилея ее существования.Пекин,1916.С.137.

第十一届传教团：罗佐夫（Г. М. Розов，1808—1853）、库尔梁采夫（Павел Курлянцев，?—1838 年后）、科万科（А. И. Кованько，1808—?）、瑟切夫斯基（Е. И. Сычевский）

第十二届传教团：戈什克维奇（И. А. Гошкевич，1814—1875）、戈尔斯基、杂哈劳（И. И. Захаров，1814—1885）、王西里

第十三届传教团：晃明、乌斯宾斯基、尼古拉·涅恰耶夫（Н. И. Нечаев，?—1854）、孔气

第十四届传教团：柏林、巴甫里诺夫（Константин Павлинов）、孟第、姆拉莫尔诺夫（Н. Мраморнов）

最初几届传教团学生在京时间与传教团班期并不一致，多随俄国商队或使节来去。关于学生的学习期限，直到 1755 年才有具体规定。第四届传教团领班林采夫斯基（Гервасий Линцевский）1753 年在致外务院的报告中说："必须为派至北京学习的学生规定一个期限，他们必须在此期限内完成学业，并以优异成绩学成归国。"外务院随即于 1755 年指示："对派赴北京学习语文的学生，自他们到达北京之日算起，学习期限为十二年，期满后即行返回俄国。"①随着俄国政府对传教团的管理趋于正规，后来的学生基本上与传教团同来同归。1845 年，第十二届传教团领班佟正笏曾就缩短班期问题向理藩院提出过请求，但直到 1858 年中国方面才完全放开限制，同意将有关规定写进《中俄天津条约》，即"俄国人习学中国汉、满文义居住京城者，酌改先时定限，不拘年份"②。自此之后，俄国派出的传教团仅有第十四届传教团（1858—1864）有学生随行。可见，大多数学生居留北京的时间在十年或十年以上。

俄国学生在设于传教团驻地内的国子监俄罗斯学学习满汉语。该学校设有管理教学行政的提调官一名，教习满汉语的满、汉助教各一名。何秋涛《朔方备乘》第十三卷《俄罗斯学考叙》记录了俄罗斯学的建制和沿革："雍正六年，经理藩院议准俄罗斯国学生俟送到时令其在俄罗斯馆居住，交与国子监选满汉助教各一人往馆教习清汉文。乾隆九年，国子监奏准俄罗斯学汉助教准为额外助教，咨部别行诠补。乾隆十五年，奏准俄罗斯学满洲助教既非专设之员，其汉助教亦不必额外专设，应行裁汰。嗣后

① ［俄］尼古拉·班蒂什－卡缅斯基编著：《俄中两国外交文献汇编（1619—1792）》，中国人民大学俄语教研室译，商务印书馆，1982 年，第 291—292 页。

② 王铁崖编：《中外旧约章汇编》（第 1 册），生活·读书·新知三联书店，1957 年，第 88 页。

以六堂内助教兼管俄罗斯学务。"

不管是雍正年间临时选派的满汉助教,还是乾隆年间的专职或兼职人员,他们的任务都是为俄国学生教授满汉语。他们采用中国传统的教学方法,通过背诵《三字经》、四书五经等中国古代经典学习语言和文字。但是,满汉助教对教授俄国人满汉语言似乎并无多少热情,国子监和理藩院也没有制定相应的措施以激发其积极性,因而经常发生满汉助教长时间不来俄罗斯馆教学的现象。第十届传教团学生列昂季耶夫斯基在1822年9月30日的日记中写道:"政府指派的满语教师,自1月份到现在就没来过。"①1796年,第八届传教团领班格里鲍夫斯基用传教团经费为学生雇用了私人教师,开创了私聘教师的先例。从此,有名无实的公派教师与私聘教师并存,且后者起主导作用。

作为俄国学习中国语言的先驱,俄国来华学生的学习是在缺少教材、字典的条件下起步的。很多学生试图抄写前人手稿和西方传教士所编词典。俄罗斯科学院东方学研究所至今保留了32部这样的词典,包括俄满、满俄、俄汉、汉俄、拉汉、汉拉、汉法和其他语种词典。除了跟中国先生学习以外,他们还必须啃上好几年字典,阅读一些书籍。第十一届传教团学生科万科这样描述自己的学习情况:"我想尽快学会汉语口语,但因为没有经费,无法经常与中国人在一起,所以将阅读《红楼梦》作为我最初的学习科目。这部书完全用纯净的口语写成,很对我的胃口。"②

18世纪,俄国学生来华的主要目的是学习满汉语。当然,他们也为俄国搜集中国情报,负责与中国(主要是理藩院)交涉两国间各种事务。另外,罗索欣、阿列克塞·弗拉德金和列昂季耶夫还做了内阁俄罗斯文馆的俄文教习,并到理藩院当通事,翻译中俄政府间往来文件。19世纪初,俄国政府对传教团进行整顿,更加明确了传教团的使命,其任务"不是宗教活动,而是对中国的经济和文化进行全面研究,并应及时向俄国外交部报告中国政治生活的重大事件"③。在1818年指令中,俄国政府详细规定了每名学生的学习任务,将其学习成绩作为回国后考评升职的主要依据。该指令规定,四名学生的主要任务是学习汉语和满语,还要根据其所接受过的教育、愿望和能力分别学习其他课程。第一个学生关注中国的

---

① Скачков П. Е. Очерки истории русского китаеведения. М.,1977.С.134.

② [俄]李福清:《〈红楼梦〉在俄罗斯》,阎国栋译,《红楼译评——〈红楼梦〉翻译研究论文集》,南开大学出版社,2004年。

③ 转引自蔡鸿生:《俄罗斯馆纪事》,广东人民出版社,1994年,第24页。

医学和自然史;第二个学生关注中国的数学、文学和哲学,重点研究儒学;第三个学生研究中国的历史、地理、统计和国家法律;第四个学生搜集有关中国农业、中国人家庭生活状况、耕作技术以及各种工艺技术的信息。四名学生同时也是圣彼得堡皇家科学院、医学院、莫斯科自然学家学会和圣彼得堡矿物学会的通讯员。①鸦片战争爆发后,留学生作为"中国通",在领班的指使下,积极向俄国政府报告中国的外交和内政动向,充当译员,直接参与了沙俄的侵华活动。

俄国学生来华后,由于无法忍受远离故土和父母之后的孤独和寂寞,染上了酗酒恶习,再加上难以适应北京的气候和住房条件,多人患有风湿、肺结核等症。此外,师资短缺,缺少教材和词典也是影响其学习效果的重要因素。总体而言,18 世纪的俄国来华留学生的成材率比较低。在 18 世纪的 25 名学生中,有 9 人死在北京,年龄不超过 40 岁,大部分是酗酒所致,其余十几人回国,其中学有所成者包括罗索欣、阿列克塞·弗拉德金、列昂季耶夫、萨赫诺夫斯基、阿加福诺夫、巴克舍耶夫、帕雷舍夫、安东·弗拉德金、卡缅斯基、利波夫措夫和诺沃肖洛夫等。进入 19 世纪以后,学生的素质提高,其中不乏为实现个人理想而来京之士。尤其是在 1818 年指令颁布之后,俄国留学生的学习热情大为提高。19 世纪的学生死亡率降低(六人死于北京),成材率显著提高,涌现出许多国家有用之才,如西帕科夫、克雷姆斯基、列昂季耶夫斯基、罗佐夫、库尔梁采夫、科万科、戈什克维奇、戈尔斯基、杂哈劳、王西里、晁明、孔气、孟第和柏林等。

多数俄国留学生回国后能学有所用,其去向主要有以下几种:(1)在边境地区供职。萨赫诺夫斯基被安排在中俄贸易重镇恰克图的海关,诺沃肖洛夫在伊尔库茨克充当满语翻译。(2)在圣彼得堡皇家科学院工作。罗索欣进入圣彼得堡皇家科学院担任翻译,成为皇家科学院第一个满汉语通译。一直到 1761 年去世,他始终未离开皇家科学院,主要任务是帮助皇家科学院从事西伯利亚和远东问题研究的学者从满汉文献中翻译材料。(3)从事中俄贸易。阿列克塞·弗拉德金作为俄国商队总管 1754 年重返北京。"京师互市"是《尼布楚条约》签订后持续了几十年的中俄贸易的重要形式,商队总管之职自然备受关注。(4)进入外务院(1802 年改称外交部)任译员,这类人占多数。如列昂季耶夫、巴克舍耶夫、阿加福诺夫、

---

① Инструкция архимандриту Петру,начальнику 10 -й Пекинской Миссии//Китайский благовестник. 1915,Вып. 13–14.

安东·弗拉德金、利波夫措夫、卡缅斯基、西帕科夫、列昂季耶夫斯基、罗佐夫、戈什克维奇和柏林等。卡缅斯基后被任命为第十届传教团领班。柏林任俄国驻华公使馆翻译，并被聘为京师同文馆的俄文教习。(5)从事教学。在恰克图商人力邀之下，克雷姆斯基在比丘林创办的恰克图华文馆任教，直到 1861 去世。1850 年王西里到喀山大学任教。1855 年，喀山大学东方语言专业合并到圣彼得堡大学东方语言系，他随即奉调前往，在圣彼得堡大学一直工作到 1900 年去世。他们的主要活动是教书，但也曾在外交部兼职。克雷姆斯基从 1854 年起兼任外交部亚洲司七等翻译，后作为译员参加东西伯利亚总督穆拉维约夫在黑龙江的武装航行。王西里在1862 年至 1868 年做过外交部的兼职翻译。(6)亦官亦学，即在结束留学之后的某一阶段作为外交部驻华官员，工作在俄国对华外交的第一线，而另一阶段则在大学任教。杂哈劳1851 年至 1866 年在外交部亚洲司工作，曾任伊犁领事和总领事，1864 年伙同巴布科夫(И. Ф. Бабков)逼迫清政府签订《中俄勘分西北界约记》，为俄国攫取中国西北地区献计出力。1868 年起他在圣彼得堡大学教授满语，直到 1885 年去世。孔气 1859 年至 1862 年任塔城领事，1867 年至 1878 年任天津领事和中国各开放港口总领事。在这两次来华任职之间，曾接受王西里邀请，到圣彼得堡大学任教。孟第于 1863 年进入外交部亚洲司工作，曾任驻华公使馆翻译和天津领事。1867 年起在圣彼得堡大学东方语言系任教，1890 年升为教授，1905年退休。他在圣彼得堡大学工作同时还兼任外交部翻译，曾代表俄国政府参加《中俄伊犁条约》谈判。

许多俄国留学生在华期间及回国以后，积极从事翻译、著述和教学等活动，促进了俄国社会对中国的认识以及俄国汉学的诞生和发展。他们当中涌现出俄国汉学第一人罗索欣、通讯院士利波夫措夫和卡缅斯基以及院士王西里。罗索欣遗有《资治通鉴纲目前编》等译稿 30 部。列昂季耶夫首次进行了《易经》的俄译尝试，他翻译的《大学》与《中庸》是俄国最早正式出版的全译本。列昂季耶夫一共发表译作二十余种，占 18 世纪俄国发表的有关中国作品的六分之一。安东·弗拉德金编写了俄国第一部满语语法教科书，被誉为俄国第一个满语语言学家。他所翻译的小说《金云翘传》，是俄国最早翻译的中国文学作品。克雷姆斯基对儒学颇有研究，著有《孔学义解》。列昂季耶夫斯基编写了十五卷《汉满拉丁俄语词典》，还在俄国举办了第一个中国民俗展览。科万科在俄国有影响的刊物《祖国纪事》上以"德明"为笔名发表十篇文章，介绍中国，还尝试翻译发表了《红楼梦》的开头部分。杂哈劳的《满俄大辞典》为他带来了世界声誉，他还撰有俄国关于中国经济史研究最早的著述——《中国人口历史评述》和《中国的土地所有制》。王西里是19世纪下半叶最有声望的汉学家，在中国历史、地理、语言、文学和佛学等领域均有不凡的建树。他的《中国文学史纲要》是世界上第一部中国文学史著作，他所制定的汉字笔画系统被沿用至今。孔气不仅是著名的汉籍收藏家，也是研究中国天文、农业以及中俄贸易的专家。

作为双向交流的另一方面，俄国留学生在向中国介绍俄国文化方面也有贡献。罗索欣、阿列克塞·弗拉德金、列昂季耶夫与满人富勒赫合作，将斯莫特利茨基的《俄语语法》编译成满语，称作《俄罗斯翻译捷要全书》，这是中国人使用的第一部俄语教科书。列昂季耶夫斯基把俄国著名历史学家卡拉姆津的《俄罗斯国家史》译成了汉语，名曰《罗西亚国史》，晃明将《彼得一世朝》和《尼古拉一世朝》译成满文，试图向中国介绍俄国历史。晃明还于1854年将俄国诗人格林卡同年发表的《万岁》一诗翻译为汉文和满文。

留学生在中俄交流的实践中切身体会到在俄国本土进行满汉语教学的必要性和重要性，并进行了尝试。罗索欣是第一个从事满汉语教学的俄国人。18世纪，罗索欣、列昂季耶夫和安东·弗拉德金曾分别在皇家科学院和外务院进行满汉语教学。尽管这些满汉语班存在的时间短、规模小，但为19世纪满汉语教学进入俄国高等学府积累了一定的经验。克雷姆斯基在恰克图华文馆任教二十多年。王西里先后在喀山大学和圣彼得堡大学工作约半个世纪，桃李满天下，为培养汉语人才做出卓越贡献。孔气、杂哈劳和孟第也先后在圣彼得堡大学执教，苏联汉学奠基人阿理克就出自孟第门下。

## 二、其他类型来华留学生

19世纪中叶以后，随着俄国西伯利亚和远东地区对华贸易关系日益密切以及俄国公使馆的建立，俄国留学生的派出机构和学习基地都发生了一些变化。俄国西伯利亚和远东地区因与中国联系最为密切，对汉语人才需要最多，因此向中国派出的留学生也最多。

### 1. 地方留学生

19世纪中叶，随着中俄贸易发展，特别是恰克图贸易的需要，俄国对汉语翻译的需求增加。根据俄罗斯学者霍赫洛夫研究，当时到恰克图从事贸易活动的中国人多是晋商，其所说的山西话与恰克图华文馆所教的北京口音差别很大。这样，学生们在与晋商的谈判中起初是听不懂的，而待适应之后学生们的发音也有了山西口音。此外，买卖城的中国官吏大都是满人，满语非常有用，但恰克图却不具备教授这种语言的条件。时任恰克图边境长官的杰斯波特-泽诺维奇（А. И. Деспот-Зенович）认为只有将恰克图华文馆的学生派到北京去学习，才能够彻底解决所面临的问题。在杰斯波特-泽诺维奇倡议下，1858 年 7 月从恰克图选拔了两名学生随固礼为领班的第十四届传教团前往北京。这两个学生一个是布里亚特族的布达（Буда），另一个叫伊万（Иван）。他们在北京学习汉语和满语，八个多月后随巴拉第为领班的第十三届传教团返回恰克图。由此，拉开了恰克图地方当局派遣留学生来华学习的序幕。

1860 年 4 月，杰斯波特-泽诺维奇（1859 年 4 月升任恰克图市行政长官）致信在北京的俄国政府全权代表尼古拉·伊格纳季耶夫，询问俄国东正教驻北京传教团接受两名恰克图华文馆毕业生赴北京学习的可能性。杰斯波特-泽诺维奇称这样做的目的是为了提高其汉语水平，而其生活费用由他负责解决。尼古拉·伊格纳季耶夫表示完全赞同。1860 年 12 月和 1861 年 1 月，第十四届传教团领班固礼也两次提议杰斯波特-泽诺维奇派遣二至三名恰克图华文馆学生到传教团学习。于是，在恰克图华文馆进行了选拔，舍维廖夫（М. Г. Шевелев，1830—1903）、舍尔库诺夫（П. Шеркунов）、切列帕诺夫（Ф. Черепанов）和安德罗诺夫（М. Андронов）因能力出众而获得留学资格。1861 年 3 月 11 日，四名学生随涅尔平（И. Нерпин）率领的商队从恰克图启程赴北京。3 月 25 日，杰斯波特-泽诺维奇又派两名学生随另一支商队前往北京学习汉语和英语。关于恰克图留学生在北京的学习生活情况，涅尔平在信中这样写道："根据修士大司祭固礼的建议，我们的学生将被安顿在北馆，与四名学习俄语的阿尔巴津学生在同一房间学习。在修士司祭伊萨亚的监督下，由一名阿尔巴津人教他们学习汉语。学习大纲尚未编就。目前在为他们收拾教室。无论如何我将尽力使我们的学生做他们自己的事情。"[①]

1861 年 10 月 11 日，恰克图华文馆教师克雷姆斯基去世。杰斯波特-泽诺维奇一方面肯定克雷姆斯基的汉语水平及教学功绩，另一方面批评

---

① Хохлов А. Н. Стажеры и стипендиаты при Пекинской Духовной Миссии//Православие на Дальнем Востоке: 275-летие Российской духовной миссии в Китае. СПб., 1993.

其过分注重理论学习,忽视语言实践。他认为,派到北京的留学生直接与当地人交往,熟悉那里的风俗和习惯,在短期内就能取得好成绩。因此,建议彻底关闭恰克图华文馆,"将汉语学习集中于北京"。可以说,恰克图当局派遣留学生赴北京学习获得成功是杰斯波特–泽诺维奇在克雷姆斯基去世以后决定彻底关闭恰克图华文馆的重要原因。

此后,恰克图当局不断派留学生前往北京,传教团修士司祭伊萨亚负责教学工作,并为他们编写一系列教学参考书,如《俄汉俗话词典(北京话)》《简明汉语语法》等。总而言之,传教团的教学具有一定水平,来自恰克图的留学生在两三年内就能获得令人满意的汉语会话和书写能力。舍维廖夫是恰克图华文馆毕业生(1860 年毕业)中的佼佼者,曾长期在华工作,出任俄国茶叶公司驻北京及其他城市的代理人,1880 年还组织了庙街至汉口间的航运。

恰克图留学生同前述 1864 年前俄国留学生的区别在于,前者由恰克图地方当局委派和资助,后者则由俄国外交部门派遣;前者中的一些人来华前已经有很好的汉语基础,甚至是华文馆的优秀毕业生,后者大多数行前无汉语知识或只是接受过短期的培训;前者虽在传教团居住,由传教团管理,但不在传教团编制之列,而后者则属于传教团成员;前者由传教团成员或雅克萨俄人负责教学,而后者则由国子监派遣满汉助教教习或私聘教习;前者回国后直接服务于西伯利亚地区的中俄贸易,后者学成后由俄国外交部门安排工作去向。

2. 私人资助生

19 世纪 80 年代,俄国来华留学生中又增添了一种新的生源,即领取奖学金的留学生。奖学金是由帕尔加切夫斯基(И. Е. Паргачевский)设立的。帕尔加切夫斯基原是乡村教师,由于在中俄贸易中获利甚多,1884 年在莫斯科立下遗嘱,称身后将资助一至二名来自东西伯利亚的世俗中学和宗教中学的毕业生赴北京并在传教团居住,以便学习汉语并附带学习亚洲和欧洲其他民族的语言。1887 年 4 月 26 日,俄国外交部向沙皇亚历山大三世(Александр III,1845—1894)呈递报告,请求允许亚洲司接受帕尔加切夫斯基遗产,共计 2.6 万金卢布及 35300 卢布债券,4 月 28 日获得亚历山大三世批准。

第一位帕尔加切夫斯基奖学金获得者是乡村学校教师多勃罗维多夫(Н. Н. Добровидов),阿穆尔州人,父亲是教堂辅祭。他在北京学习三年后在中俄边界地区充任翻译。

此后,还有一些人成为领取帕尔加切夫斯基奖学金的留学生,其简要情况如下:

格里戈里耶夫(В. Г. Григорьев),伊尔库茨克工业机械技术学校毕业生,留学三年后供职于汉口的一家贸易公司。

帕尔舒诺夫(Н. Паршунов),恰克图小市民之子,因病而在学习汉语方面无所作为, 两年后根据第十七届传教团领班鲁托维诺夫的呈文被除名。

乌斯丘扎尼诺夫 (А. Устюжанинов),特罗伊茨科萨夫斯克教师之子,1894 年从特罗伊茨科萨夫斯克来到北京,一年后去世。

坎金斯基(П. А. Кандинский),赤塔中学毕业生,1896 年获准前往北京,1899 年学成后供职于汉口的一家贸易公司。

乌弗丘扎尼诺夫(И. Уфтюжанинов),先后在托木斯克实科中学和伊尔库茨克工业学校学习,1896 年成为帕尔加切夫斯基奖学金获得者。

奥西波夫(Н. И. Осипов),特罗伊茨科萨夫斯克实科中学的毕业生。[①]

上述领取奖学金的留学生具有一些共同的特点。一是他们所获得的奖学金虽然出自私人的捐赠, 但奖学金的实际分配者和执行者是俄国外交部,也就是说,他们是受到俄国外交部派遣来华学习的。二是他们均来自东西伯利亚。三是他们在俄国东正教驻北京传教团中学习和生活,接受传教团领班的监督。

3. 短期实习生

19 世纪末,随着俄国政府在中国东北大肆进行侵略活动,对汉语实践型人才的需求猛增,而圣彼得堡大学以中国古典文献为主要教学内容的旧式汉学人才培养模式已经无法适应新形势的需要。于是, 俄国政府于 1899 年在海参崴创办了专门培养东方语言人才的东方学院。

东方学院创立伊始,就十分注重培养学生的语言实践能力,利用暑假派遣一部分学生来华学习。1901 年,学院决定由鲁达科夫(А. В. Рудаков, 1871—1949)教授率领学生到北京实习,并拨款 4800 卢布。1903 年,又有 12 名学生被派往中国的各大城市学习。因为经费短缺,学校与俄国交通部达成协议,允许学生在中东铁路、南满铁路一线免费乘坐火车,在黑龙

---

① 关于领取奖学金的留学生问题详见 Хохлов А. Н. Стажеры и стипендиаты при Пекинской Духовной Миссии//Православие на Дальнем Востоке: 275-летие Российской духовной миссии в Китае.СПб., 1993。

江和松花江航道上免购船票,去上海的学生可获得 30%的船票折扣。学生在华期间居住在俄国东正教驻北京传教团、俄国驻华领事馆或华俄道胜银行在各地的分号中。

学生们在实习期间收获不一。有的学生回国时能够带回关于汉口商业活动的详细报告,有的学生在上海收集到有关中国秘密团体活动的材料,但也有的学生因为缺少经费无法开展工作,不得不待在居所内。学院要求学生实习归来后撰写书面实习报告。一年级学生应该具备解释所研究民族生活现象的能力,二年级学生则需具有独立翻译文章或书籍的水平。学院将优秀的实习报告刊登在《东方学院学报》上或者以书籍的形式出版。著名俄侨汉学家什库尔金是海参崴东方学院第一届学生,暑假期间曾来中国实习,他撰写的实习报告《呼兰城——满洲中部历史经济概观》于 1903 年成书出版。①

东方学院的学生利用暑假来华,提高了语言实践能力,实地感受中国的现实与文化。因此,"实习"可以被视为另外一种留学形式。

## 第二节　中国人留学俄国

与俄国人留学中国相比,中国人留学俄国要晚得多。而且前者是沙俄为向东扩张而实行的积极政策,后者则是在丧权辱国之后的被动选择。清代中国学生留俄尽管历史不长,人数不多,但还是在中国对俄外交以及两国文化交流等领域发挥了积极作用。

### 一、选派与构成

早在雍正十三年(1735 年)十二月十七日,镶蓝旗蒙古副都统多尔济曾就派遣学童赴俄罗斯学习俄罗斯语文事上奏:"由俄罗斯学校少年内,拣选学习略懂者四名,与今来之俄罗斯使臣同遣,勤习伊等语文三年而回。如此,翻译由俄罗斯国来文,不致遗谬。"②但多尔济的奏折并未被议行。直到一百六十多年以后,即光绪二十二年(1896 年)清政府才首次

---

① Серов В. М. Становление Восточного института (1899–1909)//Известия Восточного института Дальневосточного государственного университета. 1994. №1; История отечественного востоковедения с середины XIX века до 1917 года.М.,1997.С.54–55.

② 中国第一历史档案馆译编:《雍正朝满文朱批奏折全译》(下册), 黄山书社,1998 年,第2492页。

派出留俄学生。①

晚清时期，随着对外交往日益频繁，国人意识到单靠同文馆培养翻译已经不能适应外交之需要，迫切需要派遣留学生到国外学习语言，实地认识他国国情。光绪十六年二月二十六日（1890 年 3 月 16 日），詹事府詹事志锐在奏折中指出："总理衙门同文馆之设，历有年矣，各省拔尤而送到之人为数多矣，而出洋大臣奏带同文馆学生充当翻译者，卒不多见，佥谓学生文字虽精，语言不熟，每有临时传述而洋人茫然不解者。奴才曾经试验，令其与洋人对面交谈，诚有不解之时。推原其故，盖学生专习文字，一旦托之言语，只能按书翻译，多有与土音方言不合之处。较之专习语言者，应答驳诘，殊欠爽利。"因此"应请饬下每于轮换出使大臣之时，令其带出四人，仍照学生支给薪水，专习语言，三年之间，断无不能通晓之理。或翻译缺出，即令坐充；或参赞乏人，亦许拟补"②。光绪二十一年十二月二十四日（1896 年 2 月 7 日）总理衙门在《奏派学生出洋片》中也指出："近来交涉日繁，需材益众，臣衙门同文馆延请各国教习，俾该学生学习语言文字。溯自开馆以来，学有成就者尚不乏人，第恐限于见闻，未能曲尽其妙。臣等公同斟酌，拟于英法俄德四使馆，各拨学生四名，分往学习语言文字算法，以三年为期，责成出使大臣，严为稽核。"③于是，光绪二十二年（1896 年），俄文馆学生邵恒浚、桂芳、陈嘉驹和李鸿谟四人受总理各国事务衙门派遣作为中国首批留俄学生赴圣彼得堡学习俄语，为期三年。④邵恒浚为山东文登人，光绪十二年入同文馆，26 岁出国；桂芳，镶蓝旗汉军，光绪七年入同文馆，31 岁出国；陈嘉驹为四川金堂人，光绪十二年入同文馆，26 岁出国；李鸿谟为山东牟平人，光绪十七年以前入同文馆。⑤

光绪二十五年（1899 年）初，总理衙门从同文馆选拔出第二届留俄学生四名，他们是张庆桐、傅仰贤、陈瀚、郝树基。而实际上，同年七月启程赴俄留学的是张庆桐、陈瀚、郝树基、范其光四人。张庆桐为江苏上海人，光

①　同治五年，时任中国海关总税务司的英国人赫德因故回国，斌椿偕子笔贴士广英及同文馆学生张德彝、凤仪、彦慧三人，随行赴欧洲游历；同治六年，同文馆学生凤仪、张德彝、塔克什讷、桂荣、廷俊、联芳随同蒲安臣使团访问有约各国；光绪四年，崇厚就俄国强占伊犁一事同俄方进行交涉，同文馆的张德彝、庆常、桂荣、塔克什讷、庚善、觉罗福连随同赴俄。上述同文馆人员虽然到过俄国，在一定程度上了解了俄国的社会与文化或是提高了自身的俄语水平，但因为在俄停留时间短，且其主要任务是游历和翻译，因此不能算作留学生。

②③　朱有瓛主编：《中国近代学制史料》（第 1 辑 上册），华东师范大学出版社，1983 年，第 51 页。

④　同上，第 144 页。

⑤　参见苏精：《清季同文馆及其师生》，台湾，1985 年，第 237 页。

绪二十二年入同文馆,25 岁出国,入圣彼得堡大学攻读法律专业;陈瀚为
江苏江浦人,光绪二十二年以前入同文馆,23 岁出国,入铁路大学铁路工
程专业学习;郝树基为河北三河人,光绪十七年以前入同文馆,26 岁出
国,入矿务大学矿务专业学习;范其光为江苏江宁人,光绪二十一年入同
文馆,20 岁出国,入铁路大学铁路工程专业学习。[①]

　　与第一届留俄学生相比,第二届留俄学生留学专业明确,且以"实
学"为主,这与光绪皇帝谕旨有直接关系。光绪二十五年(1899 年)七月
二十七日谕旨称:"向来出洋学生学习水陆武备外,大抵专意语言文字,
其余各种学问均未能涉及。即如农工商及矿务等项,泰西各国讲求有
素,夙擅专长。中国风气未开,绝少精于各种学问之人。嗣后出洋学生,
应如何分入各国农工商等学堂专门肄业,以备回华传授之处,著总理各
国事务衙门详细妥订章程,奏明请旨办理。"[②]由此,中国留俄学生的主
要任务由专攻俄语转变为全面学习西学和西艺,培养目标也由单纯翻
译转变为实业人才。

　　清政府中除总理衙门外,学部和邮传部也派遣留学生赴俄学习。管
学大臣张百熙在《奏派学生赴东西洋各国游学折》中指出:"臣等随时体
察,益觉咨遣学生出洋之举万不可缓,诚以教育初基,必从培养教员入
手。而大学堂教习尤当储之于早,以资任用……亟应多派学生分赴东西
洋各国学习专门,以备将来学成回国,可充大学教习,庶几中国办理学堂
尚有不待借材操纵自如之一日,早为之计,应用无穷,及今不图,后将追
悔。"[③]光绪二十九年十一月,学部决定为魏渤、柏山赴俄学习提供官费。
此二人于光绪三十年八月入圣彼得堡大学,习法政专业,以备将来学成
回国,充任大学教习。李宝堂最初是自费赴俄,但其留学学费是由邮传部
提供的。

　　光绪二十九年,湖北派遣萧焕烈、夏维松、严式超、刘文彬赴俄留学,
开地方派遣留俄学生之先河。早在光绪二十七年八月光绪皇帝就曾颁布
谕旨称:"造就人才,实系当今急务。前据江南、湖北、四川等省选派学生
出洋肄业,著各省督抚一律仿照办理。务择心术端正文理明通之士,遣往

---

　　① Петров А. И. История китайцев в России. 1856–1917 годы. СПб., 2003. С. 731;苏精:《清
季同文馆及其师生》,台湾,1985 年,第 238 页。

　　② 陈学恂、田正平编:《中国近代教育史资料汇编:留学教育》,上海教育出版社,1991 年,第
7—8 页。

　　③ 同上,第 19 页。

学习,将一切专门艺学,认真肄业,竭力讲求。学成领有凭照回华,即由该督抚学政,按其所学,分门考验。如果学有成效,即行出具切实考语,咨送外务部覆加考验,据实奏请奖励。"①湖广总督端方深感朝廷培育人才、振兴实学之诚意,于光绪二十九年就派遣学生赴美、德、俄三国上奏,表示湖北所派学生"志趣远大,于各国语言文字,及各种西学门径已有基绪,使其尽心讲求,不难储为大用"②。

黑龙江将军程德全也意识到向俄派遣留学生的重要性和紧迫性,他说:"查各省咨送外洋肄业学生,若日若美,若英法德,为数约以万计,独于俄则寥寥无几。亦以内地离俄较远,交际无闻,固不必视为急务。江省界连壤接,密迩周旋,将来两国铁轨大通,界务、商务以及一切交涉事宜,接踵而起。若于彼都政事俗尚不加深究,何以收安内辑外之效?"③于是程德全先后选送王忠相、车席珍、朱绍阳、王佐文、车仁恭、刘雯、朱世昌等十人赴俄留学,由黑龙江省提供官费。他们抵俄后先在校外进修一年多俄语,再入普通学校学习三年普通课,然后进入专门学校学习实业矿科;到1913年已有五人毕业回国,其余五人仍在俄国学习。④

新疆也曾派学生赴俄国留学。据《东方杂志》第三年第三期载,新疆"伊犁马将军咨学务处,拟由该处养正学堂挑选学生二十名,前往俄国七河省学堂肄业"⑤。又据《东方杂志》第五年第六期载:"前伊犁将军马留守曾于癸卯秋间挑选满蒙幼童十名,赴俄国七河省学堂肄业,并派大学生二名,驻俄照料。至丙午九月期满,毕业归国,马留守以该生等材堪造就,派令仍旧留学。近经署将军广留守查明各学生程度,内有幼童六名,小学业已毕业,挑入该国之吉木那孜学堂,其大学生二名,小学生四名,仍在原学堂学习,复经加派大学生二名前往,共计在俄大学生四名,小学生十名,业已奏请饬部立案。"⑥

在晚清留俄学生中,自费留学生亦不可忽视。光绪二十七年八月谕旨曰:"如有自备旅资出洋游学者,著各该省督抚咨明该出使大臣随时照料。如果学成得有优等凭照回华,准照派出学生一体考验奖励,候旨分别赏给

①　陈学恂、田正平编:《中国近代教育史资料汇编:留学教育》,上海教育出版社,1991年,第3—4页。
②　同上,第279页。
③　李兴盛、马秀娟主编:《程德全守江奏稿》,黑龙江人民出版社,1999年,第384页。
④　袁海山:《清末民初黑龙江教育纪事》,载于《龙沙教育史料》,1995年,第264页。
⑤　《东方杂志》(第三年第三期,教育),第五十八页。
⑥　《东方杂志》(第五年第六期,教育),第一百四十八页。

进士举人各项出身,以备任用而资鼓舞。"①自费留学生中包括,程德全长子程世模,时任驻俄使馆参赞、1902 年至 1907 年任驻俄公使的胡惟德之子胡世泽,镶蓝旗汉军春奎佐领下人毕文彪和毕文鼎,镶黄旗蒙古霍隆武佐领下人乌铭潘和乌益泰,华侨刘兆彭(字峻周)之子女刘泽荣和刘娟等。

留俄学生人数始终很少。刘泽荣的一段回忆进一步证明了这个结论。他说:"在帝俄留学的中国人本来就不多, 我先后遇见过的一共不过三十来人。"到 1917 年在彼得格勒只剩下八名中国留学生,他们是张永奎、伊里春、音德善、朱绍阳、李宝堂、刘泽荣和刘娟等。②

以下名单反映的是 1908 年至 1910 年在俄的中国留学生的基本情况(以到俄时间先后为序):③

陈瀚:江苏江宁府江浦县民籍,附贡生知府衔分省补用直隶州知州,光绪二十五年总理衙门奏派十一月到俄,外务部官费,光绪二十八年入俄京(即圣彼得堡,下同)道路学堂,习道路工程,光绪三十五年(即宣统元年——笔者)学年卒业。曾在北京同文馆二年余,俄京师范学堂二年余。

范其光:江苏江宁府上元县民籍,监生监运使衔候选知府,光绪二十五年五月总理衙门奏派十一月到俄,外务部官费,光绪二十八年九月考入俄京道路学堂,习桥工铁路海岸河工机器电学营造等学,光绪三十五年正月或五月毕业,毕业后拟归国。曾在北京同文馆四年,俄京师范学堂二年余,领有毕业文凭。

胡世泽:浙江归安县民籍,二品荫生,光绪二十六年到俄,光绪三十一年入森堡(即圣彼得堡,下同)中学堂,习普通科,预计宣统四年(即 1912 年——笔者)毕业,毕业后拟入专门大学堂。曾在森堡小学堂三年毕业。

严式超:湖北黄州府黄冈县民籍,附生,光绪二十九年湖北奏派五月到俄,湖北省官费,三十年七月入森堡大学堂,习政法专科,光绪三十五年毕业。曾在湖北自强学堂六年,俄京师范学堂二年。

---

① 陈学恂、田正平编:《中国近代教育史资料汇编:留学教育》,上海教育出版社,1991 年,第 4 页。

② 刘泽荣:《十月革命前后我在苏联的一段经历》,载于《文史资料选辑》(第 60 辑),中华书局,1979 年,第 198—199 页。

③ 参见刘真主编:《留学教育:中国留学教育史料》(第 2 册),国立编译馆,1980 年,第 659—668 页。另原书载李宝堂入森堡铁路大学堂的时间为光绪三十三年八月,与其来俄时间不符。笔者认为,李宝堂入森堡铁路大学堂的时间应为宣统元年八月,参见刘真主编:《留学教育:中国留学教育史料》(第 3 册),国立编译馆,1980 年,第 1540 页。

萧焕烈:湖南衡州府清泉县民籍,监生,光绪二十九年湖北奏派五月到俄,湖北官费,三十年七月入森堡大学堂,习法政科,预计宣统三年毕业,毕业后拟归国。曾在湖北自强学堂五年毕业。

柏山:广州驻防镶白旗满洲,翻译生员候选笔帖式,光绪二十九年十一月译学馆派,三十年五月到俄,学部官费,三十年八月入森堡大学堂,习法政科,宣统二年毕业,毕业后拟归国。曾在广东同文馆肄业四年,考列第一名,奏保主事在案。

魏渤:江苏海门厅民籍,附贡生,光绪二十九年十一月译学馆派,三十年五月到俄,学部官费,三十年八月入森堡大学堂,习法政科,宣统二年毕业,毕业后拟归国。曾在上海私立学堂肄业英文二年,湖北自强学堂五年,京师大学堂师范馆肄业。

魏立功:江苏海门厅民籍,监生,光绪三十年四月来俄自费留学,光绪三十二年四月起由江苏省改给官费,三十四年八月入森堡商务学堂,习商务普通科,宣统二年商务学堂第六班毕业,拟改入军医大学堂。曾在上海私立学堂习法文及普通学三年,森堡中等实业学堂三年。

朱世昌:安徽安庆府桐城县民籍,监生升用知县,光绪三十二年闰四月黑龙江将军程咨送来俄,黑龙江官费,三十三年八月入森堡矿务学堂,习勘苗科,预计宣统五年(即1913年——笔者)毕业。曾在天津俄文学堂肄业。

车席珍:黑龙江省海伦厅民籍,光绪三十二年闰四月黑龙江将军程咨送来俄,黑龙江官费,三十三年八月入森堡矿务学堂,习矿务专科,预计宣统五年毕业。曾在黑龙江省兴育学堂肄业三年。

唐宝书:广东广州府香山县民籍,监生,光绪三十二年闰四月黑龙江将军程咨送来俄,黑龙江官费,三十三年八月入森堡大学堂,习格致科,预计宣统三年毕业,毕业后拟归国。曾在天津俄文学堂肄业三年。

车仁恭:黑龙江省巴彦州民籍,光绪三十二年闰四月黑龙江将军程咨送来俄,黑龙江官费,三十三年八月入森堡大学堂,习法政科,预计宣统四年(即1912年——笔者)毕业。曾在黑龙江省华俄学堂肄业。

王佐文:黑龙江省呼兰府民籍,监生,光绪三十二年闰四月黑龙江将军程咨送来俄,黑龙江官费,三十三年八月入森堡大学堂,习法政科,预计宣统四年毕业。曾在黑龙江省兴育学堂肄业三年。

王忠相:黑龙江省海伦厅民籍,监生,光绪三十二年闰四月黑龙江将军程咨送来俄,黑龙江官费,三十三年八月入森堡实业学堂,习商务法政科,预计宣统四年毕业,毕业后拟归国。曾在黑龙江省兴育学堂肄业三年。

朱绍阳:湖北武昌府兴国州民籍,光绪三十二年闰四月黑龙江将军程咨送来俄,黑龙江官费,三十三年八月入森堡商业学堂,习商务专科,预计宣统五年毕业。曾在黑龙江省兴育学堂肄业一年。

刘雯:吉林省吉林府民籍,监生候选府经历,光绪三十二年闰四月黑龙江将军程咨送来俄,黑龙江官费,三十四年八月入森堡矿务学堂,习矿务专科,预计宣统六年毕业,毕业后拟归国。曾在漠河俄国中学堂毕业。

程世模:四川夔州府云阳县民籍,二品荫生,光绪三十二年闰四月由黑龙江将军程咨送来俄,自费,三十三年八月入森堡实业学堂,习商务法政科,预计宣统四年毕业,毕业后拟归国。

毕文彝:镶蓝旗汉军春奎佐领下人,八旗官学生,光绪三十三年四月到俄,自费,拟改赴比利时游学,预备普通兼学俄法文。曾在北洋客籍学堂肄业法文一年半。

毕文鼎:镶蓝旗汉军春奎佐领下人,八旗官学生,光绪三十三年四月到俄,自费,拟改赴比利时游学,预备普通兼学俄法文。曾在北洋客籍学堂肄业法文一年半。

李毓华:吉林省吉林府民籍,监生花翎五品衔候选通判,光绪三十三年六月黑龙江将军程咨送来俄,黑龙江官费,三十三年八月入森堡大学堂,习法政科,预计宣统四年毕业,毕业后拟归国。曾在吉林俄文官学堂三年毕业,在哈尔滨吉林交涉局充会审兼翻译委员三年。

钟镐:镶黄旗满洲,花翎四品衔候补通判,光绪三十三年六月黑龙江将军程咨送来俄,黑龙江官费,拟入陆军马队学堂,照章四年毕业,毕业后拟归国。曾在北洋巡警高等学堂毕业。

牛文炳:山西汾州府汾阳县民籍,尚志义学生,光绪三十三年六月呈请学部给咨来俄,自费,宣统元年八月入森堡大学堂,习物理专科,预计宣统五年毕业,毕业后拟归国。曾在俄国普通中学堂及森堡专门预备学校毕业。

关鹤朋:广东广州府南海县人,光绪三十三年十月来俄,自费,光绪二十七年入实业学堂至三十年升至第四班,现在预备科学堂,拟入工艺学堂习造舰科,毕业后拟归国。曾因日俄战争归国,三十二年秋入海参崴东方大学堂(即海参崴东方学院)一年。

李垣:顺天府大兴县民籍,吉林候补府经历,光绪三十三年由吉林巡抚咨送,十二月二十一日到俄,吉林官费,拟入森堡大学堂,照章四年毕业,毕业后仍回吉林原省。曾在北京同文馆肄业五年。

乌铭濬:镶黄旗蒙古霍隆武佐领下人,监生候选笔帖式,光绪三十三年到俄,自费,宣统元年三月入森堡商务高等学堂,习商务专科。曾在京师八旗小学堂肄业四年。

乌益泰:镶黄旗蒙古霍隆武佐领下人,二品荫生,光绪三十三年到俄,自费,宣统元年三月入森堡商务高等学堂,习物理科。

李宝堂:江苏上海县民籍,宣统元年三月自费来俄,邮传部准给官费,宣统元年八月入森堡铁路大学堂,习铁路专门科,预计宣统七年(即1915年——笔者)毕业,毕业后拟归国。曾在海参崴俄国官立普通高等学堂毕业。

刘泽荣:广东肇庆府高要县民籍,自费,光绪三十一年入俄南省白通府城中学堂,习普通科,预计宣统三年毕业,毕业后拟入森堡大学堂。

## 二、学习与管理

由于光绪二十一年十二月二十四日(1896年2月7日)总理衙门在《奏派学生出洋片》中规定“各学生到洋后照案寓居使馆”,再加上资料缺乏,国内学界关于中国首届留俄学生邵恒浚、桂芳、陈嘉驹和李鸿谟等四人的学习生活情况存在各种说法。①

一则俄文资料,为弄清这个问题提供了证据。1897年9月20日,中国驻俄国公使馆的陆征祥就邵恒浚等四人进入圣彼得堡师范学校(旧译彼得堡艺文学堂)学习一事与该校校长先特–伊列尔(К. К. Сент-Илер,1834—1901)在圣彼得堡签署协议,具体内容如下②:

(1)将四名中国公费生安置在学员大寝室旁的两间单独的房间内。这两间房内摆放有桌子和椅子,但床、床垫和枕头由中国使馆提供,属中国使馆所有。

(2)从1897年10月1日起,学校每月将得到四名中国公费生一百卢布的生活费,但这一条款只适用到1898年6月1日以前(不包括6月1日),即暑假开始之前。

(3)除衣服、床单和鞋以外,中国公费生将从学校那里得到自费学员所应得到的一切。他们应和学员吃一样的食品。他们与学员一起在食堂用午餐、早餐和喝茶。他们的洗床单费由学校负担,并有权像其他学员一样

---

① 郝世昌、李亚晨:《留苏教育史稿》,黑龙江教育出版社,2001年,第16—19页;张泽宇:《留学与革命——20世纪20年代留学苏联热潮研究》,人民出版社,2009年,第69页。

② Петров А. И. История китайцев в России.1856–1917 годы.СПб., 2003.C.730–731.

获得澡票。由寝室服务员负责打扫他们的房间和洗衣服,服务员因此每月从使馆支付给学校的费用中得到四卢布。

(4)从 10 月 1 日起,每月 1 日前缴纳中国公费生的生活费,校长将给使馆提供应有的发票。

(5)从 9 月 22 日至 10 月 1 日(包括 10 月 1 日在内),这些公费生被视作半寄宿生,即四人白天在学校并应支付九卢布的早餐费和午餐费。

(6)最初中国公费生要上一年级的全部课程。(除绘画、唱歌、体操、德语及神学以外。如果他们不特别提出要求的话。)然后由学校教学委员会十月会议确定,哪些课对他们最有用处。

(7)中国公费生如果不提出特殊申请的话,只能在晚十一点前不在学校。如果他们打算在晚十一点后仍滞留校外,那他们在离校前应将此事通知值班老师。

(8)生病的时候他们应看校医,必要的时候可到校外就医,学校将此事知会使馆(谢尔吉大街,61 号)。学校在中国公费生遇到其他所有困难的情况下都要知会使馆。

(9)如果中国公费生愿意的话,他们有权从事手工劳动。

(10)他们不必参加祈祷。

(11)中国公费生的成绩单每两月一次寄给使馆。

根据这则资料,可以得出几点结论:(1)首届中国留俄学生自 1897 年9 月 22 日起进入圣彼得堡师范学校学习;(2) 自 1897 年 10 月 1 日以后中国留学生居住在校方为他们提供的宿舍里;(3)中国留学生每月向校方缴纳一百卢布的生活费,而校方则向他们提供基本的生活保障;(4)中国留学生所要学习的课程由校方决定;(5)中国留学生将接受校方和中国公使馆的双重管理。

邵恒浚等四人学习努力,成绩显著。圣彼得堡师范学校在 1897 年 11月 25 日寄给中国驻俄公使的第一份学生成绩单中写道:"桂芳:课文读得相当正确、明白,发音能听懂,讲述学过的东西相当自如,分析简单的句子相当正确,词类能区分清楚,听写很好,俄国历史已学完斯拉夫部落和圣弗拉基米尔之前的最初的罗斯大公,地理学完空气、风、火山和海。"[①]12月 8 日,圣彼得堡师范学校的代理校长纳乌莫夫(Л. Наумов)又致信陆征祥:四名中国公费生"在学校表现非常好,他们所有的时间都用于学习以

---

①　Петров А. И. История китайцев в России.1856–1917 годы.СПб., 2003.C.730.

及与学校学生的交往"①。

19世纪末20世纪初,俄国已经拥有多所高等学府,包括皇家大学堂(即圣彼得堡大学)、法政学堂、美术学堂、电气学堂、道路学堂、矿务学堂、工程学堂、博艺学堂、艺术学堂、林业学堂、尼古拉参谋学堂、米哈宜洛甫炮队大学堂、尼古拉工程队大学堂、亚历山大军事裁判高等学堂、高等军医学堂。当时俄国"学校制度蔚然可观,一切科学虽少发明之家,然自他国输入者亦颇完备。其各种专门学校教授科目,与英、法、德诸国无甚悬异……若其高等学问则以铁路工程最为优胜。国境辽阔,各处筑造铁路,需才孔殷,从前创设西伯利亚铁路,现在续修阿穆尔铁路,所用工程师大半出自森彼得堡铁路学堂,是其明证。此外矿务学堂、博艺学堂,规模亦称完具焉"。②因此,在众多的高等学府中,中国留学生多选择皇家大学堂、道路学堂、矿务学堂就读。

皇家大学堂:教授高等科学,内分:历史博物科、格致算学科、法政科、东方语言科。入学者必须为中等学校毕业生。学制四年。学费每年一百卢布,分春、秋两季呈缴,另缴教习费每年三卢布。毕业后由国家考试,按成绩发给一等或二等文凭。一等文凭获得者授七级文官,二等文凭获得者授五级文官。

铁路学堂:入学者必须拥有中学毕业文凭,其入学考试内容包括格致、算学、俄文、外文及图绘,各科合格方能入学。考生于每年七月初一日以前报名,并将中学毕业文凭呈验。学制六年。学费每年一百卢布,分春、秋两季呈缴。

矿务学堂:入学者必须拥有中学毕业文凭,其入学时须考开方、三角、代数、几何等算学,格致学,及俄文、英文、法文、德文。须呈验中学毕业文凭。已在皇家大学堂算学科毕业得有文凭者,只须呈验文凭,毋庸考试。学费每年一百卢布,分春、秋两季呈缴。毕业后经国家考试,发给文凭,授予七级或五级文官官衔。③

清政府对于留学生的管理经历了一个不断变化、逐步完善的过程。留俄学生是中国留学生的一部分,对其管理自然也遵循着清政府制定的有关留学生的各种规章制度。早在首批留俄学生赴俄前,即光绪二十一年十二月二十四日(1896年2月7日)总理衙门即拟定了《出洋学生经费

---

① Петров А. И. История китайцев в России.1856–1917 годы.СПб., 2003.C.730–731.

② 刘真主编:《留学教育:中国留学教育史料》(第2册),国立编译馆,1980年,第654—655页;森彼得堡即圣彼得堡——笔者。

③ 同上,第655—656页。

章程》,明确了留学生的待遇问题:(1)每名学生月薪五十两,另根据学习情况,"由出使大臣递等加增,每等不逾十两"。(2)发给每名学生整装银一百五十两。(3)学费由出使大臣发给。(4)学生由天津乘船出国,由总税务司代购二等舱位票,船费由总税务司专案报销。(5)学生学成回国,由出使大臣代购二等舱位票,船费由出使大臣发给,附案报销。(6)学生学习期间寓居使馆,除饭食零用自费外,书费、纸费、笔墨费由出使大臣支给。①

宣统二年三月十五日(1910 年 4 月 24 日),学部在《管理欧洲游学生监督处章程》中规定:留俄学生每月给学费一百三十五卢布;该学费分为校内费及校外费,校内费每年由游学生监督处直接向学校缴纳,校外费于每月一日发给;学费包括书籍、实验和饮食、房屋、衣服、旅行、医药等费,一并包括在内,概不另发;已准给官费之学生,但现在未入大学者,应将学费减给五分之一,如一年以后仍不能升入大学,应即停止官费;自中国启程时,每名学生发给治装费中国银圆三百圆,川资中国银圆五百圆。毕业回国时,每名亦给川资中国银圆五百圆,不另给归装费;留学生因重病回国,由监督酌给川资等费,但不得超过五百圆。②

留俄学生最初由中国驻俄公使负责管理。由于各省派往英、法、德、俄、比各国留学生逐渐增多,光绪三十三年十一月初五日(1907 年 12 月 9日)学部奏请将蒯光典由江鄂两省游学生监督改任欧洲游学生监督,统一管理各省旅欧学生。欧洲游学生监督负责调查登记官费生和自费生所在的学校、学规如何、功课怎样、有无旷课犯规等情况,并于每学期报告给学部及各省督抚。蒯光典到任后,"悉心整顿,劳怨不辞,迭将游学事宜随时呈报臣部,并订明办事详细章程,呈由臣部核准施行,颇收整齐划一之效。惟是以一人之布画,居四达之交冲,轮轨纵便于通行,精神究虞其不及,且监督不归使臣节制,体制权限均未分明,遇有交涉事宜,亦不免有所扞格",蒯光典请求引退。于是,宣统元年九月二十五日(1909 年 11 月 7 日)学部上奏请求"将欧洲游学监督处事宜仍分隶于驻欧各国使署,遴派专员经理其事,仍由出使大臣董理一切"③。在这种情况下,翰林院庶吉士章祖申被派往俄国,充任留俄学生监督。章祖申在任期间,努力工作,在宣统二

　　① 参见朱有瓛主编:《中国近代学制史料》(第 1 辑 上册),华东师范大学出版社,1983 年,第52 页。

　　② 参见陈学恂、田正平编:《中国近代教育史资料汇编:留学教育》,上海教育出版社,1991 年,第 306—307 页。

　　③ 同上,第 302 页。

年(1910年)春季即完成《留俄学生学务报告》，将俄国各大学情况、中国留俄学生的基本信息报告回国。

宣统二年三月十五日(1910年4月24日)，学部拟订《管理欧洲游学生监督处章程》三十一条，使欧洲游学监督工作有章可循。该章程规定在英、德、法、俄、比五国，各设一游学生监督处；游学生监督处事务，由各该出使大臣董理一切；英、德、法、俄、比五国游学生监督处各设监督一员，由学部遴选通晓学务人员商同出使大臣奏派。该章程规定游学生监督处负责选择著名学校保送留学生入学，随时调查成绩，毕业后发给证明书。如果留学生品行不修，学业不进，经游学生监督处查明，即勒令退学，咨回原省。

该章程还将官费生的管理和自费生的管理加以区分。对官费生的管理规定如下：(1)游学欧洲的官费生，以已入大学习医、农、工、格致四科者为限，习法政、文、商各科者，虽入大学，不得给官费。未入大学之学生，不得给予官费。(2)官费生获得官费之后，不得改赴他国游学，并不得改校改科，违者应即停止官费。(3)官费生在欧洲留学期限，至少三年，至多不得超过七年，如至七年而仍不能毕业者，应即停止官费，但大学毕业后继续深造者除外。(4)官费生除确实重病，经医生证明不能修学外，概不准私自辍学回国，违者停止官费并追缴以前所用官费，其因重病回国者，病愈之后亦不得复给官费游学。对自费生的管理规定如下：(1)自费生考入大学或专门学校习农、工、格致、医科，且成绩优异者，由监督处咨明本省，酌量补助学费。(2)自费生，在大学或专门学校为旁听生，将来毕业时不能获得学位及毕业文凭者，不得给予官费，但已经获得学位及毕业文凭继续深造者除外。[①]由此，留俄学生管理逐步走上正规化轨道。

## 三、去向与作用

中国一向以科举取士，受教育者均以获得科名为目的。虽然科举制度于1906年正式被废除，但针对留学毕业回国者，清政府还是制定了相应的考验制度。光绪三十二年(1906年)四月，学部奏准每年八月举行一次留学毕业生考试，并于当年八月拟定《考验游学毕业生章程》。该章程规定：考试分两场，第一场就各毕业生文凭所注学科择要命题考验，第二场考中国文和外国文；考试成绩分为最优等、优等和中等；最优等者给予进士出

---

① 参见陈学恂、田正平编：《中国近代教育史资料汇编：留学教育》，上海教育出版社，1991年，第304—306页。

身,优等及中等者给予举人出身;留学生准给出身者须加某学科字样,如习文科者称文科进士或文科举人,习法科者称法科进士或法科举人,依此类推。这种考试"因阅卷无专才与鼓励游学生之故,考试既不谨严,且将学业试验与入官试验混为一事,凡考试及第者均予以进士举人分发各省。舆论既有不满"①,于是光绪三十三年(1907年)十二月宪政编查馆会同学部拟定《游学毕业生廷试录用章程》,即将学业考试与入官考试分别举行。凡留学毕业生,经学部考验合格赏给进士举人后,再在保和殿廷试一次,才能录用。该章程第九条规定:"凡经学部考验列最优等赏给进士者,廷试列在一等,引见时于排单内注明,拟请旨赏给翰林院编修或检讨。经学部考验列最优等赏给进士者,廷试列在二等,引见时于排单内注明,拟请旨赏给翰林院庶吉士。俟三年期满由掌院学士出具考语,奏请分别授职编修或检讨。经学部考验列最优等赏给进士者,廷试列在三等,与经学部列优等赏给举人者,廷试列在一等,引见时于排单内注明,拟请旨赏给主事,按照所学科目分部学习。经学部考验列优等赏给举人者,廷试列在二等,与经学部考验列中等赏给举人者,廷试列在一等,引见时均于排单内注明,拟请旨赏给内阁中书。经学部考验列优等赏给举人者,廷试列在三等,引见时于排单内注明,拟请旨赏给知县分省即用。经学部考验列中等赏给举人者,廷试列在二等,引见时于排单内注明,拟请旨赏给七品小京官,按照所学科目分部学习。其廷试列在三等者,引见时于排单内注明,拟请旨赏给知县分省试用。"②据记载,宣统三年(1911年)四月举行第四届游学毕业生廷试,法政科举人、湖北的严式超因廷试列二等、前经学部考验列优等,故学部拟请旨以七品小京官,按照所学科目分部,俟三年俸满后,为候补主事。③

那么,留俄学生毕业以后去向如何?他们在中俄关系史上发挥了怎样的作用?笔者试列举以下几例:

邵恒浚于光绪二十四年(1898年)被调回国内,历任刑部候补主事,黑龙江铁路交涉总局会办兼总办,直隶知州,京师大学堂译学馆监督。民国时任外交部参事,外交部俄文专修馆校长,兼公府外交咨议,任驻海参崴总领事,后任胶济铁路局局长,唐山大学北京分校(现北京交通大学前身)校长,私立青岛大学校董,1951年病逝于北京。

桂芳于光绪二十五年 (1899年) 结束留学生活, 改任使馆翻译官。

①　舒新城编:《近代中国留学史》,上海文化出版社,1989年影印本,第183—184页。

②　陈学恂、田正平编:《中国近代教育史资料汇编:留学教育》,上海教育出版社,1991年,第68页。

③　参见刘真主编:《留学教育:中国留学教育史料》(第2册),国立编译馆,1980年,第925页、第932页。

1904 年回国后任直隶总督袁世凯的翻译官，中国驻海参崴商务委员，驻海参崴总领事，科布多办事大臣，查办库伦事件大臣。1912 年起任塔尔巴哈台参赞，护理黑龙江都督，中、俄、蒙三方恰克图会议中方首席代表。1916 年，桂芳被任署理黑龙江军务兼巡按使，兼署黑龙江省省长。十月革命后，桂芳任外交部俄事委员会副会长。

张庆桐于光绪三十一年(1905 年)冬从圣彼得堡大学毕业，恰逢挚友陆征祥被拣选为荷兰驻使，他受邀前往参赞其事。因家人屡次电促其归，遂决定先请假归国省亲。1905 年 12 月，张庆桐由圣彼得堡回国，途经莫斯科时因铁路工人罢工而受阻一月有余。1906 年归国后担任过分省道北洋工务局会办。[①]次年参加了在海牙召开的万国和平会议(海牙保和会)，任副议员之职。1910 年随载涛赴日、美、奥、俄等八国考察陆军。1913 年，大总统袁世凯任命张庆桐为外交部特派黑龙江交涉员。1915 年受命担任恰克图都护副使兼佐理专员，1918 年卸任，转任阿尔泰办事长官。[②]1919 年阿尔泰驻军兵变，国务院当即谕令张庆桐回京听候查办。1920 年北京政府下令撤销张庆桐职务。经文官高等惩戒委员会议决，给予张庆桐褫职停止任用六年的处分。[③]他著有《俄游述感》，内容涉及俄国历史与文化、政治与法律、民情与风俗、科学与教育、中俄关系、旅行见闻、中俄友人等。他还译有《李鸿章》，开创国人俄译汉籍之先河，并因此成为与大文豪列夫·托尔斯泰(Л. Н. Толстой, 1828—1910)通信的第一个中国人。

范其光回国后，历任吉长、开徐铁道技师，津浦、京张铁道调查员，北京政府国务院蒙藏院佥事，会议外蒙专使一等参赞，库伦办事大臣秘书长。1916 年任外交部特派黑龙江交涉员。1919 年任驻俄国鄂木斯克总领事。1920 年免署。1921 年派署驻海参崴总领事。1924 年 2 月开缺回国。同年 10 月抵达哈尔滨，任中东铁路理事会理事。1928 年，中东铁路公司组织哈大洋问题特别委员会，他与刘泽荣为委员。1929 年，东北当局制造"中东路事件"，将中东铁路管理局局长叶木沙诺夫等苏联高级官员全部免职，令他兼代中东铁路管理局局长。[④]

① 参见北京市档案馆编：《那桐日记》(下册)，新华出版社，2006 年，第 593 页。
② 参见刘寿林编：《辛亥以后十七年职官年表》，台湾文海出版社，1974 年，第 472—474 页。
③ 参见中华民国史事纪要编辑委员会编辑：《中华民国史事纪要(初稿)：中华民国九年》，台北"中央文物供应社"，1980 年，第 155 页。
④ 参见张福山编著：《哈尔滨文史人物录》，载于《哈尔滨文史资料》(第 20 辑)，1997 年，第 152 页。

胡世泽在留俄生活结束后又留学法国,获法学博士学位。历任巴黎和会中国代表团秘书、国联中国代表团专门委员、华盛顿会议中国代表团秘书、驻比利时公使馆三等秘书、驻德国使馆一等秘书及代办。返国后,任督办中俄会议事宜公署专门委员、外交部参事、外交部条约研究会副主席。南京国民政府建立后,任外交部条约司科长、总务司交际科长、亚洲司司长,行政院中心庚款委员会委员,驻瑞士代办、公使,联合国筹备会议副代表,外交部次长。1945 年,宋子文与蒋经国一道赴莫斯科谈判《中苏友好同盟条约》,胡世泽随行。从 1946 年到 1971 年在联合国任职 26 年,1972年在纽约逝世。[①]

1912 年李垣回国后,历任国务院法制局编译员、参事。1918 年任驻恰克图佐理员。1920 年任外蒙册封副使、科布多参赞,次年升库乌科唐镇抚使。1925 年任善后会议议员,临时参政院参政。1926 年任京兆尹兼北京市市长,次年辞职。

1896 年,刘泽荣(在俄国时使用别名刘绍周)五岁时跟随父亲来到俄国高加索,1909 年从巴统中学毕业,进入圣彼得堡大学物理数学系学习。毕业后于 1914 年至 1916 年在高加索吉斯洛沃得斯克中学教数学。1916年秋,重返彼得格勒,进入工业大学建筑工程系学习,准备毕业后回国工作。因目睹广大旅俄华工处境悲惨,遂决定弃学从事救助华工的工作。1917 年与当时正在彼得格勒仅有的八名中国留学生一起共同创办中华旅俄联合会(后改为旅俄华工联合会),任会长。创办过《旅俄华工大同报》,还列席了共产国际第一、第二次代表大会,三次受到列宁的接见。1920 年底回国后任中东铁路理事会理事。1933 年至 1940 年先后任北平大学法商学院和西南联大俄语教授,1940 年任国民党政府驻苏联大使馆参赞,1944 年为外交部驻新疆特派员。1949 年协助陶峙岳举行起义,为新疆和平解放做出贡献。中华人民共和国成立后,任新疆临时外交办事处处长,外交部条约委员会委员、顾问,中国人民政治协商会议第二、三、四届全国委员会委员。1965 年起兼任商务印书馆副总编辑等。1970 年逝世。他著有《俄文文法》《俄汉大辞典》等。[②]《俄汉大辞典》出版于 1960 年,收词约105000 个,至今仍是我国俄语学习者的案头必备书。

---

① 参见庞森:《走进联合国》,四川人民出版社,2005 年,第 291—292 页。

② 参见刘泽荣:《十月革命前后我在苏联的一段经历》,载于《文史资料选辑》(第 60 辑),中华书局,1979 年,第 195—231 页;潘安荣:《刘泽荣和俄汉词典》,载于《辞书研究》,1981 年第 2 期,上海辞书出版社,1981 年,第 234—244 页。

## 第三节　俄罗斯文馆的俄人教习

　　俄罗斯文馆创办于 1708 年。何秋涛在《朔方备乘》中记载的"为八旗习俄罗斯字学生而设"的"内阁理藩院之俄罗斯学"就是俄罗斯文馆。在俄罗斯文馆存在的一个半世纪里，先后有多名俄人担任教习之职，早期由俄国来华商人、俄国降人及后裔担任，此后主要出自俄国东正教驻北京传教团的神职人员和学生。

　　俄罗斯文馆成立之初，正值胡佳科夫率领的俄国商队来京，清政府便聘请一位名叫瓦西里（Василий）的商队成员教授俄语。瓦西里因此成为史载俄罗斯文馆的第一位俄文教习，同时也是第一位在中国境内教授俄语的俄罗斯人。有关瓦西里的生平事迹，中俄文献中均未留下详确记载，只知其任职时间非常短暂，首次授课时间为康熙四十七年（1708 年）三月二十四日，两个月之后便随商队返回俄国。[①]

　　实践证明，依靠不定期来华且又不能长期在京留居的俄国商队成员并不是解决俄罗斯文馆教习问题的上策。于是，清政府将目光转向在北京的俄罗斯佐领。康熙四十七年七月，大学士马齐奏请康熙皇帝从俄罗斯佐领中选择"善于俄文者，派为教授"。结果，俄罗斯佐领的小拨什库（汉文作"领催"）库兹马[②]和披甲伊凡最先被选定为俄罗斯文馆教师，而后又有雅科夫[③]加盟。他们均为雅克萨战俘后裔，即在北京出生的第二代俄人，俄文水平有限，但在当时的京城之中，却是可以担当俄罗斯文馆教习的最佳人选。与此同时，他们还担负着翻译中俄间往来公文之任。在俄文文献中，雅科夫一直被以"通译"称之。据《清代中俄关系档案史料选编》载，一直到雍正十二年，俄国来函依然由库兹马和雅科夫翻译缮写。而此时，二人仍被称作"俄罗斯馆先生"[④]，说明他们既没有停止承翻中俄往来公文，也没有

　　① 高文风：《我国的第一所俄语学校——俄罗斯文馆》，载于《黑龙江大学学报》（外语版），1979 年第 2 期。

　　② 又作"库西玛""库锡玛"和"库希玛"，参见中国第一历史档案馆编：《清代中俄关系档案史料选编》（第 1 编 上下册），中华书局，1981 年，第 289 页等；《清实录》（第一五册），《清高宗实录》卷五三九；中国第一历史档案馆译编：《雍正朝满文朱批奏折全译》（下册），黄山书社，1998 年，第 2518 页。

　　③ 又作"雅稿""雅槁"和"雅郭布"，参见中国第一历史档案馆编：《清代中俄关系档案史料选编》（第 1 编 上下册），中华书局，1981 年，第 295 页等；《清实录》（第一五册），《清高宗实录》卷五三九；中国第一历史档案馆译编：《雍正朝满文朱批奏折全译》（下册），黄山书社，1998 年，第 2518 页。

　　④ 中国第一历史档案馆编：《清代中俄关系档案史料选编》（第 1 编 下册），中华书局，1981 年，第 622 页。笔者认为，此处应为"俄罗斯文馆先生"。

中断在俄罗斯文馆的教学工作。

1711 年底,清政府从安置在盛京的俄国降人中挑选尼堪(Никон)[1]来京教授俄文。为了考查尼堪的俄语水平,库兹马与第二次来京的俄国商务专员胡佳科夫一起对其进行测试。库兹马称"我等生于北京,尼堪系属俘虏,语言当比我强",而胡佳科夫认为其"言语甚好,因不通文理,故精细之言不佳"。[2]可见尼堪没有受过专门的教育,口语尚可,却不大懂得文法,用俄文进行精确的书面表述有些困难。尼堪在俄罗斯文馆的任职时间似乎不长,因为从《清代中俄关系档案史料选编》"内阁原注"中看,他只是在康熙五十一年至康熙五十三年间与库兹马、雅科夫等一起承翻过外交文书,后来便不见了他的名字。[3]

处于草创时期的俄罗斯文馆的俄文教习由俄国商队成员、降人及后裔构成。其特点有二:一是教习队伍不稳定。在所延聘的五名教习中,只有俄罗斯佐领的库兹马和雅科夫长期执教。瓦西里作为俄国商队成员的身份本身就决定了延聘他作为教习只能是权宜之计。二是教习的语言水平有限。来自俄罗斯佐领的教习在中国没有接受过正规的俄语教育,而瓦西里随商队来华短期内也不可能通满语和汉语。俄罗斯文馆俄语师资匮乏这种困境直到传教团抵京后才得以改善。

经康熙皇帝准允,第一届俄国东正教驻北京传教团于 1715 年来华,以为俄罗斯佐领提供宗教服务。俄国传教士来华为俄罗斯文馆聘请俄文教习提供了可能,而其摆脱完全依赖俄罗斯佐领,进入借助传教团成员时期,则是始于雍正初期。雍正二年上谕"教习俄罗斯语文实为要紧,当多招收学生,教习俄罗斯文"[4]。在 1725 年雍正下令检查俄罗斯文馆办学状况之后,理藩院延聘了两名传教团神职人员[5],继而又延聘三名传教团学生到俄罗斯文馆任教。

---

① 又作"尼坎",见中国第一历史档案馆编:《清代中俄关系档案史料选编》(第 1 编 上下册),第 318 页等。

② 高文风:《我国的第一所俄语学校——俄罗斯文馆》,载于《黑龙江大学学报》(外语版),1979年第 2 期。

③ 中国第一历史档案馆编:《清代中俄关系档案史料选编》(第 1 编 上下册), 中华书局,1981年,第 318、321、325 和 340 页。

④ 同上,第 417 页。

⑤ Скачков П. Е. Очерки истории русского китаеведения. М., 1977.С.42. Волкова М. П. Первый учебник русского языка для китайских учащихся//Краткие сообщения Института народов Азии АН СССР. [Т]61. М., 1963.

第一位来俄罗斯文馆任教的神职人员是第一届传教团修士司祭拉夫连季(Лаврентий)。[1]此人早在 1695 年奉托博尔斯克都主教之命来京向列昂节夫致送圣物,并主持圣尼古拉教堂的圣化仪式。1715 年作为第一届传教团成员再次来华,第二届传教团时留任,直到第三届传教团抵京之后才于 1737 年被带回俄国。

第二位是第一届传教团教堂差役奥西普 (约瑟夫)·季亚科诺夫(Осип〈Иосиф〉Дьяконов)。他是最初几届传教团神职人员中素养较高的一位。他唱诗读经,不喝酒,"给神圣的教堂增添了光彩"。在北京学会满语后,他被理藩院借用负责翻译理藩院和俄国枢密院之间往来公文,[2]并担任俄罗斯文馆教习。[3]《清代中俄关系档案史料选编》"内阁原注"中两次提到雍正年间俄罗斯文馆的鄂西福参与翻译致俄国的咨文。笔者以为,这个鄂西福正是奥西普(约瑟夫)·季亚科诺夫。[4]此人大约在 1736 年卒于北京。

三名学生中的第一位是罗索欣。罗索欣自 1725 年为伊尔库茨克主升天修道院蒙古语学校学生,1729 年作为第二届传教团学生抵京。罗索欣凭借自己的聪明和勤奋,在汉语和满语的学习上取得了很大成绩,完成了几部手稿, 如《1730 年中国北京消息》《1735 年中国钱粮交纳情况》等。1735 年被任命为理藩院通译,1738 年起在俄罗斯文馆担任教习,[5]年俸白银 40 两。在诸位俄人教习中,他的贡献较大。他不仅授课,而且为满足教学急需,与满人富勒赫合作编译教材《俄罗斯翻译捷要全书》的大部分内容。由于俄国国内需要满汉语翻译,罗索欣于 1740 年随绍库罗夫(М.Л. Шокуров) 信使离京,1741 年被派往圣彼得堡皇家科学院担任满汉语通译,并负责汉语和满语的教学工作,培养了四名学生。1761 年罗索欣去世。他一生完成译作三十余种,包括《三字经》《亲征平定朔漠方略》《资治

---

① 参见[俄]尼·伊·维谢洛夫斯基编:《俄国驻北京传道团史料》(第 1 册),北京第二外国语学院俄语编译组译,商务印书馆,1978 年,第 60 页。

② 参见[俄]尼古拉·班蒂什-卡缅斯基编著:《俄中两国外交文献汇编(1619—1792)》,中国人民大学俄语教研室译,商务印书馆,1982 年,第 101 页。

③ Скачков П. Е. Очерки истории русского китаеведения. М., 1977.С.37.

④ 参见中国第一历史档案馆编:《清代中俄关系档案史料选编》(第 1 编 下册), 中华书局,1981 年,第 525 页、第 548 页。

⑤ Волкова М. П. Первый учебник русского языка для китайских учащихся//Краткие сообщения Института народов Азии АН СССР. [Т]61. М., 1963. 另一说为 1735 年起在俄罗斯文馆担任教习,见 Скачков П. Е. Очерки истории русского китаеведения.М. ,1977.С.41。

通鉴纲目前编》《八旗通志初集》《异域录》等,被视为俄国汉学第一人。

阿列克塞·弗拉德金亦为第二届传教团学生,1732 年来华。罗索欣回国后,清帝降旨由他接替俄罗斯文馆教习之职,同时负责翻译中俄两国往来公函, 为此赐给他年薪白银四十两。他与学生贝科夫曾向商队总管列勃拉托夫斯基(Герасим Лебратовский)提供过秘密情报,1746 年 6 月 6日随商队离开北京回国。①在俄罗斯文馆充任教习时,阿列克塞·弗拉德金参与了《俄罗斯翻译捷要全书》的编译工作。1754 年他被委任为俄国商队总管重返北京,就俄国学生、中国使团赴俄和允许俄国在黑龙江自由航行等问题与中国政府谈判。②

列昂季耶夫原为莫斯科的斯拉夫–希腊–拉丁学院学生,1739 年至1740 年跟随在莫斯科的受洗中国人舒哥学习满语。③1743 年作为第三届传教团学生随第二次来华的绍库罗夫信使抵京。在华期间, 他同样担任了理藩院通译和俄罗斯文馆教习,④并参与完成《俄罗斯翻译捷要全书》的编译工作。1755 年随同第四届传教团回国,进入俄国外务院供职。他曾受命与罗索欣合作翻译和注释《八旗通志初集》,1762 年完成。1763 年列昂季耶夫在外务院开办满汉语班,教授四名学生。1767 年他随克罗波托夫(И. И. Кропотов,1724—1769)来到恰克图,而后参加了中俄政府间就修改《恰克图条约》而举行的谈判。他一生翻译了很多中国典籍,如《易经》《大学》《中庸》《实践录》《三字经》《名贤集》《上英宗应诏论水灾》《雍正遗诏》《圣谕广训》《大清律》《大清会典》等。

在雍正年间和乾隆前期延聘的来自传教团的俄人教习中,罗索欣、阿列克塞·弗拉德金和列昂季耶夫三位学生的学识较高, 发挥的作用更大。他们将俄国的俄语教材引入中国,与满人富勒赫合作所编的《俄罗斯翻译捷要全书》被视为中国第一本俄语教科书,在中国俄语教学史乃至中俄文化交流史上都具有重要意义。

从乾隆二十九年(1764 年)年开始,俄罗斯文馆停止聘用传教团人员

① 参见［俄］尼古拉·班蒂什–卡缅斯基编著:《俄中两国外交文献汇编(1619—1792)》,中国人民大学俄语教研室译,商务印书馆,1982 年,第 271 页、第 285 页。

② Адоратский Н. Православная Миссия в Китае за 200 лет ея существования: Опыт церковно– исторического исследования по архивным документам.Казань, 1887.C. 221, 224.

③ Скачков П. Е. Очерки истории русского китаеведения. М., 1977.C.57–60.

④ Адоратский Н. Православная Миссия в Китае за 200 лет ея существования: Опыт церковно– исторического исследования по архивным документам.Казань, 1887.C. 161–162.

担任教职,主要任用"本学人员"从事教学和翻译工作。①然而由于中国教师对俄文一知半解,根本无法进行正常的教学。停止聘用俄国教习之后,不仅教学水平下降,而且也无力再为理藩院翻译两国往来公文。因此,道光四年(1824年)大学士托津等奏:"俄罗斯学官生诵习俄罗斯文字,乾隆二十九年以前,有在京学习满文之俄罗斯协同教授,迨后仅用本学人员。迄今日久,俄罗斯来文,颇有支离,承翻事件,无从考查。请仍于驻京学习满文俄罗斯内,挑取一名,协同教授,以资校正。"②于是,俄罗斯文馆自道光五年(1825年)起再度聘用传教团成员担任教习。而俄国方面为了最大限度地利用俄罗斯文馆教习身份晋接清廷官员,通过为理藩院翻译公文窃取情报,一般都由传教团领班亲自担任此职。

1820年魏若明作为第十届传教团修士司祭来华,从1825年秋起在俄罗斯文馆担任教习。③1829年,沙皇批准魏若明担任第十一届传教团领班。当第十届和第十一届传教团行将换班之际(1830年),托津等于道光十年(1830年)五月二十八日奏请延聘魏若明继续担任教习,并对他的教学成绩一再给予肯定:"旋经理藩院挑取现在驻京之俄罗斯魏呢雅明(即魏若明——笔者),移送到学协同教授官生,翻译文字。数年以来,该俄罗斯帮同教授,实属用心,所教官生亦渐长进。今魏呢雅明复经该国恩请再留一班,由理藩院奏准在案,臣等请将魏呢雅明仍令在学协同教授,翻译文字,以资熟手。伏思魏呢雅明在学教授官生,颇有微劳,无可鼓励,臣等会同理藩院堂官等,拟将魏呢雅明教授用心之处行知该国,令其自行酌量鼓舞。"④所以,魏若明在担任第十一届传教团领班期间继续在俄罗斯文馆教授俄语。这样,在担任教习的前后15年中,"魏若明必须到位于京城另一端的俄罗斯文馆上课,并为此而学习了满语"⑤。

1830年佟正笏作为第十一届传教团修士辅祭首次来华,1840年起任第十二届传教团领班。1841年佟正笏接替魏若明出任俄罗斯文馆教习,为此还举行了正式而隆重的仪式。⑥1844年至1845年,在佟正笏的建议和参与下,中俄政府间首次大规模互赠图书,而俄国回赠图书的对象就是

---

①② 《清实录》(第三四册),中华书局,1986年影印本,《清宣宗实录》卷七四。

③ Краткая история русской православной миссии в Китае, составленная по случаю исполнившегося в 1913 г. двухсотлетнего юбилея ее существования.Пекин,1916.С. 103.

④ 台湾"中央研究院"历史语言研究所编:《明清史料》庚编,中华书局,1987年,第1614页。

⑤ Краткая история русской православной миссии в Китае, составленная по случаю исполнившегося в 1913 г. двухсотлетнего юбилея ее существования.Пекин, 1916.С. 108.

⑥ Там же, стр. 115.

俄罗斯文馆。1849 年佟正笏任职期满离京回国。

　　1840 年巴拉第作为第十二届传教团修士辅祭来华,1847 年奉召回到俄国。1848 年升任修士大司祭,1849 年至 1859 年、1865 年至 1878 年任第十三届传教团和第十五届传教团领班。1878 年底猝死法国。1849 年巴拉第接替佟正笏出任俄罗斯文馆教习,对此中文文献有如下记载:"再查,本馆教习学生俄罗斯巴拉第由理藩院奏准协同教授本馆学生等因,于上年十二月十九日由理藩院来文该俄罗斯应补领上年十二月分十二日之饭钱捌百文,本年正月分一个月之饭钱贰串,共贰串捌百文,相应先期知照贵部查照核办可也,须至移会者,右移会户部。"①

　　固礼,1840 年至 1849 年作为第十二届传教团修士辅祭在北京居留,1851 年晋升为修士大司祭,1858 年率第十四届传教团再次抵京,1859 年任俄罗斯文馆教习。固礼直接参与了《中俄北京条约》的谈判,并致力于《新约》等东正教经籍的汉译工作。1864 年离京回国。

　　同最初来自传教团的几位教习相比,这四位传教团领班不仅学识较高,而且均在中国长期居留,熟稔中国情势,是地道的"中国通"。但是,由于鸦片战争后中俄关系的实质已经由以往的平等交往转向了俄国伙同西方列强瓜分中国,这些领班作为事实上的俄国驻华外交代表不愿意也不可能为中国培养高水平的翻译,更不愿看到出自俄罗斯文馆的翻译成为他们在与中国政府谈判时的有力对手。这些领班肩负着更高的政治使命,他们在中俄外交史上产生的影响远远超过了其作为俄罗斯文馆教习发挥的作用(也正因为如此,关于他们在俄罗斯文馆任职的情况在俄文文献中少有记载)。

　　中俄关系的变化和传教团工作重心的转移,使得清政府延聘传教团领班"协同教授"的愿望化为泡影。直至 19 世纪中叶,俄罗斯文馆仍未能实现"学习俄罗斯文字,原为翻译往来文移之用"的办学宗旨,而这又与俄国教习并未发挥出"协同教授"的作用密切相关。

## 第四节　圣彼得堡大学的中国教习

　　从 19 世纪中叶开始,东方在俄国对外关系天平上的分量越来越重,加强对东方的研究日显重要。从前小规模、分散的东方学教学已经不能

---

① 转引自王智仁:《清代内阁俄罗斯文馆之研究》,淡江大学硕士学位论文,2000 年,第 104 页。

适应俄国对外扩张政策的需要，同时也不利于皇家科学院和外交部对东方语言人才培养进行直接管理和监督。1855 年圣彼得堡大学东方语言系建立。在以后半个多世纪的时间里，这里一直是俄国的中国研究中心和中国语言人才培养基地。

圣彼得堡大学旧译为圣彼得堡皇家大学堂。该校东方语言系汉满语专业从一开始就重视学生语言实践能力的培养，在教习汉字和阅读汉文文献的同时，还开设有口语课程。口语教师中不仅有俄国汉学家，如孔气、孟第，同时也有多名中国人。从 19 世纪中叶开始至 20 世纪初，前后一共有 11 位华人在此任教，如阿布–卡里莫夫、桂荣（Гуй Жун）、苏忠（Су Чжун）、邵恒浚（Шао Хэнсюнь）、桂芳（Куэ Фан）、孟锡绥（Мэн Сишоу）、程鸿基（Чэн Хунцзи）、权世恩（Цюань Ши-энь）等。在俄罗斯的档案中至今还保存着其中一部分人的任命和离职批准文书，在相关的东方学文献中也偶见他们的名字。但是，对于这些用俄文字母拼写的中国人名字，很长时间以来中国学术界不知道其真实姓名，只能以音译名代指，对其生平也不甚了了。①笔者近年来在从事俄罗斯汉学史的研究过程中，深感这些看似不大的问题，却与全面认识俄罗斯汉语教育史以及中俄文化交流史有着重要关系。笔者在研究俄国相关档案基础上，用中国文献进行参证，对这 11 位中国教师的姓名和生平进行了初步厘清。

第一位在圣彼得堡大学教授汉语口语的中国教师是阿布–卡里莫夫，出生于 1800 年，中国甘肃省人，后来因为某种机缘来到喀山。他从1853 年起在喀山第一中学教汉语。而后受当时主持喀山大学汉满语教研室的王西里聘请，为汉满语专业的大学生教授汉语口语课程。王西里调到圣彼得堡大学之后，于 1856 年邀请阿布–卡里莫夫到帝京教授口语和书法。这个甘肃人在圣彼得堡大学前后工作了 10 年，1863 年成为编内讲师。从这一点上可以看出王西里对于汉语口语教育的重视。他显然对阿布–卡里莫夫的授课效果感到满意，曾经不无自豪地说，正是由于有了阿布–卡里莫夫的帮助，圣彼得堡大学汉语专业的学生才成为欧洲唯一可以讲这种语言的学生。②1865 年，阿布–卡里莫夫去世。

---

① 参见中国社会科学院文献情报中心编：《俄苏中国学手册》（上册），中国社会科学出版社，1986 年，第 107 页。

② Петров В. В. Китайская филология в Петербургском –Ленинградском университете//Точность – поэзия науки: Памяти Виктора Васильевича Петрова: Сб. ст.СПб., 1992.

　　在没有中国教师可聘的情况下,口语教师由有在中国留学和工作经历的俄国教师充任。1863 年,孔气回到圣彼得堡。1865 年 2 月,他被邀请到皇家科学院亚洲博物馆编写汉文书目, 整理 1864 年从外交部亚洲司转来的中国藏品。阿布-卡里莫夫去世后,王西里力邀孔气到圣彼得堡大学任教,其在亚洲博物馆整理书目的工作因此中断。孔气拟定的教学计划包括汉语口语会话、俄译汉、翻译中国白话小说《红楼梦》和《金瓶梅》等。他每周为一、二年级讲授两个小时的汉语口语,一个小时的俄汉口译课程。同时,孔气指导四年级学生阅读《红楼梦》和《金瓶梅》等白话小说片段,丰富口语语汇,了解清代中国社会百态。由于孔气熟知中俄贸易情况,1867 年又被俄国政府派往中国天津担任领事一职, 所以他在圣彼得堡大学的教学仅持续了一年多时间。于是王西里又请在外交部任职的孟第任汉语实践课教师。孟第于 1869 年暂任代理副教授,直到 1886 年才被批准为副教授,1890 年担任代理编外教授,1894 年成为编外教授,1905 年退休。①

　　桂荣是继阿布-卡里莫夫之后第二个在圣彼得堡大学教授汉语的中国人,俄文写作"Гуй Жун"。文献中关于桂荣的生平和事迹记载很少。桂荣,字冬卿,一作冬青,曾在同文馆随俄文教习柏林学习俄文,从 1867 年起随同作为中国全权使节的蒲安臣出使欧美,先后访问美、英、法等国,于同治九年(1870 年)来到俄国。桂荣从同文馆毕业后,被授予户部郎中之衔,因其俄文学习成绩优秀,被选派到驻俄国钦差公署任翻译官。光绪四年(1878 年),清政府总理各国事务大臣崇厚率使团赴圣彼得堡就俄占领伊犁一事进行交涉,桂荣担任翻译。一直到光绪十年,桂荣始终在驻俄国钦差公署工作,参与了《里瓦几亚条约》和《改订条约》的谈判。在圣彼得堡期间,桂荣与参与俄方谈判的孟第等相识,并陪同出使俄国大臣曾纪泽经常会晤俄国外交部的热梅尼(А. Г. Жомини,1814—1888)、吉尔斯(Н. К. Гирс,1820—1895)和布策(Е. К. Бюцов,1837—1904)等人。据俄罗斯档案载,桂荣在1884 年2 月 8 日被聘为东方语言系汉语口语教师。②桂荣在圣彼得堡大学工作了一年时间。1885 年,桂荣奉调前往新疆担任

　　①　Петров В. В. Китайская филология в Петербургском -Ленинградском университете// Точность - поэзия науки: Памяти Виктора Васильевича Петрова: Сб. ст.СПб.,1992.

　　②　[Приказ м.н.п. И. Н. Дялянова]. Об утверждении Гуй Жуна в должности преподавателя китайского разговорного// Куликова А. М. Востоковедение в российских законодательных актах (конец XVII в.–1917г.).СПб.,1994.С.256.

与俄交涉翻译。光绪十三年(1887年)新疆俄文馆建立,桂荣成为首任俄文教习。后因桂荣已保候补知府,难兼教职,遂令同文馆八品翻译官桂煜(字苾臣)补任。

接替桂荣来圣彼得堡大学任教的是苏忠(Су Чжун 译音),1831年出生。他是19世纪下半期逃到俄国的东干人,加入了俄国国籍,取俄国姓苏阿洪诺夫(Суахунов)。从他的俄国姓的拼写上判断,此人可能是一个阿訇,人称"苏阿訇"。由俄驻伊犁领事、王西里的学生帕捷林(И. В. Падерин)推荐,苏忠于1885年4月22日开始在东方语言系任教,[1]1888年前往中亚的扎尔肯特探家未归。苏忠任教期间还编写了两部口语教材,一部是《口儿念心儿记》,另一部叫《俗言话条札》,分别于1886和1887年石印出版。

苏忠之后有约三年时间圣彼得堡大学没有中国先生教课。直到1891年7月1日才有高英齐(Гао Иньци 译音)来校。[2]高英齐是天津人,秀才,做过伊犁翻译学校的教师,很善于教学。他在这里讲授口语和书法,但很快就在1892年9月16日患霍乱病逝他乡。

下一位是邵恒浚,俄文作 Шао Хэнсюнь,字筠农。此人为山东省文登侯家乡二马村人,1870年生,幼读私塾,为清朝监生,后投奔在京经商的舅舅和外祖父,考入京师同文馆俄文馆,光绪十五年(1889年)毕业。光绪二十一年十二月二十四日(1896年2月7日),总理衙门奏请由京师同文馆向英、法、俄、德四国使馆各派四名"住馆学生"。邵恒浚、桂芳、陈嘉驹和李鸿谟被选拔为留俄学生。四人于光绪二十二年(1896年)五月初一从北京出发,取道天津赴俄,[3]入圣彼得堡师范学校学习。邵恒浚回国后历任刑部候补主事,黑龙江铁路交涉总局会办兼总办,直隶知州,学部会计司郎中,京师大学堂译学馆监督。宣统己酉(1909年)派充考试留学生襄校官。辛亥革命时返里,致力于宣传反清思想。1912年返

---

① Приказ м. н. п. И. Н. Дялянова № 6151. Об определении русского поданного, китайца Сучжуна на должность лектора китайского языка –с 22 апреля 1885 г.// Куликова А. М. Востоковедение в российских законодательных актах(конец XVII в.–1917 г.).СПб., 1994.С.257.

② Постановление совета ПИУ. Об избрании Гао-инь-ци исправляющий должность лектора китайского "разговорного"языка и каллиграфии//Куликова А. М. Востоковедение в российских законодательных актах(конец XVII в.–1917 г.).СПб., 1994.С.261.

③ 参见朱有瓛主编:《中国近代学制史料》(第1辑 上册),华东师范大学出版社,1983年,第51—52页、第144页。

京讲学，任外交部参事，调充外交部俄文专修馆校长，兼公府外交咨议。1917年,任驻海参崴总领事,兼铁路监管会运输部会议代表。1921年,调充俄文法政专门学校校长未就,后任胶济铁路局局长。1922年8月任唐山大学北京分校(现北京交通大学前身)校长。1924年被推举为私立青岛大学校董,并任筹备副主任。军阀混战时期,邵恒浚厌倦官场,退隐北京。日军占领北平后,曾多次利诱威逼其做汉奸,被邵恒浚严词拒绝。1951年病逝于北京。

1897年,邵恒浚曾经受邀在圣彼得堡大学教授了半年汉语。①次年俄国国民教育部正式颁令批准邵恒浚在圣彼得堡大学担任汉语口语教师一职。②

邵恒浚离职后,由其同学桂芳接替。桂芳,字植忱(一作植承),俄文文献中写作 Куэ Фан 或 Куэй Фан,过去曾被误译为"蒯法"。桂芳,镶蓝旗汉军,本姓毕,又称毕桂芳。京师同文馆俄文馆学生,1896年与邵恒浚、陈嘉驹和李鸿谟来到圣彼得堡,身份为住馆学生兼使馆随员。与此同时,桂芳进入圣彼得堡师范学校学习并顺利毕业。1904年桂芳回国,1906年接替李家鳌担任中国驻海参崴商务委员,1909年任驻海参崴总领事。1911年桂芳调任科布多办事大臣,旋改任查办库伦事件大臣,负责与俄国交涉蒙古事务。1912年起任塔尔巴哈台参赞,1913年7月任护理黑龙江都督,10月回京。1914年桂芳出任中、俄、蒙三方恰克图会议中方首席代表,与陈篆一同被任命为会议外蒙事件全权专使。1916年,北京政府任命桂芳署理黑龙江军务兼巡按使,兼署黑龙江省长。1917年桂芳在黑龙江帮办军务许兰洲胁迫下去职。十月革命后,北京政府于外交部内设立俄事委员会,负责交涉事务,毕桂芳任该委员会副会长。所著《外蒙交涉始末记》记述了1911年至1927年中俄两国关于外蒙古问题的交涉情况。③

---

① Дацышен В. Г. История изучения китайского языка в Российской империи.Красноярск, 2002.С.42.

② [Приказ м.н.п. И. Н. Дялянова]. Об утверждении Шао Хэн Сюня в должности преподавателя китайского разговорного//Куликова А. М. Востоковедение в российских законодательных актах(конец XVII в. –1917 г.).СПб.,1994.С.263.

③ 参见吕一燃:《〈北洋政府时期的蒙古地区历史资料〉前言》,载于《北洋政府时期的蒙古地区历史资料》,黑龙江教育出版社,1999年。

从 1898 年 9 月 15 日起,桂芳受聘在圣彼得堡大学教书,①1899 年圣彼得堡学区督学官下令延长桂芳任期至 1900 年 6 月 1 日。②实际上,桂芳在圣彼得堡大学一直工作到 1904 年 9 月 1 日,前后持续了六年时间。桂芳任教期间正是圣彼得堡大学汉语专业历史上最困难的时期,其中1900 年至 1902 年俄国教师中只剩下孟第一人。在这种局面下,桂芳的到来无疑对维持正常教学秩序发挥了重要作用。因为通俄文,桂芳不仅可以代口语实践课,而且还能够为低年级上基础课。除口语外,他还讲解汉语语音课,为二年级开设"官话指南",所用同名教材极可能是在欧洲流行一时的由日本人吴启太和郑永邦编写的《官话指南》。此外,桂芳还专门编写了一本教科书,名为《华语初阶》③,用于汉语语音及口语课教学。圣彼得堡大学显然对桂芳的教学成绩甚感满意。1906 年桂芳在清政府驻海参崴商务委员任上,被俄政府授予斯坦尼斯拉夫二级勋章,以表彰他在圣彼得堡大学教学期间付出的"热情和辛劳"④。

桂芳离开后,由一个叫孟锡绶的中国人接替其职位。此人姓名俄文拼写为 Мэн Сишоу,以往多错误音译为"孟僖绍"。据《清末民初中国官绅人名录》载,孟锡绶,字范九,一字潜盦,直隶人,岁贡生,自称孟子苗裔。曾在华俄道胜银行和中东铁路管理局为俄国人教授过两年中文。光绪二十八年(1902 年),孟锡绶任圣彼得堡华俄道胜银行稽查主任,兼该行经理璞科第的汉文文案,光绪三十一年(1905 年)回国,任中国各地华俄道胜银行稽查之职,后任东三省官银号总办。宣统元年(1909 年)出任东三省东北边外交勘界委员,兼任依兰道衙署外交科长。民国元年(1912 年)由北京的交通银行总行派遣,担任长春交通银行分行经理,后任交通银

---

① ［Приказ м.н.п. Н. П. Боголепова］. Об утверждении Куэ-Фана исправляющий должность лектора китайского языка-с 15 сентября 1898 г. // Куликова А. М. Востоковедение в российских законодательных актах(конец XVII в.-1917 г.).СПб.,1994.С.263.

② Приказ попечителя ПУО ［Н. Я. Сонина］ №5285. О продлении до 1 июня 1900 г. срока службы в ПИУ «вольнонаемного преподавателя» Куэфана-состоящего при Китайской миссии// Куликова А. М. Востоковедение в российских законодательных актах (конец XVII в.-1917 г.). СПб.,1994.С.263.

③ 参见 Алексеев В. М. Наука о Востоке: Статьи и документы. С. 418; Попов П. С. Изречения Конфуция, учеников его и других лиц/ перевод с китайского с примечаниями П. С. Попова. СПб.,1910. С.Ⅲ.

④ Нестерова Е. И. Русская администрация и китайские мигранты на Юге Дальнего Востока России(втор. пол. XIX-нач. XX вв.)/ Под ред. В. Н. Соколова. Владивосток,2004.С.226.

行董事等职,曾获五等嘉禾奖励。①根据当时的任命文件,孟锡绶担任圣彼得堡大学东方语言系汉文教习的时间应该是 1904 年 9 月 15 日②,而据苏联汉学家维·彼得罗夫研究,实际上课时间为 1904 年 11 月,1905 年 9 月离职。③

1907 年圣彼得堡大学东方语言系聘请又一位中国人担任口语课教习,其姓名俄文写作 Чэн 或 Ченг,过去多译为"陈先生"。这个人实际上叫程耀臣,又名耀辰,字鸿基,出身于安徽绩溪程氏望族,北京东省铁路俄文学堂毕业,后赴俄京华俄道胜银行任职,1906 年起在俄国东方学会汉语班授课,1907 年 1 月起在圣彼得堡大学东方语言系教授汉文两载余,与俄国教师柏百福和伊凤阁同事,1909 年 7 月离开。回国后,曾在报社工作,后在哈尔滨吉林省立甲种商业学校任俄文教员。1926 年在东省铁路护路军司令部当翻译。另据梁实秋回忆,他的夫人程季淑"已去世的六叔还曾留学俄国,编过一部《俄华字典》,刊于哈尔滨"④也就是说,梁实秋的夫人正是程耀臣的侄女。从 20 世纪前 30 年中国出版的俄语工具书和俄语教科书来看,程耀臣无疑是当时最著名的俄语专家之一。1917 年他以《华俄合璧商务大字典》结束了清代以来俄汉双语词典主要由俄罗斯人编写的历史,开创了国人编纂俄语辞书的新时代。八年后,他在《华俄合璧商务大字典》基础上补编完善而成的《教育部审定增补华俄大字典》由民国教育部审定出版。此外,程耀臣还编写有多种俄文词典和教材,如《华俄袖珍铁路工业词典》(与俄国人介木秦〈Ю. Н. Демчинский〉合作编译,哈尔滨新华印书馆,1927 年)、《俄华合璧学生应用字典》(哈尔滨商务印书馆,1928 年)以及《俄语自通》(哈尔滨商务印书馆,1917 年)、《华俄言语问答》(两册)、《六十天毕业俄语捷径》《俄语无师自通》等。⑤

1912 年,中国使馆随员权世恩开始在圣彼得堡大学执教。权世恩,字

① 参见田原天南编:《清末民初中国官绅人名录》,台湾文海出版社,1989 年,第 258 页。

② [Приказ м.н.п. В. Г. Глазова]. Об утверждении Мэн-си-Шоу исправляющий должность лектора китайского языка-с 15 сентября 1904 г. // Куликова А. М. Востоковедение в российских законодательных актах(конец XVII в. –1917 г.).СПб., 1994.С.266.

③ Петров В. В. Китайская филология в Петербургском –Ленинградском университете// Точность–поэзия науки: Памяти Виктора Васильевича Петрова: Сб. ст. СПб., 1992.

④ 《梁实秋自传》,江苏文艺出版社,1996 年,第 130 页。

⑤ 参见阎国栋:《程耀臣与国人所编首部俄文词典》,载于《福建师范大学学报》,2009 年第 2 期;Янь Годун. Первый русско –китайский словарь, составленный китайцем//Вестник Санкт - Петер–бургского университета. №2, 2010.

锡三,俄文作Цюань Ши-энь,直隶省良乡县人。据晚清《学部官报》所载《京师译学馆甲级毕业清单》,权世恩于宣统元年从京师大学堂译学馆毕业,时年33岁。[①]1912年起在圣彼得堡中国驻俄使馆任职,并开始在圣彼得堡大学执教。1920年在伯力领事馆任副领事,次年成为驻伯力总领事,1925年9月4日起任驻赤塔领事。30年代任驻海参崴总领事,其间(1935年)对梅兰芳访苏给予多方协助,留下公文函牍多件。[②]

此外,1911年上半年,伊凤阁推荐与其在北京相识的北京人朱武(Чжу У译音)在这里任教。1913年权世恩离开圣彼得堡大学后由另一位中国使馆官员张英(Чжан Ин译音)接替。张英在这里一直执教到1915年。[③]

早在19世纪下半叶至20世纪初就有如此之多的中国人在遥远的俄国帝京教授汉语,这在中外文化交流史上实为罕见。经过考证,笔者发现以上列举的11人中大部分在中国近代史上留下自己的印迹。但遗憾的是,仍然有四人因教龄短暂以及无显著业绩而一时无从考其汉文姓名。这些人在圣彼得堡大学东方语言系的汉语教学活动不仅对俄国汉学发展做出了贡献,而且也促进了中俄之间的文化交流。

---

① 参见北京大学校史研究室编:《北京大学史料》(第1卷1898—1911),北京大学出版社,1993年,第422页。

② 参见中国第二历史档案馆:《梅兰芳访苏档案史料(二)》,载于《民国档案》,2001年第4期。

③ Петров В. В. Китайская филология в Петербургском –Ленинградском университете// Точность-поэзия науки: Памяти Виктора Васильевича Петрова: Сб. ст. СПб., 1992.

# 第八章　中俄图书交流

中国图书在俄罗斯的流传是中俄文化交流的重要内容。俄国对中国典籍的收藏与俄国对中国的认识历程相伴而行。与西方国家主要以私藏为主不同，俄国的汉籍收藏具有明显的国家特征。从 18 世纪初开始，俄国传教士、学生、使节、商人在华期间购买大量典籍并带回俄罗斯，其中不乏珍稀善本乃至孤本。梳理汉籍俄传历史对于全面认识中俄文化关系具有重要价值。

## 第一节　康雍乾时期的图书交流

### 一、俄国的汉籍收藏

在俄国，史载最早的中国图书是由圣彼得堡皇家科学院通过赴西伯利亚地区进行学术考察的梅塞施密特(Д. Г. Мессершмидт，1685—1735)获得的。1719 年至 1727 年他率领一个考察队对西伯利亚进行考察，搜集到许多蒙、藏、汉等中国语言文献。因为当时无人识得华文，没有著录于书目文献，故现在已经无法判断梅塞施密特当时带回汉籍的名称。所以，尽管有人认为梅塞施密特带回过汉籍，但由于缺乏更加确凿的证据支持，所以俄罗斯学术界还是将 1730 年视作俄国汉籍收藏的肇始之年，将俄国汉籍收藏的奠基人的桂冠给予了一名在俄国宫廷服务的瑞典人郎喀。20 世纪中叶，苏联学者沙弗拉诺夫斯基(К. И. Шафрановский)和沙弗拉诺夫斯卡娅曾发表多篇文章，对俄国早期汉籍收藏的历史进行了仔细的钩沉。①

郎喀是瑞典人、彼得大帝御医阿列斯金的养子。彼得对他给予了特别关照并出资送他到欧洲学习。郎喀完成学业后回到俄国,在宫廷担任秘书一职。从 1715 年至 1737 年,他先后六次来华,以俄国政府商务代表的身份在北京留居。1776 年,在圣彼得堡皇家科学院图书馆管理员巴克梅斯特尔(И. Ф. Бакмейстер, ?—1788)编写的书目中提到"图书馆中的第一批中国图书为耶稣会士所赠, 由俄国驻中国代表郎喀于 1730 年从北京带回俄国,共计 8 函 82 册"②。按照巴克梅斯特尔的说法判断,郎喀是于 1730 年将图书交给圣彼得堡皇家科学院的,那么,他获取这批图书的时间应该是他于 1727—1728 年第四次来华期间。在俄罗斯外交部档案馆中保留有一份俄国外务院 1727 年致访华使节萨瓦的公文, 其中列举了需要为圣彼得堡皇家科学院获取的中国书籍,而亲自操办此事的便是当时作为商务专员驻京的郎喀。这份书单原件为德文,翻译件为俄文。现将俄文件全文汉译如下:

中国人有两部著名的汉文词典,一部是《字汇》,另一部是《海篇》。

耶稣会神父在中国也编写了若干种……

(1)郭居静神父,意大利人,以西洋字母音序编著《汉字四声字典》。

(2)金尼阁神父,编有《西汉字典》,北京刊印。

(3)曾德昭神父,1658 年在他所编写的两卷词典于澳门印行后就辞世了。

(4)恩理格神父,于 1676 年亦曾刊印一部词典。③

在这个书单中包括了六部词典, 其中只有两部是中国人编写的,其

---

① Шафрановская Т. К., Шафрановский К. И. Приобретение в начале XVIII в. китайских книг российским резидентом в Китае Лоренцом Лангом//Страны и народы Востока. Вып.1.М., 1959. Шафрановский К. И., Шафрановская Т. К. Сведения о китайских книгах в библиотеке Академии наук в XVIII веке//Научные и культурные связи библиотеки АН СССР со странами зарубежного Востока: Сб. докл. науч. конф. 6-ки АН СССР / Б-ка АН СССР.М.–Л., 1957.

② Шафрановский К. И., Шафрановская Т. К. Сведения о китайских книгах в библиотеке Академии наук в XVIII веке//Научные и культурные связи библиотеки АН СССР со странами зарубежного Востока: Сб. докл. науч. конф. 6-ки АН СССР / Б-ка АН СССР.М.–Л., 1957.

③ Шафрановская Т. К., Шафрановский К. И. Приобретение в начале XVIII в. китайских книг российским резидентом в Китае Лоренцом Лангом//Страны и народы Востока. Вып.1.М., 1959.加斯东·加恩在其著作中也发表了这份文件,参见[法]加斯东·加恩:《彼得大帝时期的俄中关系史(1689—1730 年)》,江载华、郑永泰译,商务印书馆,1980 年,第 354—355 页。

余四部都是耶稣会士的作品,这在一定程度上反映了耶稣会士在汉外双语词典编写领域的贡献和影响。《汉字四声字典》应该是郭居静(Cattaneo Lazare,1560—1640)与利玛窦合编的《西文拼音华语字典》,所收词条依照拉丁字母顺序排列。而《西汉字典》当是金尼阁(Nicolas Trigault,1577—1628)所著的《西儒耳目资》,但此书刊印地并非北京,而是杭州。曾德昭(Alvare de Semedo,1585—1658)和恩理格(Christian Herdtrict,1624—1684)编写的词典分别是《字考——汉葡及葡汉字汇》和《文字考》。书单是圣彼得堡皇家科学院拟订的,所以,我们有理由相信,这或许与当时在圣彼得堡皇家科学院任职的欧洲汉学家拜耶尔有关,甚至可以确定书单就出自拜耶尔笔下。后来郎喀又为圣彼得堡皇家科学院带回了多少中国书籍,我们暂时无法确知,现在只知道他每次来中国,都有采购图书的任务。1736—1737年最后一次来华时,他为皇家科学院带回了三大箱汉、满文书籍。

拜耶尔被公认为欧洲汉学史的奠基人。1726年他来到圣彼得堡皇家科学院,是俄国历史上第一位研究汉学的院士,1730年出版了他的第一部汉学论著——《中文博览》。在从事汉学研究的过程中,他与在北京的耶稣会士建立了密切的通信联系。在他的倡导下,皇家科学院的其他院士也参与了与北京耶稣会士的图书和资料交换。[1]

第二届俄国东正教驻北京传教团的学生罗索欣不仅为俄国汉学的建立做出了贡献,也为圣彼得堡皇家科学院图书馆的汉籍收藏贡献良多。1741年,在北京生活了十多年的他返回俄国并进入皇家科学院工作,不久便向皇家科学院出售了自己从中国带回的书籍,共计52种,皇家科学院的中国图书数量由此增加。罗索欣为这批书编写了原文和俄文书目。从这批书的清单中可以看出罗索欣的治学兴趣。第一类是语言文学书籍,有辞书、文法、谚语、民歌以及文学作品。第二类是历史、地理书籍和游记,占总数的四分之一。第三类是自然科学书籍,主要为医书。现在我们知道这些书中包括《御制天下一统志》《大清律例》《金瓶梅》《水浒传》和《三字经》等。[2]当圣彼得堡皇家科学院派遣叶拉契奇来华购买中国物品以补充1747年的火灾损失时,罗索欣亲自开列书单。1761年,罗

---

① 参见第三章第三节。

② Горбачева З. И. Китайские ксилографы и старопечатные книги собрания Института востоковедения Академии наук СССР (Общий обзор)//Ученые записки ИВ АН СССР. Т.16. М., 1958;История отечественного востоковедения с середины XIX века до 1917 года.М.,1997.С. 85.

索欣在久病之后去世，其遗孀请皇家科学院买下她丈夫留下的 55 种满汉文书籍和两幅中国地图(一幅用汉语标注地名，另一幅为满语)。[①]这是罗索欣卖给皇家科学院图书馆的第二批书，内容包括哲学、天文学以及实用科学，还有一本他翻译的中国象棋竞技手册。这些图书进一步充实了皇家科学院图书馆的汉学藏书。此外，俄国汉学史研究专家彼·斯卡奇科夫还在档案中发现了罗索欣的一份手稿，上面列举了巴黎图书馆有藏而俄国需要购买的 62 种满汉典籍。[②]

俄国宫廷重臣奥斯捷尔曼在执掌俄国内政外交时曾经大力支持皇家科学院的学者与北京耶稣会士建立并保持联系。很多耶稣会士不仅给他写信，而且还寄送了不少中国文献给他。就在罗索欣回国的当年，伊丽莎白女皇将奥斯捷尔曼流放。罗索欣被令协助统计其财产，于 1742 年将其收藏的 23 种中文图书移交给皇家科学院。[③]

叶拉契奇是另一位为俄国中国文物和图书收藏做出过贡献的外国人。他是克罗地亚人，1740 年左右来到俄国，1742 年进入圣彼得堡陆军总医院学习医学，毕业后进入俄国医务衙门工作。他的医术并不高明，甚至一度被安排做接生医生。然而，他在三次随商队来华期间受命收集了大量中国风物和图籍，在俄国汉学史，尤其是珍宝馆历史上留下了深深的足迹。1754 年 12 月 23 日至 1755 年 6 月 4 日叶拉契奇第二次来华收获最丰。皇家科学院为他制定了两份详细的指令，搜集中国图书是其最重要的任务之一。[④]沙弗拉诺夫斯卡娅认为叶拉契奇一共买到 42 种书，书目清单至今还保存在圣彼得堡的档案之中，其中包括《大明一统志》《史记》《资治通鉴》《资治通鉴纲目》《汉书》《南史》《北史》等。[⑤]而塔拉诺维奇则认为

①　Горбачева З. И. Китайские ксилографы и старопечатные книги собрания Института востоковедения Академии наук СССР (Общий обзор)//Ученые записки ИВ АН СССР. Т.16.М., 1958.

②　Скачков П. Е. О неизвестных рукописях Лариона Россохина//Народы Азии и Африки. 1965. № 1.

③　Таранович В. П. И. Россохин и его труды по китаеведению//Советское востоковедение. 1945. Т. 3.

④　Пан Т. А., Шаталов О. В. Архивные материалы по истории западноевропейского и российского китаеведения.Санкт-Петербург-Воронеж,2004.С.45.

⑤　Шафрановская Т. К. Поездка лекаря Франца Елачича в 1753 –1756 гг.в Пекин для пополнения китайских коллекций Кунсткамеры//Из истории науки и техники в странах Востока. Вып. 2. М.,1961.

叶拉契奇在北京购得图书 51 种,共 123 册,其中词典类 5 种 6 册,地理类 2 种 4 册,历史类 15 种 56 册,法令类 3 种 6 册,神学类 13 种 23 册,天文类 13 种 28 册。

在 18 世纪,圣彼得堡皇家科学院图书馆所藏中国图书经过了数次编目和统计。1741 年罗索欣首次编目,但该目录在 1747 年的珍宝馆大火中被焚毁。1766 年列昂季耶夫编写了第二个书目。1776 年皇家科学院图书馆管理员巴克梅斯特尔发表了第三个书目。在这个书目中,编者写道:"我们图书馆一共有 202 函中国书,2800 册。"①别利亚耶夫 (O. П. Беляев)在 1793 年出版的《彼得大帝藏室》一书中题为"皇家科学院藏书目录"的附表中指出,当时共有满汉图书 236 种 2800 册。②1794 年,在皇家科学院供职的欧洲人布塞(И. Г. Буссе,1763—1835)根据列昂季耶夫的目录,在其出版的德文杂志《俄罗斯杂志》上又发表了一个目录《科学院收藏的汉满蒙日图书》,但实际上只包括汉语和满语文献 202 种,其中汉语图书 176 种,满语图书 26 种,共计 2800 册,另有部分零散手稿。1998 年德国著名目录学家瓦尔拉文斯(Hartmut Walravens)在《华裔学志》上重刊了布塞目录。

布塞将这些图书分成耶稣会士、哲学、政治与军事、历史与地理、天文学与几何学、医学和教科书七大类分别著录,其中在每一类别的总数中包括了复本的数量。由于德文译音与汉语读音有一定差距,部分著作的汉语书名难以复原。现将瓦尔拉文斯所刊目录摘录如下:

(1)耶稣会士著作 22 种,主要包括《圣经直解》(阳玛诺译)、《超性学要》(利类思译)、《十诫直诠》(阳玛诺述)、《口铎日抄》(艾儒略撰)、《圣事礼典》(利类思译)、《弥撒经典》(利类思译)、《圣母行实》(高一志译)、《圣教日课》(龙华民译)、《性学觕述》(艾儒略撰)、《七克》(庞迪我撰)、《天文略》(阳玛诺译)、《景教碑颂》(阳玛诺撰)、《万物真原》(艾儒略撰)、《德行谱》(巴多明著)、《天神会课》(潘国光述)等。当然,布塞也出现了一些判断上的错误,如将宋代史学家郑樵的《天文略》也算在耶稣会士的名下。

(2)哲学类 33 种,包括《实践录》《四书》《四书集注》《书经》《诗经》《满

---

① Вахтин Б. Б., Гуревич И. С., Кроль Ю. Л., Стулова Э. С., Торопов А. А. Каталог фонда китайских ксилографов Института востоковедения АН СССР. Вып. 1. М., 1973. С.10.

② Шафрановский К. И., Шафрановская Т. К. Сведения о китайских книгах в библиотеке Академии наук в XVIII веке//Научные и культурные связи библиотеки АН СССР со странами зарубежного Востока: Сб. докл. науч. конф. б-ки АН СССР / Б-ка АН СССР.М.–Л., 1957.

汉字诗经》《五经》《礼记》《菜根谭》《太上感应篇》《步元诗经》《文庙礼乐》《礼记大全》《易图解》《易经》《孔子家语》《小学》《避暑山庄诗》《圣谕十六条》《圣贤图赞》《国朝名公诗选》《千字文》《老子》。其中四书数量最多,共有五种。

(3)政治与军事类 33 种,有《大清律例》《中枢政考》《战国策》《兵法》《农政全书》《耕织图》《鹰论》《三字经》《吏部则例》《资治通鉴》《甲子会记》《六经图》《武经三子》《周礼》《格言辑要》《洪武宝训》《孝经》《朱子节要》《性理精义》《缙绅全书》《品级考》《大明会典》和《古文渊鉴》等。

(4)历史与地理类 59 种,主要有《春秋》《日讲春秋解义》《万姓统谱》《资治通鉴纲目》《资治通鉴》《通鉴直解》《盘古集》《皇明史概》《三国志》《明史》《金瓶梅》《平山冷燕》《水浒传》《史记》《历代年表》《历史纲鉴》《汉书评林》《北史》《南史》《周书》《西游记》《大清一统志》《皇舆表》《坤舆图说》《广舆记》《广舆图》《示我周行》《山海经》《通志》等。

(5)天文学与几何学类 17 种,有《浑天仪说》《方星图》《历象考成》《月令广义》《康熙八年四月初一日癸亥朔日食图》《宪书》《天文大成》《仪象考成》《算法全书》《数表》《新讲算法》《几何原本》等。

(6)医学类 13 种,包括《针灸大成》《本草纲目》《伤寒活人指掌》《本草蒙荃》《脉诀》《外科正宗》《类经》《医宗必读》《古今医鉴》《士才三书》等。

(7)教科书共计 36 种,大多数为《清文鉴》《清文启蒙》等满文教材,汉语词典不多,主要有《康熙字典》《正字通》《海篇》《篆字汇》等。①

布塞目录的分类与别利亚耶夫的基本一致,只是将"神学著作"一类改为"耶稣会士著作",表述更加明确。别利亚耶夫的统计数量之所以超过了巴克梅斯特尔,原因是将一些零散的本子也计算在其中了。在这些本子当中有一部分是未能发表的罗索欣译稿,如《小儿论》《二十四孝》《薛清文公要语》《潘氏总论》《亲征平定朔漠方略》《资治通鉴纲目》《大清一统志》《千字文》《清文启蒙》《三字经》《四书》等。

早期俄国中国图书编目者习惯将汉、满图籍著录在一起,统计结果相互间时有出入或矛盾之处。然而这并不影响我们对这一时期的俄藏汉籍规模做出大体上的判断。实际上,俄国在 18 世纪同时开始收藏满蒙藏等中国少数民族语言图书。在皇家科学院工作的欧洲东方学家和历史学

---

① Walravens, Hartmut. Chinesische und mandjurische Bücher in St. Petersburg im 18. Jahrhundert//Monumenta Serica, Journal of Oriental Studies, Vol. XLVI(1998).

家就曾为皇家科学院图书馆收藏过远东和中亚民族文献。除了上面提到的梅塞施密特外,伊耶里格(И. Иериг,1747—1795)于18世纪80年代三次向皇家科学院捐赠自己的藏书,第一次为蒙古文献,第二次为汉语刻本,第三次为其他东方语言文献。[①]

俄国汉学藏书在18世纪初具规模,为19世纪上半叶俄国汉学的发展奠定了文献基础。在汉籍收藏过程中,圣彼得堡皇家科学院起到了组织者的作用。郎喀、拜耶尔、罗索欣、叶拉契奇、奥斯捷尔曼的收藏活动都与皇家科学院有直接关系。频繁的商队贸易、皇家科学院与北京耶稣会士的学术联系以及俄国东正教驻北京传教团的建立均为汉籍俄传创造了必要的条件。然而这种图书交流尚未形成完整的体系。在所收藏的汉籍当中,哲学、历史地理、政治军事以及教科书是数量最多的类别,很大一部分属于罗索欣的藏书,这在一定程度上反映了他的学术重点,而神学和天文学著作多为皇家科学院与北京耶稣会士学术交流和图书交换的成果。此外,该时期汉籍搜集主要集中在18世纪上半叶,也就是说,在郎喀和罗索欣等人去世以后,搜集工作就明显放缓了,而汉籍的整理和编目工作则主要集中于18世纪下半叶。

## 二、传入中国的俄国文献

与俄国的汉籍收藏相比,同期传入中国的俄国文献在规模和数量上都不可同日而语。尤其值得关注的是,即便当时有俄国书籍流入中国,传播文献的主体也并非国人,而是俄国人。

早期来华俄人主要有三类,一为俄国使节,二为京师互市的俄国商队,三为俄国东正教驻北京传教团的传教士和学生。自17世纪以来,为确立与中国的贸易关系以及解决两国边境纠纷,虽然俄国使节或信使不断来华,但并没有资料证明他们将俄国图书带进中国。人数众多的俄国商队在北京出售的主要商品为毛皮、喀喇等物,在文献传播方面无所作为。只是到了1685年,雅克萨战俘被押解至京并组成俄罗斯佐领,随行的东正教神父列昂节夫才可能将东正教书籍带到中国的京城。1715年第一届传教团来到北京,为俄罗斯佐领提供宗教服务。在整个18世纪,俄国政府一共向中国派遣了八届传教团。出于传教布道的需要,圣务院为

① Тихонов Д. И. Из истории Азиатского музея//Очерки по истории русского востоковедения. Вып. 2. М., 1956.

传教团配备了进行圣事典礼以及教义训诫所需的书籍。1734 年,圣务院为第三届传教团配备了《祭台福音经》《宗徒经》《圣咏经》《福音经辑解》《主受难福音经》《圣母领报道理》《圣体规程》《三重颂歌》《日课经》《主日八调赞词》《须用经》《实迹录传》《神父箴言》《事奉经》《主日八调》《诵经启蒙》《圣咏经》《时课经》和《识字初阶》。①1743 年,圣务院向即将来华的第四届传教团提供了《诵经启蒙》《识字初阶》《时课经》《教规汇编》《圣咏经》《教理问答》等。在第七届传教团领班希什科夫斯基修士大司祭 1794 年所造清册中记录有数十种俄文图书,如《圣经》《东教宗鉴》《圣咏经》《须用经》《宗徒经》《时课经》《事奉经》《弗坐词》《四旬大斋经》《五旬大斋经》《主日八调赞词》《圣体规程》《主复活福音经》《圣体规程》《圣碑十戒》《敌基督降临》《圣堂仪物》《圣号解义》《天国阶梯》《五旬大斋三重颂歌》《实迹录传》《福音经辑解》《教规汇编》《圣母领报道理》和罗蒙诺索夫的《修辞学》等。②随着 1795 年格里鲍夫斯基修士大司祭建立俄罗斯馆中外书房,俄国东正教驻北京传教团的俄国文献收藏进入了一个新的阶段。

1724 年清朝政府发布禁教令,直到 1846 年才废止。在整个 18 世纪,传教团所做的宗教工作仅限于在北京圣尼古拉教堂和奉献节教堂为雅克萨俄人或来华商队主持圣事,在向中国人传教方面基本上没有作为。另外,为确保俄国在华经济和政治利益,圣务院和外务院不断警告传教团在传教上要持谨慎态度。所以,通过俄国东正教驻北京传教团传入中国的这些俄文(或教会斯拉夫文)宗教图书的使用者主要是俄国神父,不为国人所知,而且很可能在庚子事变时被焚毁,自然也就谈不上什么影响了。

俄罗斯文馆尽管在 1708 年就已创立,并在资金上得到清政府的保障,但由于种种原因,教学成效低微,18 世纪只培养出诸如富勒赫等少数堪用之才。在俄罗斯文馆的各项公费开支中,竟然没有购买俄文图书一项。学生的教材是由来馆教学的俄国教习提供的,如罗索欣和富勒赫等从斯莫特利茨基的《俄语语法》翻译而来的中国第一部俄语教材《俄罗斯翻译捷要全书》。③这一缺憾不仅阻碍了俄罗斯文馆教学质量的提高,同时

①　Адоратский Н. Православная Миссия в Китае за 200 лет ея существования: Опыт церковно- исторического исследования по архивным документам.Казань, 1887.C.147.

②　Там же, стр.175,298-300.

③　Волкова М. П. Первый учебник русского языка для китайских учащихся//Краткие сообщения Института народов Азии АН СССР. [Т]61. М., 1963.

也阻碍了中国对俄国的认识进程。俄国斯文馆这个当时中国最有可能引进并使用俄国文献的机构没有扮演应有的历史角色。

18 世纪上半叶,为稳定边疆局势,中国曾经几度派遣使臣前往俄国。1712 年康熙派出以尹扎纳为首的使团,慰问在伏尔加河下游地区游牧的土尔扈特部。1729 年又派出了托时和满泰率领的使团出使俄国祝贺彼得二世继位并前往慰问土尔扈特部。1731 年,清政府还派出了德新使团,为的是回应俄国政府的咨文,前往祝贺新女皇安娜登基。

然而这些使团从未将收集俄国文献作为自己的任务。若论这些使团所留下的文化遗产,当首推《异域录》。内阁侍读图理琛作为史官随尹扎纳使团访俄,详细地记录所经过之地的风土民情,回国后完成了这部翔实生动的游记作品。在俄籍中传方面,史载德新使团曾参观圣彼得堡皇家科学院,包括拜耶尔在内的许多院士都参加了接待工作。拜耶尔还用汉语与中国使团成员进行了交谈,将他于圣彼得堡出版的拉丁文《中文博览》赠予中国客人。①

综观 18 世纪中俄图书交流,无论在渠道上,还是在规模上,汉籍俄传都明显超过了俄籍中传,如果算上数量更多的满、蒙、藏文献,则差距更加明显。在图书交流过程中,俄国方面表现出了更多的主动性、更明显的目的性和更强的组织性。这一方面与俄国政府东侵战略相关,另一方面也是自彼得一世以来俄国近代科学发展的必然结果。搜集图书进而研究中国成为俄国实现其外交目标的前提。而以天朝大国自居的清政府,在对俄关系中一直将遏止俄国东侵步伐、维持边疆地区的稳定作为首要目标。康、雍、乾几朝的盛世景象以及国人在文化上的自我优越感不大可能使清朝上层对"俄夷"图书产生兴趣。中俄在早期图书交流领域的严重失衡导致了中国俄罗斯学从一开始便远远落后于俄罗斯的汉学研究水平。当权者忘记了孙子"知彼知己,百战不殆"的至理名言,终使大清王朝于 19 世纪下半叶成为沙俄刀俎下的鱼肉。

## 第二节　道光年间的中俄图书互赠

1844 年至 1845 年间, 中俄两国政府间进行了一次大规模的图书互

---

① Радовский М. И. Посещение Петербургской академии наук китайскими гостями в 1732 г.//Из истории науки и техники в странах Востока. Вып.2. М.,1961.

赠,成为两国文化关系史上的重要事件之一。1844 年,应俄国方面请求,经道光皇帝批准,清政府将北京雍和宫所藏佛教经卷 800 多册赠予俄国。1845 年中国收到了俄国回赠的十箱 357 种 800 余册俄文书籍。对此,清代文献《朔方备乘》和《筹办夷务始末》都有记载,但多有讹误或语焉不详。

　　笔者所见的两则材料为我们了解道光年间清政府赠俄藏文《甘珠尔》和《丹珠尔》两经的起因提供了有力的佐证。一则为王西里于 1857 年发表的一篇长文《圣彼得堡大学东方书籍札记》,其中写道:"为了学习藏语,我到北京后就极力寻找《甘珠尔》和《丹珠尔》。西藏商人经常将这些书运到北京出售给蒙古人,但印刷和纸张质量都很糟糕,字迹不清。与此同时,我获悉可以得到宫廷印字房刊本,质量要好得多。我甚至在皇宫北花园的大殿中见到过刻版。需要向理藩院提出申请。传教团领班给予了协助。此时我们得知《甘珠尔》和《丹珠尔》已经印过了,刻版已经损坏且有丢失。但中国政府对我们很友好,从北京的一位呼图克图的藏书中送给我们一套。"①另一则是沙皇尼古拉一世的批文。1844 年 5 月 31 日,佟正笏就中国赠予经卷一事向外交部亚洲司做了汇报。当佟正笏的报告经外交部呈递给尼古拉一世后,沙皇才知晓中国赠书事宜,并且直接在佟正笏的报告上御批道:"此事甚善,但不知这些书有何用处。向我奏明。应回赠相应礼品。"②根据这两则材料,我们基本上可以推翻前人对这段历史所下的结论。向俄赠送《甘珠尔》和《丹珠尔》既非应沙皇之请求,也不能简单地说成是俄国政府侵华阴谋的组成部分,尽管俄国的藏学研究在客观上发挥了这种作用。王西里学习藏语才是俄国方面索要藏文《甘珠尔》和《丹珠尔》的直接和唯一原因。1834 年王西里进入喀山大学语文系东方语言专业学习,师从著名蒙古学家奥西普·科瓦列夫斯基。1837 年毕业后留校任教。1839 年以《论佛教的哲学原理》一文获得硕士学位,成为俄国历史上第一个蒙古语硕士。19 世纪上半叶,王西里所在的喀山大学是全俄东方学研究中心,校长洛巴切夫斯基(Н. Лобачевский,1792—1856)计划在已建立的汉满语教研室的基础上再创办藏语教研室,于是委派王西里作为第十二届传教团临时差遣人员来华学习藏语、汉语和梵

---

① Васильев В. П. Записка о восточных книгах в Санкт-Петербургском университете// Русский вестник. 1857, Т.11.

② П. И. Кафаров и его вклад в отечественное востоковедение: К 100-летию со дня смерти. Материалы конференции.Ч.1. М., 1979.С.20.

文,以便将来主持藏语教研室的工作。

至于 1845 年俄国政府"尽缮俄罗斯所有书籍来献",则是采纳了第十二届传教团领班佟正笏的建议,主要目的是为了答谢清政府的馈赠,同时展示俄国文学、艺术和科学成就,拉近双方的关系,以期在对华外交中获得好处。佟正笏在 1844 年 5 月 31 日给亚洲司的报告中写道:"如果外交部认为向俄罗斯文馆赠送俄文书作为对中国政府的回报是一件善事的话,这将在政治方面给我们带来异乎寻常的益处。"[1]尼古拉一世的御批也有"回赠相应礼品"的内容。在这一点上,《筹办夷务始末》与俄国档案的记载是一致的。《筹办夷务始末》载:"臣等溯查道光二十五年闻俄罗斯国曾经呈进书籍,由理藩院奏明。钦奉谕旨在案……臣查原奏内称据俄罗斯文称,因前蒙赏给伊等住京人书籍,今由该国萨那兹衙门备送俄罗斯书籍呈进等因。"[2]

因此,在 1844—1845 年间发生的中俄互赠图书过程中,俄国东正教驻北京传教团发挥了重要作用。清政府将藏文《甘珠尔》和《丹珠尔》赠予传教团,是因为王西里学习藏语的需要和佟正笏提出书面申请,这与清政府对传教团一贯礼遇有加的政策相吻合。而俄国政府回赠图书则是在佟正笏的建议下进行的。

这次赠书是一件对两国文化交流极为有益的事情。从图书交流的层面上说,清政府赠予俄方的藏文《甘珠尔》和《丹珠尔》,丰富了俄国的中国图书收藏。在 1857 年王西里发表《圣彼得堡大学东方书籍札记》之前,《甘珠尔》已经被运回到俄国外交部亚洲司;只因缺乏运费,《丹珠尔》被留在了传教团中外书房。由于传教团实际上是俄国外交部的驻华机构,所以其每年的购书费用均由国库支出。这样,传教团中外书房事实上就是俄国外交部亚洲司图书馆的"海外分馆"。同时,俄国政府赠予中国图书的规模乃是中外图书交流史上空前的。何秋涛从对比的角度给予了高度评价,认为它远远超过了以往西方传教士利玛窦、艾儒略和南怀仁所献图书。他说:"昔大西洋利玛窦等以明神宗时入中国献所著各书,当时称为盛事,不知西洋距中国绝远,利玛窦等自进所为书与其国王无与也。至如艾儒略之《职方外纪》、南怀仁之《坤舆图说》,皆入中国后所编纂,类

---

① П. И. Кафаров и его вклад в отечественное востоковедение: К 100-летию со дня смерти. Материалы конференции.Ч.1.М.,1979.C.20.

② 宝鋆等修:《筹办夷务始末(同治朝)》,卷六十二,台湾文海出版社,1971 年影印本。

多张大彼教、夸诧诞谩之词,不足为据。今俄罗斯渐被文德,沦浃已久,其国王自献书籍至三百余种之多,皆确实而有征,远胜艾、南诸书之荒陋;又其慕德恭顺之怀,迥逾寻常,尤为自古所未有,夫岂明代利玛窦等进书之事所可比拟于万一哉。臣秋涛谓,此千古希逢之盛会也。"[①]但是,由于国人重视不够和时局变迁动荡等原因,俄国所赠图书不断流散丢失。《朔方备乘》和《北徼汇编》中收录的第一次译目显示,俄国全部赠书为八百多册。1885 年京师同文馆的俄文教习班铎再次编目时只剩下了 682 册图书。辛亥革命后,这些书转归北洋政府外交部收藏,但大部分已经流失,只剩下八十多册。1947 年,有四十多册出现在北京书市上,被北京图书馆及个人购得。1955 年古文字学家、史学家唐兰先生在故宫库房里还发现了七幅地图和十多种其他图集。[②]至此,这批俄国赠书的绝大部分下落已不得而知,仅少数为国家图书馆、故宫及个人收藏。

　　清政府赠俄的藏文《甘珠尔》和《丹珠尔》对于俄国的藏、蒙文化及佛教研究都产生了推动作用。王西里来北京学习的主要目的是为了回国后能在喀山大学建立藏语教研室,因此他在中国学习期间对藏语和佛教给予了足够的重视。王西里回国后拟订了一份由藏语、西藏历史和文学三部分构成的详细的教学计划[③](但该教学计划并未实施,直到 1914 年在海参崴东方学院才最终建立了俄国历史上第一个藏语教研室)。王西里是一位为后人公认的杰出的佛教研究者。学术界甚至有人将他在佛教研究上取得的成就视为他对俄国汉学做出的最大贡献。在北京期间,他编著了多卷本的《佛教及其教义、历史和文献》,而后又编写了《佛教术语词典》,全文翻译了玄奘的《大唐西域记》。王西里强调不能用一本偶然得到的或特意选择的佛教著作来进行佛教研究,而要博览汉语及藏语的佛教经典。遗憾的是,王西里的佛教翻译和研究著作在其有生之年大都未能出版。圣彼得堡皇家科学院院士奥登堡写道,如果王西里的著作当时能够及时出版,俄国的佛教研究至少能向前推进 30 年。

　　与此相反,国人对俄国赠书重视不够,始终未能将其译成汉语而加以很好地利用。何秋涛最初将这批俄国图籍分为四类:"其中言彼国史事、地理、武备、算法之书十之五,医药、种树之书十之二,字学、训解之书

---

①　何秋涛:《朔方备乘》,卷三十九,光绪三年畿辅通志局刊本。

②　参见张铁弦:《记 1845 年俄国所赠的科技图书》,载于《文物参考资料》,1958 年第 7 期。

③　Куликова А. М. Российское востоковедение XIX века в лицах.СПб.,2001,С.138–141.

十之二,其天主教书与夫诗文等类仅十之一而已。"①而 1885 年班铎将之分成 18 类:文法书类、史传类、律例书类、名臣列传类、杂书类、游历书类、农书类、兵法书类、天文算学书类、史书类、地理书类、医学类、天产万物各学类、工艺诸学类、泉刀谱类、训幼书类、幼学书类、图画类。②显然,何秋涛的分类方法有些混乱,班铎的分类要比何秋涛的更加详细。可惜的是,班铎没有进一步指出书籍的作者、出版年代等信息。根据这两个书目以及现存的图书来看,俄国政府所赠图书内容非常广泛,不仅包括了丰富的人文社会科学图书,而且还有欧洲自然科学发展史上的名著。《朔方备乘》中编号为 1 的《俄罗斯国汗制总例》,应是 1832 年由斯佩兰斯基(М. М. Сперанский,1772—1839)奉尼古拉一世之命编写,俄文名是 Свод законов Российской Империи,直译为《俄罗斯帝国法律汇编》,有 1832、1842 和 1857 年三个版本。编号为 290 的《底米忒里氏诗集》当是俄国诗人和寓言作家德米特里耶夫(И. И. Дмитриев,1760—1837)的作品。而编号为 291 的《柯里嚕幅氏诗集》,当为著名寓言作家克雷洛夫(И. А. Крылов,1769—1844)的著作。在自然科学方面,《朔方备乘》中编号为 166 的《淘金新法发明》,1843 年出版于圣彼得堡,俄文名是 Курс горного искусства,直译为《采矿技术教程》,作者是 19 世纪俄国采矿工程师乌扎蒂斯(А. И. Узатис,1814—1875)。他曾参与俄、奥、比等国的采矿工作,具有丰富的采矿经验,因《采矿技术教程》一书而于 1844 年获得俄国最高科学奖——杰米多夫奖金。中国清代徐寿译自英国化学家兼物理学家威廉·克鲁克斯(William Crookes,1832—1919)1869 年问世的《冶金实践论》(Practical Treatise on Metallurgy)的《宝藏兴焉》出版于 1884 年,比俄国赠予《淘金新法发明》晚了 39 年。《朔方备乘》中编号为 216 的是《贴斐叶楞齐数书》(后译作《微积分》),作者为法国数学家、圣彼得堡皇家科学院名誉院士柯西(A. L. Cauchy,1789—1857);俄文本译者是布尼雅柯夫斯基 (В. Я. Буняковский,1804—1864), 俄译本名为 Краткое изложение уроков о дифференциальном и интегральном исчислении, 直译为《微积分课程提要》,1831 年出版。译者曾留学法国,1846 年至 1859 年在圣彼得堡大学以柯西著作为教材讲授微积分,1864 年出任圣彼得堡皇家科学院副院长,为俄国著名数学家、皇家科学院院士。俄国赠送的微积分俄文译本, 比在中国最早出现的微积分译本(英国传教士

---

① 何秋涛:《朔方备乘》,卷三十九,光绪三年畿辅通志局刊本。
② 参见文廷式:《纯常子枝语》卷三,江苏广陵古籍刻印社,1990 年影印本。

伟烈亚力〈Alexander Wylie,1815—1887〉与李善兰于1859年翻译的《代微积拾级》)早14年。①俄方回赠书籍的价值仅从以上所举例子即可见一斑。但是,国人并未意识到这是一次学习欧洲国家先进科学文化的机会。当收到这批书后,因"通体皆俄罗斯字,人不尽识",以致有人主张"发还之",只是考虑到拒绝俄国的答谢之礼,有悖情理,才"奏请收存于理藩院,以俟暇日将翻译焉"。1885年,御史赵尔巽向总理衙门建议,由京师同文馆把这批俄国赠书译成中文并镂板印行。但总理衙门"以为旧书不如新书之详备,俄书立论又不如英德法三国,可不必译"②。结果这次大规模的文献交流虎头蛇尾,没有起到应有的作用。

## 第三节　俄国的汉籍收藏机构

进入19世纪以后,随着俄国科学、教育的发展,收藏东方文献的机构增多,并逐渐形成了几个重要的汉籍文献中心。

### 一、皇家科学院亚洲博物馆

当今的俄罗斯科学院东方文献研究所是俄罗斯最大的中国语言文献收藏地,不仅收藏有大量汉籍,而且还藏有数量可观的满、蒙、藏文典籍,同时还是世界闻名的敦煌西夏文献收藏中心。该机构的前身就是著名的圣彼得堡皇家科学院亚洲博物馆。

随着珍宝馆和图书馆中的藏品逐渐增多,皇家科学院开始考虑将其分成数个部门,以便有效管理和充分利用这些资源。1818年11月11日,皇家科学院在珍宝馆内建立专门用来收藏东方文物和文献的"东方藏室"。这个东方藏室从成立之初就被人们称作"亚洲博物馆"。

19世纪初,亚洲博物馆的汉语图书数量获得了一些增长。1818年,俄国汉学家卡缅斯基和利波夫措夫共同为亚洲博物馆的中国和日本图籍编制的一个目录出版,③其中共著录汉文图书210种。德国学者瓦尔拉

---

① 参见张铁弦:《记1845年俄国所赠的科技图书》,载于《文物参考资料》,1958年第7期。

② 文廷式:《纯常子枝语》卷三,江苏广陵古籍刻印社,1990年影印本。

③ Каменский П. и Липовцов С. Каталог китайским и японским книгам в Библионеке Императорской Академии Наук хранящимся по предпоручению господина Президента оной Академии Сергия Семеновича Уварова вновь сделанный Государственной коллегии иностранных дел переводчиками Коллежскими асессорами Павлом Каменским и Степаном Липовцовым. СПб.,1818.

文斯于 2001 年重新刊登了这个书目。与 1794 年布塞的版本相比，卡缅斯基和利波夫措夫的版本在很多方面都有了明显的改进。其一，两名编者不是对布塞目录进行简单增补，而是重新进行了编排和分类，将汉籍由原来的七大类细分成了神学、哲学、道德、蒙学、诗歌、历史、地理、天文、数学、法律、医学、自然、经济、军事、逸闻、故事、杂文十七类。其二，将布塞目录中归类不准确的书籍进行了调整，如将《朱子节要》从布塞的政治与军事类别中移到哲学类别，将《西游记》从历史与地理类归入故事类。然而编者依然将《三国演义》和《水浒传》列入历史类，这在一定程度上显示了俄国人对中国小说认识的不足。其三，编者补充了前人目录中未著录的图籍。[①]

　　1835 年亚洲博物馆的中国文献藏量几乎翻了一倍，这主要得益于希林格男爵的大批赠书。1835 年这位贵族科学家将自己所藏的 314 种共计 2600 册汉、满、蒙、藏文图书捐赠给亚洲博物馆，其中包括汉籍 252 种（据布罗塞〈M. Ф. K. Броссе〉统计），或 323 种 1813 册（据多恩〈Б. A. Дорн〉统计）。这是亚洲博物馆历史上获得的数量最大、质量最优的一批中文图籍。1838 年希林格男爵家人又将第二批希林格藏书捐赠给亚洲博物馆，数量和质量都不在第一批之下。俄国汉学奠基人比丘林曾经受邀对希林格所赠图书进行编目整理。据布罗塞回忆，"希林格男爵的第二批藏书中最丰富的为历史、地理和法律文献。有一套中国总论式的著作非常好，有 300 册之多，有 87 种 699 册中国通史类著作，两部六种语言合璧的地理辞典以及大量汉、满、蒙辞书。此外，还有厚厚 50 种总计 300 册的雍正谕旨，大量舆图，带满文译文的优秀汉语长篇小说，传教士著作的刻本与抄本，许多用中国印刷术刊印的书籍很为藏书家所珍视"[②]。圣彼得堡大学汉学宗师王西里写道："俄国拥有一位东方文献收藏家，他就是已故的希林格男爵，皇家科学院所有的重要宝藏都得益于他的努力。他不惜金钱与精力，不仅收藏东方图书，而且搜集反映东方生活的文物。遗憾的是他的足迹没有越过后贝加尔地区，必须委托他人在北京购置实物与书籍。此外，男爵尽管求知心盛，知识渊博，但不懂得东方语言，需要借助他人的眼光

　　①　Walravens, Hartmut. Der Bücherkatalog von Kamenskij und Lipovcov: Ein Beitrag zur Frühgeschichte von Sinologie und Mandjuristik in Russland. Zeitschrift der Deutschen Morgenländischen Gesellschaft Band 151 – Heft 2 2001.

　　②　Горбачева З. И. Китайские ксилографы и старопечатные книги собрания Института востоковедения Академии наук СССР(Общий обзор)//Ученые записки ИВ АН СССР. Т.16.М.,1958.

审视一切。"①王西里显然对希林格男爵不通中国语言感到遗憾,而这并没有影响到对书籍的选择,因为希林格男爵总是请内行人帮助他。西帕科夫、卡缅斯基、列昂季耶夫斯基、尼·沃兹涅先斯基(Н. И. Вознесенский,1801—?)、安文公等汉学家都曾为希林格男爵在北京精心选书。②

在 19 世纪上半叶亚洲博物馆众多的藏书中,八十回的《红楼梦》抄本特别值得一提。它是由第十一届传教团学生库尔梁采夫于 1832 年带回俄国的,1962 年被苏联中国文学研究专家李福清 (Б. Л. Рифтин,1932—2012)发现,并与孟列夫(Л. Н. Меньшиков,1926—2005)于 1964 年撰文介绍,③轰动红学界,被定名为"列藏本"。"列藏本"存七十八回,是脂批本、庚辰本等版本的合抄本。中华书局于 1986 年影印出版该抄本,李福清和孟列夫亲撰序言,记述"列藏本"《红楼梦》的发现过程。

1864 年, 俄国外交部亚洲司将其斥资精心经营多年的藏书全部移交给亚洲博物馆,总数达到一千余种。除了外交部亚洲司的赠书之外,单就亚洲博物馆汉文图书数量而言,在十月革命之前还有过多次显著增加,多为来华俄人的捐赠或售予。到十月革命之前,亚洲博物馆已经成为俄国最大的中国图书收藏中心。在 1973 年出版的《苏联科学院东方学研究所汉籍刻本目录》中著录了 3665 种汉籍善本。④

## 二、外交部亚洲司

俄国外交部亚洲司从 1819 年成立之日起即重视收集东方语言图书。亚洲司在获得中国图书方面拥有无可比拟的优势。它不仅有资金上的保障,而且还有传教团这样一个专业化的常驻北京机构长期地、不间断地为之搜寻和购置图书。1857 年王西里就此写道:"亚洲司在购书方面不吝惜金钱。在过去的三十五年中,该机构每年拨付购书款五百卢布。这样,即使

---

① Васильев В. П. Записка о восточных книгах в С.-Петербургском университете//Русский вестник. XI. 1857.

② Попова И. Ф. Китайская коллекция Санкт -Петербургского филиала института востоковедения Российской Академии Наук, 载于中俄社会科学论坛《中俄关系:历史、现实与未来"国际会议论文集》,2006 年 6 月 19 日—20 日,中国北京。

③ Меньшиков Л. Н, Рифтин Б. Л. Неизвестный список романа «Сон в красном тереме» // Народы Азии и Африки. 1964. № 5.

④ Вахтин Б. Б.,Гуревич И. С.,Кроль Ю. Л., Стулова Э. С.,Торопов А. А. Каталог фонда китайских ксилографов Института востоковедения АН СССР. Вып. 1–2. М.,1973.

不算以往所购图书以及以上我们提到的中国政府的礼物（指道光二十四年理藩院赠予俄方的藏文大藏经《甘珠尔》和《丹珠尔》——笔者），亚洲司图书馆已经花了近一万七千银卢布。对于中国而言，这个数目非常巨大，因为那里的书籍非常便宜。"①

在传教团中，许多人都为亚洲司图书馆购置过图书。季姆科夫斯基是第十届传教团监护官，其在北京期间的重要任务之一便是为亚洲司买书。他在回国以后发表的《1820 年和 1821 年经过蒙古的中国游记》中记录了他购书的过程以及所购图书目录和价格。他为亚洲司一共购买图书二十种，汉文书有《日讲易经》（三两）、《三国志》（十一两）、《红楼梦》（八两）、《六经图》（五两）、《西域闻见录》（五两）、《文庙祀典考》（五两）、《朱子全书》（五两）、《康熙字典》（十八两）、《助字汇》（一两一钱七厘）、《玉堂字汇》（六两半）、《道光元年黄历》（六钱），满文书有《诗经》（三两）、《古文》（十二两）、《通鉴纲目》（十两）、《四书》（三两）、《清文鉴》（六两五钱）、《三合便览》（五两）、《小学》（二两五钱）、《乾隆内府舆图》（二十两）等。②季姆科夫斯基在 1830 年担任亚洲司司长之后，继续对传教团成员购买图书给予支持。比丘林在北京期间荒废教务，而将全部精力用于汉学研究。他所收集的中国图书数量之多，令人惊叹，包括了诸如《四书》《三字经》《资治通鉴纲目》《金史》《辽史》《元史》《十三经》《廿二史》《大清一统志》等中国最重要的哲学、历史典籍。季姆科夫斯基回忆说，比丘林回国时所携庞大行李的主要部分就是为亚洲司、公共图书馆和伊尔库茨克亚洲语言学校购买的书籍，重量达到了四百普特，装了十二只大箱，还有一箱手稿、一箱颜料和六大卷地图。光是到恰克图的运费就花了七百五十银卢布，用了十五只骆驼。"从前八届驻北京传教团在一百年间也没有带回像第九届传教团这样如此数量的珍本。"③比丘林将这些书中的大部分交给了亚洲司图书馆以及公共图书馆。

到 19 世纪中叶，俄国外交部亚洲司的汉、满、蒙、藏文献收藏已有相当的规模。1843 年安文公编写了《亚洲司图书馆藏汉满蒙藏梵文图籍目

①　Васильев В. П. Записка о восточных книгах в С.-Петербургском университете//Русский вестник. XI. 1857.

②　Тимковский Е. Путешествие в Китай через Монголию в 1820 и 1821 годах. Ч.2.СПб., 1824.С.390–394.

③　Макаровский А. И. Архимандрит Иакинф Бичурин-православный миссионер и русский синолог(к 150-летию со дня кончины)//Церковный вестник. 2003. №6–7.

录》，但其中书名使用的是俄文拼音。[1]在 1844 年的第二版中编者做了改进，所有书籍均用原文著录，按照汉、满、蒙、藏、梵五种文字分成五类，第六类为地图与天象图。安文公一共著录图籍 600 余种，其中汉文 395 种、满文 60 种、蒙文 42 种、藏文 75 种、梵文 16 种、地图与天象图 19 种。安文公将汉文典籍分为 18 类，分别为：

(1)经书——古代传说与儒家学说：《周易折中》《书经传说》《诗经传说》《周官义疏》《仪礼义疏》《礼记义疏》《春秋传说汇纂》《日讲四书解义》《孝经忠经注》《尔雅》《六经》《书传大全》《六经图考》《四书习解辨》；

(2)历史：《史记》《尚史》《绎史》《新五代史》《宋元通鉴纪事本末》《辽史》《金史》《元史》《辽金元三史国语解》《契丹国志》《大金国志》《蒙古源流》《明史》《御批历代通鉴辑览》《纲鉴汇纂》《通典》《文献通考》《通志》《续通典·续通考·续通志》《皇朝通典·通考·通志》《史纬》《读史方舆纪要》《御纂历代三元甲子编年》《甲子会纪》《帝王年表》《满洲源流考》《开国方略》《东华录》《宗室王公功绩表传》《满汉名臣传》《蒙古回部王公表传》《廓尔喀纪略》《外国传》《四夷馆》《东史会纲》《东国史略》《东国历代总目》《纪年儿览》《元朝名臣事略》《古今列女传》《释氏稽古略》《古今说海》《御制全史诗》《古品节录》《阙里文献考》《大成通志》《幸鲁圣典》《圣庙祀典图考》《钦定八旗氏族通谱辑要》《钦定平定教匪纪略》《靖逆记》《历代史论二编》《熙朝定案》《西泰利先生行迹》等；

(3)考古：《西清古鉴》《石墨镌华》《积古斋钟鼎彝器款识》《求古精舍金石图》《石墨镌华》《钱通》《钱志新编》《加封孟子为邹国亚圣公圣旨碑》；

(4)地理与统计：《坤舆图说》《太平寰宇记》《大清一统志》《广舆记》《今古地理述》《盛京通志》《畿辅通志》《山东通志》《陕西通志》《江南通志》《浙江通志》《福建通志》《广东通志》《深州志》《遵化州志》《天津府志》《承德府志》《庆远府志》《广州府志》《通山县志》《南粤笔记》《田山姜先生黔书》《桂林风土记》《澳门志略》《新修台湾县志》《艺海珠尘》《绥靖屯志》《职贡图》《贵州通省苗图》《东西洋考》《八纮译史》《佛国记》《大唐西域记》《西域闻见录》《志异新编》《伊犁总统事略》《新疆识略》《西域水道记》《回疆志》《新疆图考》《西域同文志》《中山传信录》《使琉球记》《琉球国志略》《续琉球国志略》《周行备览》《江苏海运全案》《两浙海防》《海国闻见录》《宣和

① Аввакум (Честной). Каталог книгам, рукописям и картам на китайском, маньчжурском, монгольском, тибетском и санскритском языках, находящимся в библиотеке азиатского департамента министерства. СПб., 1843.

奉使高丽图经》《奉使俄罗斯行程录》《异域录》《西藏赋》《卫藏图识》《镇抚事宜》《西湖佳话》《重订天台山方外志要》《盘山志》《宸垣识略》;

(5)哲学、道德与国家管理:《朱子全书》《性理精义》《南华经》《孔子家语》《荀子》《老子道德经》《满汉合璧小学》《幼学须知》《人生必读书》《呻吟语》《御制人臣儆心录》《御制资政要览》《圣祖仁皇帝庭训格言》《训蒙二书》《增订儆心录》《大学衍义》《实政录》《经世篇》《钦定执中成宪》《日知荟说》《七训》等;

(6)法律与礼仪:《大明会典》《大清会典》《大清律例》《国子监则例》《礼部则例》《理藩院则例》《蒙古律例》《回疆则例》《大清通礼》《大礼记注》《满洲四礼集》《朱子家礼》《坛庙祀典》《礼乐合编》《文庙礼乐全书》《太祖高皇帝太宗文皇帝世祖章皇帝圣训》等;

(7)基督教:《新遗诏书》《丹尼尔满文译汉马太福音书(意译)》《圣经直解》(两种)、《圣经广益》《教要序论》《天神会课》《汉满俄文对照教要理问答》《天神会课目录》《圣教浅说》《真道自证》《口铎日抄》《天主实义》《畸人十编》《万物真原》《轻世金书》《圣教日课》《正思指南》《善生福终正路》《抵罪真规》《铎书》《盛世刍荛》《性理真诠》《圣教神品》《恩言笺句》《三山论学记》《七克》《述友篇》《古今敬天鉴》《答客问》《效法基督释义》(原文无译音,此为意译)《天主降生言行纪略》《天主降生言行纪略(复本)》《圣母行实》《圣人行实》《景教流行中国碑颂》等;

(8)佛教:《老佛五经》《法苑珠林》《五灯会元》《佛祖通载》《佛祖纲目》《后藏班禅额尔德尼源流》《南海寄归内法传》《贤愚因缘经》《大唐西域求法高僧传》《历代三宝纪》《华严经》《佛说梵纲经》《楞严经》《楞严经》(另一版本之复本)、《地藏菩萨本愿经》《金光明最胜王经》《御录经海一滴》《六祖法宝坛经》《佛遗教经四十二章》《佛说目连五百问经》《心经》《三世诸佛名经》《造像量度经》《莲华经》《阿弥陀经》《孔雀明王经》《金刚般若波罗蜜经》《大乘本生心地观经》《报恩经》《御选宝筏精华》《成唯识论直指》《华严经行愿品忏法》《慈悲道场忏法全部》《慈悲三昧水忏法》《重刻护法论》《阿毗达磨法蕴足论》《御选语录》《上谕·御制序》《沙弥律仪要略》《日课便蒙略解》《药师布坛法》《普明如来无为了义宝卷》《灵应泰山娘娘宝卷》《大藏圣教法宝标目》《翻译名义集》《唐释元应一切经音义》《教乘法数》《救苦救难灵感观音宝卷》《大明三藏圣教目录》等;

(9)中国的婆罗门教(或道教)与伊斯兰教:《道言内外秘诀全书》《北斗九皇丹经》《玉经笺注合参》《悟真篇三注·参同契》《性命双修万神圭旨》《最乐编》《刘子全书》《五懺撷华》《太上感应篇图说》《道家书籍目录》

(原文无译音,此为意译)、《希真正答》等;

(10)博物学与医学:《本草纲目》《御定广群芳谱》《水彩绘植物图》(原文无译音,此为意译)、《医宗金鉴》《东医宝鉴》《黄帝内经素问灵枢》《景岳全书》《明医指掌》《名医类案》《本草经疏》《本草备要》《同仁堂药目》《千金翼方》《医门法律》《胎产心法》等;

(11)农业与工业:《授时通考》《农桑辑要》《三农纪》《耕织图》《工程做法》《景德镇陶录》《墨经》;

(12)数学与天文:《九数通考》《三垣恒星图》《新制仪象图》《1828—1829年中国历法》;

(13)雅文学:《古文渊鉴》《御选唐诗》《唐宋文醇》《昭明文选》《明文小题传薪》《文章二则》《避暑山庄诗》《御制圆明园四十景诗》《御制诗文十全集》《御制盛京赋》《皇考圣德神功全韵诗》《百美咏》《读书作文谱》《诗法入门》等;

(14)文集:《玉海》《渊鉴类函》《太平广记》《汉魏丛书》《诗词类奇》《省轩考古类编》《蓬窗日录》《御制月令辑要》《家宝全集》《事类赋》《初学记》《说铃》《七修类稿》;

(15)中篇小说、长篇小说、歌谣等:《红楼梦》《金瓶梅》《石点头》《三国志》《西厢记》《豆棚闲话》《开辟演义》《说唐全传》《西游真诠》《续西游记》《说岳全传》《水浒传》《海瑞案传》《海公大红袍全传》《好逑传》《岭南逸史》《五美缘》《玉娇梨》《林兰香》《霓裳续谱》《新定十二律南北京腔谱》等;

(16)杂俎:《御纂律吕正义》《数年历书,内载中国各地信息》《无双谱》《字帖》(意译,两种)、《京报》《命理补注》《神相全编》《竹窗随笔》《熙朝新语》《汉文波斯文对照卦书》等;

(17)目录:《四库全书简明目录》《汇刻书目合编》;

(18)语言学:《康熙字典》《玉堂字汇》《说文真本》《艺文备览》《篆字汇》《新校经史海篇直音》《正字通》《汉字西译》《华英字典》(马礼逊)、《集韵》《同声续千字文》《诗韵题解》《增订诗韵集成》《经籍籑诂》《典籍便览》《类书籑要》《拉丁语汉语词典》《同文韵统》《汉文启蒙》(比丘林)、《中文会话及凡例》(马礼逊)等。

安文公因为编写该书目而被晋升为修士大司祭并成为圣彼得堡宗教事务所和宗教裁判所的成员。[1]然而安文公并没有将亚洲司所藏全部

① Августин(Никитин). Архимандрит Аввакум(Честной)–миссионер, дипломат, востоковед// Миссионерское обозрение. 2002. № 7.

汉籍纳入目录,因为他在后来编写的《亚洲司图书馆汉满蒙藏图书、抄本及地图目录补编》中又著录了 340 种汉籍,其中包括 8 种地图。到 1864 年亚洲司中国图书并入亚洲博物馆之前,其收藏的汉籍已经有 1000 余种。

## 三、圣彼得堡大学

与帝俄时期的俄国其他东方学藏书中心相比,圣彼得堡大学的收藏历史相对较短。然而,东方语言系的创立不仅为俄国汉学发展的新纪元,而且也使圣彼得堡大学一跃成为独具特色和优势的汉籍收藏中心之一。1854 年,俄国政府下令停办俄国大学东方语言教育的发祥地喀山大学东方语言专业,将其教师、学生和图书资源一同合并至新成立的圣彼得堡大学东方语言系。可以说,初期圣彼得堡大学的几乎全部中国图书都来自喀山。对于这一点,王西里的形容更为生动:"这里的藏书,除了书架,全部来自喀山。"[①]

2012 年圣彼得堡大学的叶可嘉(Е. А. Завидовская)和马懿德(Д. И. Маяцкий)编辑出版了《王西里院士中国书籍目录》,其中收录了带有"王西里教学用书"标识的图书 206 种。编者将这些书分为 10 类,分别为儒家经典及注疏(37 种)、佛典(27 种)、道家典籍及医书(8 种)、伊斯兰教和基督教文献(16 种)、文学作品(诗词小说唱本等)(47 种)、史地著作及年表等(47 种)、类书及目录(8 种)、字典(7 种),奏折、诏书、则例等(7 种),报纸(2 种)。然而从出版年代看,这些书显然并非全为王西里当年所用之书,因为其中有多种文献为 19 世纪末才建立的商务印书馆的石印本,还有文献明确标示为宣统年间所印。[②]

在建立喀山大学蒙古语教研室之前,奥西普·科瓦列夫斯基曾于1828 年至 1832 年底在后贝加尔地区的布里亚特人中间学习蒙古语,并随第十一届传教团到过北京。奥西普·科瓦列夫斯基为喀山大学带回汉、藏、蒙、满文书籍 189 种共 1433 册,内容涉及东方国家历史、哲学、宗教和法律等领域。[③]

---

① Васильев В. П. Записка о восточных книгах в С.-Петербургском университете//Русский вестник. XI. 1857.

② Завидовская Е. А., Маяцкий Д. И. Описание собрания китайских книг В. П. Васильева в фондах Восточного отдела научной библиотеки Санкт-Петербургского государственного университета. СПб., 2012.

③ Шамов Г. Ф. Научная деятельность О. М. Ковалевского//Очерки по истории русского востоковедения. Вып. 2. М., 1956.

他收集最多的是蒙古语书籍。王西里说:"奥西普·科瓦列夫斯基搜集净了市面上的蒙古语刊本,我们必须仔细鉴别,才有可能从北京的书店中补购到一些,但充其量也不过三四种。"①

西维洛夫于 1837 年成为俄国历史上第一位汉语教授。他将自己所有的藏书作价 4000 卢布出售给学校,为喀山大学图书馆的汉语藏书奠定了基础。这批图书一共有 156 种,内容丰富。②据王西里说,西维洛夫的藏书多为诸子经典和哲学文献,其中耶稣会士的相关著作占有很大比例。与西维洛夫一样,沃伊采霍夫斯基于 1844 年在喀山大学教授满语后即将所藏图书出售给学校。为喀山大学中国文献收藏做出最大贡献的是1850 年从北京归来的王西里。王西里于 1840 年来到北京,喀山大学每年向他提供 700 卢布,一半用来雇佣教师,另一半用来购买书籍。王西里实际上花费了将近 5000 卢布,购买了大量图书。与他的老师奥西普·科瓦列夫斯基主要收集蒙古文献不同,王西里所购买的主要为藏、满、汉文典籍。对于自己为喀山大学购置的汉文图书,王西里认为其"无论是规模、价值、还是品种都超过了其他文字文献,甚至超过了许多欧洲语言文献"③。为了给喀山大学"淘"到好书,王西里经常在琉璃厂的书铺中仔细寻觅。王西里在北京居留期间为喀山大学收集了 849 种 14447 册珍贵的抄本和刻本图书。④他甚至收集到了康熙皇帝第十七子果亲王胤礼收藏的许多有关密宗佛教的书籍,如思吉斡节尔的《佛陀十二行赞》、元代僧人八思巴的《彰所知论》蒙文译本以及《丹珠尔》三卷本蒙文抄本等不可多得的珍品。与众不同的是,王西里特别关注中国文学作品。他写道:"其他图书馆中很少收藏中国诗歌和短篇古文佳作,只有几部小说和戏剧……我无权将这些从我的藏书中剔除出去,因为无论是哪种著作迟早都将丰富我们对这个国家的理解,对认识东方智慧的全面发展很有必要。"⑤他一共收集到 125 种小说、弹词和剧作,这里还不包括《汲古阁六十种曲》。单是历史演义就有《开辟演义》《东周列国志》《东西汉演义》《三国演义》《东西晋全志》《梁武帝全志》《北史演义》《隋唐演义》《说唐全传》《杨家将演义》《续杨家将》《忠烈全传》《征西全传》《飞龙传》和《英

①③⑤　Васильев В. П. Записка о восточных книгах в С.-Петербургском университете// Русский вестник. XI. 1857.

②　Валеев Р. М. Казанское востоковедение: Истоки и развитие. Казань, 1998.C.147.

④　Шубина С. А. Русская Православная Миссия в Китае (XVIII–начало XX вв.). Диссертация на соискание ученой степени кандидата исторических наук. Ярославль, 1998.C.211.

烈传》等。①奥西普·科瓦列夫斯基和亚历山大·波波夫（А. В. Попов，1808—1865）在对这些书籍进行鉴定后指出："王西里先生不只考虑自己的研究领域，还考虑了将要使用图书馆的几代人的研究。他带回的满文图书，加上图书馆原有的藏书，几乎囊括了可以在中国找到的所有满文书籍。藏文典籍中包括了一些稀世珍本，大部分不是在北京刊印的。所以，如果政府决定在喀山大学开设藏语教研室的话，未来的教师会在我们的图书馆为他们的著作找到珍贵的科研材料，足够他们使用许多年。王西里带回的蒙古语书籍相对较少，但也丰富了我们的图书馆。希望王西里能就我们现有的汉、满、藏文书籍进行系统的编目。出版这样的书目可以向国外的东方学家简要地介绍我校藏书，扩大学术联系。"②王西里在回忆他本人收集中国图书时不无自豪地说："仅 1851 年我一次运回的图书，就使我校图书馆不仅可以和同行相媲美，而且在丰富性上有所超越。"③

　　除了喀山大学的藏书外，圣彼得堡大学图书馆所藏汉籍中有很大一部分是在 19 世纪下半叶至 20 世纪初增添的，个人捐赠是重要来源之一。比丘林、巴拉第和王西里等著名汉学家的赠书在这里都有收藏。圣彼得堡大学东方语言系教授柏百福的遗孀在其丈夫去世后次年（1914 年）将 4111 种汉籍赠予圣彼得堡大学。

　　目前，圣彼得堡大学图书馆光是汉文抄本和刻本就有三万五千多册。圣彼得堡大学藏书有这样几个特点。第一，图书品种丰富，学科涉及面广，不似其他图书馆那样以儒、佛经典收藏为主。作为大学教师，王西里在北京期间努力搜寻从前不为人所重视的中国诗词歌赋、小说戏剧，为俄国的中国文学教学和研究奠定了基础。第二，复本少。作为一个精通汉满藏语言且学有素养的汉学家，王西里在购书过程中让有限的资金最大限度地发挥了作用。他不仅对喀山大学的藏书了如指掌，而且熟知外交部亚洲司、亚洲博物馆以及俄罗斯馆中外书房的收藏情况，有效地避免了重复购置。第三，王西里在北京购置的图书及 1914 年柏百福赠书构成了圣彼得堡大学所藏汉籍的主体，这与其他机构依靠几代人多年累积有所不同。第四，收藏有大量耶稣会士汉文出版物，其中绝大部分是西维洛夫的藏书。

---

　　①　参见［俄］李福清：《俄国汉学史——以中国文学研究为中心》，未刊稿。

　　②　Хохлов А. Н. В. П. Васильев в Нижнем Новгороде и Казани//История и культура Китая: Сборник памяти академика В. П. Васильева / Под ред. Л. С. Васильева. М., 1974.

　　③　Васильев В. П. Записка о восточных книгах в С.–Петербургском университете//Русский вестник. XI. 1857.

此外,俄国东正教驻北京传教团在北京翻译、刊印的经书在这里也收藏丰富。因为当年传教团曾将出版物寄给王西里请教。

## 四、皇家公共图书馆

皇家公共图书馆正式创立于 1814 年，但实际上早在数年前就已存在。根据雅洪托夫(К. С. Яхонтов)1993 年出版的馆藏汉文典籍目录,大致可以看清皇家公共图书馆中国文献收藏的历史脉络。1808 年至 1812 年皇家公共图书馆总结报告称，已藏有 3 种满文书和 32 种汉语典籍,主要来自杜勃罗夫斯基(П. П. Дубровский,？—1816)的收藏。这位外交官生前一直在收集东方文献，于 1805 年将自己的藏品赠予皇家公共图书馆。现在能够确定的杜勃罗夫斯基赠书有《坤舆万国全图》《易经直解》《孟子》《新锲重订补遗音释大字日记故事大成》《金刚经》《大方广圆觉修多罗了义经略疏》《太上感应篇》《万物真原》《天神会课》(潘国光版本)、《圣教要理》《圣教日课》《好逑传》《金兰筏》以及多封中国基督徒的信件等。①

1821 年季姆科夫斯基在北京为皇家公共图书馆购置了多种汉文典籍。这些图书包括《通纲目鉴》(一两)、《平定准噶尔方略》(汉文,三十两)、《八旗通志》(二十六两)、《康熙字典》(十八两)、《日讲四书》(汉文,八两)、《授时通考》(八两)、《皇朝礼器图式》(十五两)、《大清一统天下全图》(六两)、《妙法莲花经》《梦响集》《楞严经》《道德经》(四两五钱)、《嘉庆二十五年通书》(六钱)、《御制满蒙文鉴》(五钱)、《西域闻见录》(五两)、《皇清职贡图》(六两)、《万年书》(一两)、《御制四体清文鉴》(或称《四体合璧清文鉴》)(八两五钱)等。②

皇家公共图书馆中国文献收藏在一定程度上得益于馆长奥列宁(А. Н.Оленин,1763—1843)的社会影响力。在许多藏书上至今还有捐书者给奥列宁的题字,如汉文《历代帝王次纪》《三才一贯图》以及满文本《二十四孝》等。奥列宁邀请比丘林为皇家公共图书馆的中国图书编写书目,并聘请他为荣誉图书管理员。比丘林于 1829 年底完成了书目编写工作。有学者评价说:"与卡缅斯基和利波夫措夫的书单式目录不同，这是俄国汉学

① Китайские рукописи и ксилографы Публичной библиотеки: Систематический каталог/ Сост. К. С. Яхонтов. СПб., 1993.С.8–12.

② Тимковский Е. Путешествие в Китай через Монголию в 1820 и 1821 годах. Ч.2.СПб., 1824.С.381–386.

史和满学史上的第一个评介式书目,后来成为公共图书馆出版东方文献目录的坚实基础。"①其中著录了 40 种汉文书和 13 种满文书。根据雅洪托夫于 1993 年出版的皇家公共图书馆馆藏汉文典籍目录,现知汉文书中有《西域闻见录》《皇清职贡图》《直隶各省舆地全图》(嘉庆二年)、《首善全图》《通鉴直解》《新刻开天辟地盘古至今历代帝王姓氏年号全图》《钦定万年书》《历朝捷录》《东华录》(抄本)、《平定准噶尔方略前编》《平定准噶尔方略正编》《平定准噶尔方略续编》《易经直解》(醉耕堂本)、《毛诗郑笺》《御制日讲四书解义》《性理精义》《金刚经》(康熙丁未)、《妙法莲花经妙解》《大方广圆觉修多罗了义经略》《楞严经集注》《道德经注解》(嘉庆八年致和堂)、《道德经妙门约注》(嘉庆四年)、《梦响集》《救世我主耶稣新遗诏书》《天神会课》(潘国光版本)、《圣教要理国语》《圣教日课》《大清搢绅全书》(嘉庆辛巳文盛堂)、《大清中枢备览》(嘉庆辛巳文盛堂)、《皇清礼器图式》《钦定授时通考》《诸仪象弁言》《刘春沂佐沂选丙寅年金水通书》《衣德堂重订本草纲目》和《康熙字典》等,满文书中有《四书集注》《清文五朝圣训》《二十四孝》《钦定满洲祭神祭天典礼》《皇清开国方略》《资治通鉴纲目》《八旗通志初集》《异域录》《御制满蒙文鉴》和《满汉俄罗斯合璧翻译文鉴》(稿本)等。

1832 年,卡缅斯基向皇家公共图书馆赠送了 33 种文献,包括汉、满文图书及其本人手稿数种。汉文典籍有《重订广舆记》(道光四年)、《异域琐谈》(抄本,嘉庆十五年)、《皇清职贡图》《示我周行》《坤舆图说》《熙朝新语》(道光丙戌)、《新增万宝元龙杂字》《幼学必读使用杂字》《道德经妙门约注》(嘉庆四年)、《三才一贯图》(康熙六十一年)、《钦定吏部处分则例》《钦定礼部则例》《钦定中枢政考八旗》《钦定中枢政考绿营》《乾隆五十五年八旬大庆万寿胜典之全图》《万寿胜初集》《农书》《尔雅音图》《真道自证》(康熙辛丑)、《哀矜行诠》《醒世迷编》(抄本)、《轻世金书》《圣经直解》《早课经》(稿本,1827 年由西维洛夫于北京翻译)、《涤罪正规》《天学集解》(抄本)、《天主圣教诸书经典名》《熙朝特典》《世祖章皇帝上谕》《熙朝定案》《景教流行中国碑颂正诠》《涤罪正规》等。

---

① Патрушева М. А. О рукописи Н. Я. Бичурина «Реестр китайских и маньчжурских книг, находящихся в имп. Публичной библиотеке » // Н. Я. Бичурин и его вклад в русское востоковедение: К 200–летию со дня рождения.Материалы конференции/ Сост. А. Н. Хохлов. Часть 1–2. М.,1977.Ч.1.

1836 年，爱好收藏东方文物的俄国驻瑞典大使苏赫捷林（П. К. Сухтелен）公爵向皇家公共图书馆捐赠多种汉籍，现在知道的有《大学》《中庸》《吴郡名贤图传赞》《真道自正》《新遗诏书》《钦定户部则例》《农政全书》《本草备要》和《正字通》等。

皇家公共图书馆的汉籍收藏在 19 世纪下半叶缓慢增加，在 1852 年由多恩编写出版的《圣彼得堡公共图书馆藏东方抄本与刻本目录》中有 51 种汉籍。个人捐赠仍然是该馆获得藏品的主要途径。1859 年，即先科夫斯基（О. И. Сенковский，1800—1858）去世的次年，他的汉、满文 25 种藏书被赠送给皇家公共图书馆，汉籍部分有《学庸一得》《朱子近思录》《新遗诏书》(米怜译)和《凤仪字汇》等书。以后又有其他人的零星捐赠，但数量较小。①

皇家公共图书馆的汉籍藏书较亚洲博物馆和圣彼得堡大学要少，却也有自己的特色。在雅洪托夫所著录的 323 种汉文抄本和刻本当中，有 85 种是耶稣会士和俄国东正教士的汉文宗教著译作品。

## 五、鲁缅采夫博物馆

鲁缅采夫博物馆是现在俄罗斯国立图书馆的前身。1828 年初建于圣彼得堡，1861 年迁往莫斯科，1925—1992 年改称苏联国立列宁图书馆。该馆起初并无汉籍收藏，但由于获得了一次个人捐赠，立刻便成为俄国汉籍收藏中心之一。这个人就是曾在俄国东正教驻北京传教团任天文观测员，后在塔城、天津等地任驻华领事的孔气。孔气长期在中国居留，精通汉语，酷爱搜集文献，是当时有名的收藏家。1863 年，孔气因手头拮据，曾想把他的汉语藏书卖给国民教育部，但没有成功。圣彼得堡皇家科学院也以经费紧张为由拒绝收购。孔气一度打算把自己的藏书运到国外出售。最后在 1873 年由一位名叫罗基诺夫（А. Л. Родинов）的伊尔库茨克商人买了下来，赠给了鲁缅采夫博物馆。按照预先约定好的条件，这个商人获得了一枚勋章。此次出售中国图籍数量超过了一千三百种。孔气去世后，其遗孀又将家藏九百余种汉籍赠予鲁缅采夫博物馆。这样，孔气一共向该馆移交了二千二百余种珍贵古籍善本。

鲁缅采夫博物馆当时即从这些书中将抄本专门整理出来，组成单独

---

① Китайские рукописи и ксилографы Публичной библиотеки: Систематический каталог/ Сост. К. С. Яхонтов. СПб., 1993. С. 12.

的 274 卷宗,共有 258 种,后来又继续整理,数量不断增加。现在 274 卷宗共包括 335 种抄本和稿本。1974 年,汉学家、列宁图书馆馆员麦尔纳尔克斯尼斯(А. И. Мелналкснис,1905—1990)对孔气收藏的汉籍抄本进行了整理,出版了《孔气所藏汉籍抄本与地图题录》,对 333 种抄本进行了初步的版本描述和研究。麦尔纳尔克斯尼斯在书中将孔气收藏的抄本分成法律文书、历史、民族学、历史地理与舆图、经济、军事、哲学与宗教、自然科学、语言学、文学、工具书与书目、其他,一共 12 类。

在孔气所藏抄本中,数量最多的当数舆图,一共有 66 种,包括了水利、水文、河工、军事、行政等类别。孔气在中国新疆任塔城领事时收集了许多中国西部领土地图,同时从塔城道台府抄录了许多珍贵档案,人口、赋税、商业、军事无所不涉。从抄本所用纸张上,可以发现当年纸店的水印,一共有几十个,如文宝斋、同文堂、澹香书屋、仁丰字号、玉和号、文通号、鸿春号、鸿文斋、同仁字号、翰元斋、仁美和记、青云斋、松竹斋、四宝斋、永兴魁记、永兴元记、同兴乾记、翰宝斋、懿文阁、裕源等。这些信息显然对研究明清图书刊印和造纸业发展史有一定价值。

研究孔气抄本来源是一件非常有意义的事情,有助于搞清楚他在北京与中国文人的交往情况以及中国图籍流散海外的历史。抄本上的藏书印章为探究这些问题提供了最重要的线索。从这些藏书章上判断,孔气通过各种渠道获得了清代著名学者和藏书家收藏的珍本,如姚文田曾经收藏的《靖炎两朝见闻录》《南宋女真进犯历史文献》《增定雅俗稽言》,徐松收藏的《元史偶录》《顺天府志》《西藏记》《海塘全图》《经世大典·阜通七坝》《经世大典·站赤》等,姚元之(伯昂)收藏的《钱塘遗事》《天源发微》《玄奘大唐西域记》《革象新书》,姚柬之藏书《海洋针路》,姚晏藏书《靖康传信录》,富俊收藏的《新疆道里表》,姚庆布藏书《太平御览》,鲍时基藏书《策问存课》,浙江杭州汪宪"振绮堂"的《金史补》《金文靖公北征录》,戈宙襄藏书《天经或问》,英善藏书《食宪鸿秘》,鸿祺藏书《治河方略》,臣锡山藏书《月令辑要》,世应昌藏书《群芳谱粹言》,沈垚遗稿《漂阳馆遗文二卷》。此外,抄本上还有姚竹君、姚衡等人印章。在孔气收藏中,还发现了惇亲王奕誴和成亲王永瑆两位亲王的抄本。孔气曾言从皇帝的叔叔那里获得过图籍,那么这个叔叔可能就是奕誴,因为成亲王永瑆是乾隆第十一子,早在 1823 年就已去世。在孔气的藏书中有两种《经世大典·阜通七坝》,其中之一便是从奕誴手中获得的。孔气之所以与奕誴有过交往,主要是因为后者对他所从事的地磁观测工作有兴趣。当然也不能排除其他可能,因为孔气在华时间跨越了道光、咸丰、同治、光绪四朝。一些俄国人也曾将自己的藏书转赠或转卖给孔气。在孔气藏书中,有相当大一部分天文书籍原来的主人是巴拉第。[①]此外,向他赠书的还有安文公、基谢列夫斯基和伊万诺夫斯基等。当然,仅仅通过占孔气藏书数量八分之一的抄本和稿本上的藏书印章来分析这批图书的来源,还很不全面,但考证孔气所藏刻本上的印章一定能为研究者提供更加丰富的信息。[②]

　　孔气的藏书早就受到世界汉学界的重视,1925 年法国汉学巨匠伯希和专门到莫斯科考证这批典籍,曾发表文章加以介绍。[③]俄罗斯汉学家李福清对其中为数很少的小说做过调查,有了重大发现。在孔气的藏书中有一部市井风情小说,名叫《姑妄言》。这部小说为曹去晶于雍正八年(1730年)写成,其中的性描写比《金瓶梅》有过之而无不及。该小说自问世后没有正式刊印过,一直以抄本流行于世。现在我们知道一共有两种抄本,一种是六十回本,在中国只有几张残页,1941 年在上海以非卖品的形式限量印刷过。另一种抄本是二十四回本,在中国没有发现过,一般认为已经湮没难觅。不曾想这个抄本却被孔气在居留北京时购得并带回俄国。1867年曾寄存于皇家公共图书馆,后归藏列宁图书馆。1966 年,李福清先生在孔气的藏书中发现了二十四回本的《姑妄言》,并在他同年发表于《亚非人民》杂志的《中国各种文学体裁目录补遗》一文中详细描述了这个抄本。遗憾的是,当时并未引起人们的注意。直到李福清于苏联解体后在中国台湾讲学期间再次提起此书,才引起了学者和出版商的兴趣。1997 年中国台湾大英百科股份有限公司在《思无邪汇宝》第 36—45 册中刊出了《姑妄言》,1999 年 1 月中国文联出版公司出版了简本,以后又有数家出版社出版了全本。自此,湮没二百多年的《姑妄言》又得以重见天日,与之相关的研究也随之展开。而李福清在发现并成功在华出版《石头记》之后,又为出版孔气藏书做出了贡献。

　　① Хохлов А. Н. П. И. Кафаров: Жизнь и научная деятельность (Краткий биографический очерк)//П. И. Кафаров и его вклад в отечественное востоковедение: К 100-летию со дня смерти. Материалы конференции. Ч.1. М., 1979.

　　② Мелналкснис А. И. Описание китайских рукописных книг и карт из собрания К. А. Скачкова. М., 1974. С. 5-16. 该书前言译文见《〈K.A.斯卡契科夫收藏的中国手抄本书籍和地图目录〉前言》,载于冯蒸编著:《近三十年国外"中国学"工具书简介》,中华书局,1981 年。

　　③ 参见[法]伯希和:《俄国收藏之若干汉籍写本》,冯承钧译,《西域南海史地考证译丛》(第 2卷),商务印书馆,1995 年。

在孔气收藏的刻本中,数量最大的当数历史典籍。1983 年,莫洛佐娃(Н. В. Морозова)撰文加以介绍。她认为在孔气的藏书中有很多明代的孤本,"这些书中有很多在满族入关之后被禁毁或遭到清代编辑者大幅改编",因而极具价值。孔气收藏的历史典籍刻本中包括明梅鷟《尚书考异》六卷、司马迁《史记》、司马光《资治通鉴》《廿二史》(乾隆四十七年版)、明陈仁锡评阅《资治通鉴纲目》(康熙四十七年版)、《御批历代通鉴辑览》(乾隆四十四年版)、陈邦瞻《元史纪事本末》等。地方志在孔气的藏书中占有重要位置,总数有约百种,光是《盛京通志》就有五个版本中的四种,即 1736 年、1778 年、1820 年和 1852 年版。孔气收藏有许多丛书,其中也包括一些明代的版本,如《汉魏丛书》《唐宋丛书》、元陶宗仪的《说郛》、毛晋的《群芳清玩》《海山仙馆丛书》、明孔贞运辑《皇明诏制》(明崇祯七年版)等。①

## 六、俄罗斯馆中外书房

俄国东正教驻北京传教团自创建就开始了图书收藏。俄国圣务院为第一届传教团配备了神学书籍。以后,当新一届的传教团赴任时,圣务院一般都要向其提供各种书籍,新老传教团换班时也要进行图书交接。第七届传教团领班希什科夫斯基在离任前的 1794 年还对传教团收藏的神学书籍进行了编目,这说明当时传教团所藏神学书籍已达到一定数量。阿多拉茨基在其《东正教在华两百年史》中列举了第七届传教团所藏神学书籍的目录。②

传教团图书馆(中文文献中亦称"中外书房")正式建立于 1795 年,在第八届传教团领班格里鲍夫斯基任内。格里鲍夫斯基具有较高的学识修养,他在率领第八届传教团来华前就致信圣务院,要求增加传教团的图书数量并获得批准。到北京以后,格里鲍夫斯基将自己从俄国带来的《贝尔亚洲游记》和普芬道夫(Samuel von Pufendorf)的《欧洲历史导论》捐赠给传教团图书馆。从此,传教团图书馆的藏书逐年增加。这主要得益于俄国外交部门及圣务院的一贯重视。传教团每年可以从圣务院得到最多200银

①　Морозова Н. В. Материалы по истории Китая в коллекции К. А. Скачкова//XIV Научная конференция «Общество и государство в Китае». Ч. 2. М.,1983.

②　Адоратский Н. Православная Миссия в Китае за 200 лет ея существования: Опыт церковно-исторического исследования по архивным документам.Казань,1887.С. 147,175,203–204,285,298–302.

卢布的拨款用于购买杂志和俄文书;每年从俄国政府得到 250 银卢布购书款,而 1860 年更追加至 500 银卢布。[①]有时外交部亚洲司还亲自出面从其他国家为传教团订购一些必要的西文书籍。在俄罗斯对外政策档案馆中保存有外交部写给其在英国和法国外交代表的信件,要求他们从驻在国的书商那里为俄国东正教驻北京传教团购书。在图书经费使用和图书管理方面,俄国政府经常给传教团领班下达明确指令。比如,指令曾要求第十一届传教团领班魏若明"尽量节省和谨慎地使用购买图书、地图和其他东西的资金,谨防上当……尽量获得有益的东西"[②]。在给第十二届传教团领班佟正笏的指令中说:"由于目前藏书显著增长,为保持井然有序,应给所有图书编制一个详细而系统的目录……要节省使用购书款,只能用于购买对传教团成员学习必要的和有用的书籍。"[③]购买图书成为历届传教团在华期间的主要任务之一。

在传教团图书馆百余年的历史中,曾经有过几个特别重要的发展契机。[④]一是 19 世纪初俄国政府对传教团进行整顿之后。1818 年 7 月 27 日亚历山大一世(Александр I,1777—1825)批准的指令明确规定传教团必须尽可能利用拨给它的资金为传教团图书馆搜集图书和地图。根据这项指令,第十届传教团领班卡缅斯基用 500 卢布拨款购买了大量满汉语图书,充实了传教团图书馆的馆藏。二是第十一届传教团接管了北京遣使会的藏书。领班魏若明同西欧在北京的最后一位传教士、供职钦天监的葡萄牙籍遣使会士毕学源(Gaetano Pires Pereira,1763—1838)私交甚好。毕学源生前即向魏若明谈及身后变卖葡萄牙传教士财产,将卖得款项交给在澳门的葡萄牙教会之事。他在遗嘱中再次委托魏若明变卖财产,将所得款项交给葡萄牙的应得之人。1838 年毕学源去世,魏若明接管了包括大量珍贵藏书的毕氏遗产。但魏若明并没有变卖这些图书,而是将其转移到了传教团图书馆。据传教团成员回忆,这批书很多,用了几天时间才全部运到俄罗斯馆。而据俄罗斯对外政策档案馆保存的目录统计,共

① Алексий (Виноградов), иером. Китайская библиотека и ученые труды членов Императорской духовной и дипломатической миссии в г. Пекине или Бэй-Цзине(в Китае).СПб., 1889.С.9,62.

② Проект инструкции новой Пекинской Духовной миссии//Китайский благовестник. 1912, Вып. 7.

③④ Кармановская И. Сокровища российской духовной миссии в Пекине//Проблемы Дальнего Востока. 1990. № 5.

计3345种。传教团成员在编制这个目录时将其分成了117类。这些藏书在1860年由曾逼迫清政府签订《中俄北京条约》的俄国政府全权代表尼古拉·伊格纳季耶夫转交给罗马天主教界和法国使馆之前,一直为传教团图书馆收藏和使用。显然,葡萄牙传教士的藏书一度极大地丰富了传教团图书馆馆藏,特别是使其西文图书数量有了前所未有的增长。三是1842年俄国政府拨专款13500卢布修建新的传教团图书馆馆舍,大大改善了图书馆的条件。此前所藏图书被分别放置于不同的房间。第十二届传教团学生戈尔斯基写道:"我们有三个图书馆,每个都有单独的房子。一个是中文图书馆,一个是西文图书馆,里面有来自俄罗斯和欧洲的书籍,由外交部出资建立,并且不断丰富馆藏。还有一个图书馆,里面有从葡萄牙人那得来的书。"[1] 四是1876年枢密院批准传教团每年的经费为15600卢布,一次性房屋修缮费16500卢布。这些经费被用来建设传教团成员住房、钟楼和图书馆等。五是1897年传教团在天津俄商斯塔尔采夫的资助下开办了拥有一台价值2000卢布的小型印刷机和近三万个木刻汉字字模的印字房,并附设装订房。[2] 该印字房使用活字印刷,同19世纪中叶的木刻印刷相比,图书出版效率显著提高。到1900年,传教团图书馆的俄文、西文和中国语言典籍数量已相当可观。六是1900年以后在俄罗斯馆北馆重建图书馆。义和团运动给予俄国东正教驻北京传教团毁灭性的打击,历经百余年的图书馆收藏也在顷刻间化为灰烬。为了重建俄罗斯馆北馆,圣务院一次性拨款150000卢布, 拨给传教团每年的经费也由1876年15600卢布增加到30000卢布。1903年以后,传教团在中国重新活跃起来,传教团先是在上海搜集神学、历史和地理方面的外文图书,然后又在北京搜集图书。然而由于传教团用房紧张, 图书的存放和管理遇到困难。传教团在1909年写给国内的报告中再次请求解决图书馆的房屋问题。五年以后此事终于有了结果。1914年,传教团图书馆的新馆舍在俄罗斯馆北馆后花园建成。[3]

　　第十六届和第十七届传教团修士司祭亚历山大·维诺格拉多夫来华后开始着手在原有卡片基础上对传教团图书馆藏书进行分类整理并编制

①　Страница из истории Православной русской миссии в Китае (Письма миссионера Горского В. В.)// Богословский вестник. 1898. Т.4 №11.

②　Краткая история русской православной миссии в Китае, составленная по случаю исполнившегося в 1913 г. двухсотлетнего юбилея ее существования.Пекин, 1916.С.185.

③　Бэй-Гуань. Тяньцзинь,1939.С.103–106.

目录。与此同时,在时任俄国驻华公使馆翻译柏百福与第十六届传教团领班戈罗杰茨基的监督下,鄂锡阿为馆藏中文图书编写了内容提要。在亚历山大·维诺格拉多夫编写图书目录过程中,得到几位中国人的协助,他们是翻译列夫(Лев)、诵经士保罗(Павел)、秀才鄂锡阿和中国神父些儿吉乙长等,同时参考了王西里、柏百福、伊萨亚、卫三畏(S. W. Williams, 1812—1884)、童文献 (P. H. Perny, 1818—1907)、顾赛芬(Seraphin Couvreur, 1835—1919)、卢公明(Justus Doolittle, 1824—1880)以及英、法等国学者的研究成果。亚历山大·维诺格拉多夫说:"用俄文向俄国读者和学者介绍传教团汉文图书是我最大的目的。"[1]他从中文藏书中选择了 741 种书,在抄录汉语书名的同时,还对书名进行了俄译。据亚历山大·维诺格拉多夫于 1889 年出版的《俄国驻北京宗教和外交使团汉文图书及学术著作》一书所附的汉语图籍目录,他的汉籍俄译名除少数有误以外,基本还算准确,但令人费解的是,汉语书名著录却错误百出,如将《五代史》写成《吴太史》,《旧唐书》写成《九唐书》,《国子监志》写成《国子讲至》等。在传教团图书馆中,收藏最丰富的当数史地、语言、法律和佛教类图书,特别是佛教类图书。由于巴拉第和王西里等人当年对佛教研究的痴迷,积累了许多相关图书。另外,欧洲和俄国学者研究中国的著作收藏也比较丰富,但出版年代大多是在 19 世纪 60 年代以后。

传教团图书馆对中俄文化交流具有重要意义。这是俄国最早的图书馆之一,其馆龄甚至超过了皇家公共图书馆和位于莫斯科的鲁缅采夫博物馆。它曾经拥有巨大的藏书量,最多时超过一万册。传教团图书馆是俄国最大的海外东方学书籍收藏中心,为传教团成员学习和研究中国文化提供了丰富的资料。亚历山大·维诺格拉多夫说:"传教团的发展和存在得益于图书馆收藏的宝藏。俄国传教士和学者以及居住在周围的中国人都在一定程度上享受到了图书给予的光明和温暖。"[2]另外,传教团图书馆还为丰富俄国本土图书馆的馆藏做出了贡献。1872 年 9 月 1 日,巴拉第致信圣务院,建议将传教团图书馆中"有复本的书以及一些善本图籍移交给伊尔库茨克传教士学校。那些善本书的内容虽然与传教团的活动

① Алексий (Виноградов), иером. Китайская библиотека и ученые труды членов Императорской духовной и дипломатической миссии в г. Пекине или Бэй-Цзине (в Китае). СПб., 1889. С. 10.

② Там же, стр. 7.

无关,但却很值得收藏,以防不测"①。1873 年传教团图书馆将数十本图书赠送给伊尔库茨克传教士学校,1918 年这批书连同伊尔库茨克传教士学校藏书一起又被国立伊尔库茨克大学科学图书馆收藏。十月革命以后,传教团图书馆的全部藏书转给了苏联驻华大使馆。最初由于缺乏有效的管理,一部分图书被使馆工作人员出售。只是到了 20 世纪 50 年代使馆才邀请在京的苏联专家进行整理。1957 年苏联外交部同意将原传教团图书转给苏联科学院。1958 年苏联科学院主席团决定将其归入东方学研究所汉学图书馆。

---

① 　Яхонтов К. С. Китайские и маньчжурские книги в Иркутске.СПб. , 1994.C.26.

# 第九章　中俄美术交流

从清代开始,中俄之间在美术领域有了交流。随俄国东正教驻北京传教团来华的俄国画家在北京进行美术创作,并观摩学习中国绘画技法。中国的绘画艺术也受到俄国人的关注,清末以木版年画为代表的中国美术作品被俄国大量收藏。

## 第一节　俄国美术在中国

要论中俄美术交流的源头,应该是东正教圣像画进入中国。自俄国势力侵入中国黑龙江流域,并强迫中国边民皈依东正教那一刻起,以圣像为代表的俄国美术作品正式进入了中国人的视野。1685 年,雅克萨战俘把一幅出自俄国莫扎伊斯克古城的圣尼古拉像在北京的一处佛寺中悬挂起来顶礼膜拜。而后,俄国画家在北京后来建造的教堂中创作了许多圣像画。第十一届传教团画家列加舍夫就曾为圣尼古拉教堂绘制过教堂圣像壁。他一共画了 16 幅圣像,具体为救世主云端降福像、圣母怀抱圣婴像、圣母升天像、圣徒功德叶莲娜女皇执施生命十字架像、长天使米哈伊尔身披铠甲火剑斩蛇像、长天使加百利飞行通报超自然受孕像、最后的晚餐像、救世主于橄榄园像、圣诞像、主易圣容像、四位福音书著者像和圣母领报像(两幅)。①因此可以说,随着东正教的传入,俄国经典的圣像绘画艺术也来到了中国。

①　Андреев А. Н. Живопись и живописцы главнейших европейских школ: настольная книга для любителей изящных искусств с присовокуплением описания замечательнейших картин находящихся в России с шестнадцатью таблицами монограмм известнейших художников. Составлено по лучшим современным изданиям А. Н. Андреевым. СПб,1857. С.560.

　　有感于西方天主教传教士借助绘画技能在清朝宫廷所取得的地位和尊荣,俄国政府从第十一届传教团开始,派出了职业画家,以期改善传教团的形象,提高获取情报的能力。俄国外交部亚洲司司长罗多菲尼金(К. К. Родофиникин,1760—1838) 给美术学院院长奥列宁的信清楚地表明了这一点。他在信中说:"亚洲民族对欧洲画家极感兴趣。中国人虽然对外国人非常冷漠,但对外国精湛的美术作品十分喜爱。所以,希望驻北京传教团能在这方面展示俄国繁荣的艺术, 以这种优势赢得汉人和满人加倍的尊敬。"①在第十一、第十二、第十三、第十四届传教团中,都有一位职业画家随行, 他们在中国居留期间, 进行了大量的以中国为题材的绘画创作,部分作品至今保存在俄罗斯各博物馆和画廊中,成为两国绘画艺术交流的见证。这四位来华俄国职业画家的名字分别是列加舍夫、科尔萨林、奇穆托夫和伊戈列夫。

　　列加舍夫是俄国派往中国的第一个职业画家。他在 1829 年加入第十一届传教团,1830 年来京,1841 年回国,1865 年在圣彼得堡去世。在北京期间,列加舍夫的创作才能得到了尽情发挥。传教团在 1837 年写给俄国有关部门的总结报告对列加舍夫在中国的创作活动给予了较高的评价。1838 年俄国《艺术报》对此做过报道,称因为列加舍夫,"俄国的艺术越过了中国的长城, 潜移默化地在那个国度为传播我们的艺术打下了根基",列加舍夫在北京的声望就"如同画家提香(Tiziano Vecellio,约 1476/1477或 1489/1490—1576——笔者)在意大利的威望一般,而且无疑超过了后者"②。就连一向以严谨著称的大汉学家王西里对列加舍夫也称赞有加。沙皇得知列加舍夫的贡献后赏赐给他一枚钻戒。③

　　据列加舍夫自己称,他于 1831 年至 1836 年共完成肖像画作品 34 件。画作中的主人公包括北京各个阶层的人物,有贝勒及其夫人、理藩院主事(长龄)、尚书(禧恩)、敏珠尔呼图克图和将军,还有在俄罗斯馆教授满语的

　　① Нестерова Е. В. Российская духовная миссия в Пекине и начало русско-китайских контактов в сфере изобразительного искусства//Православие на Дальнем Востоке 275-летие Российской духовной миссии в Китае. СПб., 1993.

　　② Нестерова Е. В. Из истории российской духовной миссии в Пекине:Художник А. М. Легашов//Кунсткамера. Этнографические тетради. 1994,Вып.4.

　　③ Васильева О. В. Собрание китайских рисунков З. Ф. Леонтьевского//Исследование памятников письменной культуры в собраниях и архивах Отдела рукописей и редких книг ГПБ. Сборник научных статей. Л., 1988.

中国先生、雅克萨战俘后代(尼古拉)以及一位葡萄牙教士(毕学源)等。大学士长龄在新疆平定张格尔后，皇帝晓谕将长龄画像悬挂于紫光阁，于是长龄亲临传教团驻地请俄国画家画像。长龄开始对画家"涂抹"很反感，但当他看到画像与他本人甚为相像后，便转怒为喜。[1]列加舍夫在中国的创作不仅限于肖像画作品，他还绘制了30幅其他形式的画作馈赠给中国的王公大臣，其中两幅为扇面形状。遗憾的是，这些画作至今下落不明。

目前，留存于世的列加舍夫绘画作品约有十幅，均以中国的风土人情为题材。在莫斯科特列季亚科夫画廊保存有一幅列加舍夫为清政府驻买卖城的扎尔固齐所绘的水彩肖像画。该画廊收藏的另一幅列加舍夫的水彩画名叫《郭福寿》，画的是一位上年纪的中国官员。在圣彼得堡的俄罗斯博物馆里还藏有三幅幅面较小的肖像画，规格几乎相等，都是半身像，年龄各不相同。他在北京时期完成的《中国生活风情》也收藏在俄罗斯博物馆。画面展示了一个中国富人的房子，左边的一扇大窗户上窗帘半挂，透过窗户可以看到花草和水池。房间里有几个人，其中两个女人在演奏中国乐器。阳光从窗外射进来，照亮了人物的面部轮廓。茶几上放置几个茶碗，屏风上是山水画和书法。所有的家用什物都得到细致入微的刻画。整个画面布局合理，错落有致，一派祥和宁静的中国家庭景象。

列加舍夫作品的创作日期大都是他回到俄国以后的19世纪40年代至60年代，他遗留下来的大部分作品都属于这一类"回忆"作品。他依靠留存在记忆中的中国形象，经过艺术加工，最后创作出一系列绘画佳作。绘于1862年的油画《中国男人与女人们》就是其中颇具代表性的美术作品。这幅画收藏在俄国郊外宫殿博物馆中心储藏库中。画面上的中国官吏顶戴花翎，朝服念珠，左手下垂，右手执笔，正在一块巨石的侧面上挥毫泼墨，一个面容姣好的年轻女子捧着砚台站在左边，神情专注地看着男子笔走龙蛇，丫鬟拿着扇子和葡萄篮子侍立一旁。脚下鲜花盛开，几根翠竹在微风中摇曳，远方群山起伏，天空白云袅袅。列加舍夫将中国自然、风俗以及绘画艺术的某些特征集中表现在画面中，赋予整个作品以浓郁的中国特色。创作于1864年的《中国城市》被认为是列加舍夫最著名的风景画作，现收藏在圣彼得堡俄罗斯博物馆。画面上一条笔直的大

---

① Боград В. Э., Рифтин Б. Л. Русский китаевед Дэмин, его «Поездка в Китай» и перевод из «Сна в Красном тереме» //Народы Азии и Африки. 1983, № 6.

路由近及远，向画面深处的山岭延伸而去。大路两旁排列着用石头修建的房屋，右面还有一段结实的城墙，雉堞炮眼俱全。而街上的景象非常宁静祥和。一个富商走到水果摊前，骑着毛驴的中国女人正在过街，一个男人用扁担挑着两个大桶，从井边向家里走去，另有一人在用力推动着石磨。在房子的墙边立着几口大水缸，晾衣架上挂满了洗过的衣服。几只山羊和一头毛驴在悠闲地啃食青草，几头黑猪在街上游逛。可以看出，画家在努力细致而全面地展示中国人的日常生活景象。①

科尔萨林是继列加舍夫之后另一位来华的俄国画家。他出身贫寒，却具有极高的绘画才华，因而成为圣彼得堡美术学院的旁听生。1840 年科尔萨林随第十二届传教团来到北京。由于健康欠佳，科尔萨林在中国只待了不到三年，回国后穷困潦倒而死。②

理藩院以及其他政府机构的许多官员都曾请科尔萨林为其画像，他一共画了一百多幅肖像画。迄今只发现了一幅科尔萨林以中国为题材的画作，画名叫《北京城外宫殿景色》，又译《万寿山风景》，现藏在圣彼得堡俄罗斯博物馆。此画是科尔萨林回到俄国后于 1860 年依照在北京时期完成的实物速写画而作，曾在美术学院举办的画展上两次展出。画面上群山环抱，绿草如茵，林木茂盛，阡陌纵横，有小岛点缀在湖水中。近处的一条大路上，美丽的少妇骑着毛驴，男人手持鞭子紧随其后，另有一人赶着套有三匹马的中国双辕马车前行。而那建有亭台楼阁的山坡就是万寿山。向画的深处远远望去，可以看到北京城的全貌。整个画面色彩清新协调，景深层次分明。画家不仅再现了北京城外的迷人景色，更赋予作品一种中国式的田园诗意。

奇穆托夫是到中国的第三位俄国职业画家，有关他的生平材料极其匮乏。1849 年他随第十三届传教团来到北京，1859 年回国，1865 年去世。奇穆托夫留传于世的画作共有八幅。其中四幅在叶戈尔·科瓦列夫斯基于 1853 年出版的《中国行纪》一书中发表，画名分别是《长城风光》《中国商人》《街

① 关于列加舍夫绘画作品，参见 Смирнов Г. Ю. Антон Михайлович Легашев, 1798–1865. Кондратий Ильич Корсалин, 1809–и после 1872. Иван Иванович Чмутов, 1817–1865. Лев Степанович Игорев, 1822–1893//Русское искусство. Очерки о жизни и творчестве художников. Середина девятнадцатого века. М., 1958。

② Смирнов Г. Ю. Антон Михайлович Легашев, 1798–1865. Кондратий Ильич Корсалин, 1809–и после 1872. Иван Иванович Чмутов, 1817–1865. Лев Степанович Игорев, 1822–1893//Русское искусство. Очерки о жизни и творчестве художников. Середина девятнадцатого века. М., 1958.

头理发师》以及一幅街头小景。①另外 4 幅于 1858 年和 1859 年在《俄国艺术报》上发表，画名分别是《北京城外景》《北京运河岸上的茶馆》《郊游》和《北京阿尔巴津人后裔》。在这些画中，《长城风光》《街头理发师》和《北京城外景》的原作被保留下来，前两幅收藏在圣彼得堡俄罗斯博物馆，后两幅保存在莫斯科特列季亚科夫画廊，而其他作品都是石印在出版物上。

《长城风光》完成于第十三届传教团前往北京途中。画面气势宏伟壮观，以长城为背景，建有塔楼的城墙向深处延伸而去。前景三个人都是传教团成员，坐在墙上的是这届传教团的领班巴拉第，左边是画家本人，正在一张纸上描画，而在他的旁边是监护官叶戈尔·科瓦列夫斯基。《北京城外景》是一幅水彩画，描绘了当时北京郊区的景色。地势高低不平，远处是北京城的城墙和树林，形形色色的人们走在大路上。几个女人走了过来，她们衣着艳丽，头戴红花，手拿扇子，轻移莲步，婀娜多姿，一看便知是富家女子。而与她们形成鲜明对比的是衣衫褴褛、发如蓬草的乞丐，或鞠躬，或下跪，在哀告乞食。在女子后面，两个中国男人正在拱手作揖，互致问候。一个袒胸露怀、身材瘦高的下人牵着驴的缰绳，驴背上坐着一个男子，一个小孩的脑袋从男子的身后探了出来。奇穆托夫在画面前景上一共画了 15 个年龄、地位和贫富各不相同的人物，且刻画相当准确细腻，充分展现了画家的艺术才能。《北京运河岸上的茶馆》所表现的是舟楫如织的大运河沿岸景色。在运河码头干活的人们坐在简陋的木头桌子旁边；伙计往来穿梭，端茶送水。而《街头理发师》则再现了北京城一角的街头生活，展示了清代中国城市生活的特色。

从奇穆托夫的这些画作所表现的内容来看，他似乎更注重观察生活。与他的两位前任相比，他的画尽管缺少了一些诗情画意，但却如实反映了中国普通民众的现实生活状况。

1854 年伊戈列夫被授予圣彼得堡美术学院毕业生称号，并于翌年开始在圣彼得堡神学院担任圣像画教师。1857 年伊戈列夫主动申请加入了第十四届传教团。他在北京为中国各阶层人士画过许多肖像画，期间还曾去过上海。1864 年伊戈列夫随所在的传教团返回圣彼得堡，1893 年去世。②

① 参见 Ковалевский Е. П. Путешествие в Китай.Ч.1–2.СПб., 1853。

② Смирнов Г. Ю. Антон Михайлович Легашев, 1798–1865. Кондратий Ильич Корсалин, 1809– и после 1872. Иван Иванович Чмутов, 1817–1865. Лев Степанович Игорев, 1822–1893// Русское искусство. Очерки о жизни и творчестве художников. Середина девятнадцатого века. М., 1958.

　　伊戈列夫在北京期间,正赶上太平天国起义和鸦片战争等重大历史事件,中国社会处在内忧外患之中,兵连祸结,民不聊生,随处都可以看到成群的乞丐。他后来回忆道:"乞丐们几乎赤裸着身子沿街乞讨……更令人触目惊心的是,他们中的某些人以丢弃物为食。在污水坑里,一个乞丐正在嚼食着所能找到的一切他认为可以吃的东西,比如萝卜和西瓜的皮、白菜叶以及各种废弃物。另有一条狗也在那里觅食。"①伊戈列夫为此感到震惊,所以,他创作了一幅反映中国乞丐生活的绘画作品,名曰《饥寒交迫的中国乞丐》。该画作于 1858 年,现藏在特列季亚科夫画廊。画面的主角是两个在寒风中瑟瑟发抖、紧紧依偎在一起的乞丐。他们披着破羊皮袄,身体被冻得瑟瑟发抖。显然,这是一对相依为命的兄弟,无依无靠,流落他乡。从几近绝望的眼神中可以看到他们对现实的不满以及对温暖的渴求。乞丐身后作为背景的斑斑驳驳的墙壁,仿佛向世人诉说着国家的百孔千疮。

　　遗憾的是,迄今没有发现伊戈列夫其他以中国为题材的画作。据说在 1865 年圣彼得堡美术学院举办的一次画展上, 曾展出过八幅伊戈列夫描绘中国的画作,《饥寒交迫的中国乞丐》就在其中,另外七幅是肖像画,画的是中国各类人物,有满汉官员、鞑靼人、郎中、生意人以及一位北京镶黄旗的兵丁(雅克萨战俘后裔)。与其他人不同的是,伊戈列夫大部分画作是肖像画,这也是他最为擅长的。这一方面与他早年专门绘制圣像有关,另一方面显示了他对生活的独特的观察角度,更加关心人的命运,善于体察别人的心灵和感情。

　　上述四位俄国画家, 是迄今知道的 19 世纪中期以前中俄美术交流的先驱。四位俄国画家以中国为题材,有的甚至融会了中国的绘画艺术,其创作活动为俄国美术界带进了一股来自中国的清风。他们用自己的画笔,运用欧洲的油画、水彩画和素描技法从不同角度描绘了中国的自然景观和风土人情,将这个东方文明古国展现在俄国民众眼前。与此同时,他们为中国各色人等绘制肖像画,将俄国的绘画艺术介绍到中国。早期来华俄国画家们的创作在某种程度上扩大了中俄文化交流的范围,丰富了中俄文化交流的内容。

---

　　① Смирнов Г. Ю. Антон Михайлович Легашев,1798–1865. Кондратий Ильич Корсалин, 1809– и после 1872. Иван Иванович Чмутов,1817–1865. Лев Степанович Игорев,1822–1893// Русское искусство. Очерки о жизни и творчестве художников. Середина девятнадцатого века.М., 1958.

## 第二节　俄国对中国美术的认识

俄国人最早对中国美术的认识，是 18 世纪借助于传入俄国的中国瓷器、漆器、丝绸图案获得的。这些图案虽多为画匠所绘，在中国算不得美术佳作，但这些器物所富有的浓郁的东方风情曾经令俄国人对中国非常向往，并且在早期俄国人中国观的形成过程中发挥了重要作用。直到今天，我们依然能在圣彼得堡的皇家园林中看到那个时代"中国风"的遗迹。而在俄罗斯各大博物馆中，收藏着大量属于那个时期的带有精美图案的中国瓷器和漆器。许多西方的中国题材著作在 18 世纪下半叶在俄国翻译出版，其中也包括了有关中国美术的简单介绍。也就是说，早在 18 世纪，俄国人就对中国美术有了最初的感性和理性认识。

俄国人研究中国美术开始于 19 世纪，先导是俄国著名汉学家比丘林。但是，比丘林所关注的并非中国绘画的艺术特征，而是中国画家所使用的颜料。之所以如此，是因为他发现中国人自古以来就有一套独特而高超的颜料制作方法。1834 年 10 月，他在《内务部杂志》上发表《中国颜料的制作》一文，指出中国颜料因为特殊的原料和制作方法而具有鲜艳的特点。几乎在同一时期，第十届传教团学生列昂季耶夫斯基将自己在北京收集到的绘画作品在圣彼得堡公开展出。布尔纳舍夫（В. П. Бурнашев）在 1832 年 191 至 193 期《北方蜜蜂》杂志上发表了一篇文章，题为"北京传教团原成员列昂季耶夫斯基的中国珍品展室"，介绍了这次展览的情况。1832 年，列昂季耶夫斯基把自己收藏的中国物品赠送给民族学博物馆，而绘画作品则于 1868 年以 75 卢布的价格卖给了公共图书馆。绘画作品共计 97 件，分成文物画、肖像画、军事场景画、风景画和书法五类。

1839 年《祖国之子》发表一篇题为"中国画"的长文，是俄国的第一篇中国美术专论，作者署名斯-伊（С-ий）。李福清院士推断说可能是索斯尼茨基（А. И. Сосницкий，1792—1843）。索斯尼茨基曾是第十届传教团教堂差役，与列昂季耶夫斯基同时在北京学习，1840 年起任喀山大学汉语教研室口语会话教师。然而从文章内容看，作者似乎并没有来过北京，而是多次去过与恰克图对面的中国商人聚居地买卖城。因此，对这篇文章的作者还需要继续考证。①对我们而言,最重要的是这篇文章首次在俄国详细地介绍了中国绘画的类别、题材、技法、材料、优点、不足以及与西洋绘画的显著差异。

　　作者在文章开头即交代他曾多次去过与恰克图近在咫尺的买卖城,参观过寺庙,扎尔固齐的府衙,拜访过几家中国富商的铺子,算是看到了一个"缩微的中国"②。但是,最令他感兴趣的还是具有鲜明特色和艳丽色彩的中国绘画。为写这篇文章,作者显然花了很多工夫,除了留心流传到俄国的中国绘画作品之外,也阅读过西方的相关文献,如法国传教士钱德明等人编辑的《中国丛刊》。从他的叙述中我们获悉,俄国的中国画作主要来自中俄边境贸易,而且质量比较低劣。他说:"我们在边境很少交换中国画,原因是俄国的买家不多,而且,中国人运来的都是最差的画。"③他也仔细看过一位俄国贵族或商人从中国订购的绘画。

　　然而,当我们通读这篇文章之后,发现作者对中国绘画已经有了比较全面的认识。他知道中国有专门的书详细记载这门艺术的发展历程,其中包括著名画家、画作以及与之相关的评价。他说,中国古代名画价值连城,备受后人推崇,为个别人拥有,而中国皇宫是名家绘画最集中的藏地。

　　他写道,中国画家的地位较低,中国人将这种绘画艺术称为"手艺"。中国画大多不讲究透视法,但也有一部分中国画讲究阴影透视,主要是素描类的画,这种画被称为文人画。除了中国人的绘画之外,中国商人"有时也出售由居住在北京、广州和澳门的外国人绘制的画。他们把这些画当中国画卖,但是,即使是最平庸的鉴赏者也能很容易地将中国笔法和外国技法区分开来。除北京之外,苏州城里的画家也特别多"④。

　　关于中国绘画的技法,作者也有所了解。他说,与低级画匠用彩色颜料作画不同,文人们使用黑墨来创作,所绘题材主要为山水、人物、花鸟。作者认为中国的山水画更强调艺术想象,而忽略了所绘对象的逼真性,不讲求比例和透视法,山川河流甚至楼阁随意排列,给人一种杂乱无章的感觉。可是,中国人的花鸟鱼虫画却非常出色,不仅逼真,而且异常艳丽。他认为比例失调和透视缺失是中国画的最大不足,同时也是与西洋画的最大不同。

---

　　①　笔者以为作者很可能是瑟切夫斯基(Е. И. Сычевский)。其母亲是布里亚特蒙古人,1825—1827 年间他曾经在特罗伊茨萨夫斯克(恰克图所在地)边境管理局任职,有机会经常往来买卖城,得见中国绘画。此外,从文中看,他显然也参考了西方传教士的中国著作。1829 年瑟切夫斯基被编入俄国东正教第十一届传教团。

　　②③④　С-ий. Китайская живопись//Сын отечества,Смесь.1839.

最后作者介绍了四幅中国画的内容，分别为《新年的早晨》《男童学校》《儿童节日》和《玩牌》。①然而，从作者所描述的画面内容看，这几幅画更像是中国木版年画的传统题材，如《十不闲》《闹学顽戏》和《斗小牌》等。

在1848年的《祖国之子》杂志上，还刊载了一篇文章，题为"中国当代绘画"，介绍的是清代中国著名画家关乔昌。关乔昌，又名啉呱，曾在澳门随英国著名画家钱纳利(George Chinney，1772—1852)习画，尤善临摹西洋油画，几可乱真，有"中国托马斯·劳伦斯"之称。他曾在广州十三行同文街开画店，雇请画工临摹各类绘画，其作品多销海外，名声远播。这篇文章译自西文出版物，所记录的正是一个欧洲人参观啉呱画店的观感。作者在开篇写道："中国画家啉呱是中国当代技艺最高超的画家。他在广州的房子与邻舍有所不同，门上钉着一块黑色的牌子，上面用白色颜料写着啉呱的名和字。"接着作者详细介绍了啉呱画店的布局、陈设及工作状态。这是一座两层楼房，一楼是商铺，专售绘画成品、玉石雕刻和绘画材料等。二楼是画室，有十来个画工卷起袖子、盘起辫子在专心绘画。墙边立着刚刚绘制好的画，其中有些是欧洲版画非常逼真的临摹品。这些版画是欧洲船员带来换取中国绘画的。工作室里画案整齐排列，画工心无旁骛，程序规范，秩序井然。作者特别提到一本刊印于1681年的中国画册，其中收录了人物、山水、花鸟和野兽的各种画作，中国画师只需根据需要依样描摹到画上即可。他认为欧洲人对中国人不讲求透视的指责有失公允，因为在那部画册中中国人已经很善于处理景物的远近问题。与此同时，令他难以理解的是，一代一代的中国人为什么就不懂得处理光影明暗呢？他由此得出一个结论，假如啉呱是当代中国最出色的画家，也只能说明绘画这种艺术自1681年之后衰落了。②

笔者在1870年出版的《皇家公共图书馆1869年总结》一书中读到一则消息，内称1868年这里曾经办过一个展览，展出了一些有绣像插图的中国写本图书："图书馆去年曾举办了一个展览。在抄本库中专设了一个展柜，其中展出了一些带有插图的中国抄本。这些绘画，有的是中国画家绘制的，有的是中国画家在欧洲画家的指导下完成的，有的出自各个时期

---

① 或许是因为这篇文章确实写得不错，在过了30年之后，1867年这篇文章又在《俄国皇家地理学会西伯利亚分会学刊》上发表，题目还是原来的题目，但作者的名字却变成了О. П.。而在次年出版的《俄国皇家地理学会通报》上，这篇文章的作者被标注为О. Палладий，但从文章内容看，作者绝不可能是汉学家巴拉第。

② О нынешней живописи в Китае//Сын отечества，книга седьмая，июль，1848.

在俄国驻北京传教团任职的画家之笔。这次展览展出的展品有：一部内有 12 幅由中国画家绘制的风景画的抄本，两部内有同样由中国画家完成的中国家庭生活场景画的抄本，几部收录有俄国画家画作的抄本。俄国画家描绘的是中国人的服饰、家什和生活。还有三部写本收录的是出自中国学徒笔下的花、鱼和昆虫。在这些抄本中最引人注意的是那些颜色生动、绘制精细的花卉。"①

总之，在早期的俄国出版物当中，有关中国美术的报道或评论非常有限。尽管如此，通过这些有限的文字，我们看到俄国人对中国绘画的基本特点还是有所认识的。

## 第三节　中国木版年画在俄国

在世界中国年画收藏史上，俄国人不仅开始早，收藏家多，而且数量庞大。俄罗斯是目前世界上收藏中国年画仅次于中国的国家，一共藏有民国以前印制的中国年画约六千幅。杨柳青、朱仙镇、杨家埠、武强、佛山等中国著名年画产地的年画都有收藏。其中尤以天津杨柳青年画的收藏历史最为久远；数量也最多，约占总数的百分之九十。

### 一、中国木版年画收藏家

从 19 世纪开始，俄国人就已经陆续搜集和收藏中国民间年画了。在众多的中国年画收藏者当中，苏联汉学奠基人阿理克院士不仅发挥了承上启下的作用，而且也是最大的藏家。他一生钟爱中国年画，在他的努力之下，俄国的中国木版年画的收藏数量大增。

据李福清教授研究，1830 年作为监护官随第十一届俄国东正教驻北京传教团来华的拉德仁斯基在日记中描述了北京店铺中的年画。而且，拉德仁斯基所看到的正是杨柳青吉祥木版年画。②1839 年，斯-伊在其文章中介绍了四幅印制精美的木版年画的内容。19 世纪 40 年代在作家叶费鲍夫斯基(П. Ефебовский，1810—1846)的随笔《圣彼得堡小贩》中也出现了有关中国木版年画的记载：在当时俄国的一个驿站中，竟然贴满了由俄国商人从中俄贸易中心恰克图贩卖来的中国木版年画。1874 年到

---

① Отчет императорской публичной библиотеки за 1869，СПб.，1870. С.8.

② Рифтин Б. Л. Китайские лубки в России. Рукопись，2007.

1875 年间,医生兼画家皮亚谢茨基(П. Я. Пясецкий,1843—1919)曾随俄国考察团来华,到过天津。1882 年在他举办的一场"中国展览"上曾展出了大约十幅"彩色木版年画",画面为妇女日常生活、戏子、公堂、老人生活场景,还有神像。①

1875 年,为了搜集更多的版画,俄国民间版画的大收藏家兼研究者罗文斯基(Д. А. Ровинский,1824—1895)开始周游东方各国。结果他竟然没能找到任何版画。他懊恼地写道:"除了贴在茶叶箱上的那些画外,我在中国和日本没有找到新的木刻版画。"这可能是由于罗文斯基不通语言,又缺乏当地习俗知识,所以难以找到版画以及生产版画的作坊。多年后阿理克院士这样评价道:"这些作坊一般都有固定的买主,无须做任何的宣传广告,一般人是轻易找不到这些地方的。"②这是阿理克搜集中国民间年画的经验之谈。罗文斯基提到的 "贴在茶叶箱上的那些画"很可能是在旧中国十分流行的门神画。他说他没有找到"新的"木刻版画;我们由此可以推断,他过去接触过中国民间版画。的确,保存在莫斯科普希金造型艺术博物馆的罗文斯基藏品中有约六十幅中国绘画和版画,其中就有三十多幅杨柳青年画,且基本上都是珍品,如《莲生贵子》《大宴铜雀台》《回龙阁》《宝琴折梅》《昭君和北番 陈杏元和番》《司茶花神白乐天》等。

在伊尔库茨克州艺术博物馆的库存中有一批尚待研究的中国民间版画。据估计,其主要是俄国著名民族学家、民俗学家、旅行家波塔宁(Г. Н. Потанин,1835—1920)搜集来的,这家博物馆就是在他的倡议下建立的。1883 年,波塔宁受俄国皇家地理学会委托,率团来华考察,曾到过天津,有可能到过杨柳青。目前伊尔库茨克所收藏的一些爱国主义题材的木版年画(如中法战争、刘永福等)就是当年由波塔宁带回的,一共有 20 幅,其中有一部分为其他地方所不藏。

1898 年,在圣彼得堡的俄国皇家地理学会举行了一次不同寻常的展览会。这是俄国第一次专门的中国年画展览,也是世界首次中国年画展。其意义不仅在于展示了中国民间艺术,而且,由于青年植物学家科马罗夫(В. Л. Комаров,1869—1945)呼吁重视中国民俗研究,中国年画自此

---

① [俄]李福清:《中国木版年画在俄罗斯》,阎国栋译,载于李福清主编:《中国木版年画集成:俄罗斯藏品卷》,中华书局,2009 年。

② Алексеев В. М. Китайская народная картина: духовная жизнь старого Китая в народных изображениях. М., 1966. Предисловие. С.5.

进入俄国汉学家的学术视野。科马罗夫(1936—1945年任苏联科学院院长)报告了他于1896年及1897年两次去中国东北研究植物群系的成果,并展出了他带回的中国民间版画供大家观摩。这批藏品中有印刷的佛像,有戏曲故事年画,有描写中国人同不久前侵占中国台湾岛的日本人作战和天津城市风光的年画,也有各种历史和文学题材的年画,共计约300幅。据考证,这300幅藏品中有10幅左右是苏州桃花坞年画,其余全部是杨柳青年画,可见"南桃""北柳",尤其"北柳"在当时的影响之大。此外,科马罗夫还购到大约11幅武强年画。

科马罗夫之所以喜爱并收购那些充满生活意趣的年画,源于他对中国百姓生活习俗的浓厚兴趣。这些色彩鲜艳、价格低廉的民间版画,作为中国民众日常生活的写照,引起了科马罗夫的注意。通过这批年画可以直观地了解到1896—1897年中国年画的发展状况,价值极高。科马罗夫于1896年6月出发,最远到达了中国吉林,9月中旬返回俄国。他第二次来华是在1897年5月,到过沈阳和吉林,11月回国。他来华的时候并非出售年画的季节,但他还是买到了不少年画。遗憾的是,迄今无法找到科马罗夫的全部旅行日记,所以无从得知他是在何处和怎样买到这些年画的。从已发现的笔记中获悉,科马罗夫在通化县到过一家杂货铺,那里出售"布匹、碗盏、纸张、神像、爆竹、冥钞,同时还出售大蒜、蘑菇等"①。这里的"神像"大概就是木版印制的民间纸马。

早在1896年科马罗夫就曾经批评俄国学界忽略了对中国民间文化的研究。②1940年,时任苏联科学院院长的科马罗夫在致阿理克院士的信中写道:"在满洲搜集中国年画时,不曾想到过它们的科学价值,而只是注意到它们的风俗价值。我在1898年展出自己的全部藏品时,汉学家们态度之冷淡更使人以为这些藏品毫无价值。"③科马罗夫对中国民间文化研究的重视对阿理克产生了重要影响。

苏联时期,列宁格勒萨尔蒂科夫–谢德林公共图书馆(前身是皇家公共图书馆,现为俄罗斯国家图书馆)地理部工作人员在库存里发现了一批中国年画,共约150幅。有人估计这是著名评论家斯塔索夫(B. B.

①　王树村、李福清、刘玉山编:《苏联藏中国民间年画珍品集》,人民美术出版社,1990年,第10页。

②　Алексее B. M. Китайская народная картина: духовная жизнь старого Китая в народных изображениях.M.,1966.C.16.

③　王树村、李福清、刘玉山编:《苏联藏中国民间年画珍品集》,人民美术出版社,1990年,第10—11页。

Стасов，1824—1906）于 1904 年左右搜集到的，他曾在该图书馆工作多年，搜集过各种藏品。

提起中国民间木版年画的收藏，俄国汉学家阿理克可谓功不可没。其藏品数量不仅在俄国位居首位，而且在海外也是最多的。在国外收藏者中他是名副其实的第一大家，被著名作家冯骥才称为"年画狂人"①。除了他自己购买的以外，有的年画是中国朋友、居住在中国的外国人或他的学生赠送的。阿理克一生究竟收藏有多少年画，至今仍没有精确的统计。据粗略估计，他总共搜集了五千多幅中国老年画，其中包括大量的绝版作品。1934 年，当中国著名画家徐悲鸿在列宁格勒亲眼见到阿理克收藏的中国年画时，不禁对其收藏量之丰深感震惊。他甚至说道，在中国没有也未必再能收集到如此众多的年画。②

阿理克最早接触中国民间年画是在大学时代。在阿理克看来，自己就读的圣彼得堡大学东方语言系办学思想因循守旧、僵化呆板，教学模式单调乏味、脱离实际，大学生仍然像小学生一样被动地接受一些儒家学说、官方文书之类的知识，教学内容没有任何革新："……在完全不懂文本意思的情况下死记硬背，语法没有规则和明确的思想，毫无意义的翻译令人惊讶……丝毫没有大学的味道，也没有上过任何导论课程。"③当时，中东铁路已经开工建设，志愿学习汉语的人很多。但对大多数学生来说，四年的大学课程只是顺利拿到毕业文凭进而得到一份工作的必要环节，其奋斗目标并非获取知识。在这种枯燥乏味、令人大失所望的教学背景下，著名植物学家科马罗夫在中国东北考察后带回的一批年画藏品好似一股清风使得年轻的阿理克眼前一亮：绚丽的色彩、谜样的图案、读不懂的汉字……简直就是不可思议！其中有一幅寿星图被拿到圣彼得堡大学东方语言系展览，"奇怪"的画面人物和情节令他大惑不解。阿理克形容当时就像有人将一枚炸弹扔进了一潭死水。④这位热爱中国文化且极为好学的一年级大学生很想弄明白画面的寓意和画上的题字，但未能如愿。他在日记中写道："当时我们这些学习汉语的学生见到一幅这样的年画，我

---

① 冯骥才：《倾听俄罗斯》，人民文学出版社，2003 年，第 200 页。

② 有资料说，中国美术史家王树村教授于 20 世纪 30 年代开始收藏年画，藏品过万件。

③ ［俄］阿列克谢耶夫：《1907 年中国纪行》，阎国栋译，云南人民出版社，2001 年，中文版前言，第 3—4 页。

④ Алексее В. М. Китайская народная картина: духовная жизнь старого Китая в народных изображениях. М.，1966.C.16.

们无论如何也不能理解上面的图画和文字的含义。因为对画面的含义一窍不通,我们费了很大力气,最后也仅仅能'读出声',却完全读不懂。我当时觉得画面上的形象简直不可思议:一个长着夸张、畸形额头的老者骑着一只梅花鹿。旁边是圆头圆脑、两颊红润的稚童手持锦匣,一股青烟自匣内缭绕而出,不知是什么东西在烟雾中拼命奔跑。其中一个娃娃用带子牵着一只身上压着铜钱的巨大蟾蜍,另外两个同前面两个一样涂脂抹粉的孩童摆出这样的姿势:一个拿着锦匣,另一个举着一朵花。总之,这与学校教我们的知识有很大的差别,我们没有任何办法来理解这种经过着意修饰的杂乱。这到底是一幅什么画?买主是谁?作者是何人?如果这种画的对象是普通人,可为什么学者(我们的老师)却又不明白呢?"他请教当时在该校任教的一位中国老师,但后者只是不屑地笑笑,说道:"这是粗人所为,我不愿意在大学见到这类东西。"①越是得不到解释,好奇心就越是强烈。年轻的阿理克为自己无法参透这幅中国年画而久久不得安宁,他决心破译中国年画深邃而神秘的文化内涵。

阿理克于1906年秋抵达北京。他请中国先生辅导自己阅读古文,努力提高自己的汉语修养,同时以极大热情搜集年画民俗学素材,歌谣、故事、招牌、碑铭都在他的搜集之列。就在这个时候,他在北京街头看到了那幅曾经令他迷惑不解的寿星年画。中国民间木版年画立即成为这位俄国汉学家的搜集对象,而且几乎成为他最主要的兴趣所在。当时的阿理克打算以中国年画作为自己硕士学位论文的题目,把收集年画及其相关材料作为本次考察的主要任务。正如阿理克在日记中所说:"在中国民俗学领域,我对中国的年画特别感兴趣。年画好似日常题铭的注释说明:二者之间具有紧密的联系并相互补充。年画是一种非常有意思的民间艺术品,为我提供了一块肥沃的土地,供我观察和研究。我计划以这个令人感兴趣的问题作为硕士论文的题目,非常期望能在此次考察中收集到资料。这是我的主要任务……"②

然而买画容易、懂画难。以往无论是圣彼得堡大学的汉学教授,还是欧洲著名的东方学家,尽管个个满腹经纶,却从来没有讲解过年画的内容。对于年轻的阿理克而言,画面的象征意义曾令他大伤脑筋。为了弄明白这些象征意义,阿理克四处向人求教,甚至以交换条件的方法求其先生

---

① [俄]阿列克谢耶夫:《1907年中国纪行》,阎国栋译,云南人民出版社,2001年,第24—25页。

② 同上,第19—20页。

孟锡珏①写出各种年画的情节和象征意义，有时还向目不识丁的老妪求助。阿理克把买来的年画一一装册编号，然后再请先生把解释另写在一个本子上，以"粗画解说"四字作为标题。该笔记本现在连同阿理克的藏品一起保存在圣彼得堡的艾尔米塔什博物馆。

1907 年，阿理克随其法国老师——著名汉学家沙畹到中国各地进行文物考察。他们来到杨柳青，立刻为这个巨大的年画产销地所吸引。他写道："我们走进一家作坊。主人脸上显出迷惑不解的神情。真是不可思议！一个外国人，会说中国话，不仅知道有年画这种东西，而且还能用行话说出其内容，这就更离奇了！看到如此丰富的论文材料，我的'胃口'大开，买了许多。这个题目越来越让我着迷，况且以前从来没有人研究过。"②随后阿理克还到过山东泰安、曲阜、潍县以及河南开封朱仙镇等地。

为了收集更多的中国年画，阿理克于 1909 年利用在东省铁路俄文学堂担任俄语教师的机会，前往南方旅行，去过上海、苏州、杭州、汉口。正如阿理克所言："中国北方的收藏已经足够了，接下来该认识我不了解的南方了。我当时以为，南方不仅在其他方面与北方不同，在民间艺术领域也自有其新颖和完善的一面。结果我错了，原来北方的年画更好！"③阿理克在日记中记录了购买年画的情况，应该说，这也正是他游历的主要目的之一。他在春节前夕来到苏州，购买了大批桃花坞年画。他在日记中写道："由于新年临近，街上和店铺有许多令我感兴趣的年画出售，我买了一大批，并且对年画印制过程进行了长时间观察。我需要获得一块印版，但这并非易事。"④

1910 年，阿理克在俄国皇家地理学会举办了为期一个月的大型中国年画藏品展览会，并亲自天天为观众讲解。1 月 22 日，阿理克在俄国皇家地理学会作了题为"论中国庙宇"的讲座，这是世界上首次就中国民间年画发表的演讲。11 月 12 日，他又作了题为"财神及其在民间年画和灵符上的神像、崇拜及祈福象征"的讲座。阿理克因这两次报告而荣获皇家地理学

---

① 孟锡珏，字玉双，京兆宛平（今属北京）人，清末进士。历任翰林院编修、江北提督署总文案、奉天盘丘驿垦务总办、奉天提学使、津浦铁路总文案。民国成立后，任津浦铁路总办，署交通部参事、肃政厅肃政使。1917 年当选为临时参议院议员。

② ［俄］阿列克谢耶夫：《1907 年中国纪行》，阎国栋译，云南人民出版社，2001 年，第 24 页。

③ ［俄］李福清：《中国木版年画在俄罗斯》，阎国栋译，载于李福清主编：《中国木版年画集成：俄罗斯藏品卷》，中华书局，2009 年。

④ Алексеев В. М. Дневник 1909 года. В рукописи.

会小金质奖章。1910 年,阿理克发表了关于中国木版年画的第一篇文章,题为"中国民间年画和灵符所表现的几种重要的术士形象",对钟馗、张天师、姜太公、八仙之一的吕洞宾以及得道高僧普庵的驱邪法力进行了一一介绍,同时附录了年画的黑白插图。

1912 年夏天,阿理克受俄国中亚和东亚研究委员会之托,来到中国继续进行民族学考察,途经上海、宁波、福州、厦门、汕头、广州等地,收集到许多南方的年画。阿理克后来回忆说:"我在上海收集了娘娘画儿、财神画儿。买起来很困难,因为担心洋人嘲笑,卖主不愿意拿出来。通过第三者又做不成事情(他们不懂行)。"阿理克在其旅行报告中谈到他一直在对比南方和北方的年画:"我收藏的杨柳青财神年画所具有的那种气宇轩昂和感人至真的构图,这里似乎完全没有,只有一些下等货色","这些画儿全都极其粗陋,与那些我拿出来能令所有人折服的北方民间年画有天壤之别"。他说:"还是北方年画好!"①后来阿理克将南方年画交给了俄罗斯科学院人类学与民族学博物馆。

阿理克对中国木版年画给予高度评价,他说:"那些曾经对这些画儿发生过兴趣的人们一定会同意我的观点,世界上没有任何一个民族可以像中国人在年画上那样丰富而真诚地表现自己的个人生活、信仰以及善与美的标准。这些年画非常美丽且色彩鲜艳(尤其是天津的年画),大大超越了欧洲以及任何亚洲的同类画。中国年画以其丰富的题材令人惊讶地展示在我们的面前。我想继续努力,同时还想表达一个观点,那就是根据这些年画来研究中国,可以更好地认识中国。"②

几乎与阿理克同时,即 1906 年,诺维茨基(В. Ф. Новицкий)在中国吉林及东北其他地区搜集年画,这些藏品现存于俄罗斯科学院人类学与民族学博物馆,其中有 12 幅在《苏联藏中国民间年画珍品集》中发表,如《仙芝祝寿》《孔夫子周游列国》《长江夺阿斗》《木兰从军》《瑞云 菱角》等。

1908 年到 1909 年,俄国著名探险家科兹洛夫(П. К. Козлов,1863—1935)先后两次来到黑水城,发现了一大批保存完好的西夏历史遗物,其中有两幅 12 世纪的版画,一幅为《随朝窈窕呈倾国之芳容》,绘有各朝美女;另一幅为《义勇武安王位》,绘有被神话了的关羽。这些版画通常被视作后来年画的雏形,目前收藏在艾尔米塔什博物馆。此外,科兹洛夫还带

---

①②　[俄]李福清:《中国木版年画在俄罗斯》,阎国栋译,载于李福清主编:《中国木版年画集成:俄罗斯藏品卷》,中华书局,2009 年。

回数幅杨柳青年画。

1912 年秋,莫斯科绘画雕塑建筑学校的大学生尼古拉·维诺格拉多夫(Н. Д. Виноградов,1885—1980)在哈尔滨探亲,被生动鲜艳的中国年画所吸引,很快就收集了一百多幅,并于 1913 年初在绘画雕塑建筑学校举办了为期一周的展览。据当时的展览说明判断,大部分展品是杨柳青的齐健隆、戴廉增等字号印绘的戏出年画,另有一些娃娃画和门神像。这次展览引起了俄国文化界的浓厚兴趣。尼古拉·维诺格拉多夫在日记中称此次展览取得很大成功。与 1910 年阿理克将中国年画作为中国民俗文化的展览不同,他是将中国年画作为版画艺术展出的,加上展览地点又在绘画雕塑建筑学校,因而引起许多画家的关注,其中包括著名的"红方块王子"成员。后来尼古拉·维诺格拉多夫不断将其收藏送给艺术界友人,1980 年他逝世以后,他的孙女奥芙香尼科娃(Е. Б. Овсянникова)手中仅剩下十几幅了,其中包括《辕门射戟》《打三鞭 还二锏》《乾坤带》《高君保招亲》《浔阳楼》《状元及第》《过新年》《摇钱树》等。

## 二、中国木版年画收藏地

当收藏者过世以后,其藏品往往转由国家文物机关收藏,因此俄罗斯有许多博物馆或图书馆藏有中国年画。由于数量巨大,缺乏专业人员进行甄别和编目,大批珍品尘封于库房中。好在迄今俄罗斯独立出版或中俄合作出版了几部中国年画集,世人才得以窥见俄罗斯收藏的一小部分中国民间年画。

在俄国出版中国民间年画一直是阿理克的最大愿望。然而由于种种原因,这个愿望始终未能实现。直到他去世以后的 1966 年,在他的年画研究成果《中国民间年画:民间年画中的旧中国精神生活》中才刊登了 105 幅年画。这些年画都是阿理克的藏品。1987 年,人民美术出版社与苏联阿芙乐尔出版社签署协议,合作出版《苏联藏中国民间年画珍品集》,这是两国关系正常化后,在出版领域首次进行的合作与交流。此书为中俄文两个版本,1990 年和 1991 年在中苏两国分别出版,共收入苏联各地博物馆及私人收藏的中国民间年画 206 幅,其中天津杨柳青年画为 143 幅。为纪念圣彼得堡建城 300 周年,2003 年由鲁多娃(М. Л. Рудова)和普切林(Н. Г. Пчелин)二人编写、出版了一部《国立艾尔米塔什博物馆藏中国民间年画》。该画集按照吉祥画、文学画、戏出画、风俗画、历史题材画加以分类,共收入年画209幅,其中绝大多数为天津杨柳青所印。在对年画情节的解读方面,编者使用了当年阿理克的《粗画解说》。2003年,鲁多娃还编辑、出版了一本中国年画画册《中国民间画儿》,但部头不大,只收录了33幅年画。2009年《中国木版年画集成:俄罗斯藏品卷》(本卷主编为俄罗斯科学院院士李福清) 由中华书局出版, 这是冯骥才主持的中国民间文化遗产抢救工程的系列成果之一。《中国木版年画集成:俄罗斯藏品卷》共收录俄罗斯各地收藏的三百余幅中国年画,皆为在中国本土难以见到的孤本和珍品,可谓弥足珍贵。笔者拟根据上述画集, 简要叙述一下俄罗斯中国民间年画的主要收藏地和藏品。

在俄罗斯众多的中国年画收藏地中,尤以坐落在圣彼得堡的艾尔米塔什博物馆(即冬宫博物馆)最为著名。该馆创建于1764年,是世界上历史最久、藏品最多的博物馆之一。该馆所藏中国民间年画超过三千幅,其中二千余幅为阿理克院士于1906年至1909年在中国所集, 主要为杨柳青年画。这里收藏的天津杨柳青年画包括《独占鳌头 富贵延年》《连生贵子》《女八音图》《天赐麟儿》《凤仪亭》《群英会》《华歆说曹操》《能让梨 能咏吟》《打三鞭 还二锏》《满春园》《醉写番表》《二度梅》《打樱桃》《南清宫仁宗认母》《吕蒙正接彩球》《全家福》《忠孝全》《卖绒花》《捉拿郎如虎》《月明楼》《刘姥姥醉卧怡红院 林如海捐馆扬州城》《史湘云偶填柳絮词 林黛玉俏语谑娇音》《感秋声抚琴悲往事 王熙凤历劫返金陵》《蝴蝶杯 赶山关》《花园赠珠 断桥》《二进宫 南阳关》《赛昭君 滚盘珠》《十二属相图》《龙舟大会》《业车图》《天津北门外新马路全图》[①]《瑞雪兆丰年》(戴廉增画店)、《新年多吉庆》(戴廉增画店)、《新春大喜》(齐健隆画店)、《开市大吉》(大顺画店)、《庆赏元宵》(戴廉增画店)、《大逛花灯》(戴廉增画店)、《麒麟送子》《妻财子禄》《吉祥如意 五福来临》《此乃财神叫门来到咱家》《金蝉刘海》(积德成画店)、《仁义礼智信》《功名富贵》(戴廉增画店)、《麻姑献瑞》(永庆合画店)、《麻姑》(荣昌画店)、《唐朝八饮》(盛德厚画店)、《白蛇传》(戴廉增画店)、《金山寺》(盛德厚画店)、《天河配》(戴廉增画店)、《当阳长坂坡》《捉放曹》(戴廉增画店)、《秦始皇赶山》《九曲黄河阵》(荣昌画店)、《哪吒闹海》(齐健隆画店)、《牧童指路》(戴廉增画店)、《桃园问津》(戴廉增画店)、《赵州桥》(戴廉增画店)、《吕蒙正赶斋》(戴

---

[①]　参见王树村、李福清、刘玉山编:《苏联藏中国民间年画珍品集》,人民美术出版社,1990年。

廉增画店)、《婴宁 侠女》(戴廉增画店)、《凤伊亭》(戴廉增画店)、《黄鹤楼》(戴廉增画店)、《落马湖》(戴廉增画店)、《老少换》(戴廉增画店)、《赵家楼》(戴廉增画店)、《五伦图》(戴廉增画店)、《为有读书高》《街景》(戴廉增画店)、《上海马路新景》(戴廉增画店)等。① 中国其他地区所产的年画在艾尔米塔什博物馆也有收藏,如《五子夺桃》(山东杨家埠北公泰画店)、《斗小牌》(山东杨家埠南公兴画店)、《哪吒认母》(河北武强)、《桃献千年寿 榴开百子图》(河北武强义和画店)、《华云龙采花凤凰岭》(上海甘德盛画店)、《天主堂外国人做亲》(上海宁和顺画店)等。此外,该馆还藏有科兹洛夫发掘于西夏黑水城遗址的版画《随朝窈窕呈倾国之芳容》(山西平阳姬家画店)、《义勇武安王位》(山西平阳徐家画店),此两幅版画被认定为中国最早的年画。②

　　坐落在圣彼得堡的俄罗斯科学院人类学与民族学博物馆（即珍宝馆)于1879年建成,藏有中国民间年画约五百幅,其中大约三百幅来自一个姓奥库利奇的收藏者,其余的年画来自各个领域的学者,如地质学家切尔内舍夫(Ф. Н. Чернышев, 1856—1914)院士、突厥学家拉德洛夫院士、诺维茨基以及阿理克等。该馆收藏的天津杨柳青年画包括《九子图》《仙芝祝寿》《伯邑考进贡》《恬笔伦纸》《古城聚义》《长江夺阿斗》《木兰从军》《紫金关》《罗成卖绒线》《丁山征西》《七子八婿满床笏》《乔太守乱点鸳鸯谱》《六月雪》《盖红霞挂印》《瑞云 菱角》《聂小倩 翩翩》《芦雪庭(亭)》《桃符换(焕)彩》《时兴十二月斗花鼓》《时兴上海逛花灯》《西湖十景逛花船》《关外蒙古抢羊斗胜》《万寿无疆》《堂开五世 调演双簧》《金钱世界图》《庄家大夫》《天津马路》《天津河北新浮桥》等,其他地区的年画有《炮打日本国》(山东潍县)、《酒醉八仙图》(山东南公兴画店)、《玉虎坠》(山东潍县)、《苍梧锁怨》(上海)、《妇人座轿男人走》(上海)、《执刀门神》(广东佛山)、《太上秘法镇宅灵符》(广东佛山)、《洪恩赐福解限全章》(广东佛山)、《同安宝符》(广东佛山)、《天仙送子》(广东佛山)、《凤凰戏牡丹 功名富贵》(广东佛山)、《福禄寿八仙图》(广东佛山)、《钟馗》(江苏苏州)、《天后圣母》(江苏苏州)、《二十四孝图》(四川)、③《刘大帅水陆埋伏

①　Китайская народная картина Няньхуа из собрания Государственного Эрмитажа. СПб., 2003.

②　参见[俄]李福清主编:《中国木版年画集成:俄罗斯藏品卷》,中华书局,2009年。

③　参见王树村、李福清、刘玉山编:《苏联藏中国民间年画珍品集》,人民美术出版社,1990年。

轰倭兵全军覆没》(福州)等。①

俄国皇家地理学会设在圣彼得堡,于 1845 年成立。1896 年至 1897 年科马罗夫在中国东北购买到大约三百幅年画,交俄国皇家地理学会收藏。这些年画多为杨柳青所产,如《兰室教读》《渔妇图》《群仙祝瑞 海献蜃楼》《福山寿海》《鞭打芦花》《霸王别姬》《扬州赴会》《捉拿九头狮》《牡丹亭杨贵妃醉酒》《杏元合(和)番》《打龙袍》《芦花荡》《丁郎寻父》《三疑计》《狐嫁女》《藕香榭吃螃蟹》《牙牌令图》《历史人物故事八图》《唐宋诗意六幅》《戏曲八出》《九九消寒图》《老鼠自叹》《玉美人画风筝》《玩耍蛤蟆》《天津图》《天津铁道火轮车》《台湾军船图》《倭酋唾手得台北 刘义愤怒缚桦山》②《风景》《五代恩荣 指日高升》《双叹十声》等。另外,俄国皇家地理学会还藏有《桑园寄子 弃子留侄》《唐太宗跨海征东》《白绫记》《绣门帘》《家有摇钱树 狮象驼来聚宝盆》《麒麟送子生福地 富贵满堂到德门》《春牛驼来千倍利 喜象引进四方财》《二十四忍》《地动山摇收五谷 酒色财气戒一篇》等,③这些画皆产于河北武强,也为科马罗夫于 1896—1897 年在中国东北购得。

俄罗斯民族学博物馆位于圣彼得堡,是俄罗斯最大的民族学博物馆,其前身是 1902 年成立的俄国博物馆民族学部。这里的年画绝大部分在 1917 年前就已经入藏莫斯科达什科夫民族学博物馆,1948 年移交给这里,如天津杨柳青年画《西游记故事》(齐健隆画店)、《唐僧取经叹十声》《大香山》(齐健隆画店)、《得禄回家》(齐健隆画店)、《十二旬全图》(齐健隆画店)、《外国合(和)曰(约)》(广义德画店)。

位于圣彼得堡的俄罗斯国家图书馆原称萨尔蒂科夫–谢德林公共图书馆,1795 年创建,藏有约一百五十幅杨柳青年画,它们是《孙五(武)子演阵教美人战》《二十八宿》《宫门挂玉带》《杨贵妃醉酒》《胭脂虎》《宋太祖三下南唐》《人才驸马》《镇潭州》《明太祖游武庙》《二进宫》《马芳困城》《众军师斗智》《十美图画八仙》④《推位让国》《黄河阵》《薛岗(刚)大闹花灯》(庆德厚画店)、《冯茂救刘金定盗去宝贝》《穆桂英探地穴》(庆德厚画店)、《青(清)峯(寨)》(庆德厚画店)、《许仙游湖》(齐健隆画店)、《镖伤三友》(庆德厚画店)、《东皇庄捉拿东坝(霸)天》(庆德厚画店)、《小上坟》(庆德厚画店)、《卖绒花》(和茂怡画店)、《大乔小乔》(万和隆画店)、《十二时辰

---

① ③　参见[俄]李福清主编:《中国木版年画集成:俄罗斯藏品卷》,中华书局,2009 年。

② ④　参见王树村、李福清、刘玉山编:《苏联藏中国民间年画珍品集》,人民美术出版社,1990 年。

全图》(大兴画店)、《新正月合家欢乐》(大兴画店)、《过新年》《知足长乐》
(庆德厚老画店)等。①该馆收藏的其他地区的年画包括《喜子得寿》(河北
武强)、《八郎思母》(山东潍坊)、《选元戎》(山东)、《酒醉八仙图》(山东)、
《末代皇帝月历图》(上海)等。

　　在圣彼得堡的宗教历史博物馆中藏有丰富的各民族宗教信仰历史
资料。1938 年,阿理克院士将其收藏的 990 种纸马和一些年画捐赠给了
宗教历史博物馆,这可能是世界上最大的一批纸马收藏。该馆一共藏有
约三十幅年画,主要有《将帅门神》(北京)、《擒高思继》(门神画)(河南开
封)、《三皇圣祖》(河南开封)、《泰山娘娘》(山东济宁)等。

　　奥拉宁包姆位于圣彼得堡芬兰湾南岸。阿理克院士去世后,其收集
的部分中国年画被移交给这里的中国宫收藏,其中在《中国木版年画集
成:俄罗斯藏品卷》中发表的天津杨柳青年画有《箭射篷索》(戴廉增画
店)、《少华山》《胭脂虎》(戴廉增画店)、《拿白菊花》《戏凤》(戴廉增画店)、
《画春园拿九花娘》(戴廉增老画店)、《小放牛》(戴廉增画店)、《百万斋》
(戴廉增画店)、《鱼龙高升》《五音八乐一人一戏 百鸟百音一人一性》(万
兴瑞画店)、《乾为天 坤为地》《双沙河》(戴廉增画店)、《高平关》(戴廉增
画店)、《打杠子》(戴廉增画店)、《西施采莲》(戴廉增画店)、《致中和 孚中
吉》《仙鹤指鹿》(盛兴画店)、《一对狮子狗》《五台山》(戴廉增画店)、《雪景
吹糖人》(戴廉增画店)、《街头风情》(戴廉增画店)、《庆赏元宵》(戴廉增画
店)、《三阳开泰》(戴廉增画店)、《春牛春象》《清风日落鸟声暄》(戴廉增画
店)等。另外,已发表的中国其他地区的年画有《友爱手足》(山东杨家埠
南公兴画店)、《摘桃》(河北武强新兴画店)、《钟馗头》(河南朱仙镇)、《门
神》(河南朱仙镇)、《立刀门神》(河南朱仙镇万通老店)、《盗仙草》(河南朱
仙镇鉴兴画店)、《白蛇传》(河南朱仙镇复盛画店)、《张飞与马超挑灯夜
战》(上海上洋飞云阁画店)、《一团和气》(苏州桃花坞洪茂斋画店)等。

　　坐落在莫斯科的国立东方民族艺术博物馆建于 1918 年,藏有千幅年
画,既有清末的,也有 20 世纪 50 年代印制的。这里的年画一部分来自达
什科夫民族学博物馆,一部分来自伊万-沃兹涅先斯克博物馆,还有一部
分来自个人私藏。产自天津杨柳青的年画包括《琵琶洞》《花园焚香》《芦
雪亭争联即景诗》《红楼梦》《司杏花神杨玉环》《司桃花神老令婆》《司蔷
薇花神张丽华》《庄家老作知县 官话不通》《自强传 学堂图》《五帝原君》

---

① 参见[俄]李福清主编:《中国木版年画集成:俄罗斯藏品卷》,中华书局,2009 年。

《黄鹤楼》《飞虎山》《张生游寺》《双摇会》(戴廉增画店)、《老鼠娶媳妇大拜华堂》《十二生肖》(天津会顺长画店)、《花鸟精神》《时兴京秧歌》(裕升德画店)、《歇后语》(戴廉增画店)、《抢当铺》《上海图》等。这里还有非常独特的早期武强年画，如《千里驹》《新刻穆府》(搜杯)、《破虏》《花园赠钗》《三世修全图》《计妹图》等。

位于莫斯科的国立普希金造型艺术博物馆创建于 1912 年，其前身是莫斯科大学艺术品与文物收藏室。该馆共藏有 203 幅年画（包括 20 世纪 50 年代的新年画在内）。在《苏联藏中国民间年画珍品集》中发表了该馆所藏的七幅天津杨柳青年画，它们是《莲生贵子》《大宴铜雀台》《回龙阁》《宝琴折梅》《昭君和北番 陈杏元和番》《绣像小说人物》和《司茶花神白乐天》。

位于莫斯科的俄罗斯国立图书馆，1828 年创建于圣彼得堡，当时名为鲁缅采夫博物馆，1861 年迁往莫斯科并与莫斯科公共博物馆合并，1862 年更名为莫斯科公共鲁缅采夫博物馆，自 1925 年起为苏联国立列宁图书馆，1992 年改称国立俄罗斯图书馆。该馆藏有大约三十幅杨柳青年画，既有清末刻印的，也有民国时期的作品，既有流行的门神画，也有吉祥画、故事画和戏出画，其中清朝末年的《戏凤》(戴廉增画店)在《中国木版年画集成：俄罗斯藏品卷》中发表。

莫斯科的特列季亚科夫画廊创建于 1856 年，藏有 17—21 世纪的俄罗斯艺术品(圣像、绘画、素描、雕塑等)约十四万件。该馆以其众多的艺术精品而享誉世界。这里同样也收藏了中国年画，为俄国先锋派画家拉里奥诺夫 (М. Ф. Ларионов，1881—1964) 和冈察洛娃 (Н. С. Гончарова，1881—1962)夫妇 1914 年移居巴黎后所集，如天津杨柳青戴廉增画店的《巴家寨》《玉玲珑》《郝家院》和《马蹄金》，河南朱仙镇的《拿豆(窦)二(尔)敦》(聚顺画店)和《拿罗四虎》(新顺画店)等。

此外，在莫斯科古代文献档案馆中保存了一幅天津杨柳青年画《天津三岔河口夷船真迹全图》，它由俄国水兵于 1858 年购于天津，后曾交给俄国外交部亚洲司。

喀山是除圣彼得堡和莫斯科以外的另一个重要的中国年画收藏地。喀山大学民族学博物馆创办于 19 世纪初，藏有约一百二十幅中国年画，几乎全部为杨柳青所产，其中有相当稀见的青地年画，由 1904 年至 1905 年参加日俄战争的喀山红十字队自中国东北带回。该馆所藏杨柳青年画中还有一部分于 1913 年来自海参崴的戈尔丰克勒(Горфункель)兄弟。这里收藏的天津杨柳青年画有三国故事《赐环》《凤仪亭》《卧龙岗》和《长坂坡》，还有《三下南唐》《寒江关 丹凤山》《绣像小说人物》《四季花鸟屏》《博古花卉屏》《大战长板(坂)坡》《龙凤配》(庆源号画店)、《三气周喻(瑜)》(永庆合画店)、《长江夺阿斗》《大战张郃》《武侯上表 二出祁山》(义兴画店)、《空城计》(永庆合画店)、《红(虹)泥(霓)关》《翠华(花)宫》《举鼎观画》《赶三关》《五龙二虎锁彦章》(永庆合画店)、《刘金定杀四门》《南北合》《烟(胭)粉计》(永庆合画店)等。

坐落在喀山的鞑靼斯坦共和国国家博物馆建于 1895 年。在《中国木版年画集成：俄罗斯藏品卷》中发表了该馆所藏的五幅天津杨柳青年画，其中《戏曲条屏故事》由喀山红十字队于 1905 年前后购自中国东北，《续小五义故事》《红楼梦故事》《五瑞之图》和《博古花卉屏》也均在 1917 年以前入藏。

伊尔库茨克州艺术博物馆于 19 世纪 70 年代创建。这里藏有一百多幅年画，其中包括波塔宁于 1883 年至 1884 年从中国带回的中法战争故事版画，如《福州捷报》(福州)。这里的大部分年画来自俄国皇家地理学会东西伯利亚分会，均为 1917 年前所集，包括《满族山神》(天津杨柳青)、《升仙传 丁郎打夯歌》(天津杨柳青庆德厚王记画店)、《刘提督镇守北宁图》(福州)、《克复北宁全图》(福州)、《北宁大捷》(福州)、《基隆捷报》(福州)、《台湾平服生番图》(福州)、《长门捷报》(福州)等。

鄂木斯克历史方志博物馆 1878 年由俄国皇家地理学会西西伯利亚分部建立，这里只收藏了 20 幅杨柳青年画，但多为孤品，如《全家福》《春夜宴桃李园》《盐务三国》《东洋狗自叹》《家庭聚处善恶法戒图》《叹拾声》《男叹十声》等。不排除这些年画是别夫措夫 (М. В. Певцов, 1843—1902)1878 年赴中国蒙古、直隶和山西考察时所得。

萨拉托夫拉吉舍夫艺术博物馆创建于 1878 年，创建者为俄国著名革命思想家和作家拉吉舍夫的外孙、风景画家鲍戈柳波夫 (А. П. Боголюбов, 1824—1896)。1910 年有人向该馆捐赠了 20 幅中国年画，其中 5 幅已经发表的年画均为天津杨柳青年画，它们是《三国故事》(廉增戴记画店)、《赵彦(颜)求寿》《代父从军 刺字报国》(廉增戴记画店)、《双官诰》(广义德画店)和《牡丹亭艳曲警芳心 椿龄画蔷痴及局外》(廉增戴记画店)。

萨马拉州艺术博物馆建于 1937 年，其前身萨马拉州历史方志博物馆艺术部则成立于 19 世纪。这里的一部分中国年画原属萨马拉画家米哈伊洛夫(В. А. Михайлов, 1870—1955)，他于 1917 年从哈尔滨带回 74

幅年画,有 54 幅留存至今。该馆还有瓦卡诺(А. Ф. фон Вакано)的约二十幅中国画,此人在 20 世纪初曾去过北京和香港。目前已发表的《龙凤旗插花》(增兴厚画店)、《张辽威镇逍遥津》《小放牛》《拿费德功》(广盛增画店)均为 1917 年入藏的天津杨柳青年画。

## 三、中国年画对俄国绘画的影响

在俄国绘画艺术史上,有一个著名的画派,名叫"红方块王子"画派。此画派追求新原始主义,对中国民间年画给予了特别的关注。该画派画家拉里奥诺夫亲自为尼古拉·维诺格拉多夫 1913 年举办的画展目录撰写了前言。此外,在尼古拉·维诺格拉多夫的画展举行后不久,拉里奥诺夫又举办了一次"圣像真迹与版画展览",展出印度、波斯、日本和其他国家的民间画。在所展出的 212 幅版画中,中国民间年画占了大约四分之一,其中 37 幅是拉里奥诺夫自己的收藏,51 幅由尼古拉·维诺格拉多夫提供。

该画派代表人物努力将中国民间艺术元素融入自己的作品。马什科夫(И. И. Машков,1881—1944)于 1910 年创作了《基尔卡莉迪肖像》。此画的背景是一个端着托盘的中国侍女。在侍女与基尔卡莉迪之间有一头梅花鹿,右上角飞着一只蝙蝠。这些动物是中国民间年画的典型象征物,"鹿"寓意"禄","蝠"寓意"福"。该画的平面效果和色彩搭配表明画家受到中国木版年画的深刻影响。

如果说马什科夫在油画创作中运用了中国木版年画的结构元素,而他的好友、该画派的另一位代表人物孔恰洛夫斯基(П. П. Кончаловский,1876—1956)于 1911 年完成的《家庭肖像》也采用了中国民间年画元素。画家用一幅典型的杨柳青年画的娃娃抱鱼图作为背景,并采用了强烈的色彩对比手法。他后来回忆说:"我在 1911 年创作妻儿肖像时曾尝试解决这个问题。我运用了西班牙手法,以黑白两种颜色为主。尽管画面上红色和绿色对比强烈,但只起辅助作用……作为背景的中国画成为这些主色调的衬托。画面上同样使用了黑色、灰色以及红色的复色——粉红色的鱼鳃以及绿色的复色——蓝绿色的波浪。如果仔细看这幅画,可以从中可以感受到某种景物的质感以及结构主义的萌芽。"[1]画家借用"年年有余"寄托美好的愿望。

---

① Рифтин Б. Л. Китайские лубки в России. Рукопись,2007.

　　此外,拉里奥诺夫的妻子、著名画家冈察罗娃曾画过一个怀抱婴孩的中国女人, 很明显是受到中国木版年画的影响。康定斯基 (В. Кандинский, 1866—1939)的《六号构图》也受到杨柳青年画《张辽威镇逍遥津》的影响。康定斯基是抽象艺术的奠基人之一,虽然不属于"红方块王子"画派,但受到了中国民间年画的影响。[①]

　　这些例子说明俄国人已经不仅仅限于简单地收藏和研究中国民间年画, 早在一个世纪以前俄国画家就已经开始将中国民间年画元素与西洋油画艺术融会,创造出非同一般的艺术效果。

---

① 陈醉:《康定斯基与杨柳青年画》,《文艺学习》,1988 年第 3 期。

# 第十章　中俄医学交流

中俄医学交流可以追溯到 17 世纪末 18 世纪初，其中既有俄国医生来华行医，也有中医知识和典籍在俄罗斯的传播。然而无论从哪个方面来看，都是俄国为主动的一方，中国人在这方面几乎没有什么作为。

## 第一节　俄国医生来华

康熙皇帝在准许俄国传教士来华时，曾要求俄国派一名医术高明的外科医生随同来京。1715 年，圣彼得堡医院外科医生英国人加尔文(Томас Гарвин) 便奉彼得大帝之命随郎喀一起前往中国，1716 年抵京。加尔文"成功地治愈了康熙皇帝的病，因而受到极大尊重，他也因此居功自傲。狡猾的耶稣会士用甜言蜜语从加尔文那里搞到了所有的好药。尽管康熙想把他留在宫廷，他也不得不离开北京"[①]。在这之后，俄国政府又于 1719 年派遣英国医生贝尔随伊兹玛伊洛夫来到中国，但贝尔在北京并无多少行医的经历，倒是回国后写的旅华行纪使他为欧洲东方学界所知。

中俄医学交流始自 19 世纪俄国定期派遣医生随传教团来华。这是俄国政府为改善传教团形象、强化传教团外交功能的重要举措。这一思想显然受到了西方天主教传教士通过在中国行医治病而获得巨大益处的启示。早在 18 世纪末俄国东正教驻北京传教团就向俄国政府表达了希望派遣医生的愿望。第八届传教团修士大司祭格里鲍夫斯在一份呈文中说："倘若其中有人懂得医学，哪怕只懂得某一门医学，这对达到传教目的也不无好处，因为医生在那里（指北京——笔者）是很受尊敬

---

① Скачков П. Е. Русские врачи при Российской духовной миссии в Пекине//Советское востоковедение.1958, № 4.

的。"①从第十届传教团开始，俄国共向中国派遣过五名医生，他们依次是沃伊采霍夫斯基、秦缓、明常、赛善和科尔尼耶夫斯基。

沃伊采霍夫斯基是随传教团派往中国的第一位俄国医生。他从基辅神学院毕业后，进入俄国外科医学院深造，1820年自愿作为第十届传教团医生前往中国，居京十载，回国后被任命为俄国外交部亚洲司医生。1844年成为喀山大学汉满语教研室编内教授，从事汉满语教学和研究工作，直至1850年逝世。据俄国史料载，沃伊采霍夫斯基在北京期间常为中国人诊病，曾经在1820年至1821年北京流行霍乱时治疗过一些人。后来他回忆道："我与霍乱是老相识了，我与它打交道比俄国其他医生都早。"②在沃氏北京行医的经历中，有一件事情使他名声大噪。当时的礼亲王兄弟全昌患有瘰疬症，经多位中医诊治不见好转，而沃氏却运用西医的方法将其成功治愈。为表达自己对救命恩人的感激之情，1829年11月全昌率领很多官员和随从列队前往沃氏所在的传教团驻地敬赠匾额，匾上写着"长桑妙术"四个大字，一路上鼓乐齐鸣，旗幡飞扬，气氛热烈而隆重。列昂季耶夫斯基收藏的绘画作品《俄罗斯馆》以及保存在俄罗斯科学院人类学与民族学博物馆的拉德仁斯基藏品中的一幅画都再现了这一隆重场面。此匾临摹画现藏于俄罗斯，已成为中俄医学交流的见证。全昌把沃氏比作中国古代神医扁鹊之师长桑君，可见评价之高。在沃伊采霍夫斯基任满回国之际，全昌专门写了一封感谢信。1832年俄罗斯的《莫斯科电讯》刊发了这封信的俄语译文，现回译如下：

> 俄罗斯，古丁零国也。康熙年间始遣其子弟来京学习语言，十年一更。在我国京城，朝廷专设俄罗斯馆以供其居住。
>
> 在这届传教团成员中有一位非常有学问的大夫，名叫约瑟夫·沃伊采霍夫斯基，医术高明，胜似我国古代名医扁鹊，可与神医岐伯和黄帝(帝王，中医的奠基人)比肩。
>
> 道光九年，我患上瘟疫，尽管治好了，但最后病毒又转移到了耳腺上，肿起了一个大硬瘤。我国有许多名医忙活了一年多也未能治好。
>
> 我最终决定请沃伊采霍夫斯基大夫治疗我的病。他为我看病，硬

---

① ［俄］尼·伊·维谢洛夫斯基编：《俄国驻北京传道团史料》(第1册)，北京第二外国语学院俄语编译组译，商务印书馆，1978年，第98页。

② Скачков П. Е. Русские врачи при Российской духовной миссии в Пекине//Советское востоковедение.1958, № 4.

块很快就消失了。我完全恢复了健康,获得了新生。我向俄罗斯馆送了匾额,略表谢意。

在沃伊采霍夫斯基即将回国之际,我献上四首拙劣小诗,以感谢他的大恩,表达我的惜别之情。

令人渴望仰慕的客人,
十年来在京城勤奋学习语言,
如今就要返回自己的祖国。
先生呀! 您就是异域名医华佗,
因为只要您看一看,摸一摸,
病人就能起死回生。

我患病累月备受折磨,
您愿意出手相救。
我惭愧至极,
未能给您应有的回报。

五月阳光明媚生机盎然,
本该偷闲去欣赏美景,
可一想到您要离去,
内心里充满惆怅。

我可以清楚地想象,
您的马车已经出发,
一路疾驰尘土飞扬,
千难万险也阻止不了您的离去。

今特为您来送行,请您答应我一定再来,我在京城外迎接您、拥抱您,我将非常荣幸!

亲王全昌①

---

① Письмо Китайского Князя к Русскому врагу // Московский телеграф, Часть 44, № 7. 1832.

　　当然,沃伊采霍夫斯基在北京看病并非总能取得成功。第十届传教团监护官季姆科夫斯基在其回国后出版的游记中记录了一则沃伊采霍夫斯基将人治死的例子:"新一届传教团领班彼得神父见到我,跟我讲了一件事情:满洲军队里有个七十岁的突厥斯坦老人病得很重,当地的医生已经束手无策了。因为这个老人的亲戚同他很熟,在他们的再三央求下,彼得就让沃伊采霍夫斯基去给这个老人医治了几天,孰料这个老人昨天去世了。他现在担心,当地政府会把老人的死因归咎到俄罗斯人的治疗上来。其实这个突厥斯坦人不过是寿终正寝而已,而且在北京外国人如果遇到类似的情况是需要格外谨慎的。若是没有妙手回春的医术、药到病除的把握,万不可应诊。①

　　秦缓是基里洛夫的汉名,既是沃伊采霍夫斯基的继任者,也是沃氏的外甥,生于1801年,毕业于俄国外科医学院,1830年作为第十一届传教团成员来到北京。清人何秋涛《朔方备乘》卷四十《俄罗斯丛记叙》载:"高邮王寿同云:曩曾因子章贝勒奕绘识俄罗斯官学生,在彼国不知何名,子章贝勒因其精医,遂名之曰秦缓。其人能为华言,每岁朝来贺,持名刺即用秦缓字。"

　　据蔡鸿生先生考证,这位被称为秦缓的俄罗斯官学生即是传教团的随团医生基里洛夫。秦缓即春秋时代秦国的名医,"病入膏肓"的典故,乃出自他的医案。另据第十一届传教团监护官拉德仁斯基当年日记所载,为基里洛夫起汉名的是黄寺敏珠尔活佛的侄子:"此时我们的医生在与活佛的侄子谈话。他获悉基里洛夫正在为起汉名发愁,就为他选了一个非常儒雅的名字——秦缓。这是一位中国名医的名字。他将此名写在一张粉红色的上乘纸上送给了基里洛夫。"②

　　居京十年,秦缓的主要活动是为中国患者治病、采集植物和研读老子等中国哲学家著作。由于沃伊采霍夫斯基已为传教团医生赢得了很高的声誉,所以他的继任者抵京之后就能顺利地在中国人中行医。1832年7月秦缓在一封信中记述了他为北京城外农民治病的情况。他一边采集植物,一边行医。他治愈了一位少女长达十一年之久的呼吸困难症,赢得了

　　①　Тимковский Е. Ф. Путешествие в Китай через Монголию в 1820 и 1821 года. Т.2.СПб., 1824.C.75–76.

　　②　Ладыженский М. В. Дневник, веденный в Пекине с 1 –ого декабря 1830 –го года// Китайский благовестник. 1908,Вып. 16–17.

人们的信任和尊敬。秦缓的医术从此闻名京城,而他本人也深受鼓舞。秦缓在信中写道:"人们已忘记我是外国人。这种信任使我如此着迷,以至于我不愿返回俄罗斯馆。"①1836年被他治好的达官显贵送给他两方谢匾。一为镇国将军禧恩所立,上书"惠济遐方",另一方题为"道行中外",为固山贝子绵秀所送。广济司员外郎奕纪对秦缓更是信任有加,他舍弃太医,而让这位俄国医生给其母治病。一些女子甚至允许这位外国男子进入内室为自己治病,这在封建时代的中国恐怕并不多见。太后之妹为表达谢意,送给他珍贵的奎宁根,其体积之大,为欧洲所未有,她的亲戚也将上等人参作为礼物送给秦缓。②可见,秦缓在来华后的几年间治愈清廷宗室多人。

　　塔塔里诺夫的汉名叫明常,是第十二届传教团医生。在华期间注重研究中医,积累了丰富的材料。由于他精通汉语,多次作为译员参与沙俄政府的对华外交活动,曾随叶戈尔·科瓦列夫斯基入新疆参加西北通商谈判,与尼古拉·伊格纳季耶夫一道逼迫清政府签订《中俄北京条约》。1851年被委任为俄国首任驻塔城领事,1866年被外交部亚洲司辞退,在故乡奔萨度过余生。

　　巴济列夫斯基的汉名是赛善,毕业于俄国外科医学院,1849年作为第十三届传教团医生抵达中国,期满回国后供职外交部亚洲司,1867年任俄国驻德黑兰使馆医生,死于任所。

　　科尔尼耶夫斯基是19世纪60年代传教团改组前的最后一位医生。1852年他毕业于契尔尼戈夫传教士学校,后考入俄国外科医学院,1856年毕业,因成绩优异获金质奖。之后他在一家军医院工作,1857年被编入第十四届传教团,参加了1858年至1859年的中俄谈判。1861年俄国外交使团代替传教团执行外交职能,他随之转为外交使团医生。1862年初,科尔尼耶夫斯基因患肺病而回国,先在外交部任职,后在军医院行医直至去世。

　　中俄文化交流在中国史籍中少有记载,而在《朔方备乘》中却有一段有关俄国东正教驻北京传教团医生的相对完整的记述。这说明,与传教团中的神职人员和学生相比,随团医生尽管人数很少,但其作用却不可忽视。这些人都受过良好的教育,再加上职业的特点,很善于与各色人等接触和交往。他们通过诊病,与上至达官显贵,下至庶民百姓都保持了良

　　①② Скачков П. Е. Русские врачи при Российской духовной миссии в Пекине//Советское востоковедение.1958.№ 4.

好的关系,将西方的医疗技术展现给中国民众。他们不仅传播了西方的医学,同时也在一定程度上改善了人们对传教团的看法,扩大了传教团的影响。但是,俄国东正教驻北京传教团医生通过行医传播的主要是西医的治疗技术,在西医理论的传播方面却少有作为,这与西方传教士在西学东渐过程中发挥的作用相距甚远。

## 第二节　中国医学在俄国

自中俄直接接触之后,俄国人就知道中医的存在。尤其是传教团常驻北京之后,中国的医学也成了俄国人的研究对象,并且完成一系列译著和论著。此外,某些中国药材还在俄国政府的组织下进行了临床试验和药学特征描述。

### 一、俄国人对中国医学的认识

在中俄雅克萨战役期间,"俄兵(当时称罗刹兵)穴土而居,发生一种疫疠,史称湿气病(大约系急性风湿症)",受康熙皇帝派遣来到雅克萨的两名中国医生在为中国士兵治病的同时,也为俄兵进行了诊治。[①]在此前后,俄国政府也通过各种机会致力于与中国进行医学交流。由于蒙医善治骨折,康熙时俄人来华学习蒙古接骨术。清朝建立初年,中外流行天花,清政府设"查痘章京"一职,"理旗人痘疹及内城民人痘疹迁移之政令,久之事乃定"。中国的人痘接种法,引起俄国的注意。1688 年,俄国派医生来北京学习种痘法及检痘法。据史籍记载:"康熙时俄罗斯遣人至中国学痘医,由撒纳特衙门移会理藩院衙门,在京城肄业。"[②]俄国因此成为最先派医生来中国学习种痘的国家。一直到 18 世纪,中国的人痘接种术才由俄国传至土耳其,英国驻土耳其大使夫人蒙塔古(M. W. Montague)又将之传至英国。随后,欧洲各国和印度也试行接种人痘。[③]1758 年 9 月,俄国的《益乐著译》刊载《中国人的接种术》一文,说"中国人从很早的时候就已经开始实行接种了。看来,这个民族在所有的科学领域都走在了前面"[④]。文章认为中

①　吴云瑞:《中俄医学交流史略》,载于《医史杂志》,1947 年第 1 卷第 1 期。

②　何秋涛:《朔方备乘》,卷四十,光绪三年畿辅通志局刊本。

③　参见李经纬主编:《中外医学交流史》,湖南教育出版社,1998 年,第 248—249 页。

④　Скачков П. Е. Русские врачи при Российской духовной миссии в Пекине//Советское востоковедение.1958.№ 4.

国科学同欧洲科学相比具有一定的优势。自 18 世纪起,俄国社会也对中医中药发生了兴趣。由于"俄人嗜鱼,喜用大黄,可解其毒,市以济众"[①],所以大黄成为恰克图互市期间俄商购买的主要中国商品之一。

1815 年,卡缅斯基发表了一篇文章,专门介绍人参的特性和疗效。[②]此外,他还编写了一部《俄汉医学辞典》(一共有 593 页手稿),收录大量中药名称、中医术语以及脉理歌诀,但没有出版。1958 苏联汉学家彼·斯卡奇科夫年整理发表了脉理歌诀中的第四节和第三十六节,试回译如下:

> 将手放于左臂脉,
> 食指可知心好坏,
> 中指探得肝与胆,
> 无名指管腹与肾。
> 右臂也能显病症,
> 脉象器官均对应,
> 食指感知肺和胸,
> 中指可诊胃和脾,
> 无名指上肠与肾,
> 把脉能知人百病。
>
> 脉象急促时间歇,
> 胃中有火不用疑,
> 脓肿溃烂已发生,
> 此时病症可不轻。
> 脉象迟缓且间停,
> 便秘让人很烦心,
> 气不足来血也亏,
> 周身器官有阻滞,
> 病入膏肓死期近,

---

① 吴云瑞:《中俄医学交流史略》,载于《医史杂志》,1947 年第 1 卷第 1 期。

② Каменский П. О китайском растении жинь–шень, с рисунком оного//Труды Вольного экономического общества. 1815. № 67. C. 158–162.

岐伯①复生也枉然。②

　　1828 年，俄国外科医学院恰鲁科夫斯基教授（П. А. Чаруковский，1790—1842）首次在俄国运用针灸疗法治疗风湿病和坐骨神经痛。同年他所撰写的一篇题为"针灸"的文章发表在《军医杂志》上，该文介绍了针灸的奇特疗效以及欧洲国家学者的最新研究和试验成果。这是俄国人公开发表的第一篇关于中国医学的论文。③然而，俄国并非欧洲最早认识中国针灸疗法的国家，因为在恰鲁科夫斯基之前，欧洲来华传教士及商人的著述中已经有对针灸的记载和介绍，但欧洲人对所描述的针灸的神奇疗效始终半信半疑，直到 19 世纪初法、英、荷等国医生开始进行所谓"针刺疗法"的临床试验并取得积极效果之后，针灸才为欧洲人真正接受。恰鲁科夫斯基从欧洲医生的试验中看到了针灸疗法对于治疗"绞痛、风湿，尤其是伴随疼痛的疾病疗效显著"，认为有必要在俄国进行介绍和推广。④

　　秦缓在北京期间将很多精力用于搜集包括草药在内的各种植物。1831 年夏天，他去北京城外三次，为的是每隔三小时观察气压表和温度表，以掌握 80 种植物的生长情况。1841 返回俄国时，他随身携带 127 种中草药和成药、几部中国药理学著作和一些中医处方。在他带回俄国的大批中国植物中有六种为欧洲科学界所未闻。为表彰他的功绩，这六种植物被以其姓氏命名。秦缓在俄国植物学界享有很高的声誉。俄罗斯植物学家迈耶尔（К. А. Мейер）正是根据他提供的人参标本为人参确定了 Panax Ginseng 的拉丁文学名。⑤

　　在传教团诸位医生中，明常的中医学研究成果最丰厚，也最引人注目。彼·斯卡奇科夫称，明常的中医学著作以中国史料为基础，"无论在苏联，还是在其他国家，至今都令人望尘莫及"。1847 年明常在《祖国纪事》杂志上发表了《中国人他杀鉴定法》一文。此文是他根据中国《洗冤录》

---

　　①　岐伯，相传为黄帝之臣，黄帝的太医，又是向黄帝传习医药的师长。黄帝让岐伯尝草药，编著医药经方，才有传世的《本草》和《素问》等书。因此，后世将中医学称为"岐黄之学"，从事中医业者为"岐黄传人"——笔者。

　　②⑤　Скачков П. Е. Русские врачи при Российской духовной миссии в Пекине//Советское востоковедение. 1958, № 4.

　　③　Духовная культура Китая: Энциклопедия. Т. 5: Наука, техническая и военная мысль, здравоохранение и образование. М., 2009. C.656.

　　④　Чаруковский П. Иглоукалывание(acupuncture)//Военно-медицинский журнал, 1828. № 1.

和《大清律例》撰写的一篇全面介绍中国法医的文章。明常撰写的《中医》刊载于 1853 年出版的《俄国驻北京传教团成员著作集》第二卷,内容十分全面,包括中医的起源、中医典籍、中国的医学教育、中国医生的社会地位、中国医生的行医条件、太医院、中国医生的解剖学概念。这是俄国第一篇全面介绍中国医学各方面发展历史和现状的文章。他撰写的《中国麻醉术及水疗法评介》载于 1857 年问世的《俄国驻北京传教团成员著作集》第三卷。在这篇文章中,他认为华佗的麻醉术远非传说的那样神奇和有效。据他观察,北京城里也没有一位中国郎中堪称出色的外科医生,而这有可能与中国人不喜欢极端的行事方式有关。他同时指出法国汉学家儒莲(S. Julien,1797—1873)将"麻药"理解为用麻这种植物制成的药是错误的。[①]明常的其他著述多发表在《俄国医生协会著作集》等有影响的刊物上,包括《中国人所使用的横死原因研究方法》(1847 年)、《中国的麻醉术》(1850年)、《中国医学与医生》(1851 年)、《论中国医学现状》(1852 年)、《中医概念中的血液循环论》(1853 年)、《中药人参简介》(1856 年)以及《中国人的生理解剖概念》(1856 年)等。此外,明常第一个将岐伯的名著《本草》译成俄文。[②]他还是最早关注中国针灸的俄国人之一。他于 1845 年完成的 270页手稿,详细描述了各种疾病的针灸疗法,列举了针灸的适应症和禁忌症。直到今天俄罗斯医生在临床中仍然借鉴他的这部针灸著述。

赛善的中医研究成果均为手稿,至今保存在俄罗斯国立图书馆手稿部,内容包括《本草纲目》译文、中药方译文、《四库全书》中的医书目录、名中医传记以及关于针灸和法医等方面的论文译文、关于北京保健事业和疫病状况的描述文章等。1850 年 5 月 1 日巴拉第向亚洲司报告,第十三届传教团监护官叶戈尔·科瓦列夫斯基已从北京寄出 112 种植物标本,都是赛善 1849 年 7 月 20 日至 8 月 5 日在前往北京途中的恰克图和库伦之间采集的。1852 年 3 月 10 日巴拉第通知亚洲司,从北京寄出了赛善采集的一箱植物种子和中药材。这些植物生长在京郊地区,大部分是中医界广为熟知的,其中的麝香与俄国的相比,质量上乘,但价格便宜。[③]

科尔尼耶夫斯基发表有一系列中医研究论著,如《论中国医生》《中国

①　Татаринов А. А. Замечания об употреблении болеутолительных средств при операциях и о водолечении(Гидропатия)в Китае//Труды членов Российской духовной миссии в Пекине.Т.3.1857.

②　Механов Б. П. Врач-китаевед А. А. Татаринов//Советское здравоохранение. 1968.№6.

③　П. И. Кафаров и его вклад в отечественное востоковедение: К 100-летию со дня смерти. Материалы конференции. Ч.1.М.,1979.С.33.

医学史资料》《中国医学谚语》《中国内脏学》《中国太医院》和《中国人的间歇热治疗法》。论文手稿约有二十多部，现藏俄罗斯国家图书馆手稿部，如《北京医学解剖札记》《中国产科学大全》(译自《胎宫心法》)、《中国人的病理学》(译自《明医指掌》《寿世保元》)以及《从医学观点谈中国人》等文。他的手稿中还包括1859年俄罗斯馆中外书房、亚洲司图书馆以及他本人收藏的医书目录，从中可以了解到俄国关于中医论著的收藏情况。科尔尼耶夫斯基对中国医学抱持一种尊重的态度，致力于客观而详尽地向俄国学界和读者介绍中国中医。比如在《论中国医生》一文中，他以一个专业医生的视角非常细致地描述了他在北京期间获得的有关中医诊病疗疾的特点，如中医的分科，医生如何坐堂，如何出诊，如何摸脉，如何开方，如何接受赠匾等等。从科尔尼耶夫斯基的文章中，我们知道了清代北京城里常用的谢匾用语有 "济困扶倾""是乃仁术""功同良相""著手成春""岐黄妙术""伤寒独步""痘疹回春""济世宝筏"等。科尔尼耶夫斯基在北京只待了四年，在这样短的时间里能对中国医学获得如此全面而深刻的认识主要得益于他的中国老师。这位老师姓白，是一位有学问的儒雅医生，在教授他汉语的同时，也给他讲授中国的医学知识。①

　　作为一名医生，皮亚谢茨基在中国随俄国考察团旅行过程中对中国医学产生了很大兴趣并进行了细致的观察。他在1876年和1882年先后写了两本介绍中医的小册子，一本叫《中国的医学和卫生保健条件》，另一本为《中国人的生活方式和治病方法》。在他1882年出版的《1874—1875年中国行纪》一书中也多次提到了他为中国人诊病以及对中医的看法。皮亚谢茨基认为中国的医疗和卫生状况比较差，病患数量庞大，最常见的疾病是皮肤病、眼病、胃病和风湿病。

　　19世纪末，一位俄国医生以其用英文发表的有关中西交通史和中国植物学的著作在中国学术界和欧洲汉学界赢得了很高声誉，这个人就是贝勒(Э. В. Бретшнейдер，1833—1901)。贝勒23岁时毕业于尤里耶夫大学医学系，而后赴柏林、维也纳和巴黎留学两年，1860年被俄国外交部录用，1862年奉派前往俄国驻伊朗大使馆工作。1866年贝勒被调往北京，任俄国驻华公使馆医生，1884年回国。贝勒回国后定居圣彼得堡，1901年去世。贝勒从研究北京地区的植物入手，大量阅读中西植物学文献，收藏中国的植物学文献，采集植物标本，按照欧洲的自然科学研究方法，撰写了

① 　Корниевский П. А. О китайских медиках// Медицинский вестник. 1876.№ 36.

很多有影响的论著。

凭借 1880 年在《皇家亚洲文会会报》发表的《先辈欧人对中国植物的研究》一文,贝勒赢得中国植物学研究奠基人的荣誉。此文获得法国儒莲奖,在上海美华书馆和伦敦单行出版。贝勒在书中对耶稣会士及其他欧洲来华人士对中国植物的收藏和研究进行了总结和回顾,特别介绍了英国医生和植物学家孔明汉 (James Cunningham)、法国自然科学家索内拉特(Pierre Sonnerat)以及植物学家罗瑞洛(Loureiro)。贝勒的《中国植物志》分三卷,先后于 1881 年、1892 年和 1895 年发表在《皇家亚洲文会会报》上,很快都有单行本问世。第一卷重点介绍了东亚民族对植物学研究所做的贡献、中国文献中有关科学栽培植物的论述以及中国植物学著作目录。第二卷探讨了《尔雅》《尚书》《诗经》和《礼记》等中国古籍中的植物学记载。第三卷的核心内容是对中国古代医学著作的研究和分析。1935 年商务印书馆出版了该书的中文节译本。1898 年贝勒在圣彼得堡完成了两卷本的《西人在华植物发现史》一书,试图将欧洲人对中国植物的认识过程和研究成果进行一次汇集和梳理。作者向前追述至马可·波罗时代,向后一直到 19 世纪末期,对 650 位欧洲旅行者和植物学研究者的生平、著作、旅行线路以及植物收藏详加考察。贝勒的著作再次在国际学术界引起广泛反响,获得了俄国皇家地理学会颁发的谢苗诺夫金质奖章。

俄国驻华公使馆医生科尔萨科夫(В. В. Корсаков)1901 年以中医为研究对象完成了自己的医学博士学位论文,题为"中国的医学状况以及最常见流行病"。[①]该论文的大部分内容发表于次年出版的《京华五载——中国人生活习俗观察录》。科尔萨科夫对中国最为多发的鼠疫、霍乱、伤寒、天花等流行病的历史、地区以及危害程度进行了详细介绍。两年以后,又有一位名叫维奥林(Я. А. Виолин)的人以"中医"为题出版了自己的医学博士学位论文。[②]1909 年圣彼得堡皇家军事医学院发表了一篇专门对中药材当归进行药学研究的硕士学位论文《中国草药当归:基于当归萃取液与默克公司 Eumenol 制剂的比较生药学研究》。[③]文章使用当归萃取液与德国默克公

① Корсаков В. В. Положение медицины в Китае и наиболее распространенные в его населении болезни. Дисс. на степень д-ра мед. СПб., 1901.

② Виолин Я. А. Медицина Китая. Дисс на степ. д-ра мед. СПб., 1903.

③ Лецениус Э. К. Китайский корень дан-гуй: сравнительно-фармакогностическое исследование этого корня, приготовленного из него экстракта и Eumenol´a Merck: диссертация на степень магистра фармации. СПб., 1909.

司以当归为主要原料制成的治疗痛经的名药 Eumenol 进行了药学对比研究。这是俄国人针对除人参之外的某一种中药材所进行的专门研究。

俄国的中医研究者多为医生，因而习惯于以近代西方医学的知识体系作为评价中医基础理论、药材以及临床治疗方法的标准。这种思维模式的结果是他们尽管目睹了中医在治疗某些疾病方面的独特疗效，但终不能理解其"科学性"。与此同时，他们对中国的医疗制度、医疗教育以及医生的社会地位等表达了自己的看法。明常在《中医》一文中批评中国历代医书内容多有重复，后代医生墨守成规，不敢轻易否定前人结论，从而制约了科学的创新。科尔萨科夫认为："中国人在所有的科学领域都远远地落后于欧洲，其中也包括医学。如果说欧洲医学正在不断向前探寻真理并用以造福人类，而中国的医学却停滞于偏见、幼稚与无知。""中国人尽管拥有悠久的历史，但至今未能建立起医疗科学、卫生科学以及科学医疗组织，当然也没有受过科学培养的中医医师。"①明常发现，缺乏规范和严格的医学教育导致医生队伍鱼龙混杂，医术良莠不齐，甚至有依靠巫术骗钱者，对病人的生命安全产生威胁。就社会地位而言，医生职业在中国备受尊重，但鲜见以行医发家者，除非有家传秘方可售。②而皮亚谢茨基则完全不能理解中医的切脉诊病方法。在他看来，"他们像所有的招摇撞骗者一样，只是因为人类还徘徊于黑暗之中，才得以存在并顺利地做着自己的事情"③尤其是当他成功地为一位老中医的孙子实施了手术之后，进一步认识了中医在外科领域的落后。明常认为，中国人对于人体解剖的偏见，使得中国医生对人体结构的了解还处于非常低级的水平。从赛善当年在北京写给俄国植物学家弗·费舍尔（Ф. Б. Фишер，1782—1854）的信中可以看出，他认为中国医学以中国人独有的阴阳五行宇宙观为基础，与西医具有本质区别。中医理论尽管不乏独特思想，但有些内容看上去不符合逻辑，他尤其不能理解五行与五脏的对应关系。④

尽管如此，明常还是发现，中医在某些疾病的治疗方面有着西医无可

①　Корсаков В. В. Пять лет в Пекине. Из наблюдений над бытом и жизнью китайцев. СПб, 1902.С.1–3.

②　Татаринов А. А. Китайская медицина// Труды членов российской духовной миссии в Пекине. Т.2. СПб., 1853.

③　Пясецкий П. Я. Путешествие по Китаю в 1874–1875 гг. . Т.2. СПб. ,1882.С.79.

④　Некоторые учено-хозяйственные известия из Пекина//Журнал Министерства внутренних дел. 1852, ч. 37. С.265–266.

替代的作用。他在《中国医学与医生》一文中写道："虽然中国医生的医学理论同欧洲医学理论不尽相同，但我可以大胆地说，即使他们不总是这样，但却经常是这样，即他们所达到的目的并非欧洲人始终能够达到，这一点是十分了不起的。"①可见，明常与其他医生不同，对中医的评价还是相当高的。

与此同时，居住在俄境内的蒙古民族对藏医学在俄罗斯的传播做出了贡献。巴德玛耶夫(П. А. Бадмаев, 1851—1920)原名扎木萨朗, 1871—1875 年在圣彼得堡大学东方语言系和圣彼得堡医学院学习，毕业后进入俄国外交部亚洲司，同时兼任圣彼得堡大学的蒙古语讲师。他于 19 世纪90 年代提出了一个吞并包括西藏在内的中国西部地区的侵略计划，即"巴德玛耶夫计划"，得到沙皇亚历山大三世和财政大臣维特 (С. Ю. Витте, 1849—1915)的支持。此人在藏医研究上具有开拓之功。1898 年发表了《论藏医体系》一文。1903 年出版了他所翻译的《四部医典》中的前两部，书名为《巴译"居悉"医学体系导论》。此作的最大特色就在于将《四部医典》中的藏医理论和实践综合归纳为西方人能够理解的一套完整的医疗体系，具有较高的学术价值，直到今天仍在俄罗斯再版。卡尔梅克人乌里亚诺夫(Дамба Ульянов)曾于 1904 年至 1905 年率领俄国陆军总部的军事间谍队前往拉萨刺探情报，1913 年发表游记《佛陀关于罗曼诺夫王朝的预言以及笔者 1904—1905 年西藏游记》，附和德尔智的谬论，称俄国就是北方极乐世界香巴拉，为俄国侵略西藏鼓噪。②在拉萨期间，他亲眼看见当地藏医将他的一个从三层楼窗户坠下、几无生还可能的同伙奇迹般地救活，遂立志研究藏医中隐藏的奥秘。③他主要译有《四部医典》中的第一部《札居》，1901 年出版。

## 二、中药在俄国的首次临床应用和试验

俄国人不仅重视对中医典籍和中医疗法的介绍，而且还对中药进行过临床试验，用现代科学方法进行了最早的药学描述和化学成分分析。与西方国家早期对中医的研究多出于个人兴趣不同，中药在俄国的应用是

---

①　Скачков П. Е. Русские врачи при Российской духовной миссии в Пекине//Советское востоковедение.1958.№ 4.

②　参见房建昌编：《西藏学研究在俄国和苏联》，中国社会科学院中国边疆史地研究中心，1987 年铅印本，第 10—16 页、第 90—92 页、第 224—225 页。

③　Васильев Владимир. Миссия в Тибет//Россия. 25-30 марта 2004 г.

在沙皇亲自督办下进行的。

这件事情发生在 1848 年,正值道光二十八年。这一年的 10 月 17 日,沙皇尼古拉一世向圣彼得堡的俄国外科医学院院务委员会下达了一条这样的谕旨:"将由现在亚洲司任职的校级军医基里洛夫(即秦缓——笔者)带回的中国药物进行试验。"11 月 3 日,尼古拉一世再次过问此事,要求"禀报试验结果"。实际上,这些药物早在 1841 年就由秦缓带回圣彼得堡,但一直未得到重视。此时沙皇缘何突然想起此事,我们暂时还不得而知。然而,正是由于受到了沙皇的重视,这一次的中药试验才进行得非常认真和规范,最终提交了一份全面完整的试验报告。①

据这份报告记载,为了完成沙皇的旨意,俄国外科医学院院务委员会组建了以三名教授和秦缓为成员的专门委员会,于 1848 年 10 月 28 日开始了临床试验。他们先为秦缓带回的 127 种中药编订了清单,然后确定了这些药材的品质和使用方法,参考了由秦缓译介的中国药典和处方。在这批中药中,多数为草药,除了生姜、高良姜、豆蔻、辣椒、小豆蔻等在欧洲被用于药物和调味料之外,其他 92 种完全不为俄国人所知。因为有三种药材包装上遗失了标签,知道药名的有 89 种。其中动物药只有两种,是斑蝥和鹿茸胶,另外还有 14 种矿物药。在所有这些药材中间,只有 50 种的数量可以满足试验之需。专家们用了一个冬天对其中的 48 种药物进行了临床试验。然而由于这些药材带回俄国已有 7 年,其中一部分已经变质或枯干,未能取得令人满意的试验结果。这个专门委员会认为不能将这样的试验结果上报沙皇,便请求院务委员会从北京重新购买 89 种草药。院务委员会的请求得到了俄国外科医学院督学巴维尔·伊格纳季耶夫(П. Н. Игнатьев,1797—1879)公爵的支持,划拨了 100 银卢布用于在北京购药。

在外交部亚洲司的协助下,1849 年 5 月重新购买 89 种药材的任务被委托给了正准备前往俄国东正教驻北京传教团的赛善以及即将从北京返俄的明常。两年之后,即 1851 年的 5 月,负责试验的专门委员会收到了新购药材,并从 9 月 10 日开始了新一轮的临床试验。在四个月的时间里,专家们选择了 12 名受试者,一共试验了 17 种药材,最后进行了详细的药

---

① Отчет о действии китайских лекарств, испытанном, по высочайшему повелению, особенной комиссией, составленной при Императорской медико-хирургической Академии// Военно-медицинский журнал. Часть LX. 1852.

学分析和化学成分检验。

12 名受试者及受试结果如下:

伊万·别洛夫,掷弹团列兵,38 岁,患腹积水,肺部有杂音,伴咳嗽,先后服用了黄芪、麻黄和防风,结果腹水减少,咳嗽消失。

尼古拉·马雷舍夫斯基,舰船工匠,23 岁,患关节风湿病,腿部有肿块,先后服用了麻黄和白术,结果风湿疼痛消失,肿块减小。

安德烈·祖勃夫,身体比较健康,不久前出征归来感到四肢无力,服用了麻黄后痊愈出院。

西尔维尔斯特·切拉科夫,兵团服务人员,25 岁,患咳嗽,气喘,痰中带血,胸腔内有杂音,被诊断为肺部感染和气管慢性黏膜炎,先后服用了防风、熟地、桔梗和远志,疗效明显,咳嗽减轻,痰液减少,呼吸改善,但未彻底痊愈。

彼得·索科洛夫,45 岁,俄国外科医学院职员,气喘咳嗽,有浓痰,手脚冰凉发紫,被诊断为慢性肺炎,肝脏瘀血,服用了熟地黄,初有好转,后因天气变冷,病情加重,中止服药。

特连季·格鲁别夫,39 岁,火药厂技师,症状为胸左侧疼痛,早上咳嗽剧烈,伴有浓痰和透明黏液,疑似肺结核初期。先后服用熟地、地黄、桔梗、远志、款冬花、麦门冬、黄连,效果不佳。

伊波利特·马利亚金,海军印刷厂学徒,患有慢性卡他性肺炎,咳嗽,痰盛,后因受冻而加剧,经西医治疗好转,但咳嗽和气喘未根除。先后服用熟地、桔梗、远志、款冬花、麦门冬、黄芩,未见起效。

米海洛·斯塔鲁辛,45 岁,农民,咳嗽,有痰,气喘,有肺硬化征兆,因受冻加重,胸部疼痛,服用了麻黄,疗效极其明显,咳嗽和气喘症状消失。

叶戈尔·格里高利耶夫,32 岁,军火库工作人员,长期咳嗽,痰中时而带血,先后服用了黄芩、土茯苓,结果证明无效。

叶夫多基姆·拉祖京,36 岁,火药厂技师,全身积水,腹中最多,呼吸困难,嘴唇发紫,发热,无食欲,先用麻黄无效,后用麻黄、黄芩和白术合煎服,发汗依然不明显。再用麻黄、黄芪、白术合煎,效果依然不佳。接着改用当归,又增加了黄芪和五味子合煎药汁,一个月后积水减少,呼吸改善。

奥西普·阿库里斯基,38 岁,近卫军士兵,性病患者,生殖器上有疳疮痕,手脚疼痛。先用牛膝,疼痛症状减轻,但咽喉发生红肿,遂改用土茯苓。

瓦西里·巴甫洛夫斯基，野战医院职员，25 岁，胸口憋痛，背部疼痛。服用防风，起初未显效果，两周后胸痛消失，背痛依然。①

在临床试验的基础上，专门委员会为这次试验的 17 种药物做出了药效总结："临床记录显示，委员会从新购自中国的药材中选择了 17 种进行了试验，所针对的病人数量足以保证观察获得某些药效结论。由于冬季胸科疾病患者更多，因此我们首先选择了中国用于治疗胸科疾病的药物进行试验。"② 这 17 种药分别是：黄芪、防风、白术、桔梗、远志、款冬花、麦门冬、黄连、土茯苓、当归、黄芩、牛膝、五味子、人参、麻黄、生地黄、熟地。

委员会将这 17 种药材按照药性进行了分类，即胸科类，包括生地黄、熟地黄、桔梗、远志、款冬花、麦门冬；解表清血类，包括黄芪、麻黄、白术、当归、牛膝、土茯苓；补药类，包括防风、高丽人参、五味子；苦药类，包括黄连和黄芩。而后对每一种药材的特性、病人病症、给药方案以及累积性耐受性试验结果进行了详细说明和总结。比如，对生地黄和熟地黄的结论是这样的："熟地黄，与生地黄为同一种植物块根，用蜂蜜煮制而成。当慢性卡他性肺炎加重后，痰盛且黏稠不易咳出，宜用此两种药进行治疗。前者用于两个病人的治疗，用半盎司药水煎，每昼夜服一剂，共 20 剂。后者用于四个病人的治疗，半盎司剂量水煎服用了 21 天，一盎司剂量水煎服用了 19 天，共计 40 剂药。此药使咳嗽减轻了，咳痰也容易了。因为是睡前服药，所以病人的睡眠更好了。由于这两种药的药性较弱，所以需要辅以其他药材。"③

对麻黄的药性是这样评价的："麻黄，整个植物从根到花可以入药，是一种发汗药，同时能增加排尿。此药作为发汗药和胸科病治疗药物被用于六位病人的治疗。病人先服用了 24 剂，每剂两打兰④煎汁，后服用16 剂，每剂用半盎司煎汁。在大部分试验中都出现了发汗现象。2 号病人由此治愈了慢性关节风湿病，而 8 号病人仅用这一种药便治愈了咳嗽。"⑤

委员会最终对这 17 种中药材的药性做出了结论性评价："总而言之，在被试验的中药中没有发现能够医治在欧洲视为不治之症的药物。委员会对每一种中药的药性进行了分析，认为其中一部分具有特效，但至今未

---

①②③⑤　Отчет о действии китайских лекарств, испытанном, по высочайшему повелению, особенной коммисией, составленной при Императорской медико-хирургической Академии// Военно-медицинский журнал. Часть LX. 1852.

④　俄国采用公制前的药物计量单位，1 打兰=1.7718 克，16 打兰=1 盎司。

见哪种中药是西药所不能取代的。"①

这份报告书的第一部分内容是药性试验结果，由六位专家签名确认，分别是涅柳宾(А. П. Нелюбин,1785—1858)院士、勒克利茨基(И. В. Рклицкий,1805—1861)教授、史普林斯基(П. Д. Шипулинский,1808—1872)教授、艾克(В. Е. Экк,1818—1875)教授、维斯(П. К. Вейс)副教授和校级军医秦缓。这份名单表明，除了委员会的四名成员外，其他专家也参与了这次中药临床试验。需要指出的是，这些专家基本上都是俄国最为著名的药学权威，在医学研究和临床实践中取得突出成就，代表了 19 世纪中叶俄国药学研究的最高水平。

这份报告的第二部分是由药学教授特拉普(Ю. К. Трапп,1814—1908)所进行的对 18 种(在上述的 17 种药物之外加上了沙参)中草药的生药学分析和化学成分试验结果。特拉普教授为俄国最重要的药学家之一，1866 年被选为圣彼得堡皇家科学院院士。他的报告包括了对 18 种药物的名称(包括拉丁文名称)、形状、颜色、味道、化学成分以及服用方法的详细说明，而这也正是生药学研究中关于药物描述的基本要素。

这是一份非常重要的报告，原因在于这是俄国第一次将中药材用于临床试验，也是第一次对中药材进行了现代科学意义上的分析，是中俄医学交流史的重要见证。由政府出面直接组织对中药材进行临床试验和药理分析，这是清代中外医学交流史上绝无仅有的现象。

## 三、俄国的中医典籍收藏

几千年来，中国传统医学无论在理论上还是在实践中都积累了丰富的经验，留下了大量珍贵的医学文献。这些文献不仅是历代中国医生学习、继承、创新传统医学的基础，而且也是中国医学辉煌成就的见证。俄国人自开始收藏中国典籍，就重视中医文献的搜集。在 1794 年皇家科学院的布塞编写的《科学院收藏的汉满蒙日图书》中就收录了 13 种中国医书，其中包括《针灸大成》《本草纲目》《伤寒活人指掌》《本草蒙荃》《脉诀》《外科正宗》《类经》《医宗必读》《古今医鉴》《士才三书》等。②

---

① Отчет о действии китайских лекарств, испытанном, по высочайшему повелению, особенной комиссией, составленной при Императорской медико-хирургической Академии//Военно-медицинский журнал. Часть LX. 1852.

② Walravens, Hartmut. Chinesische und mandjurische Bücher in St. Petersburg im 18. Jahrhundert//Monumenta Serica, Journal of Oriental Studies, Vol. XLVI (1998).

俄国外交部亚洲司和皇家科学院亚洲博物馆是最早收藏中国医学典籍的机构。亚洲司借助于其派驻北京的医生，划拨专款在华选购中国医书。当今的俄罗斯科学院东方文献研究所收藏有近百种中国医学典籍，由亚洲博物馆和外交部亚洲司两处藏书汇集而成，其中明代及清前期的中国医典版本多为第十届传教团医生沃伊采霍夫斯基在北京搜集所得，达数十种之多。①这家机构收藏的中医图书包括《濒湖脉学》《本立堂重订本草纲目》《本草备要》（二种）、《本草万方针线》（二种）、《本草纲目》（六种）、《本草纲目图》《本草蒙筌》《本草经疏》《外科大成》《外科症治全生集》《王叔和图注难经脉诀》（二种）、《达生编》《痘科扼要》《窦太师外科全书》《痘疹定论》《痘疹正宗》《东医宝鉴》《医门法律》《医学启蒙汇编》《医方集解》（二种）、《医宗必读》《英吉利国新出种痘奇书》《类经》（二种）、《疗马集大全》《秘藏医书祝由十三科》《名医类案》《明医指掌》《女科经纶》《三乐斋重订本草纲目》《新镌增补详注本草备要》《绣梓图像外科正宗》《袖珍嵩厓尊生全书》《轩辕黄帝祝由科》《详订医宗必读》（二种）、《太医院龚先生云林神彀》《胎产心法》《图注八十一难经真》《图注脉诀辨真》《图注难经》《同仁堂虔修诸门应症丸散》《防疫指南》《黄帝内经素问》（二种）、《黄帝素问灵枢合纂》《芥子园重订本草纲目》《景岳全书》《增补本草纲目》《增补医宗必读》《增补药性雷公炮制》《增订图注本草备要》《增订寿世保元》《增订幼幼集成》《奇经八脉考》《千金翼方》《针灸大成》（三种）、《重订种痘新书》《重订眼科大全》《重订药性赋解》《重刻王叔和难经脉诀》《重镌元亨疗马集大全》（二种）、《伤寒活人指掌》《寿世保元》《御纂医宗金鉴》（三种）、《御纂医宗金鉴全书》《眼科大全》《药目》。②

俄罗斯国立图书馆是俄罗斯另一中国医典收藏中心，共有43种277册，其中包括41种刻本，2种抄本，仅次于圣彼得堡的俄罗斯科学院东方文献研究所。这批珍贵的藏书来自著名的汉籍藏书家孔气。孔气搜集的医书包括《易筋经》（二种）、《寿世编》《眼科龙木论》《摄生（种子）秘剖》《（傅氏眼科）审视瑶函》《本草纲目》（二种）、《外科大成》《眼科大全》《景岳全书》（二种）、《疮疡经验全书》（三种）、《增补士材三书》《重订济阴纲

①　Горбачева З. И. Китайские медицинские труды в коллекции Ленинградского отделения Института народов Азии Академии Наук СССР//Страны и народы Востока. Вып.2.М.,1960.

②　Вахтин Б. Б.,Гуревич И. С., Кроль Ю. Л., Стулова Э. С.,Торопов А. А. Каталог фонда китайских ксилографов Института востоковедения АН СССР. Вып. 2.М.,1973.С.38–60.

目》《元亨牛马集》《医宗必读》《御纂医宗金鉴》《图注王叔和脉诀八十一难经辨真》（二种）、《删补痘诊定论》《痘诊会通》《张氏类经》《华氏中藏经》《心身药》《图注难经脉诀》《温病条辨》《医述》《集验简易良方》《医林改错》《痘诊摘要》《太乙神针》《勿药玄诠（续增释义）》《戒洋烟方》《胎产心法》《重广补注黄帝内经素问》《西医略论》《类经图翼》《补注洗冤录集证》《全体新论》等。①

在当今的圣彼得堡大学东方语言系，也有数量可观的汉籍收藏，贡献最大者当属19世纪下半叶俄国汉学的领袖人物王西里院士。在1887年王西里石印出版的根据中国文学史课程讲义编写而成的《中国文学史资料》中，对圣彼得堡大学馆藏的30种中文医学文献进行了著录和介绍。这些医典包括《医宗金鉴》《各医类案》《黄帝内经素问》《灵枢》《增补愿体广类集》《愿体广类集》《增订修身第一书》《医书六种》《医书十二种》《痘学真传》《景岳全书》《张氏类经》《明医杂著》《薛院判医案廿四种》《沈氏遵生书》《增补寿世保元》《临证指南医案》《正体类要》《兰台轨范》《张仲景伤寒论》《伤寒第一书》《外科发挥》《针灸大成》《幼科指归》《保婴撮要》《原板妇人浪方》《妇人浪方》《济阴纲目》《本草述》《本草纲目》。②

位于圣彼得堡的俄罗斯国家图书馆前身为创立于1814年的皇家公共图书馆。自成立时起该图书馆便开始收藏汉籍。其中俄国东正教驻北京传教团的数名成员发挥了重要作用，如第九届传教团学生西帕科夫和第十届传教团领班卡缅斯基、监护官季姆科夫斯基等。在雅洪托夫1993年出版的馆藏汉文典籍目录中，我们可以看到十月革命以前这里收藏的中文医典，包括《丹溪心法附录》《医宗必读》《侣山堂类辨》《万病回春原本》《御纂金鉴外科》《外科正宗》《疮疡经验全书》《重刊本草纲目》（二种）、《三乐斋重订本草纲目》（二种）、《衣德堂重订本草纲目》（四种）、《本草备要》

①　Ли Минь, Чурилов И. Л. Собрание книг по китайской традиционной медицине русского синолога К. А. Скачкова//Здоровье-основа человеческого потенциала: проблемы и пути их решения: Труды 6-й Всероссийской научно-практической конференции с международным участием. Т.6. СПб., 2011；李民：《俄国汉学家 К·А·斯卡奇科夫的汉籍医学类藏书》，载于《形象史学研究》，人民出版社，2011年。

②　Васильев В. П. Материалы по истории китайской литературы. Лекции, читанные заслуженным профессором С.-Петербургского Императорского университета В. П. Васильевым. СПб., 1887. C.347–352.

《针灸大成》等。①

俄罗斯收藏中国医学文献最多的这四处馆藏，基本上可以代表俄罗斯中医典籍的收藏规模。从这些典籍的内容来看，囊括了中国医学的几乎所有方面，从理论文献到药方集成，从综合性医书到专科性医书，外科、内科、儿科、妇科、眼科以及保健养生，最重要的中医典籍在俄国大多有藏，其中不乏珍本。由于搜集者多精通汉语，有的本身就是医生，加之购书经费有限，因而在文献的选购上比较用心。各处馆藏均有其他地方不藏的孤本文献。有的文献尽管书名一样，但属于不同的版本。在这四家图书馆中，只有俄罗斯科学院东方文献研究所和俄罗斯国家图书馆曾出版过馆藏汉籍目录。到目前为止，收藏在俄罗斯的这些中国医学文献尚未得到全面而系统的研究。

---

① Китайские рукописи и ксилографы Публичной библиотеки: Систематический каталог / Сост. К. С. Яхонтов.СПб.,1993.С.146–154.

# 第十一章  俄国汉学

俄罗斯汉学自 18 世纪始,至今已有近三百年历史,与东亚汉字文化圈汉学以及欧美汉学鼎足而三。俄罗斯汉学的发展经历了帝俄、苏联和当代俄罗斯三个发展阶段。

17 世纪的俄国来华使节为俄国社会带回了有关中国的第一手资料。他们所撰写的使节报告或旅行日记很快被欧洲学界所认可并译成了各种文字,促进了俄国乃至欧洲对中国的认知。然而,俄国使节的报告和游记并不是汉学研究著作,俄国汉学作为学科在此时并未形成。这一时期中俄交往及中国信息积累只是揭开了俄国认知中国的序幕,或可称之为俄国汉学史上的前汉学阶段。

随着 18 世纪中俄外交和商贸关系日益密切,俄国政府开始重视汉满蒙语言的学习以及对中国社会、历史和文化的研究。1715 年第一届俄国东正教驻北京传教团来华,为中俄雅克萨战争后被俘获到北京的俄国战俘提供宗教服务。中俄两国于 1728 年签订的《恰克图条约》在法律上确立了俄国东正教驻北京传教团的地位,其中随团派遣世俗学生来华学习满汉语言的条款对于俄国汉学的肇端具有重要意义。此外,源自欧洲的"中国风"为俄国汉学的诞生提供了有利的社会环境,而圣彼得堡皇家科学院引进西方汉学对俄国汉学的创立起到了促进作用。早期汉学家罗索欣、列昂季耶夫等翻译满汉文本,尝试满汉语教学,谱写了俄国汉学史的第一章。19 世纪上半叶,比丘林顺应俄罗斯民族意识的觉醒,利用丰富汉籍全面介绍中国历史文化,尽显俄罗斯汉学民族特征,俄国从此跻身于汉学大国之列。喀山大学汉语教研室的建立标志着俄国成为欧洲第二个拥有汉语高等教育基地的国家。19 世纪下半叶,俄国汉学依托圣彼得堡大学、俄国东正教驻北京传教团、海参崴东方学院几个基地,王西里、巴拉第和格奥尔吉耶夫斯基等汉学家以其具有开创意义的汉学著作赢得了世界声誉。此时俄国汉学研究对象更加广泛,研究特色更加鲜明。其研究方法受到了近代科学发展的影响,从比丘林时代的信古发展到了近代的具有实证主义特点的疑古或释古阶段。

## 第一节　俄国汉学的发端

1689 年,中俄签订第一个国家间条约——《尼布楚条约》,解决了自 17 世纪以来影响两国外交和贸易关系发展的东段边界问题,为两国和平相处奠定了法律基础。而 1728 年签订的《恰克图条约》不仅对发展两国外交和贸易关系具有重要意义,同时也为两国文化交流创造了条件。在两国关系相对稳定、贸易迅速发展、人员交往日益增多、相互了解逐步深入的大背景下,中俄之间有意或无意的、官方的或民间的、或通过使团或通过商队或通过宗教人士的相互文化渗透呈现出了新的景象。

彼得一世的改革触及俄国的所有方面,其中也包括汉学。彼得一世在全力向西方学习的同时,企望将俄国变成西方与中国贸易的桥梁。因此,与东方国家建立外交关系,研究其政治、经济和文化的任务就必然地被提上议事日程。但在签订条约、使节来访、商队贸易过程中,中俄之间的交流多依靠蒙古语通译或通晓拉丁文的耶稣会士。至 18 世纪初,在俄国国内仍然找不到一个能够胜任汉语或满语翻译工作的人。由于充当翻译的耶稣会士在清廷担任要职,天主教与俄国东正教存在教派上的严重分歧,俄国人因此经常心存疑虑,担心他们偏袒中国方面而暗中出卖俄国的利益。这种情形使得俄国政府真切地感受到包括汉语在内的东方语言人才的匮乏及其对外交活动的制约。彼得一世重视对东方语言的学习,就连 1700 年任命托博尔斯克都主教时也不忘晓谕他赴任时带几位适合学习汉语、蒙古语的人。[①]正如库利科娃所言:"与西欧的东方学发端于闪学不同,俄国首先开始学习的是汉语、蒙古语和日本语。之所以如此,原因在于俄国的东方科学是为达到实际目的而产生的,其具体内容决定于历史现实。"[②]

① Рафиков А. Х. Изучение Востока в Петровскую эпоху//Страны и народы Востока. Вып. 17. кн.3. М.,1975.

② Куликова А. М. Становление университетского востоковедения в Петербурге. М.,1982. С.9–10.

　　1725 年圣彼得堡皇家科学院创立，标志着俄国在学习近代科学的道路上迈出了重要一步。圣彼得堡皇家科学院学科门类齐全，既研究自然科学，也研究人文科学。东方国家与民族的历史文化也是重要的研究内容之一。俄国政府从西方邀请东方学家到圣彼得堡工作，以推动和加强俄国东方学科的建设，为俄国的东扩政策服务。拜耶尔因此而成为圣彼得堡皇家科学院第一位从事汉学研究的院士。在圣彼得堡，拜耶尔完成了他最重要的汉学著作《中文博览》。这部奠定了拜耶尔在西方早期汉学史上地位的著作，现在看来尽管内容庞杂、认识肤浅，但却是对欧洲中国知识的一次总结。为了印刷这部著作，俄国当时还专门制作了汉字活字。①拜耶尔等从欧洲来俄工作的学者与北京的耶稣会士建立了通信联系，互通学术信息，交流研究成果，在圣彼得堡皇家科学院与欧洲汉学之间形成了最早的学术交流态势。除拜耶尔外，还有多位外国学者在西伯利亚历史、地理和语言研究过程中涉及了中国问题。例如，梅塞施密特奉彼得一世之命率领考察团对西伯利亚的历史、地理、民族、语言等方面进行了科学考察，返回圣彼得堡后将大量文物图籍交皇家科学院收藏，其中有许多蒙、藏文文献。此外，米勒、约·费舍尔、伊耶里格等人在从事西伯利亚及以东地区民族的考察和研究之余，从西欧著作翻译了许多珍贵的东方学文献，为俄国图书馆和博物馆收集最早的藏品，同时使俄国东方学界与欧洲学界建立了学术互动关系。②在俄国汉学的创建过程中，在圣彼得堡皇家科学院工作的外国学者发挥了重要作用。

　　郎喀于 1730 年将从北京带回 8 函 82 册中国书籍交给皇家科学院图书馆，奠定了俄国汉学藏书的基础。而后，罗索欣多次向皇家科学院出售自己的藏书，叶拉契奇奉命前往中国专门购置图书。到 18 世纪末，俄国的汉学藏书已初具规模，从而在图书资料上为俄国汉学发展创造了条件。在 1793 年出版的《彼得大帝藏室》一书中题为"皇家科学院藏书目录"的附表显示，当时共有汉、满图书 236 种，2800 册。③1794 年，在皇家科学院供职的欧洲人布塞根据列昂季耶夫的目录，在其出版的德文杂志《俄

　　①　Луппов С. П. Книга в России в послепетровское время 1725–1740. Л., 1976. С.41.

　　②　Эрлих В. А. Русскоязычные издания XVIII века о Востоке и Российские немцы// Немецкий этнос в Сибири: Альманах гуманитарных исследований. Новосибирск, 2000. Вып.2.

　　③　Шафрановский К. И., Шафрановская Т. К. Сведения о китайских книгах в библиотеке Академии наук в XVIII веке//Научные и культурные связи библиотеки АН СССР со странами зарубежного Востока: Сб. докл. науч. конф. б-ки АН СССР / Б-ка АН СССР.М.–Л., 1957.

罗斯杂志》上发表了一个目录《科学院收藏的汉满蒙日图书》,但实际上只包括汉语和满语文献 202 种,其中汉语图书 176 种,满语图书 26 种,共计 2800 册,另有部分零散手稿。

俄国的"中国风"应该是推动俄国汉学诞生的又一动力。我们知道,俄国的"中国风"在很大程度上是受了西欧"中国热"的影响,而兴盛的中俄边境贸易,彼得一世西化政策和叶卡捷琳娜二世的开明专制,中国使团访俄等,都起了推波助澜的作用。俄国社会在"中国风"时期呈现出的开明景象为俄国汉学的诞生和成长创造了不可或缺的社会条件。

需要指出的是,在"中国风"的吹拂之下,俄国社会对中国题材图书需求猛增。大量耶稣会士的著作、中国游记以及其他有关中国文学作品在这一时期被翻译出版,规模之大,数量之多,令人惊叹。就社会影响而言,欧洲的中国题材著作远远超过了俄国早期汉学家的著作。因此,西方汉学著作对于俄国 18 世纪中国形象的形成以及俄国汉学的发展有不可忽视的作用。

但是,对于 18 世纪的俄国汉学而言,最重要的事件还是传教团在北京立足。在中俄文化交流史上,传教团成员一方面是俄国文化的载体或代表,同时也成为学习和传播中华文化的主体。17 世纪末,雅克萨战役后几十名俄国战俘被押解至京,其中有一位东正教神父随行。从俄国战俘来京的那一刻起,俄国的东正教也传到了北京。沙俄政府以此为契机,通过谈判在《恰克图条约》中将俄国向北京派遣传教团合法化,使向北京派遣学习满汉语言的学生一事成为定例。来华学习的俄国学生不仅能在中国的政治和文化中心长期居留,而且得到了中国最高学府国子监派教师到俄罗斯馆教学的待遇,衣、食、住等项开支均由清政府供给。俄国东正教驻北京传教团作为一个宗教团体,其成员中有许多来华学习满汉语言的世俗人员,这说明俄国政府从一开始就对这个传教团的功能有综合考虑:它既是俄国政府的驻华代表机构、俄国圣务院的驻外宗教团体、俄国商队的货物集散地,同时也是俄国培养汉满蒙藏语言人才的海外基地。正是由于有了传教团这个基地,俄国才培养了自己的第一批汉学人才。从 1727 年到 1808 年,共有 25 名学生在俄国东正教驻北京传教团学习,他们年龄大都在 18 岁至 22 岁之间,绝大多数都是东正教神品学校的学生。其中许多人学有所成,回国后进入圣彼得堡皇家科学院、俄国外务院以及在中俄边境担任译员。与 19 世纪不同的是,18 世纪来华的俄国神职人员大都素质偏低,且其精力主要放在雅克萨俄人的宗教事务上,在汉学研究上有作为者很少。

罗索欣、列昂季耶夫、阿加福诺夫、安东·弗拉德金、巴克舍耶夫、利波夫措夫和格里鲍夫斯基是俄国东正教驻北京传教团培养的汉学家中的佼佼者。这些人长期在北京生活,学习满汉语言,翻译中国典籍,研究中国历史文化,促成了俄国汉学的诞生。因传教团担负搜集情报的使命以及东正教对于沙皇政府的依附性,所以这些汉学家在其著述中大多运用纪实手法。可以说,俄国早期汉学家的论著丰富了俄国人对中国历史、文化和社会的认识,并对俄国社会中国观的演变产生了影响。

从 18 世纪开始,出于外交上和学术上的需要,俄国对中国历史的关注度明显提高。除了翻译出版西方传教士的中国论著外,俄国汉学家开始直接从满汉文翻译中国的历史典籍。1756 年罗索欣完成了《资治通鉴纲目》的翻译,而后又与列昂季耶夫共同完成了《八旗通志初集》的翻译,共 17 卷,最后一卷(注释卷)于 1784 年出版。这些译著虽不能为这些汉学家的中国历史观提供直接说明,但却是那个时代俄国政府与社会对于中国历史兴趣的鲜明写照。此外,他们为这些译著所做的注释以及其所著涉及中国历史的文章,也是我们考察此时期俄国汉学家中国历史观的重要依据。

可以说,在 18 世纪俄国汉学家的视野中,中国典籍所记载的中国历史是可信的。他们大多没有对中国历史纪年产生过怀疑,也没有勉强将其与圣经历史牵扯在一起,在其研究中从未表现出某种神学倾向。他们乐于按照中国典籍编写中国历史或将中国历史文献直接翻译成俄文。在罗索欣、列昂季耶夫的档案中有若干种有关中国帝王统系的手稿以及《资治通鉴纲目》的译文。①另外,利波夫措夫(圣彼得堡皇家科学院通讯院士)写过一篇长文,题为"中华帝国大事纪略",记述中国朝代鼎革大事。②针对耶稣会士将伏羲视为亚当第三子塞特的观点,利波夫措夫虽然认为中国的编年史尚需清晰而有力的佐证,但更愿意相信《尚书》的记载,认为中国古史始于尧帝,因为在这部书中没有提及尧以前的帝王,所以可以将尧即位的公元前 2357 年作为中国历史的开端,也就是在大洪水前九年,

---

① Скачков П. Е. Очерки истории русского китаеведения.М. ,1977.С. 388–396.

② Липовцов С. В. Краткое начертание достопамятных происшествий в Китайской империи //Азиатский вестник. 1827. Кн.3. С.129–144; Кн.4. С.185–198; Кн.5. С.233–251; Кн.6. С.290–312.

按希腊纪年法则是大洪水后的 908 年。①

　　列昂季耶夫对儒家典籍抱有浓厚的兴趣。他从《四书解义》中翻译了《大学》和《中庸》这两部重要的儒家经典,同时还翻译了康熙御序。《大学》发表于 1780 年,《中庸》发表于 1784 年, 由圣彼得堡皇家科学院印刷出版。他首次摘译了《易经》,名为《中国书〈易经〉中的阴阳》,1782 年作为《大清会典》附录出版。列昂季耶夫对《易经》的评价非常高,并尝试俄译。他写道:"对于中国人来说,这本书非常重要,位列所有古代典籍之首。中国人将这部书奉为世界上一切科学的基础。研究者非常盼望能够看到这部书的欧洲文字译本。为了能对研究者有所裨益,我斗胆将此书翻译成俄文,但是,由于能力所限,我只翻译了开头部分,而后面的部分包含着大量线条和术语,所以无能为力。""……任何事物都有阴阳两个方面,二者互为依存,密不可分。阴阳是万物产生和完善的根源。"②

　　此外,他还翻译了同样浸透着儒家思想的《三字经》与《名贤集》,1779年由圣彼得堡皇家科学院以《中国蒙书》(又译《三字经名贤集合刊本》)③出版。列昂季耶夫是继罗索欣之后俄国第二个翻译《三字经》的人,但罗索欣的译文未能发表,所以,列昂季耶夫的译本就成为在俄国第一个正式发表的《三字经》俄译本。列昂季耶夫翻译的《三字经名贤集合刊本》在 18 世纪末被鄂木斯克亚洲学校和塔拉县中学用作汉语教材。④《名贤集》为流传很广的中国古代启蒙读物,主要辑录关于为人、治家、处世的四言、五言、六言、七言格言或谚语。在翻译过程中,对一些俄国人不易理解的专有名词,列昂季耶夫采取了译音加注释的方法,如孟子、四书、曾子、周公、伏

----

① Шаталов О. В. Представления о Китае в трудах западно‐европейских и русских миссионеров второй половины XVIII века. Дис. на соиск. учен. степ. канд. ист. Наук. Государственный Педагогический институт им.А. И. Герцена. Ленинград. 1987. С.139.

② История отечественного востоковедения до середины XIX века. М., 1990. С.85.

③ Букварь китайской состоящей из двух китайских книжек, служит у китайцев для начальнаго обучения малолетних детей основанием. Писан на стихах, и содержит в себе много китайских пословиц. Перевел с китайскаго и манжурскаго на российской язык прозою надворный советник Алексей Леонтиев. СПб., 1779.

④ Первых С. Ю., Раскевич Т. В. Программы комплектования этнографических коллекций ОГИК музея (анализ коллекций и перспективы сбора)//Известия Омского государственного историко‐краеведческого музея .№ 8. Омск,2001.

羲、藤萝、公卿、夫子、灵芝、和尚、红缨和泰山等。①

　　列昂季耶夫对于清代理学家德沛著作的偏爱和翻译是一个非常值得关注的现象。德沛虽生于满人世家,但"笃志圣贤之学,躬行实践……闭户穷经三十年"②,以其《易图解》《实践录》与《鳌峰书院讲学录》扬名天下。在列昂季耶夫对德沛《实践录》重视的背后,或许还有另外一个因素,那就是后者的基督徒身份。陈垣先生认为,"其所著《实践录》,及《鳌峰书院讲学录》,虽未明言天主教,而其言心性,言格致,与西说及教理相通者甚众","凡此皆德沛之性理学说,与宋明诸儒之说不尽同,而与利玛窦之《畸人十篇》《天主实义》相近",德沛的格致之说,"则未读汤若望之《主制群征》及《远镜说》者,恐未必能言之者",而如同徐光启一样的辟妄之说,显示了德沛"以天主为中心,儒家为面目"③的身份。作为与北京天主教传教士有密切往来的俄国东正教驻北京传教团成员以及德沛的同时代人,列昂季耶夫或许知道德沛的宗教倾向,知晓《实践录》这部融入基督教教义的儒家著作的独特性。

　　列昂季耶夫对雍正皇帝的统御之术以及历代名臣的治国思想极为关注,并将其作为主要的翻译素材。《圣谕广训》是雍正皇帝对康熙皇帝十六条圣谕的阐述和发挥。雍正皇帝将此书颁行天下,作为儒学士子必读的功课,每逢初一和十五还须由地方官员集会诵读,可以称得上是清代影响深远的文化现象。1778 年列昂季耶夫出版了他翻译的《圣谕广训》,成为第一个将此书翻译成欧洲语言的人。《中国思想》也是列昂季耶夫的重要译作,初版于 1772 年,广受读者欢迎,1775 年和 1786 年又再版了两次。此书在西欧读者中也引起了一定反响,1778 年和 1807 年分别在魏玛和德雷斯顿出版了德文和法文译本。从《中国思想》一书的选材上看,列昂季耶夫依然将雍正的言论作为重点翻译对象,此外就是历代名臣奏议。雍正皇帝在位 13 年,整肃纪纲,禁止朋党,严惩不法,制定和推行了一系列有利于国计民生的政策。他曾对自己的治国思想进行过系统的论述,并公开颁布天下。雍正七年(1729 年)、雍正九年(1731 年)清政府先后派出托时使团和德新使团出使俄国, 以祝贺俄国新皇即位并联络在伏尔加

---

　　①　Букварь китайской состоящей из двух китайских книжек, служит у китайцев для начальнаго обучения малолетных детей основанием. Писан на стихах, и содержит в себе много китайских пословиц. Перевел с китайскаго и манжурскаго на российской язык прозою надворный советник Алексей Леонтиев.СПб., 1779.C.5—49.

　　②　杨钟义撰集:《雪桥诗话》,北京古籍出版社,1989 年,第 223 页。

　　③　吴泽主编:《陈垣史学论著选》,上海人民出版社,1981 年,第 331—342 页。

河下游地区游牧的土尔扈特部。雍正皇帝的勤政形象以及相对平稳和睦的中俄关系或许是博得俄国汉学家好感的重要原因。

列昂季耶夫在诺维科夫创办的杂志上发表的两篇译文使其与俄国早期启蒙思想家的出版活动联系在一起，并且引起了后世学者对其翻译动机和中国观的种种猜测。第一篇名为《中国哲人程子谏皇帝书》，发表于1770年2月的《雄蜂》杂志，原文为程珦向宋英宗提交的奏折《上英宗应诏论水灾》。为了加强列昂季耶夫译作的讽刺寓意，诺维科夫不仅修改了译文，还特意在后面加了暗讽女皇的按语。第二篇名为《雍正传子遗诏》，1770年7月发表在《空谈家》杂志上。许多学者以为，列昂季耶夫选择翻译并发表此文旨在奉劝叶卡捷琳娜二世应将皇位禅让给已经年满16岁的儿子保罗。苏联汉学家费什曼(О. Л. Фишман，1919—1986)对此提出了不同看法，她认为，诺维科夫刊登列昂季耶夫这篇译文的目的有两个，一是对叶卡捷琳娜二世及其宠臣和谄媚者进行隐蔽的批评，二是向读者介绍雍正这位创造了理想国度的中国皇帝。①

阿加福诺夫在1788年翻译出版了一批译著，其中包括《忠经》《世祖圣训：求言》《世祖圣训：论治道》和《圣祖圣训：圣德》。在第十二届传教团学生戈什克维奇编写的一个书目中列举了阿加福诺夫的12种译作。此外，他可能还是《中国古代哲学试编》《孔子生平及友人》等作品的译者，但这些著作只留其名，已不存于世。②从刊行于世的著作看，如同列昂季耶夫一样，阿加福诺夫也对中国的帝王统御思想抱有浓厚兴趣。

列昂季耶夫奉叶卡捷琳娜二世之命翻译出版《大清律》和《大清会典》是中外文化交流史上一个非常特殊的事情，因为耶稣会士们绝少翻译中国的律法，而西方的启蒙思想家们更重视中国的哲人政治和道德伦理。诚如美国伊利诺伊大学俄罗斯与东欧研究中心玛格斯博士所言："根据高迪爱(Henri Cordier，1849—1925——笔者)的中国书目，18世纪西欧谈到中国法律体制的只有1783年问世的《百科全书》中的'法理'那一部分，另外钱德明所著《北京传教士关于中国历史、科学、艺术、风俗习惯录》谈到了中国的法医和法律文献。而在俄国，通过列昂季耶夫翻译《大清律》(1778—1779)和三卷本的《大清会典》(1781—1783)，中华帝国的许多法

①　Фишман О. Л. Китай в Европе: миф и реальность(ХIII-ХVIII вв.).СПб., 2003.С.375.

②　Адоратский Н. Православная Миссия в Китае за 200 лет ея существования：Опыт церковно- исторического исследования по архивным документам.Казань，1887.С.279.

律制度得以为俄国公众所了解,而且,这种翻译活动还得到了俄国政府的支持。"①清朝法典在俄国的翻译和出版反映了叶卡捷琳娜二世借鉴中国的法律和国家管理体制来完善和巩固俄国君主专制统治的愿望。

对于中国国家管理制度的赞赏和推崇还表现在利波夫措夫的著作中。利波夫措夫针对俄国期刊《杂志集萃》翻译发表一篇出自一个美国人之笔的文章,为中国的司法制度大加辩护;对于美国人对中国滥用死刑的指责,利波夫措夫回应道:"中国并无每年颁布同一法律之例。那里对犯法之人进行处罚,但不处极刑。因为只有杀人者、暴动者、叛国者以及欺压百姓的官员才可能被判死罪。然而这样的罪行在中国极为罕见,因为那里法律严明、监督有力,学说和道德保留至今。"对于美国人提到的中国的严刑峻法,利波夫措夫认为日丹诺夫斯基(Иван Ждановской)从法国《百科全书》翻译的《论中国的统治》②一书颇为可信,而孟德斯鸠对中国的污蔑有悖事实:"世界上任何地方的统治都没有像中国那样充满仁爱,就连那些死刑犯(每年处斩一次),皇帝都要赦免十分之一、十分之二或十分之三,而且没有任何私心和偏袒,完全是出于皇帝作为全体百姓之父母的仁爱。"③当然,也有相反的意见。罗索欣就认为中国官僚"贪赃枉法"④。格里鲍夫斯基在其著作中也对中国的司法感到失望:"欧洲人在其著作中对当今清朝统治的赞赏不足为信。其中只有一些无关紧要的事实与实情有些相符,但也有一半是谎言。我有机会了解满人政权的司法情况,我在这里要写一下,他们是如何'严格遵守'法律制度的。"⑤

对于被伏尔泰等启蒙思想家颂扬中国文字感染的俄国人而言,其中也包括叶卡捷琳娜二世,中国的法律无疑具有一定的吸引力。俄国汉学家大都认为中国的法律制度体系完整,而且以儒家思想为根本,充满人

---

①　Maggs, Barbara Widenor. Russia and "Le Reve Chinois": China in Eighteenth-century Russian Literature. Oxford, 1984. pp.136-137.

②　О китайском правлении. Взято из Энциклопедии, сочиненной собранием ученых мужей. Перевел с французскаго Иван Ждановской..– М.: Тип. Пономарева, 1789.

③　Липовцов С. В. Замечания о Китайской империи, писанные одним россиянином, бывшим неоднократно в Пекине//Дух журналов. 1816. ч.5. Кн.28(12 июля).

④　Саркисова Г. И. Вольтер о Китае и становление русского китаеведения//И не распалась связь времен... К 100-летию со дня рождения П. Е. Скачкова. М., 1993.

⑤　Софроний(Грибовский). Известие о китайском, ныне маньчжуро-китайском государстве. М., 1861. C.8-12, 63.

道主义精神,保障了中国社会的稳定和民众的福祉。与此同时,长期居留北京的生活经历也使他们看到了当时中国司法黑暗的一面。

## 第二节　俄国汉学的崛起

以罗索欣和列昂季耶夫为代表的俄国第一批汉学家,顺应时代召唤,掀开了俄国汉学史的第一页。屈指可数的几位俄国早期汉学家殚精竭虑,辛勤著述。但是,与来自欧洲的中国信息相比,俄国汉学家的作品所产生的社会影响较为逊色。而传播这些信息的耶稣会士为达传教之目的,向欧洲人描绘了一个经过加工和美化、与现实中国有一定距离的中国形象。而伏尔泰等欧洲启蒙学者的进一步宣传,使得这种中国形象在欧洲大陆广为传播。特别是当列昂季耶夫去世之后,在俄国的报刊上刊载的有关中国的信息,经常不是出自汉学家之手,而是从西文转译和改编而来。这样,正本清源,纠正不准确的信息,恢复被扭曲的中国形象就成为时代赋予19世纪上半叶俄国汉学家的任务之一。圣彼得堡皇家科学院、喀山大学、俄国皇家地理学会等科研和教学机构对西伯利亚和远东地区研究的开展,迫切需要汉学家利用中国典籍,提供准确而丰富的中国历史、地理、社会、政治等方面的信息。这说明俄国各学科的发展也需要俄国汉学同步推进。兴盛的中俄贸易对汉语人才的需求急剧增加,在俄国内培养汉语人才的问题重被提上日程,直接促成了恰克图华文馆和喀山大学汉满语教研室的建立。此外,俄罗斯的民族文化氛围不可避免地为这一时期的俄国汉学打上深深的烙印。在质疑西方文化,崇尚民族精神的历史氛围中,发展具有鲜明俄罗斯民族特性的俄国汉学成为历史的必然。

经过比丘林、列昂季耶夫斯基、西维洛夫等汉学家努力,具有鲜明俄罗斯特色的俄国汉学在19世纪上半叶迅速发展到相当高的水平,得以与欧洲汉学并驾齐驱,在世界汉学史上写下了重重一笔。

从研究对象而言,这个时期俄国汉学家首先将18世纪俄国汉学传统发扬光大,继续把目光投向中国的边疆地区,致力于蒙古学、藏学和突厥学等学科。对于产生这种现象的动因,俄罗斯学术界一直讳莫如深。实际上,俄国汉学的这种研究取向,首先是受到了俄国社会一向关注中国边疆地区局势的影响。自18世纪以来,中国和俄国各自为了特定的战略目标而维持和发展着两国关系。中国首先考虑的是稳定边疆局势,几次出兵征讨发生在蒙古和新疆地区的叛乱,努力排除俄国对这一地区的影响。俄国方面则始终企图插手这些地区的事务,以期将其对该地区的影响作为处理对华关系的筹码。俄国报刊上经常刊登清朝政府平定边疆叛乱的消息从一个侧面反映了俄国民众的兴趣所在。同时,俄国非常重视对华贸易,《恰克图条约》签订以后,蒙古地区成为中俄贸易的主要集散地。随着中俄之间贸易的增长,中国边疆地区自然也就进入了俄国人的视野。俄国汉学家重点研究满蒙藏学进一步表明了俄国人的这种"传统兴趣"。从深层次上讲,这种兴趣证明了沙俄政府历来觊觎中国边疆领土的野心,俄国汉学家的学术倾向在某种程度上是俄国政府对华政策取向的折射。与此同时,随着俄国与欧洲汉学界学术互动关系的确立,俄国汉学家的学术研究方向在某种程度上也受到了欧洲国家汉学研究潮流的影响。欧洲汉学虽源远流长,成就卓著,但对中国西北边疆史地的研究非常薄弱。从事东方研究的学者急需从丰富的汉籍中了解有关中国蒙古、西藏以及中亚其他地区的信息。在民族主义情绪的推动下,俄国汉学家惯于寻找欧洲汉学的薄弱环节,利用其令欧洲汉学家难以企及的汉满蒙语学养,为欧洲学术界提供前所未知的中国知识。因此,从学术意义上考察,比丘林的中国边疆史地研究对于欧洲的汉学研究具有填补空白的价值,并达到了世界先进水平。

《西藏志》出版于1828年,是比丘林回到圣彼得堡后出版的第一部汉学著作。《西藏志》包括两部分内容,一是《卫藏图识》译文,二是作者利用各种渠道,包括与来京藏人交往,获得的有关西藏的历史文化知识。此外,比丘林在书中做了比较详细的注释,附录了从成都到拉萨的道路图。这是俄国第一本介绍中国西藏的书,比欧洲公认的西方藏学奠基著作——亚历山大·乔玛·德克勒希(Csoma de Koros Alexander,1784—1842)的《藏英词典》和《藏语语法》还要早问世六年。有学者甚至将比丘林《西藏志》的问世视为"俄国汉学从此独立,并开辟了自己的发展道路"[①]的标志。此后,1833年,比丘林在圣彼得堡出版了《西藏青海史(公元前2282—公元1227)》(简称《西藏青海史》)。书中内容主要译自《廿三史》和《资治通鉴纲目》。1828年,比丘林在圣彼得堡出版了两卷本的《蒙古纪事》。《蒙古纪事》是比丘林重要的蒙古学著作,全书共分四章。在第一章中收录了他于

---

① 　Тихонов Д. И. Русский китаевед первой половины XIX века Иакинф Бичурин//Ученые записи Ленинградского университета. 1954. 179 сер. Вотовед.наук. Вып. 4.

1821 年 5 月 15 日至 8 月 1 日从北京返回恰克图时所写的日记。第二章
介绍了蒙古的地理位置、行政区划、自然条件、管理机制、风俗习惯、文化
教育、与中原的关系以及鞑靼人的来历等问题。在第三章中比丘林根据
中国史料叙述了蒙古民族自远古时期到 1653 年的历史。第四章是《理藩
院则例》摘译。比丘林由此成为第一个关注并翻译汉文《理藩院则例》的
欧洲学者。①比丘林从《元史》中只选择有关成吉思汗、窝阔台汗、贵由汗
和蒙哥汗的章节(即其中的《太祖记》《太宗记》《定宗记》和《宪宗记》),而
后利用《资治通鉴纲目》的相关内容进行增补,最后编写成了《成吉思汗
家系前四汗史》,于 1829 年在圣彼得堡出版。1829 年,比丘林以《西域传》
《前汉书》《西域闻见录》和《西域同文志》等汉语典籍译文为基础,出版了
另一本边疆少数民族史地研究著作《准噶尔和东突厥斯坦志》。就是在这
部书中,比丘林第一次在世界上提出了"东突厥斯坦"的概念。比丘林在
1834 年出版的《厄鲁特人或卡尔梅克人历史概述(15 世纪迄今)》是一部
关于早期卡尔梅克人的编年史。他在撰写过程中利用了《新疆识略》《西
域闻见录》等汉籍。《古代中亚各民族历史资料集》是比丘林的最后一部
著作。他从 1846 年开始为此书收集资料,终于在 1851 年出版了这部有关
中亚各民族历史的集大成之作。他利用的中国史书包括《史记》《尚书》
《资治通鉴》《周书》《隋书》和《魏书》等。另外,此书历史跨度超过一千年,
详细概述了从公元前 2 世纪到 9 世纪中国边疆少数民族的历史以及相
互联系,涉及的地域广阔,包括蒙古、东北、朝鲜、日本、新疆、中亚、西伯利
亚、阿尔泰等地区。②1950 年至 1953 年,苏联科学院民族学研究所再版
了该书。

　　中原地区的历史、文化、社会是这一时期俄国汉学的第二个研究内
容。比丘林依据中国文献撰成《中国的民情和风尚》与《中华帝国详志》等
著作,对中国的各个方面做了详细而生动的描述,丰富了自 18 世纪以来
俄国社会由于过多关注满族历史以及应时翻译儒学著作而产生的中国
认知,传播了中华文化,获得俄国社会的广泛赞誉。第三,这一时期的

　　①　Хохлов А. Н. Духовная миссия и в Пекине и начало Российского монголоведения
(Путешествия и труды Н.Я.Бичурина)//Монголовед О. М. Ковалевский: биография и наследие
(1801–1878). Казань,2004.

　　②　Думан Л. И. О труде Н. Я. Бичурина «Собрание сведений о народах, обитавших в
Средней Азии в древние времена» // Н. Я. Бичурин и его вклад в русское востоковедение:К 200–
летию со дня рождения:Материалы конференции. Ч.2. М.,1977.

汉学家更加注重汉语词典的编写，以期迅速提高俄国人学习汉语的效率。比丘林的《汉俄音韵合璧字典》、卡缅斯基的《汉蒙满俄拉丁词典》、列昂季耶夫斯基的《汉满拉丁俄语词典》标志俄国汉学在词典编纂学领域迈出了坚实的一步。第四，编写汉语教科书，研究汉语语法是这一时期俄国汉学的另一亮点。比丘林编写的《汉文启蒙》不仅为恰克图华文馆提供了教材，同时也是喀山大学、圣彼得堡大学长期使用的汉语教科书。西维洛夫的《汉语文选》和沃伊采霍夫斯基的《满语语法规则新编》也是俄国大学最早使用的满汉语专业教材。第五，儒学经典的译介继续占有一定的比重。比丘林翻译了四书和《三字经》，在《中华帝国详志》中专辟一章介绍儒教，出版版《儒教》一书。西维洛夫首次大规模地翻译了儒家经典，他一人完成了四书、《诗经》《尚书》和《道德经》的翻译。而克雷姆斯基则撰写了《孔学义解》，成就了一部优秀的中国文化普及读本。

　　这一时期的汉学家大都在俄国内接受过大学教育，具备了较强的综合、分析与判断能力，所以在利用汉、满、蒙、藏语言资料方面更加自如和灵活。他们了解欧洲汉学的发展历史和成就，能够从中发现最有价值的研究方向和问题。他们有选择译述中国历史文化典籍，然后按照一定的科学体例重新编排起来。因此，如果从研究方法上考虑，可以将这一时期的汉学称为"转述时期"。这一点在比丘林身上表现得尤为明显。可以说，比丘林的绝大部分著作都是编译而成。比丘林有关中国社会、政治、律法方面的著述大部分来自他基本上全文译出的《大清会典》手稿，[①]有关中国历史的内容主要来自他全文译出的《资治通鉴纲目》和《大清一统志》等手稿，有关中国社会思想的内容则来自他翻译的四书手稿。[②]此外，此时的俄国学术界也逐渐意识到中国汉语典籍浩如烟海，其中蕴含着极其丰富的信息，对于俄国历史学、地理学和东方学而言，中国汉语典籍中有关西伯利亚和中亚历史的记载翔实而可靠，可以有效地弥补研究资料方面的缺憾。在资料的运用上，俄国汉学家逐步从 18 世纪主要依赖满语资料转向主要利用汉语资料。俄国汉学家们对汉语典籍的重视在某种程度上反映了俄国学术发展的需求。这些特征表明，俄国汉学在研究方法上较

　　①　Хохлов А. Н. Свод законов маньчжурской династии Цин—документальная основа публикации Н. Я. Бичурина о современном ему Китае//Бичурин Н. Я. Китай в гражданском и нравственном состоянии. М.,2002.

　　②　Мясников В. С.,Попова И. Ф. О вкладе Н. Я. Бичурина (1777 –1853)в развитие отечественной и мировой синологии//Вестник РАН. 2002. № 12.

18 世纪前进了一大步。

对于这一时期的俄国汉学，著名俄国汉学史研究专家彼·斯卡奇科夫称之为"比丘林时期"①。许多学者对此表示赞同。俄罗斯科学院远东研究所的米亚斯尼科夫（В. С. Мясников，1931—　）和伊雅达（А.С. Ипатова，1933—　）指出，"比丘林是俄罗斯汉学史上一个时代的象征"，"他是一位天才的学者，具有渊博的知识和广泛的科学兴趣。他大大超越了同时代的众多欧洲汉学家，为东方国家的研究做出了重大贡献"②。比丘林虽然在他 51 岁时才出版了第一部汉学著作，但他在余生中出版译著和论著 14 种，发表论文数十种，内容涵盖中国以及中亚地区、西伯利亚和远东地区的历史、地理、文化等诸多领域。此外，还有大量的比丘林手稿未发表，如他翻译的《资治通鉴纲目》《清会典》和四书等。当然，后人对他的高度评价不仅仅是由于他发表著作的数量多，而且还基于这样一些事实：俄国汉学正是由于比丘林的杰出贡献才得以在欧洲汉学史上占据重要的地位；俄国汉学自比丘林开始被社会和学术界承认；他多次获得杰米多夫奖金，还在 1828 年被选为皇家科学院通讯院士。

19 世纪上半叶是俄国汉学史上的重要转折期。由俄国东正教驻北京传教团培养的以比丘林为代表的汉学家，在世界汉学史上充分展示了俄国汉学的实力，在研究对象、研究方法以及汉学教育等方面将俄国汉学推进到成熟阶段。

## 第三节　俄国汉学的发展

19 世纪下半叶，中俄两国都发生了巨大的变化。自 1840 年鸦片战争，西方列强开始了对中国的殖民和瓜分进程，中国逐步沦为半殖民地半封建国家。与此同时，俄国封建农奴制残余力量和新兴资本家出于对土地、原料产地和市场的需求，积极推动沙皇政府对外扩张，军事封建帝国主义在俄国甚嚣尘上。克里木战争失败以后，俄国向西扩张的势头被遏制，开始将目光投向东方，在接连吞并了中亚诸汗国之后，迅疾将魔爪伸向中国。俄国利用中国太平天国起义以及西方列强侵华的局势，乘机

①　Скачков П. Е. Очерки истории русского китаеведения. М., 1977.С.89; Скачков П. Е. "Бичуринский период" русской синологии//Проблемы Дальнего Востока. 1975. № 1.

②　Мясников В. С., Ипатова А. С. История российского китаеведения (до 1917 года), Рукопись.

渔利,撕毁了曾经保障中俄关系平稳发展达一个半世纪的《尼布楚条约》,以武力威胁和外交阴谋逼迫中国签订了《中俄瑷珲条约》《中俄天津条约》《中俄北京条约》《中俄勘分西北界约记》等,割占中国大片领土,取得了西方利用枪炮获得的特权。随着西伯利亚铁路的修建,俄国在远东加速扩张势力范围,1896 年签订的《中俄密约》以及中东铁路的建设使中国东北被纳入俄国的势力范围。1905 年,俄国在日俄战争中失败,俄国侵占中国东北地区的进程才告中断。

此外,鸦片战争不仅使中国陷入丧权辱国的境地,同时也成为欧洲人中国观转变的历史界点。"西方人眼中的中国再不是文明、开化、公正、合理的'理性社会'和'模范国家'"①,而是一个愚昧、落后、停滞的国度。在这样一种时代背景之下,伴随着中俄关系的演变而发展的俄国汉学在取得长足进步的同时,显现出许多新的时代特征。

第一,俄国汉学研究主体发生了显著变化,原来以俄国东正教驻北京传教团成员为主要研究力量的格局被打破,形成了高等学府、传教团、外交机构、侨民以及专业学会共同参与的多元化格局。

随着俄国把侵略方向转向东方,俄国对东方学研究以及东方语言翻译人才培养更加重视。1855 年圣彼得堡大学东方语言系宣告成立,改变了俄国以往东方语言教学规模小和分散的局面,使俄国学院派汉学获得了前所未有的发展。在以后近半个世纪的时间里,圣彼得堡大学汉满蒙语专业在王西里的领导下,成为俄国本土最重要的中国研究中心和中国语言人才培养基地,无论是在汉学教育上,还是在汉学研究上,都显示出鲜明的特色,形成了俄国汉学史上第一个汉学学派——"王西里学派"。《中俄密约》的签订及中东铁路的开工建设又促使俄国政府在海参崴建立了直接为俄国侵华政策服务、培养翻译人才的东方学院。在这两个学府当中涌现了一大批优秀的汉学家,格奥尔吉耶夫斯基、伊万诺夫斯基、鲁达科夫、施密特(П. П. Шмидт,1869—1938)和屈纳(Н. В. Кюнер,1877—1955)是其中的杰出代表。

鸦片战争爆发以后,俄国东正教驻北京传教团积极配合俄国政府的侵华政策,将其外交功能发挥到了极点。除了积极向俄国政府提供有关中国政治、经济、军事情报之外,传教团成员甚至还直接参与对华交涉。《中俄北京条约》签订之后,传教团的职能发生了改变,在原来承载的多重

---

① 何寅、许光华主编:《国外汉学史》,上海外语教育出版社,2002 年,第 149 页。

使命中只保留了维持俄罗斯佐领宗教信仰及在华传播东正教的任务。然而,这个机构的政治使命和汉学研究传统并未就此终结。巴拉第等汉学家在协助沙皇政府侵华的同时,继续从事汉学研究,并取得了很大成就。然而,从传教团成员从事汉学研究的人数上看,比以前有明显减少,从研究内容上看,更多的人开始参与东正教经书翻译和东正教在华历史的研究,如固礼、伊萨亚、戈罗杰茨基、亚历山大·维诺格拉多夫、阿多拉茨基和英诺肯提乙等。

19世纪上半叶的汉学家"亦僧亦学"者居多,如比丘林、西维洛夫和卡缅斯基等,而"亦官亦学"是19世纪下半叶俄国汉学家的重要特点。杂哈劳于1851年至1864年先后任伊犁领事和总领事,1862年充任俄国会勘地界大臣,1864年协助巴布科夫全权大臣逼迫清政府签订《中俄勘分西北界约记》。孔气曾担任俄国外交部亚洲司翻译,1859年任塔城领事,1867年起任天津领事,代表俄国政府处理过天津教案。明常曾任驻塔城领事,柏百福曾任俄国驻华公使馆的翻译和总领事,璞科第曾任驻华公使及华俄道胜银行董事等。亦官亦学虽说不只是俄国汉学的独有现象,英、德等国的大学最初设立汉学学科时,担纲教授头衔的也大都曾是驻华外交官,但在俄国表现得尤为明显。这从一个侧面说明俄国汉学与外交在19世纪下半叶有着多么密切的联系。这个研究群体的双重身份为他们的汉学研究在获取资料和学术信息上提供了方便。他们在外交活动之余从事汉学研究,其中有一部分人卸任后还登上了大学讲坛。从这个意义上讲,俄国驻华公使馆取代传教团而成为俄国汉学家最重要的境外培养和深造基地。

俄侨汉学家是这一时期俄国汉学一股特殊的研究力量,长期为学术界所忽略。他们多在十月革命前后来到中国,因为政治信仰等原因而在华长期滞留,在以哈尔滨、北京、天津和上海等城市为中心的俄侨聚居地从事汉学研究,为俄国汉学在中国境内的延伸。这些人有的毕业于圣彼得堡大学和海参崴东方学院,有的自小在中国长大,汉语无异于其第二母语。他们的汉学研究独具特色。

俄国皇家地理学会、俄国皇家考古学会以及俄国中亚和东亚研究委员会在俄国军政部门的支持下,于19世纪末20世纪初不断向中国派出所谓的考察团,对中国边疆少数民族地区的历史、地理、自然、天文等详加记录,掠走无数珍贵文物。

第二,在多元化的研究格局之下,俄国汉学在研究内容上更加丰富。

与其他方面相比，中国边疆史地研究一如既往地占据着主导地位。在比丘林以中国西北和中亚民族为研究对象的著述基础之上，王西里尤其重视对中国东北地区的历史和地理研究，先后翻译了《宁古塔纪略》《盛京通志》《辽史》《金史》《辽志》《金志》等重要文献，著有《元明两朝关于满族人的资料》《10 至 13 世纪中亚东部的历史和古迹》等著作。鲁达科夫利用《吉林通志》，出版有《吉林省中国文化史资料(1644—1902)》等著作。在蒙古学领域，俄国人所取得的成就至今仍为国际学术界所看重。在蒙古典籍翻译方面，巴拉第翻译了《元朝秘史》《长春真人西游记》和《皇元圣武亲征录》，柏百福翻译了《蒙古游牧记》，戈尔斯东斯基 (К. Ф. Голстунский，1831—1899)翻译了《卫拉特法典》，波兹德涅耶夫翻译了《宝贝念珠》等。在蒙古研究方面，波兹德涅耶夫的《蒙古及蒙古人》生动而翔实地记述了 19 世纪末蒙古地区的历史与文化，璞科第根据汉文史料撰成的《明代东蒙史(1368—1634)》是俄国关于明代漠南蒙古历史研究的重要成就，贝勒用英文发表的《基于东亚史料的中世纪研究》已经成为元代中西交通史领域的名著。在藏学领域，王西里根据藏传佛教格鲁派学者松巴堪布的《如意宝树史(印藏汉蒙佛教史如意宝树)》写成《西藏佛教史》，翻译出版了敏珠尔活佛的《世界广论》。齐比科夫的《佛教香客在圣地西藏》，巴拉津的《拉卜楞寺金殿弥勒菩萨像》以及《拉卜楞寺游记》也是该时期重要的俄国藏学著作。普尔热瓦尔斯基、波塔宁、别夫措夫、格鲁姆-格尔日马伊洛(Г. Е. Грумм-Гржимайло，1860—1936)、科兹洛夫、奥登堡等所率领的各种名目的考察队接踵而至，对中国新疆、甘肃、青海、蒙古和西藏等地的天文、气象、植物、动物和矿产进行详细调查，掠夺中国黑水城和敦煌文物，出版了大量的中国边疆游记作品。此外，伊万诺夫斯基首次在俄国汉学史上选择从前不受重视的中国西南少数民族作为研究对象，先后出版了两部重要著作。

为沙皇政府侵华鼓噪并出谋划策是这一时期俄国中国边疆史地研究的一个鲜明特点。王西里发表有大量文章，出版有《发现中国》以及《亚洲现状——中国进步》两部著作，对中俄关系的现状和走势发表意见。从根本上讲，王西里不是一个一贯的或彻底的反对欧洲中心论者，而是经常改变自己的思想。在其研究中国历史文化以及当代问题的著作中可以看到两种截然不同的中国观。他一方面反对西方列强对亚洲国家的掠夺，另一方面为沙俄在中亚和远东地区的扩张政策大唱颂歌。在他看来，对于东方国家而言，西方国家是"侵略者"，而俄国是"解放者"或"教化者"。他写道:"我们夺回阿穆尔河仅仅 25 年,没想到成了朝鲜人的邻居,从前的荒野上出现了如此多的城镇和乡村。从大西洋到太平洋的广袤土地上,俄罗斯的语言和连绵不断的钟声昭告着上帝的荣耀。""伟大的民族肩负着教化人类的责任和使命。在传播文明的过程中,他们无需对野蛮和无知客气。"①为给沙俄侵占中国奴儿干永宁寺所在地区提供"依据",王西里发表了《阿穆尔河特林碑铭考》一文,柏百福也就特林碑铭发表了《特林碑铭考》和《〈特林碑铭考〉文献》两篇文章。巴拉第受俄国皇家地理学会指派赴南乌苏里江地区考察,从北京出发到奉天,经齐齐哈尔到海兰泡,再折向伯力,沿乌苏里江到达海参崴,搜集了大量资料,后撰写了《南乌苏里地区的民族学考察》。就在《中俄密约》签订的次年,以维特为首的俄国财政部组织人手,由宝至德(Д. М. Позднеев,1865—1937)主持,将此前欧洲所有有中国关东北的信息加以整理鉴别,编辑出版了两大卷《满洲全志》。与以往满学著作不同的是,编者列举了可以将中国东北地区资源运出境外的方式和路线。②鲁达科夫盗走了包括齐齐哈尔黑龙江将军衙门档案在内的大量珍贵文献,专门研究吉林省历史与现状,此举得到了俄国占领军的支持。

在中国思想文化研究领域,宗教成为新的兴趣点和研究对象,佛教研究得到前所未有的重视。王西里的《东方宗教:儒、释、道》是其中国哲学和宗教研究的集大成之作,在俄国汉学史上占有重要地位。王西里和巴拉第两位汉学巨匠先后沉湎于佛教研究。王西里翻译了诸如《印度佛教史》《翻译名义大集》《阅藏知津》《如意宝树史》和《大唐西域记》等佛典。即便在其所著的《中国文学史纲要》和所编写的《中国文学史资料》中,对佛教和佛典的介绍和研究也着墨甚多。巴拉第曾在北京阅读佛藏数百卷,译有《金七十论》,发表有诸如《佛陀传》和《古代佛教史略》等著述。儒学是王西里继佛教之后重点研究的另一个领域。无论是在《东方宗教:儒、释、道》中,还是在《中国文学史纲》中,儒学始终占据着重要位置。他同时还翻译有《论语》和《诗经》,用以作为圣彼得堡大学的教材。柏百福也是出色的儒学研究者,他首次将《孟子》翻译成俄文,并做了详细的注释。此外,恰克图华文馆教师克雷姆斯基撰写《孔学义解》,对儒学思想和

---

①　Петров А. А. Философия Китая в русском буржуазном китаеведении//Библиография Востока. Вып. 7. 1934.

②　Позднеев Д. Описание Маньчжурии.СПб.,1897. Предисловие.

中国人的价值观做了简略而清晰的归纳。莫纳斯特列夫(Н. И. Монастырев, 1851—1881)出版了他翻译的《春秋》以及信息丰富的《〈春秋〉注》。与佛教和儒学相比,19世纪下半叶俄国汉学家的道教研究规模并不大。王西里在其中国宗教、文学论著中有所涉及。他对《道德经》和道家思想深有研究,对佛教在道教形成过程中所发挥的作用很重视,首次在俄国提出研究道藏的必要性。茨维特科夫在其《论道教》一文中将老子的学说视为摆脱痛苦烦恼的手段和获得最高道德修养与幸福的途径,认为道家学说与古希腊哲学家伊壁鸠鲁离群索居的生活信条有相通之处。格奥尔吉耶夫斯基在其《中国人的神话观和神话》一书中对道教神祇、祭祀仪式等做了比较系统的梳理。此前从未引起俄国汉学家重视的中国伊斯兰教历史及汉文伊斯兰教文献在这一时期进入了巴拉第的学术视野。巴拉第在放弃佛教研究之后,先是在《俄国驻北京传教团成员著作集》第四卷中发表了《中国的穆斯林》一文,而后又翻译了刘介廉的《御览至圣实录》,出版有《伊斯兰教汉文文献》。

借助罗索欣时代的经验积累以及比丘林时代的成功尝试,俄国在汉语语言学研究和词典编撰方面取得重大进展。王西里创造了汉语笔画体系,并按照这一系统尝试编写了《汉字笔画系统——首部汉俄词典试编》,为俄罗斯的汉语词典编纂学奠定了理论基础。巴拉第穷多年之功编写的具有中国文化百科全书性质的《汉俄合璧韵编》,被誉为"19世纪下半叶中国语文学研究的典范"①。此外,伊萨亚的《俄汉俗话词典(北京话)》、孟第的《汉俄画法合璧字汇》、柏百福的《俄汉合璧字汇》、英诺肯提乙的《华俄字典》都是这一时期俄汉双语词典编写的重要成就,为俄国汉学人才培养和汉学研究做出了重大贡献。在满语词典编写方面,杂哈劳的《满俄大辞典》至今仍受到学术界的推崇。

灿烂的中国文学遗产也进入了俄国汉学家的研究视野。在这方面当首推王西里,是他第一次在欧洲将中国文学列入大学课程,翻译了《诗经》中的许多诗歌、《聊斋志异》中的部分故事以及唐人小说《李娃传》。由王西里所著的世界首部中国文学史专著《中国文学史纲要》的诞生,进一步巩固了俄国汉学在世界汉学史上的地位。

从前不受重视的中国农业、天文学、手工业、医学和植物学等领域开

---

① Мясников В. С. Становление и развитие советского китаеведения//Проблемы дальнего востока. 1974. № 2.

始受到汉学家的重视,并取得了丰富的研究成果。在农业和天文学领域,孔气的译介和研究具有开拓之功。传教团医生明常写了大量介绍中医的文章。波兹德涅耶夫从蒙文和藏文翻译并出版了藏医教科书《居悉》(《四部医典》)。这些成就使俄国对中医的研究在深度和广度上都达到了前所未有的高度。贝勒是俄国学者中国植物学研究的先驱,他的《先辈欧人对中国植物的研究》《中国植物志》和《西人在华植物发现史》等著作,因为直接用英文写成,在西方汉学界产生了较大影响。

19 世纪中叶以前,俄国东正教驻北京传教团中只有为数很少的几个汉学家从事过东正教经书翻译,其中包括利波夫措夫满译《新约》,比丘林改编自潘国光同名著述的《天神会课》,以及西维洛夫翻译的早、晚、日诵经文。随着 19 世纪 60 年代传教团职能的转换,大批传教士投入了经书翻译和刊印活动。据粗略统计,这一时期俄国传教士一共汉译刊印东正教各类经书百余种,为当今中俄宗教关系史研究提供了珍贵文献。

第三,在研究方法上,这一时期的俄国汉学研究已经具有了某些近代化的特征。

19 世纪中叶以后,西方科学技术的发展为科学研究提供了新的思维模式,特别是在自然科学领域观察和实验方法的确立,促使历史学、语言学、地理学和民族学等领域研究者广泛运用实地考察的方法。“西方学(即东方学以外的近代人文社会科学)”积累的近代科学研究方法逐渐被运用于包括汉学在内的东方学研究,使得汉学著作不再是翻译、编译或者浮光掠影式的简单描述, 而代之以对典籍的批判性研究和综合性思考。因此,就汉学著作的学术价值而言,这一时期应该是最高的。比如,王西里的《东方的宗教:儒、释、道》和《中国文学史纲要》、格奥尔吉耶夫斯基的《中国的生活原则》和《中国人的神话观和神话》以及巴拉第主编的《俄国驻北京传教团成员著作集》等,都是极具学术价值的汉学论著。在对中国历史和地理的研究中,实地考察起到了补正书面资料的作用。巴拉第对于南乌苏里江地区的考察,王西里的新疆之行,孔气在北京郊区的农业、手工业情况调查等都是这方面的典型例子。另外,贝勒博士于1876 年出版的英文著作《北京及周边考古学与历史学研究》获得了法国儒莲奖。

受近代人文社会科学发展的影响,汉学学科出现分化。全方位研究东方文化的古典汉学研究模式面临瓦解。这就要求汉学家就某一领域或问题进行深入研究。汉学的分科重新确立了汉学学科在人文社会科学中的位置,中国历史、语言、文学、哲学等汉学子学科被分别纳入历史学、语言学、文学、哲学等学科。这样,汉学不再像以前那样封闭和孤立,有可能利用人文社会科学领域的相关成果和有益方法来丰富和发展汉学研究的内容和途径。以格奥尔吉耶夫斯基为代表的俄国汉学家开始就汉学这门学术的未来命运进行深入思考。他先在莫斯科大学历史语文系获得了学士学位,又进入圣彼得堡大学东方语言系学习,后来获得了汉语博士学位。从"西方学"到"东方学"的求学经历以及善于思考的个性促使他很快就意识到俄国汉学所面临的危机。他认为,无论是俄国的还是欧洲的汉学发展状况,都不能适应现实提出的任务。"作为一门完整的学科而言,汉学还不存在,因为它没有明确的目的,没有牢固的基础,也没有成熟的研究方法;汉学依然同单纯的翻译被混为一谈,同将汉语译成某种欧洲语言的技巧被视为一回事。""汉学不应当被视为一种科学,而应当被视为多种科学的综合"。①他为汉学指出了一条正确的发展道路,这就是对汉学进行分科研究,推动了俄国汉学的近代化进程。1885 年,格奥尔吉耶夫斯基在圣彼得堡出版俄国汉学史上第一部中国断代史研究著作《先秦史》。苏联汉学家尼基福罗夫(B. H. Никифоров,1920—1990)认为这是"中国历史研究从汉学学科中进一步分化和独立的标志",视格奥尔吉耶夫斯基"为俄国第一个真正的中国历史专家"②。当然,我们也不应将为俄国汉学指明道路的桂冠仅仅戴到格奥尔吉耶夫斯基一个人头上。米亚斯尼科夫与伊雅达写道:"在 19 世纪下半叶俄国的杰出汉学家中,巴拉第和王西里占有特殊的地位。他们各自为汉学研究的不同领域注入了新的内容,同时攀登到了世界东方学所取得的有关中国全部知识的最高峰。正是他们的著作为俄国汉学的分科奠定了基础,产生了中国社会经济史、中国思想史这样一些研究方向,创造出综合性的研究著作,将中国历史史料学分离成一个独立的学科。"③因此,俄国汉学在 19 世纪末 20 世纪初开始的分科进程,既是近代东方学科发展的必然走向,也是一代俄国汉学家努力的结果。

在研究文献的选用上,俄国汉学家从 18 世纪主要依靠满文,到 19 世

---

① Мясников В. С. Становление и развитие отечественного китаеведения//Проблемы Дальнего востока.1974. № 2.

② Никифоров В. Н. Советские историки о проблемах Китая. М., 1970. С.15.

③ Мясников В. С., Ипатова А.С. История российского китаеведения (до 1917 года), Рукопись.

纪上半叶以汉文为主、满文为辅,发展到了这一时期广泛利用多种语言文献。王西里将汉、蒙、藏、梵等文字典籍引入佛教研究,成为其"与同时代汉学家最大的不同"①。他一改比丘林笃信中国文献的做法,对中国官家史著表现出强烈的不信任,宁愿使用私家史著。与此同时,除王西里外,其他汉学家开始借鉴西方汉学的成就和研究方法,为俄国的汉学研究注入了活力。在这方面表现最突出的就是格奥尔吉耶夫斯基。当然,巴拉第对所研究问题的缜密考释,也对俄国汉学的发展起到了示范作用。

19世纪上半叶的俄国汉学给人的感觉是比丘林"一枝独秀",而在19世纪下半叶则是"群星辉映"。以王西里和巴拉第为代表的俄国汉学家在中国历史、宗教、语言、文学等领域的研究水平达到甚至超越了当时欧洲汉学的水平,在世界汉学史上的地位日显重要。之所以如此,是因为这一时期俄国汉学家的学术素养有了明显的提高。正如圣彼得堡大学东方语言系教授格里高里耶夫(В. В. Григорьев,1816—1881)所言:"从东正教驻北京传教团建立之刻起,我们就不乏优秀的汉语专家,但我们在北京的学生却缺乏欧洲的学术训练,因此不能成为令人满意的学者,而王西里在前往北京之前就已经在喀山大学得到了著名蒙古学家奥西普·科瓦列夫斯基教授的指导,预先得到了学术培养。因此,凭借自己的天分,在留居北京的九年时间里他不仅掌握了汉、满、藏语知识,对这些语言的文献知之甚广,而且他还根据获得的大量资料取得了卓越的学术研究成果。"②

在俄罗斯汉学史上,阿理克院士是一个承上启下、继往开来的人物。在他身上既可以看到王西里学派的影子,也可以体会到近代欧洲汉学的学术素养。十月革命不仅改变了俄国的历史进程,同时也扭转了俄罗斯汉学的发展方向,形成了以阿理克为代表的苏联汉学。

---

① Хохлов А. Н. Неизвестное об известном. Доклад В. М. Алексеева о русском востоковеде В. П. Васильеве// XII научная конференция «Общество и государство в Китае». Ч. 3. М.,1981.

② Григорьев В. В. Императорский С.–Петербургский университет в течение первых пятидесяти лет его существования. Историческая записка, составленная по поручению Совета Университета. СПб.,1870. С.271.

# 第十二章　中国人旅俄行纪中的俄国文化

在鸦片战争以前,清政府一共派出了三个使团访俄或经俄地慰问驻扎在伏尔加河下游地区的土尔扈特部,分别是康熙年间的尹扎纳使团,雍正年间的托时和满泰使团、德新使团。然而在这三个使团中,只有尹扎纳使团成员图理琛对所经之地的风土民情进行了记录,撰写成一部翔实、生动的游记作品《异域录》。而后,出于了解外国情形和办理外交事务的需要,清政府派往俄国的使臣逐渐增多,从19世纪六七十年代的张德彝、19世纪80年代的缪祐孙,到19世纪90年代的王之春,再到20世纪初期的戴鸿慈,不一而足。虽然使臣们在俄国逗留的时间长短不一,但都留下了鲜活而珍贵的记录。

## 第一节　图理琛及其《异域录》

图理琛(1667—1740),姓阿颜觉罗氏,字瑶圃,号睡心主人,正黄旗满洲,其先世为叶赫人。据图理琛自叙,他"少时家贫,质弱多病,稍长虽习读清汉,不甚通晓,翻译平平,由例监廷试,选取翻译纲目"①。康熙二十五年,考授内阁撰文中书舍人,三十六年升为内阁侍读,四十一年,奉命监督芜湖关税务,次年任礼部牛羊群总管。康熙四十四年,因短缺了牲畜头数而被革职。康熙五十一年,朝廷选派使臣出使驻扎在伏尔加河下游地区的土尔扈特部,图理琛主动请命前往,得到康熙帝恩准,并赐原官品级。在太子侍读尹扎纳的率领下,图理琛与使团的其他成员于康熙五十一年五月二十日(1712年6月23日)离开北京,假道西伯利亚,前往土尔扈特部,历时三载,

---

① 图理琛:《异域录》,商务印书馆,民国二十五年,第1页。

行程数万里,于康熙五十四年三月二十七日(1715 年 4 月 30 日)回到京师。图理琛将出使经过及沿途见闻,用满、汉两种文字写成《异域录》一书进呈,受到康熙帝称赞。康熙帝任命他为兵部员外郎,旋即升为兵部职方司郎中。他奉命多次出使俄境,办理对俄交涉事项。①1723 年(雍正元年),升任广东布政使,1725 年担任陕西布政使,后任陕西巡抚。1726 年,调为兵部侍郎。此后,他协同吏部尚书察毕那、理藩院尚书特古忒在北京与俄国使臣萨瓦谈判中俄中段边界问题,后又与多罗郡王额附策凌、伯四格一起,在边境与萨瓦继续谈判,并代表清政府在《布连斯奇条约》上签字。乾隆即位(1736 年)后,授内阁学士,迁工部侍郎。1737 年,以年老多病辞工部侍郎之职,仍任内阁学士。

《异域录》于雍正元年刊行,后收入《四库全书》以及《借月山房汇钞》《小方壶斋舆地丛钞》《丛书集成》等丛书。自 1726 年至 1821 年,被译成法、德、俄、英等文字,在巴黎、圣彼得堡、伦敦等地出版,另有日本学者今西春秋的《校注异域录》于 1964 年问世。随着《异域录》广泛流传,图理琛驰名中外,他所参加的尹扎纳使团被后人称作“图理琛使团”。

《异域录》俄译本有两个,均译自满文。一是罗索欣的译本,名为《1714 年前往伏尔加地区晋见卡尔梅克汗阿玉奇的中国使团旅俄记》;二是列昂季耶夫的译本《中国使臣出使卡尔梅克阿玉奇汗,附对俄国领土与风俗的描述》。前者于 1764 年在《学术月刊》上连载;后者于 1782 年在圣彼得堡出版单行本,1788 年再版。加斯东·加恩认为罗索欣的译本“似乎译得极好”,“尤其可贵的是, 一些地理名词和人名等等译成汉语时往往被歪曲得难以辨认,在此书中都音译成俄文”,而列昂季耶夫的译本“毫无科学价值:它将一些地理资料按系统排列,将一些谈话改成人物对话,数字往往弄错, 困难的段落漏而不译, 而且没有全译本所具有的序言和跋”。②苏联学者也认为,尽管列昂季耶夫的译本问世比罗索欣的译本晚 18 年,但还是罗索欣的译文水平高。所以苏联学者于 1978 年将罗索欣译文重新整理发表。③

迄今为止, 在俄罗斯科学院东方文献研究所保存有雍正年间出版的

① 参见安双成:《图理琛出使俄境小考》,载于《历史档案》,1989 年第 4 期。

② [法]加斯东·加恩:《彼得大帝时期的俄中关系史(1689—1730 年)》,江载华、郑永泰译,商务印书馆,1980 年,第 124 页。

③ Русско-китайские отношения в XVIII веке. Материалы и документы (1700–1725 гг.),Т. 1. М.,1978.C.437–483.

满文《异域录》以及《异域录》抄本各一份,前者是由罗索欣带回俄国的,后者由四个本子组成,既无日期,也无地图,正文用满、汉两种文字抄成,而前言只有满文。此外,在俄罗斯国立图书馆还藏有一抄本,抄于19世纪初,共112页,上面盖有海参崴东方学院图书馆的印章。①

《异域录》全书三万多字。《四库全书提要》评述道:"其体例略如宋人行记,但宋人行记以日月为纲,而地理附见,此则以地理为纲,而日月附见,所载大聚落,皆为自古舆记所不载,亦自古使节所未经。"全书内容包括三方面,除记载使团在土尔扈特阿玉奇汗驻地马努托海14天的活动外,主要描述了使团往返途中经过的楚库柏兴(色楞格斯克)、厄尔口城(伊尔库茨克)、伊聂谢柏兴(叶尼塞斯克)、托波儿(托波尔斯克)、喀山、萨拉托付(萨拉托夫)、托穆斯科(托木斯克)等地的山川、居民、物产、习俗等情况,并介绍了俄国的历史文化。

与大多数游历记一样,《异域录》作者同样也是以中国文化为标尺来衡量外国文化的,因此,他的关注点往往都是俄罗斯文化所具有的与本民族文化不同的地方,文化差异越大,越是能引起他的注意。进入俄境之后,图理琛感受到了俄罗斯的社交礼仪与中土有很大不同。首先,他发现"其国俗贵贱难辨",仅从衣着外表上似乎不易确定俄国人的身份和地位,但其尊卑长幼却可以通过见面时的礼节显示出来。"其下人每见尊长,皆免冠立地而叩,尊长不免冠。凡男子,或遇于途次及他处,每遇皆互相免冠立地而叩。男子与妇人相遇,男子免冠,妇人立地而叩。"②图理琛一再强调俄国人免冠行礼,是因为中国人在正式场合必须要"冠冕堂皇",摘下帽子被视为无礼行为。

图理琛发现俄国"其俗以去髭髯为姣好,发卷者为美观",其实这并非俄国人的固有面目。中国使团使俄期间,正值彼得大帝当政,他实行西化的政策,下令全国男子剃光胡须,蓄须者需缴重税。此外,在正式场合,王公贵族仿效西欧上流社会风俗,以头戴假发为美。"服毡褐苧布"一言道出了俄国人当时的服装用料,一是毛呢,二是亚麻布。当时俄国商队虽已开始在中国采购棉布,但毕竟数量尚少,未得到广泛使用。俄国人在喝酒上素来豪放,喜欢一醉方休,放浪形骸,这在图理琛的游记中也留下了记载。他说,俄国人"喜饮酒,亲友至,必出酒以饮之,不知

---

① Русско-китайские отношения в XVIII веке. Материалы и документы (1700-1725 гг.), Т. 1.М.,1978.С.626.

② 图理琛:《异域录》,商务印书馆,民国二十五年,第33页。

茶"。"每逢吉日,男子相聚会饮,醉则歌咏跳舞"。俄国人尚"不知茶",此话不假,因为那时饮用中国茶叶尚未在俄国普及。从图理琛的文字中可以看出,俄国人当时的饮食结构以肉类和面食为主:"以麦面做饼食,亦食各项肉鱼,不食饭。每食用匙并小叉,无箸。"对于俄国人的性格,图理琛有生动的描述,如他们"务农者少,藉贸易资生者多,知种而不知耘,不知牛耕。沿河近水居住者多,喜浴善泅……人性矜夸贪得,平居和睦,喜诙谐,少争斗,好词讼……妇女不知规避,争相妆饰,各处游嬉,队行歌于途"。图理琛对于俄国人婚丧嫁娶的描写也是比较准确的:"婚嫁用媒妁,聘娶之日,往叩天主堂,诵经毕,方合卺。殡殓有棺,俱送至庙内葬埋,起坟墓,无丧礼。"①

关于俄国的历法及习俗,图理琛在《异域录》中写道:"问及节气,彼云无历,俱于伊俄罗斯佛经内选择日期,不知朔望,或二十九日、三十日、三十一日不等为一月,以十二月为一岁,知有四季。于康熙五十一年十二月十六日,系伊国冬季大斋完日,为岁初,二十一日浴佛。于五十二年十一月二十七日为岁初,十二月初三日浴佛。尚浮屠,斋戒之日多。自伊国王以至庶民,归入俄罗斯教之各种人及男妇童稚,每年按四季,大斋四次,每季或四十日、三十余日不等。平素皆按七斋戒,七日内戒肉食二日。"②这里的"俄罗斯佛经"说的是东正教经书,而"浴佛"是指圣诞节。

在《异域录》中,图理琛还对俄国的起源和历史做了一番介绍:"俄罗斯国向无汗号(即没有沙皇——笔者),原僻处于西北近海之计由(即基辅——笔者)地方,而地界甚狭。传至依番瓦什里鱼赤(即伊凡·瓦西里耶维奇,伊凡四世——笔者)之时,其族内互相不睦,以至于乱,依番瓦什里鱼赤力甚微弱,乃求助于西费耶斯科(即瑞典——笔者)国王,而西费耶斯科国王许助依番瓦什里鱼赤兵八千并粮饷,欲取俄罗斯之那尔瓦城。依番瓦什里鱼赤从其言,将那尔瓦城归于西费耶斯科国。因假此兵力,依番瓦什里鱼赤征收其族类,而自号为汗焉,迄今三百余年,从此强盛,将喀山并托波儿等处地方俱已征获,其后又侵占伊聂谢并厄尔库、泥布楚等地方,国势愈大。"图理琛选取伊凡四世,可谓抓住了要点。伊凡四世的确是俄国历史上的第一位沙皇,不仅铲除了世袭贵族分立势力,加强了中央集权,而且开始征服非斯拉夫人的土地。但是,由于尹扎纳使团是中国历史

---

① 图理琛:《异域录》,商务印书馆,民国二十五年,第33页。

② 同上,第33—34页。

上第一个到达俄国的使团,对俄国的一切极其陌生,再加上语言障碍,所以出现讹误。例如,伊凡四世加冕为沙皇是 1547 年,到图理琛撰写《异域录》时不过一百多年,根本不是"迄今三百余年"。①

在介绍俄国历史之余,图理琛对俄国的时政也有非常清楚的认识:"俄罗斯国现在国主察罕汗之名曰票多尔厄里克谢耶费赤(即彼得·阿列克谢耶维奇——笔者),年四十一岁,历事二十八载,所居之城名曰莫斯科洼(即莫斯科——笔者)。因遣使索取归于西费耶斯科国之那尔瓦城,而西费耶斯科国王不许,遂成仇敌,已十五年。西费耶斯科国王名曰喀鲁禄什(即查理十二——笔者),年三十三岁,所居之城名曰四条科尔那(即斯德哥尔摩——笔者)。初战败俄罗斯国之兵,大加杀掳。后再战,为俄罗斯察罕汗所败,伤人甚多,失城数处,以致危急,逃往图里耶斯科国,拱喀尔汗所属鄂车科付之小城居住,已经八年。又有名曰米尔奇里斯一小国王,先在沙障汗左近居住,系别一部落,因协助察罕汗,与西费耶斯科国交战,被擒,察罕汗归其被掳之西费耶斯科国人赎还,在途中病故。"②1689 年彼得·阿列克谢耶维奇亲政,1725 年去世。1700—1721 年,为争夺波罗的海出海口,彼得一世同瑞典进行了 21 年战争,最终俄国获胜。此段文字正是记述了北方战争这一重大事件。其实,彼得一世只是在亲政前半期居住在"莫斯科洼",而 1712 年俄国首都由莫斯科迁往了圣彼得堡,正如图理琛记述的那样:"噶噶林(今译加加林——笔者)曰:'我在三皮提里普儿(即圣彼得堡——笔者)城内,曾见察罕汗。此城原系西费耶斯科国地方,我罕汗征取,修葺城池,随我汗名字,呼为三皮提里普儿。此城修葺,胜于莫斯科洼城,我汗现在此城居住。'"③

图理琛写道:"俄罗斯国法律,凡叛逆犯上者,将身肢解为四段;遇敌败北者斩;其劫夺并路截伤人或杀人者俱斩;其互相斗殴杀人者抵偿;持刀杀人者抵偿;伤人者断手;其偷盗仓库之官物者,视其赃之多寡,有劓耳鼻者,有重责以火烤而发遣者;其私铸钱者,将铜镕化灌其口内以杀之;其私卖烟酒者,重责籍其家发遣;其因通奸杀死本夫者,将妇人之身体埋于地内,独露其首以杀之,奸夫悬于树上以杀之;其犯通奸之罪者,将妇人重责交还本夫,不准离异,将奸夫重责,复按其罪收赎入官;其幼童与女子通奸者,俱重责,配为夫妇。"④彼得一世时期的刑罚基本上延续

---

① ② 图理琛:《异域录》,商务印书馆,民国二十五年,第 34 页。

③ 同上,第 44 页。

④ 同上,第 31 页。

了《1649 年的会典》,其中包括了许多严刑峻法。

尹扎纳使团在途经俄国时还向俄国人宣扬大清皇帝恩泽四方,中国人民安居乐业,咸享升平之福。《异域录》中记载的西伯利亚总督噶噶林与图理琛等人之间的对话证明了这一点。

噶噶林说:"两国自和议之后,我国人民不时往中国贸易,屡沾至圣大皇帝深恩有年……"图理琛等人回答说:"我至圣大皇帝,其仁如天,视万国犹一家,保万民如赤子,是以普天率土,莫不畏威怀德,来享来王,其遣使进贡朝觐者甚众,我大皇帝无论远近内外,俱一体加恩爱恤,不止尔俄罗斯一国……"①噶噶林说:"中国大皇帝天纵至圣,国家享承平已久,天使大人受皇帝恩泽,享用安逸。"图理琛等人回答说:"大皇帝至圣至神,以仁孝治天下,以忠义励臣僚,国无重刑,不嗜杀戮,无间遐迩,一体同仁,山陬海隅,罔不沾恩被泽,薄海人民,皆中心感戴,所以国家雍熙,雨旸时若,人寿年丰,宇内咸享升平之福,我等世戴大皇帝深恩,今幸际盛世,不但我等身沐皇恩,受享安逸,即举家老幼妻子,无不沾我大皇帝厚泽,安居乐业,我大皇帝圣恩高厚,不能枚举,即我等安享乐业之处,亦难殚述。"②

中国使臣在俄期间,也尽量入乡随俗,尊重俄罗斯的文化传统,避免因礼仪不合而引起误解。《异域录》载,中方曾"欲以缎十二匹差人送与噶噶林,有管待饭食俄罗斯官曰:差人馈送,于我国礼不合,天使大人亲往之时带去方可。我等言,此非佳物,我等自中国远来,经过尔噶噶林地方,备承厚意,故以此相酬。我中国凡以物与人,并无亲送之礼。今差人馈送,于尔国礼不合,若我等亲身带去,又于我中国之礼有碍。以此微物,岂可坏两国大体,不如停止,遂公议停止馈送"。③

## 第二节　张德彝及其《航海述奇》和《四述奇》

张德彝(1847—1918),本名德明,字在初,镶黄旗汉军。1862 年(同治元年)作为京师同文馆首批 10 名学生之一入学英文馆,1865 年毕业。1866 年,他便随同斌椿使团游历欧洲十国。1868 年至 1869 年以通事身份

---

① 图理琛:《异域录》,商务印书馆,民国二十五年,第 18 页。
② 同上,第 20 页。
③ 同上,第 22 页。

随蒲安臣使团出使美欧国家。1870 年,钦差大臣崇厚因天津教案一事专程赴法道歉,他任随员。1876 年(光绪二年),张德彝随中国第一位驻外公使郭嵩焘使英,先后出任中国驻英使馆翻译官、秘书。其间于 1878 年12 月至 1880 年 2 月曾奉调使俄,任崇厚的翻译官。1887 至 1890 年随洪钧使德任参赞。自 1891 年起任光绪皇帝的英语教师。1896 年任出使英、意、比国大臣罗丰禄的参赞。1901 年随那桐任驻日本参赞。同年,任出使英、意、比国大臣,次年担任祝贺西班牙国王加冕专使先赴马德里,后赴伦敦专任驻英大臣,1906 年任满回国。张德彝一生八次出国,在国外度过了二十七个春秋。他把见闻写成了近二百万字的八部"述奇"。其中第一部至第六部和第八部,已收入湖南人民出版社《走向世界丛书》。唯缺"述奇"第七部,学界一直认为已遗佚,但 1985 年赵金敏撰文称在中国历史博物馆馆藏文献中发现了《七述奇》,并将其全文发表。[①]在张德彝八部"述奇"中,第一部《航海述奇》和第四部《四述奇》中描述了访俄情景及其眼中的俄国。

### 1.《航海述奇》

自鸦片战争之后,中外交涉日益频繁,"而外国情形,中国未能周知"。总理各国事务衙门"久拟奏请派员前往各国,探其利弊,以期稍识端倪,藉资筹计"。1866 年(同治五年)春,时任中国海关总税务司的英国人赫德因故回国,总理衙门便派斌椿偕子笔贴士广英及同文馆学生德明(张德彝)、凤仪、彦慧三人,随行赴欧洲游历。"即令其沿途留心,将该国一切山川形势,风土人情,随时记载,带回中国,以资印证"[②]。斌椿使团是中国有史以来派往西方的第一个考察团。斌椿把所见所闻用日记和诗文的形式记录下来,分别撰成《乘槎笔记》和《海国胜游草》《天外归帆草》,张德彝则完成了游记《航海述奇》。由于斌椿关于俄国的记述过于简略,故在此重点介绍张德彝的《航海述奇》。

张德彝随斌椿使团于同治五年六月初五抵达圣彼得堡,至初十日登上"火轮车"离开。由于在圣彼得堡仅仅停留了六天时间,除外交活动外,使团成员主要参观了几处著名的景点,还会见了两名俄国的中国通,即曾经在中国担任过俄国领事之职的孔气和圣彼得堡大学的汉学教授王西里。

---

① 参见赵金敏:《关于张德彝〈七述奇〉手稿》,载于《近代史研究》,1985 年第 6 期。

② 陈学恂、田正平编:《中国近代教育史资料汇编:留学教育》,上海教育出版社,1991 年,第 5 页。

在冬宫中,张德彝对巧夺天工的金孔雀钟产生了极大兴趣。这是由当时英国最伟大的珠宝师詹姆斯·考克斯(James Cox)主持制造的,外观金碧辉煌,内部机械结构极其复杂,直到今天仍然是外国游客最喜欢的展品。"嗣见一金制自鸣钟。蒙以玻璃方罩,广八尺,高丈余。中一金树上集一孔雀,下伏一雄鸡、一鹏鸟,又有芝草三枚,赤金色,云系钟钥。鹏鸟四面有小钟十数枚。若拽左边芝草,则小钟齐鸣,音声抑扬,宛如奏乐;其鸟头摇目转,两爪起落,如西人跳舞状。拽右边,则雄鸡展翼而鸣,断续可听。拽正中,则孔雀伸颈开屏,光耀夺目。机关巧妙,莫可名言。"①据说孔雀钟原本是为中国皇帝制造的, 后来叶卡捷琳娜二世的宠臣波将金将其买下,准备献给叶卡捷琳娜二世。其实在清宫中也有詹姆斯·考克斯的作品,现在故宫中就保存有一件铜镀金仙鹤驮亭式表。一只仙鹤口衔灵芝,身驮二层仙阁,鹤腹中安装有机械,仙阁内时钟转动,可演奏四支乐曲,寓意为"海屋添筹"。张德彝可能未曾见过清宫里的仙鹤钟,却有幸见到了冬宫里的孔雀钟。

　　夏宫位于芬兰湾南岸的树林之中,是沙皇的郊外行宫,有大量的雕塑,虽经历过战争的破坏,至今仍然有176个喷泉和四处梯形瀑布,被誉为"喷泉之都"。即便是法国凡尔赛宫与之相比也稍显逊色。张德彝为其所吸引,也就不足为奇了。"宫前对大园,中横石桥,后有水法十座,正对宫楼。宫之左右,皆山市楼房。由宫入园,见大水法五座,高皆十余丈,旁有小水法二十二座,其水皆自兽口横出入池,溅珠喷玉,池满不溢。又东西两水法,距里许,高约三丈,如大玻璃罩而下垂。一池中立一石人,怀抱水鸟,有水自口涌出,高五丈许。有一处十六石柱,高各三四丈,围七八尺。每二柱间以野兽,或立或卧,或坐或伏,皆口中喷水。又一处立二铜孩,同抱一蛙,有水自蛙口中出,高三丈余。"②

　　关于汉学家孔气, 书中写道:"闻是日有本地人姓孔名气者投刺,能华言,自称为'孔大人'。""初七日甲午,晴。早往孔气家答拜,知其人居华京八年,能华言而不甚清,现充本国翰林,兼在总理衙门行走,其家案积诗书,壁悬画本,皆不惜重资,购自中土。约登楼饮茶,见其妻女,并食以面饺等物。孔云,众当喜食,因与中土同也。食毕辞去。"③这个孔气即康

---

① 张德彝:《航海述奇》,湖南人民出版社,1981年,第109页。

② 同上,第112页。

③ 同上,第107页。

斯坦丁·安德里亚诺维奇·斯卡奇科夫。中国史籍称之为"孔气"或"孔琪庭"。此人生于 1821 年,1849 年作为第十三届俄国东正教传教团学生抵达北京,1857 年因患重病返回圣彼得堡,被任命为外交部亚洲司八等翻译,1859 年至 1862 年任驻中国新疆塔城领事,1865 年应邀在圣彼得堡大学教授汉语实践课程,兼任外交部翻译,即所谓"现充本国翰林,兼在总理衙门行走"。1867 年,孔气又被任命为驻天津领事,第三次来到中国。1870 年至 1878 年任中国各开放港口总领事。此后继续担任外交部亚洲司译员,直到 1883 年去世。孔气以收藏汉籍之多而闻名,在华期间喜欢购买各种中国典籍加以收藏,其中包括许多珍本,甚至孤本。19 世纪 60 年代,孔气的藏书被鲁缅采夫博物馆(今俄罗斯国立图书馆)收购。

《航海述奇》这样描述王西里:"晚有本国人王书生者拜。其人白发长眉,曾驻华京十载,善华言,中土情形知之甚详,并能翻写满汉文字,极其精通。明遂与之游,延入其家,见其妻与三子二女,其家清苦。言自中国换班后,即设帐于俄京,授读满汉。奈所入馆俸不敷度支,而子女皆幼,不克养赡。斯人者可谓勤于为学,而拙于谋生矣。倾谈良久,时作叹息声。伊取出三四卷满俄合璧书与看,且献洋饼,形如重阳花糕者二盘劝食,并佐清茶一杯。明遂谢而辞归。"[1]王书生即瓦西里耶夫,中国史籍称之为"王西里"。王西里受喀山大学委派,1840 年至 1850 年作为第十二届传教团临时差遣人员在北京学习汉、满、蒙、藏语。回国后在喀山大学任教。1855 年圣彼得堡大学东方语言系成立,王西里随即到圣彼得堡大学工作,"设帐于俄京,授读满汉",直至 1900 年去世。他"善华言,中土情形知之甚详,并能翻写满汉文字,极其精通",不仅培养出许多中国问题专家,而且著述浩繁,内容涉及中国历史、地理、语言、文学和宗教等领域。1866 年他被选为圣彼得堡皇家科学院通讯院士,1886 年成为正式院士,是世界知名的汉学大家。

彼得一世以大刀阔斧的改革著称于世。关于彼得一世改革,张德彝这样描述道:彼得一世"以国人不明耕种,不善使船,少年发愤,乃改变名姓,往荷兰暨别国学诸般技艺。及学业成,始归本国,励精图治,育人才、设学校、开垦田地、通商掘矿以富国,训练士卒、制造船炮以强兵,几二十年,遂成霸业,北极三洲之地,皆为所有。现在泰西诸国号召小邦者,惟英吉利、法郎西与俄罗斯也"[2]。寥寥几语即把彼得一世改革前率使团出访

---

① 张德彝:《航海述奇》,湖南人民出版社,1981 年,第 108 页。
② 同上,第 110 页。

欧洲以及改革内容和成效呈现在世人面前。

　　2.《四述奇》

　　从 1878 年 12 月至 1880 年 2 月,张德彝作为"出使俄国钦差全权大臣"崇厚的随员在圣彼得堡停留了 13 个月。他将这一次见闻记录在《随使英俄记》(即《四述奇》)中。此次使俄,张德彝有了足够的时间对俄国的社会生活进行细致观察和深入思考。就对俄国的认识而言,无论是广度还是深度,《四述奇》都超过了《航海述奇》。蔡鸿生先生评价道:"清朝人的俄国观,正是在张德彝的《四述奇》中,才得到最具体、最生动的表现。"①

　　这一次,张德彝对俄国东正教的特殊之处有了明确的认识。他写道:"按俄人所奉之教,为老天主教,一切规模,较他国天主、耶稣两教稍异,故称曰古教,又曰东教,因其始自东方也。通国以君为教皇。"②"通国以君为教皇"一句恰恰道出了东正教政教合一的特点。 张德彝注意到,俄国人非常虔诚,对上帝常怀感恩和畏惧之心;不仅教堂林立,而且,所到之处,总能看到有天主像悬挂。"俄通国礼拜堂共二万九千余所,高大壮观者五百,教士共七万名,外有住堂者五百五十,内男子四百八十,妇人七十。"③"俄京市肆门首,多有挂天主像者。像系绸画,四面以铜镀金,作闪光。边则或铜或木,宽皆二三寸。大者长二尺,广尺半。小者长一尺,广八九寸。男女老幼之虔心供奉者,过必免冠,以手指左右肩、顶上、胸前,作十字形。各家屋隅,亦挂一幅,如中土家家供奉司命,昼夜永燃油灯一盏。"④由于俄国实行俄历, 因此东正教的圣诞节与实行公历的天主教国家并不在一天庆祝。张德彝是学习英文出身,并游历过西方,这种差异便引起了他的注意:"是日为俄历十二月二十五日(即西历正月初六日),乃耶稣诞辰。市肆关闭,游人甚多。按西国及俄国,皆以二十五日为耶稣诞辰,然俄国十二月二十五日,系西国正月初六日,而西国十二月二十五日,又为俄国十二月十三日,究不知彼此所定,以孰为是。"⑤"因近日耶稣诞辰,见街市卖有小松树,下衬十字木墩,令其不倒,上挂五彩花灯玩物。各家买立屋中,入夜燃灯庆贺,灯熄则儿童分散各玩物。俗与他国者同。"⑥

---

① 蔡鸿生:《俄罗斯馆纪事》,广东人民出版社,1994 年,第 199 页。

② 《刘锡鸿·英轺私记 张德彝·随使英俄记》,岳麓书社,1986 年,第 674 页。

③ 同上,第 770 页。

④ 同上,第 647 页。

⑤⑥ 同上,第 644 页。

　　《四述奇》对俄国艺术也着墨甚多,关于圣彼得堡戏园的分类和分布情况记述如下:"俄京有四戏园,其至大者名巴立帅,专演法郎西、义大利国戏;一名麻林斯吉,专演俄戏;一名阿来三德,演德、俄二国戏;一名米海拉,演德、法二国戏。此外马戏团一、小戏园六七、小曲馆十余处,演杂曲。"①《四述奇》中最常提到的是巴立帅,即大剧院。麻林斯吉就是现在的马林斯基剧院,阿来三德即亚历山德里娜剧院,而米海拉则是米哈伊洛夫斯基剧院。这些都是圣彼得堡最负盛名的剧院,所演剧目各有特色。张德彝在圣彼得堡观看过芭蕾舞剧、歌剧、滑稽剧、历史剧,并对某些剧目的表演、剧情和舞台布景写下了自己的观感。当他第一次观看芭蕾舞剧时,他写道:"旋二出开,乃一跳舞场也。幼女百数十人,服短裙,色分五彩,分群列队,作线成环,忽燕飞而鱼跃,忽鸿鶱而龙游,殊觉闹热可观。"②半个月之后,当他再次观看芭蕾舞时,他将这种"舞而不歌"的艺术称作"巴蕾塔":"是晚舞而不歌,名曰巴蕾塔,义亦跳舞也。伶人皆幼女,服五彩衣,有百数十名。"接着,他又颇为详细地描述了奇妙的舞台布景转换:"景致尤觉奇异,一望千里,真假非目所能辨。如初场地近北极,雪地冰山,白熊水獭,虽系人工,动作与真毕肖。时值冬令,幼女跳舞,衣履皆白。忽而入春,和风暖日,景象一新,幼女跳舞,衣履皆绿。继而入夏,赤日烘云,花芳树密,幼女跳舞,衣履皆红。继而入秋,风吹木落,千里寂寥,幼女跳舞,衣履皆黄。忽又入冬,山寒水冻,烟雾苍茫,幼女跳舞,衣履皆黑。正跳舞间,大雪狂风,天地严肃,海浮冻块,山作冰楼,大船遭险,四面触冰,桅折旗裂,人呼拯救,观者为之惊骇咋舌。末则灯烛复明,通场作一大花园,花明柳媚,水秀山青。幼女改装跳舞,依乐移步,随式转躯,又换一番景象也。"③中国戏曲舞台布景极其简单,全靠演员用动作来演绎。面对俄国芭蕾舞台上春夏秋冬四季的瞬间交替,张德彝所受到的震动肯定是非常强烈的。

　　有些社交礼仪也给张德彝留下了深刻印象。俄国人在拜客赴会时,习惯在门厅处脱掉厚厚的外衣:"俄国春、秋、冬三时,天寒地冻,积雪结冰。男女出门,皆头戴皮冠,足登复履。男披高领大皮裘,对襟无纽,面或毡或呢,色皆乌黑。妇女披高领斗篷,面或绒或呢,色皆紫蓝。有羊皮,有

---

①　《刘锡鸿·英轺私记 张德彝·随使英俄记》,岳麓书社,1986 年,第 749—750 页。
②　同上,第 654 页。
③　同上,第 660 页。

水獭皮,有狼皮,有貂皮。拜客赴会,皆脱冠履外袭于门内楼前,盖楼前左右,专设衣冠木架两行也。"①此外,达官贵族以讲法语和德语为时尚,"俄通国之人多能德、法语,故以法语为官话,以德语作商言。他邦来此游历者,不必定通俄文,惟能德、法语言足矣。"②

当然,俄国人的某些陋习令张德彝感到不悦。张德彝认为,要赏钱、懒惰、迟到等陋习为俄国人所特有。关于要赏钱,张德彝举例说,崇厚递交国书那天,"当由温宫回后,各护卫车夫以及司阍武弁等来乞赏,乃以卢布一百劳之,亦独俄罗斯有此风俗耳"③。关于懒惰,《四述奇》写道:"俄国除每七日一礼拜外,又多该教先贤生诞节期,故匠役休息之日甚多,且皆嗜酒,每饮必醉,有连醉二三日方醒者。事必预日告嘱,方可兴工,否则诿以多词,不能工作,虽命来取值,亦多推却。其懒惰有如此。"④与西方国家不同,迟到在俄国已是司空见惯的事,因此张德彝说:"西人每事订时,无论何等人,毫不爽约。至俄京则不然,如赴宴会及他约,皆晚到一小时不为迟。工役尤甚,苟订明日某时,必逾一日或二日,问则对以某日礼拜六,某日礼拜一,或例应休息,或因醉未醒,诸多推诿。虽大僚订期会晤,亦有如是者。每言一点钟,必延至四五点钟始至焉。亦风俗之使然也。"⑤

像《航海述奇》一样,《四述奇》再次谈及汉学家王西里生活艰难的窘况:"午后同桂冬卿乘雪床往拜王西里。见其面目憔悴,形容枯槁,谈及家务则欲泣。有幼子将出门,王以口吻其顶者数次,以右手画其面作十字形,盖暗祝天主保佑之意也。父母之爱子,天下皆同,不知子又事父母如何耳。"⑥

《四述奇》中数次提到孟第。孟第何许人也?孟第乃德米特里·阿列克谢耶维奇·佩休罗夫,中国史籍称之为"孟第"。1858年,他作为学生随第十四届俄国东正教传教团抵达北京,管理天文台。1861年俄国在北京建立公使馆后,孟第被任命为首任驻天津领事。1865年回国,进入外交部亚洲司工作。孟第同时担任圣彼得堡大学汉语教师,是俄国著名的汉学家。所以,当崇厚使团抵达圣彼得堡后,"即时有前任俄国驻华领事官现充官

---

① 《刘锡鸿·英轺私记 张德彝·随使英俄记》,岳麓书社,1986年,第679页。
②⑥ 同上,第678页。
③ 同上,第650页。
④ 同上,第721页。
⑤ 同上,第738页。

学华文教习孟第来拜"①。

此外,《四述奇》中对俄国解放农奴、实行书刊检查制度以及行刺沙皇也有记载。这无疑有益于时人更清楚地认识俄国的历史与现实。

## 第三节 缪祐孙及其《俄游汇编》

自鸦片战争之后,西方外交官、军人、商人、传教士和学者等不断以游历之名到中国沿海和内地活动,收集政治、经济和军事情报。以御史谢祖源为代表的一些开明之士痛感中国对外情的隔膜和无知,主张清政府派遣官员出洋游历。光绪十三年四月二十六日(1887 年 5 月 18 日)总理衙门拟定了一份派遣游历使的具体计划《出洋游历章程》,对出洋的人数、选拔考试办法、期限、待遇等作了具体规定。光绪十三年闰四月二十一日至二十二日(1887 年 6 月 12 日至 13 日)总理衙门破天荒为中央各部保举的出国官员举行了选拔考试,考试内容是关于边防、史地、外交、洋务的策论。在应考的 54 人中初步录取了 28 人。后经总理衙门大臣面试、光绪皇帝朱笔圈定,一共确定 12 人为游历使。这 12 位官员被分别派往亚洲、欧洲、南北美洲的二十多个国家进行为期两年的游历考察。户部学习主事缪祐孙以第二名的考试成绩奉派前往俄国游历,时年 33 岁。一起出使俄国的还有广西进士、户部学习主事金鹏。②

缪祐孙,字右岑,一作柚岑,江苏省江阴县人,缪荃孙从弟,1886 年中进士,授户部主事。缪祐孙于光绪十三年九月十三日乘船启程,在意大利热那亚登陆,改乘火车,经德国柏林,于十月二十二日进入俄罗斯境内,二十三日到达圣彼得堡,其后在俄国境内游历。除圣彼得堡外,他还深入莫斯科、基辅、雅尔塔、八枯(巴库)、裘冕(秋明)、克拉斯诺雅尔斯克、伊尔古慈克(伊尔库茨克)等地游历。光绪十五年经恰克图从陆路回国。

缪祐孙此次游历,历时两年,跋涉七万余里,凡其境内山川险要、政治得失、帑藏盈绌、兵力厚薄、物产饶歉、户口众寡、俗习美疵,无不历览,最终撰成《俄游汇编》。该书于 1889 年由上海秀文书局石印出版。与《航海述奇》《四述奇》不同的是,《俄游汇编》在写作方法上,将翻译、调查、考证融为一体,使论述更加扎实准确;在编纂体例上,运用了表格形式,使

---

① 《刘锡鸿·英轺私记 张德彝·随使英俄记》,岳麓书社,1986 年,第 643 页。

② 参见王晓秋:《晚清中国人走向世界的一次盛举:1887 年海外游历使初探》,载于《北京大学学报》,2001 年第 3 期。

内容更加清晰直观。全书共十二卷,卷一为俄罗斯源流考、译俄人自记取悉毕尔始末、译俄人自记取中亚细亚始末三部分,卷二至卷四为疆域表,卷五为铁路表,卷六为通俄道里表,卷七为山形志、水道记,卷八为舟师实、陆军制、户口略,卷九至卷十二为日记。

回国之后,缪祐孙仍回户部任职。由于所著《俄游汇编》"探访精详,有裨时务",于光绪十六年六月被总理衙门褒奖,"免补主事,以本部员外郎遇缺即补,并赏加四品衔";不久调任总理衙门章京,先任司务厅收掌,后派俄国股当差,又兼法国股,直至去世。①

复活节是俄罗斯东正教教历中最重要的节日,又叫彩蛋节。这一天充满喜悦的气氛,参加礼拜,设宴聚会,此外还有交换复活节彩蛋的风俗。俄国的复活节彩蛋材质各异,色彩缤纷,寄托了人们的美好愿望。缪祐孙正好赶上了在俄国过复活节,亲身体验了那种无处不在的欢乐和喜庆。他写道:"二十六日,已卯,晴,为俄鸡子节。盖其俗奉东教,以昨日为耶稣死,今日复生,家家称庆,食采鸡子。其法用鸡子裹以五色绒,浸水煮之,其纹斑斓焉。前十余日,肆间售玩具,或木质,或草织,或绫锦,或玻璃,或瓷,或铜,或银,皆作鸡子形,傅以人物花鸟绘画,其中或置香水一瓶,或针、剪、刀、梳之类,其粗者实以饧。民间纷纷购取赠遗,为馈节之礼。其至好者,必以酒食相邀约。"②看来,鸡子节这一天,彩鸡子是家家必备的一道大餐。

马戏也是俄国的国粹,技艺高超,水平一流,驻俄中国使臣少有不观者,缪祐孙也不例外。"二十五日,戊申,大雪。竟日赁庑谟伊咯街。夜,使馆诸人约看马戏。其步法与乐之节拍相应。至于脱其衔辔,驰其鞍鞯……以纤腰女郎,剪发稚子,足各立一骑,左之右之,巧献各伎,从容不迫,可谓难矣!又置诸乐器,使小象五,以鼻鼓之,大象一,执鼓挝以节之,金石和谐,条理不紊,亦一异也。末一女子寻橦度索,趫捷可观。"③从字里行间可以看出,缪祐孙对俄国的马戏表演颇感新奇。

缪祐孙听说有人在教堂举行婚礼,雨后阴天,亲自前往当一回看客。他写道:"二十一日,癸卯,阴,夜微雨,往礼拜堂看德商某娶。其俗婚期男

① 参见马千里:《奉使游历求真知——缪祐孙与〈俄游汇编〉》,载于《书屋》,2006 年第 3 期。关于缪祐孙的卒年,学界有不同意见。马千里先生认为,缪祐孙卒年 44 岁,而柯愈春先生认为,卒年 41 岁(参见柯愈春:《清人诗文集总目提要》(中册),北京古籍出版社,2002 年,第 1809 页)。

② 缪祐孙:《俄游汇编》,台湾文海出版社,1973 年,第 601 页。

③ 同上,第 549 页。

女皆至礼拜堂,张烛奏乐,数童子歌以叶之。神父领夫妇至神前,颂经教诫,既以手摩顶数四,咸俯首受诫,携归成礼。其亲友多来相礼,伴送男女各十数人,分立左右,给经文一幅,手执口诵,其他观者楼上下近百许人。"①由于婚礼在教堂进行,并由神父主持而显得庄重,又因有亲友以及其他观者的出席而气氛热烈。

缪祐孙在俄国期间还尝试学习俄语,为此聘请了一位俄国老妇人教授。他认为俄语中"有数音皆中国所无,而措辞之变法尤多,倘轻重急徐及其变法稍有未谐,便茫然不解。如称法国曰佛浪凄耶,称其人曰付兰楚斯克;称普鲁士曰不怒喜耶,称其人曰诣蔑子;称土尔基曰土尔其耶,称其人曰土烈士克。诸如此类,不一而足",故其所学"颇难吻合"②。对于俄文发音之特别、词形变化之繁复、构词形式之多样、语法关系之严密,缪祐孙有切身的感受。

在圣彼得堡,缪祐孙也拜访过著名汉学家王西里,并且接受了汉学家格奥尔吉耶夫斯基的赠书:"偕余威烈甫访俄之华文塾师瓦西理,又同访格倭尔几耶甫司克,其人能通十余国文字,曾游欧、亚二洲,在华数年。博览中国书籍,能晓其大义。赠所著译中学书一巨册,极称纲常大义为中国根本,又旁及古载籍,所读书则五经、四书、家语、老墨庄列、国策、国语、资治通鉴、三国志、路史、阙里、文献考、太平御览、册府元龟、渊鉴汇函、陔余丛考、五礼通考、颜氏家训、温公家范、文公家礼、历代名臣奏议、古文渊鉴、经义考、毛西河全集诸书,颇知考证古事,笃信孔孟。谈次谓中国开辟最早,至今能守旧制,欧洲诸国所不及也。"③这里的"中学书一巨册",乃格奥尔吉耶夫斯基所著《中国的生活原则》。书中对以儒家思想为核心的中国人生活理念和生活方式予以赞扬。为了完成该书的写作,格奥尔吉耶夫斯基参考了许多中国古典文献。缪祐孙在《俄游汇编》中只是列举了其中的一部分。

## 第四节　王之春及其《使俄草》

王之春(1842—1906),字爵棠,号椒生,湖南省清泉县人。为明末清初

---

① 缪祐孙:《俄游汇编》,台湾文海出版社,1973 年,第 589 页。
② 同上,第 687—688 页。
③ 同上,第 601—602 页。

大思想家王夫之的七世孙。王之春出身文童,弱冠从戎。19 世纪 70 年代,先后作为李鸿章和彭玉麟的部属,驻防北塘海口和江苏镇江一带。光绪五年(1879 年),日本正式吞并琉球,威胁中国东部海疆,王之春受两江总督沈葆桢派遣赴日本查探,并将此行见闻写成《谈瀛录》。同年,他还根据顺治至同治年间中外交涉的有关材料辑录成《清朝柔远记》一书。1888 年王之春由广东粮道迁浙江按察使,同年又迁广东按察使。1894 年出使俄国。1898 年任四川布政使,次年升山西巡抚,不久调任安徽巡抚。1902 年任广西巡抚,主张以让出广西全省筑路权和开矿权为条件,借法国驻越南军队镇压广西会党起义,激起国内拒法运动。1903 年被革职。1904 年遭爱国志士万福华谋刺未遂,万福华被捕,黄兴、章士钊等牵连入狱。此案轰动一时。

光绪十七年(1891 年),王之春在担任广东按察使期间,曾代替因病请假的广东巡抚刘瑞芬接待来华旅行的俄国皇储尼古拉。王之春与尼古拉"三次晤话",并设宴款待。正因为如此,1894 年他作为清政府专使被派往俄国,一是吊唁亚历山大三世逝世,一是庆贺尼古拉二世登基。除此之外,他还负有重要的外交使命,那就是促使俄国出面调停中日甲午战争。

回国后,王之春将俄国及沿途所经过地区的地理状况、历史沿革、人文风貌、军械更新、政治变革等情况汇集成书,名曰《使俄草》,又名《使俄日记》。全书共八卷,其中第四卷专门介绍俄国和专使在俄的活动情况。

从光绪二十一年正月二十二日抵达圣彼得堡,到二月二十二日由俄罗斯启程赴德国等国游历,王之春恰好在俄国逗留一个月。除参加外交活动以外,还有一系列的参观和考察,包括皇宫、大教堂、博物院、万生院(动物园)、书库、制造钱币局、格致学塾、水师学堂等。此外,他观看过芭蕾、陆操(陆军演练)、溜冰、赛马。因此,王之春出使虽然负有外交使命,但《使俄草》所载内容与中俄文化交流不无关系。

《使俄草》完整而简练地介绍了俄国历史,远远超过同时代的其他作品。说其完整,是因为它从 862 年留里克王朝建立开始,一直讲到末代沙皇尼古拉二世,内容包括皇位的更替及主要大事;说其简练,是其仅用近两千个汉字就叙述完毕。比如, 他这样叙述罗曼诺夫王朝前期的历史:"……乃举麦格而为王。麦格而者,姓罗曼懦非。其父即教士非喇里底司,前使波兰,被囚未释,母与前朝亦系懿亲,累世忠贞,咸谓其德泽胄系,宜膺是位,乃迎立之。其父非喇里底司还国,亦能悉心辅佐。麦格而死,子非得儿第二立。五年亦死。无子,有母弟曰伊凡第五,庶弟曰彼得,并立为王。所非爱者,前后阿来格赛之女,守贞不嫁。伊凡无能,藉保卫名,擅权干政,欲使人杀彼得。事泄,所非爱出室,彼得之权始振,伊凡拥虚名。"①在他的笔下,奥丽加(Ольга)"具有智巧胆略";弗拉基米尔(Владимир)大公"性荒淫无度";伊凡一世(Иван I,1288—1340)"治国明决,颇能振兴";伊凡三世(Иван III,1440—1505)"英明机警";伊凡四世"居心残虐,谬戾嗜杀";彼得一世"性情颇躁","一以霸术为事";叶卡捷琳娜二世"居位数十年,战胜攻取列邦";尼古拉一世"刑戮颇重",与各国征战,愤恨而死;亚历山大三世"秉性仁慈,以息战安民为心"。②经过王之春的总结,历代俄君的个性和治国特点跃然纸上。当然,《使俄草》的叙述也有讹误。前文中称,罗曼诺夫王朝第一任沙皇米哈伊尔·费奥多罗维奇死后,继承王位的是费多尔 (Федор), 而实际上是阿列克塞·米哈伊洛维奇 (Алексей Михайлович,1629—1676)。阿列克塞·米哈伊洛维奇是米哈伊尔·费奥多罗维奇唯一的儿子,1645 年至 1676 年在位。费多尔是米哈伊尔·费奥多罗维奇之孙、阿列克塞·米哈伊洛维奇之长子。阿列克塞·米哈伊洛维奇死后,费多尔始才登基。

王之春在俄期间,参观了书库(即图书馆),因此在《使俄草》中有关于俄国馆藏图书情况的记述:"……复与许公同游其国书库。凡数十楹,其书最古者为蜡丁、犹太文,用牛革录写,捆作大卷,以备一格,盖不复能开视也。据西史称,犹太开国于有夏之时,厥后遂启希腊。有商中叶,洒哥落从厄日多来立国,始以文字传其国人。欧人通文学自希腊始,正如中国之贵史籀大篆也。其次则麻哈墨特之经文,乃得于突厥者,已知装潢成册矣。至俄主彼得罗及喀特林所自手录之书,尤珍贵异常。又有蒙古文西藏经典,其护页皆用革。若英法荷兰书,不下数千种。中国书籍有清文经书、东华录、性理精义、朱子全书、中枢政要、户部则例等数十种,亦有小说书,若西厢记、红楼梦之类。所藏约数十万卷,天文、算学、舆地、医学、化学,分别部首,以类相从。亦有中国各色画册。"③王之春在这里不仅看到了欧洲最古老的拉丁文和犹太文牛皮书,还见识了珍贵的伊斯兰教经本,以及彼得大帝和叶卡捷琳娜二世的手稿。此外,汉籍收藏也很丰富,还为蒙藏文经典制作了皮封套。

---

①　王之春:《使俄草》,台湾文海出版社,1967 年,第 228—229 页。

②　同上,第 225—233 页。

③　同上,第 262—264 页。

　　王之春的《使俄草》是最早记录柴可夫斯基（И. П. Чайковский,
1840—1893）《天鹅湖》的文献之一，他将这部名剧的剧名译为《鸿池》："出
名'鸿池'，假托德世子惑恋雁女，而妖鸟忌之。声光炫丽，意态殊佳。并演
宫中招集各国乐妓跳舞，或百人，或六七十人，衣装随时变换，皆鲜艳夺
目。每更一出，则以布遮之，及复开，而场中陈设并异……至于曲中节目，
则不免近于神仙诡诞之说，与中土小说家言略同。"①

　　此外，王之春在圣彼得堡还得以与一位俄国汉文教师就中国文化与
西方文化之优劣进行过晤谈。对此，他留下了这样的文字："夜晤俄之华
文塾师云：中国之书四书五经，以纲常大义为根本，其他孔子家语、老庄
墨列、国策、国语、资治通鉴、温公家范、朱子全书、历代名臣奏议、陔余丛
考、五礼通考诸书，皆有关经世之学，良由中国开辟最早、教化最先，孔孟
之所言皆有名理，非若耶稣之教所言徒多怪诞也。"②这位"华文塾师"究
竟是谁呢？蔡鸿生先生认为，该"塾师"对中国古籍如数家珍，并具有排斥
耶稣教的倾向，同时又有与清政府使臣晤谈的资格，符合这三个条件的
只有"此时已年过古稀的王西里"。③

　　《使俄草》中还提到过一位汉学家，他就是柏百福。"柏百福邀赴其家
茶会，情文交至，意殊可感。柏君能通各国语言文字，居京师二十余年，故
于华事尤甚悉云。"④

　　柏百福系王西里弟子，1870 年自圣彼得堡大学东方语言系毕业后进
入外交部亚洲司工作，随即被派往俄国驻华公使馆，1886 年成为俄国驻
北京总领事。1902 年回到圣彼得堡大学任教，直到 1913 年去世。由于他
补编并出版的巴拉第遗著《汉俄合璧韵编》而驰名欧洲汉学界，被推选为
圣彼得堡皇家科学院通讯院士。

## 第五节　戴鸿慈及其《出使九国日记》

　　光绪三十一年六月十四日（1905 年 7 月 16 日），《派载泽等分赴东西
洋考察政治谕》称："方今时局艰难，百端待理，朝廷屡下明诏，力图变法，
锐意振兴，数年以来，规模虽具而实效未彰，总由承办人员向无讲求，未

---

①　王之春：《使俄草》，台湾文海出版社，1967 年，第 202—203 页。

②　同上，第 294 页。

③　蔡鸿生：《俄罗斯馆纪事》，广东人民出版社，1994 年，第 127 页。

④　王之春：《使俄草》，台湾文海出版社，1967 年，第 311 页。

能洞达原委,似此因循敷衍,何由起衰弱而救颠危。兹特简载泽、戴鸿慈、徐世昌、端方等,随带人员,分赴东西洋各国考求一切政治,以期择善而从。"①由此引发了清末重要的历史事件"五大臣出洋"。

戴鸿慈,出洋"五大臣"之一,生于1853年,广东南海人,字少怀,光绪二年进士。先后任山东、云南学政,内阁学士,刑部、户部侍郎等职。由于革命党人吴樾挟炸药登车狙击,朝廷被迫推迟了五大臣的出洋行期,并以尚其亨、李盛铎代替徐世昌、绍英。新的"五大臣"分成两路出洋考察。载泽、尚其亨、李盛铎为一路,而戴鸿慈、端方为另一路。1905年12月7日(光绪三十一年十一月十一日),"戴端团"自北京启程,"以八月之内,历十五国之地,行十二万里之程"。②在外考察期间,戴鸿慈擢升礼部尚书;回国后,筹划预备立宪,由厘定官制大臣升任法部尚书。宣统元年(1909年),充报聘俄国专使大臣,经东北赴俄。后以尚书在军机大臣上行走,晋协办大学士。1910年卒。

戴鸿慈撰有《出使九国日记》十二卷,述其考察途中见闻,光绪三十二年刊印。戴鸿慈在论及出使日记与考察报告的关系时称:"此次出洋考察政治,调查所及,编辑斯详。是书专就鄙人所亲历,随时记录,间及琐细,足以补其所未备。"③据《出使九国日记》第十卷记载,"戴端团"于光绪三十二年四月二十五入俄境,至闰四月初五离俄,其间在圣彼得堡逗留八天,参观了海港、冬宫、博物院、水师学堂、船厂、瓷器厂、银行,观看了阅兵、马队兵操、卫队步兵,拜见了尼古拉二世及皇后,并访问刚刚下台的首相维特。

一入俄境,戴鸿慈便立刻亲身体验到俄国"车政极弊,行旅不便":其一,一张车票被分为车费、座位费、寝车费三种费用,购买车票时须"分次交纳",如果只购车票而不购座位,"仍不得坐也";其二,当时"文明诸国,汽机概用石炭或石油",而俄国则"仍杂用薪木,以至火星四飞,煤炱熏灼,车中大受其害";其三,俄国车站均远离人们的住所。④

但是,当戴鸿慈前往圣彼得堡海港参观时,由衷地赞叹眼前的美景:"六时,往观海港。沿途过大桥二,水波不兴,扁舟荡漾。路旁树林阴翳,清

① 故宫博物院明清档案部编:《清末筹备立宪档案史料》(上),中华书局,1979年,第1页。
② 戴鸿慈:《〈出使九国日记〉序》,载于《出使九国日记》,湖南人民出版社,1982年,第23—24页。
③ 戴鸿慈:《〈出使九国日记〉例言》,载于《出使九国日记》,湖南人民出版社,1982年,第26页。
④ 戴鸿慈:《出使九国日记》,湖南人民出版社,1982年,第220页。

风袭人,惜有小雨。及到海口处,烟波无际,岛屿隐见于树色间,景物之佳,无异洞庭春色也。是日夕阳既下,霁色尚明,树影铜钲,晚霞交映。"此外,圣彼得堡昼长夜短的现象在戴鸿慈的日记中也有记载:"夜十一时始晦黑,迨二时而天又亮矣。"①

馈赠礼品一向是中国使团出使过程中不可或缺的活动之一。戴鸿慈致送俄廷礼物,多属康雍乾嘉时期的器物。致尼古拉二世的礼品包括六种:康熙天蓝瓷瓶一件、雍正江豆红瓷瓶一件、乾隆雕漆帽筒一对、嘉庆青花瓷茶壶一件、景泰蓝凤樽一件、织绒台毯一张。致俄国皇后的礼品也是六种:雕玉盖景泰蓝底捧盒一对、乾隆豆青瓷尊一对、乾隆雕漆手盒一对、景泰蓝花瓶一对、绣花台毯一件、绣花门帘二对。②

在短短几天的访问中,戴鸿慈两次近距离接触俄国的油画作品。他在冬宫目睹:"宫中铺陈奢丽,所藏雕石镂金之品甚多,而以油画为最多,绘本国历史上有名誉之战役,所以昭示子孙、焜耀远人也。"③关于博物院,他描述道:"院藏油画千数百幅,并极古之名画也。院中又多设画工,就旧画摹临新本,俾广流传,亦可出售云。"④可见,俄国的油画之多令戴鸿慈印象深刻。

与政治考察使命相契合,戴鸿慈在圣彼得堡向俄国前首相、远东扩张政策的积极策划者和推动者维特请教宪政。维特认为,"中国立宪,当先定法律",而中国立宪"约计总以五十年准备",也就是说中国要有五十年的预备立宪期。对此戴鸿慈不敢苟同,说:"中国今日之事,方如解悬,大势所趋,岂暇雍容作河清之俟?"当然,他也意识到不能空言立宪,因为"国民无普通智识与法律思想,则议法与奉法,略无其人,弊与不立宪维均"。⑤

出洋前,戴鸿慈已对俄国历史、地理有一定了解,在圣彼得堡的参观则加深了了解。关于彼得大帝,他写道:"向读俄史,知彼得大帝身材魁硕而威仪鄙野,不类高贵人;今观遗像,形容粗俗,仿佛其生平矣。"⑥他还说,俄国幅员辽阔,兼跨亚欧,但荒漠地居多,人口不如中国之庶。通过此次俄国之行,戴鸿慈认识到俄国的某些现状:"乡间小民,识字者仅十之一。故大学堂程度虽高,而普及教育尚未可言。"但是,俄国政治多效仿欧

① 戴鸿慈:《出使九国日记》,湖南人民出版社,1982年,第221页。
②④⑥ 同上,第223页。
③ 同上,第222页。
⑤ 同上,第225—226页。

洲列强,"其立宪资格则较中国为高"。①

从戴鸿慈出使俄国的日记中可以看出,他于考察政治之外,将经济和文化也纳入视野。作为清末重臣,戴鸿慈对俄国已有较深刻的认识,并将中俄国情进行了对比。

## 第六节　张庆桐及其《俄游述感》

在中俄文学交流史上,作为第一个与列夫·托尔斯泰有笔墨往来的中国人,张庆桐占有非常特殊的位置。然而长期以来,我们对张庆桐生平事迹的了解非常有限,对其在中俄文化交流史上的作用更是评价不足。笔者拟利用中俄文献,做点补苴罅漏的工作。

1. 张庆桐生平

中国人最初是从罗曼·罗兰(Romain Rolland,1866—1944)的《托尔斯泰传》中知道张庆桐与列夫·托尔斯泰通信一事,然而对原文中 Tsien Huang-tung 一名的翻译却颇费周折。徐懋庸在 1933 年出版的译本中认为是"钱玄同",傅雷于 1935 年出版此书重译本,做注"此人不知何指",郭沫若则以为最可能是"张之洞"。1945 年,著名戏曲史专家蒋星煜先生在《大公报》副刊"综合"上发表《钱玄同与托尔斯泰通过信吗?》一文,断定此人就是"钱玄同"。可以说,这一问题当时受到了许多学者的关注,可谓雾里看花,众说纷纭。最终,得益于两个人的努力,使这一悬案水落石出。

20 世纪 50 年代初,戈宝权在莫斯科查阅了列夫·托尔斯泰的档案,找到了中国人来信的原件。②1955 年,在纪念列夫·托尔斯泰逝世 45 周年之际,戈老用俄文撰写《托尔斯泰文学遗产在中国》一文,发表在苏联的《友谊报》上,指出写信者为留俄学生张庆桐。③1956 年时任北京图书馆副馆长的张铁弦在北京书肆上觅得张庆桐所著《俄游述感》一书,将其赠送给戈宝权。戈老的考证得到进一步确认,同时也获得了郭沫若的肯定。④自此,许多年中外研究者在介绍张庆桐的生平时多引用戈宝权的结论,其中也包括苏联著名作家、列夫·托尔斯泰与东方关系的研究者希弗曼

① 戴鸿慈:《出使九国日记》,湖南人民出版社,1982 年,第 227 页。

② 参见戈宝权:《托尔斯泰和中国》,载于《上海师范大学学报》,1981 年第 1 期。

③ Гэ Бао-цюань. О литературном наследстве Л. Н. Толстого в Китае//Дружба, 20. X. 1955.

④ 参见郭沫若:《沫若文集》(第 9 卷),人民文学出版社,1959 年,第 476 页。

(А. И. Шифман,1907—1993)[①]。

　　然而还有一个鲜为人知的情况。1946年,在北平出版的《新生报》的"学术周刊"版第三、四、五期上连载了一篇长文,题为"俄游述感及其著者张庆桐先生——第一位和托尔斯泰通信的中国人",作者韩刚。韩刚是韩文佑(字刚羽)的笔名,时任北京大学文学院讲师。1939年,他在地摊上非常偶然买到一部《俄游述感》,发现书中详述了作者与列夫·托尔斯泰的通信过程并发表了《致托氏书》和《托氏覆书》,还附有列夫·托尔斯泰手迹的影印件。张庆桐与列夫·托尔斯泰的交往轶事激起了韩文佑先生的极大兴趣。蒋星煜的文章发表后,在朋友的督促下,韩文佑撰文进行回应与澄清。据笔者所知,这是国内对张庆桐生平及其与列夫·托尔斯泰交往的最早的考证和研究,但他对张庆桐1912年以后的事迹"一时无考"[②]。20世纪80年代,张中行先生得阅好友韩文佑所藏《俄游述感》一书,撰写《张庆桐》一文,对张庆桐的生年以及1912年之前的行状又做了考证,而对于此后的活动,"推想他年仅不惑,通俄语,通中事外事,思想通达,不会甘心在林下作遗老。可是是否这样,以及做了什么,只能'无'闻阙疑了"[③]。

　　这样一位对中俄文化交流做出过贡献的人,其生平事迹存有很多疑问,不免令人遗憾。近年来,笔者留意相关中俄文献,不断积累和拼接,基本上厘清了张庆桐的人生轨迹,简述如下:

　　张庆桐,字凤辉、凤翚,江苏上海县人。生于清同治十一年(1872年),1895年前在江阴"游学"。"甲午中日之役,余愤国势骤落,乃弃旧文求新学,以平日习闻大彼得之遗事而未得其详,于是决意习俄文。"[④]由在天津谋生的仲兄劝说,抛却科举之念,于光绪二十二年(1896年)考入同文馆,"遂私愿"而选俄文为专业。因为年龄偏大,开始时成绩不太理想,但在中国教习王季同和俄国教习光柯璧确甫的鼓励下后来居上。光绪二十五年(1899年)同文馆选派张庆桐、傅仰贤(肄三)、陈瀚(飞青)和郝树基(绪初)4名成绩优异者赴俄留学。除傅仰贤外,其他二人以及同文馆学生范其光(冰澄——笔者)与张庆桐同船由上海经海路抵敖德萨港。驻俄公使

　　① Шифман А. Первый китайский корреспондент Льва Толстого//Москва,1959,№10.

　　② 韩刚:《俄游述感及其著者张庆桐先生——第一位和托尔斯泰通信的中国人》,载于《新生报》,1946年四月十六日、二十三日、三十日。

　　③ 张中行:《负暄续话》,中华书局,2006年,第11—17页。

　　④ 张庆桐:《俄游述感》,1912年自刊,第21页。

杨儒安排张庆桐等先入圣彼得堡艺文学堂学习。所谓的"艺文学堂",当指圣彼得堡师范学校。这所学校建于 1872 年,是俄国最富影响的中学教师培养基地。1897 年 9 月 20 日驻俄公使馆的陆征祥与该校校长签有《圣彼得堡师范学校接纳中国使馆学生学习条件》。① 1897 年至 1899 年,清政府派出的首批驻馆学生邵恒浚、桂芳、陈嘉驹和李鸿谟四人也曾在这里学习。

从彼得堡艺文学堂毕业后,张庆桐又进入圣彼得堡的一所"大学校"学习"政法科",人们多以为是圣彼得堡法政学堂,其实不然。张庆桐在《俄游述感》中虽未直接指出校名,但他所毕业的"大学校"当是"俄京帝国大学校",即圣彼得堡大学。这是因为,他的俄国朋友汉学家威西纳和与他"同习政法学科"的日本朋友上田仙太郎(1868—1940,1903 年毕业)都是圣彼得堡大学学生,国际公法专家马尔腾斯(Ф. Ф. Мартенс,1845—1909)也是"俄京大学校教习",而他"常喜往听其讲授……与马氏雅有师生谊"。② 此外,查当时圣彼得堡有学校名为皇家法律学校,初建于 1835 年,1918 年关闭,笔者在这所学校 1917 年前的学生名单中没有找到张庆桐的名字。③ 与此同时,在中国台湾学者苏精 1985 年出版的《清季同文馆及其师生》一书中,也有张庆桐于光绪三十一年(1905 年)从圣彼得堡大学法律专业毕业的明确记载。

在俄留学期间,他曾遍览俄国名胜,畅游伏尔加河,并考察法、英、意、芬等国。光绪三十一年(1905 年)冬,张庆桐从圣彼得堡大学毕业,恰逢挚友陆征祥被拣选为荷兰驻使,他受邀前往参赞其事。因家人屡次电促其归,遂决定先请假归国省亲。1905 年 12 月张庆桐由圣彼得堡回国,途经莫斯科时因铁路工人罢工而受阻一月有余。

1906 年归国后,张庆桐担任过分省道北洋工务局会办。④ 次年参加了在海牙召开的万国和平会议(海牙保和会),任副议员之职。1910 年随载涛赴日、美、奥、俄等八国考察陆军,1912 年 41 岁时刊《俄游述感》一书。1913 年 4 月 25 日大总统袁世凯任命张庆桐为外交部特派黑龙江交涉员,8 月 8 日到任视事。1915 年 10 月 14 日受命担任恰克图都护副使兼佐

---

①　Петров А. И. История китайцев в России. 1856–1917 годы.СПб.,2003.С.730–733.

②　张庆桐:《俄游述感》,1912 年自刊,第 67 页。

③　Пашенный Н. Императорское Училище Правоведения в годы мира, войны и смуты. Мадрид,1967. С.91–242.

④　参见北京市档案馆编:《那桐日记》(下册),新华出版社,2006 年,第 593 页。

理专员,1918 年 3 月 15 日卸任,转任阿尔泰办事长官,[①]成为一方封疆大吏。然而,从 1919 年 1 月到任至 3 月,张庆桐在这个位子上只坐了两个多月,便因一场轰动全国的兵变而下台了。1919 年 3 月 7 日,张庆桐被指积饷不发,代之以私印纸币,引起阿尔泰驻军兵变,险遭杀害。国务院当即谕令张庆桐回京听候查办,由杨增新保举的周学务代理办事长官。8 月,阿尔泰划归新疆,成为阿山道。1920 年 3 月 20 日,北京政府下令撤销张庆桐职务。经文官高等惩戒委员会议决,给予张庆桐褫职停止任用六年的处分。[②]可以说,阿尔泰兵变葬送了张庆桐的仕途,改变了他的命运。设想六年之后,他已经年过半百,又是被弃用的戴罪之人,恐很难再受重用。或许正是因为这个原因,在此后的民国文献当中,再也找不到有关张庆桐的消息了。唯一的线索便是韩文佑和张中行在 20 世纪 40 年代末听说,张庆桐先生"住在东城,有人曾见他在东城某地散步"[③]。

　　阿尔泰兵变是民国史上非常重要的历史事件。对于兵变的直接责任人张庆桐的是非与功过,历史学家们至今仍在评说。然而几乎未曾有人将他与当年那位与列夫·托尔斯泰通信的热血青年联系在一起。

　　2.《俄游述感》中的俄国历史与社会

　　《俄游述感》一书刊行于 1912 年,但完稿时间却在 1906 年。对于此书,韩文佑和张中行已有介绍,笔者拟再略加补缀。此书书名中虽有一"游"字,但并非实时记录旅俄观感的游记,而是张庆桐回国后在短时间内完成的留俄生活回忆录。内容涉及俄国历史与文化、政治与法律、民情与风俗、科学与教育、中俄关系、旅行见闻、中俄友人、翻译《李鸿章》以及向列夫·托尔斯泰等人赠书、致信的经过和访谈。作者写作手法不拘,既有娓娓道来的客观叙事,也有与各种人物思想交锋的对话实录,还有对俄国书刊的摘译转述。作者在叙事之余,不忘阐发自己的观点,抒发自己的感情,读来令人回味。

　　1900 年夏天,张庆桐随老师回到家乡哇劳革带(今译沃洛格达),房东主人之妻正好是一位中学历史教员,为张庆桐连讲数日俄国历史,赞颂彼得大帝和叶卡捷琳娜二世的丰功伟业,认为"俄国变法,始于彼得,而终于加他邻(叶卡捷琳娜二世——笔者)。俄民之形,大帝范之,俄民

---

① 参见刘寿林编:《辛亥以后十七年职官年表》,台湾文海出版社,1974 年,第 472—474 页。

② 参见中华民国史事纪要编辑委员会编辑:《中华民国史事纪要(初稿):中华民国九年》,台北"中央文物供应社",1980 年,第 155 页。

③ 张中行:《负暄续话》,中华书局,2006 年,第 12 页。

之灵,加后孕之"①。张庆桐对于叶卡捷琳娜二世为修法典而颁布的"手教"(敕令)极感兴趣,对其中的重要章节题目加以翻译。张庆桐深为"大帝之诛爱子,加后之种痘"所感动,领悟出一个道理,那就是"盖欲变法,必以实行为先也"。②面对房东女主人的丰富学识与滔滔口才,听着叶卡捷琳娜二世的文治武功,张庆桐在敬佩之余,生发出了对中国女子屈从地位的不平。

张庆桐因直接协助杨儒参与《中俄交收东三省条约》的谈判,曾为上海一家报纸撰述议约经过。恰逢沈荩因揭露清政府签订《中俄密约》阴谋而被西太后密旨杖毙的消息传来,张庆桐颇感后怕,由此对俄国的"刊印文字律"(即书报检查制度)发生兴趣,对其沿革进行了详细考察,并同西欧国家的制度进行了比较。他认为俄国"行政官干涉刊印文字之权极大"③,而德、法、奥诸国之律"虽条目各异,而宗旨皆注重私罪,偏轻公罪。私罪者,诬蔑私人,公罪者,訾议国政"④。他以俄国著名报人苏哇黎恩(今译苏沃林,А. С. Суворин,1834—1912)出版报纸《诺哇甫连苗》(今译《新时代》)为例,深感报业对于国家发展与民族振兴的意义,希望能在中国创建一份民办大报,培养人才,大译新书,以"减外人轻侮之心,增国民普通之识"⑤。

张庆桐还是俄国 1905 年革命的见证者。是年冬天,他从圣彼得堡启程,途经莫斯科,准备经西伯利亚大铁路回国。然而,当他到达莫斯科时,却发现这里的工人正在举行暴动,在俄国友人巴热诺甫家滞留了一个月。他密切关注局势发展,从报纸上译介相关文章,而且还非常生动地记录下了他的经历:"于俄历十二月初五日离彼得堡,初六日晨到墨斯科(今译莫斯科——笔者)。是日在车中,已闻人言墨都将有暴动,及入尼可拉车站,境象如平时。余寓大客店迷噩劳帕尔(今译梅特罗波尔饭店——笔者),甫卸行装,即谒旧友巴热诺甫氏,言民变将发,劝余移寓其家,余漫应之。是夜,巴氏来约余观剧,坐客寥落,气象萧索。初七日饭后,乘车至铁会尔街(今译特维尔街——笔者),过总督衙门,见德拉哥恩(今译骑兵——笔者)数十骑及警察数十人,向西追逐罢工人一群,车夫喜事,欲随之,余

---

① 张庆桐:《俄游述感》,1912 年自刊,第 17 页。
② 同上,第 18 页。
③ 同上,第 42 页。
④ 同上,第 41 页。
⑤ 同上,第 45 页。

急叱回。是夜晚膳后,出店一望,四面黑暗,街上但有煤气灯,路上行人极少,但遇贫人索钱。余心悚然,急回。是日乱党发令,所有店铺局厂银行铁路一例罢工,惟自来水局及食物铺皆准照常工作,又派人驱逐黑党(乘机打劫者),令下,民多响应,有不从者,强逼之。傍晚巴氏复来相劝,乃于初八日黎明迁至其家,留居月余。初八日午后,路上已不可行,幸矣哉,亦险矣哉。至俄正月十一日,始得乘车经西比利(今译西伯利亚——笔者)东归。当乱亟时,曾出外,一次见数百人唱乱词,步伐整齐往东行,警士见之,听其过,旋闻枪声,知官军来,乃四散。余躬逢墨都民变,虎口余生,安可不记?"①这些文字无疑具有非常重要的史料价值。

俄国东方学研究历史悠久,成就巨大,俄国皇家地理学会所发挥的作用不可忽视。尤其在19世纪末20世纪初,俄国多次派遣所谓的考察团来中国,进行了全面的观察和研究,而组织者就是俄国皇家地理学会。张庆桐对这个组织的创立和发展进行了认真探究,发现其自1854年由尼古拉一世钦命成立以来,以后的亚历山大二世、亚历山大三世、尼古拉二世多次谕令,对该协会的活动给予嘉奖并在资金上给予充分的支持。从张庆桐的叙述中我们还获悉,在俄国皇家地理学会的成员中,竟然还有一位中国人,他就是陆征祥。俄国皇家地理学会尽管表面上标榜科学研究,但在张庆桐眼中实为"政治家野心之前导也"。他同时慨叹"我国探险之士,自博望(西汉博望侯张骞——笔者)后寥落千载,驯至于今,他人入室,边患日亟,一般坐卧之士大夫,徒能张口议论,庸有济乎"②。张庆桐对中国文人惯于在书斋中空发议论而忧心忡忡。

此外,张庆桐还在书中记录了许多俄国政界和文化界名人,介绍了他们的生平与业绩,记录了与他们交往的过程与谈话内容。在中国人当中,他最常提及的乃是中国驻俄公使馆的杨儒和陆征祥。在张庆桐留俄六年间,此二人给予他多方面的帮助。

《俄游述感》是由精通俄文的中国人所著的第一本俄国问题著作。作为清政府向俄国派出的第二批住馆学生,张庆桐不仅洞悉俄情,具有国际视野,而且善于交际,勤于思考,因而使此书具有了此前使节游俄录难以堪比的文献与思想价值。

---

① 张庆桐:《俄游述感》,1912年自刊,第74—75页。

② 同上,第31页。

### 3.张庆桐与列夫·托尔斯泰

在列夫·托尔斯泰的亚斯纳亚·波利亚纳庄园，至今收藏着一部俄文版的《李鸿章》，上面写着："恭请俄国文豪雅教，张庆桐敬赠。"此书不仅开创国人俄译汉籍先河，而且也是张庆桐与托翁通信的起因。1905年冬张庆桐从伦敦将此书寄给了列夫·托尔斯泰并附函一封，托翁欣然回信，成就了中俄文学关系史上的一段佳话。

《李鸿章》一书，又名《中国四十年来大事记》，为梁启超于1901年因戊戌变法失败而流亡日本期间所撰，文风犀利，思想精辟，纵论中国四十年来大事，出版后备受世人关注。在1904年的俄国，《李鸿章》一书引起了一位名叫阿·沃兹涅先斯基(А. Н. Вознесенский, 1881—1937)的汉学家的注意。张庆桐与阿·沃兹涅先斯基，一个是学习俄文的中国人，另一个是学习汉语的俄国人，两人兼有忧国忧民之心，年少气盛，思想活跃，不仅是生活上的朋友，还是学习上的伙伴。在《俄游述感》中，阿·沃兹涅先斯基被称为"威西纳氏"或"威氏"。1904年，张庆桐与阿·沃兹涅先斯基投入《李鸿章》的俄译工作。两人的翻译速度很快，"每日午前译书一小时，午后译书一小时，两月粗毕"。1905年春，两位译者将《李鸿章》一书版权出售给了十月革命前俄国最大的军事图书出版商别列佐夫斯基 (B. A. Березовский, 1852—1917)出版。《李鸿章》俄文版问世之后，张庆桐通过各种途径，扩大其在俄国社会的影响。他写道："书成，乃筹广布此书之策，使俄通国皆知。乃分三途：一赠内外权要，一赠报界，一赠诗文巨子。"[①]张庆桐将书赠给了俄财政大臣维特，后者亲自呈送尼古拉二世。沙皇收到书后，下旨向张庆桐颁发斯坦尼斯拉夫三级勋章。俄国报界对《李鸿章》一书反应热烈，"彼得堡、墨斯科各报于李鸿章一书评语甚多，大致谓此为中国高等文字在俄开幕之始"[②]。在张庆桐眼中，诗文巨子主要有两位，一位是列夫·托尔斯泰，另一位是当时在圣彼得堡学界享有盛名的国际法专家马尔腾斯。

在接到张庆桐手书之前，列夫·托尔斯泰一直没有遇到一位能够交流思想的中国人。最先与他讨论中国文化的反倒是日本人。正如他在给张庆桐的复信中所言："余老矣，生平数与日本人遇，而中国人则未一遇，且亦未因事得与中国人一通声气。"[③]在与列夫·托尔斯泰有密切交往的日本

---

① 张庆桐：《俄游述感》，1912年自刊，第58页。

② 同上，第74页。

③ 同上，第22页。

人当中,尤以小西增太郎和德富兄弟最为著名。前者协助托翁翻译《道德经》,该译文1894年先在《哲学与心理学问题》杂志上发表,又在托翁去世后出版单行本。此外,小西增太郎还是第一位直接从俄文翻译列夫·托尔斯泰作品的日本人。1896年日本历史学家、"人民之友出版社"负责人德富逸郎(苏峰)和该社编辑深井探访了列夫·托尔斯泰,后来便通信不断。1906年夏德富逸郎的弟弟、日本著名小说家德富芦花也拜访了列夫·托尔斯泰,写有《雅斯纳雅·波良纳五日记》。①

　　张庆桐还是最早向国人介绍列夫·托尔斯泰的中国人之一。在他1906年完成的《俄游述感》中有两处集中介绍列夫·托尔斯泰。作者用非常简略的语言,向中国读者介绍托翁的生平和创作:"托尔斯脱有书曰《主日》(今译《复活》——笔者),大致描摹西比利流戍之苦,此书托氏晚出之作。闻因西比利有千人欲徙美国,苦无资,托氏乃售版权,以所得尽与之。托氏今年七十八岁,年十五入俄楷柴恩大学校(今译喀山大学——笔者),习东方言语科,旋改法科,过四年回籍,复闲散四年,至高加索省兄,投效炮营,屡战有声,自著杂志中尝道之。嗣俄土事起,再隶多那(今译多瑙河——笔者)营,与于一八五四年之役。一八五六年始至圣彼得堡,士流欢迎。其才识发露,始见之《雪滑斯脱帕尔记》(今译《塞瓦斯托波尔故事集》——笔者)(英法联军攻俄)。然当时文人无一与之同见解者,乃游外国,遇爱兄卒,痛之甚,回俄杜门一年。家离墨都不远,乡名鸦诗帕勒恩(今译亚斯纳亚·波利亚纳——笔者)。既而复往详考各国地方教育、公立善会及监狱制度。六十一年归,治其乡里事,专心教育,立学堂,发明善会公理,向为俄所未有。又刊行鸦诗帕勒恩月报(今译《亚斯纳亚·波利亚纳》教育杂志——笔者),详论本乡现行之事。六十九年《和战史》(今译《战争与和平》——笔者)行世,叙俄一八〇五年至二十年国难。于是文名震一世。七十六年,《挨恩那楷连你那》(今译《安娜·卡列尼娜》——笔者)一书出版,是书摹绘上等社会情状,大致可分为二,一写楷连你那之性情,一写连惟恩(今译列文——笔者)之道德,连托氏自托也。"②

　　除译名与当今有所差异外,张庆桐对列夫·托尔斯泰的生平大事和重要作品了然于胸。张庆桐认为"连惟恩"这一形象是列夫·托尔斯泰本

---

　　①　《列夫·托尔斯泰文集(第16卷 书信)》,周圣等译,人民文学出版社,1992年,第325页;《同时代人回忆托尔斯泰》(下册),周敏显等译,上海译文出版社,1984年,第481页。

　　②　张庆桐:《俄游述感》,1912年自刊,第19—20页。

人的"自托"。如果不是精读了托翁的作品并悉心领会,就不可能对《安娜·卡列尼娜》中的人物形象有如此到位的理解。

关于列夫·托尔斯泰的思想和影响,张庆桐写道:"是时为托氏生平学识变迁之日,旧时本主怀疑学派,至此更烈,一时胸中所积困苦疑难皆暴之于词,不能自遏。于是见天下事理日出,智有所不明,乃返求哲学及宗教之学以归宿。思力、宗教学,托氏以为立命之本者也,凡援耶教主张大同学说者,攻击不遗余力。虽观其议论,诚不免有自相矛盾处,然其矛盾要由推求真理而生。学识变后,尽售业产,常着农服,习行劳苦,为平民著轻浅之书,散行俄境内至以数百万计。每年欧美各国来问学理者以数百万计,以书函质疑者亦甚多。总之托氏笔下一言,无不传播天下,偶发一论,俄国及各国报辗转刊登,凡能读书者,无不知有托氏之名也。"[1]

由此可见,无论是青年时期的离经叛道,还是后来复杂而矛盾的宗教意识,对于列夫·托尔斯泰在寻求真理之途上的痛苦与挣扎,张庆桐都有相当清晰的认识。与此同时,透过张庆桐的文字,我们还可以真切领略到列夫·托尔斯泰晚年在全世界所享有的崇高声望以及张氏本人对他的崇敬之情。

六年后,即在《俄游述感》刊出前夕,张庆桐感觉旧时所做介绍似乎意犹未尽,遂在托氏覆书后面再增一段补注,进一步阐发列夫·托尔斯泰的思想,如托翁抨击资本主义罪恶、推崇重农主义传统、提倡寂静无为与消极忍耐等,并号召国民对这位俄国作家对中国的深切期望予以深思:

> 托氏袭爵格拉甫(今译伯爵——笔者),本出世家,晚年常着农服,好与农民往还。俄当维忒氏(今译维特——笔者)执政,提倡工商,国民风气稍变,托氏极端反对。在俄时曾见托氏禁书,大致言人生离地日远,则天真日漓,农民安居乐业,原可以享无限之幸福,迁而为工,虽所得佣率较多,而一身之供求亦倍于昔,且渐染奢华之习,时或陷于罪戾,终之徒促其生命。不观巴黎市场最盛之处乎?陈设百物,光怪不可言状,不知损害性命凡几,始得荟萃于斯,其实只以供少数人之取求而已……而托氏以为功者,彼自别有所见,盖能忍为俄人特性,故受制于蒙古近五百年,而卒能翻然脱其羁绊。托氏亦以此深望之于我也。托氏生平极推重老氏无为,与我国先民感情

---

[1]　张庆桐:《俄游述感》,1912年自刊,第20—21页。

甚厚,此书(指托翁复信——笔者)勤勤恳恳,一出于至诚,以重农主义望之于我,尤有深意。托氏于俄历一九百十年十月初七日谢世,生前有人面称其生平著述。托氏答言:此皆不足道,余以为最有价值者,覆中国人某一书而已。愿读者深长思焉。托氏手书,余珍藏之,异日当置之国家博物院中。①

　　在圣彼得堡大学留学期间,俄国文学曾是张庆桐的主修科目之一。1900年,他与老师朴拉的尔司剌甫前往拉多加湖避暑,"每日巳刻,读名家小说约二十页,师傍坐静听"②。在所有俄国作家中,列夫·托尔斯泰无疑最为他所推崇。他在《致托氏书》中自称"居俄数年,读先生之书",认为"先生精思为文,唱崇民德……又熟知我老氏无为之旨,白种中独先生契之最深乎",希望有朝一日能译介托翁著作,促其流布中国,使"我国民恍然见山斗在北,必骤生亲仁善邻之感情"。③在《俄游述感》中,张庆桐不仅收录了致列夫·托尔斯泰的信,刊发了他自己翻译的托翁复信,而且集中介绍了列夫·托尔斯泰的文学成就,却从未提及当时其他任何一位俄国作家的名字,不能不令人感到惊讶。作为一位在俄留学六年且喜读俄国名家小说的中国人,不可能不知同时代其他作家。或许只有一种解释,那就是,在张庆桐的心目中,只有列夫·托尔斯泰才拥有"诗文巨子"的声望与地位。

---

①　张庆桐:《俄游述感》,1912年自刊,第24—25页。

②　同上,第37页。

③　同上,第21—22页。

民国篇

# 第十三章　马列主义从苏联到中国的早期传播

苏联是马克思、恩格斯的理论同俄国革命具体实践相结合的胜利成果，在实践中产生了列宁主义思想。十月革命的胜利让中国知识分子看到了希望，他们意识到马列主义思想是中国实现民族独立和国家富强的理论武器。可以说，马列主义传入中国是近代以来中国人向外部世界寻求救国真理的必然结果，也是"五四"新文化思想启蒙运动的成果。一批中国的先进知识分子致力于引进、宣传和践行马列主义，建立中国共产党，带领中国人民走向光明的未来。

## 第一节　毛泽东与马列主义

毛泽东说："十月革命一声炮响，给我们送来了马克思列宁主义。十月革命帮助了全世界的也帮助了中国的先进分子，用无产阶级的宇宙观作为观察国家命运的工具，重新考虑自己的问题。走俄国人的路——这就是结论。"①毛泽东对列宁的理论十分赞同。他从国民革命时期到抗日战争时期一直都在思考如何把马列主义同中国革命的实践结合起来，"我们是赞成列宁的吗？如果是的话，就得依照列宁的精神去工作"②。"我们看列宁……如何把马克思主义的普遍真理和苏联革命的具体实践互相结合又从而发展马克思主义的，就可以知道我们在中国是应该如何地工作了。"③毛泽东在中共领导权问题、农民运动问题、统一战线问题、武装斗争问题、民主革命与社会主义革命关系等问题上都自觉运用了马

---

① 《毛泽东选集》(第四卷)，人民出版社，1991年，第1471页。
② 《毛泽东选集》(第三卷)，人民出版社，1991年，第842页。
③ 同上，第803页。

列主义理论。正是在马列主义理论的指引下，中国共产党领导全国人民取得了革命的胜利。

毛泽东在《矛盾论》中指出，辩证法的宇宙观自古有之，但是古代辩证法具有自发朴素的性质，限于当时的社会历史条件不可能完备，也不可能完全解释宇宙，因而被形而上学取代。18世纪末至19世纪初的哲学家黑格尔对辩证法的发展做出了重要贡献，但他的辩证法是唯心性质的。"直到无产阶级运动的伟大的活动家马克思和恩格斯综合了人类认识史的积极的成果，特别是批判地吸取了黑格尔的辩证法的合理的部分，创造了辩证唯物论和历史唯物论这个伟大的理论，才在人类认识史上起了一个空前的大革命。"①而列宁和斯大林的贡献在于发展了这个伟大理论。

"先进的人们，为了使国家复兴，不惜艰苦奋斗，寻找革命真理，这是相同的。"②中俄两国人民的追求也是一样的。"俄国人举行了十月革命，创立了世界上第一个社会主义国家……中国人和全人类对俄国人都另眼相看了"③。

毛泽东比较了中国人寻找救国救民的真理与俄国人研究马克思主义的情况，指出二者有很多相似的地方。"俄国人曾经在几十个年头内，经历艰难困苦，方才找到了马克思主义。中国有许多事情和十月革命以前的俄国相同，或者近似。"④

毛泽东认为，俄国十月革命的道路就是马克思主义的道路，坚信十月革命的道路就是坚信马克思主义。

毛泽东还特别指出了马克思主义理论和中国实际情况相结合的必要性，以防止教条地、僵硬地将国外情况照搬到中国。"我们党走过二十八年了，大家知道，不是和平地走过的，而是在困难的环境中走过的，我们要和国内外党内外的敌人作战。"⑤对于马克思、恩格斯、列宁和斯大林给予中国的理论武器——马克思列宁主义，毛泽东认为马克思主义理论是一种合用的工具。"只有马克思的唯物主义，就是辩证唯物主义，运用到社会问题上成为历史唯物主义，才合用。马克思创立了许多学说，如党的学说、民族学说、阶级斗争学说、无产阶级专政学说、文学艺术理论等，也

---

①　《毛泽东选集》(第一卷)，人民出版社，1991年，第303—304页。

②④⑤　《毛泽东选集》(第四卷)，人民出版社，1991年，第1469页。

③　同上，第1470页。

都应当当作合用的工具来看待。"①

"指导一个伟大的革命运动的政党,如果没有革命理论,没有历史知识,没有对于实际运动的深刻的了解,要取得胜利是不可能的。"②毛泽东对党内的干部提出了更高的要求,即所有文化水平高的共产党员都必须学习马克思、恩格斯、列宁和斯大林的理论,研究中华民族的历史,并结合当前运动的情况和趋势,然后去教育文化水平比较低的党员,特别是中央委员和高级领导干部更应当加紧研究。毛泽东强调指出,马克思、恩格斯、列宁、斯大林的理论不是教条,而是行动的指南,是革命的科学,他们研究真实生活和革命经验得出的一般规律以及他们观察问题和解决问题的立场和方法都是值得学习的。

毛泽东认为斯大林领导的苏联是中国人民真正的朋友。"中华民族和中国人民的解放事业,只有社会主义的国家,社会主义的领袖,社会主义的人民,社会主义的思想家、政治家、劳动者,才能真正援助;而我们的事业,没有他们的援助是不能取得最后胜利的。"③

毛泽东认为一切实际工作必须联系现实情况,并指出斯大林也有过这样的判断,"斯大林的话说得对:'理论若不和革命实践联系起来,就会变成无对象的理论。'……'实践若不以革命理论为指南,就会变成盲目的实践。'除了盲目的、无前途的、无远见的实际家,是不能叫做'狭隘经验论'的"④。

毛泽东指出,除了读书,还要进一步根据马列主义理论以及中国的历史实际和革命实际,从理论上思考中国的革命实践。"因为马克思列宁主义是马克思、恩格斯、列宁、斯大林他们根据实际创造出来的理论,从历史实际和革命实际中抽出来的总结论。"⑤

毛泽东在《全世界革命力量团结起来,反对帝国主义的侵略》中指出,历史会证明苏联道路的正确性,"十月革命给世界人民解放事业开辟了广大的可能性和现实的道路,十月革命建立了一条从西方无产者经过俄国革命到东方被压迫民族的新的反对世界帝国主义的革命战线。这条革命战线是在列宁,而在列宁死后是在斯大林的英明的指导之下建立起来和

① 《毛泽东文集》(第八卷),人民出版社,1999年,第264页。
② 《毛泽东选集》(第二卷),人民出版社,1991年,第533页。
③ 同上,第658页。
④ 《毛泽东选集》(第三卷),人民出版社,1991年,第791页。
⑤ 同上,第814页。

发展起来的"①。这也是中国革命的必经之路。

1942 年 4 月,中共中央宣传部发出经过毛泽东修改的《关于在延安讨论中央决定及毛泽东同志整顿三风报告的决定》,指定整风学习必读的十八个文件,后来又增加了四个学习文件:《列宁斯大林论党的纪律与党的民主》《斯大林论领导与检查》《斯大林论平均主义》和《季米特洛夫论干部政策与干部教育》。毛泽东指出,必须把马克思主义普遍原理和中国革命的具体实际相结合,反对主观主义、宗派主义、党八股作风,发挥实事求是、生动活泼的创造精神。

延安整风运动为夺取中国革命的全面胜利奠定了牢固的思想基础,保持了党内的团结奋斗气氛,使党在政治上、思想上、组织上达到了空前的统一。

## 第二节　李大钊与马列主义的传播

李大钊是一位伟大的马克思主义者，是中国共产党的主要创始人之一。十月革命的胜利极大地鼓舞和启发了李大钊。他意识到俄国革命将对世界历史进程产生重大影响,而中华民族争取独立和解放的事业从此有了希望。他连续发表了《法俄革命之比较观》《庶民的胜利》《布尔什维主义的胜利》《新纪元》等文章,讴歌十月革命,宣传马克思主义。

1919 年 9 月至 11 月,李大钊在《新青年》上发表了《我的马克思主义观》一文,第一次比较完整地介绍了马克思主义理论。文章认为,马克思是社会主义经济学的鼻祖，现在正是社会主义经济学改造世界的新纪元。马克思之前的社会主义者的主张或偏于感情,或涉于空想,不能构成科学的理论与系统。"至于马氏才用科学的论式,把社会主义的经济组织的可能性与必然性,证明与从来的个人主义经济学截然分立。"②在李大钊看来,马克思的理论真正具备了科学性和系统性。

李大钊还介绍了唯物史观的本质和重要意义,认为其目的是为了得到真实的认识以影响人类精神,其作用与神学完全相反:"这不是一种供权势阶级愚民的器具,乃是一种社会进化的研究。而社会一语,包含着全

---

① 《毛泽东选集》(第四卷),人民出版社,1991 年,第 1357 页。
② 《李大钊全集》(第 3 卷),人民出版社,2006 年,第 18 页。

体人民,并他们获得生活的利便,与他们的制度和理想。"与全体人民相比,个别人物和事件并不重要,是附属于全体人民的。"生长与活动,只能在人民本身的性质中去寻,决不在他们以外的什么势力。最要紧的,是要寻出那个民族……生产衣食方法的进步与变动。"①李大钊认为唯物史观与旧历史观的方法截然相反,旧的史观"把人当作一只无帆、无楫、无罗盘针的弃舟,漂流于茫茫无涯的荒海中",将社会变迁视为天意所为,"给人以怯懦无能的人生观";而唯物史观"于人类本身的性质内求达到较善的社会情状的推进力与指导力","给人以奋发有为的人生观",把社会活动和变迁视为人力所创造,"人类本身具有的动力可以在人类的需要中和那赖以满足需要的方法中认识出来"。②

　　1920 年,经在北京大学任教的柏烈伟(С. А. Полевой,1886—1971)介绍,李大钊结识了共产国际代表维经斯基(Г. Н. Войтинский,1893—1953),就创建中国共产党问题进行了探讨。随后他又介绍维经斯基去上海会见陈独秀,共商建党大计。中国共产党成立后,李大钊负责北方地区的工作。同时,他多次代表共产党与孙中山会谈,为建立革命统一战线做了大量工作。

　　1921 年 7 月 1 日,李大钊发表《俄罗斯革命的过去及现在》一文,分析了俄国革命史上的重要时间节点——1825 年、1861 年、1881 年、1905年和 1917 年,详细介绍了列宁、托洛茨基(Л. Д. Троцкий,1879—1940)、布哈林(Н. И. Бухарин,1888—1938)等苏俄革命人物在 1905 年和 1917年革命运动中的活动历程。李大钊对俄国革命力量有深刻的洞察。他将俄罗斯革命的重要势力分为三派:一是无政府主义派,这在虚无主义盛行的时代是一股强大的势力,但在 1917 年已经不再是革命的重要因素。另外两个是自由主义派和社会主义派,是 1917 年前后促进俄国革命的两大势力,其源泉是一般人民对于自由的热烈要求。除了一部分大民族主义者(他们具有很大的自私性和偏见,无法脱离独裁制度)之外,"其余若农民、若工人、若商人、若学生,一般有思想的俄罗斯人心中,都起一种想望由压迫之下救济出来的怒潮,他们在经济上物质上常感受饥荒与缺乏的压迫,又常目睹善良的男女或则流放(在)于荒凉的西伯利亚,或则

①　《李大钊全集》(第 3 卷),人民出版社,2006 年,第 219—220 页。

②　同上,第 220—221 页。

禁锢于黑暗的监狱中,更有洁白的人民惨受酷刑"①,这些景象使他们内心充满愤怒,最终走上了反抗专制的道路。

1924 年 6 月,李大钊赴苏联参加共产国际第五次代表大会,来到了一心向往的红色国度。他在后来写的"赤都通讯"——《苏俄民众对于中国革命的同情》中称赞广袤的俄罗斯风景,与以往在地理书上得到的印象完全不同:"一说到西伯利亚,辄联想及于遐荒万里绝无人烟的景象,以为其地必终岁封于冰雪,荒凉枯寂,无复生气,乃今一履其境,却大有不然者。自满洲里以迄莫斯科,森林矗立,高接云霄,火车行于长林丰树间,入眼均有郁苍伟大之感。景致之最佳处,为贝加尔湖畔山巅的白雪,平野的青松,与湖里的碧波相与掩映,间有红黄的野花点缀于青青无垠的草原,把春、夏、秋、冬四季的景物都平列于一时一处,真令悬想西伯利亚为黄沙白草终岁恒寒之域者,不能不讶为绝境也。"②

李大钊与王荷波、刘清扬等人抵达莫斯科,受到了来自全世界五十多个国家和地区共产党代表的热烈欢迎,他们对中国革命形势的发展非常关心。李大钊在《苏俄民众对于中国革命的同情》中写道,这些同志关切地询问孙中山先生的近况、广东革命政府的发展,"颇有一种诚敬的钦感及浓厚的同情自然的流露出来"③。

在 7 月 1 日举行的共产国际第五次代表大会上,原定由李大钊作口头报告临时被改为作书面报告。他在这份书面报告中介绍了帝国主义国家在中国犯下的新的侵略罪行,以及"以工人和青年知识分子为首的民族运动"在中国革命斗争中的发展情况。他指出,"我们加入国民党能够加速民族革命运动的开展,参加国民党的共产党人是真正的革命先锋队",共产党员在国民党内部工作是为了"唤起群众的革命精神,引导他们反对国际帝国主义者和国内的军阀",将国民党的左翼争取到共产党方面,推动革命浪潮不断高涨,克服反动势力对工人运动的阻碍,牢牢把握北方的工人组织。"在南方,特别是在广州,国民党在工人中有相当的影响,但我们的策略是掌握工人运动的领导权,以使其成为革命的先锋队。"④李大钊向大会表示,虽然中国共产党的力量不大,但指挥的战线很长,同时领导

---

①　《李大钊全集》(第 3 卷),人民出版社,2006 年,第 309 页。

②　《李大钊全集》(第 5 卷),人民出版社,2006 年,第 16 页。

③　同上,第 17 页。

④　同上,第 5 页。

着工人运动和民族运动,并且一直根据共产国际第四次代表大会关于统一战线的决议组织工作。他希望大会关注中国问题,对中国共产党今后工作给予指示。

　　共产国际第五次代表大会闭幕后, 与李大钊同来苏联的几位中国代表陆续回国,李大钊出于多方面的考虑没有立即踏上归程,而是留下来出任中国共产党驻共产国际的代表,直到 12 月回国。他希望利用这段时间考察苏联的社会主义革命和建设情况,以便在今后的中共实践活动中加以借鉴,同时向国外同志介绍中国革命的真实情况。此外,李大钊还负责指导中共旅莫支部的工作。10 月 25 日,中共旅莫支部举行党团联席会议,决定成立编辑委员会和审查委员会,李大钊受邀参加。李大钊与罗亦农、王若飞等支部负责人出任审查委员会委员,负责新成立的编辑委员会工作项目审定。

　　10 月 30 日, 李大钊在东方大学中共旅莫支部大会上的报告中向全体中国留学生呼吁:"我们的革命是为全人类的,所以我们的牺牲是值得的。因此,我们来此是学习革命的,并不是留洋留学求博士的。我们的责任这样的重大,所以我们应以团体就是自己,自己就是团体。"[①]

　　1926 年李大钊积极领导并参加了北京反对帝国主义和北洋军阀的"三一八"运动,次年被奉系军阀张作霖逮捕,牺牲时年仅 38 岁。

## 第三节　瞿秋白与马列主义的传播

　　1920 年 10 月,瞿秋白作为北京《晨报》和上海《时事新报》的特派记者赴苏俄采访,他是第一位向中国国内及时而系统报道苏俄革命运动和社会情况的记者。10 月 16 日,瞿秋白乘坐火车离开北京,12 月 18 日进入苏俄境内第一站——赤塔,1921 年 1 月 25 日到达莫斯科。在苏俄逗留的两年里,他写了大量的通讯报道,在《晨报》上发表的文章数量达到 35 篇,16 万多字,同时他还完成了四本书:《饿乡纪程》《赤都心史》《俄国文学史》和《俄罗斯革命论》。他关注苏俄国内的革命形势、社会建设情况和人民的精神面貌, 更重要的是他在赴苏俄期间成为一名真正的马克思主义者。1921 年 5 月,在共产国际远东书记处张太雷的介绍下,瞿秋白加入了俄共(布),后转为中共党员,从此走上了革命之路。在莫斯科东方大学中

---

① 《李大钊全集》(第 5 卷),人民出版社,2006 年,第 37 页。

国班担任翻译和助教期间,他系统地学习了马克思主义理论,了解了国际共产主义运动的发展现状,与各国革命领导阶层建立了广泛联系。

瞿秋白在国内时已经初步接触了辩证唯物主义世界观。他认为,"每件东西,既是我们的研究对象,就得认个清楚",苏俄"是世界第一个社会革命的国家,世界革命的中心点,东西文化的接触地",世界进步的方向是社会主义,未来的世界属于无产阶级,为了改造中国,"马克思主义派的直接运动是不可少的"。他给自己定下的目标就是"研究共产主义,研究俄罗斯文化"。①

瞿秋白在苏俄的生活条件非常艰苦。为了购买书刊资料,深入苏俄各社会阶层进行采访,他不惜压缩自己的生活费用。他以新闻记者特有的敏感和敬业精神走访苏俄工人、干部、士兵、农民、知识分子和华人华侨,了解他们的真实想法和对未来社会的期望。大量的第一手资料使瞿秋白逐渐看清了苏俄社会主义国家的面貌。长期的奔波忙碌,加之恶劣的生活环境使瞿秋白的健康受到损害,医生建议他长期疗养,但他不愿浪费时间,仍然坚持笔耕不辍。

1921 年 6 月,共产国际第三次代表大会在莫斯科召开,瞿秋白以记者身份参加了大会。在这次会议上各国代表认真讨论了列宁提出的东方殖民地、半殖民地国家建立反帝统一战线的问题。瞿秋白深受鼓舞,坚定了投身民族解放运动的决心。在这次会议上,瞿秋白发表了《社会主义运动在中国》的演讲,指出"只是在俄国无产阶级革命之后,中国学生才认真着手研究马克思主义。经过一九一九年的学生运动,学生们对社会主义的兴趣越来越大"②。他介绍了刊载宣传社会主义的文章的杂志,如《新青年》《星期评论》《解放与改造》和《建设》,还介绍了在中国翻译出版的社会主义理论著作, 如恩格斯的《科学的社会主义》, 柯卡普(Thomas Kirkup,1844—1912)的《社会主义史》,麦克唐纳(J. R. MacDonald,1866—1937)的《社会主义运动》,罗素(Bertrand Russell,1872—1970)的《社会改造原理》《到自由之路》和《现代经济思想史》,考茨基(Karl Kautsky,1854—1938)的《阶级斗争》,哈列(J. H. Harley)的《工团主义》等。瞿秋白还介绍了中国的社会主义知识分子构成——无政府主义者、改良主义者和农业公社(新村)鼓吹者,分析了中国马克思主义运动的

---

① 洪久成:《瞿秋白访问苏俄纪略》,载于《新闻战线》,1980 年第 10 期。

② 《瞿秋白文集》(政治理论编 第 1 卷),人民出版社,1987 年,第 293 页。

客观条件。

瞿秋白重点介绍了中国共产主义小组的形成和活动："共产党人所做的还只是准备性质的工作。他们的宣传部向中国报刊提供关于苏维埃俄国和工人运动的消息,以及揭露日本帝国主义和阐明美国的'民主主义'的实质的一般材料。组织部在许多大城市建立了社会主义青年团,在北京、上海和广州建立了工人学校和工人俱乐部……组织部还竭力打入到同业公会和行会的组织中去瓦解他们,并由这些组织中的无产阶级分子建立像印刷工会那样的新的纯粹的阶级工会。几乎所有的罢工都是由共产党员组织或领导的。"①

1922 年 1 月,远东各国共产党及民族革命团体第一次代表大会在莫斯科举行,瞿秋白以中共代表团代表兼翻译的身份出席了大会。《晨报》的"莫斯科通信"专栏刊登了瞿秋白发回的大量报道,满足了国内读者希望了解苏俄革命形势的愿望。

1922 年 11 月,陈独秀率领中共代表团出席共产国际第四次代表大会,瞿秋白以中共代表和翻译的身份参加了会议。这次会议通过了旨在建立东方国家反帝统一战线的《东方问题(提纲)》以及《共产国际执行委员会关于中国共产党与国民党关系问题的决议》,目的在于建立国共合作的革命统一战线。会后,陈独秀邀请瞿秋白回国以应对日益高涨的革命斗争形势。1922 年 12 月,瞿秋白回国。

瞿秋白在后来的回忆录《多余的话》中坦陈了他接受马克思主义理论的心路历程。他在青年的时候,"固然已经读过倍倍尔的著作、《共产党宣言》之类极少几本马克思主义的书籍,然而对马克思主义的认识是根本说不上的"②,在接触了列宁等人的文章和论著后,"我对于社会主义或共产主义的终极理想,却比较有兴趣"③。对马克思主义有了初步的了解后,瞿秋白知道了马克思主义的共产社会同样是无阶级、无政府、无国家的最自由的社会,心理上就有了安慰,这和他当初的无政府主义、和平博爱世界的幻想并不冲突, 只是手段不同而已。他说:"马克思主义告诉我要达到这样的最终目的, 客观上无论如何也逃不了最尖锐的阶级斗争,以至无产阶级专政——也就是无产阶级统治国家的一个阶级。为着要消

---

① 《瞿秋白文集》(政治理论编 第 1 卷),人民出版社,1987 年,第 299 页。

② 瞿秋白:《多余的话》,人民文学出版社,1973 年,第 12 页。

③ 同上,第 12—13 页。

灭'国家',一定要先组织一时期的新式国家;为着要实现最彻底的民权主义(也就是无所谓民权的社会),一定要实行无产阶级的民权。这表面上'自相矛盾'而实际上很有道理的逻辑——马克思主义所谓辩证法——使我很觉得有趣。"①

瞿秋白学习马克思主义理论的过程并不顺利,"第一次在俄国不过两年,真正用功研究马克思主义的常识不过半年,这是随着东大课程上的需要看一些书,明天要译经济学上的那一段,今天晚上先看过一道,作为预备,其他唯物史观哲学等等也是如此,这绝不是有系统的研究。至于第二次我到俄国(一九二八——一九三〇),那是当着共产党的代表,每天开会解决问题,忙个不了,更没有功夫做有系统的学术上的研究"②。他谦虚地承认自己并没有系统学习过马克思主义的唯物论哲学、唯物史观、阶级斗争理论以及经济政治学,也没有读过《资本论》。他的马克思主义理论常识几乎都是来自于报纸杂志上的零散论文和列宁的几本小册子。

瞿秋白回国后致力于推动国共合作。他主持起草了《共产党党纲》(草案),赞成全体共产党员加入国民党。为了帮助国民党改组,他成为苏联代表鲍罗廷(М. М. Бородин,1884—1951)的助手。由于瞿秋白既了解马克思主义理论,又精通俄语,受到中共和俄共(布)的共同信任,因而他为国共两党间的沟通与合作做出了很大贡献。当时国民党内部的右派力量非常猖獗,瞿秋白就运用马克思主义原理并结合中国革命实践与对方展开论战,显示出一名杰出的政治活动家和理论宣传家所应有的素质。

八七会议之后,按照共产国际的指令,中共内部进行改组,陈独秀被停止了领导工作;瞿秋白因其出色的领导才能成为党的新领导者。

1925 年 2 月,瞿秋白编译了斯大林的著作《列宁与列宁主义》的部分章节,以《列宁主义概说》发表于《新青年》1925 年第 1 号上。这篇文章包括 "列宁主义之历史的根源""列宁主义之方法""列宁主义与理论""列宁之无产阶级革命论""无产阶级独裁制论"和"列宁主义与无产阶级的政党"几个部分。

1926 年 1 月,瞿秋白在《向导》周刊上发表了编译的文章《列宁主义

---

① 瞿秋白:《多余的话》,人民文学出版社,1973 年,第 13 页。

② 同上,第 13—14 页。

与中国的国民革命》,指出列宁不仅是十月革命的领袖,也是全世界包括中国在内的反帝反封建革命运动的领袖,"列宁是从来一切社会主义者之中,第一个主张国际无产阶级应当赞助东方劳动平民的民族解放运动"①,"列宁和列宁主义的政党以事实证明他忠于赞助被压迫的民族,赞助他们反抗帝国主义,使得彻底的解放"②。

在 1925 年 4 月 22 日出版的《新青年》第 1 号上,瞿秋白发表了名为《列宁主义与杜洛茨基》(杜洛茨基即托洛茨基——笔者)的文章,介绍了列宁与托洛茨基的不同观点。瞿秋白认为托洛茨基所代表的少数派实际上是一种机会主义的表现,批评他们只知道照搬法国大革命的经验而不顾及将来资产阶级革命中的农民革命运动,只强调俄国资产阶级革命属于城市资产阶级,"少数主义的根便在于看不见农民对于农地问题的乌托邦思想里却有进化的原素在内,可以称为革命中之一动力;他们只守着当时第二国际的死理论,只见着农民思想里的反动方面",少数派和多数派的分歧根源在于"对于俄国的社会阶级关系,各有不同的见解,因此双方的策略不同,政治运动里的'联盟方法'也就不同。少数派主张无产阶级政党与自由派(资产阶级)联盟,以反对帝制派(地主阶级)。多数派主张无产阶级政党与农民阶级的政党联盟"③。

瞿秋白认为,托洛茨基所代表的少数派注定会失败,因为他们忽视农民,只主张联络大资产阶级,要消灭无产阶级的独立性,使其屈服于反革命,尤其是托洛茨基不顾农民利益,"激使农民反动,使无产阶级孤立,而助长反革命的势力"④。

1926 年 4 月,《向导》周刊发表了瞿秋白代陈独秀答复汕头嘉庭学艺中学刘此生的公开信《苏俄与民族解放》,回击了反动军阀和国民党右派对于苏联的歪曲认识:"他们一致攻击苏俄,说苏俄是赤色帝国主义,说苏俄侵略中国;国民党右派虽然偶然间也有主张联俄的,但他们仍然拿苏俄看做是一侵略的国家,说苏俄是'某种属性'的帝国主义。"⑤瞿秋白分析了这些人攻击苏俄社会的原因是担心自己的地位被冲击:"苏俄与占全国绝

---

① 《瞿秋白文集》(政治理论编 第 3 卷),人民文学出版社,1989 年,第 408 页。
② 同上,第 409 页。
③ 同上,第 52 页。
④ 同上,第 62 页。
⑤ 同上,第 587 页。

大多数的工农阶层及革命民众切实联合起来之后,对它们或多或少是不利的。"①他指出,苏联并非侵略性质的国家,而是"无产阶级和农民革命专政的国家,政府就是工农自己"②,所以不会有压迫现象。革命后俄国的工农在经济和政治上都得到了自由,所谓"压迫工农"完全是谣言,是不了解真实情况的体现。

在瞿秋白看来,十月革命的意义重大,它解放了俄国的工农,铲除了帝国主义时代的官僚陋习, 建设了社会主义新经济,"而且在它成了世界革命的中心, 指导全世界被压迫者为推翻最后形式之剥削制度——资本主义制度而奋斗"③。

瞿秋白解释了苏联关于民族殖民地问题的立场, 认为苏联的民族政策是列宁主义的体现,比资产阶级国家的"民族自决"更为真诚。"彻底的普遍的民族自决,对于帝国主义不利,而对于苏俄所从事的世界革命则十分有利" ④。据此, 瞿秋白认为苏联政府对华政策是友好的,"它对于中国——半殖民地所采的政策自然也是根据这种真诚帮助被压迫民族之民族自决运动的政策,不能独外"⑤。孙中山先生的联俄政策不同于联英、联日政策,它建立在对苏联政府本质的清醒认识上,最终目的是实现中华民族真正独立于世界舞台。

1932 年,瞿秋白编译了《现实——马克思主义文艺论文集》,全书由四个部分组成:第一部分包括《马克思、恩格斯和文学上的现实主义》《恩格斯论巴勒扎克》和《社会主义的早期"问路人"——女作家哈克纳斯》,第二部分包括《恩格斯和文学上的机械论》和《恩格斯论易卜生的信》,第三部分包括《文艺理论家普列汉诺夫》《易卜生的成功》《别林斯基的百年纪念》《法国的戏剧文学和法国的图画》和《唯物史观的艺术论》,第四部分包括《拉法格和他的文艺批评》《左拉的"金钱"》(拉法格著)和《关于左拉》。这是一部最早在中国系统介绍马克思主义文艺理论的著作。⑥书中的文章基本上忠实于马克思主义文艺理论精神,涵盖了马克思、恩格斯有关文艺的主要观点以及马克思主义理论家普列汉诺夫、拉法格(Paul Lafargue,1842—1911)的重要论述,使中国读者第一次全面地了解马克思

---

① 《瞿秋白文集》(政治理论编 第 3 卷),人民出版社,1989 年,第 587 页。

② 同上,第 588 页。

③ 同上,第 590 页。

④⑤ 同上,第 591 页。

⑥ 参见龙德成:《马克思主义者瞿秋白》,中共党史出版社,2005 年,第 68 页。

主义有关文艺的性质和功能,文艺和社会生活的关系,文艺和时代、革命的关系,文艺的思想倾向性、阶级性与党性,作家世界观与艺术创作的关系,现实主义文学的界定和现实主义文学的作用,革命现实主义文学和无产阶级文学的历史使命等,重点介绍了普列汉诺夫和拉法格在艺术的产生,艺术同社会生活、同时代精神之间的关系等方面对马克思主义文艺理论的丰富与发展。[①]1934 年 9 月在《文学新地》创刊号上,瞿秋白翻译发表了列宁的《列甫·托尔斯泰像一面俄国革命的镜子》。此后,他又发表了几篇介绍苏联文艺理论家的论文,为马克思主义文艺理论在中国的传播做出了卓越贡献。

## 第四节　鲁迅与马列主义的传播

中国著名作家鲁迅先生对卢那察尔斯基 (А. В. Луначарский, 1875—1933) 有过深入的研究和介绍。鲁迅先后翻译了卢那察尔斯基的《艺术论》《艺术与批评》两部理论著作以及剧本《被解放的堂·吉诃德》。卢那察尔斯基是苏联著名政治活动家、文艺理论家和剧作家,曾担任教育人民委员、苏联中央执行委员会所属学术委员会主席,后在政治斗争中遭排挤而被清除出文化界。

鲁迅在《艺术论》中译本序言中写道:"原本既是压缩为精粹的书,所依据的又是生物学底社会学,其中涉及生物,生理,心理,物理,化学,哲学等,学问的范围殊为广大,至于美学和科学底社会主义,则更不俟言。"这是对《艺术论》立论的理论基础的概括。鲁迅把全书的主要观点概括为:"如所论艺术与产业之合一,理性与感情之合一,真善美之合一,战斗之必要,现实底的理想之必要,执着现实之必要,甚至于以君主为贤于高踏者,都是极为警辟的。"[②]

中国学者李春林对卢那察尔斯基与鲁迅的渊源关系进行过深入的研究,他认为:"卢那察尔斯基对于鲁迅而言,首先是鲁迅唯物史观的形成的重要材源之一;其次,是鲁迅进行一系列文学研究和文艺批评的重要参考;再次,鲁迅某些文艺观点可能直接受启于卢氏。"[③]李春林认为,

---

[①]　参见鲁云涛:《瞿秋白在中国马克思主义文艺理论建设中的历史作用》,载于《西南民族大学学报》,2008 年第 8 期。

[②]　《鲁迅全集》(第 10 卷),人民文学出版社,1981 年,第 295—296 页。

[③]　李春林:《角色同一与角色分裂——鲁迅与卢那察尔斯基》,载于《鲁迅研究月刊》,2011 年第 1 期。

卢氏和普列汉诺夫的美学理论共同成为鲁迅马克思主义文艺思想的源头。在文艺的阶级性特征上,二者都强调社会和阶级对文学的制约,但并不把这种制约绝对化。他们对文艺作品的艺术性高度重视,对粗糙之作给予挞伐,对文艺歌颂执掌大权的领导者都极为反感,在对待文学遗产的立场上态度相近,反对"惟破坏是求"。但是,卢氏与鲁迅在对待现代派文艺态度上有明显的差别,卢氏对安德烈耶夫(即安特莱夫,Л. H. Андреев,1871—1919)这样的象征主义作家在艺术上持肯定态度,在政治上持批评态度;而鲁迅对安德烈耶夫的评价始终如一,高度评价其艺术成就,并未将他置于无产阶级文学的对立面。在对列夫·托尔斯泰的评价上,虽然卢氏与鲁迅都将他视为现存社会的否定者,对列夫·托尔斯泰的人道主义和现实关怀情结给予全面的肯定,但是卢氏强调了阶级差异和阶级斗争,主张与列夫·托尔斯泰主义进行斗争,对列夫·托尔斯泰主义在知识分子中的影响深表忧虑,而鲁迅对待列夫·托尔斯泰的立场较为温和。"说鲁迅是伟大的思想家也好,是伟大的革命家也罢,但却绝不是政治家,而是伟大的文学家——人学家,所以他对另一位伟大的文学家——人学家的评说,基本立场从总体而言是一致的,不因时局不同而有转变,更不会因作为批评主体的角色分裂而使批评对象在两极(友与敌)之间摇摆偏至;卢氏则不同,他在革命前是一位职业革命家兼文学家,革命后是一位掌握了文化战线权力话语的政治家兼文学家,是一位奉行文学的党性原则的领导党的文艺工作的高官,同时又是一位熟谙文学创作规律的文艺理论家和戏剧家。"[1]

另一位对鲁迅思想产生重要影响的苏联人是普列汉诺夫。1928年12月,鲁迅和柔石、冯雪峰决定共同编纂一套"科学的艺术论丛书",第一册定为普列汉诺夫的《艺术论》。上海南强书局曾在1929年4月出版了林柏的译本。鲁迅认为此书是普列汉诺夫科学艺术论的代表之作,决定重新翻译,由光华书局在1930年7月出版。鲁迅在译著的序言中写道,普列汉诺夫从一个民粹派青年成长为"伟大的思想家,并且也作了俄国的马克思主义者的先驱和觉醒了的劳动者的教师和指导者"[2],虽然在政治上"不免常有动摇的","竟不惜和本国的资产阶级和政府相提携,相妥协了"[3],但他在文学艺术理论上的贡献是不可抹杀的。"蒲力汗诺夫(即普列汉诺

①　李春林:《角色同一与角色分裂——鲁迅与卢那察尔斯基》,载于《鲁迅研究月刊》,2011年第1期。

②　《鲁迅全集》(第4卷),人民文学出版社,1981年,第255页。

③　同上,第258页。

夫——笔者)也给马克斯(思)主义艺术理论放下了基础。他的艺术论虽然还未能俨然成一个体系,但所遗留的含有方法和成果的著作,却不只作为后人研究的对象,也不愧称为建立马克斯(思)主义艺术理论,社会学底美学的古典底文献的了。"①他对普列汉诺夫的三封讨论艺术问题的信札进行了分析。第一篇《论艺术》说的是"什么是艺术","将艺术的特质,断定为感情和思想的具体底形象底表现",②批评了唯心主义的艺术观,"申明艺术也是社会现象"。鲁迅非常推崇普列汉诺夫的看法,因为它"解明了生产力和生产关系的矛盾以及阶级间的矛盾,以怎样的形式,作用于艺术上;而站在该生产关系上的社会的艺术,又怎样地取了各别的形态,和别社会的艺术显出不同"③。在第二篇《原始民族的艺术》中普列汉诺夫提出了"马克思主义艺术论中的难题"——尚未产生艺术之前的原始民族的艺术④。他用非洲、亚洲、美洲和大洋洲原始民族的大量具体材料说明原始民族"实为共产主义底结合",批判了德国资产阶级历史学派经济学家卡尔·毕海尔认为原始民族只是"个人寻找食物"的个人主义社会观点。在第三篇《再论原始民族的艺术》中,普列汉诺夫批判了毕海尔认为游戏先于劳动、艺术,先于有用物品生产的唯心观点。鲁迅认为普列汉诺夫"用丰富的实证和严正的论理,以究明有用对象的生产(劳动),先于艺术生产这一唯物史观的根本底命题"⑤。鲁迅赞同普列汉诺夫关于人与美的关系的结论:"并非人为美而存在,乃是美为人而存在的。——这结论,便是蒲力汗诺夫将唯心史观者深恶痛绝的社会,种族,阶级的功利主义底见解,引入艺术里去了。"⑥

　　1929 年 7 月,鲁迅翻译的普列汉诺夫《论文集〈二十年间〉第三版序》发表在《春潮》月刊第 1 卷第 7 期上。在译后附记中鲁迅对普列汉诺夫和文章进行了评价。鲁迅认为,普列汉诺夫是"俄国社会主义的先进,社会劳动党的同人",日俄战争后他成为少数派的指导者,因为对抗列宁死在了失意和嘲笑中,但他的著作则是科学社会主义的宝库,在敌对者和支持者中读者很多,他是第一个运用马克思主义开拓文艺创作领域的知识分子。在鲁迅看来,这篇文章虽篇幅不长,但内容充实易懂,开篇论述了唯物论的文艺批评的任务和见解,然后指出这种方法仍然具有使用价值,其中引用西欧的文艺历史"说明憎恶小资产阶级的人们,最大多数仍是彻骨的小

①　《鲁迅全集》(第 4 卷),人民文学出版社,1981 年,第 261 页。

②③　同上,第 262 页。

④⑤⑥　同上,第 263 页。

资产阶级,决不能僭用'无产阶级的观念者'这名称",最后说能了解理论并宣传理论的文艺家极为少见,而目前的中国正需要这样的人物。①第二年,这篇文章被收录鲁迅翻译的普列汉诺夫的《艺术论》中。1930年2月出版的《文艺研究》季刊,发表了鲁迅翻译的普列汉诺夫论车尔尼雪夫斯基(Н. Г. Чернышевский,1828—1889)文学观的文章。

1930年3月,中国左翼作家联盟在上海成立,随之出版了许多普列汉诺夫等马克思主义者的论著。鲁迅在1931年8月12日的评论文章《上海文艺之一瞥》中指出,"左联"的成立是一件大事,普列汉诺夫、卢那察尔斯基理论的输入"给大家能够互相切磋,更加坚实而有力,但也正因为更加坚实而有力了,就受到世界上古今所少有的压迫和摧残"②。当时"新月派"代表人物梁实秋在《新月》上发表《论鲁迅先生的"硬译"》和《文学是有阶级性的吗?》,否认了革命文学的概念,认为一切文学都是以人性为本,没有阶级的差别。鲁迅当即借用普列汉诺夫关于文学的阶级性和无产阶级文学的特殊性思想进行反击。他说:"文学有阶级性,在阶级社会中,文学家虽自以为'自由',自以为超了阶级,即无意识底地,也终受本阶级的阶级意识所支配,那些创作,并非别阶级的文化罢了。"③以梁实秋的文章为例,鲁迅指出,其原意是要取消文学的阶级性,弘扬真理,但其"以资产为文明的祖宗,指穷人为劣败的渣滓",表明了资本家斗争武器的本质。在为美国进步刊物《新群众》写的《黑暗中国的文艺界的现状》中,鲁迅揭露了国民党反动派迫害进步作家的事实,他说:"最初绍介蒲力汗诺夫和卢那察尔斯基的文艺理论进到中国的时候,先使一位白璧德先生的门徒,感觉敏锐的'学者'愤慨,他以为文艺原不是无产阶级的东西,无产者偏要创作或鉴赏文艺,先应该辛苦地积钱,爬上资产阶级去,而不应该大家浑身褴褛,到这花园中来吵嚷。"④当时新闻界有传言说传播苏联无产阶级文学的人得到了苏联的好处,甚至有上海报纸刊登出了卢布的数目。鲁迅认为,明白的读者不会相信这种谎言,只会看到帝国主义国家屠杀无产者的事实。鲁迅有力地抨击敌人对马克思主义的攻击。胡秋原在1932年出版了他编写的《唯物史观艺术论——普列汉诺夫及

---

① 《鲁迅全集》(第10卷),人民文学出版社,1981年,第313页。

② 《鲁迅全集》(第4卷),人民文学出版社,1981年,第299页。

③ 同上,第205—206页。

④ 同上,第285页。

其艺术理论研究》,鼓吹"文艺自由论",肆意歪曲普列汉诺夫的思想,同时苏汶出面祖护胡秋原,标榜"第三种文学"与"第三种人"。鲁迅在 1932年至 1933 年写的《论"第三种人"》《又论"第三种人"》中捍卫了普列汉诺夫的艺术理论,揭露了胡秋原等人的面目,认为在当时的国民党专制统治之下,除了胡秋原等人"在指挥刀的保护之下,挂着'左翼'的招牌,在马克斯主义里发见了文艺自由论,列宁主义里找到了杀尽共匪说的论客的'理论'之外,几乎没有人能够开口"[①]。

## 第五节　周扬与马列主义的传播

周扬是中国著名文艺理论家、文学翻译家,曾担任中国科学院哲学社会科学学部委员。1928 年周扬毕业于上海大夏大学,同年留学日本。1930 年,他回国后积极投身"左翼"文艺运动。1937 年周扬来到延安,担任陕甘宁边区教育厅厅长、鲁迅艺术文学院副院长、延安大学校长等。中华人民共和国成立后,周扬担任中共中央宣传部副部长、文化部副部长等职,负责文化宣传方面的工作。

周扬从 20 世纪 30 年代起关注苏联的文艺政策。1933 年 9 月他撰写了《十五年来的苏联文学》,11 月写了《关于"社会主义的现实主义与革命的浪漫主义"——"唯物辩证法的创作方法"之否定》。他翻译了别林斯基(В. Г. Белинский,1811—1848)的《论自然派》,发表于《译文》杂志1935 年第 2 卷第 2 期。这是最早的别林斯基文学论文的中译本。1936 年7 月,周扬写了《纪念别林斯基的一百二十五周年诞辰》,发表于《光明》杂志第 1 卷第 4 号。周扬翻译的沙可夫的《批评家杜勃洛柳蒲夫》发表于1936 年《译文》新 1 卷第 2 期的"杜勃洛柳蒲夫诞生百年纪念"专栏。周扬发表过两篇关于车尔尼雪夫斯基美学思想的专论,一篇是《艺术与人生——车尔芮雪夫斯基的〈艺术与现实之美学的关系〉》,发表在 1937 年3 月 10 日《希望》创刊号上,同年 4 月《月报》第 1 卷第 4 期予以转载;另一篇是《唯物主义的美学——介绍车尔尼雪夫斯基的美学》, 发表于1942 年 4 月 16 日的《解放日报》上。1942 年周扬翻译了车尔尼雪夫斯基的《生活与美学》(即《艺术与现实的审美关系》),由延安新华书店出版,1949 年由上海群益出版社再版,1959 年、1962 年人民文学出版社先后重

---

① 　《鲁迅全集》(第 4 卷),人民文学出版社,1981 年,第 438 页。

版。周扬成为系统介绍车尔尼雪夫斯基的第一人。

在周扬的大力推介下,车尔尼雪夫斯基在中国的影响力与日俱增,享有极高的声誉。"车尔尼雪夫斯基(1828—1889)的《艺术与现实的审美关系》(1855) 在我国解放前是最早的也几乎是唯一的翻译过来的一部完整的西方美学专著,在美学界已成为一部家喻户晓的书"①,在中国读者中产生了广泛而深刻的影响,推动了中国美学的发展。很多人由此对美学发生兴趣,形成自己的美学观点。

周扬认为,车尔尼雪夫斯基的"再现现实"并不等同于18世纪伪古典派的"自然摹仿论",即"盲目地摹仿自然,抚摩人生的外表,那是无谓的空虚的游戏,是车尔芮雪夫斯基所反对的"②,车尔尼雪夫斯基主张艺术家要抓住现实的本质,描写有用的主题。周扬称赞车尔尼雪夫斯基"指明了艺术的形象是现实的反映,同时也有它的思想性,这是关于艺术的本质的最正确的见解。对于八十多年前这位大思想家所发表的卓见,我们唯有惊叹"③。车尔尼雪夫斯基的重要的美学思想之一是通过艺术再现现实生活中有趣味的事,"但是他所说的兴味决不是'个人的趣味'之类,而是深刻的时代的关心。艺术家对于自己所关心的问题不能不表示他的一定的意见"④。周扬认为,车尔尼雪夫斯基对中国艺术家的启示是"艺术家应当和历史的发展倾向脉息相关,在他的作品里来处理并且解答时代所提出的问题"⑤。只有吸收了时代的思想,艺术家的作品才能具有科学意义。

周扬认为,和别林斯基相比,车尔尼雪夫斯基前进了一步,"他认为艺术不但是'再现人生',而且还要'说明被再现的现象',给以判断。这样,所谓'艺术是再现人生,说明人生',就并没有降低艺术的身份,而正是阐发了它的伟大的功用"⑥。车尔尼雪夫斯基认识到了现实的教育意义和艺术的教育意义。虽然"车尔芮雪夫斯基的唯物论还是费尔巴哈式的,并没有达到马、昂唯物辩证法的水准,这我们不能苛责他,伊里奇也只把他的这个缺陷归因于当时'俄国生活的落后'"。但对于中国学者来说,最重要的是如何继承这个宝贵的理论遗产,"在民主革命的阶段的

---

① 朱光潜:《西方美学史》,人民出版社,1963年,第547页。

② 《周扬文集》(第1卷),人民文学出版社,1984年,第194页;车尔芮雪夫斯基即车尔尼雪夫斯基——笔者。

③ 同上,第195页。

④ 同上,第195—196页。

⑤⑥ 同上,第196页。

中国,从这位'战斗的民主主义者',我们可以学习到也许比从现代批评家更多的东西"①。

周扬认为,20世纪30年代中国的无产阶级文学在理论和创作上都很幼稚,因此需要向具有伟大无产阶级文学的欧美各国尤其是苏联学习。他最为推崇的是列宁的文学创作观,他认为"马克思主义学说由列宁提高到了新的阶段"。他推崇列宁把政治、哲学、文学看作阶级斗争的形式,认为胡秋原抹杀文学的阶级性和文学的积极作用,其目的就是取消文学上的阶级斗争。在《文学的真实性》中,周扬多次援引苏联早期马克思主义批评家和苏联文学批评界的观点以证明文学的真实性与阶级性和党派性的关系。

周扬从文学语言、作品风格和阶级意识方面给予苏联无产阶级作家高尔基(Максим Горький,1868—1936)很高的评价。周扬认为他没有把文学语言和大众语言相分离或对立,"明白地指出了文学语是从大众的口语汲取来的。言语既由民众所创造,则艺术的言语,用高尔基的话来说,就不外是这民众的言语(毛坯的言语)由艺术家加了一番工而已(见《我的文学修养》)。所以问题并不在文艺作品应不应该用大众语来写,而在作家怎样去学取大众语,然后对它加以选择和洗练,使它成为真正的艺术的语言"②。周扬非常赞同高尔基认为作家必须接近民间传说、俚语和歌谣的看法,主张在最能表现人民大众思想的东西里面寻找使艺术丰富的材料。高尔基一方面强调文学领域选择言语的重要性,一方面指出新的文学言语必须从活生生的大众生活语言中寻找,不能凭空臆造。高尔基反省少年时期做过这方面的幼稚努力,想自己创造出新的言语:造成这个幼稚的努力的原因"就是法律家—律师,检事的雄辩。我看见'善'与'恶'都穿着同样美丽的言语的衣裳,人们的告发者和辩护者都以同等的巧妙使用着同一的语汇,而觉得奇怪起来。于是我很滑稽地拼命去创造'自己的言语',就这样写完了好几本簿子。这也是一种'小儿病'"③。周扬以此警示中国的青年作家不可过度沉湎于自己的"创造才能"。周扬认为高尔基对文学用语的见解和创作实践完全一致,"他的浪漫主义却不是对玄想世界的憧憬,而是要求自由的呼声,对现实生活的奴隶状态的燃烧一般

---

① 《周扬文集》(第1卷),人民文学出版社,1984年,第197页。
② 同上,第116页。
③ 同上,第116—117页。

的抗议"①。周扬认为高尔基跨过了摸不着现实发展的方向和看不见未来的胚芽,以及和现实妥协的旧现实主义圈子,有力地反驳了阴暗的现实,"从空想,传说的世界,浮浪人,'无家者'的世界,选拔了勇敢的人物,来和贪婪卑怯的俗物对立。他并不掩饰他对于主人公的爱情和憎恶。他用热心和感激对他的主人公,把他们的爱自由的方面当作积极的特质着重地表现出来。人物和周围世界都被用夸大的线,浓烈的色彩描绘着。这里有着文章的华美和庄重的谐调。这种浪漫蒂克的文学的形态比现实的形态更能唤起强烈的情绪"②。周扬认为高尔基的浪漫主义不同于"颓废的""宗教的""神秘的""反社会的" 浪漫主义风格,"他的浪漫主义带着明了地表现出来的积极的,战斗的性质……他所表现的东西是搏动着生命,并且永远活跃跃的。读者在这些作品里真可以感到'心脏的鼓动'"③。周扬将这种风格称为"进步的浪漫主义"。

周扬极力赞扬苏联文艺理论对中国文艺界的重要影响,但在构建民族文艺理论的时候又十分注意应用环境的适宜。他说:"我们也清楚知道,给我们新文艺成长最重要的影响还是从俄国文学及一些弱小民族文学,特别是后来苏联的文学来的。"④1933 年,周扬在介绍现实主义方法时发出告诫:"假使把这个口号生吞活剥地应用到中国来,那有极大的危险性。"特别是中华人民共和国成立以后,建构中国化的马克思主义理论的思路逐渐清晰起来,他指出,马克思主义文艺观点是国外的产物,不是从中国的文学史、文艺理论批评史中发展起来的,"我们现在是根据马克思主义普遍真理,回过头来总结中国的文艺遗产和'五四'以来的文学经验,再从中得出我们的马克思主义理论——中国化的理论。我们的方向就是这样"⑤。

1944 年,周扬主编的《马克思主义与文艺》一书出版,其中选择了马克思、恩格斯、列宁、斯大林、毛泽东、普列汉诺夫、高尔基、鲁迅关于文艺理论的评价和意见,涉及意识形态的文艺、文艺特质、文艺与阶级、无产阶级文艺、作家和批评家等问题。编者在序言中引用了大量苏联领导人的言论以证明建立中国马克思主义文艺的必要性,阐述了

---

① 《周扬文集》(第 1 卷),人民文学出版社,1984 年,第 131 页。

②③ 同上,第 132 页。

④ 同上,第 430 页。

⑤ 《周扬文集》(第 3 卷),人民文学出版社,1990 年,第 231 页。

"文艺从群众中来,必须到群众中去"的中心思想。他以高尔基为例说明"一切思想……都是在劳动的基础上创造出来的。但是在人类社会文化发展过程中,思想长期地与劳动分离,用高尔基的话说,就是头脑脱离了两手……统治阶级内部有一部分人离开了劳动过程……他们把科学、艺术及其他一切属于智力范围的事业通通据为己有。人类社会文化的发展走了一个之字路。首先是两手和头脑结合,以后是分离,再以后又重新结合。两手与头脑,体力劳动与脑力劳动之最后的完全的结合,是只有在共产主义的条件之下才能实现的。那是一种最高形态的结合"①。周扬认为这是马克思主义文化观的体现,同时也是文化革命的最终目的。周扬也指出高尔基对文学中市侩风气的批判:"市侩们有他们共同的哲学:就是总想沿着'抵抗最小的路线'工作,来求个人发展,在两个力量之间来寻找某种稳定的平衡,实际也就是脚踏两边船。"②

周扬认为,列宁提出并解决了革命所提出的问题,指出"艺术应当直接服务于劳动群众"的方针,这是马克思、恩格斯的时代没有明确提出的,因为那个时候还没有进入无产阶级革命的时代,无产阶级还没有取得政权。在苏维埃政权建立后,工人阶级的革命斗争成为历史的主导部分,在现实主义领域中发挥主导作用。列宁关于艺术与群众的关系的原则成为全世界革命文艺的总方针,这个原则也指导了中国的革命文艺运动,因而中国的革命文艺运动"一开始的时候就提出了大众化的口号"③。

周扬号召文艺界以苏联文艺为榜样,借鉴苏联文艺界的经验。苏联艺术工作者创作了反映社会主义时代的艺术作品,激励人们参加保卫祖国的战争。"他们已无愧于斯大林所给与他们的'灵魂工程师'的称号。比起人家来,我们是惭愧的。新民主主义的伟大时代也应当产生它的伟大的作品。"④

周扬呼吁中国文艺工作者奋起直追,以毛泽东的《在延安文艺座谈会上的讲话》提醒和鞭策自己,切实为革命工作服务。

---

① 《周扬文集》(第1卷),人民文学出版社,1984年,第456页。
② 同上,第462页。
③ 同上,第459—460页。
④ 同上,第468—469页。

## 第六节 苏联哲学教科书与马克思主义中国化

苏联哲学教科书是苏共为普及布尔什维克党史所编写的具有教材性质的一系列著作,其雏形可以追溯到 19 世纪末普列汉诺夫的《论一元论历史观之发展》(1895 年)、《论唯物主义的历史观》(1897 年)和《唯物主义历史观》(1901 年)。作者在这些书中试图用马克思主义原理解决哲学、社会学和历史学中的所有问题,因此得到列宁的好评。列宁认为普列汉诺夫的著作"培养了一整代俄国马克思主义者"①。十月革命以后,为了推广普及马克思主义哲学,系统地教授历史唯物主义理论,布哈林的《共产主义 ABC》(1919 年)成为党校培养党员树立共产主义目标的必读书。这本书通俗地解释了党的最新纲领。而 1921 年出版的布哈林《历史唯物主义理论——马克思主义社会学通俗教材》则成为培养干部理论素质的基本教材,系统化地解释了马克思主义哲学原理,以直观的形式向读者传达各种"原则"和"基本要点"。

国内战争结束后,苏联理论专家开始就许多哲学问题进行阐释,20世纪20年代第一次哲学大论战由此展开。"德波林学派"和"机械论派"讨论了马克思主义哲学的重要问题:马克思主义哲学的对象和任务、唯物辩证法的规律和范畴的方法论意义、对待黑格尔哲学的态度、马克思主义哲学同自然科学和社会科学的联系的性质等。在论战过程中,逐渐形成了马克思主义哲学逻辑体系, 出版的著作有萨拉比扬诺夫 (B. H. Сарабьянов,1886—1952)的《历史唯物主义》(1922 年)、丘缅涅夫(А. И. Тюменев,1880—1959)的《历史唯物主义理论》(1922 年)、高列夫(Б. И. Горев,1874—1937) 的 《历史唯物主义概要》(1925 年)、沃尔扎宁(C. Волжанин)的《什么是历史唯物主义》(1925 年)等。这些书较为系统地探讨了马克思主义社会学、辩证唯物主义和历史唯物主义之间的关系,生产力和生产关系的辩证法,过渡时期的阶级和阶级斗争,意识形态和社会心理学等问题。20 年代末期开始了"正统派"和"德波林学派"的第二次哲学论战。通过这次论战,唯物辩证法体系得以完善和确立,列宁的《哲学笔记》《黑格尔"逻辑学"一书摘要》和《谈谈辩证法问题》的出版使得辩证法体系更加充实,一系列哲学机构建立起来了,如共产主义学院哲学

---

① 《列宁全集》(第 19 卷),人民出版社,1956 年,第 508 页。

研究所设立了辩证唯物主义组和历史唯物主义组。

20 世纪 30 年代,列宁主义发展到了新的阶段,其哲学辩证法、认识论等观点成为马克思主义哲学原理体系中的重要组成部分。苏联出版了大批辩证唯物主义和历史唯物主义的著作,如艾森贝格(А. С.Айзенбер,1896—1936)的《辩证唯物主义》(1931 年)、高尼科曼(С. Л.Гоникман,1897—?)的《历史唯物主义》(1931 年)等。各级哲学研究机构和高校哲学专业根据上级指示,编写了许多体现辩证唯物主义和历史唯物主义的教材读本。1932 年新一代学者米丁(М. Б. Митин,1901—1987)和伊·拉祖莫夫斯基(И. П. Разумовский,1893—1939)主编的《历史唯物主义》出版,随后他们合编的《辩证唯物主义》(1934 年)出版。1933 年底,共产主义学院哲学研究所编纂的马克思主义哲学教科书《辩证唯物主义和历史唯物主义》出版。该书由 19 位哲学界的专家学者共同完成,列宁的辩证法、认识论和逻辑学被写入其中,成为马克思主义经典哲学原理教科书,标志着马克思主义哲学原理体系的形成。

1938 年,斯大林的《联共(布)党史简明教程》(全名为《全联盟共产党(布尔什维克)历史简明教程》)出版。其中斯大林撰写的第四章第二节是对“共产主义的理论基础、马克思主义政党的理论基础”——辩证唯物主义和历史唯物主义的论述,后来这一部分以《论辩证唯物主义和历史唯物主义》为名出版了单行本。该书一直是衡量苏联意识形态和哲学是非曲直的唯一标准,并得到了后来出版的哲学教科书的呼应。借助斯大林如日中天的崇高声望,这本书被推举为马克思列宁主义哲学发展史上的划时代巨著,在十多年的时间里发行了三千多万册,对苏联和其他社会主义国家产生了权威指导的作用,成为名副其实的马克思主义哲学经典著作。斯大林所采用的米丁等人构建的辩证唯物主义和历史唯物主义哲学体系,被奉为阐释马克思主义理论的不二选择。

苏联哲学研究成果不仅构建了一个相对完整、严谨、系统的理论体系,也对马克思主义哲学为大众所接受和使用产生了潜移默化的作用,为人民群众在生产实践中自觉运用马克思主义思想为指导提供了依据。十月革命以前,中国知识分子主要通过日本了解马克思主义知识。十月革命、新文化运动、五四运动之后,各种派别的思想涌入中国,并同马克思主义理论产生激烈的冲突,本土化的马克思主义著作应运而生。苏联哲学教科书进入了中国马克思主义者的视野,引起了中国马克思主义理论家的兴趣。

　　李达和艾思奇是中国早期的马克思主义理论家的代表性人物。李达是最早在中国传播马克思主义哲学的学者之一。他在1928年撰写的《现代社会学》将历史辩证唯物主义同中国的革命实践相结合。1932年,他和学生雷仲坚将苏联学者西洛可夫(И. Широков)、爱森堡(即艾森贝格)等撰著的《辩证法唯物论教程》翻译出版。李达认为这本书是苏联"最近哲学大论战的总清算,是辩证法唯物论的现阶段,是辩证法唯物论的系统说明"①。1935年,李达在大学讲授马克思主义哲学时将此前的《现代社会学》进行补充完善,形成了日后出版的《社会学大纲》讲义,其中对唯物辩证论和历史唯物论进行了全面的总结概括,带有鲜明的苏联哲学教科书的印记,这是李达走向成熟的马克思主义者的重要标志。

　　1936年6月,艾思奇同郑易里翻译出版了米丁等人的《新哲学大纲》,并在译者序中说这本书"把近年来新哲学论战里所获得的一切最高的成果都包罗无遗。随便一个什么新哲学的问题,这里面可以说都有解答","用了十位新进哲学家的力量,准备了两年多的工夫,原著才算完成。内容的精辟,由此也可以想见了","我相信这本书自己会在中国发生它应发生的效果,我们就等着看看吧"。1934年至1935年,艾思奇在讲授马克思主义哲学原理的同时,将讲稿陆续发表在《读书生活》杂志上,1935年底正式出版,名为《大众哲学》(原名《哲学讲话》)。此后他又出版了《新哲学论集》《思想方法论》《哲学与生活》等书。可以看出,艾思奇从苏联哲学教科书中汲取了大量的理论营养,此时他已经开始了自己的思考和创作。

　　苏联哲学教科书所产生的重大影响还体现在毛泽东的著作中。在早期的革命生涯中,毛泽东经常感到理论知识不足,苏联学者和中国学者的马克思主义著作成为他的参考对象。1937年,毛泽东应邀到抗日军政大学举办讲座,后来他的讲稿被整理成为《辩证法唯物论(提纲)》。它体现了马克思主义普遍原理与中国革命实践密切结合,标志着系统化、理论化的毛泽东思想的初步形成。中华人民共和国成立后,毛泽东对《辩证法唯物论(提纲)》中的两节进行了重新梳理修改,形成了日后著名的《实践论》和《矛盾论》。在撰写这部讲稿的时候,苏联哲学教科书对其创作产生了直接的影响。在阅读西洛可夫、爱森堡等人的《辩证法唯物论教程》

---

　　① 闫晓勇:《评苏联哲学教科书对马克思主义哲学中国化的影响》,载于《甘肃理论学刊》,2011年第5期。

和米丁等人的《辩证唯物论与历史唯物论》时,毛泽东写下了大量的批注,内容集中于认识论和辩证法的对立统一规律,一些文字直接进入了他的讲稿中。毛泽东对李达的《社会学大纲》也进行了仔细的研读,"看了十遍",称赞这是"中国人自己写的第一本马列主义的哲学教科书"。他还认为艾思奇的《大众哲学》"真正是通俗而又有价值"的著作,并对艾思奇的《思想方法论》和《哲学与生活》进行了批注。有学者指出:"在《实践论》中,毛泽东以认识和实践的辩证关系为主线,系统阐发了主观与客观、理论与实践、知与行的具体地历史的统一问题。在《矛盾论》中,毛泽东突出了唯物辩证法的实质和核心,揭示了矛盾普遍性和特殊性即个性与共性的辩证关系,特别强调分析矛盾特殊性的重要意义,并注重将辩证法化为认识问题和解决问题的思想方法与工作方法。"[1]可以说,苏联哲学教科书代表了当时马克思主义哲学研究的最高水平,其对毛泽东思想和马克思主义中国化的发展起到了推动作用,对于促进理论与实践结合即运用马列主义理论解决中国革命现实问题、跨越时代应用马克思主义理论发挥了指导性的作用。

　　但是中国人对马克思主义哲学的探索并未止步于苏联哲学教科书的水平。特别是在中华人民共和国成立以后,虽然苏联哲学教科书的影响依然广泛存在,但中国人已经意识到其局限性,建立有中国特色的马克思主义哲学体系势在必行。从 20 世纪 50 年代开始,以重新评价斯大林为标志,中国理论界有意识地排除苏联哲学教科书形而上学的影响,开始编写自己的马克思主义哲学原理教科书。

---

① 陈食霖:《苏联哲学教科书与马克思主义哲学中国化》,载于《山东社会科学》,2011 年第 6 期。

# 第十四章　中苏文学交流

五四运动以后,俄国和苏联文学被源源不断地介绍到中国,其数量和规模远超其他国家的文学。在中国新文学的产生和发展过程中,俄国和苏联文学的引进使中国作者受益匪浅。与此同时,中国文学作品也走入苏联读者的视野。[①]文学成为中俄文化交流史上成果丰硕的重要领域之一。

## 第一节　中国的俄苏文学译介者

### 一、鲁迅

鲁迅是中国第一批译介俄苏文学的现代翻译家之一,其译介活动在中俄文学交流史上占据重要地位。鲁迅在从事翻译工作之初就对俄国文学给予特别关注。他在 1908 年发表的《摩罗诗力说》一文中,用约三千字的篇幅介绍俄国文学,称"俄之无声,激响在焉。俄如孺子,而非喑人;俄如伏流,而非古井"[②]。鲁迅认为俄国摩罗诗派最杰出的代表是普希金(А. С. Пушкин, 1799—1837)和莱蒙托夫(М. Ю. Лермонтов, 1814—1841),他们的创作最能体现积极浪漫主义热烈的抗争精神。鲁迅在文中着重分析了普希金创作的特点及其在俄国文学史上的地位,指出他"初建罗曼宗于其文界,名以大扬",早期创作受拜伦(George Gordon Byron, 1788—1824)影响,后来"所作日趣于独立","文章益妙",其杰作《叶甫盖尼·奥涅金》"文特富丽,尔时俄之社会,情状略具于斯"。对于莱蒙托夫,鲁迅主要介绍了

---

①　关于中国文学在苏联的传播问题参见第十九章"民国时期的苏联汉学"。

②　《鲁迅全集》(第 1 卷),人民文学出版社,2005 年,第 66 页。

他的诗歌,认为他的创作刚开始模仿普希金和拜伦,后来自成一格,思想受到叔本华(Arthur Schopenhauer,1788—1860)的影响,代表作是《恶魔》和《童僧》。鲁迅还提到果戈理(Н. В. Гоголь,1809—1852)"以描绘社会人生之黑暗著名,与二人异趣","以不可见之泪痕悲色,振其邦人"。①该文可以被视为"中国学者对包括俄国文学在内的外国文学的第一篇有力度的评论"②。

　　1908 年 12 月,鲁迅又发表《破恶声论》一文。在谈及列夫·托尔斯泰的《忏悔录》时,他将列夫·托尔斯泰与同样写有《忏悔录》的奥古斯丁和卢梭相提并论:"伟哉其自忏之书,心声之洋溢者也。若其本无有物,徒附丽是宗,辄岸然曰善国善天下,则吾愿先闻其白心。"③

　　1909 年,鲁迅和周作人翻译出版的两册《域外小说集》以"转移性情,改造社会"为目标,"字字忠实,丝毫不苟,无任意增删之弊,实为译界开辟一个新时代的纪念碑"。④《域外小说集》将短篇小说这一迥异于中国传统长篇小说的文学形式以较集中的方式呈现在中国读者面前,收录了鲁迅翻译的三篇俄国作品,分别是安德烈耶夫的《谩》《默》和迦尔洵(В. М. Гаршин,1855—1888)的《四日》。在此期间,鲁迅还开始翻译安德烈耶夫的小说《红笑》,但未完成。鲁迅曾经具体地指出,他的创作受到安德烈耶夫的影响。⑤

　　1909 年底,鲁迅结束了在日本的留学生涯,回国执教,因工作繁重和不易找到翻译底本,暂时中断对俄国文学作品的翻译。五四运动爆发后,越来越多的外国文学作品被译介到中国,俄国文学的翻译受到了特别的重视。在这一时期,鲁迅在外国文学的翻译上也取得了丰硕的成果,其中俄国文学作品的翻译占了较大比重。1920 年,他受教育部指派,到故宫午门清理外文图书,得到阿尔志跋绥夫(М. П. Арцыбашев,1878—1927)的小说《工人绥惠略夫》的德文译本,在友人齐寿山的帮助下于 10 月译就。随后他还翻译了阿尔志跋绥夫的另两篇小说《幸福》和《医生》,并都作了译者附记。鲁迅评价道:"阿尔志跋绥夫是俄国新兴文学典型的代表作家

---

①　《鲁迅全集》(第 1 卷),人民文学出版社,2005 年,第 89—93 页、第 66 页。

②　陈建华:《二十世纪中俄文学关系》,高等教育出版社,2002 年,第 68 页。

③　《鲁迅全集》(第 8 卷),人民文学出版社,2005 年,第 29 页。

④　许寿裳:《亡友鲁迅印象记》,人民文学出版社,1977 年,第 54 页。

⑤　参见《鲁迅全集》(第 6 卷),人民文学出版社,2005 年,第 247 页。

的一人,流派是写实主义,表现之深刻,在侪辈中称为达了极致。"① 他能
"毫不多费笔墨,而将'爱憎不相离,不但不离而且相争的无意识的本能',
浑然写出"②。鲁迅所看重的是阿尔志跋绥夫书中所描写的现实社会的众
生百态与中国的现实多有类似之处,认为把他的作品译介过来可以起到
警醒世人的作用。

1921 年,鲁迅与周作人、周建人合作翻译出版《现代小说译丛》(第一
集),全书共收录 30 篇译作,其中俄国作品 9 篇,6 篇由鲁迅翻译,分别是
安德烈耶夫的《黯澹的烟霭里》(即《雾中》)、《书籍》,契里柯夫 (Е. Н.
Чириков,1864—1932)的《连翘》《省会》和阿尔志跋绥夫的《幸福》《医
生》。鲁迅对安德烈耶夫的评价很高,他在《黯澹的烟霭里》译者附记里写
道:"安特来夫的创作里,又都含着严肃的现实性以及深刻和纤细,使象征
印象主义与写实主义相调和。俄国作家中,没有一个人能够如他的创作一
般,消融了内面世界与外面表现之差,而现出灵肉一致的境地。他的著作
是虽然很有象征印象气息,而仍然不失其现实性的。"③ 而鲁迅与俄国盲诗
人爱罗先珂(В. Я. Ерошенко,1889—1952)的友谊也促成后者的很多儿童
文学作品被译介到中国,鲁迅称赞爱罗先珂的作品"是童心的,美的,然而
有真实性的梦"④。经鲁迅翻译出版的爱罗先珂的作品有《爱罗先珂童话
集》《枯叶杂记及其他》《世界的火灾》《幸福的船》和三幕童话剧《桃色的
云》。这些作品"在中国早期译介的俄国儿童文学作品中显然占据重要位
置","直接或间接地影响了他本人的创作和其他中国作家的创作"。⑤

在翻译苏联文艺理论的过程中,鲁迅对于"同路人"的作品一直很关
注。为了使读者更全面地了解苏联文学,他陆续翻译了一批"同路人"小
说,包括雅科夫列夫(А. С. Яковлев,1886—1953)的长篇小说《十月》和短
篇《农夫》《穷苦的人们》,左先科(М. М. Зощенко,1894—1958)的《贵族
妇女》《波兰姑娘》,扎米亚京(Е. И. Замятин,1884—1937)的《洞窟》,伦支
(Л. Н. Лунц,1901—1924) 的 《在沙漠上》,斐定 (К. А. Федин,1892—
1977)的《果树园》,理定(В. Г. Лидин,1894—1979)的《竖琴》,左祝黎(Е.
Д. Зозуля,1891—1941)的《亚克与人性》,英培尔(В. М. Инбер,1890—

①　《鲁迅全集》(第 10 卷),人民文学出版社,2005 年,第 183 页。

②　同上,第 188 页。

③　同上,第 201 页;安特来夫即安德烈耶夫——笔者。

④　同上,第 214 页。

⑤　陈建华:《二十世纪中俄文学关系》,高等教育出版社,2002 年,第 83 页。

1972)的《拉拉的利益》等。其中大部分作品被收录"同路人"作家作品集《竖琴》单行本,于 1933 年出版。除此之外,鲁迅还编译了苏联小说集《一天的工作》,内收毕力涅克(Б. А. Пильняк,1894—1938)的《苦蓬》,谢芙琳娜(即绥甫林娜,Л. Н. Сейфуллина,1889—1954)的《肥料》,略悉珂(Н. Н. Лященко,1884—1953) 的《铁的静寂》,聂维洛夫 (А. С. Неверов,1886—1923)的《我要活》,马雷什金(С. И. Малашкин,1888—1988)的《工人》, 绥拉菲莫维奇(即绥拉菲摩维支,А. С. Серафимович,1863—1949)的《一天的工作》和《岔道夫》,孚尔玛诺夫(Д. А. Фурманов,1891—1926)的《革命的英雄们》,肖洛霍夫(М. А. Шолохов,1905—1984)的《父亲》, 班菲洛夫 (Ф. И. Панфёров,1896—1960) 和伊连珂夫 (В. П. Ильенков,1897—1967)合著的《枯煤,人们和耐火砖》。除绥拉菲莫维奇的两篇是由瞿秋白、杨之华翻译的,其他八篇皆是鲁迅的译作。1930 年鲁迅完成了法捷耶夫(А. А. Фадеев,1901—1956)的长篇小说《毁灭》的翻译工作,单行本于 1931 年出版。

　　1932 年,鲁迅在著名的《祝中俄文字之交》一文中指出,苏联文学"在世界文坛上,是胜利的。这里的所谓'胜利',是说:以它的内容和技术的杰出,而得到广大的读者,并且给与了读者许多有益的东西"。"俄国文学是我们的导师和朋友。因为从那里面,看见了被压迫者的善良的灵魂,的酸辛,的挣扎;还和四十年代的作品一同烧起希望,和六十年代的作品一同感到悲哀。"①

　　1934 年至 1935 年,鲁迅翻译了几位俄国著名作家的短篇小说,即果戈理的《鼻子》,萨尔蒂科夫-谢德林(М. Е. Салтыков-Щедрин,1826—1889)的《饥馑》(《一个城市的历史》),高尔基的《俄罗斯的童话》,契诃夫(А. П. Чехов,1860—1904) 的八篇小说 《假病人》《簿记科副手日记抄》《那是她》《坏孩子》《暴躁人》《难解的性格》《波斯勋章》《阴谋》,后来这八篇小说被编为《坏孩子和别的奇闻》,以单行本的形式出版。除此之外,鲁迅还翻译了班杰列耶夫(Л. И. Пантелеев,1908—1987)的儿童小说《表》。

　　《死魂灵》是鲁迅晚年最重要的一部译作。他很早就特别热爱果戈理的作品,认为将这样一部巨著译成中文很有必要,遂于 1935 年 2 月根据德文译本并参考日译本开始了翻译工作。鲁迅在《死魂灵百图》小引中盛赞果戈理的现实主义创作手法。他写道:"果戈理开手作《死魂灵》第一部

　　①　《鲁迅全集》(第 4 卷),人民文学出版社,2005 年,第 472 页、第 473 页。

的时候,是一八三五年的下半年,离现在足有一百年了。幸而,还是不幸呢,其中的许多人物,到现在还很有生气,使我们不同国度,不同时代的读者,也觉得仿佛写着自己的周围,不得不叹服他伟大的写实的本领。"①鲁迅在《几乎无事的悲剧》一文中还专门对果戈理进行了评论,认为他的作品具有深刻的现实意义。他写道:"听说果戈理的那些所谓'含泪的微笑',在他本土,现在是已经无用了,来替代它的有了健康的笑。但在别地方,也依然有用,因为其中还藏着许多活人的影子。况且健康的笑,在被笑的一方面是悲哀的,所以果戈理的'含泪的微笑',倘传到了和作者地位不同的读者的脸上,也就成为健康:这是《死魂灵》的伟大处,也正是作者的悲哀处。"②

1936 年 10 月,鲁迅发表了《死魂灵》第二部第三章以后,未及译完余下章节就因病情急剧恶化而去世。

鲁迅一生的文学活动始于翻译,也终于翻译。从 1907 年发表《摩罗诗力说》起,到 1936 年逝世前翻译《死魂灵》止,鲁迅在约三十年中译介了众多俄苏文学作品,在中俄文学交流史上占有重要的地位。鲁迅的翻译具有明确的意向性,追求对社会有益,力求把更多不同的外国文学作品译介到中国。在翻译方法上,他一改当时翻译界对原作随意改编的风气,充分尊重原著。他对俄苏文学的评论也切实而慎重,切中时弊,对中国文学的发展有积极的促进作用。

## 二、耿济之

耿济之是中国著名的俄国文学的研究者和介绍者, 也是一位产量众多的俄国文学翻译家。③1899 年耿济之出生于上海,18 岁考入北京俄文专修馆,其间与瞿秋白、郑振铎结为志同道合的朋友。五四运动期间他们共同编辑了《新社会》周刊,宣传俄国革命和社会主义理论。

1918 年,耿济之翻译了列夫·托尔斯泰的《家庭幸福》,发表在天津《大公报》上。1919 年,他的另一部译作《克莱采尔奏鸣曲》(即《旅客夜谭》)在《新中国》上连载。1920 年,他和郑振铎、沈雁冰、叶绍钧、王统照、许地山、周作人、郭绍虞、孙伏园、朱希祖、瞿世英、蒋百里共同发起成立

---

① 《鲁迅全集》(第 6 卷),人民文学出版社,2005 年,第 460 页。
② 同上,第 383—384 页。
③ 参见戈宝权:《中外文学的因缘——戈宝权比较文学论文集》,北京出版社,1992 年,第 359 页。

了"文学研究会"。这是新文学运动中成立最早、成员最多、影响最大的文学研究会。同年,他翻译的果戈理的《马车》、赫尔岑(А. И. Герцен,1812—1870)的《鹊贼》和列斯科夫(Н. С. Лесков,1831—1895)的《守岗兵》被收录《俄罗斯名家短篇小说》第一集。1921 年,耿济之翻译了列夫·托尔斯泰的文章《艺术论》和剧本《黑暗之势力》,与瞿秋白合译了《托尔斯泰短篇小说集》。他翻译的列夫·托尔斯泰的《复活》于 1922 年分三卷出版。在屠格涅夫(И. С. Тургенев,1818—1883)的作品中,他翻译了剧本《村中之月》(1921 年)和长篇小说《父与子》(1922 年)。1921 年,他还翻译了奥斯特罗夫斯基(А. Н. Островский,1823—1886)的剧本《大雷雨》。

从 1922 年起,耿济之被派往中国驻苏联各地领事馆,先后在赤塔、伊尔库茨克、列宁格勒、莫斯科和海参崴等城市工作,曾担任外交副领事、代理领事及总领事。在此期间,他与三弟耿勉之合译《柴霍甫短篇小说集》,并独立翻译安德烈耶夫的剧本《人之一生》。他翻译了普希金的《石客》,并将 1921 年就翻译过的屠格涅夫的《猎人日记》重新校订补译。1937 年,他因病辞职回上海休养,从此以译介俄苏文学为工作重心。

很多著名的俄苏作家作品都是经耿济之译介首次为国人所知的。他翻译的陀思妥耶夫斯基(Ф. М. Достоевский,1821—1881)的《白痴》《少年》《死屋手记》《司帖彭奇阔伏村》等,填补了国内缺少陀思妥耶夫斯基作品中文译本的遗憾。1941 年,他翻译了果戈理的戏剧作品《巡按使及其他》。20 世纪 40 年代初,他和出版社商定出版一套十种"耿译俄国文学名著",由于太平洋战争爆发,结果只出版了陀思妥耶夫斯基的《兄弟们》和高尔基的《家事》两种。1947 年 3 月 2 日,耿济之突患脑溢血逝世。他逝世前翻译的最后一部译作是高尔基的《马特维·克日米亚金的一生》。

耿济之的俄苏文学翻译成果颇为丰硕,他对作家和作品也有深入细致的研究。1921 年他在《改造》杂志第 4 卷第 2 期上发表文章《托尔斯泰的哲学》,指出列夫·托尔斯泰的哲学被国人长期忽视。他认为,托氏主张宇宙的始源和根本为上帝,"上帝是神,是绝对的理性,是绝对的意志,是爱。但是他不是单独的。他是惟一的,真实的,集中的;自然他有一种为我们片段的理性所不可思议的性质"。"托氏以为基督教最高的道德是要求人类完全服从上帝,屏绝个人的意志,以及个人、家庭和社会的幸福,以服从那差遣我们到人世上来的人的意志。实行上帝的意志,就是善,违反上帝的意志就是恶。"①耿济之认为列夫·托尔斯泰不愧为"宗教和道德的教师,尤其是真实和深沉的文学家"②,更是一个成熟、伟大的哲学家。1925年出版的《小说月报》丛刊第 19 种上刊登了耿济之的《俄国四大文学家》,介绍果戈理、屠格涅夫、列夫·托尔斯泰和陀思妥耶夫斯基的生平和主要作品。他对俄国文学的评价极高:"俄国文学以十九世纪为全盛时代,自二十年代至二十世纪之初端",其"丰富的、独立的、思想上和艺术上之创造""理想与形式之传统"迥异于其他民族文学,"人才辈出,著作如林,正如黄河决口一般,顷刻之间,一泻千里"。他对几位俄国作家的写作风格有深刻的体察:陀思妥耶夫斯基注重描写人物的心理世界,果戈理的作品让人可笑、可悲、可痛,而列夫·托尔斯泰是富于独树一帜的天才,屠格涅夫的作品则笼罩着忧郁的阴影。③

耿济之还是最早将《国际歌》介绍到中国的人。1921 年 9 月出版的《小说月报》第 12 卷号外《俄国文学研究》,刊登了他和郑振铎从俄文翻译过来的《第三国际党的颂歌》。这首歌的俄文版刊登在海参崴"全俄劳工党"的诗集《赤色的诗歌》中。1923 年 6 月,瞿秋白将其重译、配乐后发表在党中央机关刊物《新青年》季刊第一期上。

## 三、曹靖华

1897 年 8 月 11 日,曹靖华出生于河南省卢氏县,本名联亚,学名靖华。1920 年春,曹靖华被选为河南学生代表,赴上海出席全国第二届学生联合会代表大会。1921 年,年轻好学的曹靖华加入了上海渔阳里 6 号外国语学社。在这里,他学习了俄语和基本的马列主义知识,接触到《新青年》《时事新报》等进步报刊,在陈独秀、李达、陈望道等人的教导下加入了社会主义青年团。1921 年 7 月初,曹靖华与任弼时、刘少奇、萧劲光、韦素园、蒋光慈、王一飞等人抵达莫斯科,进入东方大学,开始了新的生活。

由于不适应莫斯科的气候和水土,曹靖华患上了肺气肿,1922 年夏天申请回国,在老家休养了一段时间后到北京大学旁听。因为有一些俄语基础,他选择了北大俄语系。苏联教师铁捷克（С. М. Третьяков,1892—1937)、伊文(А. А. Иванов,1885—1942)、柏烈伟都教过他。

---

① 陈建华编:《文学的影响力——托尔斯泰在中国》,江西高校出版社,2009 年,第 101 页。

② 同上,第 102 页。

③ 参见《小说月报丛刊》,1925 年第 19 种,第 1—2 页。

随着俄语水平的提高，曹靖华开始着手翻译俄苏剧本。他先后翻译了契诃夫的《纪念日》《求婚》《蠢货》《结婚》，屠格涅夫的《贵族长的早餐》，伯兰茨维基的《千方百计》《可怜的裴迦》等独幕剧。他说："当时，我最喜欢易卜生和契诃夫的剧本，因为我那时候认为，时间这样宝贵，没有工夫去看长篇大论的小说，戏剧通过人物对话，开门见山，不像小说有大段大段的描写，让人不着边际。这可能是一种偏见，但对初学外语的人来说，读原文剧本比读原文小说，对掌握提高外语水平来说，倒可能更方便一些。而铁捷克对我的看法不以为然，曾不点名地批评我，说我整天醉心于翻译契诃夫的剧本……"①

曹靖华翻译的剧本受到了学生的欢迎，很快被搬上了舞台。在北大建校 25 周年的时候，俄语系师生排演了《可怜的裴迦》《蠢货》等，曹靖华登台演出。在拜访瞿秋白的时候，曹靖华将《蠢货》译本交给他。瞿秋白阅读后非常欣赏，推荐到《新青年》季刊发表，并鼓励曹靖华在"中国文艺土壤"上做"引水浇田的农夫"。瞿秋白在业务和精神上给予曹靖华很大的支持，使他坚定了从事苏联进步文学作品译介工作的信心。1924 年，已经就任上海大学教务长兼社会学系主任的瞿秋白，将曹靖华译的《三姐妹》列入"文学研究会丛书"，曹靖华也加入了文学研究会。

1929 年，曹靖华在列宁格勒收到鲁迅的来信，后者请他翻译苏联作家绥拉菲莫维奇的著名作品《铁流》。这部作品描写了苏联国内战争时期劳动群众面对白匪军的屠杀奋起反抗，终于击退哥萨克骑兵的进攻，并在斗争中汇聚成一股力量无穷的"铁流"。这是一部可以鼓舞中国人民反抗黑暗压迫的作品，鲁迅约请曹靖华翻译这部作品的用意十分明显。1931 年，这部作品由鲁迅自费印刷，由日本人开办的内山书店秘密销售。《铁流》被视为曹靖华翻译苏联文学的代表性作品，其出版后影响了一大批青年走上革命道路。著名作家孙犁写道："中国大革命前后的一代青年学生，常常因为喜好文学，接近了革命。他们从苏联的革命文学作品里，受到激动，怀着反抗的意志，走上征途……那一时期，在中国影响最大的，要算绥拉菲摩维支的《铁流》和法捷耶夫的《毁灭》。"②

抗日战争期间，曹靖华在重庆主编"苏联文学丛书"，同时翻译了一大批苏联文学作品，如卡塔耶夫（即卡达耶夫，В. П. Катаев，1897—1986）的

---

①　彭龄：《父亲曹靖华的青年时代》，载于《新文学史料》，2007 年第 3 期。

②　林佩云、乔长森：《曹靖华研究专集》，黄河文艺出版社，1987 年，第 7 页。

《我是劳动人民的儿子》、瓦西列夫斯卡娅（В. Л. Василевская，1905—1964）的《虹》、西蒙诺夫（К. М. Симонов，1915—1979）的《望穿秋水》（剧本）、列昂诺夫（Л. М. Леонов，1899—1994）的《侵略》（剧本）、阿·托尔斯泰（А. Н. Толстой，1883—1945）的《保卫察里津》、克里莫夫（Ю. С. Крымов，1908—1941）的《油船"德宾特"号》、斐定的《城与年》等。

1949 年以后，曹靖华在北京大学任教，担任俄语系主任，还担任过中国苏联文学研究会名誉会长，中苏友好协会理事，《世界文学》杂志副主编、主编等职。

## 四、郑振铎

郑振铎是民国时期著名的文学翻译家和理论家，与鲁迅、郭沫若、茅盾等作家一样从事外国文学引进事业，与俄苏文学结下了不解之缘。

1917 年，郑振铎从温州到北京求学。他后来回忆了自己在 1918 年到北京青年会图书馆读书的经历："那个小小的图书馆里，有七八个玻璃橱的书，其中以关于社会学的书，及俄国文学名著的英译本为最多。我最初很喜欢读社会问题的书。青年会干事美国人步济时是一位很和蔼而肯帮助人的好人。他介绍给我看些俄国文学的书。在那里面，有契诃夫的戏曲集和短篇小说集，有安特列夫的戏曲集，托尔斯泰的许多小说等。我对之发生了很大的兴趣。这小小的图书馆成了我常去盘桓的地方。"[1]

在北京，郑振铎结识了俄国文学翻译家耿济之、瞿秋白、许地山、瞿菊农等人，他们经常聚集在一起探讨文学问题和人生观，逐渐产生了共同的兴趣。郑振铎、瞿秋白、耿济之等人共同为《新中国》杂志撰写稿子。郑振铎不懂俄语，但善于运用英文材料，便帮助别人寻找西方关于俄国文学的研究资料。他回忆当时的情景："我自己也从英文里，重译了一篇俄国小说，登载在《新中国》里。这是我第一次由写稿获得稿费的事。记得那时候多么高兴！"[2]郑振铎发表在报刊上的翻译作品还有 1920 年 10 月 10 日《时事新报·学灯》上的《神人》（作者谢尔盖耶夫-岑斯基，С. Н. Сергеев-Ценский，1875—1958）、1921 年 2 月《小说月报》上的《木筏之上》（作者高尔基）、1921 年 6 月《东方杂志》上的《飞翼》（作者梭罗古勃，Ф. К. Сологуб，1863—1927）、1921 年 7 月《东方杂志》上的《芳名》（作者

---

① 《郑振铎自述》，安徽文艺出版社，2013 年，第 216 页。

② 同上，第 217 页。

梭罗古勃）。他翻译的著作有：1922 年商务印书馆发行的奥斯特罗夫斯基的剧本《贫非罪》,1924 年出版的路卜洵(B. Ропшин,1879—1925)的小说《灰色马》,1930 年出版的阿尔志跋绥夫(即阿志巴绥夫)的小说《沙宁》。他主编了中国现代文学史上第一套 10 卷本《俄国戏曲集》,亲自翻译了其中的契诃夫的《海鸥》和史拉美克(Франя Шрамек,1877—1952)的《六月》,编辑了《小说月报》第 12 卷号外《俄国文学研究》。除了进行翻译工作,郑振铎还积极从事介绍俄罗斯文学的工作,1920 年 3 月 20 日他和瞿秋白分别为耿匡(耿济之)、沈颖等翻译的《俄罗斯名家短篇小说第一集》作序,9 月他和耿济之为安寿颐翻译的《甲必丹之女》(《上尉的女儿》)作序;11 月底为耿济之翻译的列夫·托尔斯泰剧本《黑暗之势力》作序;1922年、1923 年为耿济之翻译的屠格涅夫的《父与子》和安德烈耶夫的《人之一生》作序。

　　郑振铎是"五四"时期较为系统地研究俄罗斯文学和文艺理论的第一人,他在俄罗斯文学研究方面取得的成就甚至超过了作品翻译方面。在1920 年 6 月 1 日出版的《新学报》第 2 期上,郑振铎发表《俄罗斯文学底特质与其略史》,系统地介绍俄国文学史的发展,认为俄国文学既充满"悲苦的音调",又"希望如泉,永不涸竭","勇于忏悔,善于自己解剖",是"平民的文学,国语的文学"。他赞赏俄国文学的人文关怀精神,"富有哲学的主义,多讨论社会问题,人生问题"。他把俄国文学史划分为四个时期:启源时期、罗曼主义时期、写实主义时期和现代。他指出:"俄国现在已易专制而为自由的国家, 易皇帝而为劳农的政府。一切自由的阻碍既去,全体人民的解放,方始光明,快活充满了一切人的心里……""祝福俄罗斯人! 祝福俄罗斯人的文学! 希望红的俄罗斯产生出许多光明的,熊熊的文学大著作来! "

　　1920 年 7—8 月,郑振铎在《新中国》第 2 卷第 7 期、第 8 期连载《写实主义时代之俄罗斯文学》,详细介绍 19 世纪 40 年代以来俄国批判现实主义文学,也提到了苏联社会主义文学。此外,他还在 1920 年和 1921 年发表《高尔基〈文学与现在的俄罗斯〉译后记》《俄国文学发达的原因与影响》《托尔斯泰〈艺术论〉序言》《俄国文学中的翻译家》《俄国文学的启蒙时代》等。[①]1923 年,他撰写的《俄国文学史略》在《小说月报》上连载,并于翌年出版单行本。

---

① 参见平保兴:《五四译坛与俄罗斯文学》,青海人民出版社,2004 年,第 99—101 页。

郑振铎对俄罗斯文学在中国的传播持有乐观态度。第一,因为中国出版的西欧文学"大都是限于英法的古典主义,罗曼主义,及其他消遣主义的小说,永不能见世界的近代的文学的真价",而"俄罗斯的文学是近代的世界文学的结晶",对中国新文学的成长意义重大。第二,中国传统旧文学"最乏于'真'的精神",而"俄罗斯的文学,则不然。他是专以'真'字为骨的;他是感情的直觉的表现;他是国民性格,社会情况的写真"。第三,"俄罗斯的文学是人的文学,是切于人生关系的文学",而中国旧文学恰恰相反。第四,"俄罗斯的文学,是平民的文学",而中国旧文学大多局限于歌功颂德和享乐。第五,俄罗斯文学"独长于悲痛的描写,多凄苦的声音",是"悲剧的文学",而中国旧文学总是以大团圆为结局。郑振铎对俄罗斯文学的引进寄托了很大的期望,"以药我们的病体,实在是必要的","是极与我们文学界前途,有大关系的"。①

## 五、戈宝权

1932 年戈宝权肄业于上海大夏大学,从 1935 年起任天津《大公报》驻苏联记者,1938 年回国后先后担任《新华日报》编辑和《群众周刊》副主编,同时任中华全国文艺界抗敌协会对外联络委员会秘书等。抗日战争胜利后, 戈宝权负责编辑出版了 《苏联文艺》《普希金文集》《高尔基研究年刊》和《俄罗斯大戏剧家奥斯特罗夫斯基研究》等。

戈宝权精通俄语、英语、法语、日语和世界语,长期从事驻外记者工作,这为他进行中外文化交流研究提供了有利条件。

1937 年戈宝权出席在莫斯科举行的普希金逝世 100 周年纪念会,会后他访问了普希金曾经被流放过的米哈伊洛夫斯科耶,并发回了长篇报道,发表在《文学》杂志上,这是中国最早详细介绍普希金的生平和创作以及其在俄国人民心中的地位的文章。②1947 年,上海时代出版社为纪念普希金逝世 110 周年出版了戈宝权编辑的《普希金文集》,包括抒情诗四十首、叙事长诗一首、故事诗二首、戏剧作品二部、小说三篇,其中多篇为戈宝权翻译。文集还附有二十四位俄国作家和十位中国作家撰写的纪念文章以及普希金肖像画和作品插图,对普希金的生平传略和作品在中国的传播情况也有介绍。这部文集"首次全面、系统而有重点地展示诗人的名作,起

---

① 陆荣椿、王爱玉编:《郑振铎选集》(第 2 卷),四川文艺出版社,1990 年,第 622—623 页。
② 参见张铁夫主编:《普希金与中国》,岳麓书社,2000 年,第 119 页。

到了范本和精品的作用"①。为保证这部文集的水准,戈宝权邀请郭沫若、茅盾、叶圣陶、郑振铎、田汉、胡风、臧克家、袁水拍为顾问,瞿秋白、林陵、耿济之、水夫、磊然、梁香、葆荃、草婴等名家担任翻译。20世纪40年代,戈宝权翻译了高尔基于1901年创作的《海燕》,将这首四音步长短格无韵诗(散文诗)翻译得节奏分明,铿锵有力,朗朗上口,成为脍炙人口的文学名篇。此外,戈宝权同茅盾等人合译了罗斯金写的传记小说《高尔基》。他还编辑了"世界文学丛书",其中收录奥斯特洛夫斯基(Н. А. Островский,1904—1936)的《钢铁是怎样炼成的》、卡塔耶夫(即卡达耶夫)的《时间呀,前进!》、考涅楚克(А. Е. Корнейчук,1905—1972)的剧本《前线》。他对这些译本都进行了审阅,并写了序文。周恩来曾为戈宝权翻译的爱伦堡(И. Г. Эренбург,1891—1967)的报告文学作品集《六月在顿河》和《英雄的斯大林城》两本书题写书名,毛泽东称其是"俄国文学家"②。

　　戈宝权对苏联文学情有独钟。他在《苏联文学讲话》一书中指出,苏联文学"是现在世界上最年青的一种文学,直到目前为止,它还不过才有三十年的历史。它的年龄虽然小,但是它在短短的三十年中所获得的成就和对于全世界文学的影响,却远超过历史上的任何文学"③。戈宝权盛赞苏联文学是最进步、最具思想性的文学,它继承了19世纪俄国民主主义文学、革命主义文学和国际主义传统,成为苏联社会主义建设事业的重要组成部分,是由多民族共同创作完成的。他指出,苏联文学的发展道路是社会主义现实主义道路,"它要求作家要深刻地观察生活,善于将现实在艺术作品中真实地、具体地表现出来,并靠了它在思想上去教育与改造广大的人民群众"④。戈宝权对苏联作家的生活进行了细致的观察。他发现苏联时期的作家摆脱了帝俄时期知识分子不受重视的境遇,"现在作家是一个光荣的称号,著作事业是一个为人所尊敬的职业。作家们和所有的人民一样,都享有平等的政治、法律和社会的地位,写作生活和物质生活也得到了一切的保障"⑤。他对苏联作家的未来寄予了很大的希望:"他们早已摆脱了帝俄时代作家那种悲苦生活的阴影,在向着建设新人类的社会光辉道路上前进,也正因为这样,他们才创造出了世界上最

---

①　张铁夫主编:《普希金与中国》,岳麓书社,2000年,第121页。
②　戈宝权:《中外文学的因缘——戈宝权比较文学论文集》,北京出版社,1992年,第5—6页。
③　戈宝权:《苏联文学讲话》,生活·读书·新知三联书店,1950年,第2页。
④　同上,第13页。
⑤　同上,第156页。

光辉的一种文学——苏联文学。"①

中华人民共和国成立后,戈宝权先后担任驻苏联使馆临时代办、政务和文化参赞,中苏友好协会副秘书长,中国作协理事,中国翻译家协会理事,中国苏联文学研究会副会长,中国社会科学院外国文学研究所研究员等。1987年,戈宝权被授予莫斯科大学名誉博士学位,1988年被苏联最高苏维埃主席团授予"各国人民友谊"勋章。1994年,戈宝权获得中国作家协会中外文学交流委员会颁发的"彩虹翻译奖"荣誉奖,并被推选为俄罗斯艺术科学院外籍名誉院士。1999年10月,他获得俄中友好协会颁发的"俄中友好"纪念章。2000年5月15日,戈宝权病逝。

## 六、萧三

1922年底,萧三从法国来到莫斯科,1923年进入东方大学学习。1924年夏,萧三从苏联回国投身革命。他曾参加上海工人三次武装起义的筹备和组织领导工作,出席党的第五次全国代表大会;之后,他去海参崴,在远东大学任中国工人班主任。1928年到莫斯科疗养,不久,到东方大学担任中文教学工作。1930年,萧三以中国左翼作家联盟常驻莫斯科代表的身份出席在苏联召开的国际革命作家会议,参与国际革命作家联盟的工作,主编《国际文学》中文版。此后,他一方面向苏联文学界介绍中国"左联"等文艺团体,以及鲁迅、茅盾等革命作家的作品,另一方面也向国内传播苏联文学的消息。他用中文和俄文写了大量诗歌和散文,在莫斯科出版过《萧三诗选》《中国抗战报告集》和《短篇小说选》等。埃弥·萧这个名字也随之被苏联和国际进步作家所熟悉。

1934年,经中共中央批准,萧三加入苏联共产党,出席苏联作家第一次代表大会,历任两届苏联作家协会党委委员,结识了高尔基、阿·托尔斯泰等苏联著名作家以及德、法、美、捷、匈、保、罗等国的进步作家。萧三积极向世界宣传中国革命,他撰写的毛泽东、朱德等领导人的传略被译成多国文字。他还把很多外国优秀作品译成中文。

萧三对高尔基、马雅可夫斯基(В. В. Маяковский,1893—1930)等苏联作家非常喜爱。1932年他写下《献给高尔基》一诗。高尔基逝世后,萧三积极宣传和介绍高尔基的作品,撰写《高尔基和中国》《我怎能忘记》《十月革命后高尔基的二三事》《伟大的爱,神圣的恨》《高尔基的社会主义的

---

① 戈宝权:《苏联文学讲话》,生活·读书·新知三联书店,1950年,第165—166页。

美学观》《高尔基与西方文明》《关于高尔基》等文章,编著了《高尔基的美学观》一书。他在书中指出:"在高尔基看来,艺术是为属于未来之生活的真理而奋斗的最有力的工具。"①萧三还是最早全面介绍马雅可夫斯基的人,曾写过《正确地认识马雅可夫斯基》《关于马雅可夫斯基二三事》《马雅可夫斯基在中国之命运》等文章,介绍了马雅可夫斯基的创作风格和革命品质。他认为,马雅可夫斯基的作品反映了一种政治现象,具有强烈的鼓动性,非常适合在公共场合进行宣传。

　　1939 年初,萧三到延安担任鲁迅艺术学院编译部主任,主编《大众文艺》《中国导报》《新诗歌》等刊物。在此期间,具有广泛影响力的苏联剧本《前线》《光荣》以及《列宁论文化与艺术》等作品由萧三翻译问世,普希金、马雅可夫斯基、高尔基等人的名作也经他翻译与中国读者见面。《前线》剧中的将军戈尔洛夫和记者客里空给延安干部群众留下深刻印象,一时成为那些思想僵化、编造故事的人的代名词。中国学者指出,萧三对外国文学的选择具有高度单一性——只有俄苏文学,而且坚持从政治角度加以评判。这既是时代氛围下的选择,也是个人语言才能、职业经历的结果。他是革命家、政治家,"决定了他用有利于政治和革命而不是文学的极端功利主义标准去选择文学"②。

　　1983 年 2 月 4 日萧三逝世,苏联驻华使馆赠送花圈,大使谢尔巴科夫(И. С. Щербаков,1912—1996)参加了悼念活动。苏联作家协会书记处在 2 月 9 日发来唁电:"埃弥·萧一生中有很多年是在苏联度过的;他和我们一同在莫斯科进行诗歌创作活动,写有许多出色的诗篇,歌颂自己的祖国和人民,描写他为争取自由和社会解放所进行的不懈的斗争。埃弥·萧和他的诗作一直受到苏联读者的热爱,并享有盛誉,广为流传。请接受我们深切的哀悼。"③

## 七、阿英

　　阿英原名钱杏邨、钱德赋,1900 年出生于安徽芜湖,肄业于上海中华工业专门学校土木工程系。在上海的时候,他与蒋光慈等人发起组织"太阳社",编辑出版《太阳月刊》《海风周报》等反映无产阶级生活的刊物。阿

---

① 萧三:《高尔基的美学观》,新文艺出版社,1950 年,第 6 页。
② 黎跃进等:《湖南 20 世纪文学对外国文学的接受与超越》,湖南文艺出版社,2006 年,第 217 页。
③ 《萧三同志追悼会在京举行》,载于《人民日报》,1983 年 2 月 20 日。

英参加了"左联"的筹备工作,后担任"左联"主席团成员和执委会常委。从1933年起,阿英参加中共中央宣传部文化工作委员会领导的"左翼电影小组"。抗日战争时期,阿英曾担任《救亡日报》编委和《文献》杂志主编,1941年起参加新四军。1946年起,阿英担任中共华东局文委书记,后任中共大连市委宣传部文委书记、天津市文化局局长、华北文联主席、全国文联副秘书长等职。

1925年五卅惨案发生后,反帝机构——外交后援会在芜湖成立。在阿英的带动下,外交后援会编辑组创办了一份文艺半月刊《苍茫》,阿英担任主编。这份杂志从1926年开始出版,阿英在第4期上发表名为《到民间去》的读书日记。在日记中,阿英回顾了俄罗斯革命者"到民间去"的斗争历史,高度评价俄国青年"把自己的生命为民众牺牲的伟大精神",号召中国的知识青年向俄国青年学习,"将自己的新思想,普及到所有的人民,普及的方法,就是先去与人民为伍"。阿英意识到,人民大众中间蕴藏着巨大的革命潜力,知识青年只有和群众运动结合起来,唤醒沉睡的民众,才能发挥更大的威力。[1]"到民间去"是阿英对俄罗斯文学最感兴趣的主题。他认为这一主题出现的时代背景,就是俄国留学海外的青年心痛于国内民生的痛苦和专制的腐朽,在沙皇下令留学青年回国后开始宣传革命思想。他们受到沙皇军队的无情镇压,遭到流放甚至献出了生命。即便面对政府的高压政策,"到民间去"运动仍然深入人心,并影响到周边国家。[2]

阿英对于苏联作家的高尚品格极为赞赏。他认为,高尔基"为着受难者,不惜去见自己不愿见的人,不惜牺牲宝贵的光阴,不惜牺牲自己少数的金钱,而自己宁愿过着刻苦的生活"[3],是属于劳动人民的作家,"他以劳动大众的共同意见来纠正自己的错误,他根据着劳动大众的行动决定自己的行动,他用劳动大众的全生活作为他创作的内容",因此"这是所有劳动大众的作家的模范"[4]。

作为翻译家,阿英的主要译作有《高尔基印象记》(1932年,上海南强书局)、《托尔斯泰印象记》(1932年,上海南强书局)、《劳动的音乐》(高尔基著,1932年,上海合众书店)、《母亲的结婚》(高尔基著,1935年,上海龙虎书店)、《高尔基名著精选》(1947年,上海新陆书局)、《我的教育》(高尔

---

①　参见吴家荣:《阿英传论》,安徽教育出版社,2002年,第19页。

②　参见《阿英全集》(第1卷),安徽教育出版社,2003年,第206—208页。

③　《阿英全集》(第1卷),安徽教育出版社,2003年,第514页。

④　同上,第517页。

基著,1948 年,上海新陆书局)等。此外,阿英还撰有《安特列夫评传》(1931 年,上海文艺书局)等。

## 第二节 俄苏经典作家作品在中国的传播

### 一、普希金

早在 1903 年,戢翼翚就从日文翻译了普希金的《俄国情史》(全名是《俄国情史斯密士玛利传》),又称《花心蝶梦录》,今译《上尉的女儿》,这是俄国文学名著中译的第一个单行本,①而戢翼翚也成为将普希金作品介绍到中国的第一人。五四运动后,更多的普希金的作品被翻译成中文。1919 年沈颖翻译《驿史》,发表在同年 12 月 24 日至 28 日的《晨报》副刊上。1920 年北京新中国杂志社出版的《俄罗斯名家短篇小说集》收录了沈颖翻译的普希金的《驿站监察史》(今译《驿站长》)和《雪媒》(今译《暴风雪》)。同年,沈颖还翻译了普希金的另外三篇小说《决斗》《农家女儿》和《棺材匠》,均发表于《晨报》副刊上。1921 年,《小说月刊》出版《俄国文学研究》号外,其中刊载了普希金的传记和郑振铎翻译的《莫萨特与沙莱里》。同年,共学社出版安寿颐翻译的《甲必丹之女》(即《上尉的女儿》的第二个中译本)。1924 年,亚东书局出版赵诚之翻译的《普希金小说集》。

20 世纪 30 年代,普希金的诗体小说《叶甫盖尼·奥涅金》的片段陆续被译成中文。融毅根据《叶甫盖尼·奥涅金》世界语版本翻译了该书第一章的第 1—24 节,后来夏玄英翻译了同一章中的第 45—50 节。林焕平和史原均翻译了塔吉雅娜的独白。劳荣翻译了塔吉雅娜致奥涅金的信。40 年代,《叶甫盖尼·奥涅金》的两种中译本问世,分别是甦夫的《欧根·奥尼金》(1942 年,桂林丝文出版社)和吕荧的《欧根·奥尼金》(1944 年,重庆希望社)。②

中国译介普希金的作品在经过 1925 年至 1936 年相对沉寂之后,在 20 世纪 30 年代后期和 40 年代进入活跃期,其间出现很多纪念专刊和纪念集,"这是普希金作品跨越民族、语言、文化与国界在中国的一次大普及"③。

---

① 参见阿英:《晚清文学丛钞·俄罗斯文学译文卷》叙例,载于《阿英全集》(第 4 卷),安徽教育出版社,2003 年,第 507 页。

② 参见戈宝权:《中外文学的因缘——戈宝权比较文学论文集》,北京出版社,1992 年,第 271—272 页。

③ 杨乃乔主编:《比较文学概论》,北京大学出版社,2014 年,第 308 页。

　　1937 年,普希金逝世 100 周年,中国文化界举行很多活动纪念这位俄国作家。《译文》杂志社推出"普式庚特编""普式庚逝世百年纪念号"和"普式庚研究"系列译文等专号和专刊,结集出版《普式庚研究》一书。《中苏文化》杂志出版了"普式庚逝世百年纪念号",收录张君川翻译的 59 首诗歌和张西曼的 4 首译作。《诗歌生活》《东方文艺》《新诗》《光明》等杂志也出版了纪念专辑。1937 年 2 月,戈宝权赴苏联参加普希金逝世 100 周年纪念活动,访问了普希金曾经被流放过的米哈伊洛夫斯科耶,将见闻写成通讯文章发回国内发表。[①]

　　1938 年 5 月瞿秋白翻译的《茨冈》发表在武汉时调社出版的诗丛《五月》上,1940 年由文艺新潮社出版了单行本。瞿秋白的翻译基本上采用了白话,没有按照原诗的行数,这样做不仅忠实原诗的内容,而且更方便读者的朗读和理解。

　　抗日战争胜利后,国内出版的普希金作品有余振翻译的长诗《波尔塔瓦》(1946 年)、磊然翻译的小说《村姑小姐》(1947 年)、水夫翻译的小说《驿站长》(1947 年)、梁香翻译的小说《暴风雪》(1947 年)、余振翻译的《普式庚诗选》(1948 年)。

　　在 1947 年普希金逝世 110 周年的纪念仪式上,郭沫若向文艺界发出"向普希金看齐"的号召。他阐释了普希金的精神,一是为人民服务,二是为革命服务,三是无论贫富贵贱从不屈服。普希金从一个贵族知识分子变成代表俄国人民进行不屈斗争的民族英雄,高度符合中国革命文艺思想的要求。这一年,《文艺春秋》《文艺复兴》《读书与出版》《中苏文化》都出版了纪念特辑。在罗果夫(B. H Рогов,1906—1988)主编、戈宝权编辑的《普希金文集》中,收录普希金各种创作体裁精华的译文以及中外学者论述普希金的经典篇章,其中有戈宝权编写的《普希金在中国》和《普希金生活与著作年表》、罗果夫的《普希金纪念碑在上海》。这部集普希金译作与研究论述的文集具有很高的权威性及可读性,1947 年出版后两年内就再版了三次,很长时间内都是研究者的必读书目。

　　1949 年是普希金诞辰 150 周年,6 月 9 日纪念大会在北平举行,《人民日报》先后发表郭沫若的《人民的普希金》、戈宝权的《伟大的俄罗斯诗人,普希金的生平和事业——纪念普希金诞辰一百五十周年》、柯仲平的《歌

---

　　① 参见李今:《二十世纪中国翻译文学史 三四十年代·俄苏卷》,百花文艺出版社,2009 年,第226—227 页。

唱人民天才普希金》、艾青的《俄罗斯人民的普希金》等诗文。

## 二、列夫·托尔斯泰

1907 年,香港教会印行《托氏宗教小说》,收录 12 篇短篇,这是最早的托尔斯泰作品中译本。此后,托尔斯泰的作品不断地被介绍到中国,主要译作包括《心狱》(即《复活》,马君武译)、《罗刹因果录》(收录 8 个短篇,林纾、陈家麟合译)①、《骠骑父子》(即《两个骠骑兵》,朱东润译)、《绿城歌客》(即《卢塞恩》,马君武译)、《社会声影录》(收录两篇小说:《尼里多福亲王重农务》即《一个地主的早晨》,《刁冰伯爵》即《两个骠骑兵》,林纾、陈家麟合译)、《人鬼关头》(即《伊凡·伊里奇之死》,林纾、陈家麟合译)、《婀娜小史》(即《安娜·卡列尼娜》,陈家麟、陈大镫合译)、《克利米血战录》(即《塞瓦斯托波尔故事》,朱世凑译)、《现身说法》(即《童年·少年·青年》,林纾、陈家麟合译)、《恨缕情丝》(收录两篇中篇小说:《波子西佛杀妻》即《克莱采奏鸣曲》,《马莎自述生平》即《家庭幸福》,林纾、陈家麟合译)。② “至‘五四’时期,托尔斯泰为我国翻译作品最多的俄国作家”③。

五四运动之后,列夫·托尔斯泰的译著在中国大量出现,有郭沫若、高地(高植)翻译的《战争与和平》,周扬翻译的《安娜·卡列尼娜》,耿济之翻译的《复活》《黑暗之势力》《艺术论》,瞿秋白和耿济之翻译的《托尔斯泰短篇小说集》(收录《三死》等 10 篇作品),邓演存等翻译的《托尔斯泰小说集》(收录《天真烂缦》等 13 篇短篇小说),张墨池翻译的《忏悔》,常惠翻译的《儿童的智慧》,刘灵华翻译的《托尔斯泰短篇》,唐小圃翻译的《托尔斯泰儿童文学类编》,杨明斋翻译的《假利券》,T.R.生翻译的《微笑》,邓演存翻译的《黑暗之光》,文范邨翻译的《活尸》,沈颖翻译的《教育之果》。出版列夫·托尔斯泰作品最多的出版社是商务印书馆。泰东书局、中华书局、北新书局、大同书局、公民书局也出版过列夫·托尔斯泰的作品。此外,列夫·托尔斯泰的著作还零散出现于各种文学刊物和外国文学选集中。到 20 世纪 40 年代末,托尔斯泰的主要作品均有了中文译本,不

---

①　林纾是中国近代著名的作家和翻译家。他翻译的俄国文学作品几乎都集中在列夫·托尔斯泰一人身上。由于林纾不懂外文,所以这些译作均由他与口译者陈家麟合作完成。参见陈建华:《20 世纪中俄文学关系》,学林出版社,1998 年,第 46 页。

②　参见陈建华编著:《文学的影响力——托尔斯泰在中国》,江西高校出版社,2009 年,第 252 页;戈宝权:《中外文学的因缘——戈宝权比较文学论文集》,北京出版社,1992 年,第 120—121 页。

③　平保兴:《五四译坛与俄罗斯文学》,青海人民出版社,2004 年,第 26 页。

少作品还有多种版本。

列夫·托尔斯泰的著作以其独特的人文关怀精神获得了中国新文化运动领军人物的认同,他们在这位俄国作家笔下看到了反封建、反传统、反剥削的希望。陈独秀在《新青年》1卷3、4号上发表文章《现代欧洲文艺史谭》,认为列夫·托尔斯泰"尊人道,恶强权,批评近代文明"。1919年2月,茅盾在《托尔斯太与今日之俄罗斯》中说:"托尔斯太之为俄之第一个文学家,复何疑义,虽然,应知其与英之莎士比亚之地位不同。莎士比亚为英文学之泰斗,然其地位为孤立的。与莎氏并肩者无一人,继莎氏遗响的亦无一人。托尔斯太则不然,其同时及略后诸文豪皆足与之相埒。譬犹群峰竞秀,托尔斯太其最高峰也。"茅盾指出,以列夫·托尔斯泰为代表的俄罗斯作家的创作是19世纪欧洲文学高峰到来的主要原因,"俄国文学之势力竟直逼欧洲向来之文艺思想而变之。且浸浸欲逼全世界之思想而变之"[①]。茅盾指出,列夫·托尔斯泰与布尔什维主义的兴盛有直接关系:"今俄之Bolshevikism已弥漫于东欧,且将及于西欧,世界潮流,彭湃荡动,正不知其伊何底也。而托尔斯太实其最初之动力。"[②]鲁迅肯定了列夫·托尔斯泰对旧社会制度的揭露和批判以及对下层人民的同情,同时也指出列夫·托尔斯泰作品中不切实际的空想,但总体上还是肯定了列夫·托尔斯泰著作对人类的巨大价值。他说:"看几叶(页)托尔斯泰的书,渐渐觉得我的周围,又远远地包着人类的希望。"[③]他在《再论雷峰塔的倒掉》中说:"托尔斯泰……等辈,若用勃兰兑斯的话来说,乃是'轨道破坏者',其实他们不单是破坏,而且是扫除,是大呼猛进,将碍脚的旧轨道……一扫而空。"[④]《新青年》《东方杂志》接连发表评论列夫·托尔斯泰作品的文章,作者们将其视为解放民族的精神希望,与社会主义、共产主义相提并论,认为他"醉心于自由之共产主义","反对私人所有权",是"社会主义之实行家""二十世纪社会革命家"。[⑤]

这一时期研究列夫·托尔斯泰的文章和著作很多,如凌霜的《托尔斯泰之生平及其著作》、立昂的《托尔斯泰年表》、李霁野的《托尔斯泰及其作品》、实奈的《托尔斯泰的历史观》、松山的《托尔斯泰与鲍尔希维主义》、冯

---

①② 茅盾:《托尔斯太与今日之俄罗斯》,载于《学生杂志》,1919年6卷4—6号;托尔斯太即托尔斯秦——笔者。

③ 《鲁迅杂文全集》,九州图书出版社,1996年,第132页。

④ 《新语丝》,1925年2月第15期。

⑤ 《东方杂志》,1914年6月10卷第12期。

乃超的《艺术家托尔斯泰》、方敬的《托尔斯泰的两个中篇》、孟克之的《托尔斯泰后期的作品》、耿济之的《托尔斯泰未刊行的作品》、邓演存的《戏曲家之托尔斯泰》、林海的《〈战争与和平〉及其作者》、郭沫若的《序〈战争与和平〉》、官曼的《托尔斯泰创作中的俄罗斯军队》、孟十还的《安娜·卡列尼娜》、谢云逸的《托尔斯泰的〈复活〉》、刘大杰的《〈活尸〉的死》等。一些研究列夫·托尔斯泰书信、日记的文章以及外国学者研究列夫·托尔斯泰的论著也先后问世，如卢那察尔斯基的《托尔斯泰与马克思》、克鲁泡特金（П. А. Кропоткин，1842—1921）的《论托尔斯泰的〈战争与和平〉》、罗曼·罗兰的《托尔斯泰传》、聂米洛维奇–丹钦柯（В. И. Немирович–Данченко，1858—1943）的《论托尔斯泰》、本间久雄的《托尔斯泰》、升曙梦的《俄罗斯文学里托尔斯泰底地位》、蒲宁（И. А. Бунин，1870—1953）的《怀托尔斯泰》、小泉八云的《托尔斯泰的艺术学说》、列宁的《列夫·托尔斯泰是俄国革命的镜子》和《列·尼·托尔斯泰和他的时代》。1928 年 10 月《列夫·托尔斯泰是俄国革命的镜子》发表于《创造月刊》2 卷 3 期，由嘉生翻译，发表时题为"托尔斯泰——俄罗斯革命的明镜"；1932 年和 1934 年，匡亚明、瞿秋白等人重译了这篇文章。

　　在 1928 年至 1934 年鲁迅和梁实秋的三次论战中，列夫·托尔斯泰成为各方论证各自观点的工具。梁实秋以列夫·托尔斯泰为例说明文学没有阶级性，"文学家……是属于资产阶级或无产阶级，这于他的作品有什么关系？托尔斯泰出身贵族，但是他对平民的同情真可说是无限量的，然而他不主张阶级斗争"[1]。苏汶借列夫·托尔斯泰批评文艺大众化运动："这样低级的形式还产生得出好作品吗？确实，连环画里是产生不出托尔斯泰的……但是他们要……托尔斯泰有什么用呢？"林希隽用列夫·托尔斯泰否定杂文的意义："杂文的意义是极端狭窄的"，"俄国为什么能够有《战争与和平》这类伟大的作品的产生？而我们的作家，岂就永远写写杂文而引起莫大的满足么？"鲁迅并没有因为对方挑拨列夫·托尔斯泰与无产阶级文学之间的关系而对列夫·托尔斯泰有任何偏见，他总是竭力维护列夫·托尔斯泰与无产阶级文学的内在联系，"左翼也要托尔斯泰"，"从唱说书里是可以产生托尔斯泰的"。"不知为什么，近一年来，竟常常有人诱我去学托尔斯泰了，也许就因为没有看到他的'骂人文选'给我一个好榜样，可我见过欧战时候他骂皇帝的信"[2]。鲁迅以宽

---

① 梁实秋：《文学是有阶级性的吗？》，载于《新月》，1929 年 9 月 2 卷 6、7 号合刊。

② 参见《萌芽月刊》1930 年 1 卷 3 期，《现代》1932 年 2 卷 1 期，1934 年出版的《准风月谈》后记。

容的态度接纳列夫·托尔斯泰，极力发现其思想的进步性和与革命文学契合的地方。

1920 年 2 月，胡愈之在《东方杂志》上撰文《屠格涅夫》，指出"托尔斯泰是最大的人道主义者；屠格涅夫是人道主义者而又是最大的艺术天才"。赵景深、耿济之也指出，列夫·托尔斯泰在思想方面的造诣超过其艺术性，屠格涅夫在艺术上超过了列夫·托尔斯泰。[①]中国学者在总结 20 世纪 20 年代至 40 年代对列夫·托尔斯泰的研究成果时指出："人们攀附他的文学声望，热衷的却是他的政治观点、主张和行动。由于这种国际背景和中国的实际需要，人们更多接受的是作为思想家的托尔斯泰，而不是艺术家托尔斯泰。对前者的接受甚至造成对后者理解的偏差。"[②]

## 三、屠格涅夫

屠格涅夫是 19 世纪俄国著名现实主义作家，他的主要作品有小说《罗亭》《贵族之家》《父与子》等。屠格涅夫的作品很早就被译介到中国，刊登在《新青年》《东方杂志》《小说月报》《晨报》等副刊，并对中国多位作家产生了重要影响。

在五四运动之前，陈嘏用文言文翻译了屠格涅夫的中篇小说《春潮》《初恋》，周瘦鹃编译的《欧美名家短篇小说丛刊》中收录《猎人笔记》中的《死》，《新青年》杂志发表了刘半农根据英译本翻译的散文诗《狗》和《访员》（《记者》），《晨报》副刊连载了冷风翻译的《死》。五四运动之后，屠格涅夫著作的汉译规模明显扩大，人们对他的认识也突破了以前的抒情和浪漫风格，他的现实主义风格开始为人所关注。耿济之翻译的长篇小说《父与子》，由商务印书馆于 1922 年出版。1924 年，郭沫若通过德文本翻译了屠格涅夫的小说《处女地》，这是该作品的第一个汉译本。他请蒋光慈根据俄文本对自己的译作加以校正，按照德文本定名为《新时代》，1925 年 6 月由商务印书馆出版。1928 年 5 月，郭沫若将《处女地》中的五首抒情诗——《睡眠》《即兴》《齐尔西时》《爱之歌》《遗言》收录《沫若译诗集》，由创造社出版。1928 年《小说月报》第 19 卷第 1 期至第 4 期连载赵景深翻译的《罗亭》。1929 年 4 月商务印书馆出版高滔翻译的长篇小说《贵族之家》，11 月出版樊仲云翻译的长篇小说《烟》。同年 12 月北新书

---

① 参见 1928 年商务印书馆版《罗亭》译后记，1921 年商务印书馆版《前夜》译后记。

② 刘洪涛：《托尔斯泰在中国的历史命运》，载于《外国文学研究》，1992 年第 2 期。

局出版白棣、清野译注的《屠格涅夫散文诗》。1934 年哈尔滨精益书局出版温佩筠翻译的《阿霞》。特别值得一提的是,20 世纪三四十年代巴金主持的文化生活出版社把屠格涅夫的六部长篇小说编为《屠格涅夫选集》出版,分别是陆蠡译《罗亭》、丽尼译《贵族之家》、丽尼译《前夜》、陆蠡译《烟》、巴金译《父与子》和《处女地》。1949 年蒋路翻译的屠格涅夫所著的《文学回忆录》也由文化生活出版社出版。这一时期屠格涅夫的主要小说和散文诗几乎都出现了中文译本,部分作品还有了多个版本,其中反映俄国人民反抗农奴制、追求思想解放,为了理想不惜献出生命的作品尤其受到中国读者欢迎。

屠格涅夫的作品给了中国作家以启蒙,他的创作个性深刻影响了中国作家的审美观。1921 年,巴金翻译了屠格涅夫的五首诗。当他读到《处女地》后决定翻译这部作品,认为自己和书中主人公涅日达诺夫的命运和思想非常相似。屠格涅夫的作品对巴金的影响非常大,巴金在《谈我的短篇小说》中写道:"……屠格涅夫喜欢用第一人称讲故事……我学写短篇小说,屠格涅夫便是我的一位老师……我那些早期讲故事的短篇小说很可能是受到屠格涅夫的启发写成的。屠格涅夫写过好些中短篇小说,有的开头写大家在一起聊天讲故事,轮到某某,他就滔滔不绝地说起来(我那篇《初恋》就是这一类的小说);有的用第一人称直接叙述主人公的遭遇或者借主人公的嘴写出另一个人的悲剧。作为年轻的读者,我喜欢他这种写法,我觉得容易懂,容易记住,至于有些外国作家的作品,我要仔细读两三遍才了解它的意义。所以我后来写短篇小说,就自然而然地采用了这种写法。写的时候我自己也感觉到亲切、痛快。"①茅盾的长篇小说《蚀》《虹》与屠格涅夫的《前夜》都细腻地描写了人物在社会环境中的心理、情绪和矛盾。丁玲的《韦护》体现了屠格涅夫作品中的主题——革命与恋爱,其中主人公的经历与屠格涅夫作品中的人物经历如出一辙。王西彦也承认屠格涅夫的作品对自己创作的影响,他的短篇小说《雨天》、长篇小说《古屋》和《神的失落》极力模仿屠格涅夫行文简短的特点,但缺少后者的宏大结构和曲折的情节。

## 四、陀思妥耶夫斯基

在俄罗斯文学大家中,陀思妥耶夫斯基及其作品较晚被译介到中

---

① 《巴金选集》(下),人民文学出版社,1980 年,第 718—720 页。

国。最早对陀思妥耶夫斯基进行介绍的是《新青年》,1918 年 1 月出版的第 4 卷第 1 号刊登了英国人特里特斯的文章《陀思妥夫斯奇之小说》(周作人译),选自《北美评论》第 717 号。译者按语写道:"《苦人》《死人之家》《罪与罚》《白痴》《加玛拉淑夫兄弟》可以包括陀氏全部思想。其最重要者为《罪与罚》,英法德日皆有译本各数种。汉译至今未见,亦文学界之缺憾也。"译者认为"《罪与罚》中记拉科尼科夫跪苏涅前,曰'吾非跪汝前,但跪人类苦难之前'。陀氏所作书,皆可以此语作注释"①。

1919 年 5 月,田汉在《民铎》第 1 卷第 6 号、第 7 号上发表文章《俄罗斯文学思潮一瞥》,将陀思妥耶夫斯基与列夫·托尔斯泰、屠格涅夫称为"俄国三大文豪",将陀氏与列夫·托尔斯泰比喻为"俄国文华殿之双柱"。作者详述了陀氏的悲惨人生:"自是厥后,忧患重重,杜氏无幸福之时,又生而以有家庭悲剧,患癫痫之疾","以与他囚同居所经验,知无论如何沦落之人,其心底尚藏一线之光明。其作《可怜之群》(Poor Folk)即写此横遭蹂躏的下层民之悲惨生活,又写悲惨生活中灵光闪烁之良心的权威,因此高唱爱之福音与自己牺牲之福音焉"。②田汉还指出陀氏性格的多重性:"杜斯脱耶福斯奇在俄国文豪中为最富于牺牲精神者。而其感人深处尤在一身之中备二种矛盾之精神,即认为天使同时即为恶魔,认为极端信仰之殉教者同时即为极端之无信仰者,认为深厚博大之天才同时即为残酷刻薄之天才。"③他认为这种性格直接影响了陀氏的创作:"彼实于孱弱之驱壳中藏不可思议之生活力,故无论何时何地每走极端,其艺术之特征亦在善描写不健全之人的病的心理,又在能与恶魔之巢穴传爱力之福音。"④田汉认为陀氏作品中有两种对立的人物:"一为卢悉怀,天上下凡之恶魔而骄恣暴慢者之代表;一为伊万·都拉克,俄国家庭寓言常道的痴愚之人,以其单纯鲁拙战胜世界之智慧者"⑤,"以前者代表肉的帝国,后者代表灵的帝国,结局则肉屈于灵,亦即杜斯脱耶福斯奇之中心思想也。杜氏虽亦喜彼尼采之超人说,然深信人类之灵魂内皆宿有神性,闻'人类之事而以虱处之耶?'之语者,可以知矣。则谓即凡罪人,痴人,狂人,其心底无不有善良之魂。人类精神价值之伟大与灵魂之不灭,彼所深信不疑者","人之从彼学得者,非学'何者当爱'而为'爱'之伟力。论者谓若以鄂歌梨代表俄国

---

① 周作人:《陀思妥夫斯奇之小说·译者按》,载于《新青年》,1918 年第 4 期。

②③④ 《田汉全集》(第 14 卷),花山文艺出版社,1997 年,第 68 页。

⑤ 同上,第 72 页。

民之正义,则杜氏代表俄国民之良心"①。

李大钊在《俄罗斯文学与革命》一文中写道:"陀思妥耶夫斯基及较涅克拉索夫稍后之著名诗人雅库鲍维奇,皆尝转徙于西伯利亚,置诸惩役监狱……是皆俄国诗界最著之牺牲者,彼辈为文学之改进而牺牲,为社会之运动而牺牲,此外尚不知凡几。"②

1919 年,茅盾在《学生杂志》第 6 卷第 4 号至第 6 号上发表文章《托尔斯太与今日之俄罗斯》,介绍与列夫·托尔斯泰文学地位并列的陀思妥耶夫斯基,认为"陀思妥夫思该主义"最主要的内涵是"赎罪"意识:"陀思妥夫思该一生与罪恶为缘者也,故其著作亦皆言罪之著作。然其言罪也,非如时行侦探小说,必以警察署为归宿也。亦非如伊利沙伯时代之剧曲……谓人之犯罪纯出于一时之凶心,或为一时之失性,而其结果则为灵魂之堕落。陀思妥夫思该所著言罪之小说,实皆'悔罪'(redemption)之研究"。"罪者,人之灵魂受苦至深至不能忍而出之也。故其始也,灵魂受无量痛苦至于奄奄无生气,至于几死,然及其终也,仍得湔涤自新复为善人。"③作者比较了陀氏与英美文学作家的不同:"伊利沙伯时代之剧曲,虽言罪矣,而文学仍极美。读者不觉其为罪,而徒叹赏其文字之精工。陀思妥夫思该之言罪小说则不然,使人读之,若幽然处于狴犴而亲领铁索锒铛之风味也。若凄然临断头台下而静待最后之一下也。盖皆写实者也,而结果又为乐观。求之于英法著作家中,无似也。"④作者还比较了陀氏与屠格涅夫、列夫·托尔斯泰之不同,认为前者完全脱离了贵族身份:"托尔斯泰与屠尔涅甫皆系出贵族,故其思想,犹有不脱贵族气味者。如托尔斯泰则嫉恶如仇,好聪明有为之人。屠尔涅甫则好美好才能是也。惟陀思妥夫思该不然,彼视世间一切平等,有权与无权等心中无恨人。彼好洁与美,乃谓狴犴中亦有洁与美。呜呼,是何等心量也哉。"⑤

1920 年 5 月 26 日至 29 日,上海《民国日报》副刊连载了陀思妥耶夫斯基的短篇小说《贼》(即《诚实的贼》)中译文。《学生杂志》1924 年 9 月号和1925 年 3 月号分别发表陀氏长篇小说《被侮辱与被损害的》和《少年》的片段。1926 年未名社出版韦丛芜翻译的《穷人》,这是陀氏作品的第一

---

① 《田汉全集》(第 14 卷),花山文艺出版社,1997 年,第 72 页。

② 李大钊:《俄罗斯文学与革命》,载于《人民文学》,1979 年第 5 期。

③④ 《茅盾全集》(第 32 卷),人民文学出版社,2001 年,第 19 页。

⑤ 同上,第 22 页。

个中文全译本,鲁迅为这个译本写了序言。1927 年白莱翻译的《主妇》(即《女房东》)出版。1931 年是陀氏逝世 50 周年,其多部作品被翻译、出版,如韦丛芜翻译的《罪与罚》、刘曼翻译的《西伯利亚的囚徒》(即《死屋手记》)、洪灵菲翻译的《地下室手记》、何道生翻译的《淑女》(即《温顺的女性》)。在 20 世纪三四十年代,陀氏的作品被陆续翻译,重要作品还出现多个版本,例如《死屋手记》有四种译本,《白痴》有三种译本,《穷人》有两种译本,《被侮辱与被损害的》有两种译本。1947 年耿济之翻译的《兄弟们》(即《卡拉马佐夫兄弟们》)全部出齐。在此基础上,1946—1951 年文光书店推出 11 卷《陀思妥耶夫斯基选集》,包括荃麟翻译的《被侮辱与被损害的》、韦丛芜翻译的《罪与罚》《穷人》《西伯利亚的囚犯》、王维镐翻译的《淑女》《地下室手记》、李葳翻译的《醉》、叔夜翻译的《白夜》、高滔和宜闲合译的《白痴》、叔夜翻译的《女房东》、侍桁翻译的《赌徒》。①

## 五、高尔基

五四运动之前有四种高尔基的作品被译成中文,它们是 1907 年上海《东方杂志》第 1 期至第 4 期上发表的吴梼从日文转译的《忧患余生》(即《该隐与阿尔乔姆》);1908 年中国留日学生"天蜕"在东京出版的汉语杂志《粤西》上发表的译文《鹰歌》(即《鹰之歌》的节译);1916 年刘半农在上海的《小说海》第 2 卷第 5 号上发表的《廿六人》(即《二十六男和一女》);1917 年周瘦鹃翻译的《大义》(即《意大利童话》中的第十一篇),刊载于中华书局出版的《欧美名家短篇小说丛刊》下卷。

五四运动之后,高尔基的作品不断被译介到中国。1919 年,胡适翻译了短篇小说《鲍列斯》(即《他的情人》)。1921 年,郑振铎翻译的《木筏之上》和孙伏园、沈泽民、胡根天等人翻译的高尔基其他作品发表在《小说月报》上。1923 年,瞿秋白翻译并发表《意大利童话》第十三篇《劳动的汗》。1927 年,李兰翻译了《胆怯的人》(即《福马·高尔杰耶夫》)。这是高尔基的第一部长篇小说,也是第一部被译成中文的高尔基长篇小说。1928 年,上海出版三本从英文转译为中文的高尔基作品集:宋桂煌翻译的《高尔基小说集》、朱溪翻译的《草原上》、郑效洵翻译的《绿的猫儿》。同年,洪灵菲将《童年》第六章改名为《沉郁》翻译出版。1929 年《母亲》的第一部由夏衍

---

① 参见何茂正、李万春:《陀思妥耶夫斯基在中国》,载于《东北师大学报》,1988 年第 4 期;李今:《陀思妥耶夫斯基在三四十年代的中国》,载于《鲁迅研究月刊》,2004 年第 4 期。

译成中文。①

　　20 世纪三四十年代,高尔基的作品在中国"一书多译"的情况非常普遍,如《童年》在 1930—1948 年间有六种译本,剧本《在底层》有译自日语、英语和俄语的八个版本,《和列宁相处的日子》有六种译本,长篇小说《母亲》、自传体小说《在人间》《我的大学》都出现过两三种译本。此外,一些中国作家编辑了高尔基的选集和文集,如鲁迅的《戈里基文录》、黄源的《高尔基代表作》、巴金的《高尔基杰作选》、杨伍的《高尔基文学论文集》。根据高尔基小说、剧本改编的话剧也受到观众的欢迎,如柯灵、师陀根据《底层》改编的话剧《夜店》、田汉改编的《母亲》、王元美改编的《小市民》、焦隐菊导演的《夜店》,都在中国剧坛风靡一时。不仅在苏联作家中,而且在所有外国作家中,高尔基都是最受译者和读者欢迎的对象。

　　20 世纪三四十年代,高尔基作品受到中国"左翼"文学阵营的热烈欢迎,"有关他的评价研究专著或译本不少于二十三种,个人戏剧、小说、散文翻译集不下一百三十种"②。他的名剧《底层》、长篇小说《阿托莫洛夫一家》《我的大学》在中国出版了多种译本。1936 年,高尔基去世。同年,他的作品出版了 34 个版次,为外国作家之首。高尔基的作品对左翼革命文学运动产生了积极的影响。茅盾指出,五四运动以后,中国的文艺工作者从高尔基那里受益良多:"'五四'以来,中国新文艺的道路是现实主义的道路,构成中国现实主义文艺的因素不止一个,俄国文学的优秀传统以及欧洲古典文学的影响,都是应当算进去的;但是高尔基的影响无疑地应当视为最直接而且最大。'五四'以来,曾经有好多位外国的作家成为我们注意的对象,但是经过三十年之久,唯有高尔基到今天依然是新文艺工作者最高的典范。"③可以说高尔基已经确确实实地成为很多中国左翼作家的创作导师。

　　高尔基去世后,中国文学界以多种形式进行纪念。周天民、张彦夫编选六卷本的《高尔基选集》,上海杂志公司出版十一卷本的《高尔基选集》,《高尔基著作全集》也由时代出版社策划出版。《高尔基研究》专刊和《高尔基研究年刊》登载了大量研究高尔基作品的文章。

---

①　参见汪剑钊:《高尔基作品在中国传播 80 年鸟瞰》,载于《中国当代出版史料》(第 2 卷),大象出版社,1999 年。

②　李今:《三四十年代苏俄汉译文学论》,人民文学出版社,2006 年,第 68 页。

③　同上,第 69—70 页。

　　1932年,由鲁迅、茅盾、丁玲、曹靖华、洛扬(冯雪峰)、突如(夏衍)、适夷(楼适夷)共同署名的《高尔基的四十年创作生活——我们的庆祝》发表,表明中国文学界已经完全接受了苏联官方的观点,将高尔基称为"最伟大的政治家和文学家",他所代表的无产阶级文学将去除"陈旧的人生观和宇宙观"。通过高尔基的文学道路,中国作家认识到文学与政治结合的必要性,它将使文学发挥史无前例的社会推动作用。"高尔基现象"成为中国文学界的显著潮流,经久不衰,一直持续到中华人民共和国成立之后。

# 第十五章　中苏艺术交流

19世纪,俄罗斯民族艺术发展迎来了"黄金时代"和"白银时代",在各个方面取得了卓越的成就,跃居世界艺术强国之列。民国时期,在美术、音乐、戏剧等艺术种类的交流中,中国从苏联艺术中得到很多滋养;同时,中国民族艺术通过双方艺术家的努力传播到了苏联,受到苏联人民的青睐。

## 第一节　中苏美术交流

随着时代的进步和文化交流领域的日益扩大,民国时期中俄美术交流进入一个全新的时期,不仅交流的内容和方式发生了很大变化,而且交流的动机更加明确。中俄两国的许多文化名人直接参与并推动了中俄美术交流。

### 一、木刻艺术交流

木刻印刷是中国古代的伟大发明,它由文字印刷和图像印刷两部分组成,而图像印刷即是最初的木刻版画。民国时期的中俄木刻艺术交流指的是与中华民族解放事业相关并作为中国革命文艺重要组成部分的新兴木刻交流。

1928年11月,鲁迅在上海发起朝花社,和柔石、王方仁、崔真吾、许广平等人一起介绍东欧和北欧文学,为了介绍外国版画,还出版了《艺苑朝华》。1929年3月出版的《艺苑朝华》第1期第3辑《近代木刻选集(二)》首次介绍了俄国版画家陀蒲晋斯基(多布任斯基,М. В. Добужинский,1875—1957)于1922年为作家陀思妥耶夫斯基的小说《白痴》所作的插图《窗内的人》。1930 年 5 月出版的《艺苑朝华》第 1 期第 5 辑为《新俄画选》，收录苏联绘画和木刻版画 13 幅，其中 5 幅摘自日本人升曙梦的《新俄美术大观》，8 幅由奥地利作家勒内·菲勒普·米勒（René Fülöp Miller，1891—1963)所著的《布尔什维克的精神与面貌》的插图复制而来，包括法孚尔斯基（В. А. Фаворский，1886—1964）的木刻版画《墨斯克》(莫斯科)、古泼略诺夫(Н. Н. Купреянов，1894—1933)的木刻版画《熨衣的妇女》、保里诺夫(保夫理诺夫，П. Я. Павлинов，1881—1966)的木刻版画《培林斯基》（别林斯基)、克拉甫兼珂（А. И. Кравченко，1889—1940）的木刻版画《列宁的遗骸任人瞻礼》和《列宁的葬礼》等。虽然《新俄画选》选录的作品数量不多，但这是第一部在中国出版的苏联版画集。①

　　为了介绍苏联版画，鲁迅在上海举办了三次版画展览。1930 年 10 月 4 日至 5 日，在上海日本人开办的购买组合第一店二楼举行的世界版画展览会上，鲁迅将自己收藏的苏联和德国共 70 多幅版画展出。1933 年 10 月 14 日至 15 日，在北四川路的施高塔路千爱里(今山阴路二弄)40 号空屋举行的德俄木刻展览会上，展出了 100 多幅作品。1933 年 12 月 2 日在老靶子路(今武进路)40 号举行的俄法书籍插画展览会上展出了 40 幅作品，多数为苏联版画，少数是法国作品。

　　1933 年，鲁迅准备校印曹靖华翻译的《铁流》时，发现在苏联《版画》杂志上刊登有木刻家毕斯凯来夫(Н. И. Пискарев，1892—1959)为《铁流》所作的插图，便委托当时在苏联的曹靖华搜寻这些木刻版画。由于苏联木刻版画价格很高，苏联木刻家出于友谊便提议以宣纸作为报酬互相交换。虽然最终《铁流》中没能收录版画作品，但双方的交换却进行顺利，三年间鲁迅得到很多苏联木刻家的作品。1934 年，鲁迅将这些作品整理成《引玉集》出版，其中收录了 11 位木刻家的作品 60 幅，书前有陈节(瞿秋白)摘译的苏联楷戈达耶夫所作的《十五年来的书籍版画和单行版画》，在后记中鲁迅解释了出版缘由："这些作品在我的手头，又仿佛是一副重担。我常常想：这一种原版的木刻画，至有一百余幅之多，在中国恐怕只有我一个了，而但秘之箧中，岂不辜负了作者的好意？况且一部分已经散亡，一部分几遭兵火，而现在的人生，又无定到不及蘦上露，万一相偕湮灭，在我，是觉得比失了生命还可惜的……我便决计选出六十幅来，复制成书，以传给青年艺术学徒和版画

---

① 参见戈宝权：《中外文学的因缘——戈宝权比较文学论文集》，北京出版社，1992 年，第 331 页。

的爱好者。"①鲁迅托付内山书店将原作寄往日本制版印刷,共印制300部,很快销售一空,后再版了200部。曹靖华回国后,苏联木刻家依然和鲁迅保持着联系,寄给他最新的作品。

1936年2月20日,为期一周的苏联版画展在上海举办,鲁迅前往参观。展览结束后,良友图书印刷公司于1936年7月编印出版《苏联版画集》,由鲁迅代为遴选作品并作序。赵家璧回忆了4月7日鲁迅前去编辑部的情形:"走上三层扶梯,显得有些气喘,但是没有休息一会,立刻要求把原画拿出来让他看……他坐在面前的椅子里,一张张翻阅着,仔细地推敲、研究,把选用的放在一边,不用的放在另一边……他一方面钦佩原作技巧的高超,又担忧复制后多少要打一个很大的折扣。这天选画时间最初估计不过一、二小时,但他一直看到下午五点钟才完毕。鲁迅先生对每幅版画都细细的玩味,先放近前看,然后又放远处看。有时脸上浮起一阵满意的笑容;有时凝神静思,长久地默不作声;有时也指出这幅画的优缺点,谦虚地征求旁人的意见。这天下午,他像完全进入了苏联版画家所创造的精神世界中,忘记了斗室里逐渐增加的闷热气氛,对旁人要他略作休息的要求,也毫不考虑……等他把约近二百幅原画全部看完时,时间已近下班,斗室中满屋太阳。"②

1936年7月,鲁迅以三闲书屋的名义,编印出版《死魂灵百图》,其中收录的是阿庚(А. А. Агин,1817—1875)所画、培尔那尔特斯基(Е. В. Бернардский,1819—1889)所刻的作品,并附有梭可罗夫(П. П. Соколов,1821—1899)为《死魂灵》所画的12幅插图。鲁迅介绍了出版此画集的目的,除了介绍外国艺术,"第一,是在献给中国的研究文学,或爱好文学者,可以和小说相辅,所谓'左图右史',更明白十九世纪上半的俄国中流社会的情形。第二,则想献给插画家,借此看看别国的写实的典型,知道和中国向来的'出相'或'绣像'有怎样的不同,或者能有可以取法之处"③。

鲁迅还积极地把中国版画介绍到苏联。1934年1月9日,他给苏联版画家亚历克舍夫(Н. В. Алексеев,1894—1934)寄去版画17本,其中有木版画《列女传》《梅谱》《晚笑堂画传》,以及石印《历代名人画谱》《耕织图题咏》和《圆明园图咏》各一部。④1934年3月1日,他给苏联木刻家协会寄去

---

① 《鲁迅全集》(第7卷),人民文学出版社,1981年,第414页。

② 马蹄疾、李允经:《鲁迅与中国新兴木刻运动》,人民美术出版社,1985年,第255—256页。

③ 《鲁迅全集》(第6卷),人民文学出版社,1981年,第446页。

④ 参见《鲁迅全集》(第15卷),人民文学出版社,1981年,第108页。

《北平笺谱》。1934 年 10 月,他将中国青年版画家的作品集《木刻纪程》寄给苏联木刻家。

中国抗日战争爆发后, 中国艺术工作者与反法西斯同盟国的同行担负着共同的使命:揭露法西斯的真实面目,团结各个爱好和平的民族,为争取早日战胜法西斯做贡献。中苏美术界的交流活动在 20 世纪 40 年代初期非常频繁,特别是在木刻版画领域,苏联美术界的消息和介绍文章经常出现在中国的报章杂志上。

1942 年初,以重庆版画家为主体的 250 余名中国美术家联名致信苏联版画家,高度赞扬他们在抗击法西斯侵略、争取国家独立自由斗争中的不懈努力,信中写道:"正和我们中华民族一样,你们也同样了为了捍卫自己祖国和人类文明、世界和平而艰苦奋斗着,历史的重任分别压在爱好和平的民族肩上, 苏联的木刻家和你们祖国人民一样地卷入这战斗的洪流里……不断地用自己的作品在打击敌人。"中国美术家表达了自己愿意与苏联同行比肩作战的决心:"中国的木刻工作者,站在辽远的国土,遥向着你们英勇斗争的姿态,表示无限的敬意与钦佩。过去,我们曾得到你们宝贵的经验和教训……今日我们稍稍有一定成绩, 比起你们来一定是很觉惭愧的……"中国美术家坚信:"紧跟着这大苦难到来的,不但是永久的最后胜利的到来,人类艺术文化的宝库,将因此而更加丰富永恒。"①中国木刻研究会征集了包括延安木刻家在内的 40 多位作者的 270 幅木刻作品,由中苏文化协会在重庆举办了中国木刻作品送苏展览。随后这些作品被运往苏联莫斯科进行展览。中国木刻作品在苏联艺术家中引起强烈反响,100 多位苏联艺术家从各地赶赴莫斯科参观。为了向中国美术家表示感谢,全苏艺术联合组织委员会主席、斯大林奖金获得者亚·格拉西莫夫(А. М. Герасимов,1881—1963)把苏联艺术家的手拓木刻版画等 200 余幅作品回赠给中国木刻界。

1943 年 3 月,中苏文化协会举办苏联版画艺术展览,共展出 32 位苏联著名版画家的作品,有五万余人到场参观。《新华日报》《新蜀报》《国民公报》以特刊形式对参展作品进行介绍:"苏联版画传授给我们的,不光只是战斗的技术,更重要的是战斗精神。那改变世界、消灭敌人、拥抱生活的热情,滔滔地涌扑过去,顿河、伏尔加河和长江、黄河交流了。"从 1942

---

① 宗贤、赵志红:《超越艺术层面的对话——抗战时期中外美术交流》,载于《贵州大学学报》,2004 年第 4 期。

年 1 月至 1943 年 8 月,在重庆举办的有关苏联的美术展多达八次,中苏美术交流进入名副其实的"黄金时期"。

## 二、徐悲鸿访苏

1934 年,徐悲鸿在德国柏林和法兰克福举办画展,其间收到苏联的邀请。他认为:"苏联毫无侵略其他国家迹象,又为首先对中国取消不平等条约之国家,大革命后,广行建设,久欲访问其邦不得,此次由苏联对外文化协会邀请,实乃极好机会。"①于是,徐悲鸿接受了邀请。

1934 年 5 月 6 日,中国近代绘画展览在苏联国立历史博物馆举办,四个大厅共展出 105 名中国画家的 330 件作品。苏联对外文化协会主席阿罗谢夫(А. Я. Аросев,1890—1938)在致辞中回顾了苏中两国人民久远的友谊,认为两国的文化交流定将促进两国人民加深相互理解。中国驻苏代表吴南如表示希望文化交流能够对国家间关系的改善产生积极的影响。徐悲鸿在致辞中感谢苏联方面的热情款待,表示今后将为两国文化交流的开展和密切合作贡献自己的力量。这次展览获得了巨大的成功,很多观众流连忘返,苏联报纸发表了很多介绍中国艺术和本次画展的消息。很多苏联文化界名人参观了徐悲鸿的画展。随同徐悲鸿访苏并担任翻译的叔子回忆说:"真是星光灿烂,闪耀一堂。我作为舌人颇有应接不暇之苦。"②徐悲鸿还在莫斯科美术学院举办讲座,介绍中国古今艺术的变迁历史。他与苏联美术家涅斯捷罗夫(М. В. Нестеров,1862—1942)和克拉甫琴科互赠作品,著名雕塑家梅尔库罗夫(С. Д. Меркуров,1881—1952)将亲手制作的列夫·托尔斯泰的面模赠给徐悲鸿。

6 月,徐悲鸿在列宁格勒艾尔米塔什博物馆举办画展,大获成功。返回莫斯科前,徐悲鸿应苏联艺术家协会的请求将自己的部分作品留在了博物馆。离开苏联时,徐悲鸿挑选了 11 幅苏联画家作品,为计划在南京建立的现代西方艺术展览馆收集作品,其中包括列宾(И. Е. Репин,1844—1930)的素描《老人头》、苏里科夫(В. И. Суриков,1848—1916)的《卡尔波娃肖像画》等。苏联方面还专门为徐悲鸿定做了一些雕塑作品的复制品;徐悲鸿以 10 件作品回赠,包括自己的《狮子》《奔马》《鹅》和齐白

---

① 宗贤、赵志红:《超越艺术层面的对话——抗战时期中外美术交流》,载于《贵州大学学报》,2004 年第 4 期。

② 田保国:《民国时期中苏关系(1917—1949)》,济南出版社,1999 年,第 288 页。

石的《虾》《芭蕉树》等。后来,徐悲鸿又将 12 幅中国著名画家的作品送给莫斯科现代艺术博物馆。

徐悲鸿回国时带回一大批俄罗斯古典及巡回展览画派美术作品的复制品,其中有勃留洛夫(К. П. Брюллов,1799—1852)的《庞贝城的末日》,克拉姆斯科依(И. Н. Крамской,1837—1887)的《贵妇人》,列宾的《伏尔加河上的纤夫》《萨波洛什人写信给苏丹王》《伊凡杀子》和《意外归来》,苏里科夫的《近卫军临刑的早晨》和《莫洛卓娃的流放》,瓦斯涅佐夫(В. М. Васнецов,1848—1926)的《开国三元勋》等。这些现实主义作品被徐悲鸿分送给学生们,开阔了他们的眼界,增添了他们对现实主义艺术的了解和信心。

徐悲鸿认为,勃留洛夫的《庞贝城的末日》是俄罗斯油画之始,是俄罗斯第一幅称得上世界水平的油画。而最能代表俄罗斯国家水平的美术家,徐悲鸿认为当属列宾、苏里科夫、谢洛夫(В. А. Серов,1865—1911)和夫鲁贝尔(М. А. Врубель,1856—1910)。他富有远见地指出,列宾是世界一流画家,足以与法国的德拉克罗瓦(Eugène Delacroix,1798—1863)相媲美;认为世界美术的高峰时期有四,一是希腊罗马时期,二是文艺复兴时期,三是巡回画派时期,四是欧洲中世纪时期。

徐悲鸿访苏期间,积极游说苏联艺术家到中国举办画展。1936 年 1 月 11 日至 18 日,由中苏文化协会和中国美术家协会联合举办的苏联版画展在中央大学图书馆举行。2 月 20 日,苏联版画展在上海举办,展品有二百多幅。鲁迅兴致勃勃地参观了展览,称赞苏联的版画不像法国版画那样纤美,也不像德国版画那样豪放,"然而它真挚,却非固执,美丽,却非淫艳,愉快,却非狂欢,有力,却非粗暴;但又不是静止的,它令人觉得一种震动——这震动,恰如用坚实的步法,一步一步,踏着坚实的广大的黑土进向建设的路的大队友军的足音"[1]。他认为苏联版画在中国的传播将使观众大为受益,"克拉甫兼珂的木刻能够幸而寄到中国,翻印介绍了的也只有一幅,到现在大家才看见他更多的原作。他的浪漫的色彩,会鼓动我们的青年的热情,而注意于背景和细致的表现,也将使观者得到裨益"[2]。

---

① 《鲁迅全集》(第 6 卷),人民文学出版社,1981 年,第 483 页。
② 同上,第 482 页。

## 三、中国艺术展在苏联

1940 年 1 月 2 日，中国艺术展览会在莫斯科东方博物馆正式开幕。整个展览分为十七室和一个大厅。展品中有安阳殷墟出土文物、中国古代绘画作品和部分现代画(油画、水彩、木刻、漫画等)、民间艺术作品，另有一部分展品为苏联各大博物馆收藏的中国艺术品。在从中国运来的展品中，有几幅古画尤为引人注目，如《洛阳楼图》(李昭道)、《宝津竞渡图》(王振鹏)、《竹鸥图》(崔白)、《枫鹿图》等。

苏联外交人民委员会、对外文化协会、人民委员会艺术部的代表和千余名艺术家参加了开幕式。苏联艺术委员会主席索洛多夫尼可夫在开幕词中盛赞这次展览意义重大，在苏联单独举行友邦的文化艺术展览会，中国为首次。

开幕式次日，苏联报纸报道了开幕典礼和苏联对外文化协会招待会的盛况，刊载了部分艺术家对展品的评论文章。他们认为，虽然展品并不一定完美、精致，但这是进步艺术家新的、进步的创作，会成为争取民族独立、自由的人民有力的斗争武器。

莫斯科展览闭幕后，其展品在苏联其他城市继续巡回展出。《真理报》专门就此次展览在显要位置发表评论："谓中国艺展，非仅在艺术上具有伟大之价值，抑且足以表示中苏两大民族具有如何之友好关系。苏联各界人士，对于争取国家独立之中国人民，具有如何热烈之同情，对于中国人民之生活如何关切。今兹之艺展，必能引起苏联各界之注意，而尤能有助于中苏两大民族友好联系之日臻于密切云。"[1]

这是抗日战争时期第一个在国外举办的大型中国艺术展。苏联观众不仅了解了中国的艺术水平，还对中国人民正在进行的反帝反封建反侵略运动给予了深切的同情和热情的支持。中国美术家用自己的画笔向不同语言、不同民族的人民表达了中华民族必胜的决心意志。《中苏文化》为此刊发特稿，将《真理报》《消息报》《莫斯科晚报》《苏联艺术报》发表的相关文章全文译出发表，全面反映中国艺术品展览在苏联各界引起的热烈反响。[2]

---

[1]　陈石孚：《中国艺展在苏联》，载于《时事月报》，1940 年第 22 卷第 2 期。

[2]　参见长林译：《中国艺展在苏联的盛况及其崇赞》，载于《中苏文化》，1940 年第 5 卷第 3 期。

## 第二节　中苏电影交流

### 一、苏联影片在中国

1924 年 3 月,苏联纪录片《列宁的葬礼》(当时片名为《列宁出殡记》)在北京上映,影片记述"列宁死后国人致哀及国葬仪式"。据现有史料记载,这是在中国放映的第一部苏联影片。在整个民国时期,苏联影片因其倡导和平、反对侵略的主题受到热爱和平的中国人民的欢迎,成为鼓舞半殖民地半封建社会人民奋起斗争的重要思想武器。

1. 上海

1926 年,在南国电影剧社的主持下,被誉为经典杰作的苏联故事片《战舰波将金号》在上海南市西门方板桥共和影戏院上映,这是南国电影剧社应苏联驻上海领事的委托为招待上海文化艺术界举办的小规模放映。中国剧作家田汉高度评价了这次活动:"何况因皮涅克之来,我们与苏俄驻上海领事林德交好,时有机会接近新俄艺术,又曾以林德氏之托将大导演家爱森斯坦的轰动世界的杰作《波特姆钦军舰》私映于南国,供友人数辈欣赏,是为真正苏俄艺术影片入中国之始。看这个片子的时候,友人之间有右倾思想或艺术至上主义倾向的,对它的摄制与表演都极恭维。"[①]

苏联电影上映时受到法西斯势力恶意阻挠和破坏。苏联影片《傀儡》讽刺了帝国主义者在世界上扶植傀儡政权的丑行。1934 年 9 月上海大戏院放映此片时,日本报纸威胁说,这是"一部可注目的片子",是"讽刺自满洲国成立以来的现状以及华北政情的",该片的上映将"引起国际问题"。[②]苏联电影《阿比西尼亚》真实地反映了意大利法西斯军队的野蛮侵略和阿比西尼亚(即埃塞俄比亚——笔者)人民的英勇反抗。1937 年 1 月,当上海的银幕上出现埃塞俄比亚人民誓死抗战的场景时,全场掌声雷鸣。意大利驻上海领事馆对该片的上映多次进行阻挠,直至停演。国民党当局责令电影检查委员会重新审查影片,剪掉意大利侵略军施放毒气、轰炸红十字会以及埃塞俄比亚士兵击毁侵略军飞机等七段。该片复映时,意大利驻上

---

① 《田汉文集》(第 14 卷),中国戏剧出版社,1987 年,第 264—265 页。

② 立五:《〈傀儡〉开映与日本人的态度》,载于《民报》,1934 年 10 月 1 日。

海领事馆的副领事和商务参赞指使一帮喽啰捣毁了电影院,殴打影院职工,驱散观众。[1]意大利法西斯势力的暴行引发了中国人民的极大愤慨,上海文艺界、电影界、戏剧界、音乐界人士联合发表《反对意国水兵暴行宣言》,要求"赔偿损失,惩罚凶手,道歉,并保证以后不再发生同类事件",高呼:"万岁,阿比西尼亚的民族战争!""万岁,中国民族的独立解放!"夏衍、蔡楚生、王人美、王莹、白杨、金山、史东山、任光、冼星海、吕骥、阿英等121名文艺界知名人士签名声援。1937年6月,苏联影片《我们来自喀琅施塔得》上映时遭到德国大使馆的抗议,一度被禁演,后经多方交涉复映。为防止暴徒袭击影院,电影院管理者在放映此片时请来警察加强安保工作。

1935年至1936年,根据奥斯特罗夫斯基作品改编的电影《雷霆之威》在上海上映。1938年至1939年,《没有陪嫁的女人》在上海上映,中文译名为《淑女恨》。1947年该片再度上映时,使用了原名《没有陪嫁的女人》。

卢沟桥事变后,苏联纪录片《予打击者以打击》在上海上映,得到观众的热烈呼应。抗日战争时期,上海大戏院是苏联电影在华上映的主要基地,并辐射到周边多座城市。从1938年到1941年11月底,《彼得大帝》《夜莺曲》《布加乔夫》《钢人铁马》《农夫曲》《春之歌》《打破反苏间谍网》《亚历山大·涅夫斯基》《双雄护国》(《米宁和波扎尔斯基》)等几十部苏联影片在上海先后公映。

上海有一位热心于介绍苏联电影的文化使者——姜椿芳。他是俄商亚洲影片公司负责在华发行和放映苏联影片的代理人。在好莱坞影片独占中国影坛的情况下,姜椿芳设法尝试放映苏联电影。为了说服影院负责人接受高尔基传记片《童年》《在人间》和《我的大学》,他陪同影院负责人观看影片,解说剧情,同时指出高尔基在中国影响巨大,受到无数青年的崇拜,因而观众群庞大。通过姜椿芳的努力,高尔基传记片最终得以上映。《阿比西尼亚》放映前,姜椿芳进行广泛的新闻宣传,上海各报刊异口同声地谴责法西斯的侵略行径。上海沦陷后,姜椿芳继续从事进步文化活动,推介苏联电影仍然是主要内容之一。[2]

2. 重庆

1938年2月苏联影片《血花》和《复仇艳遇》在重庆上映,11月国泰戏

---

[1] 参见程季华:《苏联电影早期在中国放映史实及其他》,载于《中国电影》,1957年第11—12期。

[2] 参见李随安:《中苏文化交流史(1937—1949)》,哈尔滨出版社,2003年,第75—76页。

院放映《大张挞伐》。1941 年上海沦陷后,苏联影片放映基地转移到重庆、成都等地。抗日战争时期,重庆等地放映的苏联影片约有六七十部,有些为初次在华上映,如《苏俄临倭记》《玛姆洛克教授》《风羽飞马》(《小驼马》)、《仲夏夜之梦》(《五月之夜》)、《列宁在十月》《列宁在一九一八》《斯大林格勒血战记》《伟大的公民》《莫斯科城下歼敌记》《最后一夜》《灿烂生活》等。1942 年初,为纪念孙中山、列宁这两位新国家的缔造者,放映了关于两位伟人的影片。1943 年 2 月,重庆国泰戏院上映苏联影片《夜莺曲》。1944 年春天上映的苏联歌舞片《柳营婵娟》、夏天上映的苏联影片《忠勇巾帼》在成都、昆明、重庆引起轰动。电影反映了苏联妇女在卫国战争中的英勇斗争精神,被苏联大使馆用于招待重庆各界人士,先后在"一园""国泰""唯一"电影院放映。1945 年 7 月末,苏联大使馆以《会师柏林》招待重庆文化界人士,不久影片在全市公映,引发市民的观影热潮。1945 年下半年重庆上映《侵略》,次年春天上映反映苏联卫国战争女英雄卓娅的影片《索雅传》。①

与此同时,重庆的进步报刊《新华日报》《中苏文化》等刊发许多介绍苏联电影界和影片的文章以及中国观众的观后感。据不完全统计,《中苏文化》杂志登载有关电影的文献 76 篇,戏剧文献 33 篇,体裁有剧本、随笔、评论、书信、座谈记录等。②《中苏文化》于 1940 年 10 月推出"苏联戏剧电影专号",刊发了《列宁与斯大林论电影》《斯大林与苏联电影》,电影剧本《静静的顿河》《中华全国电影界抗敌协会致苏联电影界书》,还有一些中国文化名人撰写的探讨中苏电影关系问题的文章,包括田汉的《怎样从苏联戏剧电影取得改造我们艺术文化的借鉴》、葛一虹的《苏联电影与苏联戏剧给予了我们什么》、郑伯奇的《苏联电影给予中国电影的影响》、史东山的《苏联电影与中国电影》、王平陵的《从苏联电影谈到中国电影》、阳翰笙的《我对于苏联戏剧电影之观感》、沈西苓的《关于苏联电影的杂感》、司马文森的《我对于苏联电影之观感》、潘子农的《关于苏联电影》、常任侠的《我观苏联戏剧电影》、贺绿汀的《关于苏联电影中的音乐成分》、何非光的《苏联电影给我们的印象》、楼适夷的《为高尔基〈童年〉的放映》。③田汉在《怎样从苏联戏剧电影取得改造我们艺术文化的借鉴》中对苏联艺术

---

① 参见李随安:《中苏文化交流史(1937—1949)),哈尔滨出版社,2003 年,第 77—78 页。

② 参见张海燕:《从〈中苏文化〉看苏联电影对中国电影的影响》,载于《四川省干部函授学院学报》,2011 年第 2 期。

③ 参见《中苏文化》,第 7 卷第 4 期。

的主调评价为"郁勃苍凉",号召国人"一洗今日的靡靡之音,鼓动四亿同胞,展开惨烈雄大的民族抗争,就得学习俄国人这郁勃苍凉的调子",以"军事化、学校化、单位化"的方案改革生活,提高演员地位,向苏联学习改善一般演员的生活。郑伯奇在《苏联电影给予中国电影的影响》中分析了苏联电影在世界范围内产生影响的原因,认为"苏联电影的对外影响,主要地应该在于制作态度和制作手法"。"在这中国电影的转变期中,给予最大影响的,是苏联电影","中国电影所接受的好的影响,完全得之于苏联电影"。这种影响体现在:"第一,中国电影艺术的理论,完全得自苏联";"其次,中国的电影艺术家从苏联电影中学习了新的创作态度和新的创作方法"。"苏联电影教育了中国观众,提高了中国观众对于电影艺术的认识"。①史东山在《苏联电影与中国电影》中指出,苏联国营的电影厂以教育宣传作为工作目标的做法值得学习,"社会主义在苏联的获得胜利,与苏联电影的发展是互相关联着的,是互相起了影响作用的"。对比中国的抗战题材电影,他认为,"虽然一切主题都没有离开过抗战,但大部分不曾抓到抗战形势中所急迫需要的题材来发挥",所以必须"争取群众的拥护,使主政者彻底感到电影在抗战中的急迫需要而推动之迅速来发展这事业"。②葛一虹的《苏联电影与苏联戏剧给予了我们什么》曾发表于《国际文学》俄文版 1940 年 3 月、4 月合刊,经作者增补后发表于《中苏文化》,其中写道:"中国广大人民对于苏联影片底爱好是远超乎欧美资本主义国家所制作出来的影片的……在其艺术创造上也渐渐地脱离了欧美电影底模仿与支配,而倾向于相同于苏联电影底那种风格。""当九一八事变之后,中国电影界开始它底转向的时候,它便不能摆脱其欧美电影传统底支配,而向苏联电影底制作方法有所参考,用以来丰富其转变后的积极内容的表现方法,甚者,是时中国导演家中有被称为苏联风格的导演人,某一镜头被指为'苏联镜头'……不能不说这种转变或多或少地接受了当时业已存在着苏联电影底影响的。"同时作者认为:"苏联戏剧给予中国戏剧的影响都是不小的,在中国戏剧底发展与成长上,它演着一个相当重要的地位。"③

《中苏文化》第 7 卷第 4 期刊发戈宝权翻译的《列宁与斯大林论电影》,提到列宁在 1907 年就说过:"当群众握有了电影,当电影是在真实从

①　郑伯奇:《苏联电影给予中国电影的影响》,载于《中苏文化》,第 7 卷第 4 期。
②　史东山:《苏联电影与中国电影》,载于《中苏文化》,第 7 卷第 4 期。
③　葛一虹:《苏联电影与苏联戏剧给予了我们什么》,载于《中苏文化》,第 7 卷第 4 期。

事于社会主义文化事业的人们的手中时，它就成了教育群众的最有力的工具之一。"列宁在 1922 年又指出："对我们来说，电影是一切艺术中最重要的艺术。"斯大林说："电影是作群众鼓动的一个最伟大的工具，我们的任务就在于把这个事业握好在手中。"1931 年苏联提出"社会主义现实主义"的创作方法，电影界也随之响应。受此影响，1938 年 1 月 29 日，中华全国电影界抗敌协会在武汉成立，在会刊《抗战电影》的创刊号上，阳翰笙、史东山、袁牧之、应云卫、刘念渠、费穆、姚苏凤、袁丛美等人讨论了"国防电影"的问题，从现实主义、民族化、大众化的角度论证了"国防电影"存在的必要性，明确它的目标就是宣传和鼓动抗战的积极性。

中苏文化协会为苏联电影在中国的传播做出了很多贡献。在中苏文化协会的院子里经常放映苏联影片。例如，1938 年 7 月初放映反映日俄战争和其他内容的影片，1939 年 1 月中旬放映《飞机"胜利"号》，1944 年 11 月中旬放映在战时苏联享有盛誉的影片《虹》。中苏文化协会还为其他文化团体放映苏联影片提供协助。据中央大学"中苏问题研究会"负责人陶大镛回忆，他经常到中苏文化协会求助，张西曼帮助他向苏联驻华大使馆借影片，周末还派人来中央大学放映，受到广大学生的欢迎。当放映受到校内反动团体的阻挠和破坏时，张西曼出面为学校解决麻烦，鼓励师生进行斗争。

## 二、电影界的合作与交流

1935 年 2 月 21 日至 3 月 2 日，苏联举办莫斯科国际电影展览会，以纪念苏联电影事业诞辰 15 周年。这次活动的策划者向当时在苏联的中国记者戈公振询问了关于中国电影事业的发展情况。经过反复斟酌选择，中国电影界决定由明星公司的制片人周剑云、摄影师颜鹤鸣、翻译孙桂籍、演员胡蝶，联华公司的制片人陶伯逊、编剧余一清、副导演黄谦七人组成代表团出席这次纪念活动，明星公司的《姊妹花》(有声)、《空谷兰》(有声)、《春蚕》(配音)、《重婚》(无声)，联华公司的《渔光曲》(配音)、《大路》(配音)，艺华公司的《女人》(无声)及电通公司的《桃李劫》(有声)参加展览。蔡楚生导演的《渔光曲》获得第九名荣誉奖，成为中国第一部获得国际荣誉的影片，评奖委员会认为"导演蔡楚生对中国人民的生活与优良品质，勇敢地做了现实主义描写的尝试"。3 月 12 日，周剑云夫妇和胡蝶抵达莫斯科，此时影展已经闭幕，苏联方面召集当时未回国的各国代表和苏联艺术界人士观看了中国电影人带来的影片《姊妹花》和《空谷兰》。苏联著名导演普多夫金(В. И. Пудовкин, 1893—1953)对《空谷兰》一片提出了中肯的批评,认为"这张片子的对白太多,且类乎演讲,这似是需要改良的"①。随后中国代表团参观莫斯科电影院、电影学校、制片厂,访问列宁格勒制片厂,观看苏联影片,对苏联电影事业有了较为直观的认识。在电影艺术创作和制作方面,苏联电影人给中国同行很大的启示。而中国影片在苏联上映,也增进了苏联人民对中国电影的了解。

在理论学习方面,中国已经初步接受苏联电影艺术理论。罗树森撰写的《俄国最近电影事业之调查》刊登在 1927 年 7 月 15 日出版的第 25 期《明星特刊》上,是中国电影杂志上最早介绍和推荐苏联电影的文章。1928 年底,洪深翻译的爱森斯坦(С. М. Эйзенштейн, 1898—1948)、普多夫金和亚历山大洛夫(Г. В. Александров, 1903—1983)联合发表的电影宣言,刊登在《电影月报》12 月"有声电影专号"上,这是中国电影界首次接触苏联蒙太奇理论。在 1930 年 6 月的《沙仑》月刊上,冯乃超翻译了卢那察尔斯基关于苏联电影制片发展道路的文章,其中强调列宁对电影制片的指示,这是中共地下组织领导的文艺刊物最早译介苏联电影的资料。1930 年 7 月,由田汉主编的《南国剧社》月刊第 2 卷第 4 期刊出"苏俄电影专号",此为最早介绍苏联电影的专刊,其中有多篇评介苏联电影创作和电影事业的文章,包括卢那察尔斯基的《苏俄革命电影之现在及将来》,以及美、日、德等国介绍苏联电影事业发展的文章。田汉撰写了《苏联电影艺术发展的教训与我国电影运动的前途》,他在"卷头语"中称赞"苏联是把电影这工具使用的最好的国家"。此外,由郑伯奇、夏衍领导的上海艺术剧社在其于 1930 年创办的理论刊物《艺术》上译介了列宁对电影的论述以及卢那察尔斯基关于电影的谈话。

1931 年 1 月,中国左翼剧团联盟改组为以个人名义参加的中国左翼戏剧家联盟(简称"剧联"),1932 年 7 月成立了在"剧联"领导下的影评小组。该组织在中国共产党的领导下通过各种渠道掌握了上海主要报刊的电影副刊,如《时报·电影时报》《民报·电影与戏剧》《中华月报·电影新天地》《晨报·每日电影》和《申报·电影周刊》等,为宣传苏联电影做出了重要贡献。夏衍后来回忆说,进入电影界后,他们在十分困难的情况下,主要进行了四项工作,其中之一就是大力介绍苏联电影,翻译、介绍苏联电影剧本及理论著作。1932 年,夏衍(黄子布)和郑伯奇(席耐芳)合译了普多夫

---

① 李喜所主编:《五千年中外文化交流史》(第 4 卷),世界知识出版社,2002 年,第 223 页。

金的《电影导演论》和《电影脚本论》,这是中国第一次系统介绍苏联电影艺术创作理论,起初在上海《晨报·每日电影》上连载,1933 年 2 月出版了单行本。正文前是洪深专为这本书写的序文,对普多夫金的著作给予了极高评价。正文后附有夏衍编写的电影剧本《狂流》,这一剧本就是按照普多夫金所倡导的原则编写的,是中国正式出版的第一个电影剧本。此后,中国才开始有了正规的电影剧本样式。

这一时期,在苏联电影上映的同时,报刊刊发了大量评论文章。1933 年 2 月 16 日,苏联有声电影《生路》在上海大戏院上映,"左翼"电影评论家欢呼这是"新艺术的登场",并进行大篇幅的介绍和宣传。《晨报·每日电影》用了三天的时间刊登夏衍、洪深、沈西苓、史东山、陈鲤庭、王尘无、程步高、张石川撰写的 8 篇评论和 14 篇短文。郑伯奇从影片题材选择、创作方法、技术教训等方面给予评价,指出:"《生路》公映了。为中国电影界应该指出了一条生路。革命不须夸张的应用。问题在要抓住现实而前进。"1933 年 6 月 1 日,在上海出版的月刊《明星》第 1 卷第 2 期上,夏衍以丁谦平的笔名翻译了《生路》的摄制台本,这是中国翻译的第一个苏联电影剧本。1934 年 11 月 11 日至 12 日,夏衍在《大晚报》上发表《苏联电影十七年》一文。该文比较全面地反映了当时他对苏联电影的认识,对苏联电影所取得的成就给予很高的评价。他指出社会主义革命和建设的胜利是苏联电影得以迅猛发展的根本保证,继王尘无之后再次传达了列宁关于电影的指示。

抗日战争时期,特别是国民党掀起第三次"反共"高潮后,各种进步报刊和影评人对苏联影片进行了大力宣传。《列宁在一九一八》《虹》《忠勇巾帼》(即《她在保卫祖国》)、《大地怒吼》《钢铁是怎样炼成的》等电影上映后,《新华日报》和其他进步报刊都发表了热情赞扬的评论文章。大型纪录片《保卫斯大林格勒》于 1943 年 9 月在重庆大戏院上映,引起轰动,《新华日报》发表文章介绍影片的拍摄过程和对它的评价,称赞其是"以血和肉谱写的诗"。为纪念十月革命 25 周年,《新华日报》从 1942 年 10 月 26 日起连载电影剧本《列宁在十月》(戈宝权节译),并发表了席耐芳撰写的《苏联电影与世界大战》一文,回顾苏联电影发展历史,热情讴歌了苏联电影工作者在卫国战争中做出的卓越贡献, 展望了苏联电影的美好前景。

抗日战争期间,在中共中央的直接支持下,中国电影工作者奔赴苏联学习。1940 年,袁牧之在延安摄制了纪录片《延安与八路军》,中共中央决定由袁牧之携带全部底片去莫斯科完成后期制作，冼星海负责影片作曲、配乐工作，与袁牧之同行，并考察苏联电影与音乐。由于苏德战争爆发，这部影片在苏联迟迟未能完成制作，影响了回国放映，其中的部分镜头后来被用于1950年中苏合制的纪录片《中国人民的胜利》和《解放了的中国》。袁牧之在苏期间与著名导演爱森斯坦一起摄制影片，1946年回国。

在苏联电影传入中国的同时，苏联电影人也开始在中国拍摄影片。1925年夏天，第一位到中国摄制电影的苏联导演史涅伊基洛夫（В. А. Шнейдеров，1900—1973）参加了苏联动用六架飞机开辟莫斯科至北京航线的飞行，他计划将这次检阅苏联空军实力的事件和沿途风景拍摄成电影。他在张家口参观冯玉祥的军队，在北京拍摄历史建筑、城市街道、官方招待会和庆祝活动，以及普通居民的日常生活。为了使苏联观众对现代中国如火如荼的革命运动有直观的印象，史涅伊基洛夫来到上海，拍摄在恶劣条件下工作的工厂工人，向人们展示了资本家的残酷剥削和工人奋起反抗、举行罢工活动的情况。之后他在广州拍摄了国民政府的部分机关、社会团体和知名人物，以及逮捕反革命分子、解除叛乱分子武装、军阀被击溃的场面，还有城镇乡村各个行业的日常活动。1925年底，以在华拍摄的素材为基础的电影《伟大的飞行与中国的国内战争》在苏联上映，此后该片以《东方之光》为名在欧洲各国上映。史涅伊基洛夫导演认为，"影片第一次向全世界真实地报道了关于中国、关于英勇的中国人民已经开始了自己解放的斗争的情况"①。1937年他的《八次电影旅行》一书出版，其中记录了这次中国之行。

1927年，苏联导演雅可夫·布里奥赫（Я. М. Блиох，1895—1957）在上海拍摄新闻纪录片《上海纪事》，"记录了第一次国内革命战争后一阶段上海劳动人民的生活与斗争。影片拍摄了第三次武装起义胜利后工人纠察队的雄姿和示威游行，以及在工人武装起义后英、美、法帝国主义者增兵租界，在租界周围赶筑工事的惊慌失措的丑态；摄取了蒋介石叛变革命后对中国共产党和革命人民进行疯狂屠杀的滔天罪行。它以尖锐深刻的对比手法描写了半殖民地化都市——上海1927年的生活，一面是普通人民的赤贫如洗，一面是外国殖民者和中国大资产阶级的

---

① ［苏］史涅伊基洛夫：《1925年我是怎样在中国拍摄电影的》，载于《中国电影》，1958年第3期。

极度奢华……"①。1928 年在苏联上映的这部影片使苏联观众对中国有了直观的认识。

　　1937 年抗日战争全面爆发后,苏联方面给予中国以物质和精神上的大力支援,派来以著名导演和摄影师卡尔曼(Р. Л. Кармен,1906—1978)为首的电影摄影队,试图拍摄一部反映中国人民英勇抗击日本侵略者的纪录片。为了捕捉真实的抗日战争细节,卡尔曼不惧危险,走遍中国各大抗日战场,会见抗日军队和游击队员,并在中共中央所在地延安拜会了毛泽东。在延安,他拍摄了毛泽东工作的场景。回到苏联后,他将在中国拍摄的素材整理编辑成两部大型纪录片:一部是表现中国人民抗日战争的《中国在战斗中》,1939 年出品;一部是介绍中国国情的《在中国》,1941年出品。这两部影片向世界展现中国反法西斯战场的艰苦斗争,在苏联和其他国家受到观众的广泛欢迎。卡尔曼后来写了一部报告文学《在中国的一年》,1941 年由苏联作家出版社出版,这是苏联最早的关于中国抗战的纪实著作之一。

　　1949 年,以导演谢·格拉西莫夫(С. А. Герасимов,1906—1985)和瓦尔拉莫夫(Л. В. Варламов,1907—1962)为首的苏联摄影队到中国,与中国同行共同拍摄了《解放了的中国》和《中国人民的胜利》两部纪录片。

## 第三节　中苏戏剧交流

### 一、梅兰芳访苏

　　1935 年梅兰芳剧团应邀访问苏联,2 月 21 日梅兰芳剧团一行 24 人乘苏联派来迎接的"北方号"专轮从上海启程赴莫斯科。3 月 12 日,剧团抵达莫斯科,苏联外交人民委员会、苏联对外文化协会、国家戏剧作家协会等派代表迎接梅兰芳,中国驻苏联大使馆代办吴南如、苏联驻华大使也前往迎接。3 月 14 日,苏联对外文化协会举行午宴和晚宴欢迎梅兰芳。莫斯科大街小巷都张贴着梅兰芳的演出海报,《真理报》《消息报》《莫斯科晚报》等媒体连续不断地刊登梅兰芳的新闻和照片,不到三天的时间,戏票便销售一空。应苏方要求,演出时间从原来的莫斯科五天、列宁格勒三天,改为莫斯科六天、列宁格勒八天。

---

① 程季华主编:《中国电影发展史》,中国电影出版社,1980 年,第 145—146 页。

为了帮助苏联观众了解中国京剧的背景,梅兰芳剧团从中国带去三种英文书籍:《梅兰芳与中国戏剧》《梅兰芳在苏联所表演之六种戏和六种舞之说明》《梅兰芳在美国所得之评论集》。苏联对外文化协会为便于人们理解剧情,也编印了三种俄文书籍在演出时出售,分别是《梅兰芳与中国戏剧》《梅兰芳在苏联所表演之六种戏和六种舞之说明》和《大剧院所演三种戏之对白》。

从 3 月 23 日开始,梅兰芳剧团开始在莫斯科音乐厅演出。开演前,苏联对外文化协会主席阿罗谢夫、中国驻苏联大使颜惠庆向观众介绍了中国京剧的基本知识和梅兰芳剧团的基本情况。从 3 月 23 日至 28 日,每场演出均座无虚席,梅兰芳每次必返场,尤其是梅兰芳和刘连荣合演的《刺虎》深得苏联观众的青睐。从列宁格勒返回莫斯科后,梅兰芳又在莫斯科举行了一次告别演出,剧目是《打渔杀家》《虹霓关》《盗丹》,苏联党政领导人和文化界知名人士前来观赏,梅兰芳在观众的掌声中返场达 18 次。

3 月 30 日, 梅兰芳拜访苏联艺术大师斯坦尼斯拉夫斯基 (К. С. Станиславский, 1863—1938), 二人谈论了中国戏曲的源流和发展历史,并进行了戏剧理论方面的探讨交流。斯坦尼斯拉夫斯基在多次观摩梅兰芳的演出之后说,"梅博士的现实主义表现方法可供我们探索研究","中国的戏剧是有规则的自由动作"。他认为梅兰芳的表演挣脱了自然主义的表演方式, 而梅兰芳也从对方的理论体系中吸收了体验派的合理之处。梅兰芳后来回忆说:"这是一次非常有意义的经验交流。苏联的朋友们毫无保留地把他们的工作成果在一个中国演员前面展示出来;同时也对我的不成熟的演出给了很大的鼓励与评价,特别是史坦尼斯拉夫斯基老先生给我的鼓舞和启发,直到今天,还给我留下了深刻的印象。"[1]梅兰芳的表演中最令斯坦尼斯拉夫斯基感兴趣的细节是"手"的姿态,他向梅兰芳询问了其在中国传统戏曲中的源流和训练方法,以及所代表的人物感情。

梅兰芳的表演给梅耶荷德(В. Э. Мейерхольд, 1874—1940)留下了深刻的印象。梅耶荷德在座谈会上说:"俄罗斯的戏剧受欧洲各国的影响走到了自然主义的道路上。在舞台上讲究同真实生活一样,如同照相,失去了生气。梅兰芳先生的《打渔杀家》,没有任何布景,父女俩划着双桨,表现了江上风光,让观众在想象中感受到江上生活充满诗意。这种手法

①　梅兰芳:《史坦尼斯拉夫斯基印象记》,载于《文艺月报》,1953 年第 8 期。

十分高明,我非常钦佩!"①

　　梅兰芳在莫斯科的演出结束后,导演爱森斯坦邀请他共同拍摄有声电影,以向苏联观众介绍中国戏剧文化。梅兰芳欣然应允并选定了《虹霓关》里东方氏和王伯党对枪歌舞一场。在拍摄电影的过程中,梅兰芳和爱森斯坦克服观念上的差异,力求在艺术表现上精益求精。

　　4月14日,梅兰芳与苏联文艺界人士召开座谈会。座谈会由戏剧大师聂米洛维奇-丹钦柯主持,导演爱森斯坦谈了自己的感想:"起初我听说东方的戏剧都是一样的,我曾经看过日本戏,现在又看了中国戏,才明白日本戏与中国戏之不同,犹如罗马之与希腊、美国初年之与欧西。在中国戏里喜怒哀乐虽然都有一定的程式,但并非呆滞的。俄国戏剧里的现实主义原则的所有优点,在中国戏剧里面差不多都有了……俄国的电影,将采用中国戏的方法来丰富表演。"②正如剧作家谢·特莱杰亚考夫(C. M. Третьяков,1892—1937)所说,梅兰芳剧团的演出对于在西方盛行的对中国艺术持"异国情调"的看法,打开了一个有决定性意义的缺口。梅兰芳的访苏演出不仅促进了中苏戏剧文化交流,也推动了各自民族艺术水平的提高。

## 二、斯坦尼斯拉夫斯基体系在中国

　　斯坦尼斯拉夫斯基是苏联著名演员、导演、戏剧教育家和理论家。他有两部最重要的著作:《我的艺术生活》和《演员自我修养》。这两部著作是其表演艺术实践和理论的总结,其中包含了斯坦尼斯拉夫斯基体系的主要思想。斯坦尼斯拉夫斯基体系的理论可分为两大部分,一是"演员自我修养",二是"演员创造角色"。斯坦尼斯拉夫斯基认为戏剧必须要反映现实生活,必须有高度的思想性以及质朴的艺术形式。他广泛借鉴生理学和心理学等学科的理论,提出表演创作必须通过激发人的自然天性,让情感自然地、下意识地流露出来,只有这样才有可能创造出典型而鲜活的人物形象。斯坦尼斯拉夫斯基体系极其重视"体验",因此又被称为"体验派"。

　　中国对斯坦尼斯拉夫斯基的认识和接受是从五四运动前后开始的。早在1916年,许家庆撰著的《西洋演剧史》就介绍了丹钦科(即聂米洛维

---

① 龙飞:《梅兰芳和几位苏联艺术大师》,载于《俄罗斯文艺》,1996年第2期。
② 梅兰芳:《我的电影生活》,中国电影出版社,1984年,第55页。

奇-丹钦柯)、斯坦尼斯拉夫斯基和莫斯科艺术剧院。1924年余上沅留学美国后也向国内介绍当时风靡欧美的斯坦尼斯拉夫斯基理论体系的主要观点。①但在中国直接传播斯坦尼斯拉夫斯基理论体系是在20世纪三四十年代,章泯、郑君里、黄佐临、瞿白音、贺孟斧、姜椿芳根据俄、英、日文资料翻译了斯坦尼斯拉夫斯基的部分著作。1937年著名导演郑君里翻译了《演员自我修养》的第一章、第二章,发表在上海的《大公报》上,而后郑君里和章泯等人译出余下各章,发表在当时的《新华日报》《新演剧》等报刊上。1940年月刊《剧场艺术》刊登姜椿芳译自俄文的《演员自我修养》的前五章,1941该书的全译本由光明书局出版。1943年,郑君里、章泯等人合译的《演员自我修养》单行本在重庆出版。1942年,式之翻译的《我的艺术生活》出版。1946年贺孟斧翻译的《我的艺术生活》由重庆益智出版社出版,同年,由重庆群益出版社再版。②

　　1935年,梅兰芳在访苏期间与斯坦尼斯拉夫斯基会面。后者称梅兰芳的表演是"有规则的自由动作",摆脱了自然主义的表演方式。梅兰芳也向斯坦尼斯拉夫斯基学习了体验派的表演技巧。

　　1939年,中国共产党派遣孙维世赴苏联学习戏剧艺术。她就读于莫斯科东方大学和国立戏剧学院,学习了五年的戏剧艺术课程,于1946年学成归国。

　　孙维世不仅翻译介绍了苏联戏剧理论著作,还积极投身于实践活动。从20世纪50年代起,她导演了《保尔·柯察金》《万尼亚舅舅》《钦差大臣》等作品,并翻译《斯坦尼斯拉夫斯基的导演课》中的部分章节,发表在《文艺报》《戏剧报》上,受到戏剧工作者的欢迎。

### 三、延安的戏剧交流

　　延安鲁迅艺术学院成立于1938年,是一所专门培养革命文艺干部的艺术院校,最初设立了戏剧、音乐、美术三个系,后又增设文学系,学制从开始的六个月改为后来的九个月。戏剧专业的课程中包括动作、演技、朗诵、舞台工作、音乐常识、文学欣赏、戏剧概论、俄国戏剧运动、剧作法、剧团领导、导演、舞台艺术与管理、名剧选读、戏剧史课、自修及自习、准备毕

---

　　①　参见胡星亮:《二十世纪中国戏剧思潮》,江苏文艺出版社,1995年,第294页。
　　②　参见陈世雄:《三角对话:斯坦尼、布莱希特与中国戏剧》,厦门大学出版社,2003年,第96—97页。

业及公演。政治理论方面有杨松讲授的"列宁主义",文艺理论方面有沙可夫讲授的"苏联文艺"等课程。从课程设置不难看出,它借鉴了苏联戏剧学校的教学内容,主要依据的是斯坦尼斯拉夫斯基的戏剧理论。戏剧系学生在学校的实验剧团进行毕业实习以提高演技,"采用史坦尼斯拉夫斯基的导演方法训练演员的身体,声音,想象力,记忆力,感情的细密,忘记现实的自己而发挥演员的创造力等等"①。该团曾演出果戈理的《婚事》《钦差大臣》和契诃夫的《求婚》《蠢货》《纪念日》等剧,还演出了苏联革命历史剧《带枪的人》,这是中国舞台上第一次出现革命导师列宁和斯大林的形象,受到毛泽东的肯定。②

　　1944 年 5 月,八路军一二九师政治部宣传队奉命排练《前线》。《前线》剧本问世于 1942 年 9 月,作者为苏联作家考涅楚克,剧本发表后得到苏联《真理报》《消息报》高度评价,并在延安和抗日根据地引起了巨大的反响。《前线》提出了令人深思的问题:一个有着光荣历史的指挥官应该如何正确对待自己过去的功勋? 在战斗兵器、作战手段不断进步的现代战争中,一个指挥员应该怎样才能克敌制胜?中共中央决定利用《前线》提升广大干部和战士的思想理论水平,迎接抗日战争的最终胜利。《解放日报》根据毛泽东的指示连载了《前线》剧本,还转载了《真理报》介绍这部获得斯大林文艺奖的戏剧的文章,并发表社论《我们从考涅楚克的〈前线〉里可以学习什么》,旗帜鲜明地提出:"……光凭热情、光凭忠心、光凭勇敢就不够了,而知识和能力(技术和科学)就越发需要,看轻知识和看轻能力就越发危险。特别是领导工作的干部,必须智勇兼备。"③从 1944 年 9 月到 1945 年 9 月,一二九师政治部宣传队在八个军分区巡回演出,是抗战期间这个宣传队规模最大的巡演。干部和战士看完演出后进行了座谈,认识到剧中戈尔洛夫将军的失败是因为居功自傲、故步自封,所以必须虚心学习军事科学知识,才能避免类似的悲剧发生。解放战争时期,在广大解放区,曾经掀起一场针对《前线》剧中反面人物——记者客里空的"反客里空运动"。由于中共中央晋绥分局机关报《晋绥日报》在宣传中夸大成绩、隐瞒缺点,农民对报纸产生了不信任。1947 年 6 月 25 日、26 日,《晋绥日报》刊登整版文章《不真实新闻与"客里空"之揭露》,以《前线》中的反面角

---

① 程秀山:《史坦尼斯拉夫斯基的演剧体系在延安》,载于《新华日报》,1940 年 9 月 29 日。
② 参见锺敬之:《延安鲁迅艺术学院概貌侧记》,载于《新文学史料》,1982 年第 2 期。
③ 《解放日报》,1944 年 6 月 1 日。

色客里空做镜子进行自我批评，以达到让新闻工作者引以为戒的目的。1947 年 9 月 1 日，新华社发表社论《学习〈晋绥日报〉的自我批评》，肯定了《晋绥日报》的做法，号召新闻工作者向《晋绥日报》学习，迎接土地改革和解放战争的胜利，随后新华总社又发表文章《锻炼我们的立场与作风——学习〈晋绥日报〉检查工作》。11 月 9 日，中共中央宣传部发出"反客里空运动"的指示，认为这次运动是土地改革的重要收获。此后，"反客里空运动"扩展到解放区新闻界和其他部门。这次运动对于改进报刊、广播的作风，坚持新闻真实性的原则，促进新闻工作者的思想改造，提高新闻媒体的威信产生了重大作用。①

其他剧团也在延安排演多部苏联戏剧。1940 年陕甘宁边区剧协在延安举办戏剧节，鲁艺实验剧团和陕北公学、中国女子大学、抗日军政大学等联合公演《钦差大臣》，中央党校剧团演出苏联话剧《决裂》。1941 年西北青年救国剧团（后改名为延安青年艺术剧院）演出了伊凡诺夫（B. B. Иванов，1895—1963）的《铁甲列车》。

苏联戏剧在全国各地备受欢迎。1940 年 11 月，在纪念十月革命胜利 23 周年及晋察冀军区成立 3 周年举办的戏剧节上，华北联合大学文艺学院、联大文工团、西北战地服务团、抗敌剧社等联合演出根据高尔基同名小说改编的大型话剧《母亲》。1944 年 11 月 7 日，为了纪念十月革命，抗敌剧社演出苏联西蒙诺夫的名剧《俄罗斯人》。

1947 年春抗敌演剧六队在武汉演出《夜店》，同年 4 月该剧由抗敌演剧二队在北平建国东堂公演；导演焦菊隐运用斯坦尼斯拉夫斯基的体验派理论，塑造了真实生动的舞台形象，引发了热烈的反响。②

## 四、上海的戏剧交流

1937 年 5 月创刊于上海的《戏剧时代》发表了多篇介绍苏联戏剧的文章，如《高尔基与普雷曹夫》《第四届苏联戏剧节的回忆》《莫斯科剧院之鸟瞰》等。同年 6 月创刊的《新演剧》也发表了很多这方面的文章，如《苏联演剧人才之养成》《莫斯科儿童剧场之理论及实践》《苏联演员的表演方法》《苏联剧作家论述苏联的戏剧》。世界书局曾出版"俄国名剧丛刊"，其中收录了果戈理的《钦差大臣》、屠格涅夫的《乡居》、奥斯特罗夫斯基的

①　参见谷长岭、俞家庆：《中国新闻事业史》，中央广播电视大学出版社，1987 年，第 472–476 页。
②　参见刘平：《中俄戏剧交流及其相互影响》，载于《戏剧文学》，2016 年第 11 期。

《大雷雨》、托尔斯泰的《黑暗之势力》、高尔基的《下层》、安德烈夫的《大学教授》等 12 种剧作译本。

在演出方面,上海舞台多次将俄国及苏联戏剧呈现给观众。1931 年由俄国室内剧团改组而成的俄国话剧团在上海成立,该团在大众剧场等剧院经常上演各种音乐剧、芭蕾、轻歌剧和喜剧,吸引了很多在沪侨民和中国观众。

从 1933 年到 1934 年,上海俄国话剧团公演了《钦差大臣》《阿列克谢太子》《达维德·戈尔德》《樱桃园》《瓦西利萨·梅连季耶娃》《大洋彼岸》《做工精巧的燕尾服》《图兰多特》《杜利斯卡娅太太的德性》《病人》《赌棍》《现代歌女学校》等剧目。[①]1938 年 11 月,上海华光戏剧专科学校在首次公演中演出独幕剧《蠢货》,导演为黄鲁,由金鑫扮演史米诺夫。1939年,上海戏剧交谊社上演《破旧的别墅》《处女心》《白取乐》,中国旅行剧团在上海复演后首次演出的剧目是陈绵改编列夫·托尔斯泰的《复活》。1941 年春,上海华光戏剧专科学校将果戈理的《钦差大臣》改名为《狂欢之夜》推上舞台,由鲁思改编,芳信、徐渠、穆尼联合导演,乔奇饰演钦差大臣,路珊饰演市长夫人。[②]俄国及苏联戏剧,特别是俄国的经典名剧,如奥斯特罗夫斯基的《大雷雨》《闹市》《真理固好,幸福更佳》《得来容易去得快》《森林》等,成为上海戏剧界人士抵制日本奴化宣传、鼓舞人们反抗侵略斗志、与国民党反动派进行斗争的武器。[③]

## 五、奥斯特罗夫斯基在中国

从 1921 年耿济之翻译《大雷雨》开始,奥斯特罗夫斯基的作品就不断地被介绍到中国,如耿济之、夏懿、铁弦等人翻译的《贫非罪》《罪与愁——人人所不能免的》《没有陪嫁的女人》《肥缺》《造孽钱》等作品。1937 年,钱颖和张庚将《罪与愁》改编为《爱与恨》。抗日战争期间耿济之将《无辜的罪人》改编为《慈母心》,后来发表在《文艺春秋》杂志上。陈平先翻译了奥斯特罗夫斯基的《无辜的罪人》,后与黄佐临共同将其改编为《舞台艳后》,1945 年抗日战争胜利前夕,苦干剧团在上海巴黎大戏院将这个剧本搬上

①　汪之成:《上海俄侨史》,上海三联书店,1993 年,第 631–632 页。

②　参见上海社会科学院文学研究所编:《上海"孤岛"文学回忆录》(上),中国社会科学出版社,1984 年,第 400 页。

③　参见林陵:《奥斯特罗夫斯基在中国舞台上和银幕上》,载于戈宝权、林陵编:《奥斯特罗夫斯基研究》,时代出版社,1948 年。

舞台,佐临导演,演出 40 场,观众约 2 万人。1947 年,李萍倩将剧本改编为电影剧本,名为《母与子》。陈白尘将《没有陪嫁的女人》改编为《悬崖之恋》,于1947 年出版。1947 年 8 月 20 日至 9 月 21 日,这出剧目在上海海光剧院演出,更名为《卖油郎》,演出 43 场,观众约 1.4 万人。

姜椿芳说:"在中国演出次数最多,观众最多,地域最广的是《大雷雨》。甚至于可以说,在所有外国戏中,最受中国观众欢迎,搬演次数最多的也是《大雷雨》。并且,和其他外国戏不同,《大雷雨》总是依照奥斯特罗夫斯基的原作,用俄国服装演出的。"①1937 年,《大雷雨》出现在中国舞台上。从 1937 年至 1947 年的十年间,《大雷雨》在中国各地上演,观众人数超过十万人次,"成为今后中国许多地方许多剧团最喜爱的剧目之一,创造了外国古典名剧在中国演出的最高纪录, 所以可以毫不夸张地说,在推动中国话剧运动的发展上, 在奠立中国戏剧艺术的基础上,《大雷雨》是起了不小的作用的。至于这戏的演出对于群众教育的意义等,那是更加巨大了"②。

1948 年时代出版社出版了戈宝权、林陵编辑的《奥斯特罗夫斯基研究》,以纪念奥斯特罗夫斯基诞辰 125 周年,除了介绍奥斯特罗夫斯基的生平和创作,还介绍了其作品在中国的传播情况。

## 第四节　中苏音乐交流

### 一、俄罗斯古典音乐在中国

十月革命之前,俄罗斯音乐在哈尔滨就有很大的影响。十月革命后,很多俄侨音乐家在哈尔滨组建交响乐团和歌剧团,开办音乐学校,如拉提祖诺夫高等音乐学校、"特兰巴德贝露库""柯沙多玛依兹塔""林依特兰德"。这些学校、团体对传播俄罗斯民族音乐、培养音乐人才发挥了很大的作用。20 世纪 30 年代,哈尔滨交响管弦乐协会是一个规模和影响力比较大的俄侨音乐组织,拥有哈尔滨交响乐团、哈尔滨吹奏乐团、哥萨克合唱队、"哈响"歌剧团、巴拉拉依卡合奏团、会刊《哈声》。③这些音乐团

---

①② 林陵:《奥斯特罗夫斯基在中国舞台上和银幕上》,载于戈宝权、林陵编:《奥斯特罗夫斯基研究》,时代出版社,1948 年。

③ 参见韦风:《哈尔滨交响管弦乐协会始末》,载于《黑龙江史志》,1987 年第 1 期。

体定期演出柴可夫斯基的《第五交响曲》《悲怆交响曲》、贝多芬的《第六交响曲》《第九交响曲》等作品,在国内外乐坛享有盛誉。抗日战争胜利后,该协会解散,一部分音乐家留在了哈尔滨,很多人被哈尔滨、长春、沈阳等地的音乐学校聘用。

1929年国立上海音乐专科学校成立,这是当时中国唯一一所高等音乐学校,有一批俄侨音乐家在此执教,学校在课程设置上采用欧洲国家的体系,学制与莫斯科音乐专科学校一样为九年。在中俄音乐教育人士的共同努力下,该校培养出众多优秀的音乐人才。著名俄侨声乐家舒什林在该校任教15年,对中国声乐教育做出了贡献。俄国音乐教育协会是流落在上海俄侨的音乐家组织,其目标是提高俄侨青年的音乐素养,筹建交响乐团、歌剧团、俄国音乐学院。这个协会组织演出了著名歌剧《鲍里斯·戈杜诺夫》。其创始人之一扎哈罗夫建立了室内音乐协会,举办系列室内音乐会,取得成功。俄侨音乐家在上海公共租界工部局音乐队、上海法文协会交响乐队、伊迦斯俱乐部,以及各影剧院乐队和服务于饭店、俱乐部、酒吧的乐队等团体中占据了很大的比例。俄侨音乐家还组织了捷列克哥萨克合唱团、科德钦男声合唱团、法租界公董局管弦乐队以及东正教堂合唱队等音乐团体。[①]

1936年,世界男低音歌王夏里亚宾(Ф. И. Шаляпин,1873—1938)来华巡回演出,在哈尔滨和上海的音乐界引起很大震动,梅兰芳与他会见交流。

## 二、苏联歌曲在中国

从中国大革命开始,《少年先锋队》等苏联歌曲就在中国传唱。通过苏联电影、苏联出版物、留学苏联的革命者,很多苏联名曲在中国流传,如《霹雳啪》(根据苏联歌曲配词)、《伏尔加船夫曲》《光明赞》《祖国进行曲》《快乐的人们》《青年战歌》《青年航空员》《空军歌》《拥护苏联》(根据苏联歌曲配词)、《囚徒歌》《游击队歌》《假如明天战争》《骑兵歌》《青年歌》《红色射击手之歌》《生活更美好》《斯大林之歌》《伏罗西洛夫之歌》《穿过海洋,穿过波浪》《布琼尼进行曲》《一人为大家,大家为一人》《农妇曲》《渔夫曲》《世界民主青年进行曲》等。杜那耶夫斯基(И. О. Дунаевский,1900—1955)、亚历山大罗夫(А. В. Александров,1883—1946)、波克拉斯

---

① 李随安:《中苏文化交流史(1937—1949)》,哈尔滨出版社,2003年,第97—98页。

（Д. Я. Покрасс, 1899—1978）、布兰捷尔（М. И. Блантер, 1903—1990）、克尼泊（Л. К. Книппер, 1898—1974）等苏联作曲家的名字为中国人耳熟能详。①

苏联歌曲成为当时在黑暗统治下的中国人民争取光明的斗争武器。音乐家贺绿汀说："在国民党反动统治的年月里，这些歌曲也成为被压迫的中国人民的一份精神食粮；它使得中国人民向往苏联社会主义革命的成功，鼓励起中国人民的革命情绪。因之如《祖国进行曲》《快乐的人们》《红色战士》《穿过海洋》等在苏联流行的歌曲，也成为中国青年百唱不厌的歌曲。"②音乐家吕骥说："这些歌曲之能这样深入到中国人民心中，主要是由于她们具有人民战斗的内容，鲜明而崇高的思想，而曲调又是那么和谐地表现了她们的内容，明朗、有力、引人深思而又流利易唱，民族色彩是那么鲜明，因此总是留给人们以深刻的印象。"③

抗日战争期间，进步报刊对俄罗斯古典音乐、苏联歌曲和苏联乐坛动态都给予了关注。《新华日报》1941 年 1 月 29 日报道莫斯科举行少年音乐会，参加者均不满 12 岁；1942 年 3 月 24 日发表李嘉的《柴可夫斯基的第四交响曲——呈献给那激动我生命与灵感的一段难以忘却的友情》；1942 年 8 月 29 日发表米罗斯拉夫的《论歌曲底练习》、立成的《关于肖斯塔科维奇的第七交响曲》。《中苏文化》杂志在 1941 年 5 月发行"中苏音乐之交流特辑"，介绍了苏联音乐史、音乐家以及音乐界现状，发表了《苏联音乐与中国新音乐运动》《中华交响乐团致苏联音乐界书》《马思聪氏致苏联音乐家杜那耶夫斯基书》《苏联音乐家马良·郭凡尔致马思聪书》。

### 三、冼星海在苏联

1938 年秋，袁牧之摄制的纪录片《延安与八路军》开拍，1940 年春完成。影片公演后，冼星海指出："戏演得相当聪明，但欠深刻，没有表现出延安的刻苦精神。"袁牧之随即领悟出原因所在，一是对延安生活缺乏了解，二是没有音乐烘托气氛。要给影片配上音乐，冼星海显然是当时最合适的人选。在袁牧之的建议下，八路军总政治部邀请冼星海参与影片的作曲配乐工作。1940 年 5 月，经由中共中央决定，袁牧之携《延安与八路

---

① 李随安：《中苏文化交流史（1937—1949）》，哈尔滨出版社，2003 年，第 98 页。

② 贺绿汀：《漫谈苏联音乐与中国音乐》，载于《文艺报》，1949 年第 1 卷第 2 期。

③ 吕骥：《苏联音乐与中国》，载于《文艺报》，1949 年第 1 卷第 2 期。

军》底片去莫斯科完成后期制作,冼星海同行,同时考察苏联音乐。离开延安前,毛泽东会见了二人,勉励他们努力完成党中央交予的任务。由于国民党当局阻挠,冼星海去苏联的日期一再拖延,滞留西安达五个月之久,路线也迟迟不能确定下来。10月10日,冼星海与袁牧之奉中共中央之命经由兰州、哈密、乌鲁木齐、伊宁来到阿拉木图。12月,二人抵达莫斯科,在共产国际的安排下,居住在高尔基大街36号第三国际招待所(又称第三国际宿舍)。

在莫斯科,冼星海不仅完成了为《延安与八路军》作曲配乐的任务,还完成了《第一交响曲》,修订了《黄河大合唱》,创作了第一部管弦乐《第一组曲·后方》。然而德国法西斯军队的入侵使得冼星海的创作工作中断。1941年9月,莫斯科形势十分危急。此时冼星海尚未完成电影配乐的后期合成和拷贝,不得已接受苏联政府的安排,同袁牧之作为疏散人员撤到阿拉木图。

冼星海希望在阿拉木图找到工作,但未能如愿。几经周折之后,二人来到了乌兰巴托,目的是在这里找到工作并争取机会借道蒙古回解放区。冼星海在蒙古化名为"孔宇"。他听说在乌兰巴托城区有中国工人俱乐部后非常兴奋,在俱乐部的邀请下,他每周五去俱乐部音乐组讲授乐理,教授中西乐器演奏,指挥合唱队乐队排练,筹备定期音乐会。在乌兰巴托,冼星海完成了二部合唱曲《贺新年》(又名《1942年献歌》)、小提琴独奏曲《乌兰巴托的早晨》、管弦乐《第二组曲·牧马词》。

由于国民党政府的封锁,冼星海与袁牧之无法回解放区。1942年11月,二人重返阿拉木图。在阿拉木图地方政府的安排下,他们辗转多次后住进了一处集体农庄临时旅馆。他们请求阿拉木图作曲家协会推荐他们与当地电台签订合同,定期创作音乐作品,电台支付稿费。战争时期生活条件非常艰苦,冼星海的健康每况愈下,幸而得到当地音乐家帮助。他在病痛中完成了管弦乐《第三组曲·敕勒歌》、管弦乐《音画·中国生活》、管弦乐《第四组曲·满江红》、管弦乐《第二交响曲·神圣之战》,得到苏联音乐家的好评,称其"风格独特",表现出"高度的作曲技巧"。

1944年1月,哈萨克斯坦库斯坦州政府决定建立音乐馆,冼星海被聘任为作曲。1月30日,冼星海和科伊什巴耶夫(艺术指导)、谢达林娜(芭蕾舞指导)、基尔达也娃(芭蕾舞指导)抵达库斯坦城。他与科伊什巴耶夫为馆方组建了演出队伍,从选择器乐、声乐、舞蹈人才到排练,表现出非凡的组织协调才能。在库斯坦期间,后方供应十分紧张,冼星海长期缺乏营养,过度劳累,但仍坚持创作了《郭治尔·比戴》《天净沙·秋思》《心头恨》《阿曼盖尔德》等曲目。在纪念哈萨克民族英雄阿曼盖尔德牺牲25周年音乐会上,冼星海演奏小提琴曲《阿曼盖尔德》,获得听众热烈欢迎。

1945年1月,在哈萨克山庄公演时,冼星海由于身体虚弱感染肺炎,被及时送往医院后病情得到缓解。他在病床上完成了绝笔之作——管弦乐组曲《中国狂想曲》,并将他的历年作品编号,撰写了《创作札记》。由于当地医疗条件非常有限,院方向莫斯科全苏音乐家协会致电求助,对方回电要求冼星海赴莫斯科治疗。当他到了莫斯科后才得知医院人满为患,难以立即安排床位。他在李立三家暂住一段时间后才得以住进克里姆林宫医院,但此时冼星海的病情已经加重。

病重的冼星海依然积极乐观,希望在苏联举行个人音乐会,出版音乐作品。在苏联音乐家格里埃尔(Р. М. Глиэр,1875—1956)的推荐下,全苏音乐家协会准备在冼星海病愈出院后举办冼星海作品音乐会。闻此消息,冼星海积极修改作品,并致信音乐家穆拉杰里 (В. И. Мурадели,1908—1970):"一旦可怕的危险期过去,医生能让我坐起来,我就要写《交响诗·胜利》。"1945年10月13日深夜12时,冼星海病情恶化,经抢救无效,逝世于克里姆林宫医院,年仅41岁。①

1945年11月14日,冼星海追悼大会在延安举行,各界代表七百余人参加。会场高挂毛泽东手写的悼词:"为人民音乐家冼星海致哀!"1983年1月19日,经中国政府与苏联政府交涉,中苏友协与苏中友协达成协议,冼星海骨灰由莫斯科顿斯科依教堂旁的火葬场取出,在莫斯科各国人民友谊之家举行移交仪式。1月25日,中国大使馆委派周敏鳌乘机护送冼星海骨灰返回北京。1985年11月29日,广东举办纪念冼星海逝世40周年大会,并在广州新落成的"星海园"隆重举行冼星海骨灰安放仪式。

---

① 参见秦启明:《冼星海在莫斯科》,载于《民国春秋》,1991年第1期。

# 第十六章  中国的俄语教学

民国时期，俄语教学在国统区和解放区都有，但目的并不一样。国统区的俄语教育主要是为了培养对苏交涉的人才，而解放区的俄语教育则主要是为了学习苏联经验，服务中国革命，进而为建设新中国培养专业俄语人才。这一时期中国开办了多所俄语教学机构，如外交部俄文专修馆、北京大学俄文系、哈尔滨工业大学俄文预科班、东北大学俄文学系、上海外国语学社、上海大学俄文系、新疆省立俄文法政专门学校、西北大学外国语文学系俄文组、中央大学俄文专修科、延安业余俄语学习班、延安外国语学校俄文队、延安大学俄文系、华北联合大学外国语学院俄语系、华北大学外语系俄文班、哈尔滨外国语专门学校等。①

## 第一节  国民党统治下的俄语教学

### 一、外交部俄文专修馆

1899 年，清政府创办东省铁路俄文学堂。1912 年后，俄文学堂由外交部主管，更名为外交部俄文专修馆，以培养外交人才为宗旨。按照外交部的规定，学制改为五年，校长由外交部参事邵恒浚担任。学校课程除俄文和汉文之外，还有法文、数学、史地、经济学、财政学、国际法、行政法、民法、刑法、法学通论、约章、体操等。

1921 年，外交部俄文专修馆更名为外交部俄文法政专门学校，致力于培养俄文外交和司法人才。1928 年学校隶属教育部，并入国立北平大

---

① 本部分参考郝淑霞：《中国俄语教育史（1708—1949）》，天津人民出版社，2007 年。

学,成为国立北平大学俄文法政学院,段懋棠任院长,设立法律、政治、经济三系和预科四班。1931 年 8 月,教育部聘请王之相任俄文法政学院院长并筹备成立商学院,原有的政治、法律、经济三系逐步终结,改为外交领事、边政、运输三学系。王之相重新安排了各学系课程,增设蒙文课,规定英、法、日三种语言为第二外语。1935 年,教育部调整院系,成立国立北平大学法商学院。

从俄文学堂到俄文专修馆,再到俄文法政学院和法商学院,在三十多年的时间里,学校之所以具有较强的生命力,与其出色的教职员工和优秀的毕业生有直接关系。中国俄语教学前辈刘泽荣曾在此任教。刘泽荣毕业于圣彼得堡大学物理数学系,在俄国中学做了三年教师,通晓俄语和俄罗斯国情。回国后曾历任东北大学、北平大学法商学院和西南联合大学俄语教授,他的俄文水平受到众口称赞,甚至连斯大林都说他的俄语比苏联外交部部长莫洛托夫(B. M. Молотов, 1890—1986)还好。刘泽荣著有《俄文文法》(1936 年),是 20 世纪三四十年代国内学习俄语者的案头必备工具书,后多次再版。1960 年,刘泽荣主编的《俄汉大辞典》出版,成为俄汉词典编写史上的一座丰碑。

在俄文专修馆毕业的诸多学生中,瞿秋白的名气和影响力最大。他在校期间参加过爱国学生运动, 加入了李大钊领导的共产主义研究小组。1920 年,瞿秋白以特派记者的身份被派往苏俄,写下《赤都心史》和《饿乡纪程》的报道文集,首次翔实记载了十月革命后苏俄的实际情况,帮助中国人民了解真实的苏俄社会。他曾担任莫斯科东方大学中国班的翻译,为俄文基础差的同学补习俄语。共产国际第四次代表大会召开时,他以代表团译员的身份出席,为陈独秀担任翻译。后来他担任苏联代表鲍罗廷的助手和翻译。瞿秋白在译介俄国文学方面贡献颇多,他在俄文专修馆期间就和耿济之等同学共同翻译列夫·托尔斯泰、屠格涅夫等作家的作品,受到鲁迅等名家的肯定。

## 二、北京大学俄文系

十月革命胜利后,为了适应中国国内革命形势的需要,北京大学校长蔡元培接受有识之士的建议,筹备建立新的俄文系。见证了俄文系成立并在其中教授俄语的张西曼先生在《北大俄文系的厄运》中写道:"伟大的五四运动中,我与蔡元培(北大校长)、李大钊(时任北大图书馆主任)等发起社会主义研究会后,就企图在北大恢复俄文系,立意在培植专材，充分介绍这新兴革命国家的社会主义建设和沟通两国的文化。以前破坏分子总推脱当时政治环境和学校经费的困难，每每从中阻扰。延到了民九秋季已经开始招生期间，蔡校长临时接受了我们的主张，作了个英明的决定：成立俄文系。但为顾全到避免反动当局的猜忌，决定由校方出一临时布告，除已考录各系的正取生外，所有七八十名备取生中有愿加入俄文系预科一年级的，准予特别通融，注册入学。这一下子，几乎全部备取生都乘机涌入。"①

俄文系主任由教务长顾孟余兼任，实际工作由苏联推荐的教师伊文负责。伊文本名阿列克塞·伊凡诺夫，1909—1917 年侨居法国，毕业于东方语言学院。1917 年他作为俄国临时政府外交使团成员被派到中国。从1919 年 9 月开始，伊文在北京大学正式受聘任教，为法国文学系和俄国文学系同时授课。他在俄文系讲授欧洲文学史、俄国史、现代俄国、欧洲近代文学、近代世界课程。另外还有铁捷克、钢和泰(Александр фон Сталь-Гольстейн，1877—1937)和柏烈伟在此任教，而中国教师只有张西曼和两位陈先生。俄文系的课程中有文法、散文及会话、地理、俄国文学史、俄国历史等。

俄文系学生克服没有工具书、没有系统语法教材、教师不懂汉语等困难，取得了较好的成绩，并曾为冯玉祥、胡景翼的苏联顾问团担任翻译。

1927 年大革命失败后，北京大学俄文系被撤销，俄文课的听众也减少了，又因为预科停办，本科招收不到高中学过俄语的学生，只好停办了一段时间。

1935 年 9 月 22 日《晨报》发布消息，北京大学文学院外国语文学系增设俄文班。1947 年 2 月 8 日，教育部部长朱家骅致函北京大学校长胡适，回复北京大学关于调整学系的决定，提出"俄文应筹设专系"，通过训练培养"使领人员之使命"。

1949 年 9 月 12 日，西方语言文学系成立俄文组与法文组，俄文组学制分前后两期，每期二年，总时间不超过五年。前期注重语文训练，后期注重培养社会文化知识，目标是培养从事俄国学术思想研究和从事一般文教工作的人才。1950 年 5 月 2 日，校务委员会决定改设俄文系，聘请曹靖华任系主任。

---

① 张小曼、李长林编：《张西曼集》，湖南人民出版社，2010 年，第 6 页。

### 三、哈尔滨工业大学俄文预科班

中东铁路修建以来,大批俄国专家及其亲眷来到哈尔滨。这些俄裔人士的子女有接受教育的需要, 而中东铁路又急需大量的技术人才。1920年建立的哈尔滨中俄工业学校满足了这些需求。这是一所为俄罗斯人和中国人开设的高等技术院校,学制四年,后来改名为哈尔滨中俄工业大学校、东省特区工业大学校、哈尔滨工业大学校、哈尔滨高等工业学校、哈尔滨工业大学。

中华人民共和国成立之前,该校最大的特色就是俄语授课,只有伪满洲国接管的短暂时期某些系使用日语授课。学校设立了预科班,目的是让有一定文化基础的中国学生在学习文化课的同时, 着重学习俄语,为适应本科阶段俄语授课做准备。预科班始建于 1920 年,1955 年被撤销。学校首任校长阿·摄罗阔夫(А. А. Щелоков)是预科班创始人。成立之初,学校没有现成的教材和成熟的教学方法,更没有教学经验可供借鉴。北京外交部俄文专修馆和哈尔滨中东铁路商务学堂分别侧重于法律和商业课程,与预科班学生要进入的工程技术专业完全不同。

《哈尔滨工业大学校史(1920—2000)》将学校预科班的发展分为六个时期:第一时期,从 1920 年到 1923/1924 学年,具有俄语初级基础的中学生需经过一年的俄语预科学习进入本科学习。预科班是独立机构,与本科没有隶属关系,学生无专门教材,只能使用俄国的教材,难度较大。第二时期,从 1923/1924 学年到 1925/1926 学年,没有俄语基础的学生也可以进入预科班,分为初级班和高级班,学制为二年,重新制定教学计划和教学大纲。学校任命乌索夫(С. Н. Усов)作为学监负责预科班的管理工作。他主张采用直观教学法,受到校长肯定,并加强了招生宣传力度,吸引了全国各地学生报考预科班。第三时期,从 1925/1926 学年到 1934/1935 学年,学制改为三年,分初级、中级和高级班。重新确定教材、教学大纲和教学计划。学监改称为预科主任,并设立副主任和班级观察员。1932 年科主任改称系主任,仍然保持独立性。预科教学工作由顾问组决定,不再受制于学校会议。第四时期,从 1935/1936 学年到 1945年 8 月 15 日日本投降,学制从三年改为一年,从 1939 年初起改为日语教学。第五时期,从 1945 年 11 月到 1949 年 9 月,哈尔滨工业大学由中长铁路管理,恢复了俄语预科班,一个是华人学生预科,另一个是苏联学生预科。第六时期,从 1949 年 10 月 1 日到 1955 年。1950 年秋之前预科为二年制,此后为一年制(直到预科被撤销)。学生文化素质较高,一般在高中水平以上。学校条件有所改善,党政机构齐全。招生数量创其历史最高水平,一度达到两千多名。

哈工大俄文预科班为其他学校提供了典范,它的管理经验、教学模式、教材资料成为俄文教学的优质资源,被大力推广。

## 四、东北大学俄文学系

东北大学成立于 1923 年,时任奉天省省长王永江任校长。在同年 7 月招考的第一届新生中就有俄文系预科。1929 年 1 月,东北大学根据教育部通令,改行大学院制,下设文学院、理学院、法学院、工学院、教育学院和农学院,其中文学院包括中国文学系、英文学系、俄文学系、哲学心理系、史学系,后来俄文学系改为外国文学系俄文组。

俄文学系聘请了很多俄罗斯专家,如艾勒勘教授,毕业于美国密歇根大学并获得硕士学位,曾任哈尔滨文学专门学校英文教授;敖斯福教授,毕业于俄国圣彼得堡女子专门学校及瑞典的一所大学,曾任哈尔滨俄国高级中学教员;巴克道诺夫教授,莫斯科大学法科毕业,曾任俄国东海滨省法院院长、哈尔滨法院审判官及中等学校教员;葩戊洛戊教授,喀山铁道学院毕业,博士学位,曾任俄国中学校长、大学教授。[①]此外还有白俄教师卜内特、瓦西里和苏联教师雅萨阔夫。卜内特曾任沙俄驻华使馆副参赞,懂汉语。

1931 年,因日军侵占沈阳,东北大学迁至北平。学校在 1934 年进行改制,把外国文学系改为边政系,下设俄文组和日文组。俄文组的课程包括俄文讲读、俄语语法、俄语会话、俄文尺牍、苏联历史、苏联地理等。曹靖华、王之相等进步教授均曾在此任教。王之相任系主任,讲授法律课,刘泽荣讲授苏联历史、地理课,季陶达讲授政治经济学课程,还有一位姓李的教授负责讲授"中俄关系史"和"苏联外交史"课。1936 年 9 月,边政系俄文组三年级有学生 44 人,二年级有学生 36 人。[②]

俄文组的学生不仅学习了俄语,还对苏联的革命活动产生了浓厚的兴趣,对苏联社会充满向往之情。1933 年俄文组"级友会"成立。这是一个表面上为学术团体、实为进行政治活动的合法组织。1934 年"级友会"

---

① 参见王振乾、丘琴、姜克夫:《东北大学史稿》,东北师范大学出版社,1988 年,第 189—190 页。

② 同上,第 237—238 页。

改为"俄文学会"。学会从时任北大教师的苏联学者柏烈伟那里以及上海美国图书杂志公司等处购置了许多苏联图书和报刊,在学会所在地陈列出来并供人阅读,为革命思想的传播发挥了作用。

## 五、新疆省立俄文法政专门学校

1906年,为满足对俄外交的需要,新疆地方当局在迪化开设了俄文学堂,后来改名为俄文法政学堂。辛亥革命后,新疆地方当权者杨增新关闭了这所学堂,导致对俄交涉人才一度极其缺乏。1924年秋,杨增新重设俄文法政专门学校,因未得到教育部的批准,便冠之以"新疆省立",校址在前清中学院内(今十月广场附近)。

新疆省立俄文法政专门学校的宗旨是"以本省之人材治本省之事业",设立的目的:一是培养对苏交涉人员;二是培养本地人才,"不致借材异地";三是培养法政人才,原因是"内政外交,应以法政学科为依据,交通实业须以法政人员作前趋,为用至广,相需甚殷"[①]。校长是新疆教育厅厅长刘文龙,教务主任主管教学,事务主任管理行政,庶务主任负责学校财政。教员大多是来自内地的知识分子,既有专职也有兼职,教授俄文和法政课程,还有一些白俄教师,如米杰德、尼克莱,以及外交部俄文专修馆毕业的康恩泉。

新疆省立俄文法政专门学校第一班学生在入学前均在省立中学学习过四年。中学课程里有国文、数学、博物、历史,还有俄语课,聘请米杰德讲授;第四年学习法制、经济课,为以后的学习打下俄文和法律基础。省立中学此后继续招生,为俄文法政专门学校培养学生。1924年,省立中学第一班学生毕业,优秀者进入俄文法政专门学校本科学习。

新疆省立俄文法政专门学校从教材、章程到教学计划、教学制度都仿照外交部俄文法政专门学校,开设的课程有俄文、法律。俄文课中包括语法、中俄外交文牍、俄文法规、俄罗斯地理、历史、古典文学、中日抚顺煤矿外交谈判记录(俄文)、俄文名著选读、俄文报纸选读等。法律课采用北京朝阳大学的法律讲义,课程包括心理学、伦理学、法学通论、宪法、民法、民事诉讼法、刑法、国际公法、国际私法、世界语等。此外,学生还学习四书五经一类的国学课程,而苏联进步文学是绝对被禁止接触的。

经过四年的学习,新疆省立俄文法政专门学校的第一批学生于1928

①　马文华:《新疆教育史稿》,新疆大学出版社,1998年,第51页。

年7月毕业。杨增新在督署二堂传见毕业生，他向前十名的学生赠送了《补过斋日记》，并参加毕业典礼。杨增新的本意是通过这所学校培养忠于自己的人才，但在参加毕业典礼时被政敌樊耀南(军务厅长、新疆省立俄文法政专门学校监督)等人设伏杀害。接替杨增新的新疆省主席金树仁对这一届毕业生极为不信任，除了毕业时的第一名马万禄、复试第一名刘德恩以及冯祖文、李如桐等，其他参加金树仁设立的党务培训班经短期培训后，均被分配到各县充任党务指导委员或到各区行政公署充任小职员。

1930年初，教育部下令限期停办新疆省立俄文法政专门学校;新疆地方政府据理力争，学校得以保全;12月教育部批准将学校改为俄文法政学院。1934年12月，学校在增加专业的基础上更名为新疆学院。中华人民共和国成立后为适应形势的需要，在全国高等院校调整时改为新疆大学。

## 六、西北大学外国语文学系俄文组

北平大学、北平师范大学、北平工学院在抗战期间组成了西安临时大学，但日军的持续轰炸迫使学校于1938年3月迁往陕西城固，4月按照教育部的指令更名为西北联合大学，其中设有俄文商业系，开设俄文课程。7月，教育部下令西北联合大学各学院独立，除医学院、农学院、师范学院、工学院外的其余院系合并为西北大学。学校在城固期间，设有文、理、工三个学院共十二个系，教学活动开始走向正轨。文学院外国语文学系分为英文组和俄文组，共有学生一百多人，担任俄文教学的有姜寿春、余振等教授。余振毕业于北平大学法学院俄文经济系，先后在西北大学、山西大学、兰州大学、中国交通大学、清华大学、北京大学和华东师范大学教授俄文，著有《俄语文法高级教程》，翻译了《普希金诗选》《莱蒙托夫抒情诗选》。

俄文组的必修课有基本俄文、俄文文法、俄文短篇文背诵、俄文散文选读及作文、俄文会话、分期俄国文学研究、俄国小说、俄国文学史、欧洲名著选读、俄国文学名家全集选读、俄文翻译、毕业论文等，选修课有第二外国语、维吾尔文、法国文学、应用俄文等。①从这份课程表可以看出，西北大学俄文组侧重于俄国文学方面的教育。

1946年夏，西北大学回迁西安，仍旧保持了雄厚的师资力量和较高

①　参见李永森、姚远:《西北大学史稿》(上卷)，西北大学出版社，2002年，第296页。

的教学水平,培养出众多优秀学生,刘辽逸即是其中之一。刘辽逸出生于
1915 年, 西北联合大学俄文商业系毕业后从 1943 年起从事俄苏文学译
介工作,编译的《实用中俄会话》在 1947 年 10 月第一次出版,1949 年 3 月
再版。该书按照不同的场合提供了基本的常用词汇和会话句式,实用性
非常强,包括日常用语、问候、职业、访问、时刻、就寝起床、饮食、地理国
情、天候、火车旅行、旅馆、住宅、都市风光、剧院电影、理发店、澡堂、邮政
电报局、电话、医生、百货站、水果店、洋服店、鞋店、钟表店、书店、税关、商
业、军事等。

## 七、中央大学俄文专修科

抗日战争期间,国立中央大学由南京迁往重庆沙坪坝,下设七个学
院、31 个系和牙医专科学校。为满足中苏交往的需要,1945 年春,教育部
下令中央大学设立俄文专修科,学制三年。为了表示对新学科的重视,学
校聘请原国立同济大学校长丁文渊为科主任。他不懂俄语,但为了教学,
他给俄文科的学生开设德语课作为第二外语。丁文渊后的第二任科主任
是姜寿春。俄文科的专职教授有丁文渊、姜寿春、南文明、音德善、黄阿丽
(韩),中央大学政治系的教授张西曼兼任俄文教授。

1947 年中央大学回迁南京后,俄文专修科升级为本科,学制四年,改
名为文学院外文系俄文组,很多高水平教师曾在此任教,包括张西曼和苏
联驻华大使馆文化参赞。

## 第二节　共产党领导下的俄语教学

### 一、上海外国语学社

十月革命后,共产国际对中国革命寄予了很大的期望,派遣杨明斋
于 1920 年春来上海筹建上海共产主义小组。同年 9 月,在法租界霞飞路
新渔阳里 6 号创建了外国语学社,目的是掩护革命活动,为革命青年留
学苏俄做准备以及培养革命骨干,杨明斋任校长,俞秀松任秘书。外国语
学社在报纸上发布招生广告,计划开设英、法、德、俄、日等语种教学,俄
文教学是主要部分,俄文教员有校长杨明斋、共产国际代表维经斯基的
夫人库兹涅佐娃(М. Ф. Кузнецова)和王元龄。

外国语学社的学生一方面学习俄语, 一方面学习马克思主义著作,

还参加一些社会活动,如刻钢板、印传单等,还有的学生帮助华俄通讯社和进步报纸做收发、缮写和校对工作。从 1921 年起,学社选派罗亦农、彭述之、刘少奇、任弼时、萧劲光、蒋光慈等几十名学生分三批赴苏俄留学,第一批有二十多人,第二批有十二人,第三批十余人。

外国语学社于 1921 年 7 月停办,只存在了不到一年的时间,但意义非凡。它是中国共产党创办的第一所外国语学校,也是中国共产党第一所干部培养学校,其培养的人才中既有未来的高级领导,也有学者专家,如刘少奇、罗亦农、任弼时、王一飞、萧劲光、俞秀松、彭述之、曹靖华、蒋光慈等。

## 二、上海大学俄文系

上海大学的前身是私立东南高等专科师范学校,1922 年改组为上海大学,是国共合作的产物。国民党元老于右任担任校长,副校长邵力子负责校务,叶楚伧、李汉俊、瞿秋白、陈望道先后担任教务长。

1923 年,回国不久的瞿秋白受聘为上海大学教授,并任教务长和社会学系主任。他对上海大学的体制进行了调整,将其划分为社会科学院和文艺院,文艺院又分为文学系和艺术系,文学系中设立中国文学、英文、俄文、法文、德文等。1923 年 4 月 23 日,教职员会议讨论了学校扩充和整顿校务等事宜,决定从 1923 年下学期起设立俄国文学系、社会学系、史学系。俄语教师中有任弼时和蒋光慈,还有来自苏联的教师。瞿秋白把外语学习提高到非常重要的地位,认为"在中国现在要研究学术,非有两种外国语不够"[①]。

在不到五年的时间里,上海大学共培养一千八百余名学生,部分学生被送往莫斯科中山大学学习。"四一二"反革命政变后,上海大学被迫停办。

## 三、延安业余俄语学习班

从 20 世纪 30 年代起,延安革命根据地和苏联建立了直接联系,苏联方面送来药品、医疗设备、报纸杂志、马列主义著作。中国共产党人研究马列主义理论、学习科学技术,迫切需要掌握俄文。

1940 年,萧三创立延安文化俱乐部附设业余俄语学习班,曾在北大学习过俄语的王禹夫担任教师,每周授课三至四次,每次两个小时,各机

---

① 《瞿秋白文集》(政治理论编　第 2 卷),人民出版社,1988 年,第 131 页。

关、学校的在职干部自愿报名参加。学员中有陈泉璧、华君武、陈企霞、李舜琴、曹慕岳(曹慕尧)等。教员认真教课,学员努力学习,学员们掌握了俄语语音、语法、造句等基本知识,为后来的学习奠定了基础。

中央马列学院出于编译马列著作的需要,也在 1940 年开办了俄文讲习班,由刚从莫斯科返回延安的师哲任教。在没有教材、没有固定教室的艰苦条件下,师哲编写了一部简单的教材,油印后发给学员使用。院领导张闻天经常过问俄文班的教学情况,鼓励学员进步。由于俄语学习难度很大,能够坚持下来的学员数量不多,他们后来成为马列学院俄文研究室的骨干力量,也有一些学员进入延安大学俄文系和抗大三分校继续深造。

## 四、延安外国语学校俄文队

1940 年 10 月,抗大三分校按照中央军委的指令开始筹建俄文队。在毛泽东、周恩来等领导同志的直接关怀下,1941 年 3 月俄文队正式成立,地址在延安城东门外清凉山麓的黑龙沟。俄文队在延安和陕甘宁边区范围内招生,自愿报名和组织选送相结合,相继组织了三个队。队员中有从前线、部队和机关抽调来的干部,也有从其他院校来的师生。至 1941 年 10 月,俄文一队、二队、三队合编为俄文大队,共有三百余人,设置有大队长、政治协理员和教员。

1941 年 12 月,中共中央决定对抗大三分校进行整编,改为延安军事学院,朱德兼任院长,叶剑英任副院长,郭化若任教育长。军事学院下设有五个队,俄文队负责行政、党务和军事工作,而俄文科是和它平行的机构,负责俄语专业的教学工作。院长朱德对俄语人才的培养非常重视,要求"培养的学生成为通晓俄语,能会话能实际运用的军事翻译人才"①。

1942 年 5 月,中央军委决定在军事学院俄文科的基础上建立俄文学校,归军委第四局(后改为编译局)管理,俄文队与第四局合并,第四局局长曾涌泉任校长。俄文学校由五个处组成:翻译处、编译处、政治处、教务处和校务处。1942 年底,延安大学俄文系合并到俄文学校。1944 年 6 月,学校增设英文专业,改名为军委外国语学校。

自抗大三分校俄文队建立开始,学校就有明确的教育方针,即"坚定

---

正确的政治方向,艰苦朴素的工作作风,灵活机动的战略战术",其培养目标是为了适应抗战形势的发展和军队建设的需要, 培养俄文军事翻译,以加强抗战力量,争取抗战的最后胜利。①随着战争形势的发展,学校调整了培养方向,不仅培养军事翻译人才,还要为新中国培养外交人才。军委副主席周恩来在开学典礼的讲话中强调指出了培养军事翻译和外交人才的重要性。

学校的师资中有一部分在苏联长期留学和工作过,精通政治、军事业务,还有一些是在国内学习过俄文的干部,他们曾在哈尔滨工业大学和东北俄国人办的单位中供职,业务水平过硬,在教学过程中得心应手。在课程设置上,基本分为外语专业课和政治理论课两大类。俄文课分为讲读、语法、会话和翻译。使用过的俄语教材有常乾坤等从苏联出版的军事论著中选编的《军事文选》(上、下册),杨化飞的《俄文文法》,黄正光编的油印的俄文资料《时事述评》,常乾坤等编的《俄文会话读本》《俄文常用词汇》,刘冰、殷铁铭刻印的《前线》,原版书《联共(布)党史简明教程》《列宁主义问题》《苏联红军战斗条令》《军事绘画手册》,苏联十年制中学用的《祖国文学》,以及师哲、王禹夫编的《俄文读本》油印本,工具书是《露和辞典》。

学校重视提高学生的马克思列宁主义理论水平,除专业课外,还通过大课或讲座讲授马恩列斯的主要著作,学习毛泽东的重要政治和军事著作,收听中央领导关于时事和形势的报告。

在艰苦的环境和条件下, 延安外国语学校培养了许多杰出的翻译人才。比如付克,他先后在抗大三分校俄文队、军事学院俄文科、军委俄文学校和外国语学校学习,从 20 世纪 40 年代起从事俄苏文学翻译工作,50 年代初在哈尔滨外国语专门学校从事俄语教学,后在华西大学任教并兼任秘书长,在教育部、高教部高教司从事行政工作。他在 1986 年出版了《中国外语教育史》,论述中国的俄语教育发展史。他还编写了一部外语教育论文集《论外语教育》,其中对延安时期的俄语教学进行了回顾和总结。

## 五、延安大学俄文系

延安大学成立于 1941 年 9 月,是中国共产党在革命根据地建立的第

---

① 北京外国语学院校史编委会编:《北京外国语学院简史(1941—1985)》,外语教学与研究出版社,1985 年,第 2 页。

一所综合性高等学校。自其创立之初就有俄文系。延安大学的课程分为全校共同必修课和院系专修课,分别占到30%和70%。共同必修课有"中国政治""根据地情况和政策""敌后研究""思想方法论""中国革命史"等。俄文系的专业课有语法、会话等,侧重于实践能力的培养。

俄文系主任是黄正光,同时兼任主讲教师,助教是唐国华和留苏回国的李松青。八十多名学生被分成高级班和初级班,高级班的学生多数曾在延安文化俱乐部俄文学习班学过俄文,有一定的基础;而初级班人数众多,一部分人没能坚持完成学业,中途退学。教师在教学之余还要编写教材,阅读材料取自俄文书报,如《真理报》《消息报》等苏联报刊,会话题目来自于国内外形势和日常生活,语法教材使用的是刘泽荣主编的《俄文文法》。通过系统性学习,初级班的学生具有了一定的俄语基础;高级班的学生具有了一定的实践能力,能够将苏联报刊上的文章翻译成汉语发表在《解放日报》上。

1942年底,延安大学俄文系被合并到军委俄文学校,根据学生的俄语水平分为五个班级,很多学生后来成为中国俄语教学的杰出人才。比如1944年毕业的朱子奇,毕业后即赴内蒙古担任与苏军联络的翻译,1946年起先后在张家口北方文化社、华北联合大学任职,后来在文化部、对外友协担任领导;毕业生阎明智在1948年底成立的哈尔滨外国语专门学校任教务处副处长。

## 六、华北联合大学外国语学院俄语系

自20世纪40年代初,华北联合大学就开设了俄语课程。华北联合大学迁往张家口以后,中共晋察冀分局做出决定,要求华北联合大学立即恢复全部工作,重新招生,并成立了文艺学院。1946年1月,文艺学院设立了外国语系,成员基本上是从延安迁至张家口的原延安外国语学校的师生。为了培养懂英语的干部和专门翻译人员,晋察冀军政干部学校成立了外语干部培训班,后来外语干部培训班转入华北联合大学,与原外语系共同成立外国语学院,设英、俄两个语系。

华北联合大学的教学工作条件艰苦,教员和学生的流动性比较大。为了培养更多的俄语师资力量,学校开设了俄语研究班,研究班的学员毕业后可以担任教员。俄语系的指导思想是一切从未来工作的需要出发,一切从实际出发,以使教学工作具有明确的针对性。在教学方法上,由于学员年龄偏大,又处于非所学语言环境里,所以采用了分析和模仿的方法,侧重语法教学,通过课文来掌握俄语语法规律。

俄语系的课程有读本、文法、默字、会话和翻译。教师不仅要授课,还要编写教材。师生们仅有的一本工具书是《露和辞典》,而纸、笔、墨水等文具也非常匮乏。在俄语系研究组中,杨化飞为组长,马可西莫夫为副组长,他们集体研究讨论苏联问题、编写语法和会话教材,提高教员的业务水平。

学生政治学习和业务学习的时间大约各占一半。即便在艰苦的行军过程中,在参加土改和大生产运动时,他们的学习也未受影响。在行军途中,学生们利用休息时间背诵单词和课文,复习巩固学过的知识。华北联合大学非常重视学生的马列主义理论素养教育,经常组织各种形式的理论学习,开设的政治课程有"国民党批判"(李光灿讲)、"思想方法论"(李光灿讲),学生还要自学政治理论和党史,如"社会科学概论""社会发展史"(何干之讲)、"政治经济学"。借助完善的教学制度和考核制度,既调动了教员的工作积极性,又激发了学员的学习热情,形成了良好的外语学习和研究氛围。

## 七、华北大学外语系俄文班

1948 年 8 月,华北联合大学与河北正定的北方大学合并为华北大学。原华北联合大学外国语学院与北方大学外文班合并组成华北大学二部(教育学院)外语系,下设英文班和俄文班,杨化飞任系主任。俄文教员有樊以楠、樊亢、徐坚、徐滨、王越、尹承玺、高世坤、李岩、安德斯、米申。此时,晋察冀解放区和晋冀鲁豫解放区连成了一片,华北人民政府已经成立,大批的苏联专家即将到来。为了培养俄语教学的师资力量,华北大学成立了俄文大队,分为十一个班,制定了详细的教育行政工作实施办法,并提出了目标和任务,即以四个月的时间学习俄语,为以后的学习打下初步基础,争取早日达到直接学习苏联社会主义建设经验的水平。此外,俄文大队的学生还要进行政治学习,提高思想觉悟,以保证顺利完成党中央交付的学习任务。

在俄语学习方面,学校规定对每一课都要做到"四会",即会读、会写、会译、会说。政治学习内容包括政协文件、时事政治及具体思想教育,以便正确理解政协会议共同纲领的伟大意义和国际主义精神。为了保证教学计划顺利进行,俄文大队实行统一领导,分工负责,密切配合,建立了完备的会议制度、请示汇报制度和考绩制度。大队长负责全队教学和行政工作,教学助理和学习干事负责检查教学工作,教学小组与大队部配合负责检查讲授、辅导、预习、复习等工作,班主任负责班级的具体教学和思想教育工作,助理员协助班主任做日常工作。

1949 年 11 月,华北大学开始设立俄文专修班,以培养俄文翻译人才为宗旨,招收高中以上学历,具有一定俄文基础和英、法、德文基础的学生。12 月华北大学工学院成立俄文专修科,为重工业部门培养俄文翻译人员,分为速成班和普通班。1949 年华北大学迁入北平。中华人民共和国成立后,为了培养人才,中共中央决定以华北大学为基础,组建中国人民大学。

## 八、哈尔滨外国语专门学校

1945 年 9 月,中央军委通过决定,延安外国语学校师生分批离开延安,到各解放区迎接新的任务。其中一部分师生经晋察冀解放区来到东北。为了培养俄语实用人才,1946 年 11 月在哈尔滨南岗区大直街 163 号成立东北民主联军总司令部附设外国语学校,东北民主联军参谋长刘亚楼兼任校长,卢竞如为副校长,王季愚、赵洵分别任政治处主任和教务处主任。1948 年底东北全境解放,东北局将该校移交给东北人民政府。从学校性质、内容和范围考虑,并为了使其日后工作正规化,学校更名为哈尔滨外国语专门学校。这是一所共产党领导下的为培养革命人才和建设人才而设立的新型革命学校。

在东北民主联军领导时期,外国语学校专门培养军政翻译,学生毕业后服务于军队建设,多从事俄文笔译、口译工作,没有统一的学制和学期。学生入学后先经过一段时间的政治思想教育,然后开始专业学习。学习一年半后,学生可以因工作需要随时毕业。1948 年底改为外国语专门学校后,学校对学生的业务素质提出了更高的要求,要求毕业生要能够胜任军事、政治、财经、文化、宣传等部门的俄语翻译工作和大中专院校的俄语教学工作,学制为二至四年,侧重于提高听、说、写、译的实践水平。

在哈尔滨外国语专门学校的教职队伍中不乏高水平人才,既有中国教师,也有苏联专家。校领导王季愚曾在上海从事教育工作和妇女活动,1941 年到延安后担任鲁迅艺术文学院编译。抗日战争胜利后她来到东北任佳木斯东北大学文学院副院长,后任哈尔滨外国语专门学校校长、哈尔滨外国语学院院长、黑龙江大学副校长、上海外国语学院院长。在长期的外语教学工作中,她积累了丰富的教学经验,培养了众多外语方面的栋梁之材。1936 年赵洵在塔斯社远东分社和苏联报纸《中国导报》担任翻译,1937 年在苏联驻沪总领事馆任机要翻译,1940 年 10 月至 1944 年 4 月在华北联合大学任俄语教员。她还先后在东北民主联军总司令部附设外国语学校和哈尔滨外国语学院从事教学工作,她主持编写了《俄汉成语词典》《俄语词汇变异》《俄语搭配词典》《俄汉详解词典》,对俄语教学和工具书、教材的编写做出了卓越的贡献。舍利波娃一家五口和库兹涅佐夫夫妇二人是学校建立初期的苏联侨民教师,受苏联领事馆指派来学校任教,兢兢业业,不畏艰辛。1947 年在东北局成立的俄文编译组任总编审的李莎(E. П. Кишкина,1914—2015)应聘任教,她是公认的俄语权威。

1949 年 8 月 1 日,东北局、东北行政委员会做出《关于整顿高等教育的决定》,按照精干和正规的方针对东北地区的高校进行改革:哈尔滨外国语专门学校成为东北培养俄文翻译人才的两个基地之一(另一个为大连大学俄文专修科),还规定俄文是第一外国文,授课时间每周不少于四个小时,以便这两所学校的学生毕业后能从事苏联科技和文化的译介工作。

中华人民共和国成立之前,全国共有十三所院校设有俄文系科(包括俄文师范科),其中哈尔滨外国语专门学校的师资和学生数量占到十三所院校师资、学生总和的一半左右。①

---

① 参见郝淑霞:《中国俄语教育史(1708—1949)》,天津人民出版社,2007 年,第 246 页。

# 第十七章　中苏教育交流

十月革命的成功为全世界被压迫人民带来了希望。五四运动之后,中国的进步青年满怀报国热忱,纷纷前往苏俄,学习马列主义,寻求救国真理。他们在这里见证了新生社会主义国家的成就,丰富了知识,其中许多人回国后成为中国共产党的重要领导人。与此同时,有许多俄国和苏联著名学者在中国大学任教,向中国学生传道授业,他们在学术研究方面取得了重大成就。

## 第一节　苏联的中国留学生

### 一、东方大学

十月革命胜利后,新生的苏维埃政权面临着帝国主义和白匪势力的威胁。当时在俄国的三十多万华侨和华工为了保护十月革命的胜利成果,毅然拿起武器,同红军一起捍卫苏维埃政权。虽然这些华侨、华工的革命积极性很高,但是他们多数人没有受过系统的教育,文化素质和马列主义理论水平比较低。苏维埃政权逐渐认识到必须对他们进行马列主义教育,提高其政治思想水平,加强组织纪律观念,最终使其成为合格的苏维埃战士。①

1920 年,俄共(布)组织决定在东方战线军第五军的国际团开办一所指导员学校,对中国指战员进行马列主义启蒙教育。后来东方战线军第

---

① 本节内容参考郝世昌、李亚晨:《留苏教育史稿》,黑龙江教育出版社,2001 年。

五军与西伯利亚军区联合政治管理局开办了国际党校,其中设置了中国班。因为学生们不懂俄语,通常都是由苏俄教师用俄语讲完后再由翻译人员译成汉语,然后进行讨论。在俄共(布)中央所属的外国人团体中央联合会举办的宣传员学习班中也有数十名中国同志学习国际主义和马列主义。

但是这些临时性的学习班不能提供系统的马列主义知识,教学较随意,管理也不正规,学习效果比较差。红军中的中国籍指战员深感学习之重要性,多次呼吁苏俄政府的民族事务人民委员部建立正规的中央政治学校,以便他们系统学习马列主义原理。在1920年7月26日的共产国际第二次代表大会上,代表们再次提出创办马列主义思想学校的建议。荷属印尼代表马林说:"第三国际应该为那些来自远东的人创造条件,使他们在这里待上半年,听一听共产主义教程,以便他们正确地理解提纲的思想,使他们能在殖民地实现苏维埃组织并进行共产主义的工作。""在俄国这里,我们应该为东方革命者接受理论教育创造条件,以便使远东成为共产国际的生气勃勃的成员。"①

1920年底,民族事务人民委员部开始着手创办一个能培养一千人的东方训练班。1921年2月3日,俄共(布)中央通过决议,创办一个隶属于民族事务人民委员部的东方训练班,后更名为东方劳动者大学。4月21日,全俄中央执行委员会通过了相应决议,将其改名为东方劳动者共产主义大学(简称东方大学),并明确了它的使命是为苏俄东部各民族和东方国家培养和训练革命干部。斯大林是东方大学的命名人和名誉校长,副民族事务人民委员布洛伊多(Г. И. Бройдо, 1883—1956)任校长,东方大学委员会是最高集体领导机构,共产国际代表参与这个委员会的工作,共产国际东方部直接参与学校的招生和毕业生的派遣工作。校址位于莫斯科高尔基大街。学校内设培养东方各国学生的国际部和培养国内东部地区少数民族学生的国内部,还有东方学研究室、东方出版部和东方学研究生班。其规模可观的东方图书馆为学生的学习提供了方便。

国际部的学生分为中国班、日本班、朝鲜班等。能听懂英语、法语和德语的中国学生进入英、法、德语班;对于不懂外语的学生,由教学翻译把老师授课内容译成汉语。东方大学的师资力量随着学校的发展不断扩充,1922年学校有165名主讲教师和班级辅导员,其中28人为教授,许多

---

① 郝世昌、李亚晨:《留苏教育史稿》,黑龙江教育出版社,2001年,第115页。

人是当时著名的专家和学者,如共产国际东方部部长、中山大学校长米夫 (П. А. Миф,1901—1938),《共产国际》杂志编辑库丘莫夫 (В. Н. Кучумов)和著名汉学家伊文。

为了解决中国班缺少教学翻译的状况,当时作为《晨报》访苏的记者瞿秋白和李宗武前来协助教学翻译工作。瞿秋白还在东方大学中国班开设了"工人运动"课。优秀学生任弼时、罗亦农和王一飞后来担任了中国班的教学翻译,罗世文、孙冶方、陈昌浩、甘泗淇和乌兰夫等人也被调入东方大学担任教学翻译。

在 20 世纪 20 年代,先后有四批中国留学生赴东方大学中国班学习。首批学生是上海共产主义小组派遣的,其中有刘少奇、罗亦农、任弼时、萧劲光、曹靖华、吴葆萼、彭述之、卜士奇、吴芳、胡士廉、廖划平、任岳、任作民、谢文锦、华林、韦素园、梁柏台、蒋光慈、陈为人、汪寿华、周昭秋、傅大庆、袁达时等三十余人,他们都是上海外国语学社的学生。这些学生中大部分于 1924 年毕业回国,少数因工作需要提前回国 (如刘少奇)或留在了莫斯科(如罗亦农)。①

第二批学员有的是从国内派遣,有的来自旅欧支部,他们在中国班的学习时间从一年到三年不等,都在 1925 年五卅运动后回国。1923 年至 1924 年从国内派到东方大学留学的有吴丽石、叶张浩、李求实、严信民、吴化元、朱克靖、张宝泉、龙大道、颜昌颐、肖明、陈碧兰、秦贻君、武止戈、关向应、江震寰等百余人。1923 年 3 月 18 日,首批由旅欧支部派遣的留学生赴莫斯科东方大学学习,其中有赵世炎、陈延年、陈乔年、王若飞、熊雄、王圭、余立亚、袁庆云、王凌汉等十二人。11 月,旅欧支部派刘伯坚、李合林等十余人赴苏联。1924 年 9 月,派遣聂荣臻、李富春、蔡畅、李林、熊味耕、胡伦、范易、傅烈、穆青、饶竟群、彭树敏、廖光仁、陈家珍等二十多名学生赴苏联学习。②

第三批从中国出发的学生多于 1925 年秋来到莫斯科,其中有彭干臣、罗世文、向警予、赵毅敏、施益生、涂作潮、胡子原、汤正清、左正南、罗寿如、王子祥、荣法庭、张士强、王亚梅、丁昌文、漆景林、朱怀瑞、连德生、罗井、李福生等。1924 年夏,旅欧支部派遣朱德、刘鼎、邢西萍(徐冰)、武兆镐、熊正心、林修杰、乔培成、王士嘉、潘锡光、任竹先等赴苏

---

①② 参见张锡玲:《莫斯科东方大学中国班和中共旅莫支部》,载于《党史资料通讯》,1988 年第 1 期。

联。第三批留苏学生大部分在 1927 年上半年回国，有些学生延期到 1928 年后回国。①

1927 年 7 月，共产国际和中共为了在短期内培养出一批军事干部，使其立刻回国参与武装斗争，决定在东方大学成立军事速成班。从全国选拔出的六七百人于 10 月抵达莫斯科，其中少数人进入了二年制的专修班学习。

## 二、中山大学

1925 年，为了支援中国革命，为中国革命事业培养干部人才，苏联和共产国际在莫斯科创办了一所新的学校——孙中山（逸仙）中国劳动者大学（简称中山大学），以此纪念不久前逝世的孙中山先生。起初，这所学校是由联共（布）和国民党联合领导，同时招收国民党人和共产党人，具有统一战线的性质。

中山大学一共招收了四届学生。第一届学生来自广州、上海、武汉、北京、西安，其中有张闻天、沈泽民、俞秀松、乌兰夫、王稼祥、吴亮平、伍修权等三四百人，还有一些保送的国民党要员子女亲属，如蒋介石之子蒋经国，冯玉祥的子女冯洪国、冯弗能、冯弗伐等。中共旅欧支部选派了邓小平、傅钟、卓然等人去中山大学。第二届学生也是以国内派遣为主，部分是从海外留学生中选拔的。秦邦宪（博古）、杨尚昆等人是从国内派去的，于 1926 年进入中山大学。到了派遣第三届学生的时候，形势发生了变化，蒋介石、汪精卫背叛革命，国民党不再向中山大学派遣学生。第三届学生全部是由共产党员和共青团员组成，还有一批从国内撤退出来的同志。学校专门成立了特别班和工人预备班。特别班的招收对象是资深革命活动家和中共高级干部，他们主要学习俄语和马克思主义理论，总结大革命失败的教训。工人预备班的课程是俄语和政治、文化常识。中山大学的最后一届学生在 1928 年秋入学，成员比较复杂，有国内派遣的，有从欧洲派去的华工，还有近百人是从东方大学中国班合并过去的学生。

"四一二"反革命政变后，国民党声明取缔中山大学，学校遂改名为中国劳动者共产主义大学，直接由共产国际及其东方部领导。1930 年，中山大学停办，所有学生转入莫斯科列宁学院继续学习。

中山大学开设的课程有马列主义哲学、政治经济学、科学社会主义、联共党史、西方革命运动史、东方革命运动史和俄语。

---

① 参见张锡玲：《莫斯科东方大学中国班和中共旅莫支部》，载于《党史资料通讯》，1988 年第 1 期。

　　开设俄语课的目的是让没有俄语基础的学生在尽可能短的时间里掌握听、写、译的能力，为以后学习革命理论打好基础。俄语课程设置非常密集，每天四节课，每周二十四节课，有俄文报刊阅读、小说阅读和语法三门课。此外，还通过课外辅导帮助学生进行强化训练，以求尽快达到熟练水平。伍修权回忆在中山大学的俄语学习时说："学校的课程中，我对俄语和政治经济学的兴趣最大。当时我曾经总结了学习俄语的三条经验：一是抓好文法的学习，记得那时只有刘泽荣先生编的一本俄语语法，一回宿舍我们大家都争着看，我把那些名词、代词、形容词的变格和动词的变化规律等等，都死背下来；二是抓记单词，把所接触到的新单词都抄到小本子上，将它们反复记熟，背熟后把这一批去掉，换上新的不熟的单词，再反复背，如此不断反复，积累了大量单词；三是利用各种机会去练习听和讲俄语，通过实践使用来提高自己的俄语水平，这当然难度更大些，机会也不太多。"①作为中山大学的学生，杨尚昆后来对俄语强化教学的效果给予了肯定："1928 年夏，我到苏联已经一年了，俄文程度有了提高，可以选读一些马克思列宁主义、西方革命史、社会发展史等课程。这时，学校把我编入翻译班，准备当翻译。不久，我就担任特别班的译员。"②

　　中山大学的首任校长是共产国际领导人、德国共产党员拉狄克（K. Б. Радек，1885—1939），他是一位资深的中国问题专家，也是一位负责的学校领导人，各项工作被他组织得井然有序。拉狄克亲自讲授哲学和中国革命运动史的课程，受到师生一致好评。1927 年底，第二任校长米夫上任。米夫与王明集团过从甚密，中山大学内部对他的工作方式十分不满，他于 1929 年辞职。第三任校长威格尔（B. И. Berep，1888—1945）是原斯维尔德洛夫共产主义大学教务主任，具有丰富的教学和管理经验，但是，由于米夫时期遗留的历史问题积重难返，威格尔不得不在 1930 年初选择了辞职。第四任校长由列宁学院的卡桑诺娃兼任，她经过实地调查，否定了中山大学内部存在多个"江浙同乡会"反动组织的说法，保护了很多学生免遭政治迫害。

　　中山大学设置了秘书、教务和总务三个处，此外还有翻译局、中文印刷厂和中国问题研究所。秘书处是学校行政工作的核心部门，负责接收和派遣中国学生的工作；教务处负责制定教学计划、安排教师和教室、筹

<hr />

　　①　伍修权：《我的历程（1908—1949）》，解放军出版社，1984 年，第 27 页。

　　②　《杨尚昆回忆录》，中央文献出版社，2001 年，第 30 页。

备教材等工作;总务处负责学生的衣食住行等后勤工作,是学校的物资供应部门。

翻译局的前身是翻译班,起初只是为了让不懂英语或俄语的学生听懂课程,把俄文或英文较好的学生集中起来,把教授的讲义或马列的理论著作翻译成中文。他们翻译过恩格斯的《家庭、私有制和国家的起源》、斯大林的《论列宁主义基础》、卡尔·考茨基的《马克思经济学说》《列宁全集》等。卜道明、刘齐峰、薛建明和孙宗藩等人曾在翻译局工作过。中山大学停办后,翻译局并入国家出版局,成为其中文翻译部。

学校给予中国学生超过本国学生的待遇,伙食中肉、蛋、奶、黄油、香肠一应俱全,学校还特别聘用了一位中国厨师调剂学生的口味。学生的业余生活十分丰富,可以欣赏到音乐、戏剧、电影等娱乐节目,还能免费参加摄影、球类、游泳、溜冰、舞蹈等课外兴趣小组。在休假期间,学生可以享受免费度假和旅游,能到莫斯科附近或南方等处疗养,以保证新学期开始时以焕然一新的精神面貌迎接新的学习生活。学校每月发给学生二十卢布的零用钱,让他们购买自己喜爱的书籍和日用品;家庭发生变故或遭遇困难时,学生还可以申请外汇补贴,由学校负责汇款到学生家中。

### 三、列宁学院

列宁学院又名共产国际列宁学校、莫斯科国际大学、国际列宁学院,创建于 1925 年底或 1926 年初。列宁学院的办学目标是培训各国共产党和工人党领导干部。学校不接收苏联学员,由共产国际直接领导。最初的院长由布哈林兼任, 实际工作由副院长卡桑诺娃负责。布哈林被联共(布)整肃后,季米特洛夫(Димитров Георги Михайлов,1882—1949)兼任院长,副院长卡桑诺娃仍然主持实际工作。匈牙利共产党员卢达西任教务长。

在列宁学院成立之初,中国学员只有蔡和森、董必武、黄平、张国焘、马员生、朱代杰、阮仲一、王若飞、李培之、潘家辰、庄东晓、彭泽湘、周达文、董亦湘、俞秀松和刘仁静等。1930 年,随着中山大学和东方大学中国班被撤销,大量中国学生转入列宁学院。为此,列宁学院专门成立了中国部,周达文任部主任,陈郁担任党支部书记。列宁学院对学生的生活考虑得非常周到,学费和衣食住行的开销全部由学校承担,每月给学生支付五十卢布零用钱,家庭困难者还能申请特别补助。

列宁学院聘请苏联和中国的专家、学者作为教师,其中包括共产国际的负责人和工作人员。瞿秋白在共产国际工作期间写下了《中国共产党历史概论》,后在列宁学院讲授这门课程;邓发给中国学生讲授"中国现代史"和"中国工人运动史";康生、陈云、饶漱石、孔原都讲授过"中国史";潘汉年讲过"时事形势"。

1930 年之前,列宁学院没有教学翻译,中国学生只能选择进入英语讲课班、法语讲课班、德语讲课班或俄语讲课班。1930 年后,中国班设立了教学翻译,帮助教师和学生交流。1930 年至 1932 年,李立三、陈郁、李维汉、吴克坚、陆竞如、何一民、王以文、张达、张报、杨秀峰、林铁、汾河、黄海、胡生和何天之等在列宁学院学习;1933 年,刘长胜、黄中、龙树林和来自苏区的一批连排长在列宁学院学习,后去列宁格勒接受特别训练,准备回国;1934 年,张祺、包祥森、王普、宋一平、谷兰和一位姓黄的人组成普通班,康生作为班主任,郭绍棠(А. Г. Крымов,1905—1988)给他们讲授列宁主义理论,同年列宁学院还开办了一个中国军事班,许光达、滕代远先后担任班长,高自立为支部书记,曾涌泉任教学翻译;1935 年,邱文、苏林、方一生、陈刚、石础、李达、沈怡等组成一个普通班,参加共产国际第七次代表大会的中共代表组成一个特别班,学习政治经济学和共产国际七大文件,由专家负责答疑解惑,其中有陈云、陈潭秋、饶漱石、曾山、孔原、高自立、滕代远、欧阳生、林育英、杨松、林达森、潘汉年、黄依和魏拯民等。

列宁学院在教学方法上有所创新,不再是"先生讲学生听",而是采用启发、研究的方式。首先,指导学生学习马列原著,共产国际、联共(布)中央和本国党中央文件。然后,在此基础上探讨共产国际或本国革命运动中的某些理论或实际问题。到了第三阶段,要求学生写论文、发言稿或著作,然后在会议上对问题进行广泛讨论,在集体意见的基础上形成解决问题的方法。很多中共领导人从这种学习方式中受益,写出了影响深远的作品,如蔡和森撰著的《党的机会主义史》、滕代远撰著的《中国新军队》等都是在这一时期完成的。

学校因地制宜,采用灵活的学制和课程以满足不同教育背景的学生需要,包括长期班和短期班、政治班和军事班、初级班和高级班等。

## 四、伏龙芝军事学院

1918 年工农红军总参谋部学院成立,1921 年改称工农红军军事学院,1925 年 10 月改名为伏龙芝工农红军军事学院（简称伏龙芝军事学院),以表彰伏龙芝(M. B. Фрунзе, 1885—1925)所做出杰出的贡献。

伏龙芝军事学院致力于培养苏联军事指挥干部,享有苏联"红军将领摇篮"和"红军大脑"之称。为了开展与东方国家的军事和外交联系,1920年,学院成立东方班,1921 年扩大为东方系,任命东方学家施瓦茨(H. H. Шварц, 1882—1944)为系主任。伏龙芝主持学院工作期间进行了一次体制改革,调整为基本系、东方系和供应系以及高级指挥人员进修班,学制三年,第一年学习各兵种战术,第二年学习合同战术,第三年学习有关战略的课程,同时在三年中分别完成团、师、军的战斗行动教学计划。

1926 年秋,黄埔军校毕业生贺衷寒、杜从戎、周明和王懋功经过中山大学一年的俄语培训后进入伏龙芝军事学院学习。"四一二"反革命政变后,他们申请退学并立即回国。1927 年秋,刘云、左权、陈启科、屈武和黄第洪进入东方系中国班学习,刘云担任中国班班长,后来刘伯承和许权中也进入这个班学习。伏龙芝军事学院对学生的要求非常严格,培养学生严谨细致的作风和认真思考的习惯。在教学中采用"实验讲授法",采用讲授和自学相结合的方式,督促学生每月上交学习笔记,报告自己掌握的知识和技术水平。中国留学生善于总结和掌握作战规律,推崇德国军事理论家克劳塞维茨(Carl von Clausewitz, 1780—1831)所著的《战争论》。刘伯承和左权等人深入钻研了《战争哲学》《当代集团军战役特点》《现代战术》《战略》《各兵种战术和合同战术》《军事心理学》《军事学术》等理论著作。

回国后,刘伯承和左权合作翻译了很多苏联军事理论著作,包括《苏联工农红军的步兵战斗条令》。八路军总司令员朱德、副总司令彭德怀发布命令:"查苏联工农红军 1939 年出版的步兵战斗条令第一部为苏联最近重要的军事科学之一,其由左权、刘伯承译出并经革命军事教材编审委员会审定作为本军步兵战斗教育的基本教材。今后本军关于现代步兵战术的研究,均应以此为蓝本,并须依照本书译版序言的指示,联系本军实际情况和实践经验进行研究,以求能灵活运用其精神与原则于教练与战斗中。"[1]

1938 年和 1939 年,中共分两次先后派遣了杨至成、刘亚楼、钟赤兵、卢冬生、谭家述、李天佑等人赴伏龙芝军事学院特别班学习深造。这些留

---

[1]　王孝柏、刘元生:《左权传》,人民出版社,1990 年,第 70 页。

学生回国后在抗日战争和解放战争中做出了杰出的贡献。

### 五、海参崴中国党校

20 世纪 30 年代中国人数量最多的苏联城市是海参崴,达十万以上。1926 年,海参崴的苏联边疆州党部为了培养中共党员和中国共青团员,决定成立以中国人苏兆征命名的中国党校,校址位于海参崴市中心,即十月革命大街和列宁大街交叉的十字街头的西南角两层大楼。党校教员由莫斯科的东方大学和中山大学的毕业生或修业生担任,负责对来校的党团员进行马列主义理论和科学文化教育,学员毕业后根据需要担任党团组织的干部或文化教员。1933 年,苏兆征中国党校改为远东工人列宁学院,招收中共党、团员学生,还招收中国进步工人、学生,学校教员的数量也有所增加。

## 第二节　中国大学里的俄苏教师

民国时期,有许多俄国和苏联教师曾在中国执教。他们因为各种机缘来到中国,在中国各级、各类学校教授俄语等课程。在他们当中,还有一些才华出众的学者在某一领域具有极深的造诣,其在中国大学的贡献不仅限于向中国学生传道授业解惑,而且在科学研究方面取得了突出成就。钢和泰、史禄国(С. М. Широкогоров,1887—1939)、伊凤阁和柏烈伟便是这个群体的代表人物。

### 一、钢和泰

钢和泰[①]的俄文名字叫 Александр фон Сталь-Гольстейн,英文为 Alexander von Stael-Holstein,通过对他的姓氏进行意译和音译,就有了"钢和泰"这个名字。1877 年他出生于俄属爱沙尼亚的一个名门望族,自幼接受良好的教育,能讲法语和德语,十岁进入当地的一所中学学习,掌握了希腊语和拉丁语,修完了学校开设的自然科学和社会科学课程。他中学毕业后进入多尔帕特大学攻读人文学科研究生课程。在这里,他对神秘的东方产生了浓厚的兴趣,以致毕业后决定去德国学习冷僻的梵

---

① 文中内容主要参考钱文忠:《男爵和他的幻想:纪念钢和泰》,载于《读书》,1997 年第 1 期;桑兵:《国学与汉学——近代中外学界交往录》,浙江人民出版社,1999 年。

文。他先是在柏林大学学习了三年半,而后转入弗里德里克斯大学,获得了哲学博士学位,其学位论文的研究对象为《羯磨灯》。当他回到圣彼得堡后,立刻得到俄国佛学研究的领军人物谢尔巴茨科伊和印度学家奥登堡的赏识。在两人的推荐下,钢和泰顺利通过了圣彼得堡大学东方语言系的教师资格考试。但是,他没有马上就任教职,而是进入俄国外交部亚洲司印度处当了译员。1903 年,他来到印度,在了解民情风俗的同时,收集了大量的佛教研究资料。1904 年,他在俄国皇家地理学会汇报了他的学习和考察成果。1909 年 11 月 6 日,钢和泰在圣彼得堡大学东方语言系以"玄奘和当代考古调查成果"为题作了一次学术报告,强调玄奘作品中的材料对于研究印度古代史的重要意义。不久,钢和泰被聘为编外讲师,开始了在圣彼得堡大学东方语言系七年的教学生涯。1912 年,他购得一幅18 世纪藏文文告,将其翻译为英文并加以注释。1913 年,他在《佛学文库》第 15 卷上发表了由他校勘的印度古代诗人马鸣(生卒年代大约在公元初期)所著的《犍椎梵赞》一文。

　　1916 年,钢和泰离开彼得格勒,经西伯利亚来到中国,目的是为了研究北京所藏的藏文和蒙文佛教文献。十月革命爆发后,钢和泰家族在爱沙尼亚的财产被充公,他只好留在北京,像其他流亡的俄侨一样,期望在中国找个工作糊口度日。1919 年,香港大学校长爱里鹗(Sir Charles Eliot, 1862—1931)将钢和泰推荐给北京大学。胡适请他主讲梵文和古印度宗教史课程,并亲自担任口译。胡适在日记中记录了许多有关钢和泰在北京大学的治学情况。钢和泰经常在北京大学举办演讲,现在知道的有"佛陀传说中的历史的部分""玄奘与近代之史学研究"和"故宫咸若馆宝相楼佛像之考证"等。1923 年,钢和泰被聘为北京大学研究所国学门导师。同年,胡适翻译出版了钢和泰的《音释梵书与中国古音》。此书利用梵文译音来考证汉语古音,在汉语音韵研究史上占有重要地位,得到国内学者高度评价。1926 年,钢和泰在上海出版《大宝积经迦叶品梵藏汉六种合刊》,梁启超为之作序,并协助出版。1927 年,钢和泰又被聘为清华大学国学研究院名誉通信指导员。1928 年他应邀前往英国剑桥大学讲学,同年赴美国哈佛大学授课,1929 年返回北平。1932 年,他在《北平国立图书馆馆刊》上发表《一份在乾隆年间译成梵文,在道光年间译成汉文的藏文文献》。1935 年他在《燕京学报》上发表《论对十世纪汉字音译梵赞的重新构拟》,再次强调了音译梵赞对于梵文研究和汉语音韵史研究的重要意义。同年,他在《华裔学志》上发表《藏历六十年甲子周期》一文。1937 年,钢和泰病逝于北平,身后留下了二十九种艰深的论著。

## 二、史禄国

史禄国,俄文名为谢尔盖·米哈伊洛维奇·希罗科戈罗夫,1887 年生于俄国历史名城苏兹达尔,在巴黎索邦大学语文系接受了正规的大学教育,同时旁听了高等政治经济学院和人类学学院的课程。1912—1917 年,他多次深入西伯利亚和中国东北等地就北方通古斯人和满族进行调查。1922 年史禄国被远东大学聘为远东国家民族学和地理学教研室编外副教授,讲授西伯利亚考古学、民族学和通古斯语,并在这里完成了两部重要的学术著作《满族的社会组织——满族氏族组织研究》和《族体:民族和民族志现象变化的基本原理研究》的写作。就在史禄国前往上海联络著作出版事宜之时,红军打败了白军并占领了海参崴。由于未能及时在规定时间返回学校,史禄国被远东大学除名,只好留在上海。①

1923 年史禄国的《族体:民族和民族志现象变化的基本原理研究》一书在上海出版,受到学界关注,被认为在研究 Ethnos(族群)方面具有开创意义。次年,《满族的社会组织——满族氏族组织研究》问世。1926 年 10 月,史禄国被新成立的厦门大学国学研究院聘为教授,一年后又应聘前往中山大学筹设中的语言历史研究所工作。1930 年,史禄国随同中央研究院历史语言研究所迁往北平,不久转入清华大学,教授社会学和人类学系课程。1933 年,上海商务印书馆出版了英文版《北方通古斯的社会组织》一书。正是在清华,他招收费孝通为研究生,并将其培养成为中国人类学的一代大家。1939 年,史禄国因患心脏病卒于北平。

1940 年,中国的《科学》杂志刊文《史国禄(原文如此——笔者)博士逝世》,对他的去世表达哀悼:"人类学家史国禄博士(Dr. Serge M. Shirokogroff)患心脏病,于 28 年(民国二十八年——笔者)10 月 19 日下午 5 时卒于北平德国医院,享年五十有二(生于 1887 年)。21 日在东交民巷俄国教堂举行追悼仪式,卜葬于北平,安定门外俄国坟地。""氏为帝俄贵族,少年时游学巴黎,曾任俄国科学院(Russian Imperial Academy of Sciences, St. Petersburg)人类学部主任。民国六年来华,研究民族、人类、文字各问题,继任厦门、中山、清华、辅仁各大学教授。氏学问广博,精通各国文字,著作丰富,为研究通古斯民族之权威。膝下无子女,其夫人昔年亦肄业法

---

① 参见陈训明:《俄国学者史禄国》,载于《中华读书报》,2009 年 3 月 4 日。

京,嗜音乐,擅钢琴,史氏一身工作,得其夫人襄助之处甚多。"①

史禄国被视为中国人类学研究的奠基人。在他的著作中,影响最大的是《北方通古斯的社会组织》。这是一部在世界人类学史上占据重要位置的著作。北方通古斯人主要指鄂温克人和鄂伦春人。作者运用在后贝加尔和中国东北地区搜集到的有关北方通古斯人的第一手材料,对其地理环境、经济类型、氏族制度、婚姻家庭和风俗习惯等方面进行了系统研究,向读者展示了20世纪初北方通古斯人的社会历史画卷。1941年日本岩波书店出版了此书的日文版。然而在中国,此书的中文版直到1984年才问世。

《满族的社会组织——满族氏族组织研究》是中国乃至世界上第一部关于满族的人类学重要著作,最早是用英文出版的,1997年中文版才问世。史禄国受圣彼得堡皇家科学院、俄国中亚和东亚研究委员会的委派,于1915年至1918年深入黑龙江沿岸、南满(长春以南地区)和北京,对那里的满族进行了调查。此书是他对满族社会组织的调查研究成果。该书的正文分五章:第一章介绍了满文中的本族称谓和满族各分支及其与邻族的关系,第二章研究了亲属体系——氏族组织和其主要功能及新氏族的形成,第三章对族外婚、叔嫂婚及性禁忌进行了考察,第四章分析家庭成员在住房中的位置、禁忌、劳动分工和妇女的地位,第五章介绍了所考察地区的经济生活。②

史禄国的人类学研究讲求人类学与民族学和语言学等学科的结合,注重对民族群体社会组织形态和精神文化的考察。正如曾经直接受教于史禄国的费孝通所言:"他在理论上的贡献也许就在把生物现象接上社会和文化现象,突破人类的精神领域,再从宗教信仰进入现在所谓意识形态和精神境界。这样一以贯之地把人之所以为人,全部放进自然现象之中,作为理性思考的对象,建立一门名副其实的人类学。"③尽管史禄国在中国和西方人类学研究界备受推崇,但长期以来在俄罗斯却未受到应有的重视,只有在早期出版的俄文著作中偶尔被提及。直到20世纪80年代末,才有苏联学者首次对史禄国的生平和活动进行了介绍。④随着俄罗斯

---

① 《史禄禄博士逝世》,载于《科学》,1940年第24卷第3期。

② 参见张彦:《史禄国:以中国为家的俄罗斯人》,载于陈其斌、冼奕、曹勤华主编:《人类学的中国大师》,黑龙江人民出版社,2008年。

③ 费孝通:《学术自述与反思——费孝通学术文集》,生活·读书·新知三联书店,1996年,第239页。

④ Решетов А. М. Сергей Михайлович Широкогоров. Его жизнь и труды (К 100-летиюсо дня рождения)//Полевые исследования ГМЭ народов СССР 1985–1987 гг. Тез. докл.науч. сессии. Л., 1989.

学界对史禄国学术成就认识的加深,相关研究论文也越来越多,其在俄罗斯人类学发展史上的地位逐渐得到了公正评价。[①]

### 三、伊凤阁

1878 年伊凤阁出生在一个皇家剧院演员家庭,后进入圣彼得堡大学东方语言系汉蒙满语专业,师从王西里和孟第学习汉学。1901 年毕业后留校任教。1902 年来华进修,曾担任京师大学堂译学馆俄文教习,1904 年返回俄国。1905 年晋升副教授,而后前往英、法、德汉学研究与教学机构游学。1909 年伊凤阁以《王安石及其改革》一文通过硕士学位论文答辩。1912 年前往日本游学。1913 年他以《中国哲学资料导论——法家韩非子》一文通过博士学位论文答辩并升任教授。自 1914 年起,伊凤阁在圣彼得堡大学教授汉语和日语,并兼任日语教研室主任。1915 年起担任汉满语教研室主任。与此同时,1910 年至 1913 年,伊凤阁还在实用东方学院授课,自 1921 年起在彼得格勒东方语言学院教书。在作为学者和教授活跃于汉学界的同时,外交生涯是伊凤阁的另一条人生轨迹。自 1914 年起伊凤阁开始在俄国外交部兼职。1920 年 9 月至 1922 年 7 月担任远东翻译和顾问。1922 年 8 月伊凤阁以顾问身份随苏俄全权代表越飞（А. А. Иоффе, 1883—1927）来华。[②]1923 年开始在北京大学任教,同中国学术界一直保持着紧密的合作关系。伊凤阁与王国维、陈垣、钢和泰、陈寅恪、柯劭忞等受聘为北京大学研究所国学门导师,并开设"西夏文字与西夏国文化"研究班。[③]1923 年伊凤阁在北京大学《国学季刊》上发表《西夏国书略说》。1924 年的《北京大学日刊》刊出通告"伊凤阁导师在国学门指导研究之题目"——西夏国文字与西夏国文化:(1)西夏国之历史文案和古迹。(2)西夏国之地位与东方文化之关系。(3)西夏国之历史、国语、文字。[④]从 1924 年起,伊凤阁任苏联首任驻华大使加拉罕(Л. М. Карахан,

---

①　Ревуненкова Е. В., Решетов А. М. Сергей Михайлович Широкогоров//Этнографическое обозрение. 2003. № 3.

②　История отечественного востоковедения с середины XIX века до 1917 года.М., 1997.С. 295–297 ; Китайская философия: Энциклопедический словарь/ Гл. ред. М. Л. Титаренко.М., 1994. С.134.

③　参见萧超然等编:《北京大学校史(1898—1949)》,北京大学出版社,1988 年,第 148 页。

④　参见《研究所国学门通告(一):伊凤阁导师在国学门指导研究之题目》,载于《北京大学日刊》,1924 年第 1391 期。

1889—1937)的汉文参赞,一直工作到 1927 年。回到苏联以后,伊凤阁先后在莫斯科东方学院、中山大学、国立物质文化历史科学院莫斯科分院、列宁图书馆、东方民族文化科学研究院、中央民族学博物馆工作。自1932年起,伊凤阁担任全俄执行委员会学术秘书,1935 年未经答辩获得文学博士学位。1937 年 8 月 26 日伊凤阁被捕,严刑之下被迫承认于 1904 年在北京期间被日本收买为特务,10 月 8 日被处决。1958 年获得平反。[①]

　　作为汉学家,伊凤阁一生发表作品二十余种,其贡献主要集中在中国思想史、西夏学、汉语及考古学与民族学等研究领域。

　　伊凤阁早年的学术兴趣主要集中于与中国历史上著名社会变革相关的思想及事件。霍赫洛夫、尼基福罗夫等人认为,伊凤阁的选题是格奥尔吉耶夫斯基中国古代历史研究的延续,且与俄国社会当时正在讨论的土地改革问题有关。[②]当年王安石提出了一系列旨在富国强兵的诸如青苗法、免役法、方田均税法、农田水利法等改革政策,而 20 世纪初斯托雷平(П. А. Столыпин,1862—1911)所推行的土地改革旨在加速俄国农业资本主义发展,打破农庄对农民的束缚。1909 年伊凤阁出版了王安石改革研究专论《王安石及其改革》。他在书中并没有局限于讨论土地问题,而是试图从历史发展的角度对王安石的改革做出一个公允的评价,并通过研究这场中国历史上的社会变革来开创对中国社会史的研究。关于后一点,伊凤阁在该书的前言中开宗明义地写道:"在世界民族大家庭当中,大多数学者直到最近依然视中国为一个原始聚合体,自古形成的生存法则一成不变,皇权制度丝毫未损。个人与社会的关系以及社会与国家的关系少有文献论及,这种情况导致了一种意见的形成,即中国不存在社会史,而只有政治史。"显然,伊凤阁从王安石所推行的全面政治、经济和社会变革中看到了中国社会的不断发展,并希望以自己的研究撼动欧洲人对中国历史特性的习惯思维。他坚信"当今欧洲所产生的社会和经济问题在中国早已存在","中国历史(特别是汉、唐、宋时期)为我们提供了丰富的国家社会和经济现象的研究资料。人们对这些现象还不够了

---

　　① 　Люди и судьбы. Биобиблиографический словарь востоковедов –жертв политического террора в советский период (1917–1991)/ Изд. подготовили Я. В. Васильков, М. Ю. Сорокина. СПб., 2003.С.177–178.

　　② 　История отечественного востоковедения с середины XIX века до 1917 года.М., 1997. С.296.

解,也缺少研究"。[1]他在前言中回顾了欧洲人对王安石的研究,对其进行了批评性审视,并在此基础上确立了自己的研究目标,详尽分析王安石最主要的改革措施,确定其可行性与合理性。

《中国哲学资料导论——法家韩非子》是伊凤阁的博士学位论文,出版于 1912 年。全书分论、译两个部分。在论述部分,作者详细论述了法家的主要思想,就中国哲学的实质进行了探讨。伊凤阁认为中国文化最显著的特征便是折中性与混合性。作者继而依次论述了诸子百家思想、法家及其与儒学等学派的区别、自然法则、道德意义、管仲和商鞅的治国理念、韩非子的生平与思想等。他自称之所以选择法家来翻译和研究,是因为该学派一反儒学只重道德完善的做法,"首次确立了道德与政治的关系并且确定了其间的界限"[2]。实际上,该题目是其王安石研究的继续,或者说,是对法家思想研究的深入。在译文部分,作者将《韩非子》几乎全文翻译为俄文,只有其中的《说林上第二十二》《说林下第二十三》《难二第三十七》和《难四第三十九》四篇未译。在这部著作中,伊凤阁对梁启超在《中国六大政治家》一书中提出的所谓中国很久以前便知晓议会制度原则的观点进行了批判性述评。[3]

伊凤阁不仅是俄罗斯西夏学的奠基人,同时也是中国西夏学的开拓者之一。如此荣耀的桂冠之所以落到一位俄罗斯人头上,主要因为他对西夏学的建立做出了重大贡献。在伊凤阁获得硕士学位那年,西夏文献几乎全部被科兹洛夫掠至圣彼得堡。对于一个精力旺盛、学术兴趣刚刚被激发的年轻学者而言,这批珍贵的文物无疑具有巨大的吸引力。他在当年便发表了《黑水城西夏写本》一文,并在圣彼得堡与奥登堡和科特维奇(В. Л. Котвич,1872—1944)合著出版了《科兹洛夫考古发现》一书。该书收录了《俄国皇家地理学会公报》1909 年第 45 卷第 9 辑上发表的三篇文章,包括伊凤阁的《黑水城西夏写本》、奥登堡的《黑水城废墟佛像》及科特维奇的《中国元朝纸币形态》,对科兹洛夫考察队的成果进行初步介绍。与其他学者不同的是,伊凤阁在文中对此前国际学术界涉及西夏问题的研究论著进行了系统梳理和评介,其中包括伟烈亚力(Alexander Wylie,

---

[1]　Иванов А. И. Ван Ань-ши и его реформы. XI в. СПб., 1909. С.1.

[2]　Иванов А. И. Материалы по китайской философии: Введение: Школа Фа. Хань Фэй-цзы. СПб., 1912. С.Х.

[3]　История отечественного востоковедения с середины XIX века до 1917 года.М., 1997. С.297.

1815—1887）对居庸关过街塔券洞内六种文字石刻的钻研，戴孚礼（Gabriel Deveria，1823—1892）对河南省开封府宴台碑的研究，卜士礼（S. W. Bushell，1844—1908）对凉州感通塔碑和西夏钱币的探究等。[①]1909 年伊凤阁还发表《西夏语简介》，1911 年再发表《西夏史略》，1913 年发表《黑水城文书》。

西夏文书的发现以及伊凤阁所做的探索在国际上引起轰动。与其他国家学者相比，俄国人在西夏学文献的占有上具有令人艳羡的优势。法国的伯希和于次年访问了亚洲博物馆，看了其中的汉文文献，并于 1914 年发表论文《科兹洛夫考察队黑城所获汉文文献考》。法国汉学家沙畹曾经撰文《伊凤阁西夏史论评述》，介绍伊凤阁发现的《番汉合时掌中珠》及其所进行的研究。伊凤阁发现西夏学者骨勒茂才编著的西夏文汉文音义对照词语集《番汉合时掌中珠》，为解读西夏文字和翻译西夏文献开启了大门。1912 年至 1913 年伊凤阁在日本学习期间，将《番汉合时掌中珠》残页照片赠予罗振玉。罗振玉与其二子罗福成、罗福苌立即投入研究。1914 年罗福成、罗福苌分别发表了《西夏译〈莲花经〉考释》和《西夏国书略说》，1915 年罗福成再发表《西夏国书类编》，首次在中国对西夏文的构成和语法等问题进行了考证，提出了对后来研究者影响很大的"偏旁说"。1916 年伊凤阁出版了《观弥勒菩萨上升兜率天经》一书，并附有汉文对译。1921 年，伯希和将之译成法文发表于《亚洲杂志》。1918 年伊凤阁在《俄罗斯科学院通讯》第 8 期上发表《西夏文献》一文，介绍了《文海》《文海杂类》和《音同》等西夏语详解字典，1921 年被译成法文，附伯希和注释。1923 年伊凤阁在北京大学《国学季刊》第 1 卷第 4 号上发表《西夏国书略说》，全文六千八百余字，对西夏文字的创立历史、书写、读音、字义，以及同时代中外学者的研究成果进行了征引、评介，并提出自己的观点。[②]

由于在西夏学研究领域的开拓性贡献，伊凤阁在国际学术界享有很高的声誉。但遗憾的是，因外交公务繁忙，他用来进行学术研究的时间越来越少，没能为西夏学研究做出更大贡献。在俄罗斯西夏学研究史上，伊凤阁发挥了领头人的作用，而真正将这项研究提升到新水平的却是聂历

---

①　Иванов А. И. Тангутские рукописи из Хара-Хото//Иванов А., Ольденбург С. Ф., Котвич В. Из находок П. К. Козлова в г. Хара-Хото. СПб., 1909.

②　参见伊凤阁:《西夏国书略说》，载于《西北民族宗教史料文摘（宁夏分册）》，甘肃省图书馆，1986 年。

山 (Н. А. Невский, 1892—1937)。

在汉语研究领域, 1908 年伊凤阁与韦贝 (К. И. Вебер, 1841—1910)、科特维奇和萨莫伊洛维奇 (А. Н. Самойлович, 1880—1938) 参加俄国皇家地理学会地图委员会工作, 共同研究东方语言地理名称的俄译标准问题, 发表了《关于汉字俄文译音问题》一文。伊凤阁对汉语的研究主要是为了满足教学的需求, 在该领域的著述大都为教材或文选。他于 1907 年编写了《1906—1907 学年度东方学班汉语读本》。1910 年, 他在一年内共出版三部教材, 分别是《汉语初级读本》《汉语初级读本词汇及用法》和《汉语草书学习指南》。1912 年出版《汉语俗话学习导论 (北京官话文法)》和《法律文书选读》。[①] 1930 年, 伊凤阁与波利瓦诺夫 (Е. Д. Поливанов, 1891—1938) 合作编写了《现代汉语语法》。此书套用屈折语语法, 介绍了汉语名词、代词、动词、副词、形容词、前置词、连接词、语气词、象声词等词类, 讲解了有关汉语语音、注音字母以及词法规则, 但对句法涉及不多。此书已问世八十余年, 很受汉语学习者欢迎, 至今仍再版。[②]

在考古学与民族学领域, 伊凤阁曾写过一些小文章。伊凤阁并没有从事过真正意义上的考古工作, 而是对圣彼得堡博物馆中的中国文物进行过研究。最早的一篇文章发表于 1902 年, 名为《中国官员腰带金饰》, 1906 年发表《17 世纪中国稀见钱币》。而后他在 1915—1916 年间连续发表数篇文章, 介绍俄罗斯科学院人类学与民族学博物馆中的中国文物, 如《中国宗教馆藏》《中国人生活馆藏》《人类学与民族学博物馆指南》。1933 年发表《中央民俗博物馆十五年》。

伊凤阁在历史研究方面发表过《元代汉语文书》(1907 年), 在经济学研究方面发表过《14 世纪中国货币流通》(1914 年)。伊凤阁还非常关注中国的新文学, 1922 年在《革命东方》杂志发表了《中国当代文学新现象》。

## 四、柏烈伟

柏烈伟, 又译柏烈威、鲍立维, 出生于 1886 年, 1913 年毕业于海参崴东方学院, 出版了自己的毕业论文《中国报刊》。[③] 后入圣彼得堡大学东方语言系继续学习, 成为阿理克的学生, 1915 年获得硕士学位。1917 年, 柏

---

①　Петров В. В. Китайская филология в Петербургском –Ленинградском университете// Точность–поэзия науки: Памяти Виктора Васильевича Петрова: Сб. ст.СПб., 1992.

②　参见阎国栋:《俄罗斯汉学三百年》, 学苑出版社, 2007 年, 第 192 页。

③　Полевой С. А. Периодическая печать в Китае. Владивосток, 1913.

烈伟得到俄国教育部资助的三千卢布,前往中国进修。同年 11 月,柏烈伟来到天津,在南开大学担任俄文教员,后到北京大学任教。[①]在天津期间,柏烈伟化名为"柏子",在《新生命》上发表了《劳动问题与俄国革命》《双十节日的感想》等文章,积极宣传苏联建设情况。他指出:"俄国的劳动者实为推翻俄国旧社会创造新社会的先锋","自列宁执政,且推翻私有财产制度,一切生产之机关均收回社会公有,惟劳动者方有享用之权,实足为各国模范"。[②]柏烈伟是"社会主义者同盟"的成员,这是一个倡导社会主义、主张共产主义和无政府主义的组织,在北京、天津、上海等地都有分布。中国共产党成立后不久,这些组织就宣告解体了。

1920 年初,李大钊通过柏烈伟的介绍会见了俄共(布)党员荷荷诺夫金,商谈了建党问题。4 月,共产国际代表维经斯基来华考察中国革命运动的开展情况。在柏烈伟的引介下,维经斯基与李大钊会面并进行了广泛交流。后来李大钊介绍维经斯基去上海见了陈独秀。8 月,俄共(布)北京革命局建立,柏烈伟为领导人之一。1921 年,中国共产党成立,柏烈伟在这个过程中发挥了一定的作用。

柏烈伟还是一位文学翻译者,他通过李霁野向鲁迅提出翻译《阿 Q 正传》的请求,鲁迅在 1927 年 2 月 21 日致李霁野的回信中写道:"柏烈威(即柏烈伟——笔者)先生要译《阿 Q 正传》及其他,我是当然可以的。但王希礼君已经译过,不知于他(王)何如?倘在外国习惯上不妨有两种译本,那只管译印就是了。(我也没有与王希礼君声明,不允第二人译。)"[③]在 1929 年 3 月 22 日致李霁野的信中鲁迅又说:"柏烈伟先生要译我的小说,请他随便译就是,我并没有一点不愿意之处,至于那几篇好,请他选定就是了,他是研究文学的,恐怕会看得比我自己还清楚。"[④]然而,柏烈伟最终并没有出版自己的《阿 Q 正传》俄译本,倒是编写了几部俄汉词典。1927 年柏烈伟编写的《新俄华辞典》《新俄华辞典检字表》刊印,1934 年《新俄华辞典续编》出版,[⑤]1937 年《新俄华辞典索引》出版。

---

①  Хисамутдинов Амир. «Верный друг китайского народа»:Сергей Полевой // Проблемы Дальнего Востока. 2006. № 1.

②  肖甡:《俄共党员柏烈伟在中共建党时的一些活动》,载于《北京党史》,2002 年第 1 期。

③  《鲁迅全集》(第 5 卷),人民文学出版社,2014 年,第 354 页。

④  《鲁迅全集》(第 6 卷),人民文学出版社,2014 年,第 149 页。

⑤  Горощенова О. А. Династия Полевых: «сеять разумное, доброе, вечное... ». Иркутск, 2010. С.56.

1933 年,柏烈伟翻译的《蒙古故事集》由上海商务印书馆发行。著名作家周作人作序,充分肯定了这部著作对于推动中国民俗学研究的重要价值。他写道:"可是蒙古虽然是我们五族之一,蒙古的研究还未兴盛,蒙古话也未列入国立各大学的课程内,在这时候有柏烈伟(S. A. Polevoi)先生编译蒙古故事集出版,的确不可不说是空谷足音了……根据蒙古文俄文各本,译成汉文,供献于中国学术界,实在是很有意义的事。"①1936年,《艺风》杂志也刊文介绍了柏烈伟的这部译作:"俄人柏烈伟 (S. A. Polevoi)氏,充当北京大学俄文教授多年,是一位努力于沟通中国和俄国文化的学者。该氏前年在商务印书馆出版了一部蒙古民间故事。这书不但是外国人用中国文写作的第一部民间故事书,且也是中国出版界中所刊行了的第一部蒙古民间故事书。抛开了这书的内容不说,单就这点看来,已够使人深思柏烈伟氏这个工作的意义了。"②

然而,这位柏烈伟先生最后的结局却十分令人惋惜。据张西曼先生回忆,柏烈伟因为贪污公款,伪造开销,被上级查办,他声明退出苏联国籍,后申请加入美国国籍。③到美国之后, 在叶理绥 (С. Г. Елисеев,1889—1975)的帮助下,柏烈伟进入哈佛燕京学社工作。对于柏烈伟贪污公款一事,俄罗斯学者至今讳莫如深。

---

① 周作人:《〈蒙古故事集〉序》,载于《新蒙古》,1934 年第 1 卷第 3 期。

② 林昔存:《柏烈伟氏的植物神话研究》,载于《艺风》,1936 年第 4 卷第 1 期。

③ 参见张小曼编:《张西曼纪念文集》,中国文史出版社,1995 年,第 311 页。

# 第十八章　中国文化名人访苏

苏联是世界上首个社会主义国家,其政治体制、社会制度迥异于当时所有的其他国家,吸引了全世界的目光。世界文化名人争相访问苏联。20世纪上半叶,不少中国文化名人相继来到这个红色的国度,接受思想洗礼。

## 第一节　瞿秋白访苏

1920年,北京《晨报》与上海《时事新报》为采集国外时政要闻和世界最新局势变化,向英、美、法、苏、德等国家派出记者进行采访。瞿秋白决定应这两家报纸之邀前往苏俄考察采访。出于对国家与民族新生之路的执着探求,怀着强烈的时代责任感,1921年1月25日瞿秋白抵达莫斯科。他把自己比喻为"东方稚儿",意欲成为"人类新文化的胚胎":"进赤俄的东方稚儿预备着领受新旧俄罗斯民族文化的甘露了。理智的研究侧重于科学的社会主义,性灵的营养,敢说陶融于神秘的'俄罗斯'。灯塔已见,海道虽不平静,拨准船舵,前进!前进!"[①]瞿秋白在莫斯科对苏俄社会政治、经济、文化、艺术,乃至民风习俗都进行了细致入微的观察,对令他眼花缭乱、应接不暇的新事物和新现象进行了深入的思考和分析,写就两部文集——《饿乡纪程》和《赤都心史》,详细记录了自己的所见所思。

《饿乡纪程》记述了瞿秋白从北京到莫斯科途中的见闻观感。对于该书的立意,他在《饿乡纪程》的"跋"中做了这样的介绍:"具体而论,是记著者'自中国至俄国'之路程,抽象而论,是记著者'自非饿乡至饿乡'之

---

① 《瞿秋白文集》(文学编 第1卷),人民文学出版社,1985年,第104页。

心程。"从1921年2月16日起，瞿秋白开始写作《赤都心史》，直到1922年3月完成，其中收录有杂感、散记、小品、游记等46篇。

在这两部文集中，瞿秋白热烈而深情地讴歌了伟大的十月革命，客观而生动地报道了苏俄人民在列宁领导下进行社会主义建设的成就以及问题，抒发了自己的革命豪情。他写道："一望远东，紫赤光焰，愈转愈明，炎炎的云苗，莽然由天际直射，烘烘烈烈，光轮轰旋，——呀！晓霞，晓霞！""此时此际，未见烈日，——也许墨云骤掩，光明倏转凄黯，不然也只遥看先兆，离光华尚远；然而可以确信，神明的太阳，有赤色的晓霞为之先声，不久不久，光现宇宙，满于万壑。"①

此外，他还以速写的笔法生动、形象地描写了列宁的形象："列宁出席发言三四次，德法语非常流利，谈吐沉着果断，演说时绝没有大学教授的态度，而一种诚挚果毅的政治家态度流露于自然之中。"②"安德莱厅每逢列宁演说，台前拥挤不堪，椅上、桌上都站堆着人山。电气照相灯开时，列宁伟大的头影投射在共产国际'各地无产阶级联合起来'，'俄罗斯社会主义联邦苏维埃共和国'等标语题词上，又衬着红绫奇画——另成一新奇的感想，特异的象征……列宁的演说，篇末数字往往为霹雳的鼓掌声所吞没。"③

瞿秋白这两部作品得到后世学者的高度评价："《饿乡纪程》和《赤都心史》两部通讯报告集，无疑是林中的响箭，山中的石火。它在思想界是探求的先驱，在新闻文学上是创新的妙笔。"④

## 第二节　徐志摩访苏

1924年，著名的浪漫主义诗人徐志摩在北京师范大学发表的演讲中热情讴歌了伟大的十月革命："那红色是一个伟大的象征，代表人类史里最伟大的一个时期；不仅标示俄国民族流血的成绩，却也为人类立下了一个勇敢尝试的榜样。"⑤

1925年，徐志摩踏上了前往欧洲的列车。火车沿途经过西伯利亚，徐志摩写道："西伯利亚只是人少，并不荒凉。天然的景色亦自有特色，并不单

---

① 《瞿秋白文集》（文学编　第1卷），人民文学出版社，1985年，第229页。

②③ 同上，第162页。

④ 尹均生：《国际报告文学的源起与发展》，华中师范大学出版社，2009年，第167页。

⑤ 《徐志摩全集》（第1卷），天津人民出版社，2005年，第461页。

调;贝加尔湖周围最美,乌拉尔一带连绵的森林亦不可忘。天气晴爽时空气竟像是透明的,亮极了,再加地面上雪光的反映,真叫你耀眼。"①"西伯利亚并不坏,天是蓝的,日光是鲜明的,暖和的,地上薄薄的铺着白雪、矮树、野草、白皮松,到处看得见。"②

然而,大自然的美景却与车厢内的气氛不太相符,在乘客脸上难以捕捉到笑容,目光所至尖锐刺人,桀骜不驯的表情让人内心生畏。

在多数的时间里,诗人只能把目光投向车窗之外:"我怎样来形容西伯利亚天然的美景?气氛是晶澈的,天气澄爽时的天蓝是我们在灰沙里过日子的所不能想象的异景。森林是这里的特色:连绵、深厚、严肃,有宗教的意味。"③

随着列车深入苏联腹地,自然景色带给人的欢愉逐渐被阴郁的环境所取代。从卖牛奶的小姑娘到乞讨的成年男女,从候车室刺鼻的气味到小商店内寒酸的陈设,徐志摩终于意识到他正在接近真实的苏联。

莫斯科留给徐志摩的印象充满矛盾和荒谬:"这里没有光荣的古迹,有的是血污的近迹;这里没有繁华的幻景,有的是斑驳的寺院;这里没有和暖的阳光,有的是泥泞的市街;这里没有人道的喜色,有的是伟大的恐怖与黑暗、惨酷、虚无的暗示。"④在街头,熙熙攘攘的行人中竟毫无生气可言,天空充满愁容,路面泥泞不堪,商铺里的物品价格惊人,至于市民的穿戴谈不上整洁,更遑论体面。

在徐志摩笔下,苏联民众的形象憔悴而孱弱,物质上的匮乏、精神上的压抑、言语的桎梏在他们身上得到清晰的体现:"虽则严敛、阴霾、凝滞是寒带上难免的气象,但莫斯科人的神情更是分明的忧郁、惨淡,见面时不露笑容,谈话时少有精神,仿佛他们的心上都压着一个重量似的。"⑤在参观列夫·托尔斯泰故居、拜访托翁之女的时候,他问起托翁的作品是否已经被禁止出售,对方的回答含混而无奈。徐志摩觉得,在苏联,列夫·托尔斯泰、陀思妥耶夫斯基、屠格涅夫等经典著作已经悉数消失,革命的强制力量压倒了一切思想自由,强迫人们接受集中的思想改造和高度一致化的布尔什维克主义。

---

① 《徐志摩全集》(丁集),香港商务印书馆,1983 年,第 60 页。

② 同上,第 62 页。

③ 同上,第 64 页。

④ 同上,第 66 页。

⑤ 同上,第 71–72 页。

从欧洲回国后,徐志摩主持《晨报》副刊的编辑工作,在社会栏和文艺栏中刊发多篇探讨苏联问题的文章,引发读者的热议。1925年10月6日,副刊社会栏发表陈启修赞美苏联的文章《帝国主义有白色和赤色之别吗?》。10月8日在副刊头条位置发表张奚若的文章《苏俄究竟是不是我们的朋友?》,作者反驳了陈启修的观点。10月15日、22日副刊文艺栏设立"关于苏俄仇友问题的讨论"和"仇友赤白的仇友赤白"专栏,社会栏分别在10月27日、11月3日、11月17日开设三期"对俄问题讨论专号",一场声势浩大的"苏俄仇友"问题辩论由此开始。徐志摩本人有意识地揭开了辩论的序幕,他认为这个问题能够引发读者参与其中,可以带动副刊名气的提高。他认为此问题"说狭一点,是中俄邦交问题;说大一点,是中国将来国运问题,包括国民生活全部可能的变态的"。在接近两个月的时间里,副刊上讨论苏联问题的文章近三十篇,作者包括张奚若、刘勉己、徐志摩、梁启超、张慰慈、刘侃元、陶孟和、丁文江、抱朴等社会文化名人。

1925年11月29日,几十名激进的学生和民众高举"打倒晨报及舆论之蟊贼"的标语,手持棍棒冲进了《晨报》编辑部,损毁了编辑部的资料、印刷器械和家具,导致《晨报》停刊一周。出现这样的情况,显然与副刊主持人鲜明的反苏倾向有直接的关系。虽然徐志摩极力表明自己的客观中立立场,但他在苏联访问期间表达过对社会革命的恐惧和厌恶,在关于苏联问题的辩论中表现出自由主义的倾向,因而受到拥护十月革命和社会主义事业的知识分子强烈反对。

## 第三节　胡适访苏

1926年7月中旬,胡适赴英国参加中英庚款会议,乘坐火车取道苏联,途经莫斯科,在此停留了三天。胡适逗留莫斯科的时间虽短,所见所闻却使他的思想发生了巨大的变化。在给友人张慰慈的信中,胡适对苏联正在进行的社会主义改造运动赞不绝口:"我的感想与志摩不同。此间的人正是我前日信中所说有理想与理想主义的政治家;他们的理想也许有我们爱自由的人不能完全赞同的,但他们的意志的专笃(seriousness of purpose),却是我们不能不十分顶礼佩服的。他们在此作一个空前的伟大政治新试验;他们有理想,有计划,有绝对的信心,只此三项已足以使我们愧死。""我们这个醉生梦死的民族怎么配批评苏俄！……"①胡适对苏联的印象很深刻,认为苏联的领导者"都是很有学问经验的人",莫斯科的市民具有认真、发奋图强的精神,苏联政府对教育和科学建设投入了巨大的精力。

在参观苏联的革命博物馆并阅读大量统计资料之后,胡适深为满意和感动:"我这回不能久住俄国,不能细细观察调查,甚是恨事。但我所见已足使我心悦诚服地承认这是一个有理想,有计划,有方法的大政治试验。""对于苏俄之大规模的政治试验,不能不表示佩服。"②在莫斯科的三天访问中,他与美国芝加哥大学的教授就苏联教育问题进行了交流。胡适对苏联教育事业的发展表示钦佩,认为"社会主义的新时代"即将来临。他还打算回国后组织一个考察团,其中包括政治经济学家和教育学家,一起到苏联进行长期、深入的考察。③

胡适对苏联的赞同立场引起很多人的兴趣。有学者指出,胡适在访问苏联之前就赞扬社会主义制度:"18 世纪的新宗教信条是自由平等博爱。19 世纪中叶以后的新宗教信条是社会主义……劳动是向来受贱视的;但资本集中的制度使劳工有大组织的可能,社会主义的宣传与阶级的自觉又使劳工觉悟团结的必要,于是几十年之中有组织的劳动阶级遂成了社会上最有势力的分子。十年以来,工党领袖可以执掌世界强国的政权,同盟总罢工可以屈伏最有势力的政府,俄国的劳农阶级竟做了全国的专政阶级。这个社会主义的大运动现在还正在进行的时期。但他的成绩已很可观了。"④

实际上,胡适真正赞同的是自由主义倾向的社会主义制度。他回国后曾批评共产党"把自由主义硬送给资本主义",认为无产阶级应该是民主和自由制度的真正拥护者。显然,他所认同的理想社会制度与苏联的社会主义现实相距甚远。

## 第四节　胡愈之访苏

1896 年胡愈之生于浙江省上虞县,少年时曾在绍兴读书,是鲁迅的学生。18 岁时,胡愈之考入上海商务印书馆当练习生,后来分配到《东方

---

① 《胡适全集》(第 3 卷),安徽教育出版社,2003 年,第 50 页。
② 同上,第 51 页。
③ 参见易竹贤:《胡适传》,湖北人民出版社,2005 年,第 247 页。
④ 易竹贤:《胡适传》,湖北人民出版社,2005 年,第 248 页。

杂志》担任编辑工作。1935 年,上海爆发了举世震惊的五卅运动,胡愈之在《东方杂志》上发表《五卅运动纪实》一文,引起当局注意。"四一二"反革命政变后,胡愈之和李石岑、郑振铎等人联名写信给国民党中央委员蔡元培、吴稚晖和李石曾,对蒋介石的暴行提出抗议。1928 年,迫于白色恐怖的压力,胡愈之和郑振铎不得不流亡欧洲。胡愈之在法国待了三年,通过为《东方杂志》写稿挣取生活费和学习费用。后由于法国物价上涨,生活困难,胡愈之在 1930 年底离开法国,经德国、波兰和苏联返回中国。

　　1931 年 1 月 27 日,胡愈之在严寒中抵达莫斯科。由于他持有的是过境签证,按规定只能在莫斯科停留七八个小时,当晚就要乘坐赴中国的火车离开莫斯科。在苏联世界语同志 R 女士的帮助下(她与苏维埃政府交涉,说莫斯科世界语会需要胡愈之演讲),胡愈之得以在莫斯科停留了八天。在这八天里,胡愈之接触了苏联的工人、农民、知识分子和社会各界人士,对苏联社会有了一个总体认识。

　　胡愈之的行程如下:第一天,抵达莫斯科,在苏联世界语同志陪同下向当局申请在莫斯科停留七天,后解决住宿问题;第二天,请求访问苏联对外文化协会,参加莫斯科与列宁格勒旅馆业劳动者生产竞赛大会;第三天,访问苏联对外文化协会,参观乡苏维埃和两处医院,参观中央电报局;第四天,参观共产主义学院,拜会经济学家瓦尔加 (E. C. Bapra, 1879—1964)教授和中国问题专家维经斯基教授,顺道参观中央图书馆;第五天,参观纺织工厂和谷麦托拉斯;第六天,参观克里姆林宫,拜谒列宁墓,参加世界语者招待会;第七天,参观阿摩汽车厂,去莫斯科大剧院观看舞剧;第八天,参观莫斯科模范小学,当天下午离开莫斯科。

　　胡愈之对苏联人民的印象非常美好:"在莫斯科使我最惊奇的,是我所遇见的许多成人,都是大孩子:天真、友爱、活泼、勇敢。有些人曲解唯物主义,以为苏维埃的生活是冷酷的、机械的、反人性的。我的所见,恰巧是相反,我在那里是一个生客,但是住了一二天,就觉得个个人是可亲的、坦白的、热情的。"[①]胡愈之的此番印象很大程度上来自于到火车站接他的世界语同志 R 女士以及帮他寻找宿舍的 D 同志。在举目无亲的莫斯科,胡愈之得到了两位同志热情帮助,得以在零下几十摄氏度的天气里

---

①　胡愈之:《莫斯科印象记》,湖南人民出版社,1984 年,第 16—17 页。

找到落脚之处。在公共宿舍里,胡愈之"第一次感到团体生活的乐趣。在这里大家的生活是齐一的,同一样的睡觉,同一样的吃饭,全没有贫富高下的分别。各人都显出十二分的满足和愉悦。各人都觉得别人的生活全和我一样,因此计较心和羡慕心完全消失了,大家就同自家兄弟一般。这种集体生活的快乐是住居在巴黎、柏林大旅馆内的阔客所梦想不到的"①。在同宿舍的人中,无论是俄罗斯人还是犹太人、克里米亚人,大家交流全无隔阂,同志之间的友谊超越了语言的障碍,彼此相处得非常融洽。

胡愈之抵达莫斯科之际,正值苏联物资供应较为匮乏时期,"除了糖果玩物等不重要的物品,可随意购买外,一切日用必需品,必须凭券购买,各人都有限制"②。到苏联之前,胡愈之听闻莫斯科的商店十分拥挤,每家店铺外都排着长队,此时在大街上眼见为实。根据随行人员的解释,排队现象一方面是由于某些生活用品供应不足,另一方面则是出于人们的跟风心理,唯恐买不到商品。

在下榻处,胡愈之作为来宾参观了旅馆业劳动者生产竞赛。他认为,社会主义制度下的生产竞赛与资本主义的竞争性质不同。资本主义社会的竞争"是完全自私的,为个人利益的。大资本家压倒了小资本家,使小资本家成为无产者,永远沦于奴隶的地位,无所谓怜恤与同情,这是资本主义的个人自由竞争所造成的必然的局势"③,而社会主义竞争"并不专为个人利益,却使全般生活标准提高,因之能力弱小者与能力强大者同样蒙其利益。竞争愈烈,则一般人的物质生活亦愈提高,这样方是社会主义的生产竞争的真义"④。

苏联的婚姻注册制度在 20 世纪 30 年代名存实亡, 只要有同居的事实,法律上便认为存在夫妻关系;一旦同居的事实终止,就被视为离婚。这在胡愈之看来有些无法理解和接受:"男女关系是解放自由了, 但所谓'家'这东西,却因此而瓦解而消灭。宗教与家庭,这在前时代所视为人类文化生活的最坚固的基石的,现在却被十月革命的急流所冲碎了。典型的家庭生活,至少像托尔斯泰、柴霍夫的小说戏剧中所描写的家庭生活,在新俄国是已经不能再找见了。"⑤

---

① 胡愈之:《莫斯科印象记》,湖南人民出版社,1984 年,第 41 页。

② 同上,第 47 页。

③ 同上,第 50 页。

④ 同上,第 50 页。

⑤ 同上,第 62—63 页。

通过与苏联文艺工作者交谈，胡愈之对苏联的文化政策有了自己的见解。胡愈之认同斯大林对"国际化"与"民族化"问题的看法，在世界革命成功之后，世界文化的创造才有可能，必须在各民族平等自由发展其民族个性、民族文化以后，混合结晶，才能产生世界文化。而在过渡阶段里，扶持培养民族文化还是很有必要的。

胡愈之本计划参观集体农庄，但因天气严寒，田间作业完全停止，只能听人介绍农业集体化的现状。他认为，农业集体化的"意义和十月革命一样重大，因为这是摧毁了苏联国内资本主义的最后壁垒。富农的逐渐消灭，是表示社会主义战线的最大胜利"[1]。新经济政策鼓励了富农阶级的产生，使社会主义建设遭遇障碍，因此苏联政府在 1928 年采取果断措施，实行农业集体化政策，把私人经营的土地收回，改由国营农场或集体农场经营，以根本解决农业问题。农民由农场雇佣，获得工资，与都市劳动者完全相同，提高了生产效率。胡愈之的结论是"惟有苏联的农业社会主义化，为全世界农民开辟一条新路，为农民经济的唯一转机"[2]。

在参观克里姆林宫时，胡愈之亲眼看见了来自外省的衣衫褴褛的农民和工人代表进出，这是胡愈之在巴黎、伦敦从未遇见的。西方教会宣传苏联迫害宗教，胡愈之在莫斯科不曾遇到，宗教信仰自由仍然存在，但"革命后的青年受新式学校教育和文化宣传的影响，都已变了无神论者。'神圣俄罗斯'的招牌是已不能再挂上了"[3]。在妇女选举苏维埃代表的会场上，有人问胡愈之上海纱厂女工每天工作十二小时、中国农村妇女受到家庭暴力的现象是否属实，这使胡愈之内心非常难过，对比眼前苏联妇女在工作和生活上与男子的平等地位，中国妇女的情形还差得很远。

苏联工厂内的情景令胡愈之深感触动，这里不仅是劳动的场所，也是饮食、休息、娱乐、教育、养育儿女的场所。阿摩汽车厂的食堂陈设井井有条，设施齐备，价格却非常低廉，厂内的工人补习学校和普通学校一样完备，工人体育馆、浴池、托儿所一应俱全，使人感受到这是一座现代化的企业。

通过随行 U 同志的交涉，胡愈之获得免票观摩莫斯科大剧院芭蕾舞剧的机会，而且坐在了最佳的位置。大剧院的建筑和装饰极为豪华，而观

---

① 胡愈之：《莫斯科印象记》，湖南人民出版社，1984 年，第 83 页。

② 同上，第 86 页。

③ 同上，第 89 页。

众都是普通的工人、农民。胡愈之观赏的芭蕾剧名为《红花》，表现了中国人反抗帝国主义侵略的情景，虽为宣传剧，却在音乐、舞台、服饰、台词上处处体现出新意。

胡愈之离开莫斯科，乘坐横贯欧亚大陆的西伯利亚列车，经过了斯维尔德洛夫斯克、鄂木斯克、伊尔库茨克，看到新建的伐木工厂、钢铁厂和集体农场，深深为社会主义的巨大力量所折服。邻座几位外国旅客关于中国的谈话使胡愈之意识到即将回到灾难深重的中国，它依然还在帝国主义的铁蹄下饱经蹂躏，而在莫斯科的短暂停留即将成为永恒的记忆。

## 第五节　戈公振访苏

戈公振是 20 世纪二三十年代中国著名的记者和新闻研究者。1933 年 3 月，他在中苏恢复邦交后随中国第一任驻苏大使颜惠庆去苏联访问，并旅居苏联近三年时间。其间，戈公振应胡愈之和邹韬奋的请求，发回多篇记录苏联生活的文章，发表于《生活周刊》上。1935 年秋，戈公振返回上海不久后便因病逝世。邹韬奋为表怀念之情，将戈公振在苏联撰写的文章集合成册，即《从东北到庶联》，该书于 1935 年 11 月出版。戈公振习惯于称苏联为"庶联"，他认为"苏字译音无意，故我改译为庶，'天下有道，则庶人不议'。俄以 Proletarian 政治相号召，凡是赞同此种主义的，均可加入为联邦之一。称为庶联，似乎音义两方面均能顾到而比较容易了解"[1]。

戈公振抵达之时，正值苏联第二个五年计划如火如荼地进行，他亲眼见证了苏联人民生活的变化。在《从东北到庶联》一书中，戈公振介绍了苏联第二个五年计划的实施情况："主要目的，在利用重工业，以机器制造机器，来发展轻工业，使国富增加，民生充裕。但欲谋工业的发展，必须有大宗原料，源源不断地接济，所以同时要竭力推广农场。"[2]戈公振在参观苏联工业化成就的时候，感受最深的是苏联工业通过坚持不懈的努力取得了辉煌的成就。他说："最可钦佩的，是完全用自己的力量，节衣缩食含辛茹苦以成之……此后基础既定，真可以做到自给自足的地

---

① 戈公振：《从东北到庶联》，湖南人民出版社，1984 年，第 43 页。
② 同上，第 48 页。

位,不必仰面求人,更不必受资本家的束缚。五年计划的伟大在此,是我们最要学习的。"①戈公振还参观了苏联的集体农场,高效的生产方式,现代化的农业耕作设备,以及齐备的教育、医疗等配套设施给他留下了深刻印象。

戈公振指出,"庶联农业的将来,无可怀疑的,是个体农人一定因为税重和寡助而全归淘汰;而集体农人也因为知识进步和生活富裕,由同耕而进于劳动协作,由劳动协作而进于公社组织"②,最终结果是一切私有制形式全部消失。

除了经济建设的成就,苏联的文化教育事业也让戈公振印象深刻:"能将文盲从十分之三递减而至于零,这才是人类的福音。最可羡慕的,是那数目超过英、美、德三国每年所出的书籍,成车成箱地运销到乡下去。"③对于苏联的艺术事业,戈公振认为发生了翻天覆地的变化:"庶联的美术,也和文学一样,思想上同受革命的影响,把旧社会所认为天经地义的一切一切,都根本推翻,重新估量。"④其中变化最大的就是艺术的受众范围扩大:"文学和美术,在庶联已和政治打成一片,成为转移人心的武器,而不是有闲阶级的消遣品了。"⑤戈公振对苏联两个五年计划进行了概括总结,认为"就是政治平民化,工业军事化,农村科学化,国计民生,是互相兼顾的"⑥。

戈公振在苏联访问时参加了列宁逝世十周年纪念仪式。他认为苏联现代化建设的成功与列宁密不可分:"庶联在列宁指导之下,确立了一个基础,而后继的史太林,又努力从事建设,所以制度崭新的国家,居然在国际上有了地位。"⑦

戈公振在苏期间,正值苏联举行中国艺术展、京剧大师梅兰芳和电影明星胡蝶访苏,他对当地观众欣赏中国艺术的盛况做了详细的记录:"二月二十八日,联华公司的《渔光曲》一片即上演于莫斯科的银幕,深得群众的赞许。惟苏俄人士对于《渔光曲》一片的批评,就是配音太幼稚,且又采自西洋不成熟的歌曲,这是我国从事于电影事业的人最应注意的

---

① ③　戈公振:《从东北到庶联》,湖南人民出版社,1984 年,第 49 页。

②　同上,第 128 页。

④　同上,第 62 页。

⑤　同上,第 67 页。

⑥　同上,第 56 页。

⑦　同上,第 72 页。

一点。"①"周剑云夫妇及胡蝶女士抵莫斯科时,虽已过国际电影展览会的会期,但是苏俄电影界的人士仍以同样的热忱欢迎。莫斯科的各大报纸皆登载有胡蝶女士的新闻及照片。胡蝶女士每出入于戏院或是餐厅与舞厅,皆有人鼓掌欢呼,表示欢迎。至于往大百货商店购物,或是行经街道,则更为行路人所注意。"②戈公振认为梅兰芳在苏联的演出取得了巨大成功,原因在于梅兰芳所展示的京剧表演艺术对苏联艺术家具有很大的参考价值,而苏联的艺术发展策略也值得中国重视:"庶联重视戏剧,与教育等量齐观,一方面固然在创造新的戏剧,一方面也保存着旧的戏剧,即如大剧院的歌剧和歌舞,依然保有最高的位置。民之所好好之,不以封建留遗而一概废弃。所以我们对于旧剧,不必徒抱悲观,而应于提倡新剧之际,同时努力改造旧剧,像这次梅剧团在庶联表演时所用的方法,多少可供参考之用。"③

在苏联的对外关系上,戈公振认为,苏联"以社会主义相标榜","一方面虽与资本主义国家妥协,甚至加入国际联盟,但是国内的一切制度和计划是绝对不更变的"。④这也是戈公振访问苏联后得出的最重要的结论,即在与西方列国保持联系的条件下坚持自己的国家体制,强化国民经济实力。

戈公振时刻不忘将苏联的情形与中国加以对比:"庶联的情形,和我国差不多,就是拥有极广泛的土地和极复杂的民族,治理很不容易。同时工业落后,农村破产,又复具体而微。"⑤"我国地大物博民众,和工业及教育的落后,地位和庶联差不多,他们今日所能做到的,我们未始不可做到,'有为者,亦若斯',我希望我国不久也有全国总动员从事建设的一日。"⑥

## 第六节　邹韬奋访苏

邹韬奋是著名记者、政论家和出版家。1934 年 7 月 14 日,邹韬奋从伦敦动身,乘坐"西比尔号"前往苏联。7 月 19 日,轮船抵达列宁格勒。在

---

① 戈公振:《从东北到庶联》,湖南人民出版社,1984 年,第 205 页。
② 同上,第 206 页。
③ 同上,第 236 页。
④ 同上,第 89 页。
⑤ 同上,第 50—51 页。
⑥ 同上,第 103 页。

苏联旅行社的安排下,邹韬奋和其他旅客住进了"欧洲旅馆"。因为要参加莫斯科的暑期大学,所以邹韬奋未在列宁格勒久留,只是匆匆参观了艾尔米塔什博物馆,便前往莫斯科。

在苏联的两个月时间里,邹韬奋访问了列宁格勒、莫斯科、基辅、奥德萨等城市,参观了博物馆、工厂、学校、政府机关、医院、农庄等场所。苏联的新奇事物深深地吸引了他。

令邹韬奋印象最为深刻的是苏联人乐观向上、不畏艰难险阻的工作热情。无论是工人还是农民,在谈到为社会主义事业贡献力量的时候都表现出极高的积极性。他们"很起劲地运用着机器","个个都有着健康的容态,没有疲顿的样子",[1]衣着整洁,面色健康。他们的工作环境较沙俄时期有了大幅度的改善。为了保证工人们没有生活上的后顾之忧,厂里设有幼稚园、食堂、工人宿舍,还开设了工人升学预备科,培养工人进入大学。苏联工人获得的工资是一种"社会化的工资",其中最重要的是"社会保险",包括医疗费、失业救济、残疾保险金、养老金等,这些都是作为工人应当享受的待遇而无须个人付费,由工会组织统一负责。房屋租金"根据租户的收入和依靠他生活的人口多寡(如子女或未出外作工的妻子)而定的;对于工人尤特别优待……就是工人要付的屋租,平均也仅占全家支出总量中百分之六左右"[2]。

从资本主义制度的沙俄转变为社会主义制度的苏联是长期而艰巨的任务,对旧社会不良现象的改造就是其中的重要内容。娼妓现象作为旧社会的毒瘤,在苏联成立伊始便受到政府的高度重视。据邹韬奋观察,政府采取了感化、收容、教育等措施来改造旧社会遗留下来的娼妓,使她们能够自食其力,成为新社会中自立自强的公民。在给她们设立的"治疗院"中,妇女可以依靠自己的工作支付自己的膳食费,同时还能学习文化,为走向社会做准备。政府的态度是"消灭妓女制度,并非和妓女个人为难"[3]。与沙俄时代以及西方国家相比,苏联政府在这一问题上的立场可谓人性化,使失足妇女感到自己的不幸但并不认为其可耻;积极地改造她们的身心,最终目的是让她们走上正常的人生道路。

邹韬奋对苏联的教育制度进行了细致的观察。苏联的学前教育为八

① 邹韬奋:《萍踪寄语》,上海三联书店,1987年,第313页。

② 同上,第320—321页。

③ 同上,第306页。

年,前三年为托儿所,三岁到八岁进幼稚园。"普及教育"为十年,分为第一、第二和第三级学校。普及教育后,学生可以进入职业学校学习,也可以进入高等教育机构接受大学教育。即使工人也可以通过"工人升学预备科"考入大学,这类人占大学新生总数的一半以上。苏联高等教育的重点是培养"明确的切实的专门人才",没有美国式的文理分科。高等教育机构的肄业时期为四五年,有铁路专门学校、机械工程专门学校、纺织专门学校、农业专门学校、师范专门学校等。邹韬奋认为苏联教育的特点之一是大众化。当局以"斗争"的精神致力于消灭文盲现象,因为列宁逝世之前提出了"文化革命"的口号,而教育的大众化就是文化革命的第一义。"现在幼稚园、小学和中学里就学的儿童达三千三百万人。成人在各种教育或补习教育机关就学的约有三千万人。全人口中几有一半是在求学,是在研究,是在学习——是在做学生"①。特点之二是教育和金钱势力脱离关系。十月革命前沙俄学校中教育和金钱势力密不可分,而苏联的小学和中学免费,在职业学校和专门学校里,除免费外,还有津贴,这令很多外国人感到十分惊诧。特点之三是每个人都能凭借智力升学。为了保证建设人才的需求,国家缩短了职业学校的毕业时间,即使工厂里的工人也可以继续补习然后升学,青年获得了实际工作经验,也对升学后的继续研究有所裨益。特点之四是教育的"技术化",全国上下一致,共同努力于新社会的教育。特点之五是有明确的目标和应用的环境,鼓励学生勇猛上进,青年们"深知所努力的是在造成共劳共享的新社会。同时学了就有用"②。

集体农庄是苏联社会主义建设事业的一项重要成绩,是"把社会革命真正推广到农村去的重要的媒介"③。邹韬奋参观了苏联南部舒西努集体农庄。在集体化改造之前,每个农户的年收入只有五百卢布,而现在达到三千卢布,而且生产量年年递增。在组织方面,农庄全体大会每年公举七人组织执行委员会,由委员会公推一人担任主席。农庄里设有公共食堂、幼稚园,以方便成员工作。邹韬奋看到"贫农和中农在集体农庄里的生产的合作,富农在经济上特殊地位的消灭,国营农场的加紧发展"④。虽然改

① 邹韬奋:《萍踪寄语》,上海三联书店,1987 年,第 430 页。
② 同上,第 432 页。
③ 同上,第 369 页。
④ 同上,第 370 页。

革阻力很大,遭到富农的反对,但是在共产党的领导和工人的协助下,农业改革已经打破了最后壁垒,城市和农村的隔阂已被工农合作所取代。在莫斯科暑期大学,邹韬奋聆听了一名农夫的演讲。他经历了第一个五年计划的集体农庄改革,做出了突出贡献,现在已经是农业专家。这个农夫回答了记者们的提问,陈述了农庄在生产效率、妇女地位、组织管理、人才培养等方面取得的成就,吸引了包括邹韬奋在内的所有记者的注意。在基辅的国营农庄,场长由政府或政府的附属机关委任,农夫成为政府所雇用的工人,他们享受的福利待遇与工厂工人一样,农庄内有食堂、宿舍、学校、医务室,生产实现了机械化,人们的精神面貌也非常振奋。显然,邹韬奋耳闻目睹并亲身感受到了新农庄与旧社会农庄的巨大差异, 他将这变化归结于社会主义建设的巨大号召力。

邹韬奋观察了电影、戏剧等领域的工作。通过与西方电影相比较,他认为:"严格的说,除少数特别好的片子外,表演和摄影的技术还不及美国的影片。不过就故事内容的意义方面说,那苏联的影片可以说是卓然有它的特色了。"①他指出,"苏联在政治和经济方面有了很大的改变之后,戏剧方面也随着有了很大的改变",戏院已经不再是少数人的专利,而是大多数人的娱乐和文化的机关,而且戏院数量迅速增加,比革命前增加了四倍,演员人数增加了三倍,少数民族和儿童还有了专门的戏院。在言论自由方面,邹韬奋认为,"苏联现在的根本组织和根本政策,既以勤劳大众的利益为中心, 他们——大众——所研究讨论及批评矫正的,却也只在这大目标下的具体办法方面努力求进步"②,工农通讯员的出现表明言论权正在转向劳工大众。

9 月 18 日,邹韬奋乘坐"甲经斯基号"离开列宁格勒,经由北海,于 9月 27 日返回伦敦。他就此次访苏归纳了几个结论:第一,当时的苏联社会结构还不是共产主义社会,只是社会主义社会的开端。因为虽然剥削人的制度已经不复存在,但还是保留了衣服、用具等物品的私人所有权;第二,社会主义的重要目的是消灭不劳而获的现象, 让愿意工作的人们不再担忧衣食住行资料的短缺;第三,苏联是无产阶级专政的国家,共产党代表了劳动大众的利益, 与西方资产阶级独裁政府标榜为全民谋福利的性质完全不同;第四,共产党是领导大众的中心力量,这对于地域辽阔、人民文

---

① 　邹韬奋:《萍踪寄语》,上海三联书店,1987 年,第 456—457 页。

② 　同上,第 386 页。

化程度不高的苏联来说是十分必要的;第五,共产党员具有阶级使命的意识和自我牺牲的决心,是大众的公仆,不得谋取私利,对党的命令绝对服从,为了人民的利益随时接受最艰难的工作任务;第六,苏联的组织原则是民主集中制,最高权力机关是全体代表大会,具体表现在各级机关和团体都有发表意见的机会,领导者的意见必须在说服了大众后由法定机关决议执行;第七,苏联的工、农、商业所有制并非简单直接地为政府所有,工人和农民对企业和农庄享有一定的管理权,政府给予资金协助;第八,苏联"工人阶级"的范围随着无产阶级政权的日益巩固和社会主义建设的日益进步而逐渐扩展,而社会主义的最终结果是消灭阶级,消除工人和农民之间的差别;第九,苏联人民要建设的新社会不是"乌托邦",而是在现实中通过英勇奋斗得到的,在逐渐消除旧社会的缺点的同时新社会诞生。①

回到英国后,邹韬奋思考了两个问题:一是世界形势的不利局面。资本主义国家生产力的进步与生产工具私有制之间的矛盾日益凸显,法西斯势力的猖狂昭示了资本主义危机的不可避免。二是中华民族未来的出路。作为一个受到帝国主义压迫和剥削的民族,中华民族的解放斗争"决不能依靠帝国主义的代理人和附生虫;中心力量须在和帝国主义的利益根本不两立的中国的勤劳大众的组织"②。中国的解放"不但获得民族自身的解放,同时也是有功于全人类福利的增进",中国人负有民族的责任,也负有世界的责任。③

邹韬奋在苏联依稀看到了中国未来的希望之路,这就是自力更生的发展道路。

## 第七节　郭沫若访苏

郭沫若早在留学日本期间就对俄罗斯文学兴趣浓厚。1929 年 10 月,上海光华书局出版了郭沫若翻译的第一部苏联文学作品《新俄诗选》,其中收录了勃洛克 (А. А. Блок, 1880—1921)、叶赛宁 (С. А. Есенин, 1895—1925)、爱伦堡、阿赫玛托娃(А. А. Ахматова, 1889—1966)、马雅可夫斯基等苏联诗人的 24 首诗。他最崇敬的苏联作家是高尔基。郭沫若

---

① 邹韬奋:《萍踪寄语》,上海三联书店,1987 年,第 482—486 页。

②③ 同上,第 221 页。

的自传《我的童年》《反正前后》等作品就带有高尔基自传体小说的印迹。

　　郭沫若与苏联文坛的交往由来已久。1940年7月,苏联作家协会致函郭沫若,肯定了他在《中苏文化》杂志刊登的文章中提出的增进中苏文艺关系的观点。1941年的《中苏文化·文艺特刊》收录了苏联杂志《国际文学》编辑罗可托夫(Т. А. Рокотов, 1895—1945)与郭沫若的通信。罗可托夫在信中阐述了苏联的中国文学译者遇到的困难,即不了解中国出版的新文学情况,请求郭沫若帮助与中国作家建立协作关系。郭沫若在回信中指出,中国抗战期间最流行的文学形式是报告文学,因为它能满足读者对战争的关心;由于抗战时期日本侵略者的封锁,中国的外国文学翻译者几乎辍笔,读者的关注点也转移到了战争上。1942年,苏联对外文化协会准备刊印被希特勒军队破坏的苏联文化遗物文件;郭沫若谴责法西斯势力为"人类之公敌,文化之破坏者",他代表中国文化界表示公愤和声讨,呼吁携手歼灭法西斯暴力,保卫人类文化。[①]

　　1945年6月,郭沫若应邀前往苏联,参加科学院成立220周年纪念大会。6月8日,中国中苏文化协会、文协、剧协举行欢送大会,侯外庐、史东山、茅盾在会上致辞。郭沫若访问了莫斯科、列宁格勒、斯大林格勒、塔什干、撒马尔罕等地,参观了列夫·托尔斯泰故居、普希金宫、列宁图书馆、列宁博物馆、东方文化博物馆、特列季亚科夫美术馆、军事博物馆等场所。

　　在苏联科学院东方学研究所举办的学术研讨会上,郭沫若对报告者史登(В. М. Штейн, 1890—1964)博士的论文《管子与希腊经济思想的比较研究》印象深刻。另外两位报告者的题目是关于伊朗古文书的研究和中国诗歌的翻译。郭沫若对苏联学者实事求是的精神和缜密审慎的研究方法表示钦佩。郭沫若还应汉学家阿理克的邀请,观赏了阿理克收藏的中国书籍和黄庭坚书法拓本。在饮茶时,郭沫若提到日本茶道是从潮州、福建等地传入,阿理克提出中国人供奉的财神在中国南方也许就是曾担任潮州刺史的韩愈。

　　7月5日,郭沫若在苏联科学院历史研究所作了题为"战时中国历史研究"的报告,介绍了中国学术界写作中国通史的计划、关于中国古代社会的争辩、中国历代农民革命运动的失败原因、对中国封建社会长期停滞的探源等问题。8月3日,在苏联对外文化协会所作的报告中,郭沫若将前

---

　　① 参见《郭沫若与苏联各界往来函电》,载于《郭沫若学刊》,2009年第4期。

一次的报告内容加以补充和完善。第二次报告节略稿后登载于苏联《历史问题》杂志上。郭沫若在报告中谈及中国历史学家近年来的任务就是"在中国历史资料当中找出历史发展的法则，并根据这些法则指明各个历史时代的人民、文化、科学和艺术应该放在重要的位置，从而在这个基础上重新创造中国的历史"。郭沫若对周秦时代的百家思想进行了评价，"孔子学派（尤其是孔孟本人）是以人民为出发点"，墨家学派"把帝王、统治者放在第一位"，"道教的哲学理论以个人为基础"，法家"把个人主义的原则和不可分的王权的原则结合起来"。秦汉之后的历朝帝王表面上接受孔教，实际上依照法家哲学治国；地主和知识分子也是表面上皈依孔教，实际上信奉道教。对中国封建社会长期停滞的问题，郭沫若从五个方面提出自己的看法：一是中国是位于温带的农业大国，封建制农业生产关系从北方逐渐南移；二是历史上的农民战争毁灭了生产成果；三是财产继承制阻碍了资本原始积累；四是中国西部山地和沙漠阻碍了和西方的接触；五是缺少刺激工业发展的动力。[①]

在苏联博物馆，郭沫若见到了 1941 年在苏联出土的汉瓦，上书"天子千秋万岁常乐未央"，同时被发现的还有纯粹汉代风格的中国古建筑遗址。发掘者基塞列夫（C. B. Киселёв，1905—1962）教授认为，这个建筑是公元前 99 年汉朝将军李陵投降匈奴后的居所。而郭沫若认为，陈列的瓦当是从中国传过去的，因为当时在北匈奴境内没有制作能力，该建筑则是汉家公主下嫁时为慰藉其乡愁所建。郭沫若认为这些在贝加尔湖区被发现的物品可以证明苏武牧羊处的北海即是贝加尔湖（"贝加尔"即"北海儿"的音变）。某些苏联学者根据卓文君父亲、程郑和张安世蓄有家童的史实，认为中国两汉时期尚处于奴隶制阶段。而郭沫若认为，中国奴隶制生产方式在春秋末年已经开始被抛弃，在陈胜、吴广起义后几近消失，苏联学者举出的例子只是个别情况。如果汉朝为奴隶制，那么大将军霍光拥有的奴隶应该比张安世的多，霍家应该比张家更富，但实际情况并非如此。

在访问苏联期间，郭沫若积极地向苏方介绍中国新文学的发展状况。郭沫若在苏联对外文化协会作了"战时中国的文艺活动"的报告，介绍了中国抗战文艺的发展现状，齐赫文（C. Л. Тихвенский，1918—　）作了"苏

---

① 参见郭沫若：《战时中国历史研究》，载于中国郭沫若研究会《郭沫若研究》编辑部编：《郭沫若研究》（2），文化艺术出版社，1980 年。

联战时文学在中国"的报告，听众包括苏联对外文化协会主席凯缅诺夫(В. С. Кеменов，1908—1988)和副主席卡拉康诺夫。应苏联外文出版局邀请，郭沫若审阅了即将出版的中文版苏联小说《考验》《在辽远的北方》。苏联国家出版局还请求郭沫若将中国文化史上的重要书籍开列了目录。郭沫若还为汉学家艾德林(Л. З. Эйдлин，1910—1985)翻译的《白居易诗集》作了序。

位于莫斯科北郊的东方语文大学(即东方学院)聚集了郭路特(Н. Н. Коротков，1908—1993)和鄂山荫(И. М. Ошанин，1900—1982)等苏联著名汉学家。郭沫若在"中国文学的两条路线"讲座中论述了中国文学发展的两条轨迹——统治阶级的文学和人民大众的文学。他认为，中国文学的起源是集体创作，自从社会内部产生分化后，文学也产生了分化，正统文学走的是上层路线，集体创作走的是下层路线。后者为前者所不齿，以为不足以登大雅之堂，但正统文学走到绝路时却不得不向集体创作寻求帮助。后者是前者的营养来源。人民大众的文学永葆生机，"我们的努力是要使我们的文学成为人民的文学，永远走着它本来的道路"①。

众所周知，郭沫若对于苏联文学是极为推崇的。有学者分析了其中的原因：首先是苏联文学能鼓舞中国人民的革命斗志，其次是郭沫若认为苏联文学的译介有助于建设中国无产阶级革命文学。最主要的是郭沫若希望通过考察苏联文学繁荣的社会政治背景，来反观国民党政府文艺政策的实质。②

7月12日，郭沫若到访苏联加盟共和国乌兹别克斯坦首都塔什干，参观了当地的公园、学校和工场。在目睹了乌兹别克人民安居乐业的场景后，又想到万里之外的祖国，他感叹万千："国在人为，乌兹别克在帝俄时代乃受高度压制之殖民地，革命以后不足三十年，羁绊解除，人民康乐，羡慕何可极？而返观我国，则外患未除，内忧未已，水深火热，地狱无殊，我虽遨游天外，能无介然于怀？"③

回国后，郭沫若出版了关于这次苏联之行的游记《苏联纪行》。他在前记中说，在苏联的五十天"所看到的似乎比住了五十年的人还要多"，"苏联值得学习的东西太多了，时期毕竟太短"。④这段在苏联的经历给他留下

---

① 《郭沫若全集》(第14卷)，人民文学出版社，1992年，第399页。

② 袁荻涌：《郭沫若与中苏文学交流》，载于《文史杂志》，1990年第5期。

③ 许国良主编：《东方与西方》，文汇出版社，1996年，第411页。

④ 《郭沫若全集》(第14卷)，人民文学出版社，1992年，第266页。

了美好印象："我在苏联亲眼看到我理想中的种种梦幻已经得到真正的实现。没有到过苏联的人是难以想象出苏联人民的善良、勇敢、忠诚和在劳动中,以及在一切事物中的欢乐,难以想象出这些优秀品质的深刻与强烈"[1]。

苏联汉学家费德林认为,郭沫若是"最早公开宣告文艺创作应同中国共产党领导的反帝反封建斗争紧密联系的文艺家之一"[2]。对于郭沫若维护中苏两国人民友谊关系的勇敢行动,费德林认为,郭沫若向苏联人民献出了"兄弟般的敬礼"。1942年郭沫若发表《屈原》,这是郭沫若本人也是当时中国文坛的大事件,他"成功地利用历史悲剧这一文学样式,深刻地表达了自己对当时笼罩全国的国民党专制和反动势力的强烈抗议"。[3]这位汉学家发现了郭沫若早期作品和成熟期作品的差异,即从浪漫主义过渡到现实主义。而苏联文艺作品和访苏经历应该就是促使他最终转向无产阶级文学的重要因素。

## 第八节　华罗庚访苏

1946年2月,数学家华罗庚应苏联科学院和苏联对外文化协会的邀请访问莫斯科。在苏联方面举行的欢迎宴会上,华罗庚表示希望了解苏联的科学研究和高等教育情况,因为他非常羡慕苏联科学家能在自己的科学院里安心研究。

在苏联期间, 他与苏联数学家庞特拉雅金(Л. С. Понтрягин,1908—1988)、凯尔多希 (М. В. Келдыш,1911—1978)、西加尔 (Б. И. Сегал,1901—1971)、狄龙奈 (Б. Н. Делоне,1890—1980)、尼柯尔斯基 (С. М. Никольский,1905—2012)、马尔尚尼希维利 (К. К. Марджанишвили,1903—1981)、倍尔芒 (А. Ф. Бермант,1904—1959)、哥尔冯特 (А. О. Гельфонд,1906—1968)、刘斯特尔尼克(Л.А. Люстерник,1899—1981)和西多夫(Л. И. Седов,1907—1999)进行了广泛的交流。苏联数学家也向华罗庚表示希望了解中国数学发展的现状。华罗庚还在苏联作了 "矩阵几何""自守函数论"和"多复变数函数论"的学术报告。华罗庚在苏联对外文化协会介绍了中国数学发展史。他认为,中国古代在数学领域曾取得

① 《郭沫若全集》(第14卷),人民文学出版社,1992年,第457页。

② 费德林等:《苏联学者论中国现代文学》,宋绍香译,新华出版社,1994年,第68页。

③ 同上,第71页。

光辉成就,近代由于种种原因而衰落,但是中国科学家正在借助国外的先进成果重塑辉煌。

由于中国时值战乱,华罗庚于 1940 年至 1942 年完成的著作《堆垒素数论》在国内难以出版,于是他将书稿寄到苏联科学院。数学家维诺格拉多夫(И. М. Виноградов,1891—1983)对此书高度重视。斯捷克洛夫数学研究所的西加尔教授担任了《堆垒素数论》的俄译工作,华罗庚利用访苏的这段时间对译稿进行了校对。1947 年《堆垒素数论》俄文版在苏联出版,后被译为德、匈、英、日等文字出版。为避免排版麻烦,华罗庚建议省略汉字,而在维诺格拉多夫的坚持下,在俄文版中保留了汉字。这令华罗庚非常感动,他在题词中写道"谨以此书祝中苏邦交永笃"。华罗庚还经常到维诺格拉多夫居住的疗养院探访,维诺格拉多夫请他帮助自己审阅论文,两人结下了深厚的友谊。回到中国后,华罗庚与维诺格拉多夫保持通信联系,并着手翻译维诺格拉多夫的《数论基础》。华罗庚后来在访问美国期间,依然向维诺格拉多夫致函告知自己最近的科研和生活情况。在英国短期访问时,华罗庚给维诺格拉多夫寄去了明信片,告诉他自己在美国的通信地址。1950 年 2 月,华罗庚放弃了美国大学终身教授职位,毅然回国工作。他在给维诺格拉多夫的信中表达了自己的想法:"我们的新制度受到了苏联所取得的成就的全面影响,我相信我们的科学同样也将受到苏联科学家卓越贡献的巨大影响。我希望数学能成为这方面发展的开端,而数学英雄维诺格拉多夫的影响则将是开端的开端。"[①]他请求维诺格拉多夫帮助他收集苏联出版的学术期刊,如《数学集刊》《数学通报》《数学进展》《斯捷克洛夫数学研究所汇刊》《提比利斯数学研究所汇刊》以及维诺格拉多夫本人的论文油印本,还邀请维诺格拉多夫在不远的将来到北京度假,以便再度当面交流。

华罗庚特别留意苏联大学的数学竞赛情况。他在莫斯科大学观摩了柯尔莫哥罗夫(А. Н. Колмогоров,1903—1987)和阿历山大罗夫(П. С. Александров,1896—1982)教授中学生数学的过程,题目是"对称性"和"复虚数",给他留下了深刻的印象。回到中国后,他倡导举办了中国的数学竞赛。

在参观列宁图书馆时,华罗庚发现这里的国外科学期刊种类齐全且均为最新出版。他在美国期刊上发表的论文在中国还没得到反馈,在这

---

① 王元、杨德庄:《华罗庚的数学生涯》,科学出版社,2000 年,第 318 页。

里却能看到,这说明苏联非常重视了解其他国家的科研成果。

在苏联政府部门的安排下,华罗庚还访问了格鲁吉亚和阿塞拜疆,受到当地官员和学者的热烈欢迎。尽管语言不通,但双方仍然表示愿意加强彼此的联系。华罗庚在格鲁吉亚科学院作了"自守函数论"的演讲,双方就专业问题进行了深入的讨论。格方向华罗庚赠送了学术著作和科学期刊,并带领他参观了格鲁吉亚的自然风光和人文景点。

华罗庚在苏联访问时间长达三个月。在临别前,苏联方面为他举行了告别宴会,双方依依惜别。苏联对外文化协会主席发言:"华教授是从一个古老的国家来的年纪轻轻的数学大师。我们由此看到这个古老的国家将有一个充满朝气、光辉灿烂的未来。"苏联对外文化协会东方司司长利文生说:"华教授曾经和我说过,数学的头脑不但对自然科学极重要,就是对其他方面也是很有用处的。我异常服膺这句话,请大家为数学而干杯!"华罗庚也以诗抒怀:"心印固已久,苏京喜逢君,思慕日寒暑,謦欬一朝亲。拙作蒙迻译,征引授诸生,万里遇知己,快慰逾平生。会晤何其难,离别何其频,浮日过远山,何日再相亲?"①

回国后,华罗庚在《访苏三月记》中详细记录了这次出行的情况,对访苏见闻进行了反思。他看到苏联学者将科学与应用密切结合,呼吁"我们中国科学要想进步,除去必须注意到理论的研究之外,还需要注意到理论和应用的配合,理论如果不和应用配合,则两相脱节,而欲求科学发达,实在是不可能的"。他看到苏联科学院学者给中学生授课,感动于他们诲人不倦的精神,也惊叹于听众中不仅有青年学生,还有年老的中学教员,他们都是专程来听讲座。

在红场参加"五一"庆典时,华罗庚见识了历经战争洗礼的坦克和大炮,斯大林站在检阅台上接受人们的欢呼,这一场景让华罗庚想到了祖国。他盼望中国人也能像苏联人民那样,经历战争后重新开始和平建设的日子,像苏联人民那样在街头载歌载舞,而"遥听着祖国内战的炮声,像千百万根针刺击向心上来"②。

---

① 中国民主同盟中央委员会宣传部编:《华罗庚诗文选》,中国文史出版社,1986年,第90页。

② 王元、杨德庄:《华罗庚的数学生涯》,科学出版社,2000年,第315页。

## 第九节 茅盾访苏

1946年8月,茅盾夫妇接到由苏联对外文化协会发出的邀请,准备动身前往苏联。临行前,中华全国文艺协会上海分会、中苏文化协会、上海民间文化与艺术团体以及苏联驻沪总领事为他们饯行。茅盾为苏联朋友准备了《复仇的火焰》《人民是不朽的》《团的儿子》《苏联爱国战争短篇小说译丛》等苏联文学作品的中译本。

12月25日茅盾夫妇抵达莫斯科,开始了长达四个月的访问。苏联方面给予茅盾夫妇高规格接待,当天晚上莫斯科电台就作了报道,《真理报》随后也发布了消息。

苏联对外文化协会主席凯缅诺夫会见了茅盾,并于12月31日设宴招待他们,出席者有吉洪诺夫、列昂诺夫、戈尔巴托夫(Б. Л. Горбатов,1908—1954)、苏尔科夫(А. А. Сурков,1899—1983)等。凯缅诺夫表示自己对中国人民怀有深深的敬意,"并谓中国文化有五千年悠久之历史,中国文化之光大发扬对于世界文化之前途实有绝大的贡献, 没有进步的中国文化参加进去,世界文化是不完全的"。[①]茅盾则回赠其一百余种由中国文化机构和文化人士赠送的书籍,其中包括翦伯赞的著作《中国史纲》和中国明代图书《诗馀画谱》。

在苏联作家协会举办的茶会上,该协会主席法捷耶夫和二十多位苏联作家对中国人民进行的自由解放斗争表示钦佩, 深切关注中国作家在民主斗争中担负的任务,尤其是中国文坛的主要倾向、中国文艺界统一战线之现状以及中国作家的生活状况。茅盾对这些问题一一作答,并询问了苏联文坛的现状,还提到了1946年8月苏共中央关于文艺的两个决议——《关于〈星〉和〈列宁格勒〉两杂志的决议》《关于剧场上演节目及其改进办法的决议》。茅盾还向苏联作家介绍了萧三、曹靖华和戈宝权的现状。

茅盾和苏联作家进行了广泛的交流,登门拜访了卡塔耶夫、马尔夏克、西蒙诺夫和吉洪诺夫。他向卡塔耶夫赠送了其代表作《团的儿子》中译本,对方以此书最新俄文本回赠,双方并就创作素材的收集整理问题交流了看法。茅盾询问卡塔耶夫是否在平日生活中随时记录自己的见闻和感想,并在作品创作中加以运用。卡塔耶夫表示自己记录的生活经验和日常见闻会

---

① 《茅盾全集》(第13卷),人民文学出版社,1986年,第24页。

在转变为作品时变化成新的东西,失去原有的面貌。茅盾向对方介绍了自己的写作方式,就是在构思作品时做笔记,形成大纲,通过对大纲的修改形成作品雏形。苏联儿童文学作家马尔夏克对中国的诗歌、民谣、童话、传说等很有兴趣,希望能够获得这方面的资料。茅盾应主人请求朗诵了中国南方民歌《马凡陀山歌》,并答应尽力寻找他感兴趣的材料。在和西蒙诺夫的交流中,茅盾和他谈及中国的文学创作与方言的关系、欧洲话剧在中国的移植和发展、中国民族戏剧的优点和缺点、中国旧戏改革以及梅兰芳近况。

应苏联汉学家阿理克的邀请,茅盾在苏联科学院东方学研究所作了关于中国新文学运动的报告。阿理克为报告作了长篇评论,他指出中国介绍苏联的书比苏联介绍中国的书多一千多倍,所以苏联的汉学家应当更加努力。在东方语文大学,茅盾作了题为“中国新文学的任务”的报告,并回答了听众的提问。该校中国文学教授波兹德涅娃 (Л. Д. Позднеева,1908—1974)向茅盾赠送了论文《从〈莺莺传〉到〈西厢记〉》,并请他转达自己对老师曹靖华先生的问候。他参观了苏联科学院东方学研究所图书馆,在这里保存了大量西夏文抄本。他还察看了《永乐大典》残卷,这些残卷是八国联军侵华时期被俄国侵略者劫掠而来。

在苏联列宁图书馆,茅盾参观了各个阅览室和展厅,向馆员详细了解了馆藏情况,还看到了馆内珍藏的古本和抄本。在《儿童真理报》编辑部,茅盾称赞其为“全世界唯一无二的既教儿童进步又拜儿童为老师的儿童报纸”。茅盾还访问了著名的列宁博物馆和红军博物馆。在《火星》杂志编辑部,茅盾和杂志主编苏尔科夫进行了长达两个小时的交谈,并应主编请求为杂志写了一篇短文《中国民间艺术之新发展》,苏尔科夫向茅盾赠送了两册杂志合订本。随后茅盾参观了图文杂志《鳄鱼》编辑部,向对方介绍了中国的“漫协”和优秀漫画家,并请求编辑部人员为他收集苏联漫画的单行本以便带回国内。茅盾还参加了苏联中小学生的寒假文化活动以及职工迎接新年的活动。在莫斯科地铁,茅盾惊叹工程规模之宏大与雕塑之精细,称赞整体风格既庄严又华丽。

茅盾在苏联访问期间观看了各种各样的文化艺术表演,如话剧《小市民》《胜利者》《斯大林格勒的人们》《青年近卫军》《俄罗斯问题》等,歌剧《塞伐斯托堡保卫者》《杜布洛夫斯基》《奥涅金》《露沙尔卡》等,以及舞剧、马戏、傀儡戏、民族歌舞晚会和电影。

为了增进客人对苏联的全面了解,苏联方面还安排茅盾访问了高加索。在亚美尼亚,茅盾向文化部门的领导、学者、作家和艺术家了解亚美尼亚文学的发展概况,并向对方介绍了中国文艺界现状。亚美尼亚对外文化协会主席卡莱泰尔教授介绍了"亚美尼亚文艺的民族形式"和"亚美尼亚语文的东西之分"。茅盾谈到了苏联文学作品在中国的翻译情况,说亚美尼亚民族史诗《虎皮骑士》《沙逊的大卫》以及诗人伊萨克扬的六首诗已被翻译成汉语,引发了主人的浓厚兴趣和民族自豪之情。在格鲁吉亚,茅盾介绍了"五四"以来中国新文学的发展状况、抗日战争中的文艺团体、中国新诗运动以及格鲁吉亚文学作品在中国的传播。格鲁吉亚方面希望进一步加强文化交流。茅盾还参观了格鲁吉亚多处名胜古迹,回国后写下了名篇《第比利斯的地下印刷所》。

在苏联参观的过程中,茅盾对苏维埃政权的性质和社会主义建设成就有了新的认识,盛赞苏维埃政权在二十五年间做了帝俄政权一百年也没有做到的事。他观摩了苏维埃开会典礼,从议员的成分中,他看到了真正意义上的民主,"从职业上说,他们可以分为好多类。然而从社会经济的地位说,他们全是劳动的人民。他们中间没有剥削者。这就是苏维埃民主政治和英美的所谓民主政治不同的地方。苏维埃民主政治是真正的民主政治"①。在苏联社会主义社会中,青年"来自苏联社会主义大家庭的各民族,他们是有福的。他们受到政府的爱护,受到社会的尊视。他们的祖若父曾不惜肝脑涂地创造了社会主义的乐园,因而他们这年青的一代现在不怕失学,将来也不怕失业,只要他们求上进,有才能,他们不怕没有发展的机会,他们都是社会主义建设的后备军"②。茅盾羡慕这些苏联青年的美好未来,从中看到了希望:祖国的青年也将冲破黑暗获得温暖与光明,与苏联青年一起走向人类理想社会。

回国后,茅盾马不停蹄地参加聚会和演讲活动,将他在苏联的所见所闻讲述给自己的朋友和广大群众,尽可能满足人们的求知欲望,并把赴苏日记交给《时代日报》发表。在他的心目中,苏联模式的社会主义已经成为建设新中国的参照体系。茅盾访问苏联的成果集中体现在他的著作《苏联见闻录》和《杂谈苏联》中。《苏联见闻录》包括日记和文章两个部分,日记记载了访问行程,文章介绍苏联的主要情况。《杂谈苏联》是关于苏联政治、法律、经济、教育、交通、出版、艺术领域现状的详细记载。茅盾此行与瞿秋白访问苏俄的经历有很多相同之处,又有明显的区别:"如果说瞿秋

---

① 《茅盾全集》(第 13 卷),人民文学出版社,1986 年,第 144 页。

② 同上,第 34 页。

白的《饿乡纪程》与《赤都心史》,是记录十月革命时期苏联的巨著,那么茅盾的《苏联见闻录》和《杂谈苏联》,则是完整地记录已经建成社会主义的苏联的巨著。这四部书都是历史的见证。"①

茅盾在后来的文学创作中,也在尽力使用和推广苏联文学的成功经验。他指出,"对于包括苏联文学在内的外国文艺,我们要以鲁迅的'拿来主义'精神,首先做到敢于拿来,在分析研究的基础上,区分精华与糟粕,识别香花与毒草。外国好的东西应当借鉴,坏的则加以批判,目的是为了丰富和发展我们自己的文学艺术,为四个现代化服务"②。

苏联汉学家费德林对茅盾评价很高,他认为"茅盾是苏联文学在中国的不知疲倦的普及工作者和宣传者",是"杰出的中国现实主义作家"。③通过对茅盾早期作品《虹》《三人行》《春蚕》《秋收》《残冬》的分析,费德林概括了茅盾的文艺创作特点,即反映时代的重大社会现实、环境,塑造各社会阶层的代表人物并描述其性格和思想。通过分析茅盾最杰出的代表作品《子夜》,费德林发现它与茅盾其他作品的不同,那就是充满了乐观的、生机勃勃的情感;作者不是一个旁观者,而是"所写斗争的直接参加者,是将祖国利益、自由、中国人民的独立置于最高位置的爱国主义者"。④

--------

① 丁尔纲:《茅盾评传》,重庆出版社,1998 年,第 562 页。

② 茅盾:《西江月》,载于《苏联文学》,1980 年第 1 期。

③ 费德林等:《苏联学者论中国现代文学》,宋绍香译,新华出版社,1994 年,第 94 页。

④ 同上,第 87 页。

# 第十九章　民国时期的苏联汉学

十月革命之后,帝俄时期的东方学家除少数移居国外,大多数逐渐适应了社会现实,并开始与苏维埃政府合作。革命在摧毁旧制度的同时,也彻底改造了俄罗斯人文社会科学研究。东方学家必须按照马克思列宁主义改造自己的思想,调整甚至放弃原有的研究对象、理论和方法,建设全新的苏联东方学。从20世纪20年代到中华人民共和国成立之前,苏联完成了对帝俄旧汉学的马克思列宁主义改造。阿理克在苏联汉学人才培养以及汉学研究对象和方法的确立上发挥了重要作用。然而,中苏两国复杂多变的政治形势以及中苏关系的变化对苏联汉学的发展进程产生了明显影响。20世纪20年代至30年代,中国传统文化研究退居次要位置,中国革命成为最具有现实意义的研究内容,研究方法和视角受到意识形态和斯大林等苏共领导人言论与思想的深刻影响。在1937年到1938年期间,大批优秀的汉学家被以各种反苏维埃的罪名镇压,苏联汉学研究队伍遭受重创,阿理克院士也受到《真理报》的严厉批评。之后,德国入侵苏联,卫国战争爆发,一批汉学家走上前线,苏联汉学的研究中心列宁格勒遭到德国军队长期围困,留在城中的一部分汉学家在饥寒交迫中离开人世,汉学研究几乎陷入停顿。

## 第一节　阿理克与苏联汉学

1881年阿理克出生于圣彼得堡一个贫寒的职员家庭,1893年作为公费生进入喀琅施塔得男子寄宿学校,1898年进入圣彼得堡大学东方语言系汉满蒙语专业学习。1904年至1906年,阿理克被派到英国、法国和德国进修。1906年阿理克来华继续学习汉语。1907年他与沙畹结伴在津、鲁、豫、陕、晋进行民俗文化考察,1908 年应东省铁路俄文学堂的邀请担任俄语教师。1909 年进入京师大学堂学习汉语,同年在华东和华中地区(汉口、武昌、上海等地)旅行。1910 年阿理克被聘为圣彼得堡大学东方语言系编内副教授。1912 年夏天在上海、澳门、汕头、福州、广州等地进行民族学考察。1916 年以《论诗人的长诗——司空图的诗品》一文通过论文答辩,获硕士学位。1919 年成为由高尔基领导的世界文学出版社专家编辑委员会成员和东方部秘书。1923 年被选为苏联科学院通讯院士。1929 年获语文学博士学位,同年当选为苏联科学院院士。阿理克一生大部分时间任教于彼得格勒(列宁格勒)大学东方系,从 1930 年起兼任苏联科学院东方学研究所中国研究室主任。1951 年,阿理克去世。阿理克知识渊博,治学严谨,勤于耕耘,成就非凡,共发表汉学著作二百六十余种,是 20 世纪上半叶苏联汉学界执牛耳之人物。他在汉学的许多领域均有不凡的建树,在中国文学、中国民间文化方面的成就尤为突出。①

中国文学是阿理克最重要的研究方向。他以渊博的中国文化知识为依托,运用科学的方法,从中国诗学著作的翻译与研究着手,进而完成了大量的古代小说、诗歌及散文译作,积累并总结了丰富的翻译中国古典文学经验,并在此过程中对中国文学的发展历程进行了深入研究。由他培养的学生成为苏联中国文学研究的骨干力量。

## 一、中国古典文论的翻译与研究

在中国文学研究领域,阿理克放弃了王西里的疑古倾向,重视中国历代注疏家和文艺理论家的著述,并将其视为彻底认识中国文学不可或缺的途径。他选择了中国素享盛名的司空图《二十四诗品》作为自己硕士学位论文的研究对象,期望以此叩开解读中国古典诗歌的大门。司空图的《二十四诗品》(以下简称《诗品》)每品仅 48 行字,全文不过千余字,而阿理克写成一部 780 页的巨著《论诗人的长诗——司空图的诗品》。除司空图《诗品》的译文外,注释就达 155 页。这部著作共分两部分,第一部分的总标题是“《诗品》及其作者与研究条件”,下设四编 19 章。第一编为概述编,由四章构成,介绍了《诗品》的创作历史、内容及其在中国文学史及

---

① Литература и культура Китая: Сборник статей. К 90–летию со дня рождения академика В. М. Алексеева. М., 1972. С.147–193; Традиционная культура Китая: Сб. ст. К 100–летию со дня рождения акад. В. М. Алексеева.М., 1983. С. 176–187.

世界文学史上的地位，特别关注了诗人的主观修养对诗歌创作的作用。这也是阿理克将这部著作称为"论诗人的长诗"的意旨所在。第二编为文献编，由五章构成，重点梳理了《诗品》的版本、注疏家、仿作及英译本。第三编为生平编，分五章，研究了司空图的生平和作品。第四编为方法论编，包括五章，旨在确立翻译与研究的基本原则和规范。第二部分是译文和注释，共分两编：第一编为译注编，包括《诗品》的翻译和注释，先对每一品进行分析，而后进行直译、意译，最后是注释。第二编为《诗品》仿作、续作编，摘译并研究了三部仿《诗品》的作品，即黄钺的《二十四画品》、杨景曾的《二十四书品》和袁枚的《续诗品》。最后是各种索引和注释。阿理克凭借该论文于 1916 年获得硕士学位，答辩词于 1917 年在《国民教育部杂志》上以"关于中国文学的定义和中国文学史家的当前任务"为题发表。《论诗人的长诗——司空图的诗品》是阿理克中国文学研究的第一部力作，不仅奠定了其在苏联汉学史上无可争辩的领袖地位，而且为以后的苏联中国文学翻译和研究提供了范例，具有方法论意义。①

## 二、《聊斋志异》的翻译与研究

阿理克早在 1907 年与沙畹在华北旅行时所写的日记中就流露出他对蒲松龄小说的浓厚兴趣。他亲眼看见了《聊斋志异》在中国的巨大影响："可以不夸张地说，《聊斋志异》是中国最流行的书籍之一。在任何书店、任何街头地摊和货摊上都能够看到此书。可以在不同地位和状况、各个阶层、各种年龄的人手中见到这本书。任何一个受过良好教育的中国人首先会阅读此书，为精美的文学形象而兴奋和感动。而对于那些不是特别有知识的人，即不具备那种文学修养和不认识那么多字的中国人来说，《聊斋志异》是一块真正的磁铁。"②1910 年他在立陶宛出版的白俄罗斯语刊物《我们的田野》上发表了《崂山道士》与《汪士秀》两个聊斋故事译文，这标志着他翻译《聊斋志异》的开始。参与世界文学出版社的工作为阿理克发表《聊斋志异》译文提供了方便。1922 年，他翻译的第一个聊斋故事集《狐妖集》出版，其中包括了 29 篇有关狐仙的故事。在付印前高尔基审读了译文。高尔基没有理解阿理克为保持原作语言风格所做的努

---

① 参见李明滨：《阿翰林的学术成就——纪念苏联汉学的奠基人阿列克谢耶夫院士诞辰 110 周年》，载于《北京大学学报》，1991 年第 6 期。

② Алексеев В. М. В старом Китае: Дневники путешествия 1907 г. М., 1958. C.298.

力,对那些不符合俄罗斯大众阅读习惯的词汇和语句大加修改。阿理克对此非常痛心并据理力争。由于当时的校稿没有保留下来,我们无法确定最终的结果。①次年《神僧集》问世,选译了43篇有关和尚、道士的奇闻逸事。而《志怪集》和《异人集》直至1928年和1937年才分别由思想出版社和科学院出版社出版。前者收录聊斋怪异故事22篇,后者收录奇人奇事62篇。这些译本随后多次再版,总印数超过百万册,创造了东方文学作品在俄罗斯传播的奇迹。2000年圣彼得堡东方学中心将所有阿理克翻译的聊斋故事结集出版。阿理克翻译《聊斋志异》所用的版本主要是光绪十二年上海同文书局的石印本及后来的重印本,如上海三槐书屋以同文书局的石印本为底本的校印本。②阿理克的俄译本同时也成为苏联其他加盟共和国翻译《聊斋志异》的蓝本,如爱沙尼亚、塔吉克、吉尔吉斯和乌克兰文译本均译自俄译本。

对于中国文学作品,阿理克向来都是采取译研结合的方式,《聊斋志异》也不例外,先后发表了一系列研究文章。除了比较著名的《论中国古典文学中民主化的历史》和《聊斋故事中的儒生悲剧与为官思想》,阿理克还在其四个聊斋故事集的序言中对蒲松龄的创作进行了清晰而准确的评价,尤以出版时间最晚的《异人集》序言中的论述最为详尽深刻。

### 三、中国古典诗歌散文翻译

1911年阿理克发表了《李白咏景赋》,其中包括李白《惜馀春赋》《愁阳春赋》《悲清秋赋》《春夜宴桃李园序》和《古风》等作品的译文,由此开始其翻译中国古代诗歌的历程。尽管是初试身手,但阿理克的才华已现端倪。对他自己而言,这些译作对培养兴趣和积累经验都有很大益处。

卫国战争时期,阿理克被疏散到哈萨克斯坦北部地区。他在物资供给极度匮乏的情况下,在烟盒和糙纸上翻译了865篇古汉语精品,编成两个文集——《中国古典散文》和《中国古典诗歌》。《中国古典散文》在阿理克逝世后于1958年出版,但所收录的译文仅是阿理克原作的三分之一,而《中国古典诗歌》却至今未能出版。《中国古典散文》全书387页,收

---

① 参见[俄]班科夫斯卡娅:《聊斋的朋友与冤家》,阎国栋、王培美、岳巍译,载于《蒲松龄研究》,2003年第1期。

② 参见[俄]李福清:《〈聊斋志异〉在俄国》,载于《聊斋学研究论集》,中国文联出版社,2001年。

录了22位中国古代著名辞赋散文大家的作品，如屈原的《卜居》和《渔父》，宋玉的《对楚王问》《风赋》《高唐赋》《神女赋》和《登徒子好色赋》，司马相如的《长门赋》，汉武帝的《秋风辞》，司马迁的《报任少卿书》《太史公自序》《滑稽列传》《屈原列传》[①]《伯夷列传》《外戚世家》《孔子世家》和《五帝本纪》等，王羲之的《兰亭集序》，陶渊明的《桃花源记》《归去来辞》《五柳先生传》和《闲情赋》，谢庄的《月赋》，王勃的《滕王阁序》，李白的《春夜宴桃李园序》，刘禹锡的《陋室铭》，仲长统的《昌言·下》，韩愈的《杂说》《获麟解》《祭鳄鱼文》《进学解》和《柳子厚墓志铭》，以及柳宗元、欧阳修、王安石、苏轼等人的作品。阿理克在卫国战争期间翻译的唐诗译文此前只是零星发表过，生前也只对15首诗的译文进行过润色和注释。直到2003年，阿理克的部分译文才由俄罗斯著名中国诗词翻译专家斯米尔诺夫（И. С.Смирнов，1948—　）编辑成《常道：唐诗选》一书出版。这是迄今为止收录阿理克唐诗译文最多的文集。尽管在疏散地没有任何工具书可资利用，然而阿理克对中国古典散文与诗歌的翻译无论语言或是韵律都处理得非常精湛。2006年俄罗斯出版了《中国古文经典》，其中收录了阿理克生前翻译的中国古文经典数百篇。

## 四、中国文学研究

　　除对中国古典文学进行翻译外，阿理克还特别注重对中国文学的研究。除了《关于中国文学的定义和中国文学史家的当前任务》一文外，他于1920年他发表了一系列标题均为"中国文学"的文章。1926年，他应马伯乐（Henri Maspero，1883—1945）等法国汉学家邀请，在法兰西学院和吉美博物馆就中国文学问题用法文作了六次学术讲座。1937年，这六次讲座被结集在法国出版，名为《中国文学》。在这些文章及讲演稿中阿理克从不同角度探讨了有关中国文学的各种问题，如中国文学的概念（传统与现代的观点）、中国文学现象的研究步骤以及应该使用的研究方法。他认为，撰写中国文学史，首先要翻译一批中国文学代表作品，写200篇至250篇专题文章。他心目中的《中国文学史》是一本范文与概论相结合、翻译与研究并重的中国文学百科。事实上，阿理克在卫国战争前就已经着手这方面的工作，发表了一些专题研究文章，如《中国诗人论中国音乐》（1934年）、《王维绘画探密》（1934年）、《诔词与铭文中的孔子》（1935

---

① 为《史记·屈原贾生列传》中有关屈原的部分。

年)。而后他又陆续发表《中国山水诗人谈创作灵感与风景》(1945年)、《反侵略斗争在中国历史及文学中的体现》(1945年)、《空想一元论和苏洵文中的中国礼仪》(1945年)、《13世纪中国爱国诗人文天祥的正气歌》(1946年)和《书法家和诗人论书法的秘诀》(1947年)等。这些专题论文探讨了经典作品的创作过程、艺术特征、思想内涵以及俄译本在体现原作特色方面所遵循的原则。

　　阿理克尝试将中国文学与外国文学进行比较。他认为,这种"比较是可行的,也是必要的","'中国是中国人的中国'这种说法是该当结束的时候了"。①在《论诗人的长诗——司空图的诗品》中阿理克就将中国的诗学理论与西方诗艺加以对比。1944年他发表《罗马人贺拉斯与中国诗人陆机论诗艺》,1947年发表《法国人布瓦洛及其同时代中国人论诗艺》。在这两篇论文之中,阿理克将中国文论作品与古罗马诗人贺拉斯(Quintus Horftius Flaccus,公元前65年—公元前8年)的《诗艺》、法国诗人布瓦洛(Boileau-Despreaux Nicolas,1636—1711)的《诗的艺术》进行了对比研究,开中外比较文学研究之先河。他认为,如果"论及真正的诗人发自内心的独白及其灵感,那么,他们对于世界的最初感受,区别在于形式,而不在于内容","他们彼此之间有区别又有相似之处……明朝诗人宋濂总的面貌合乎逻辑地接近陆机的理想,而奉行理性主义的布瓦洛与贺拉斯则有显而易见的依承关系"②。他甚至认为撰写中国文学史的最好模式就是使用比较文学的方法,填平世界文学与中国文学之间的鸿沟,让中国文学真正成为世界文学大家庭的重要成员。

　　因为在法国出版《中国文学》一书,阿理克在苏联大清洗时期差一点被"清洗"。诬告者指责阿理克在著作中偏重于分析中国作家及其对中国文学的看法,没有运用马列主义的理论进行阐释。一篇揭露阿理克所谓罪行的文章《披着苏联院士外衣的伪学者》在《真理报》发表。在极度恐怖的气氛中,阿理克向苏联科学院提交了对《中国文学》一书的《自评书》,对无中生有的指责予以驳斥。他甚至还曾写信给斯大林,说明自己的立场。20世纪60年代末,阿理克的遗孀阿列克谢耶娃(Н. М. Алексеева)女士将法文版《中国文学》译成俄文,使这部作品首次与俄罗斯读者见面。③

---

　　①② ［俄］班科夫斯卡娅:《苏联汉学家阿列克谢耶夫院士论"东西方问题"》,谷羽译,载于常耀信主编:《多种视角——文化及文学比较研究论文集》,南开大学出版社,1995年。

　　③　Алексеев В. М. Труды по китайской литературе: В 2 кн. М., Кн.1. 2002. C.144–145.

阿理克的中国文学研究取得了丰硕成果,除少部分发表之外,大多在他生前未曾面世。1978 年主要由阿理克之女班科夫斯卡娅(М.В. Баньковская,1927—2009)及阿理克的弟子孟列夫、维·彼得罗夫、费德林(Н. Т. Федоренко,1912—2000)、艾德林编辑的《中国文学研究选集》出版,收录阿理克的中国文学研究成果,如论文、笔记和序言等,内容包括六大部分:中国古典文学、中国诗学三部曲(诗书画大师论灵感与风格)、比较专论、中国幻想小说、中国古典文学中论及的中国历史、翻译原则。2003年,阿理克的《中国文学论集》出版,成为中俄文化交流史上的大事,在中国驻俄罗斯大使馆举行了该书的首发式。《中国文学论集》分上、下两卷,由俄罗斯著名汉学家李福清担任主编和负责注释工作,班科夫斯卡娅撰写了前言、后记以及各章的编者按。上卷主要包括中国文学导论、儒家经典翻译、诗歌、比较诗学、怪诞小说以及中国经典文学中的中国历史六部分。下卷同样由六部分组成,分别是诗人、画家、书法家论灵感的奥秘,文学中的佛教,翻译问题,我对思想、材料、手稿和书籍的创造性探索,新中国等于旧中国加新中国,参考资料。《中国文学论集》内容非常丰富,涉及文学、翻译、哲学、宗教和艺术等领域。中国文学导论一章收录阿理克的中国文学史概述及其在法兰西学院和吉美博物馆所作的学术报告。在这些学术报告的后面,编者还特意收录了马伯乐就阿理克的《中国文学》法文版写的书评。马伯乐非常赞赏阿理克没有将那六次讲座变成中国文学作品的罗列,而是就中国文学的全局性问题进行了深入思考。他称阿理克的《中国文学》是"不可多得的中国文学特别是中国诗学的论著"。

## 五、中国民间文化研究

阿理克一生研究的重点是中国古典文学,但他从未忽视过对中国民间文化的考察和研究。他说:"我想告诉知识界的是,中国文化不单是文人创造的,同时也是大众创造的。"[①]对中国民间文化,他的兴趣也非常广泛。这里主要介绍一下他在中国年画、民俗和戏剧等方面的研究情况。

阿理克研究中国年画的代表作是他去世后于 1966 年出版的《中国民间年画——民间年画中所反映的旧中国的精神生活》一书,由艾德林、

---

① Поршнева Е. Б. В. М. Алексеев о культуре Китая//Традиционная культура Китая: Сб. ст. К 100-летию со дня рождения акад. В. М. Алексеева. М., 1983.

班科夫斯卡娅、鲁多娃、孟列夫、费什曼和李福清等编辑、注释,主要章节包括中国民间年画及其研究前景、中国民间戏曲与中国民间年画、民间年画所反映的旧中国宗教与信仰、财神身边的和合二仙与戏蟾道士、中国民间信仰与年画中的驱邪、文史学家司马迁以及对他的祭祀,另收录 105 幅年画插图。阿理克从各类年画形象入手,发掘背后蕴含的中国历史文化积淀。他认为反映儒家思想题材的年画数量庞大,而忠、信、孝、义品质广受弘扬,尤以关羽、刘备、祢衡形象最为普遍。而在宗教题材年画中,观音菩萨和送子娘娘的形象最受欢迎,其他还有福禄寿三星、八仙、和合二仙、刘海儿、玉帝等。通过对年画题材分析,阿理克特别论述了中国三教合一的独特宗教现象与中国传统文化的联系,对和合二仙的起源与象征意义进行了细致的考证。阿理克非常重视戏出年画,在艾尔米塔什博物馆阿理克的年画藏品中,大约有 500 幅为戏出年画。阿理克认为,戏剧题材丰富,广受欢迎;画工们钟情于此类作品,是为了满足民众的需求。阿理克还对反帝反传教士题材年画给予了特别的关注,并对基督教传播在中国受挫的原因进行了分析。

　　阿理克对雅俗文化的特性、作用以及相互关系进行了认真的思考,号召树立科学的中国民俗观。他认为,中国民间年画反映了中国文化中质朴的一面,是中国文化的一个组成部分,但质朴的表现手法并不代表其思想的粗浅。阐释民间绘画要比解释名画家的作品更难,研究俗文化的难度丝毫不亚于研究高雅文化,从俗文化中同样可以领略到中国文化的真谛,把高雅艺术与民间艺术分割开来是不合适的。①中国年画将一个多姿多彩、活生生的中国展示在世人面前,把中国文学、历史、神话传说变成大众都能理解的东西,丰富了人民的生活。换言之,年画符合普通劳动人民的审美追求,保留了千百年来的艺术传统。同时,年画还是民众反映其生活状态的手段。阿理克说,旧中国的落榜书生由于掌握一定的文化知识,在社会地位上又接近普通大众,从而成为高雅文化向民间文化传播的桥梁。民间年画的设计大都出自这个属于社会中间阶层的文人群体之手。他以为,神像题材的中国民间年画的主要特点是将不同时代、不同宗教的人物同时置于一个画面上。这类画一般按内容分成几层,上面是观音菩萨及其各种形象的化身,下方大都画财神和聚宝

---

① Алексеев В. М. Китайская народная картина. Духовная жизнь старого Китая в народных изображениях.М., 1966.С.24.

盆,此外还会题上"万寿无疆"等字。①阿理克对这种现象的解释是,农民总是希望用最少的钱将最多数量的他们所熟知和亲近的神仙"请进"自己狭小的居住空间。尽管设计年画的那些"先生"都是儒生,也不得不迎合"消费者"的需求,把农民心中想要的东西一股脑地印在一张画上。在研究视角上,阿理克显然不是从艺术的角度研究年画创作,而"是为了在中国文化的总体架构下深刻研究这种体裁,因为年画也是中国文化的有机组成部分"②。此外,他首次将中国民间年画与俄国民间版画进行了比较研究。

阿理克对中国神话故事也很感兴趣,1928 年他用英文出版了其在伦敦大学亚非学院的演讲稿《中国财神》。在 1907 年的旅华日记《在旧中国》中,阿理克对诸如送子娘娘等中国民间崇奉的神仙故事进行了详细记录。

阿理克将中国称为"戏剧之乡",他在日记中生动描写了演戏的热闹场面。同时,他也不得不承认,外国人要理解中国的戏剧和音乐,需要"首先同自己作一番斗争,也就是说要克服自己心中根深蒂固的和习以为常的审美习惯"③。他认为,世界上再没有一个国家像中国人这样对戏剧如此着迷,戏剧成了每个中国人生活的一部分,中国人无疑是最懂戏剧的,中国戏剧在民间的传播和普及程度丝毫不比民歌逊色。在这个国度,所有的人都喜爱看戏,而且还会哼唱。中国戏剧的社会作用不仅是"娱乐",同时还是展示和传播中国文化的手段。大部分戏曲剧目反映的都是历史事件、民间传说和神话,所以中国戏剧可以起到向文盲或半文盲民众传授中国历史和文学知识的作用,如历史题材剧《三国演义》和《水浒传》的情节就与同名小说一样。他认为中国戏剧的另一个特点是能满足社会所有阶层的要求,无论皇帝还是庶民,无论文人还是武士,都能在戏曲中获得精神满足。

谈到阿理克的中国民间文化研究,笔者认为有必要介绍阿理克 1907 年的旅华日记《在旧中国》。1907 年,正在中国学习的阿理克同沙畹一起进行了一次学术考察。沙畹主要进行考古工作,而阿理克的任务是收集民俗材料,重点收集中国民间年画。他当时想以此为题撰写硕士学位论文。

---

① Алексеев В. М. Китайская народная картина. Духовная жизнь старого Китая в народных изображениях.М., 1966.С.41.

② [俄]阿列克谢耶夫:《1907 年中国纪行》,阎国栋译,云南人民出版社,2001 年,中文版前言,第 13 页。

③ 同上,第 215 页。

这本书在阿理克去世后于 1958 年出版。此书虽然在形式上是一本日记,但在内容上却更像是一部中国文化随想录。所到之处,阿理克总能捕捉到最能体现中华民族精神文化的人、事、物,进而用一种尊重和景仰的态度,以世界文化的视野,记录下所见所思。

俄罗斯汉学界没有将阿理克的旅华日记《在旧中国》视为普通的游记作品,而是视为异常珍贵的学术著作,作为汉学家认识中国文化的门径或指引。阿理克在日记中表现出尊重中国文化、反对欧洲中心主义的强烈情感。他相信东方和西方这一对"'孪生儿'一定能相遇并且将为全人类开辟广阔的前景。西方精神对东方精神的反应将创造出新的生活、新的人、新的文化"①。1989 年该书的德文版在莱比锡出版②,所有插图均选自阿理克在旅行期间拍摄的照片。2001 年这部日记由阎国栋翻译为中文,以《1907 年中国纪行》为名出版。

## 第二节　苏联汉学的主要成就

阿理克是民国时期苏联中国古典文学的主要翻译者和研究者。在阿理克的弟子中,楚紫气(Ю. К. Щуцкий,1897—1938)是一位继承其老师中国古典诗歌翻译衣钵的学者,曾在 1923 年出版过《七至九世纪中国抒情诗选》。孟列夫称这部著作是"俄罗斯中国诗歌研究与翻译的新阶段,甚至可以说是一个转折"③。阿理克在原序中分析了中国古典诗歌的题材和翻译要求,对后来苏联汉学家翻译唐诗在翻译理念和方法上具有指导意义。由于篇幅所限,楚紫气收录的诗作不多,但按题材进行了分类,如遁世、交友、异乡、失宠、妇人、寺院、述古、晚年以及白居易的《琵琶行》等。不幸的是,这位颇有才华的年轻汉学家在 1938 年冤死于大清洗运动中。

当时,更多的苏联汉学家选择翻译和研究具有反帝反封建思想的中国现代文学作品。鲁迅是被苏联汉学家最早关注的中国现代文学家之

---

① ［俄］阿列克谢耶夫:《1907 年中国纪行》,阎国栋译,云南人民出版社,2001 年,第 298 页。

② Alekseev, V. M, China im Jahre 1907. Ein Reisetagebuch. Mit Farbholzschnitten und historischen Fotos. Kiepenheuer. 1989.

③ Дальнее эхо: Антология китайской лирики(VII–IX вв.)/В переводах Ю. К. Щуцкого под редакцией В. М. Алексеева. Предисловие Л. Н. Меньшикова. Редактор-составитель И. С. Смирнов. СПб., 2000. С. 7.

一。在国外,除了日本,最早对鲁迅作品进行翻译和研究的就要数苏联了。

《阿Q正传》是最早被翻译成俄文的鲁迅作品。这部著名的短篇小说发表于1925年的《语丝》,当时正在中国国民革命军中担任苏联顾问团翻译的王希礼(Б. А. Васильев,1899—1937)便立刻开始翻译,同时致信曹靖华,请他向鲁迅索要小传和照片。[1]1929年,王希礼的《阿Q正传——鲁迅短篇小说集》俄译本出版,其中包括鲁迅专门为苏联读者写的《著者自叙传略》、王希礼翻译的《阿Q正传》,还有施图金(А. А. Штукин)、卡扎克维奇等人翻译的《孔乙己》《风波》《故乡》《幸福的家庭》《高老夫子》《头发的故事》和《社戏》七篇小说。这个译本让苏联汉学界了解了中国现代文学的发展情况,打破了苏联学者只知中国古典文学并以之为汉语学习资料的局面。苏联文艺刊物《新世界》《文学报》《东方》发表文章,对王希礼的译本给予积极的评价。

民国时期在上海担任塔斯社远东分社社长的罗果夫与鲁迅、郭沫若等均有私交。1939年在重庆举行的鲁迅先生逝世三周年纪念会上,他发言介绍了鲁迅作品在国外的影响。他倾力进行鲁迅著作的翻译工作,于1945年出版《鲁迅选集》,收录《呐喊》《彷徨》和《野草》,1952年再版时增加了费德林的序言。1949年他在上海出版了自己编辑并翻译的鲁迅作品《鲁迅小说杂文书信》。1949和1950年,他翻译的《阿Q正传》在大连和北京以中俄文对照的方式出版。与此同时, 他还编选了鲁迅关于俄罗斯文学的言论,于1949年在上海出版了《鲁迅论俄罗斯文学》一书。回国以后,他同其他苏联鲁迅研究者一道,在鲁迅作品翻译和研究方面做了很多工作。

在鲁迅研究方面,苏联时期出版了几部非常有影响的著作。波兹德涅耶娃、索罗金(В. Ф. Сорокин,1927—2015)均将鲁迅作为自己学位论文的研究对象。波兹德涅耶娃自1953年开始研究鲁迅,1956年以《鲁迅的创作历程》一文获得博士学位,1959年将其扩写为《鲁迅生平与创作》一书出版。波兹德涅耶娃在写作过程中得到了曹靖华、李霁野等鲁迅生前友人的指导和帮助,对鲁迅文学创作道路进行了高度概括。

最早的老舍作品俄译本是1944年由罗果夫主编并出版的《中国短篇小说选》中的《人同此心》,译者为波兹德涅耶娃。[2]苏联早在20世纪30年代便开始翻译茅盾的作品。1935年,茅盾的《动摇》被译成俄文在列宁格

---

① 张杰:《鲁迅:域外的接近与接受》,福建教育出版社,2001年,第257页。

② 参见乌兰汗:《老舍先生和俄译者》,载于《新文学史料》,1999年第1期。

勒出版,译者为辛(C. Син),王希礼和鲁德曼(В. Г. Рудман)编辑,王希礼作序。1937 年火夫(Xo Фу)和鲁德曼翻译的《子夜》出版,书前有萧三的《论长篇小说〈子夜〉》和译者的《茅盾的创作道路》两篇序言。20 世纪 40 年代,费德林在重庆工作期间与郭沫若有密切交往。他从那时开始翻译郭沫若的作品,并亲自向郭沫若请教。1951 年费德林翻译的《屈原》出版,郭沫若亲为作序。

中国历史研究在苏联汉学中一直占据着核心的位置,研究规模最大,研究人员最多,研究成果也最为丰富。十月革命以后,苏联汉学家按照马克思辩证唯物主义和历史唯物主义的理论方法,努力建构符合马克思主义社会发展阶段理论的中国历史学。

由于特殊的历史原因和地缘关系,俄罗斯历来重视蒙古历史的研究。蒙古学家弗拉基米尔措夫(Б. Я. Владимирцов,1884—1931)无疑是苏联蒙古历史研究的奠基人。1934 年他出版了《蒙古人的社会制度(蒙古的游牧封建主义)》一书,对蒙古以游牧经济为基础的封建社会关系进行了剖析。此书出版后受到国内外学界关注,有多种译本问世。早在 1939 年中国就有了第一个汉译本,1980 年出版了第二个译本。科津(C. A. Козин,1879—1956)的最大成就在于将《元朝秘史》汉字音写蒙文用俄文字母转写并译为俄文,于 1941 年出版。梁赞诺夫斯基 (B. A. Рязановский,1884—1968)专门研究蒙古的法律制度,其代表作为《蒙古诸部习惯法》。

关于苏联的中国历史研究状况,如果从时间上进行考察,则 20 世纪 20 年代至 40 年代是集中研究中国革命的时期。苏联汉学家与在苏联工作的王稼祥、瞿秋白、郭绍棠等中国学者配合,努力按照马克思列宁主义理论对中国革命作出科学评价,具体问题包括 1927 年中国革命遭受重大挫折的原因、孙中山三民主义的阶级属性等。当时比较有影响的著作有库丘莫夫的《中国革命史概论》、康托罗维奇(A. Я.Канторови,1896—? )的《美国争夺中国》、卡拉-穆尔扎(Г. C. Кара-Мурза,1906—1945)的《中国近代史概论》等。

相对于中国文学和历史而言,苏联的中国哲学研究直到 20 世纪 30 年代才取得标志性研究成果。曾经担任苏联驻华大使的汉学家阿·彼得罗夫于 1936 年出版了《王弼与中国哲学史》,探索了王弼这位三国时期魏国玄学家从"好老氏,通辩能言"发展到唯心主义和朴素辩证法的思想历程。阿理克的得意门生楚紫气将《易经》翻译为俄文,并通过博士学位论文答辩。他也因此在大清洗运动中被当作"无政府主义反革命神秘恐怖组织成员"遭到镇压,其遗稿直到1960年才发表。20世纪40年代至50年代,苏联中国哲学研究受到的意识形态影响更加明显,并且出现了以哲学家阶层属性来确定其学说属性的倾向。所有中国古代哲学家均被简单地划分成唯物主义和唯心主义两大阵营。这一时期最著名的中国哲学研究者是苏籍华人杨兴顺,他认为老子学说属唯物主义性质。他于1950年出版《中国古代哲学家老子及其学说》,附录了《道德经》译文。尽管十月革命以前,俄国就有了王西里和柏百福两位汉学大家的《论语》译本,但阿理克院士认为其难以反映中国人所理解的儒家精髓,遂着手将《论语》连同朱熹的注一同翻译出来。遗憾的是,20世纪上半叶的苏联出版社对出版《论语》没有兴趣,他不得不中断了翻译。

苏联的现代汉语语法研究始于20世纪30年代。1930年由伊凤阁和波利瓦诺夫合著的苏联第一部现代汉语科学语法《现代汉语语法》出版。此书套用屈折语语法,介绍汉语名词、代词、动词、副词、形容词、前置词、连接词、语气词、象声词等词类,讲解有关汉语语音、注音字母以及词法规则,但对句法涉及不多。此书已问世八十余年,很受汉语学习者欢迎,至今仍再版。

宋采娃(Н. В. Сонлцева,1926—2014)以为,20世纪40年代至50年代,苏联汉学家的汉语语法研究主要围绕三大问题而展开:一是汉语词汇单位的属性,汉语词的特点、界定以及形态结构,以及汉语构词问题;二是词类体系和划分标准;三是句法单位的属性,句子和句子成分的分类原则。[①]为解决这些问题,很多学者试图探明汉语的形成历史,尽量摆脱欧洲语言语法规则的干扰,深入认识汉语词汇与语法的独特本质。

1946年鄂山荫出版了自己的博士学位论文《汉语中的词与词类(汉语历史分期)》,提出汉语经历了四个发展时期,即远古双音节时期、单音节时期、重复双音节时期以及后缀发展时期。同年,郭路特在其硕士学位论文《汉语句子发展的阶段性与动词的划分方法》中,通过研究动词意义以及宾词表达方式确定了汉语句子的三个发展阶段:统一而完整独词句中主词与宾词的不分解表述阶段、独词句的分解与可分解句子的形成阶段以及在新基础上重建统一而完整的句子阶段。[②]

---

① Солнцева Н. В. Китайский язык//Советское языкознание за 50 лет. М. 1967.

② Горелов В. И. Вопросы китайского языка в работах советских лингвистов(1945—1959 гг.) // Известия Академии наук СССР. Отделение литературы и языка. 1960. Т. XIX. Вып. 4.

　　龙果夫(А. А. Драгунов,1900—1955)是阿理克的弟子,也是苏联语言学理论大家谢尔巴(Л. В. Щерба,1880—1944)院士的门生。然而,龙果夫并没有生搬硬套谢尔巴的俄语词类划分理论,而是充分考虑了汉语特点,尽量避开前人的失误。他在《现代汉语语法研究(第 1 卷 词类)》一书中指出,汉语虽然缺乏如印欧语言那样明显的形态标志,但依靠其在句子中所担负的功能以及同其他词类的搭配等因素依然可以对其进行词类划分,肯定词汇的句法特征在词类划分中同样具有意义。就当时而言,龙果夫运用了更加多样而翔实的语言实例,论证了汉语词类的存在并且确定了科学的划分原则,同时提出了诸如词汇—语法范畴等有待继续探讨的问题,将苏联的汉语语法研究引领到科学的轨道上来。

　　对于阿理克院士而言,汉语语音学尽管不是他的学术主攻方向,但其发表的相关著述却对后来者有指导作用。阿理克曾于法兰西学院著名语言学家鲁斯洛(Jean-Pierre Rousselot,1846—1924)的语言实验室中从事汉语语音语调准确标注方法研究,于 1910 年发表《对北京方言的语音观察结果(1906—1909)》一文,并出版《汉语语音读本》一书,为后来苏联汉学语音实验研究方法的确立奠定了基础。早在 20 世纪 30 年代,苏联汉学家的汉语语音学研究成果就传到了中国,龙果夫的相关论文发表在中央研究院《历史语言研究所集刊》上。[①]另外,1930 年阿理克曾出任苏联科学院东方学研究所汉字拉丁化委员会主任,1928 年在其《汉字及其拉丁化》一书中提出了自己的汉字拉丁化体系,而后又发表了《汉字拉丁化的前提》(1932 年)以及《汉语声调与俄文语调》(1947 年)等文章。阿理克、龙果夫和郭质生(В. С. Колоколов,1896—1979)还与瞿秋白、吴玉章、林伯渠和萧三等中国学者合作开展过汉字拉丁化的可能性研究。

　　波利瓦诺夫和龙果夫无疑是早期苏联汉语语音学研究的主要学者。作为第一个将波兰语言学家博杜恩·德·库尔特内 (Baudouin de Courtenay,1845—1929)的音位理论运用于汉语研究的苏联学者,波利瓦诺夫提出了一系列重要观点。他最早对汉语音节进行了音位分析,所提出的汉语四音节结构被学术界称为"波利瓦诺夫公式"。波利瓦诺夫在其语法著作

　　① [苏]龙果夫:《对于中国古音重订的贡献》,唐虞译,载于台湾"中央研究院"历史语言研究所编著:《历史语言研究所集刊》第三本第二分,1931 年;另一译本《灰韵之古读及其相关诸问题》由蒂若译,载于《中法大学月刊》第五卷 第 2 期;Voiced plosives and affricates in ancient Tibetan,台湾"中央研究院"历史语言研究所编著:《历史语言研究所集刊》第七本第二分,1936 年。

中率先提出汉语基本语言单位(音素、词汇、句子)在质量和数量上不同于印欧语系的观点,认为汉语是具有单音节音位的多音节语言,而词的音节划分又多与其形态划分相一致。①然而,这样一位杰出的学者却因反对马尔(Н. Я. Марр,1864—1934)的理论而在大清洗时受到迫害。与此同时,龙果夫通过对比汉、藏、西夏等语言对古代汉语语音体系进行研究。他与夫人龙果娃(Е. Н. Драгунова,1901—1964)一同发现了中国前所未知的方言老湘语。

　　在工具书编写方面,1927 年郭质生石印出版了《简明汉俄词典》,1935 年增补后正式出版。该词典有两个特点,一是采用王西里发明的笔画检索系统,方便汉字记忆;二是偏重于军事词汇,这与他当时在军事学院任教有关。阿理克院士从 20 世纪 30 年代起就开始组织苏联汉学家从事汉俄大词典的编写工作,后由于大清洗和卫国战争爆发,不得不停顿下来。然而,从 1948 年苏联科学院印行的词典样本中可以看出,阿理克已经为词典编写确定了原则,领导其他汉学家积累了相当数量的卡片。1951 年阿理克病逝,主编工作由被阿理克称为"文言、口语以及当代中国政治术语最出色的专家"②的鄂山荫担纲。经过苏联汉学家集体努力,历史上规模最大的汉俄双语词典《华俄大辞典》最终于 1983—1984 年出版。

---

①　Солнцева Н. В. Китайский язык//Советское языкознание за 50 лет. М. 1967.

②　Институт востоковедения Академии Наук СССР. Китайско-русский словарь (Пробный макет словаря)/Составленный коллективом китаистов Института под редакцией академика В. М. Алексеева. М., 1948. С.12.

# 第二十章　中苏文化交流机构

民国时期，一些官方和民间文化交流机构为中苏文化交往做出了贡献。中苏文化协会是其中规模最大、影响力最广泛的组织，在全国设立了多个分会，致力于中苏之间艺术、文学、学术的传播介绍活动。时代出版社作为新闻出版单位积极组织翻译和出版苏联的进步文艺作品。在苏联文艺政策的影响下，"左联"宣告成立，并在中国提出了建设社会主义现实主义文学的口号。

## 第一节　中苏文化协会

1935 年 10 月 25 日，中苏文化协会在南京华侨招待所召开成立大会。出席这次大会的有三百余人，与会者选举立法院院长孙科为会长，蔡元培、于右任、陈立夫、中国驻苏联大使颜惠庆、苏联驻中国全权代表鲍格莫洛夫（Д. В. Богомолов，1890—1938）及苏联科学院院长卡尔品斯基（А. П. Карпинский，1847—1936）等为名誉会长，通过了会章，选举、任命理事会与职员，由张西曼担任常务理事。会章规定"本会以研究及宣扬中苏文化，并促进两国国民之友谊为宗旨"，具体活动内容包括："一、介绍苏联学者来华讲学；二、介绍中国学者赴苏联讲学；三、举行关于中苏文化之讲演及展览会；四、出版关于中苏文化之刊物；五、举行各种促进中苏人士友谊之集会；六、赞助国内人士赴苏联留学或考察游历事宜；七、赞助苏联人士来华留学或考察游历事宜；八、设立图书馆，搜集有关中苏文化之书籍及定期刊物；九、其他有关中苏文化之事业。"①

---

① 《中苏文化协会会章(中华民国二十四年十月二十五日成立大会通过)》，载于《中苏文化》，1936 年第 1 卷第 1 期。

中苏文化协会的工作之一是向苏联人民介绍中国历史和文化知识，同时也向中国人民介绍苏联的艺术创作。1936 年 1 月至 2 月期间，在上海和南京举办苏联版画艺术展，展览持续了八天，共有两万余人次参观。1937 年举办苏联母性与儿童保护成绩展览。1939 年，协会挑选部分故宫文物连同从各地征集的抗战主题的艺术品，在苏联举办大型中国文艺展览会。1940 年初，中国艺术展览在苏联举办，这是中苏文化协会举办的规模最大的一次展览，是和苏联对外文化协会共同组织的。当时苏联为了宣传中国抗战，计划举办一个中国抗战艺术展览，通过苏联对外文化协会向中苏文化协会征集中国抗战题材美术作品。由于中苏文化协会选送的作品数量太少，不足以开办展览会，苏联方面遂决定把艾尔米塔什、东方文化博物馆等文化机构收藏的中国艺术品汇集起来共同展出，中苏文化协会又补充了瓷器、玉器、古画、工艺品等。这次展览持续了一年半的时间，在莫斯科和列宁格勒引起极大的反响。此后，中苏文化协会在苏联又举办了几次中国木刻艺术展览，在重庆举办了"苏联版画艺术展览""高尔基生平与创作展览会""苏联妇女生活照片展览会""罗蒙诺索夫生平照片展""苏联战时艺术展览会""列夫·托尔斯泰像展""儿童生活照片及作品展览会"等。

1938 年，中苏文化协会西迁至重庆。中苏文化协会重庆总会下设秘书处、翻译委员会、研究委员会、妇女委员会和《中苏文化》杂志。郭沫若担任中苏文化协会的理事和研究委员会主任。曹靖华担任常务理事，主管翻译委员会。妇女委员会由冯玉祥的夫人李德全负责。王炳南、孙大光、戈宝权、葛一虹、郁文哉、蒋燕等人在中苏文化协会工作过。国民党和中国共产党都在尽力争取对这个组织发挥自己的影响力。在张西曼的领导下，中苏文化协会成长为一个影响广泛的社会文化团体，至 1942 年，会员数量达到一千多人。

《中苏文化》杂志是中苏文化协会的机关刊物，于 1936 年 5 月创刊。中国国民党中央执行委员会的两名委员担任杂志社正副社长，徐恩曾任社长，负责国民党对外联络的张冲任副社长。翦伯赞、郭沫若、侯外庐、王昆仑等先后担任过杂志的副主编、编委会主任或副主任。《中苏文化》杂志是中国人了解俄国和苏联文学的一扇重要窗口，曹靖华、瞿秋白等人通过各种渠道获取苏联最新文学作品并翻译成中文发表在杂志上，以飨中国读者。1936 年高尔基逝世，《中苏文化》杂志出版了一期纪念专刊，刊载瞿秋白翻译的《海燕之歌》。1939 年，在纪念十月革命 22 周年之际，毛泽东撰写的文章《苏联利益和人类利益的一致》也发表在该杂志上。

1936 年 3 月 1 日中苏文化协会上海分会成立,此后又成立了兰州分会、昆明分会、桂林分会、贵州分会、湖南分会、湖北分会等,1940 年初延安分会成立。下面重点介绍一下桂林和新疆两地的分会。

中苏文化协会总会理事盛成为筹备桂林分会做了大量的准备工作。1939 年 3 月 25 日,千家驹、王井平、司徒德、李文钊、盛成在《救亡日报》刊登启事,要求"凡在总会或各省分会入会会员,请到或函桂林兰井巷俄文专修学校登记,以便汇请总会指派正式筹备"。9 月 14 日,中苏文化协会桂林分会在乐群社召开第一次筹备会,会议由梁寒操主持,盛成、陈此生、司徒德、李文钊为大会筹备委员。10 月 1 日,中苏文协桂林分会正式成立。会上通过了章程,并选举李任仁为分会会长,白鹏飞、陈邵元、司徒德、阳叔葆、陈纯粹等十一人为理事,聘李宗仁、白崇禧、黄旭初为名誉会长,夏威等四人为名誉会员。后来会长在《广西日报》发表题为"学习苏联"的文章,号召人们"学习苏联之一切建设的成果""以使我们的抗战建国,不致有'功亏一篑'之虞",并"可以达到'民有民治民享'的目的"。[①]

10 月 21 日,为筹备庆祝十月革命的活动,中苏文化协会桂林分会召开了第一次理事会,做出重要决议:指定万仲文为常务理事,筹建会所,设立中苏文化图书室,筹备庆祝俄国革命纪念日。11 月 7 日,桂林分会举行纪念俄国十月社会主义革命胜利 22 周年大会,并以大会的名义向苏联政府和斯大林发去贺电。1942 年庆祝十月革命胜利 25 周年时,桂林分会在新华戏院举行庆祝会,来自苏、美、英、荷等国代表和艺术馆合唱团、沪港粤少青团、俄文专修学校的数千人参加了演出。

中苏文化协会桂林分会结合当时抗战形势,经常邀请社会各界人士举办抗战爱国主题的演讲和报告会。1939 年 9 月 5 日,韦永成在俄文专修学校发表《苏联问题》的演讲,1940 年 5 月 5 日,胡愈之在青年会发表《苏联文化建设》的讲座。1940 年 11 月 23 日,中苏文化协会与国际宣传分会、国际反侵略运动中国分会在广西建设研究会举行座谈会,就日军南进的战略、德意与日本南进的关系、英美对付日本南进的对策、苏联对日本南进的态度、敌人南进与中日战争等问题展开讨论。1943 年 1 月 10 日,桂林分会再次与国际反侵略运动会中国分会、国际宣传分会联合举行座谈会,讨论的题目是"一九四三年世界之展望"。

---

① 魏华龄、李建平主编:《桂林文史资料》(第 42 辑),漓江出版社,2000 年,第 41 页。

1940 年 6 月 30 日，中苏文化协会桂林分会号召全国人民向苏联民众写信，转达中国人民团结一致反对侵略者的勇气和精神，对苏联提供援助物资表示感谢，具体要求是"尽量发动亲友参加此项写信运动，函件字数最好在五百以内，在七月二十日以前送交该会汇送重庆总会，分批送交苏联对外文化协会驻华代表转寄苏联"①。

1940 年 10 月 19 日，中苏文化协会桂林分会与中华全国文艺界抗战协会桂林分会、生活教育社、中华全国木刻界抗敌协会等机构在青年会举行纪念鲁迅先生逝世四周年大会，呼吁全国人民向鲁迅学习，勇于站在前线担负起时代的重任。

1941 年 3 月 24 日至 28 日，中苏文化协会桂林分会在依仁路市商会及滑翔分会举办苏联抗战及文艺图片展览，其中有苏联成立以来的历史图片，苏联卫国战争英雄和获得斯大林奖金作家的生活和工作图片，希特勒侵略下的受难儿童以及高尔基、普希金、马雅可夫斯基图片等五百余幅。3 月 27 日，中苏文化协会桂林分会邀请桂林文艺界人士参加苏联抗战与文艺图片展览座谈会。

具有统战性质的报纸《救亡日报》多次刊载有关中苏文化协会桂林分会的文章，如《中苏文化协会留桂会员公鉴》《中苏文化协会桂林分会昨开筹备会》《中苏文协桂林分会定十月一日成立》《中苏文化的交流——中苏文化协会桂林分会昨成立》《中苏文协桂林分会电贺斯大林》《中苏文化协会桂林分会第三次理事会议》《中苏文协桂分会发起向苏联民众写信运动》《桂中苏文协会年会改选会长与理事》《中苏文化协会等三团体讨论日寇南进问题》等。1939 年 11 月 7 日，中苏文化协会桂林分会主编的"苏联革命 22 周年纪念特刊"在《救亡日报》登出，毛泽东撰写的特稿《苏联利益和人类利益的一致》引发了读者广泛反响。11 月 8 日在第二版上又发表特稿《十月与十月的握手》，记录了中苏文化协会桂林分会庆祝十月革命晚会的盛况。1940 年 10 月 1 日正值中苏文化协会桂林分会成立一周年之际，《救亡日报》刊登了社论《苏联与中国抗战——祝中苏文化协会桂林分会周年纪念》和郭德洁的文章《踏上自由解放之路——为中苏文协桂林分会周年纪念而作》。

1939 年 11 月 5 日，新疆中苏文化协会（亦称中苏文化协会新疆分会）在迪化成立，盛世才、李溶及苏联驻迪化总领事当选名誉会长，会长

---

① 李建平编著：《桂林文史资料》（第 33 辑），漓江出版社，1996 年，第 48 页。

由共产国际派遣协助盛世才工作的联共(布)党员王宝乾担任,茅盾为大会主席,毛泽民、茅盾、张仲实、徐梦秋等十人当选为协会理事,张仲实、徐梦秋为常务理事。徐梦秋、张仲实、茅盾分别为组织部、文化联络部、研究部部长。新疆中苏文化协会的活动经费由省政府每年拨款大洋三百圆补助。

新疆中苏文化协会成立以后,在迪化、伊犁和塔城三区建立了三个支会,伊犁支会和塔城支会分别出版《曙光月刊》和《中苏文化半月刊》。协会设有图书馆和阅览室,在这里向会员宣传马列主义和苏联社会主义建设成就,传播科学、艺术、文化知识。协会积极从事对苏文化交流活动,接收苏联赠送的图书两千余册、报纸杂志二十余种,并定期向苏联对外文化协会寄赠《反帝战线》《政府目前主要任务》《新哲学读本》等译著。

1941年1月17日,新疆中苏文化协会举办苏联农业照片展览会,会长王宝乾强调了这次展览的重要意义:"苏联在二十余年建国当中,惊人的农牧业的收获成绩是人类历史上所见不到的……新疆农牧业在苏联帮助之下,有了很大的成绩,但我们发展的程度还不够,我们要学习苏联农牧业发展的情形,采取苏联在农牧业上的经验和方法,以发展本省的经济。"2月24日,新疆中苏文化协会举办苏联保健事业照片展览会,王宝乾指出:"苏联保健事业照片,对新疆人民生活是有重要意义,展览会能使一般人民认识……保健卫生,我们要配合新政府发展新疆保健事业的力量,要仿效友邦苏联保健事业的成绩,来扩大宣传解释保健重要性,以保护身体健康,并与疾病作斗争。"①

卫国战争开始后,新疆中苏文化协会与新疆民众反帝联合会组织新疆各族人民给苏联红军捐款和写慰问信,捐助总额达到百万元以上,表达了新疆各族人民对苏联人民的深厚情谊。

1942年,盛世才转投国民政府,改变了此前的"亲苏"政策,公然反苏反共,与苏联关系急转直下,新疆中苏文化协会的活动被迫中止。直到1944年9月,吴忠信出任新疆省主席,提出"敦睦邦交"的对外政策;同年12月,精通俄语的刘泽荣担任驻新疆外交特派员,新疆和苏联的关系才开始缓和。1946年11月1日,新疆中苏文化协会理事会第一次会议召开,由

---

① 中共新疆维吾尔自治区委员会党史研究室编:《二十世纪三十年代共产国际苏联在新疆的活动》,新疆人民出版社,1996年,第205—206页。

理事长张治中主持。会议通过了协会 11 月和 12 月的工作计划,其中包括放映苏联电影四次,接受苏联领事馆捐赠的俄文书籍报刊,举行两次名为《苏联的文化及其成就》和《中国文化及其发展》的讲演,举办苏联体育节照片展览、哈萨克共和国工农照片展览、集体农庄和国家农场照片展览,在协会内组织编译出版部,举办俄文训练班、舞蹈、音乐学习组等。

新疆中苏文化协会开展了丰富多样的文化交流活动,放映苏联影片,据统计,"在维吾尔和俄罗斯俱乐部里,已经放映了 113 部影片,其中艺术片 81 部,纪录片 32 部。翻译成维吾尔文的 31 部"①。1947 年,新疆中苏文化协会增设了"运动场、旅舍、沐浴室、咖啡室、电影院,及组织内地和苏联游历团,各族话剧团、音乐歌咏队、舞蹈游艺队、无线电广播播音室,并成立介绍中苏各种科学学术问解处"②。

1949 年 11 月 29 日,新疆中苏文化协会在迪化召开理事会,决定将协会改组为中苏友好协会新疆分会。1950 年 2 月 23 日,中苏友好协会新疆分会正式成立,选举包尔汉为会长,萨维利耶夫、高锦纯、赛福鼎·艾则孜、王震为副会长,努斯热提为理事会秘书长,理事成员达 31 人。

## 第二节　时代出版社

时代出版社③创办于 1941 年,名义上由苏联经营,实际由苏联和中国共产党共同创办、合作经营。为了躲避日军和国民党政府的审查,向中国人民传播反法西斯战争的最新消息,表达苏联人民对中国人民的深厚情谊,中苏双方克服了很多困难,时代出版社得以在十年间成长为一个重要的文化交流传媒机构。

### 一、出版活动

为了保证出版社的安全运营,防止日伪和国民党破坏正常出版工作,时代出版社所有的外事活动由苏联负责,如与日伪当局和国民党当局的交涉、应付日伪当局的新闻审查、营救被捕中方人员等。具体工作,如翻译、编辑,由中方人员承担,人力也由中方提供,苏联方面只提供物

① 薛衔天:《中苏关系史(1945—1949)》,四川人民出版社,2003 年,第 246 页。
② 张大军:《新疆风暴七十年》,台湾兰溪出版社,1982 年,第 7232 页。
③ 时代出版社曾称为上海苏商时代书报出版社、上海时代书报出版社、时代书报出版社等——笔者。

质和资金上的帮助。

时代出版社的稿子大部分来自苏联,需要组织人员进行翻译,然而日伪当局和国民党当局的审查无处不在,出版社不能公开征集稿件,人们也不敢与受到监视的时代出版社联系。时代出版社只能一方面征集通晓俄语的人才,一方面培养自己的翻译人才作为后备力量。

由于一般印刷厂不敢承接时代出版社的出版物,普通的印刷厂又存在安全方面的隐患,印刷和装订就成了时代出版社必须解决的问题。1942 年春,时代出版社购置新知书店的万利印刷所,摆脱了印刷受制于人的局面。抗战胜利后,为了满足印刷需要,又购进一个印刷厂。1945 年以后,纸张由苏联通过船只运送到上海。

在报刊发行方面,由于 20 世纪 40 年代上海的报刊发行均被帮会势力控制,收取很高的保护费。因在政治上存在很大的风险,一般书店不敢代售红色刊物。为保险起见,时代出版社自建发行和销售机构,在吴江路105 号、茂名南路 85 号等地开办了自己的门市部。

由于受到严密监视,中共采取了具体的防范措施以保证工作人员的安全:第一,派到时代出版社工作的人员是没有暴露身份并在社会上不太知名的地下党员;第二,在出版社内不建立党组织,不开展组织活动,不发展党员;第三,中方人员从生活到社会关系要十分检点,不给敌人以口实或把柄;第四,中方人员不得看望朋友,与原来有组织关系的同志要中断联系;第五,中方人员要减轻自己的政治色彩,尽可能把自己装扮成与英、美、日洋行的职员差不多的模样;第六,为对付敌人的盯梢,中方人员要进行一些掩人耳目的活动;第七,中方人员要使用形形色色的假名、笔名,以掩蔽自己、迷惑敌人。[①]

敌人用尽各种卑劣的手段阻碍出版社的工作,查封报刊是最常用的手段之一。1944 年初,日伪当局以外国人不得在华办中文刊物为由查封了《时代》杂志和《苏联文艺》杂志;1948 年 6 月,淞沪警备司令部以"煽动工潮、学潮,扰乱金融,歪曲军情"为由,将《时代日报》"暂行停刊"。在中苏双方工作人员的努力下,时代出版社渡过了一次次难关,在险象环生的环境里奇迹般生存了下来。

时代出版社的出版物包括报纸、期刊和书籍三类。报纸有两种:《时代日报》,中文,1945 年 8 月 16 日创刊,1948 年 6 月 3 日被查封;《每日战

---

① 参见姜椿芳:《〈苏联文艺〉的始末》,载于《苏联文学》,1980 年第 2 期。

讯》,1941 年创刊,1945 年改名为《每日新闻》,后又改名为《苏联周刊》。期刊有五种:俄文《时代》杂志,1941 年创刊,1950 年停刊;俄文《今日》杂志,1944 年创刊,1946 年停刊;中文《时代》杂志,1941 年创刊,1951 年夏天停刊;中文《苏联文艺》杂志,1942 年 11 月创刊,1949 年 7 月停刊;中文《苏联医学》杂志,1945 年 7 月创刊,中华人民共和国成立后继续出版至 1954 年 6 月。

《苏联文艺》是时代出版社发行的一份文学类刊物,也是中国第一本介绍俄苏文学的专门刊物。在刊物存在的七年时间里,主编由罗果夫和施维卓夫担任,共出版 37 期,总印数达到 104000 份左右,总字数达到 600 多万。《苏联文艺》刊登的主要是苏联文学作品,包括小说、诗歌、电影和剧本等,还有介绍俄罗斯民族英雄事迹以及沙俄时期文学的文章,作品一般附有作者的照片和简介。《苏联文艺》还发表了一些重要的理论研究论文和苏共中央关于文艺的决议。在俄苏作家、艺术家、文艺理论家诞辰或逝世纪念日的时候,刊物通常会发表纪念文章。斯大林文艺奖获奖者名单也在这份刊物上公布,同时它还关注波兰、南斯拉夫等东欧国家的文艺创作动态。

《苏联文艺》注重发表反映卫国战争期间苏联人民英勇抵抗侵略者的作品,如反映游击队抗战的阿·托尔斯泰的《伊凡·苏达廖夫的故事》、肖洛霍夫的《他们为祖国而战》、巴甫连科(П. А. Павленко,1899—1951)的《地雷狂想曲》、拉甫列涅夫(Б. А. Лавренев,1891—1959)的《茶玫瑰》、戈尔巴托夫的《不屈的人们》、谢芙琳娜的《女游击队员》等,反映海军战斗的索波列夫 (Л. С. Соболев,1898—1971) 的《海魂》和《伊万·尼古林——俄罗斯的水兵》,反映列宁格勒保卫战、塞瓦斯托波尔保卫战的吉洪诺夫的《苏维埃人群像》和《基洛夫和我们同在》等,反映斯大林格勒战役的西蒙诺夫的《日日夜夜》,反映前线和后方边缘地区斗争的格罗斯曼(В. С. Гроссман,1905—1964)的《人民不朽》,反映顿巴斯青年与法西斯占领军不屈斗争的法捷耶夫的《青年近卫军》。考涅楚克的《前线》、列昂诺夫的《侵略》、西蒙诺夫的《俄罗斯人》、伊里英科夫(В. П. Ильенков,1897—1967)的《花园》等剧本也在刊物上发表。还有一些反映战后苏联军民重建家园、恢复生产的作品,如希帕乔夫 (С. П. Щипачёв,1898—1980)的诗《归来》、柳里斯基(М. Ф. Рыльский,1895—1964)的《新房子》、瓦西里耶夫的《她是谁》、苏尔科夫的《列宁》、拉乌德的《克里姆林》,反映苏联战士适应战后生活和工作的《永不掉队》以及描写苏联人民热火朝天劳动场面的作品,都被翻译后发表在刊物上。

关于苏联政府对文艺创作的管制法令,如联共(布)中央关于《星》与《列宁格勒》两个刊物的决议,日丹诺夫(А. А. Жданов,1896—1948)关于文艺问题的报告,关于穆拉杰里的歌剧《伟大的友谊》的决议等,《苏联文艺》及时给予了发布。此外,还刊登了一些比较重要的文艺理论文章,如列宁的经典论文《党的组织与党的文学》(今译《党的组织与党的出版物》)和《列夫·托尔斯泰是俄国革命的一面镜子》、法捷耶夫的《日丹诺夫的报告和我们最近的任务》、亚·格拉西莫夫的《建立战斗的造型艺术》、沙吉娘(М. С. Шагинян,1888—1982)的《文学与科学》、西蒙诺夫的《苏联戏剧的任务和批评》等。

时代出版社出版的书籍主要有以下几类。政治类,如《斯大林论辩证唯物论与历史唯物论》《论苏维埃爱国主义》;文艺理论类,如《斯大林与文化》《论文学、艺术与哲学诸问题》《战后苏联文学之路》;文艺史类,如《苏联艺术的发展》《苏联的美术》《俄罗斯音乐史纲》《苏联艺术电影发展的道路》;科学家、艺术家传记类,如《巴甫洛夫》《史坦尼斯拉夫斯基》《托尔斯泰评传》《高尔基传》;俄罗斯古典文学作品类,如《普希金小说选》《克雷洛夫寓言》;苏联文学作品类,包括了几乎所有重要的苏联战时文学作品,如《钢铁是怎样炼成的》《马雅可夫斯基诗选》《日日夜夜》《青年近卫军》《真正的人》《前线》《伟大的转折》《苏联卫国战争诗选》;科学类,如"通俗科学丛书""苏联医学丛书""时代通俗医学小丛书""医师临床手册"(8种);俄语教材和读物类,如顾用中、柯席乌洛夫(Г. П. Кожеуров)合编的《俄文读本》,梁秀彦编的《俄文会话进阶》《学习俄文补充读物》;汉字改革类,中国近现代史上曾出现过汉字拉丁化运动,在海参崴等远东城市的华侨中试行过一种汉语拼音文字,得到时代出版社的关注,出版过《中国拼音文字运动史简编》《中国拼音文字概论》《中国语文的新生——拉丁化中国字运动二十年论文集》《鲁迅论文字改革》;乐谱、歌曲、绘画类,如《苏联国歌》《海燕歌》《苏联歌选》《苏联卫国战争画册》《伊戈斯漫画集》《新木刻》。

历年斯大林奖的获奖作品是时代出版社推出的重头戏,主要作品如下表所示。

| 获奖种类 | 获奖时间和等级 | 作品名称 | 作者 | 译者 |
|---|---|---|---|---|
| 文学奖 | 1942 年度一等奖 | 《前线》 | 考涅楚克 | 姜椿芳 |
| 文学奖 | 1942 年度二等奖 | 《宝石花》 | 巴若夫 | 戈宝权 |
| 文学奖 | 1942 年度二等奖 | 《海魂》 | 索波列夫 | 白寒 |
| 文学奖 | 1942 年度二等奖 | 《俄罗斯人》 | 西蒙诺夫 | 白寒 |
| 文学奖 | 1944 年度二等奖 | 《不屈的人们》 | 戈尔巴托夫 | 水夫 |
| 文学奖 | 1944 年度二等奖 | 《试炼》 | 毕尔文采夫 | 白寒 |
| 文学奖 | 1945 年度二等奖 | 《日日夜夜》 | 西蒙诺夫 | 陈昌浩　张锡俦 |
| 文学奖 | 1946 年度一等奖 | 《俄罗斯问题》 | 西蒙诺夫 | 姜椿芳 |
| 文学奖 | 1946 年度二等奖 | 《真正的人》 | 波列伏依 | 磊然 |
| 文学奖 | 1947 年度一等奖 | 《幸福》 | 巴甫连科 | 草婴 |
| 文学奖 | 1947 年度二等奖 | 《暴风雨》 | 爱伦堡 | 罗稷南 |
| 文学奖 | 1947 年度二等奖 | 《星》 | 卡扎凯维奇 | 蒋路 |
| 文学奖 | 1948 年度二等奖 | 《钢与渣》 | 波波夫 | 移模 |
| 文学奖 | 1949 年度二等奖 | 《托里亚》 | 塞狄克 | 吴道生　夏祖煋 |
| 文学奖 | 1949 年度三等奖 | 《我们这里已是早晨》 | 恰可夫斯基 | 王民泉等 |
| 文学奖 | 1950 年度一等奖 | 《收获》 | 格·尼古拉耶娃 | 王民泉 |
| 文学奖 | 1950 年度三等奖 | 《白金国的爱素丹》 | 凯尔巴巴耶夫 | 王民泉等 |
| 哲学奖 | 1950 年度二等奖 | 《苏联怎样消灭剥削阶级和阶级差别》 | 格列席尔曼 | 李相崇 |

　　时代出版社为中苏文化交流做出了重大贡献。它在日伪当局的封锁下向信息闭塞的中国人民提供了欧洲反法西斯战场上最新的真实资讯。时代出版社的刊物通过新闻、特写、通讯、文艺作品等形式详尽地反映了世界各民族英勇抵御法西斯侵略、保卫家园和法西斯军队节节败退的情况，鼓舞了沦陷区人民。这些刊物不仅在上海发行，还传播到苏北、浙东根据地和其他被日军占领的城市。时代出版社门前挂着一幅苏德战争示意图，上面的战线用红丝线和小红旗标示，战线随战局发展而移动。每天早晨，出版社门前总是聚集着许多观看战争进程示意图的人，人们看到德国法西斯气数已尽，行将崩溃，日本法西斯末日将近。

　　在国民党当局严格的新闻审查下，进步报刊根本无法正面报道解放战争的真实形势，时代出版社出版的报纸用非常含蓄、婉转，有时是象征性的语句介绍解放战争的情况，暗示读者解放军即将取得辉煌的胜利，国民党不可避免地要全面崩溃。在上海工人、学生举行"反美扶日""反内战""反饥饿"斗争的时候,时代出版社的报纸也进行了及时的报道,发挥了它的宣传功能。

时代出版社培养和保护了一批热爱和研究俄罗斯文化的专门人才,其中有姜椿芳、陈冰夷、戈宝权、叶水夫、许磊然、草婴、蒋路、满涛、张孟恢、伍孟昌、杨林秀、冯鹤龄、顾用中、吴墨兰、陈君实、汤弗止、孙绳武等。中华人民共和国成立后,他们分别任职于外国文学研究所、人民文学出版社、译文出版社、商务印书馆、中国青年出版社等单位,继续从事中苏文化交流活动并成为该领域内的专家,草婴、满涛、戈宝权成为俄苏文学翻译家。20世纪80年代,草婴和戈宝权因翻译介绍俄苏文学成就斐然获得苏联政府颁发的勋章;叶水夫成为中国苏联文学研究会会长;戈宝权成为中国驻苏联大使馆文化参赞、代理大使、中苏友好协会负责人;姜椿芳在中华人民共和国成立初期受命组建上海俄文学校(今上海外国语大学),为新中国培养了大批俄语人才,后来担任中共中央马恩列斯著作编译局副局长、中国苏联文学研究会名誉会长、中国外国文学学会名誉理事。"文革"后,姜椿芳倡议并主持《中国大百科全书》的编纂。在时代出版社的历练,使这些专家在后来的事业发展中具有很强的竞争力和创造力。

1949年5月上海解放后,时代出版社进行了改组,由中苏共营转为中国经营,姜椿芳担任社长。1949年10月,时代出版社北京分社成立,社址在北京东交民巷18号。后来北京分社成为时代出版社总社,原上海总社成为分社。1951年,时代出版社改制为国营企业,其在北京、上海、南京、杭州开办的书店划归新华书店,在北京的印刷厂被新华印刷厂合并。1951年8月,时代出版社的《时代》杂志出版最后一期纪念特大号后停刊。周建人、金仲华、许广平、夏衍、马叙伦、姚溱、恽逸群、周而复等知名社会文化人士回顾了时代出版社的十年辉煌历程,卷首《时代十年:1941—1951》对时代出版社的工作和成就进行了全面概括和总结。

1952年12月,塔斯社将时代出版社财产移交给中国政府,塔斯社中国分社社长边缅诺夫和中国出版总署办公厅主任黄洛峰作为两国政府代表履行了移交手续。时代出版社完成了自己的历史使命,总社被分别并入人民文学出版社、商务印书馆、中国青年出版社、中国少年儿童出版社、中国科学院外国文学研究所。但是后来商务印书馆出版的一些俄语工具书,包括1958年出版的大型工具书《苏联百科辞典》,仍然使用了时代出版社的名称。时代出版社上海分社则演变为上海译文出版社。

## 二、罗果夫

符拉基米尔·尼古拉耶维奇·罗果夫,1920 年加入苏联共产主义青年团,1927 年加入苏联共产党,1937 年任塔斯社驻中国记者,1941 年任塔斯社远东分社负责人,1951 年回莫斯科, 继续在塔斯社工作并兼任苏中友协副主席。

在时代出版社的翻译和出版活动中, 罗果夫发挥了重要作用。他致力于向中国读者介绍苏联文化,同时也将中国的文学精品翻译介绍到苏联。1942 年,时代出版社开始出版《苏联文艺》,由罗果夫担任主编。在"编者的话"中,罗果夫这样写道:"中国对于俄国文学的兴趣早就很高。俄国作家文艺作品的第一篇中译究竟在什么时候出现,现在没法断言。无论如何,这是在几十年以前的事情。不过谁都知道这两个毗邻的伟大国家的文化关系在很久以前便已经发生……在伟大的十月革命之后,俄国文学的声誉在中国特别增长……中国新文学的创始者鲁迅是苏联文学与苏联文艺热烈的推广者。他在这方面的著作价值是无可限量的。""在俄罗斯人民反对德国法西斯主义的第二次卫国战争时,中国对于苏联文学的兴趣愈加提高了。""我的中国朋友们竭力要求把英勇日子的苏联文学介绍给他们。于是我们便出版《苏联文艺》月刊。我们将在这杂志上发表苏联作家的新作品和旧俄文学的优秀典范。"①《苏联文艺》主要栏目有小说、剧本、散文、传记、文录、诗歌、艺术、音乐、电影、评介等,翻译刊载了阿·托尔斯泰的《伊凡·苏达廖夫的故事》、吉洪诺夫(即铁霍诺夫)的《苏维埃人群像》、卡塔耶夫 (即卡达耶夫) 的 《旗子》、舒班诺夫 (H. H. Шпанов,1896—1961)的《神妙的提琴》《戴眼镜的人》《瞎子》、肖洛霍夫的《他们为祖国而战》等小说,以及吉洪诺夫的《基洛夫和我们同在》、希帕乔夫(即史起巴巧夫)的《列宁》《战地公路》《美丽颂》《战场》《关于莫斯科》、西蒙诺夫的《等着我》《爱》等诗歌。同时介绍了普希金、谢夫成果(即谢甫琴科,Т. Г. Шевченко,1814—1861)、奥斯特罗夫斯基、赤尔纳雪夫斯基(即车尔尼雪夫斯基)、索莫夫等文学家的生平及作品。该刊一共出版了 37 期,直到新中国成立前的 1949 年 7 月才停刊,对中国文艺产生了积极影响。②

---

① ［苏］罗果夫:《编者的话》,载于《苏联文艺》,1942 年第 1 期。

② 参见丁守和等主编:《抗战时期期刊介绍》,社会科学文献出版社,2009 年,第 894—895 页。

1943 年罗果夫主编出版《卫国战争诗篇》,发行量为 400 册。因为印数较少,今天我们已经很难见到。罗果夫在序言中称,他编写这本诗集的目的是为了向外国翻译者全面介绍苏联的战争诗歌。诗集收录的诗歌都在时代出版社出版的《苏联文艺》等报刊上发表过。《卫国战争诗篇》一共三卷:第一卷为战地诗人作品,所录诗歌均为作者在火线上所作;第二卷为苏联各民族诗歌,所录诗歌出自俄罗斯以外民族作者笔下,描绘对象依然是战地生活;第三卷为长诗与史诗,收录苏联著名诗人的作品。

1947 年,罗果夫与戈宝权共同编辑出版《普希金文集》。这一年正值普希金逝世 110 周年,俄国侨民集资修复了被日军毁坏的普希金雕像。罗果夫在序言中充分肯定了普希金的"人民性":"他不只用人民的主题,他还靠了利用人民的生动的语言而丰富了自己的诗作。普希金奠定了俄国文学中的人民性发展的基础。在近一百五十年的俄国文学当中,这个富有美、智慧与真实的文学的人民性的原则,把我们的文学更向前推进。"[1]当时众多中国文化名人,如茅盾、胡风、臧克家、景宋(许广平)、吕荧、梁香、水夫、磊然、草婴等参与了文集的写作和翻译工作。该书收录普希金部分作品的译文,计有抒情诗四十首、叙事诗一首、戏剧作品两部、小说三篇,同时刊发了中俄两国作家对普希金创作的评述文章。蓝英年先生认为:"直到 1947年时代出版社出版了《普希金文集》,他的抒情诗才大量翻译成中文,介绍到中国来。这本文集不仅收录普希金的优美的抒情诗,还有他的长诗、剧本和小说,附有俄国作家果戈理、屠格涅夫等人以及中国著名作家对普希金的评论,并且作品全部是从俄文直接翻译过来的,译文又优美感人。可以说《普希金文集》是中国第一部全面介绍了普希金的书。"[2]可见,在翻译和出版普希金诗歌的过程中,罗果夫起到了组织者的作用。

罗果夫也是高尔基作品在中国翻译与研究的推动者。1947 年和1948 年,他与戈宝权合作编辑出版了两辑《高尔基研究年刊》,其中包括"高尔基和当代""高尔基和我们""高尔基研究在苏联""回忆高尔基""中国作家对于高尔基的作品的研究与介绍""高尔基作品中译的研究与批评""高尔基文学遗产中的新资料"及"评介"等栏目,收录中国和苏联作

---

① [苏]罗果夫:《普希金文集·序》,载于罗果夫主编、戈宝权编辑:《普希金文集》,时代书报出版社,1947 年,第 5 页。

② 蓝英年:《他把普希金介绍到中国》,载于《文汇读书周报》,2006 年 6 月 30 日。

者写的关于高尔基的文章,如《高尔基——苏维埃文学的奠基者》(叶戈林著,水夫译)、《高尔基与苏联各民族文学的发展》(皮克萨诺夫著,柏园译)、《高尔基的社会与文化的活动》(维诺格拉多娃著,草婴译)等。1949年《高尔基研究年刊》本来已经编辑完成,然而由于戈宝权离开了上海而未能出版。①

1947年出版的《莫斯科——照相画集》是罗果夫为向中国读者介绍苏联城市景物和人民工作生活风貌而编辑出版的摄影作品集。对于只听闻苏联社会主义建设成就,而没有机会前往苏联的大多数中国人而言,这本摄影集以直观的影像展示了莫斯科的建筑以及苏联人民的劳动和文化生活。摄影集一共收录147幅照片,每幅均有说明文字。②

木刻版画是民国时期中苏文化交流的重要内容,更因为有了鲁迅的积极推动而广为人知。1948年罗果夫编辑出版了《新木刻》一书。罗果夫在序言中称,他编写《新木刻》是受到鲁迅编辑《引玉集》影响,其中所录木刻版画作品多来自1947年至1948年的《时代日报》。第一部分为"木刻创作",收有木刻版画作品75幅,作者有李桦、古元、赵延年、野夫、永玉、可扬、麦秆、吴俊发等名家。第二部分为"理论与技法",收有21篇文章。"从这样的布局,就可以看出这是一本既有理论,又有实用价值的木刻书,这在其他木刻版画书籍中是很少见的。"③在中国木刻版画研究史上,这部书具有非常高的价值。

1949年,罗果夫主编的《鲁迅论俄罗斯文学》由时代出版社出版。卷首有陈烟桥的木刻版画,并配鲁迅文摘——"苏联的存在和成功,使我确切地相信无产阶级社会一定要出现"。全书包括三辑。第一辑、第二辑所录为鲁迅关于俄罗斯与苏联文学的语录,第三辑题为"关于俄罗斯文学和中国"。书中收录的冯雪峰所作《鲁迅和俄罗斯文学的关系》一文详细分析了俄罗斯文学对于鲁迅创作的影响。《附辑》有《〈新俄画选〉小引》《记苏联版画展览会》和《〈苏联版画集〉序》。书末附《鲁迅翻译和校阅的俄罗斯苏联文学作品的目录》。

罗果夫与鲁迅的关系远不止编写这样一部关于鲁迅的文集,他还与鲁迅保持着密切的个人联系,研究鲁迅的创作艺术,将鲁迅的作品翻译

①　参见《戈宝权译文集:高尔基小说论文集》,北京出版社,1991年,第411页。

②　参见[苏]罗果夫主编:《莫斯科——照相画集》,上海时代书报出版社,1947年。

③　张泽贤:《民国版画闻见录》,上海远东出版社,2006年,第206页。

成俄文。他在 1939 年就写了《鲁迅与俄国文学》,收录在新中国文艺社编写的《鲁迅的创作方法及其他》一书中,后来他又发表了《鲁迅在苏联》(1941)、《鲁迅的文学遗产》(1946)和《鲁迅——苏联的伟大朋友》(1948)等文章。1945 年, 莫斯科国家文学出版社印行罗果夫翻译的《阿 Q 正传》,这是继 1929 年王希礼译本之后这部小说的第二个俄译本。1949 年,该译本由新中国书局出版,采用俄汉对照的形式,以方便俄语爱好者学习俄语。

对于中俄之间的文化交流,罗果夫不仅是一个见证者,更是一位参与者、推动者和研究者。他不仅关注苏联文化对中国的影响,也注意中国文化在苏联的传播,其对鲁迅作品的研究和翻译以及 1938 年发表在《抗战文艺》上的《中国文学在苏联》便是例证。

## 第三节　中国左翼作家联盟

1930 年 3 月 2 日,中国左翼作家联盟(简称"左联")在上海窦乐安路 233 号中华艺术大学成立,最初有五十多人参加了这一组织。鲁迅在会上作了"对于左翼作家联盟的意见"的发言;潘汉年代表中共中央出席会议并根据党中央精神作了题为"左翼作家联盟的意义及其任务"的讲话,这是中共指导左翼文艺运动的重要文献,对"左联"未来的发展有深远的影响。这次大会通过了"左联"的理论纲领和行动纲领要点以及十七项提案,决定组织马克思主义文艺理论研究会、国际文化研究会和文艺大众化研究会等机构,创立机关杂志《世界文化》,与各革命团体建立密切联系,参加工农教育事业,组织自由运动大同盟分会,与国际左翼文艺团体建立联系,等等。夏衍、冯乃超、钱杏邨、鲁迅、田汉、郑伯奇、洪灵菲七人被选为常务委员会委员,周全平、蒋光慈为候补委员。"左联"的理论纲领是在苏联文学团体"拉普""十月""列夫"宣言的启发下由冯乃超起草的。同年 11 月,在苏联哈尔科夫召开的第二次国际革命作家代表会议上,决定将革命文学国际局改名为国际革命作家联盟;中国的"左联"作为支部,接受其直接领导。萧三作为中国"左联"的代表参加这次会议,并被选为国际革命作家联盟书记处书记,主编《世界革命文学》(后更名为《国际文学》)中文版。

苏联"拉普"组织内部关于路线的争论直接反映在中国"左联"作家的笔下。1931 年 12 月 16 日,瞿秋白在《斯大林和文学》中介绍了"拉普"

机关报《文学报》在当年 8 月发表的社论。社论认为,斯大林的演说对文学战线有重要意义,因而普罗文学要加强改造,改变落后于社会主义建设的现状,并提出了具体意见:第一,根据斯大林的指示,社论列出五个方面作为文学创作的新题材,包括劳动力问题、机器工业的发展过程、工人劳动态度和心理变化等;第二,社论强调斯大林所说的"面向技术"对"拉普"的重要性,要求"拉普"改变领导方法,注意文艺组织的特殊性和艺术任务的特殊性,加速把工作转变到思想和创作方面来;第三,社论提出要加紧反对"左"倾空谈,尤其强调反对笼统主义的意义,具体到创作上则是反对空洞的宣言和一般的歌颂;第四,社论提出要"为着文学上的列宁主义方法而斗争",这种方法就是表现活人、"揭穿一切假面具"、描写个性、反对粉饰现实。一个多月后,瞿秋白又写了《苏联文学的新的阶段》,介绍"拉普"在 1931 年 9 月总会第四次全体会议上的三个决议:第一,"同路人和同盟军";第二,"表现五年计划的英雄";第三,"文学突击队运动"。这些内容反映出"拉普"对左翼少数派做出了一定的让步,试图缓和外界舆论的批评。鲁迅等人还注意到"拉普"的反右倾斗争、"批判普列汉诺夫正统"斗争的影响力。鲁迅翻译日本翻译家上田进所撰的《苏联文学理论与文学批评的现状》一文,介绍了 1932 年 1 月在莫斯科由"拉普"和共产主义学院文学艺术语言指导部共同发起的"拉普"批评家会议。这次会议的起因是斯大林在 1931 年秋提出要对"腐朽的自由主义"发起批判,要"将理论提高到列宁底阶段"。[①]这一指示迅速成为意识形态斗争的纲领,文学界提出"为了文艺科学的列宁阶段"的口号,"拉普"号召在内部清算普列汉诺夫和德波林(A. M. Деборин,1881—1963)的谬误。这次会议的宗旨是根据斯大林的指示,"在文学理论及批评战线,对所有敌对的、反马克思主义的理论及其反击给予决定性的打击"[②]。托洛茨基主义、沃隆斯基(A. K. Воронский,1884—1943)的文艺见解、彼列维尔泽夫(B. Ф. Переверзев,1882—1968)的庸俗社会学,以及普列汉诺夫、弗理契(B. M. Фриче,1870—1929)、卢那察尔斯基都受到了批判。"拉普"理论家承认过去拥护的"为了普列汉诺夫的正统"这个口号是错误的,就自己的文艺观与普列汉诺夫美学命题的联系做了检讨。瞿秋白撰写《论弗理契》,介绍了苏联反右倾以后对弗理契的新评价,是对弗理契理论错误的清理。瞿秋白指出弗

---

①　北京鲁迅博物馆编:《鲁迅译文全集》(第 8 卷),福建教育出版社,2008 年,第 459 页。

②　艾晓明:《中国左翼文学思潮探源》,北京大学出版社,2007 年,第 240 页。

理契理论中"社会学主义"和"机械主义"错误,但将错误根源归结于普列汉诺夫的影响。显然这样的观点过于极端化,否认了普列汉诺夫对文艺美学理论的贡献。黄芝威翻译的《普列汉诺夫批判》介绍了苏联共产主义学院文学艺术语言研究所和"拉普"在 1931 年 5 月召开的一次批判普列汉诺夫的讨论会,主要议题是"普列汉诺夫的文艺科学、哲学的机械论、他成为孟什维克的观念形态与他的政治实践直接的、不可分离的关系"。在"拉普"全力进行理论斗争和自我批判的同时,中国"左联"组织一直密切关注并有了自己的见解。《文学月报》在刊发《普列汉诺夫批判》时添加了一段编辑后记:"从新的阶段的见地,对于普列汉诺夫、弗理契、玛察(И. Л. Маца,1893—1974)等的艺术理论,给以彻底的批判(同时也是真正的严肃的研究),这是最近苏俄文学理论的宝贵的成果。为了将我们自己的理论提高到国际水准起见, 将这些成果很快地介绍到中国来, 是必要的。"①

　　作为"左联"的发起者和决策者之一,瞿秋白受到"拉普"思想倾向的影响。从 1931 年 11 月"左联"执委会的决议《中国无产阶级革命文学的新任务》中可以看出,"拉普"反"左"也反右的思想取向与瞿秋白起草的决议精神有很多吻合。决议明确提出,在反右的同时也要反对"左"倾空谈,"要和到现在为止的那些观念论,机械论,主观论,浪漫主义,粉饰主义,假的客观主义,标语口号主义的方法及文学批评斗争(特别要和观念论及浪漫主义斗争)"。决议强调创作在现阶段的重要性,也像"拉普"一样列出五个方面作为文学题材的要求,提出"作家必须从生产阶级的观点,从无产阶级的世界观,来观察,来描写。作家必须成为一个唯物的辩证法论者"。决议自始至终贯彻了自我批评的反省精神:"必须和过去主观论'左倾'小儿病及观念论机会主义的理论及批评斗争⋯⋯""拉普"在 1931 年 9 月通过的三个决议对"左联"的思想方针也有影响。1932 年 3 月 9 日,"左联"秘书处扩大会议通过了《关于左联目前具体工作的决议》,指出:"适合当前斗争的需要,创作的中心口号应当是:'揭穿一切种种的假面具','表现革命的战斗的英雄','文艺的大众化'。"在对马克思主义文艺理论进行阐释时, 瞿秋白借用了苏联官方和"拉普"一致的观点。瞿秋白在《马克思恩格斯和文学上的现实主义》一文中

---

① 艾晓明:《三十年代苏联"拉普"的演变与中国"左联"》,载于《中国现代文学研究丛刊》,1991年第 1 期。

强调:首先,马克思、恩格斯重视文学上的现实主义,反对浅薄的浪漫主义;其次,马克思、恩格斯重视现实主义批判暴露的特性,现实主义通过这种方式表现出强大的认识能力;再次,无产阶级的创作方法是继承了巴尔扎克现实主义的"唯物辩证法的创作方法"。当时苏联理论界包括"拉普"在内对普列汉诺夫的正统性提出了很多简单化、庸俗化的观点,瞿秋白对这种全盘否定的观点给予了一定程度的抵制。我们可以看到,瞿秋白在对马克思主义文艺理论进行介绍的时候,融合了苏联官方学者、"拉普"理论家和自己的思想,尽可能消除其中的矛盾和对立之处,"瞿秋白以马克思主义的现实主义为自己的理论基础,同时借鉴'拉普'作家如法捷耶夫等人关于创作方法的论述,形成了他自己独特的创作方法理论,这一理论与'拉普''唯物辩证法的创作方法'既有表述上的一致,更有重大的突破"①。

总之,瞿秋白汲取了"拉普"反对笼统主义、主观主义和空洞歌颂现实的积极思想,从"揭穿一切假面具"的角度对"革命的浪漫谛克"进行了彻底批判,充实和发展了"拉普"提出的"唯物辩证法的创作方法"的积极内涵,旗帜鲜明地提出"为普洛的现实主义而斗争"的目标。可以说瞿秋白在贯彻现实主义的立场上远超"拉普",对马克思主义现实主义理论的理解结合了中国革命文学的历史和现实情况。

1932 年 4 月,联共(布)中央做出《关于改组文学艺术团体》的决议,解散"拉普",成立全苏作家同盟。在全苏作家同盟第一次大会上,对"拉普"的"唯物辩证法的创作方法"进行了批判,正式提出了"社会主义现实主义"的口号。1932 年第 3 号的《文学月报》报道了"苏联文学团体改组"的消息,介绍了吉尔波丁(В. Я. Кирпотин,1898—1979)针对"拉普"所作的《十五年来的苏联文学》报告。1933 年 2 月的《艺术新闻》刊登林琪翻译的日本《普洛文学》上的文章《苏俄文学的新口号》,标志着社会主义现实主义作为一个口号正式进入中国。9 月,周扬在《文学》1 卷 3 号上发表《十五年来的苏联文学》,详细地介绍"拉普"的形成和发展过程,对"拉普"的正面意义给予了肯定:"'拉普'的艺术理论的主要的论旨就是主张对生活加以现实主义的处理,什么也不粉饰,把生活中的一切客观的力量表现出来。他们对倍兹敏斯基等的主观主义和机械的主智主义作了无容赦

---

① 艾晓明:《三十年代苏联"拉普"的演变与中国"左联"》,载于《中国现代文学研究丛刊》,1991年第 1 期。

的斗争。"11 月,周扬根据吉尔波丁在全苏作家同盟第一次大会上的演讲报告发表《关于"社会主义的现实主义与革命的浪漫主义"——"唯物辩证法的创作方法"之否定》的文章,批判了"拉普"的"唯物辩证法的创作方法",宣布接受"社会主义现实主义"的创作口号。

# 主要参考文献

## 中文文献

1. [德]G.F.米勒、彼得·西蒙·帕拉斯:《西伯利亚的征服和早期俄中交往、战争和商业史》,李雨时译,商务印书馆,1979 年。

2. [俄] 叶戈尔·科瓦列夫斯基:《窥视紫禁城》,阎国栋等译,北京图书馆出版社,2004 年。

3. [俄]阿列克谢耶夫:《1907 年中国纪行》,阎国栋译,云南人民出版社,2001 年。

4. [俄]卜郎特辑:《译材辑要》,二卷,铅印本,俄文专修馆,1915 年。

5. [俄]戈·瓦·普列汉诺夫:《俄国社会思想史》(第 3 卷),孙静工译,商务印书馆,1999 年。

6. [俄]李福清主编:《中国木版年画集成:俄罗斯藏品卷》,中华书局,2009 年。

7. [俄]尼古拉·班蒂什-卡缅斯基编著:《俄中两国外交文献汇编(1619—1792)》,中国人民大学俄语教研室译,商务印书馆,1982 年。

8. [俄]托尔斯泰:《列夫·托尔斯泰文集》(第 16 卷 书信),周圣等译,人民文学出版社,1992 年。

9. [俄]瓦西里·帕尔申:《外贝加尔边区纪行》,北京第二外国语学院俄语编译组译,商务印书馆,1976 年。

10. [俄]尼·伊·维谢洛夫斯基编:《俄国驻北京传道团史料》(第 1 册),北京第二外国语学院俄语编译组译,商务印书馆,1978 年。

11. [法]费赖之:《在华耶稣会士列传及书目》(上册),冯承钧译,中华书局,1995 年。

12. [法]加斯东·加恩:《彼得大帝时期的俄中关系史(1689—1730年)》,江载华、郑永泰译,商务印书馆,1980年。

13. [荷]伊台斯、[德]勃兰德:《俄国使团使华笔记(1692—1695)》,北京师范学院俄语翻译组译,商务印书馆,1980年。

14. [捷]卡雷尔·严嘉乐:《中国来信(1716—1735)》,丛林、李梅译,大象出版社,2002年。

15. [美]盛岳:《莫斯科中山大学和中国革命》,奚博铨等译,东方出版社,2004年。

16. [日]石田干之助:《欧人之汉学研究》,朱滋萃译,北平中法大学,1934年。

17. [苏]A. A. 龙果夫:《现代汉语语法研究》(第1卷 词类),郑祖庆译,科学出版社,1958年。

18. [苏]高尔基:《俄国文学史》,缪灵珠译,上海译文出版社,1979年。

19. [苏]罗果夫主编、戈宝权编辑:《普希金文集》,时代书报出版社,1947年。

20. [苏]罗果夫主编:《莫斯科——照相画集》,上海时代书报出版社,1947年。

21. [苏]日尔凯维奇等:《同时代人回忆托尔斯泰》(下册),周敏显等译,上海译文出版社,1984年。

22. [英]洛伦·R.格雷厄姆:《俄罗斯和苏联科学简史》,叶式煇、黄一勤译,复旦大学出版社,2000年。

23. 《阿英全集》(第1卷),安徽教育出版社,2003年。

24. 《巴金选集》,人民文学出版社,1980年。

25. 《陈垣史学论著选》,上海人民出版社,1981年。

26. 《郭沫若全集(文学编)》(第19卷),人民文学出版社,1992年。

27. 《胡适全集》(第3卷),安徽教育出版社,2003年。

28. 《李大钊全集》(第1~5卷),人民出版社,2006年。

29. 《梁实秋自传》,江苏文艺出版社,1996年。

30. 《列宁全集》(第19卷),人民出版社,1956年。

31. 《鲁迅全集》,人民文学出版社,1981年。

32. 《鲁迅全集》,人民文学出版社,2005年。

33. 《鲁迅杂文全集》,九州图书出版社,1996年。

34. 《马克思恩格斯选集》,人民出版社,1995年。

35.《毛泽东选集》(第一~四卷),人民出版社,1991年。

36.《茅盾全集》(第13卷),人民文学出版社,1986年。

37.《茅盾全集》(第32卷),人民文学出版社,2001年。

38.《钦定八旗通志》,李洵、赵德贵、周毓方等校点,吉林文史出版社,2002年。

39.《清实录》,中华书局,1985年、1986年影印本。

40.《清史稿》,中华书局,1976年。

41.《瞿秋白文集》(文学编 第1卷),人民出版社,1985年。

42.《瞿秋白文集》(政治理论编 第1~3卷),人民出版社,1987—1989年。

43.《田汉全集》(第14卷),花山文艺出版社,1997年。

44.《徐志摩全集》(第1卷),天津人民出版社,2005年。

45.《徐志摩全集》(丁集),香港商务印书馆,1983年。

46.《杨尚昆回忆录》,中央文献出版社,2001年。

47.《郑振铎选集》(第2卷),四川文艺出版社,1990年。

48.《郑振铎自述》,安徽文艺出版社,2013年。

49.《周扬文集》(第1卷),人民文学出版社,1984年。

50.宝鋆等修:《筹办夷务始末(同治朝)》,台湾文海出版社,1971年影印本。

51.北京大学校史研究室编:《北京大学史料》(第1卷 1898—1911),北京大学出版社,1993年。

52.北京市档案馆编:《那桐日记》(下册),新华出版社,2006年。

53.北京外国语学院校史编委会编:《北京外国语学院简史(1941—1985)》,外语教学与研究出版社,1985年。

54.蔡鸿生:《俄罗斯馆纪事》,广东人民出版社,1994年。

55.蔡鸿生:《俄罗斯馆纪事》,中华书局,2006年。

56.查晓燕:《北方吹来的风——俄罗斯苏联文学与中国》,海南出版社,1993年。

57.陈谷嘉、邓洪波主编:《中国书院史资料》(下册),浙江教育出版社,1998年。

58.陈建华:《20世纪中俄文学关系》,学林出版社,1998年。

59.陈建华编:《文学的影响力——托尔斯泰在中国》,江西高校出版社,2009年。

60. 陈学恂、田正平编:《中国近代教育史资料汇编:留学教育》,上海教育出版社,1991年。

61. 程季华主编:《中国电影发展史》,中国电影出版社,1980年。

62. 达力扎布编著:《蒙古史纲要》,中央民族大学出版社,2006年。

63. 戴鸿慈:《出使九国日记》,湖南人民出版社,1982年。

64. 丁守和等主编:《抗战时期期刊介绍》,社会科学文献出版社,2009年。

65. 费孝通:《学术自述与反思——费孝通学术文集》,生活·读书·新知三联书店,1996年。

66. 冯承钧译:《西域南海史地考证译丛》(第2卷 第6编),商务印书馆,1995年。

67. 冯骥才:《倾听俄罗斯》,人民文学出版社,2003年。

68. 冯蒸编著:《近三十年国外"中国学"工具书简介》,中华书局,1981年。

69. 福建师范大学中文系编选:《鲁迅论外国文学》,人民文学出版社,1982年。

70. 高时良、黄仁贤编:《中国近代教育史资料汇编:洋务运动时期教育》,上海教育出版社,2007年。

71. 高晓芳:《晚清洋务学堂的外语教育研究》,商务印书馆,2007年。

72. 戈宝权:《苏联文学讲话》,生活·读书·新知三联书店,1950年。

73. 戈宝权:《中外文学的因缘——戈宝权比较文学论文集》,北京出版社,1992年。

74.《戈宝权译文集:高尔基小说论文集》,北京出版社,1991年。

75. 戈公振:《从东北到庶联》,湖南人民出版社,1984年。

76. 谷长岭、俞家庆:《中国新闻事业史》,中央广播电视大学出版社,1987年。

77. 故宫博物院明清档案部编:《清代中俄关系档案史料选编》(第3编 上中下册),中华书局,1979年。

78. 顾树森:《中国历代教育制度》,江苏人民出版社,1981年。

79. 顾卫民:《基督教与近代中国社会》,上海人民出版社,1998年。

80. 郭沫若:《洪波曲》,人民文学出版社,1979年。

81. 国立北平故宫博物院文献馆:《史料旬刊》(第2辑),1930年。

82. 国立北平故宫博物院文献馆:《文献丛编》(第27辑),1935年。

83. 郝世昌、李亚晨:《留苏教育史稿》,黑龙江教育出版社,2001 年。

84. 郝淑霞:《中国俄语教育史 (1708—1949)》, 天津人民出版社,2007 年。

85. 何秋涛:《朔方备乘》,光绪三年畿辅通志局刊本。

86. 何寅、许光华主编:《国外汉学史》, 上海外语教育出版社,2002 年。

87. 胡星亮:《二十世纪中国戏剧思潮》,江苏文艺出版社,1995 年。

88. 胡愈之:《莫斯科印象记》,湖南人民出版社,1984 年。

89. 黄心川:《沙俄利用宗教侵华简史》,辽宁人民出版社,1980 年。

90. 吉林省档案馆、吉林省社会科学院历史所合编:《清代吉林档案史料选编:上谕奏折》,1981 年。

91. 蒋良骐撰:《东华录》,鲍思陶、西原点校,齐鲁书社,2005 年。

92. 乐峰:《东正教史》,中国社会科学出版社,1999 年。

93. 黎跃进等:《湖南 20 世纪文学对外国文学的接受与超越》, 湖南文艺出版社,2006 年。

94. 李德滨、石方:《黑龙江移民概要》,黑龙江人民出版社,1987 年。

95. 李建平编著:《桂林文史资料》(第 33 辑),漓江出版社,1996 年。

96. 李今:《三四十年代苏俄汉译文学论》,人民文学出版社,2006 年。

97. 李经纬:《中外医学交流史》,湖南教育出版社,1998 年。

98. 李随安:《中苏文化交流史(1937—1949)》,哈尔滨出版社,2003 年。

99. 李喜所主编:《五千年中外文化交流史》(第 4 卷),世界知识出版社,2002 年。

100. 李兴盛、马秀娟主编:《程德全守江奏稿》,黑龙江人民出版社,1999 年。

101. 李延龄主编:《兴安岭奏鸣曲》,北方文艺出版社,2002 年。

102. 李永森、姚远:《西北大学史稿》(上卷), 西北大学出版社,2002 年。

103. 林非:《中国现代散文史稿》,中国社会科学出版社,1981 年。

104. 刘士聪主编:《红楼译评——〈红楼梦〉翻译研究论文集》,南开大学出版社,2004 年。

105. 刘寿林编:《辛亥以后十七年职官年表》, 台湾文海出版社,1974 年。

106. 刘真主编:《留学教育:中国留学教育史料》(第 2 册、第 3 册),国立编译馆,1980 年。

107. 龙德成:《马克思主义者瞿秋白》,中共党史出版社,2005 年。

108. 陆润林:《兰州大学校史》,兰州大学出版社,1990 年。

109. 吕一燃编:《北洋政府时期的蒙古地区历史资料》,黑龙江教育出版社,1999 年。

110. 马蹄疾、李允经:《鲁迅与中国新兴木刻运动》,人民美术出版社,1985 年。

111. 马文华:《新疆教育史稿》,新疆大学出版社,1998 年。

112. 梅兰芳:《我的电影生活》,中国电影出版社,1984 年。

113. 缪祐孙:《俄游汇编》,台湾文海出版社,1973 年。

114. 庞森:《走进联合国》,四川人民出版社,2005 年。

115. 平保兴:《五四译坛与俄罗斯文学》,青海人民出版社,2004 年。

116. 戚印平:《日本早期耶稣会史研究》,商务印书馆,2003 年。

117. 瞿秋白:《多余的话》,人民文学出版社,1973 年。

118. 全国政协文史资料委员会编:《文史资料存稿选编》,中国文史出版社,2002 年。

119. 桑兵:《国学与汉学——近代中外学界交往录》,浙江人民出版社,1999 年。

120. 上海社会科学院文学研究所编:《上海"孤岛"文学回忆录》(上),中国社会科学出版社,1984 年。

121. 石方、刘爽、高凌:《哈尔滨俄侨史》,黑龙江人民出版社,2003 年。

122. 舒新城编:《近代中国留学史》,上海文化出版社,1989 年影印本。

123. 苏联科学院远东研究所等编:《十七世纪俄中关系》(第 1 卷　第 1~3 册),厦门大学外文系《十七世纪俄中关系》第 1 卷翻译小组译,商务印书馆,1978 年。

124. 宿丰林:《早期中俄关系史研究》,黑龙江人民出版社,1999 年。

125. 孙子和:《清代同文馆之研究》,台湾嘉新水泥公司文化基金会,1977 年。

126. 台湾"中央研究院"历史语言研究所编:《明清史料》庚编,中华书局,1987 年。

127. 田原天南编:《清末民初中国官绅人名录》, 台湾文海出版社

1989 年。

128. 图理琛:《异域录》,商务印书馆,民国二十五年。

129. 汪之成:《上海的俄国文化地图》, 上海锦绣文章出版社,
2010 年。

130. 汪之成:《上海俄侨史》,上海三联书店,1993 年。

131. 王大明等:《抗战文艺报刊篇目汇编》, 四川省社会科学院出版
社,1984 年。

132. 王树村、李福清、刘玉山编:《苏联藏中国民间年画珍品集》,人
民美术出版社,1990 年。

133. 王铁崖编:《中外旧约章汇编》(第 1 册), 生活·读书·新知三联
书店,1957 年。

134. 王振乾、丘琴、姜克夫:《东北大学史稿》,东北师范大学出版社,
1988 年。

135. 王之春:《使俄草》,台湾文海出版社,1967 年。

136. 文廷式:《纯常子枝语》,江苏广陵古籍刻印社,1990 年影印本。

137. 吴家荣:《阿英传论》,安徽教育出版社,2002 年。

138. 吴廷燮等纂:《北京市志稿》(4 文教志 上), 北京燕山出版社,
1998 年。

139. 伍修权:《我的历程(1908—1949)》,解放军出版社,1984 年。

140. 肖玉秋:《俄国传教团与清代中俄文化交流》,天津人民出版社,
2009 年。

141. 萧超然等编:《北京大学校史(1898—1949)》,北京大学出版社,
1988 年。

142. 萧三:《高尔基的美学观》,新文艺出版社,1950 年。

143. 薛衔天:《中苏关系史(1945—1949)》,四川人民出版社,2003 年。

144. 阎国栋:《俄国汉学史(迄于 1917 年)》,人民出版社,2006 年。

145. 阎国栋:《俄罗斯汉学三百年》,学苑出版社,2007 年。

146. 姚海:《俄罗斯文化》,上海社会科学出版社,2005 年。

147. 姚元之:《竹叶亭杂记》,中华书局,1982 年。

148. 冶方、念之等:《中国与苏联》,民族解放丛书社,1937 年。

149. 易竹贤:《胡适传》,湖北人民出版社,2005 年。

150. 尹均生:《国际报告文学的源起与发展》,华中师范大学出版社,
2009 年。

151. 张大军:《新疆风暴七十年》,台湾兰溪出版社,1982 年。

152. 张德彝:《航海述奇》,湖南人民出版社,1981 年。

153. 张福山:《哈尔滨文史资料》(第 20 辑),中国人民政治协商会议黑龙江省哈尔滨市委员会文史资料委员会,1997 年。

154. 张庆桐:《俄游述感》,1912 年自刊。

155. 张绥:《东正教和东正教在中国》,学林出版社,1986 年。

156. 张铁夫主编:《普希金与中国》,岳麓书社,2000 年。

157. 张小曼、李长林编:《张西曼集》,湖南人民出版社,2010 年。

158. 张小曼编:《张西曼纪念文集》,中国文史出版社,1995 年。

159. 张泽贤:《民国版画闻见录》,上海远东出版社,2006 年。

160. 张泽宇:《留学与革命——20 世纪 20 年代留学苏联热潮研究》,人民出版社,2009 年。

161. 张中行:《负暄续话》,中华书局,2006 年。

162. 赵永华:《在华俄文新闻传播活动史(1898—1956)》,中国人民大学出版社,2006 年。

163. 中共新疆维吾尔自治区委员会党史研究室编:《二十世纪三十年代共产国际苏联在新疆的活动》,新疆人民出版社,1996 年。

164. 中国边疆史地研究中心、辽宁省档案馆合编:《东北边疆档案选辑》(119 清代民国),广西师范大学出版社,2007 年。

165. 中国第二历史档案馆编:《中华民国史档案资料汇编》(第 3 辑 外交),江苏古籍出版社,1991 年。

166. 中国第一历史档案馆编:《清代中俄关系档案史料选编》(第 1 编 上下册),中华书局,1981 年。

167. 中国第一历史档案馆译编:《雍正朝满文朱批奏折全译》(下册),黄山书社,1998 年。

168. 中国民主同盟中央委员会宣传部编:《华罗庚诗文选》,中国文史出版社,1995 年。

169. 中国社会科学院近代史研究所翻译室:《近代外国来华人名辞典》,中国社会科学出版社,1981 年。

170. 中国社会科学院文献情报中心编:《俄苏中国学手册》(上册),中国社会科学出版社,1986 年。

171. 中华民国史事纪要编辑委员会编辑:《中华民国史事纪要(初稿):中华民国九年》,台北"中央文物供应社",1980 年。

172. 朱光潜:《西方美学史》,人民出版社,1963 年。

173. 朱谦之:《中国哲学对欧洲的影响》,河北人民出版社,1999 年。

174. 朱有瓛主编:《中国近代学制史料》(第 1 辑 上册),华东师范大学出版社,1983 年。

175. 邹韬奋:《萍踪寄语》,上海三联书店,1987 年。

## 外文文献

1. Chan  Albert. Chinese books and documents in the Jesuit Archives in Rome: descriptive catalogue : Japonica-Sinica I-IV .Armonk, N. Y. : M. E. Sharpe, 2002.

2. Maggs, Barbara Widenor. Russia and  "Le Reve Chinois": China in Eighteenth-century Russian Literature, Oxford : Voltaire Foundation at the Taylor Institution,1984.

3. Аввакум (Честной). Каталог книгам, рукописям и картам на китайском, маньчжурском, монгольском, тибетском и санскритском языках, находящимся в библиотеке азиатского департамента министерства . СПб., 1843.

4. Адоратский Н. Православная Миссия в Китае за 200 лет ея существования: Опыт церковно - исторического исследования по архивным документам.Казань, 1887.

5. Актуальные проблемы китайского языкознания. Материалы 7-й Всероссийской конференции по китайскому языкознанию. М., 1995.

6. Алексее В. М. Китайская народная картина: духовная жизнь старого Китая в народных изображениях. М., 1966.

7. Алексеев В. М. Китайская литература:Избранные труды.М., 1978 г.

8. Алексеев В. М. Наука о востоке:Статьи и документы.М., 1982.

9. Алексеев В. М. Письма к Эдуарду Шаванну и Полю Пеллио. Вступ. статья, составление и комментарий И. Э. Циперович. СПб., 1998.

10. Алексий(Виноградов), иером. Китайская библиотека и ученые труды членов Императорской духовной и дипломатической миссии в

г. Пекине или Бэй-Цзине(в Китае). СПб., 1889.

11. Андреев А. Н. Живопись и живописцы главнейших европейских школ: настольная книга для любителей изящных искусств с присовокуплением описания замечательнейших картин находящихся в России с шестнадцатью таблицами монограмм известнейших художников. Составлено по лучшим современным изданиям А. Н. Андреевым. СПб,1857.

12. Андреева С. Г. Пекинская духовная миссия в контексте российско-китайских отношений (1715-1917 гг.). Диссертация на соискание ученой степени кандидата исторических наук. М., 2000.

13. Архангелов С. А. Наши заграничные миссии. СПб.,1899.

14. Бантыш-Каменский Н. Н. Дипломатическое собрание дел между Российским и Китайским государствами с 1619 по 1792 год. Казань, 1882.

15. Баньковская М. В. Алексеев и Китай. М., 2010.

16. Бартольд В. В. История изучения Востока в Европе и России. Курс лекций. 2-е изд. Л., 1925.

17. Бичурин Н. Я. Статистическое описание Китайской империи. М., 2001.

18. Брандт Я. Самоучитель китайского разговорного языка по методе Туссэна и Лангеншейдта(华言初阶). Пекин, 1908.

19. Бэй-Гуань. Краткая история Российской миссии в Китае. СПб.,2006.

20. Колобов М. Бэй-Гуань. Тяньцзинь,1939.

21. В потоке научного творчества. К 80-летию академика В. С. Мясникова.М., 2011.

22. Валеев Р. М. Казанское востоковедение: Истоки и развитие. Казань, 1998.

23. Васильев В. П. Очерк истории китайской литературы. СПб., 1880.

24. Вахтин Б. Б., Гуревич И. С., Кроль Ю. Л., Стулова Э. С., Торопов А. А. Каталог фонда китайских ксилографов Института востоковедения АН СССР. Вып. 1-2. М., 1973.

25. Виолин Я. А. Медицина Китая. Дисс на степ. д-ра мед. СПб., 1903.

26. Галахов А. Историческая хрестоматия нового периода русской словесности. Том 1. От Петра I до Карамзина. СПб., 1861.

27. Горощенова О. А. Династия Полевых: « сеять разумное, доброе,вечное...» . Иркутск, 2010.

28. Григорьев В. В. Императорский С.-Петербургский университет в течение первых пятидесяти лет его существования. Историческая записка, составленная по поручению Совета Университета. СПб., 1870.

29. Дальнее эхо: Антология китайской лирики(VII-IX вв.)/Впереводах Ю. К. Щуцкого под редакцией В. М. Алексеева. Предисловие Л. Н. Меньшикова. Редактор-составитель И. С. Смирнов. СПб., 2000.

30. Дацышен В. Г. История изучения китайского языка в Российской империи. Красноярск, 2002.

31. Державин Г. Р. Сочинения Державина. Часть вторая. СПб., 1831.

32. Державин Г. Р. Сочинения Державина с объяснительными примечаниями Я. Грота. Т. I. СПб., 1864.

33. Духовная культура Китая: Энциклопедия. Т. 5: Наука, технич-еская и военная мысль, здравоохранение и образование. М., 2009.

34. Екатерина II. Опера комическая Февей, составлена из слов сказки, песней русских и иных сочинений. СПб., 1786.

35. Екатерина II. Сочинения императрицы Екатерины II. Произ-ведения литературные. СПб. 1893.

36. Екатерина II. Сочинения императрицы Екатерины II. Т. 3. СПб.1850.

37. Завидовская Е. А., Маяцкий Д. И. Описание собрания китай-ских книг В. П. Васильева в фондах Восточного отдела научной библиотеки Санкт -Петербургского государственного университета. СПб., 2012.

38. Замотайло Ив. Перевод Дао-дэ-цзина Архимандрита Даниила Сивиллова 1828 г. Со вступительной статьей о даосизме и конфуц-

ианства. Одесса, 1916.

39. И не распалась связь времен... К 100−летию со дня рождения П. Е. Скачкова. М., 1993.

40. Иванов А. И. Ван Ань−ши и его реформы. XI в. СПб., 1909.

41. Иванов А. И. Материалы по китайской философии: Введение: Школа Фа. Хань Фэй−цзы. СПб., 1912.

42. Из истории науки и техники в странах Востока. Вып. 2. М., 1961.

43. Избрант Идес и Адам Бранд. Записки о посольстве в Китай. М., 1967.

44. Институт востоковедения Академии Наук СССР. Китайско−русский словарь (Пробный макет словаря) /Составленный коллективом китаистов Института под редакцией академика В. М. Алексеева. М., 1948.

45. Институт истории Академии наук СССР, Калмыцкий научно−исследовательский институт языка, литературы и истории. Очерки истории Калмыцкой АССР. Дооктябрьский период. М., 1967.

46. Исследование памятников письменной культуры в собраниях и архивах Отдела рукописей и редких книг ГПБ.Сборник научных статей. Л.,1988.

47. История и культура Китая: Сборник памяти академика В. П. Васильева / Под ред. Л. С. Васильева. М., 1974.

48. История отечественного востоковедения до середины XIX века. М., 1990.

49. История отечественного востоковедения с середины XIX века до 1917 года. М., 1997.

50. История Российской Духовной Миссии в Китае: Сб. Статей. Ред. коллегия: академик С. Л. Тихвинский, академик В. С. Мясников, А. С. Ипатова, священник Дионисий Поздняев. М.,1997.

51. История русской литературы: В 10 т. Т. IV: Литература XVIII века. Ч. 2. М.; Л, 1947.

52. Китайская народная картина Няньхуа из собрания Государственного Эрмитажа. СПб., 2003.

53. Китайская философия: Энциклопедический словарь/ Гл. ред. М. Л. Титаренко. М., 1994.

54. Китайские рукописи и ксилографы Публичной библиотеки: Систематический каталог/ Сост. К. С. Яхонтов. СПб., 1993.

55. Китайский благовестник.1907—1917.

56. Ковалевский Е. П. Путешествие в Китай. Ч. 1—2.СПб., 1853.

57. Коростовец И. Китайцы и их цивилизация. СПб. , 1898.

58. Корсаков В. В. Положение медицины в Китае и наиболее распространенные в его населении болезни. Дисс. на степень д-ра мед. СПб., 1901.

59. Краткая история русской православной миссии в Китае, составленная по случаю исполнившегося в 1913 г. двухсотлетнего юбилея ее существования. Пекин, 1916.

60. Крымский К. Г. Изложение сущности конфуцианского учения. Пекин, 1906.

61. Куликова А. М. Востоковедение в российских законодательных актах(конец XVII в.—1917г.). СПб., 1994.

62. Куликова А. М. Российское востоковедение XIX века в лицах. СПб., 2001.

63. Куликова А. М. Становление университетского востоковедения в Петербурге. М., 1982.

64. Лецениус Э. К. Китайский корень дан-гуй: сравнительно-фармакогностическое исследование этого корня, приготовленного из него экстракта и Eumenol'a Merck: диссертация на степень магистра фармации. СПб., 1909.

65. Литература и культура Китая: Сборник статей. К 90-летию со дня рождения академика В. М. Алексеева. М., 1972.

66. Ломанов А. В. Христианство и китайская культура. М., 2002.

67. Ломоносов М. В. Полное собрание сочинений. Т. 8: Поэзия, ораторская проза, надписи, 1732—1764.М.; Л., 1959.

68. Лукин А. В. Медведь наблюдает за драконом. Образ Китая в России в XVII—XX веках.М.,2007.

69. Луппов С. П. Книга в России в послепетровское время 1725—

1740. Л.,1976.

70. Люди и судьбы. Биобиблиографический словарь востоковедов −жертв политического террора в советский период(1917−1991)/ Изд. подготовили Я. В. Васильков, М. Ю. Сорокина.СПб., 2003.

71. Лянцичао. Лихунчжан, или Политическая история Китая за последние 40 лет. Пер. с кит. яз. А. Н. Вознесенского и Чжанчинтуна. СПб., 1905.

72. Макогоненко Г. П. Николай Новиков и русское просвещение XVIII века. М.; Л., 1951.

73. Мелналкснис А. И. Описание китайских рукописных книг и карт из собрания К. А. Скачкова. М., 1974.

74. Монголовед О. М. Ковалевский: биография и наследие(1801− 1878). Казань, 2004.

75. Н. Я. Бичурин и его вклад в русское востоковедение: К 200− летию со дня рождения.Материалы конференции/Сост. А. Н. Хохлов. Часть 1−2. М., 1977.

76. Научные и культурные связи библиотеки АН СССР со странами зарубежного Востока: Сб. докл. науч. конф. б−ки АН СССР / Б−ка АН СССР. М. −Л., 1957.

77. Нестерова Е. И. Русская администрация и китайские мигран− ты на Юге Дальнего Востока России(втор. пол. XIX−нач. XX вв.)/Под ред. В. Н. Соколова. Владивосток, 2004.

78. Никифоров В. Н. Советские историки о проблемах Китая. М., 1970.

79. Отчет императорской публичной библиотеки за 1869, СПб., 1870.

80. Очерки по истории русского востоковедения. Вып. 2. М.,1956.

81. П. И. Кафаров и его вклад в отечественное востоковедение: К 100−летию со дня смерти. Материалы конференции.Ч. 1. М., 1979.

82. Пан Т. А., Шаталов О. В. Архивные материалы по истории западноевропейского и российского китаеведения. Санкт−Петербург− Воронеж, 2004.

83. Петров А. И. История китайцев в России. 1856−1917 годы.

СПб., 2003.

84. Петров В. П. Российская духовная миссия в Китае. Вашингтон, 1968.

85. Письменные памятники и проблемы истории культуры народов востока. XVIII годичная научная сессия ЛО ИВ АН СССР (доклады и сообщения)1983−1985. Часть 1. М., 1985.

86. Позднеев Д. Описание Маньчжурии. СПб., 1897.

87. Поздняев Д. Православие в Китае(1900−1997 гг.). М., 1998.

88. Полевой С. А. Периодическая печать в Китае. Владивосток, 1913.

89. Попов П. С. Изречения Конфуция, учеников его и других лиц/перевод с китайского с примечаниями П. С. Попова. СПб., 1910.

90. Православие на Дальнем востоке. СПб., 2004.

91. Православие на Дальнем Востоке: 275−летие Российской духовной миссии в Китае. СПб.,1993.

92. Радищев А. Н. Полное собрание сочинений в 3 т. М.; Л., 1941.

93. Россия и Восток/Под ред. С. М. Иванова, Б. Н. Мельниченко. СПб., 2000.

94. Русское искусство. Очерки о жизни и творчестве художников. Середина девятнадцатого века. М., 1958.

95. Русско−китайские отношения в XVIII веке. Документы и материалы(1727−1729), Т. 3. М., 2006.

96. Русско−китайские отношения в XVIII веке. Материалы и документы(1725−1727),Т. 2. М.,1990.

97. Русско−китайские отношения в XVIII веке. Материалы и документы(1700−1725), Т. 1. М.,1978.

98. Сатирические журналы Н. И. Новикова/Редакция,вступительная статья и комментарии П. Н. Беркова. М.; Л. 1951.

99. Сборник Музея антропологии и этнографии при Императорской Академии наук. СПб.,1907.

100. Священник Дионисий Поздняев. Православие в Китае(1900−1997 гг.). М.,1998.

101. Скачков П. Е. Библиография Китая. М., 1960.

102. Скачков П. Е. Очерки истории русского китаеведения. М., 1977.

103. Софроний（Грибовский）. Известие о китайском, ныне маньчжуро‑китайском государстве. М., 1861.

104. Сумароков А. П. Полное собрание всех сочинений в стихах и прозе покойного действительного статского советника, ордена св. Анны кавалера и Лейпцигского ученого собрания члена Александра Петровича Сумарокова. Ч. VI. М., 1781.

105. Табеева Д. М. Иглотерапия. Интегративный подход. М., 2010.

106. Тимковский Е. Ф. Путешествие в Китай через Монголию в 1820 и 1821 гг.Ч.2. СПб.,1824.

107. Точность‑поэзия науки: Памяти Виктора Васильевича Петрова: Сб. ст. СПб., 1992.

108. Традиционная культура Китая: Сб. ст. К 100‑летию со дня рождения акад. В. М. Алексеева.М., 1983.

109. Труды членов Российской духовной миссии в Пекине. Т. 3‑4. Пеикн, 1910.

110. Фишер И. Э. Сибирская история с самого открытия Сибири до завоевания сей земли российским оружием. СПб., 1774.

111. Фишман О. Л. Китай в Европе: миф и реальность （XIII‑XVIII вв.）. СПб., 2003.

112. Фонвизин Д. И. Собрание сочинений в двух томах. Том 2. М., 1959.

113. Хисамутдинов А. А. Российская эмиграция в Китае: опыт энциклопедии. Владивосток, 2002.

114. Чимитдоржиева Л. Ш. Русские посольства к монгольским Алтан‑ханам XVII в. Улан‑Удэ, 2006.

115. Шаталов О. В. Представления о Китае в трудах западно‑европейских и русских миссионеров второй половины XVIII века. Дис. на соиск. учен. степ. канд. ист. Наук. Государственный Педагогический институт им. А. И. Герцена. Ленинград. 1987.

116. Шубина С. А. Русская Православная Миссия в Китае（XVIII —начало XX вв.）. Диссертация на соискание ученой степени

кандидата исторических наук. Ярославль, 1998.

117. Щербатской Ф. И. Избранные труды по буддизму. М., 1988.

118. Яхонтов К. С. Китайские и маньчжурские книги в Иркутске. СПб., 1994.

# 主要人名索引

# M

## X

## Y

# 后 记

在漫长的人类历史进程中，中俄两国人民分别创造了璀璨的中国文化和俄罗斯文化，为人类文明做出了不可磨灭的贡献。中俄两国之间的文化交流已持续了近四百年，内容丰富，规模宏大，类型独特，影响深远。

自清代以来，沙俄侵华问题一直是中国的中俄关系史研究者关注的焦点。迄今为止，中国学者已在中俄政治关系史研究领域取得重大成就，近年来又在中俄经济关系史研究中多有推进。相较之下，中国学术界在中俄文化关系史方面着力不多，且多限于中俄文学关系研究。然而，唯有对中俄在思想、教育、文学、艺术、出版等领域的交流进行全面、系统的总结和评价，才可能使中俄关系史研究在广度和深度上得到拓展。此外，中国文化曾对兼具欧亚文化特征的俄罗斯文化中东方因子的形成起到了重要作用，而俄罗斯文化则对中国社会主义文化建设产生过广泛而深远的影响。两种文化在对方国家的传播过程中，既扮演过积极角色，也产生过消极效应，既有交融，也有变异甚至排斥等现象发生。中国和俄罗斯都是对世界具有重要影响力的大国，对两国文化交流史进行研究，不仅有益于消弭两国政府和人民间的隔阂，增进友谊和信任，而且有助于深化双边政治和经济合作，促进两国战略协作伙伴关系的健康发展。

在俄罗斯，对中俄文化关系进行总体考察的著作很少。到目前为止，仅在 1974 年出版过一部茨维特科的《苏中文化关系》。此书对中华人民共和国成立后二十余年间中苏在教育、卫生、艺术、文学、出版等领域的交流历史和成就进行了简要总结。由于受两党、两国关系恶化和中苏论战的影响，作者用大量篇幅批判了中国政府对中苏文化交流的"阻挠和破坏"，对某些历史事实进行了歪曲解释，从而使该书的学术价值大打折扣。在中俄文化关系史领域，俄罗斯学者的成果多为局部研究，主要集中在以下几个方面：一是俄罗斯汉学史研究。斯卡奇科夫在《俄国汉学史纲》一书中对 1917 年以前俄国汉学的历史和成就进行了总结。霍赫洛夫也以俄国汉学为研究对象,其最终成果在《19世纪中叶前俄国东方学史》和《19世纪中叶至1917年俄国东方学史》两部姊妹书中得到集中体现。二是俄国东正教驻北京传教团问题研究。1887年,阿多拉茨基出版了《东正教在华两百年史》,回顾了第一届至第八届俄国东正教驻北京传教团的历史。而后,英诺肯提乙的《俄国驻华传教团简史》以及波兹德尼亚耶夫的《东正教在中国(1900—1997)》对18世纪初至20世纪末的东正教在华历史进行了总结。三是中俄文学关系史研究。如俄罗斯科学院院士李福清的《中国古典文学研究在苏联(小说·戏曲)》等著作。四是在华俄侨文化活动研究。彼得罗夫的《中国俄侨史》以及别切里查的《中国俄侨精神文化》对19世纪末至20世纪初俄国侨民在华经济和文化活动进行了研究。五是俄罗斯的中国形象研究。费施曼的《中国在欧洲:神话和现实》论述了18世纪俄罗斯及欧洲的中国形象,而卢金的专著《熊眼观龙》则总结了中国形象在俄罗斯的演变及动因。此外,俄罗斯学者还就中俄文化交流问题发表了数百篇文章。这些成果对于我们研究中俄文化交流史具有重要的参考价值。然而,不可否认的是,俄罗斯学者绝少利用和借鉴中国的文献资料和研究成果,从而在一定程度上影响了其成果的客观性和全面性。因此,全面利用中俄史料及最新研究成果,以中国人的视角对中俄文化关系进行回顾和反思,是中国学者不可推卸的责任。

在国内,学术界对中俄文化交流史的研究始于20世纪80年代,迄今取得的重要成果有蔡鸿生的《俄罗斯馆纪事》、李明滨的《中国与俄苏文化交流志》、陈建华的《20世纪中俄文学关系》、汪介之和陈建华的《悠远的回响:俄罗斯作家与中国文化》、李随安的《中苏文化交流史(1937—1949)》、阎国栋的《俄国汉学史(迄于1917年)》、肖玉秋的《俄国传教团与清代中俄文化交流》、黄定天的《中俄文化关系史稿(17世纪—1937年)》等。只是这些研究多就某一领域或某一历史阶段展开,或者出版时间过早,因而有必要在前人研究的基础上,进一步发掘和利用中外文献,建构一部全面、系统反映中俄文化关系发展历程的通史性著作。

基于目前中俄文化交流史研究的现状,本套书在全面总结中俄两国文化交流历史与成就的同时,主要聚焦于以下几个重点:一是考察中俄文化交流的背景和动因。中俄文化关系历史久远,就俄罗斯而言,历经帝俄、苏联和当代俄罗斯三个时期;就中国来说,跨越了清代、民国和中华人民共和国几个阶段。其间两国各自都经历了剧烈的社会变革,双边关系史上既有过和平相处、友好往来的年代,也出现过弱肉强食、剑拔弩张的峥嵘岁月。两国从天各一方到比邻而居,成就了数百年的交往历史。受各种因素的影响,两国间的文化交流并非一帆风顺,而是时而密切,时而疏远,时而包容,时而排斥。本套书试图揭示实现中俄文化交流的各种历史动因,深入考察中俄文化交流的发生和发展与两国外交战略、地缘政治需求、社会历史变迁、民族文化特质,以及人类文明发展进程之间的关系。二是考察中俄文化交流的内容及途径。中俄文化交流内容非常丰富,领域也相当广泛,既有民间文化交流,也有精英文化会通,既有物质文化交流,也有精神文化碰撞。无论是思想、宗教、教育、出版领域,还是文学、美术、电影、戏剧、音乐、舞蹈、医学领域,几乎在所有的文化领域,两国均有密切交流。中俄文化交流的内容和途径不断发生着变化,由简单到复杂,由单一到多样,具有鲜明的时代特征。本套书尝试对中俄在各个文化领域的主要交流内容进行双向梳理,同时对交流赖以实现的人物、机构和组织进行深入研究。三是考察中俄文化在对方语境中的存在状态与影响。无论是中国文化的俄传,还是俄罗斯文化的中传,都并非原封不动的文化移植,而是要与对方国家文化发生某种复杂的“反应”。这不仅是中俄文化交流中的必然现象,也是世界文化交流的基本规律。本套书力图对中俄文化在对方国家的传播、碰撞、交融、排斥、变异等现象进行考察,最终揭示异质文化输入对本民族文化发展所起的作用,探究文化交流对两国政治关系和经济关系发展以及世界多元文化格局的形成所产生的影响。四是总结中俄文化交流的特点。中俄文化交流具有许多鲜明的特点,如内容繁复、规模宏大、态势失衡、政治色彩浓厚等。此外,中俄文化交流的悠久历史和丰富内容很容易使研究者陷入两个极端,要么面面俱到,要么挂一漏万。因而,必须在研究中突出对两国文化交流产生重要影响的事件、人物和思想,对不同历史时期各领域文化交流的主要表现形式和实现途径进行重点考察。这些目标尽管宏大高远,却一直是我们努力的方向和前进的动力。

　　本套书是 2007 年教育部人文社会科学重点研究基地重大项目 “近代以来中俄文化交流史研究”的最终成果。感谢吉林大学黄定天教授和南开大学王志耕教授在项目申报时给予的支持!尽管该项目几年前就已经结项,但课题组并没有停止对书稿的完善,不仅对书稿的结构和内容进行了优化,而且补充了大量珍贵的文献资料,吸收了最新研究成果。特别感谢天津人民出版社,在他们的策划和努力下,本套书获得了 2015 年度国家出版基金资助。北京师范大学张建华教授和南开大学谷羽教授在天津人民出版社申报国家出版基金过程中给予了有力支持,在此一并致谢!

本套书由清代民国卷和中华人民共和国卷组成,由肖玉秋、阎国栋、岳巍和陈金鹏等共同执笔。

《中俄文化交流史 清代民国卷》撰写分工如下:

第一章 阎国栋

第二章 阎国栋

第三章 阎国栋

第四章 肖玉秋

第五章 第一节肖玉秋,第二节阎国栋、肖玉秋

第六章 第一节肖玉秋,第二节阎国栋

第七章 第一、二、三节肖玉秋,第四节阎国栋

第八章 第一节阎国栋,第二节肖玉秋,第三节阎国栋、肖玉秋

第九章 第一、二节肖玉秋,第三节阎国栋

第十章 肖玉秋

第十一章 阎国栋

第十二章 第一、二、三、四、五节肖玉秋,第六节阎国栋

第十三章 陈金鹏

第十四章 第一节佘晓玲、陈金鹏,第二节陈金鹏

第十五章 陈金鹏

第十六章 陈金鹏

第十七章 第一节陈金鹏,第二节阎国栋

第十八章 陈金鹏

第十九章 阎国栋

第二十章 第一、三节陈金鹏,第二节陈金鹏、阎国栋

《中俄文化交流史 中华人民共和国卷》由岳巍撰写。

经过多年的不懈努力,《中俄文化交流史》两卷本就要面世了,作为主编和作者之一,我们的心情却非常忐忑。我们深知自己的学术功底还不够深厚,我们的研究方法还不够完善,我们搜集的文献也还有遗漏,或许有很多问题没有讲清、说透甚至有误,敬请学界同人和读者批评指正!

肖玉秋 阎国栋

2016 年 11 月